朱永嘉
王知常　注譯

新譯春秋繁露（下）

三民書局

新譯春秋繁露 目次

下冊

卷第十二

卷第十三

卷第十四

卷第十五

卷第十六

卷第十八

附錄

主要參考書目

後記

卷第八

度制第二十七

【題解】篇名〈度制〉，亦名〈調均〉，在內容上與上一篇〈服制〉緊密相聯。〈服制〉的主旨是「度爵而制祿」，依照政治上的等級關係來分配經濟上的權益；本篇則是進一步強調遵守制度可以協調上下之間既定的等級關係，防止財富上的貧富二極分化所可能造成的社會動亂，使君、民、臣三者各安其分，各執其業，以謀求一個比較穩定的等級化的社會秩序，在衣服、飲食、車船、畜產、田宅以至棺槨、壙壟享用上的等級制度的背後，包含著人們在政治、經濟、文化各個方面所必須遵守的社會秩序。它是社會穩定所必須具備的條件，要維持這樣的秩序必須使人們的欲望受到相關制度的節制。董仲舒在〈賢良對策〉中說：「人欲之謂情，情非度制不節。」（《漢書・董仲舒傳》）因為整個社會創造的財富有限，而統治者的窮奢極欲卻是無限的，它必然造成一端是財富的集中，一端是貧困化的加劇，最後勢必導致社會的動盪不定，故建立制度的目的是為了依據既定社會等級規範，約束人們的越制行為，防微杜漸，以謀求社會的長治久安。

本篇共分三章。第一章闡述孔子的「不患貧而患不均」，強調維持尊卑、貴賤有差別的制度，使富者足以示貴而不至於驕，貧者足以養生而不至於憂，這樣便能造成上下相安的易治局面。第二章強調君子對利益不應獨占，而應讓出餘利與民分享，有大爵祿者更不應兼營小利，與民爭利爭業。第三章強調恢復古代先王所制訂的制度，使貴賤有等，衣服有別，朝廷有位，鄉黨有序，從而做到貴貴尊賢，明別上下之倫，從而使社會能長治久安。

第一章

孔子曰：「不患貧而患不均。」❶故有所積重，則有所空虛矣❷。大富則驕，大貧則憂。憂則為盜，驕則為暴，此眾人之情也❸。聖者則於眾人之情，見亂之所從生。故其制人道而差上下也，使富者足以示貴而不至於驕，貧者足以養生而不至於憂。以此為度而調均之，是以財不匱而上下相安，故易治也❹。今世棄其度制，而各從其欲。欲無所窮，而俗得自恣，其勢無極❺。大人病不足於上，而小民羸瘠於下，則富者愈貪利而不肯為義，貧者日犯禁而不可得止❻，是世之所以難治也。

【章　旨】本章闡述孔子的「不患貧而患不均」的論斷，強調維持尊卑、貴賤有差別的制度，使富者足以示貴而不至於驕，貧者足以養生而不至於憂，這樣便能形成上下相安的易治局面。

【注　釋】❶孔子曰二句　語見《論語・季氏》，是孔子對其弟子冉有說的話。冉有，名求字子有，為季氏宰。季康子曾問孔子：冉求算得上仁嗎？孔子回答：「千室之邑，百乘之家，求也可使治其賦，仁則吾不知也。」（《史記・仲尼弟子列傳》這次對話的起因是季氏要討伐顓臾，冉求也認為今天如果不占取，後世必為子孫憂。然而孔子不同意這種看法，認為魯國的憂患在於內而不在外，他的回答是「丘也聞有國有家者，不患寡而患不均，不患貧而患不安。蓋均無貧，和無寡，安無傾。夫如是，故遠人不服，則修文德以來之。既來之，則安之。今由與求也，相夫子，遠人不服，而不能來也；邦分崩離析，而不能守也；而謀動干戈於邦內。吾恐季孫之憂，不在顓臾，而在蕭牆之內也。」在文字上，「不患貧而患不均」比《論語》原文的「不患寡而患不均」更為貼切。這裡的「均」並非是「平均」之意，而應作「分」解。康有為《論語注》：「均，各得其分。」這是指依照不同等級、身分來分配財富。它與上篇的主題相銜接。《論語》中這段話的意思是上下各得其「分」了，那也就無所謂貧窮的問題了；上下之間關係和諧了，那就不怕物資稀少了；大家都安分守己了，那國家就不會傾覆，也就不怕外來的禍患了。這就是孔子，也就是儒家以禮治國的基本方針，也是董仲舒在本篇所論述的基本主旨。他們認為依照這樣的治國方針，一個等級制的王朝的統治可以穩如磐石，並且認為這才是統治者最高的利益。❷故有所積重二句　積重，指財富的過份積聚。由於總的財富就那麼多，如果財富集中積聚在一部分人手中，另外一部分人則變得一無所有了，結果是出現大富與大貧二極分化的局面。這種情況，也就是董仲舒所言：秦「用商鞅之法，改帝王之制，除井田，民得賣買，富者田連仟佰，貧者亡立錐之地。又顓山澤之利，管山林之饒，荒淫越制，踰侈以相高；邑有人君之尊，里有公侯之富，小民安得不困？」（《漢書．食貨志》）❸大富則驕五句　大，同「太」。驕則為暴這種情況見於鼂錯的〈貴粟疏〉中所言：「役財驕溢，或至並兼，豪黨之徒以武斷於鄉曲。宗室有土，公卿大夫以下爭於奢侈，室廬車服僭上亡限。」（同上）憂則為盜這種情況正如鼂錯所言：「夫寒之於衣，不待輕煖；饑之於食，不待甘旨；饑寒至身，不顧廉恥。人情，一日不再食則饑，終歲不製衣則寒。夫腹饑不得食，膚寒不得衣，雖慈母不能保其子，君安能以有其民哉！」（同上）這也就是整個社會秩序的動盪不定。❹聖者則於眾人之情八句　聖者，指先王。則於眾人之情，指聖人有見於貧富二極分化，貧者迫於飢寒，富者驕淫踰制。見亂之所從生，指由於貧富差異所帶來的社會秩序動盪不定。正如《禮記．坊記》所云：「小人貧斯約，富斯驕。約斯盜，驕斯亂。禮者，因人之情而為之節文，以為民坊者也。故聖人之置富貴也，使民富不足以驕，貧不至於約，貴不慊於上，故亂盜亡。」故其制人道而差上下也，指制定爵祿服用的等級，以限定上下之差別，使貧富輕重各得其宜。使富者足以示貴而不至於驕，指制定富者之居室丈尺俎豆衣服之事，皆須遵行法度，雖貴而不至於驕奢淫侈。貧者足以養生而不至於憂，指為貧者制法，使農夫五口之家，戶有百畝之田，桑麻自贍，比閭相賙，不至於憂愁而姦邪為盜。

以此為度而調均之，指通過政策的調度，縮小貧富之間的差異，使上下貧富各有其制，亦即《白虎通義・禮樂》所云：「禮者盛不足，節有餘，使豐年不奢，凶年不儉，貧富不相懸也。」董仲舒的辦法是「限民名田，以淡不足，塞並兼之路。鹽鐵皆歸於民，去奴婢，除專殺之威。薄賦歛，省繇役，以寬民力。然後可善治也」（《漢書・食貨志》）。這樣做的目標是財用不匱乏，上下相安無事，社會秩序得以安定，國家得以治理。❺今世棄其度制五句　度制，即劉向《說苑・雜言》所云：「飲食有量，衣服有節，宮室有度，畜聚有數，車器有限，以防亂之源也。」這也就是要依照爵位的等級，各人所擁有的財富和享受皆有一定的限度與規定，不得踰制。今世棄其度制，指當時對財富和享受的追逐不加限制。從，通「縱」。而各從其欲，指各人皆放縱其欲望。欲無所窮，指人的需求和欲望是無窮無盡的。俗，指習慣風尚。而俗得自恣，指放縱追逐財富和恣意享受的欲望成為一種社會普遍的風尚和習俗，其發展的趨勢將不受任何限制。這種情況如王符在《潛夫論・浮侈》所云：「今京師貴戚，衣服、飲食、車輿、文飾、廬舍皆過王制，僭上甚矣。從奴僕妾，皆服葛子升越、筒中女布，細緻綺縠，水紈錦繡，犀象珠玉，琥珀玳瑁，石山隱飾，金銀錯鏤，獐麂履舄，文組彩褋，驕奢僭主，轉相誇詫。箕子所唏，今在僕妾。富貴嫁娶，車軿各十，騎奴侍僮，夾轂節引，富者競欲相過，貧者恥不逮及。」❻大人病不足於上四句　大人，指當時之天子、諸侯、王公大臣等貴者。病不足於上，指上層人士貪得無厭，誅求無度。小民，與大人相對，指庶民百姓。羸瘠，即貧困和衰弱。指由於在上位者對百姓無窮無盡地盤剝掠奪，「庶人則凍餓羸瘠於下」（《荀子・正論》）。富者愈貪利而不肯為義，指食祿之君子，違背禮義，競逐財利，大小相吞。「傳曰：諸侯好利則大夫鄙，大夫鄙則士貪，士貪則庶人盜。」（《鹽鐵論・本議》）貧者日犯禁而不可得止，指貧者迫於飢寒而犯禁，為盜賊劫奪而危害社會之治安，結果如董仲舒所言：「貧民常衣牛馬之衣，而食犬彘之食。重以貪暴之吏，刑戮妄加，民愁亡聊，亡逃山林，轉為盜賊，赭衣半道，斷獄歲以千萬數。」（《漢書・食貨志》）

【語　譯】孔子說：「不擔憂貧窮，擔憂的是財富分配的不公允。」如果有人積聚了大量財富，那必定有人會一無所有。擁有大量財富的人會變得驕橫不法，過於貧困的人則會為生活而憂慮。為生活擔憂的人會被迫去偷盜，而太富的人則會從驕橫變得暴戾，這是人之常情哪！聖人正是根據這種人之常情，看到禍亂所產生的根由，為此而制定了做人的基本道理，要區分上下之間的等級關係，使富人足以顯示其高貴的身分，而又不至於驕橫暴虐；使貧窮的百姓足以養活家人，而不至於為衣食而發愁。以這個作為尺度來協調與均衡貧富之間的關係，這樣就能使所有的人都不會感到財用的匱乏，從而使上下都能相安無事，所以國家也就比較容易治理好。現在拋棄了這樣的制度，讓各人放縱自己的欲望，而人的欲望是無窮的，如果恣意地放縱自己的貪慾成為一種社會風尚，而這種趨勢又任其無限制地發展下去，那麼居於上位的王公大臣們紛紛為貪慾得不到滿足而爭鬥，在下面的平民百姓就會因受盤剝而貧弱不堪，結果是富人由於更加貪得無厭而不肯施捨，貧困的平民百姓便會違反禁令而偷盜不止，這正是當今社會治安所以難於治理的根本原因。

【研　析】制度是人們構造人類互動的方式。本章討論的主旨是建立什麼樣的經濟制度，而這一點取決於人們基於現實生活中的矛盾和弊端，期望這樣的制度能產生什麼樣的結果。同時，基於這樣的期望所選擇的制度結構，通過相應的政策在實施過程中能否達到相應的目的，也同樣值得探究。就目的本身而言，有的是可以實現的，有的是無法實現的。如果是無法實現的，那就要改變或修正自己的目的；如果是可以實現的，而由於制度設計尚不完善，就需要對原有的制度設計進行修正、補充和完善。無論是目標的抉擇還是制度設計的完善，都是一個漫長的歷史過程。

制度設計的目標從哪兒來呢？從現實生活中對人的欲望和需求的本性的認知中來。董仲舒的出發點是「大富則驕，大貧則憂。憂則為盜，驕則為暴，此眾人之情也」。這也就是荀子在〈禮論〉篇中所說的：「人生而有欲。欲而不得，則不能無求；求而無度量分界，則不能不爭。爭則亂，亂則窮。」制度設計的目標便是「制人道而差上下也，使富者足以示貴而不至於驕，貧者足以養生而不至於憂。以此為度而調均之，是以財不匱而上下相安，故易治也」。這種思想也就是孔子所說「不患貧而患不均」。董仲舒所以重提這個制度設計的目標，是因為現實生活中「大人病不足於上，而小民羸瘠於下，則富者愈貪利而不肯為義，貧者日犯禁而不可得止，是世之所以難治也」。

由貧富二極分化而帶來的社會不寧，千百年來始終是困擾著人們而難以解決的問題，因而「不患貧而患不均」的命題，千百年來始終是人們追逐的目標，並為這個目標而曾經設計過各種經濟制度。然而對這個目標，由於人們地位的不同而又有各自不同的理解與表達。孔子的「均」，是指各得其「分」，即依照各自不同的等級來分配和享有相應的財富。農民的理解則與此不同。當農民起來反抗和造反時，在「均」字這個問題上，所表現出來的觀念是打破等級秩序和財富分配上的平均主義要求。北宋時農民領袖王小波、李順提出「均貧富、等貴賤」的口號，便鮮明地表達了這種願望。在貧富二極分化非常嚴重的情況下，這樣的口號具有很大的煽動性，它能動員千萬群眾起來抗爭，因而它往往成為自下而起的自發的群眾運動中「革命理論」的核心觀念。這種觀念在戰亂的情況下，由於物質資料的極度貧乏，在小範圍內，表現為原始的軍事共產主義制度，能在一定程度上付諸實施，但它不可能持久。如果在大範圍內強行推廣這樣的制度，那會扼殺社會的活力與生氣，給社會生產帶來極大的破壞，這是已經為歷史上多少次社會實踐所反覆證明了的。司馬遷在《史記・貨殖列傳》的末尾云：「富無經業，則貨無常主，能者輻湊，不肖者瓦解。」說明社會在生產、流通、分配、消費的過程中，財富與各個個人的關係，由於各個個人有能者與不肖者的區分，因而兩者之間的關係不可能是凝固不變的。人與人之間的等級秩序也不可能是凝固不變的。自古以來，多少思想家對社會由於貧富二極分化，尊卑踰制所造成的動盪不安的大聲疾呼，也從反面說明了社會財富的分配和享用也很難長期地依尊卑貴賤各得其分。

然而，「不患貧而患不均」並不能輕易否定。它作為一個口號，作為一種傳統觀念，對抑止社會上不公正的現象還是有積極作用的。這正如「革命」一樣，它讓執政者知道一個社會如果長期停滯不前，貧富二極分化不斷加劇，民眾會起來反抗和鬥爭，最終會弄出一個天崩地裂、魚死網破的局面。它應該在觀念上保持一種威懾作用，而不是動輒付諸直接的行動。但是，很少有執政者能聆聽這樣的忠告，所以無法避免魚死網破的局面，歷史上那麼多王朝就是如此崩潰的。如果革命一旦付諸行動，而且僥倖取得成功，那麼其結果只能是「革命」在理論上以失敗告終，農民領袖轉化為封建帝王，革命黨轉化為執政黨，於是歷史又回到新的起點，這是多少年來反覆為歷史所驗證了的悖論。

古今的歷史常可以互相參照。從二十世紀五十年代開始，大陸農村所興起的那場合作化運動，在本質上也是在農村的制度設計，其目標是為了防止農村貧富二極的分化，希望由此找到一條讓全體農民走向共同富裕的道路。六十年代大陸農村的社會主義四清運動，其目標也是為了防止農村基層幹部的「驕」與「暴」，以防止社會矛盾的激化。當時在「公平」與「效益」的價值取向上，偏執地傾向於公平而忽視效益，傾向於孔子所說的「不患貧而患不均」，其實踐的結果是犧牲了效益，鬧到連吃飽肚子都有困難的地步。自二十世紀五十年代到七十年代，大陸農村經濟長期處於停滯不前的境地，平均主義的大鍋飯使人民生活普遍貧困。八十年代開始，鄧小平果斷地放棄了原來那套不切實際的空想，推翻了農村中的人民公社制度，推行家庭土地承包責任制，從而使農民獲得了土地使用權，積極性空前提高，使小農經濟得到迅速的恢復與發展，贏得了一次生產力的解放；同時，否定了農村中的社會主義四清運動，聲稱結束一切政治運動，幹部隊伍也得到了一次「解放」，擺脫了自下而上的約束。但是，農村中在經歷了二十多年的經濟發展以後，又再一次處於停滯不前的狀態。農村中出現了貧富二極分化的趨勢，而且貧富差距日益擴大。畢竟要一部分人先富起來是比較容易做到的事，但要達到大家共同富裕的目標可就要難上不知多少倍了。在體制轉換的過程中，幹部中「權錢交易」的尋租現象迅速蔓延開來，腐敗大量滋生，農民負擔沉重，而土地上的收益卻增長緩慢甚至出現下降的趨勢，農村中剩餘勞動力的出路艱難，找不到更多的就業機會，成為經濟生活中的一大難題。同時，社會治安問題越來越不容忽視，儘管當局採取了各種嚴厲措施，但仍遲遲難以緩解。董仲舒在本章中所說的「大富則驕，大貧則憂，憂則為盜，驕則為暴」的情景，不是彷彿又重新出現在人們面前了嗎？這也是當局最為頭痛的問題。歷史的演化有其驚人的相似之處。漢武帝時的那種「富者田連阡陌，貧者無立錐之地」的狀況，不能忽視它與今天的現實生活有某些相通之處。

所以從根本上講，「不患貧而患不均」作為制度設計的最終目標，在實踐上已經證明這是條行不通的道路。從古代儒生的「復井田」到「一大二公」的人民公社實踐，各種從分配著眼的農業社會主義和平均主義都以此為基礎，其結果只是造成災難而已。儘管如此，它仍有其一定的社會意義。這是因為社會總是由強勢人群和弱勢人群所構成。在社會的任何歷史階段，貧者和弱者總是占有人口中的多數。「不患貧而患不均」的價值取向容易為大多數人所接受，而統治集團為了穩定自己的統治，無論是真心也好，假意也好，口頭上都會標榜自己在為大多數人謀利益，用以擴大統治的社會基礎，獲取更高的民眾支持率，於是便不能不接觸到限制貧富二極分化的課題。這種狀況的造成，有著種種複雜的原因，並不完全取決於個人的能與不肖。因此，強勢人群的利益必須有所抑制，而弱勢人群的利益必須有所照顧。現代西方政府之所以建立反壟斷法規、徵收高額遺產稅，以及建立各種社會福利制度等等，其實質便是為了適度縮小貧富兩極的差距，使社會秩序趨於穩定。從某種意義上來看，也可以說是本章所謂「使富者足以示貴而不至於驕，貧者足以養生而不至於憂」的現代版。

第二章

孔子曰：「君子不盡利以遺民。」❶《詩》云：「彼有遺秉，此有不斂穧，伊寡婦之利。」❷故君子仕則不稼❸，田則不漁❹，食時❺不力珍❻，大夫不坐羊❼，士不坐犬❽。《詩》曰：「采葑采菲，無以下體，德音莫違，及爾同死。」❾以此防民，民猶忘義而爭利，以亡其身❿。天不重與⓫，有角不得有上齒。故已有大者，不得有小者，天數也⓬。夫已有大者又兼小者，天不能足之，況人乎⓭？故明聖者象天所為，為制度，使諸有大奉祿亦皆不得兼小利，與民爭利業，乃天理也⓮。

【章　旨】本章強調君子對利益不應獨占，而應讓出一部分餘利與民分享。有大俸祿者更不應兼營小利，與民爭利爭業。

【注　釋】❶孔子曰二句　此處指君子不與民爭利，不將財利搜刮窮盡，而是以餘利遺留與民。語見《禮記・坊記》。❷詩云四句　《詩》指《詩經》，所引詩句見《詩經・小雅・大田》。全詩是周王祭祀田祖以祈年的詩，全詩分四章，引詩屬第三章。彼有遺秉，秉，把，將禾捆成一把把，此處指那兒掉下了一束禾。此有不斂穧，穧，禾把。斂，撿拾。此處指這兒有幾枝禾沒有被撿起，原詩今文此句為「此有滯穗」，謂這兒散落了穗粒三五點。伊寡婦之利，指這是為了照顧那些無力耕種的寡婦，聽任其撿拾以為利。詩意為周王祭田上遺落下的那些遺秉、滯穗，之所以不撿拾乾淨，是為了照顧貧弱的寡婦們去撿取的利益。❸仕則不稼　指俸祿足以代耕。❹田則不漁　指有田獵可以獲得野味，便不可再取魚鱉。❺食時　指食四時之味。❻不力珍　謂不用力去追求珍饈。❼大夫不坐羊　指大夫無故不能殺羊食肉而坐其皮。❽士不坐犬　指士不能無故殺犬食其肉而坐其皮。❾詩云五句　所引詩句見《詩經・邶風・谷風》。這是一篇棄婦訴苦的詩，毛亨傳言此詩為「刺夫婦失道也，衛人化其上，淫於新婚而棄其舊室，夫婦離絕，國俗傷敗焉。」詩意指的是封菲為常食之菜，不能因為近地黃腐之葉，遂棄而不食其根莖，用以比喻夫婦之間不應當以人老珠黃而棄其原配妻室，不能遺忘締結婚姻時永不分離的誓言。此處引其詩的用意，所取不是詩之本義，而是比喻收穫者不能竭盡其利，拿了莖葉，不要再取根，取了根便應留下莖葉。采葑采菲，葑，蔓菁，今名大頭菜。菲，蘿蔔。此處指主婦把蔓菁、蘿蔔收進門。無以下體，下體，指根。此處意謂難道因為葉黃而不要根？德音莫違，德音，指其丈夫過去許下的種種諾言，意謂你說的那些甜言蜜語不要忘記。及爾同死，此為其丈夫過去的誓言，意謂和你到死亦不分離。❿以此防民三句　此處指君子以道來預防民眾失去其基本的生活來源，猶如用堤防來遏止水的泛濫。民猶忘義而爭利，指即使如此，百姓尚且為了爭奪利益而忘義犯禁。以忘其身，指忘記由此而犯禁，與以身試法所可能帶來的各種後果。防民，《禮記・坊記》作「坊民」，坊，通「防」。⓫天不重與　上天不會重複賜與。⓬有角不得有上齒四句　指牛羊一類牲畜，因為長了角，故不能再擁有尖牙利齒。角是武器，齒也是武器，兩者只能有其一，不可能兩全。此處指上天不可能兩全其美，已經得了大頭，那就應把小的一頭讓給他人。天數，指這是上天所命定，非人力所能違拗。類似的觀念，董仲舒在〈賢良對策〉中也曾有所申述，他說：「夫天亦有所分予，予之齒者去其角，傅其翼者兩其足。是所受大者不得取小也。」(《漢書・董仲舒傳》) ⓭夫已有大者又兼小者三句　此處指如果既得社會利益之大者，又想獨吞餘下的小者，上天尚且不能滿足其貪欲，何況是人們呢？這也就是說「不患貧而患不均」的觀念是人之常情。⓮故明聖者象天所為五句　象天所為，即上文所言「天不重與，有角不得有上齒」。為制度，指「君子仕則不稼」，那些王公貴族、諸侯大夫士既有俸祿所入，不得再與民爭利。諸有大奉祿亦皆不得兼小利，奉，通「俸」。此處指為高官者，不得兼營鹽鐵之類工商業，以奪民利。東漢初，光武帝劉秀欲行均輸之法，尚書朱暉提出異議。其理由便是：「王制：天子不言有無，諸侯不言多少，食祿之家不與百姓爭利。」(《後漢書・朱暉傳》) 西晉的江統，任太子洗馬時，太子在西園學商人賣葵菜、籃子、雞、麵之類。他就在給太子的諫疏中說：「以天下而供一人，以百里而供諸侯，故王侯食籍而衣稅，公卿大夫受爵而資祿，莫不有贍者也。是以士農工商四業不雜」；「樊遲匹夫，請學為圃，仲尼不答。魯大夫臧文仲，使妾織蒲，又譏其不仁。公儀子相魯，則拔其園葵，言食祿者不與貧賤人爭利也。」(《晉書・江統傳》)

【語　譯】孔子說：「君子不能占盡所有的利益由自己一人獨攬，應當遺留一些給百姓分享。」《詩經》上說：「在收穫時地上有遺留下來的禾把，又有未撿盡的穗粒，這些都是留給貧弱的寡婦們來撿拾的啊！」所以君子做了官了，就不能再從事耕穡；從事田獵的，就不能再從事漁業。飲食要隨著季節選擇符合時令的食品，不能追求珍肴奇饈，大夫無故不隨意宰殺羊隻，士也無故不能任意宰殺狗食用。《詩經》說：「採摘莖葉發黃的蔓菁時，不要忽略下面的塊莖還是好的。可不要忘記你說過的甜言蜜語，我倆白首偕老，至死也不分離。」君子以此來防範民眾違禁犯法，即使如此，百姓尚且仍會為了爭奪利益而忘義犯禁，以身試法，並給自身帶來嚴重的危害。上天不會重複給予，頭上已經長了角，那就不能再擁有尖牙利齒了，已經擁有大的利益了，那就不能再去強占那些小的利益。這可是天數呀！如果已經擁有大的利益，又想去搶奪百姓的蠅頭小利，那上天也不會去滿足那種貪得無厭的欲望，何況一般的百姓呢？所以，明智的聖人仿照上天的所作所為，為百姓們規範各種制度，使得那些擁有高薪厚祿的官員，不能再兼併百姓那一點蠅頭微利，再不能與百姓去爭奪那些有利可圖的行業，這可是天理之所在呀！

【研　析】本章的前半部分，自「孔子曰：『君子不盡利以遺民』」至「以此防民，民猶忘義而爭利，以忘其身」，皆出自《禮記・坊記》。《禮記》中的〈坊記〉及〈中庸〉、〈表記〉、〈緇衣〉等篇相傳皆為子思的作品。子思姓孔，名伋，曾受業於曾參。《漢書・藝文志》曾著錄有《子思》二十三篇，已佚。子思的徒裔頗多，孟子便曾受業於子思的門人。坊者，防也。〈坊記〉的主題是君子如何以道防民之失。其起首便云：「故君子禮以坊德，刑以坊淫，命以坊欲。」禮、刑、命是三道隄防：禮是道德上的防線，刑是法制上的防線，命是思想上的防線，劉向在《說苑・雜言》稱：「孔子曰：中人之情，有餘則侈，不足則儉，無禁則淫，無度則失，縱欲則敗。」這也就是要對人的欲念設置思想上的防線。人生而有欲，這是本能，但欲要有度量分界。那就是要通過相應的制度來節制人們的欲望，以達到財用不匱而上下相安的局面。

董仲舒認為，對於統治者而言，應當是「君子不盡利以遺民」，也就是不能壟斷一切利益。董仲舒強調貴族、官僚們在利益驅動時要有度量分界，因為他們已經有了豐厚的祿秩收入，不能再與民爭業，與民爭利。用現代語言說，就是不能用手中擁有權力的優勢去進行權錢交易，從事以權力尋租的行為，如果再與民爭業奪利，那百姓們將何以為生？董仲舒在〈賢良對策〉中曾對這種情況進行揭露與斥責：「身寵而載高位，家溫而食厚祿，因乘富貴之資力，以與民爭利，於下民安能如之哉？是故眾其奴婢，多其牛羊，廣其田宅，博其產業，蓄其積委，務此而亡已，以迫蹙民，民日削月朘，寖以大窮。富者奢侈羨溢，貧者窮急愁苦。窮急愁苦而上不救，則民不樂生。民不樂生，尚不避死，安能避罪？此刑罰之所以蕃而姦邪不可勝者也。故受祿之家，食祿而已，不與民爭業，然後利可均布，而民可家足。此上天之理，而亦太古之道，天子之所宜法以為制，大夫之所當循以為行也。」（《漢書・董仲舒傳》）

然而，這些話儘管已說了二千多年，歷朝歷代卻始終存在這一問題，且愈演愈烈，有過之而無不及。前個時期中國要黨、政、軍、司法等機關與工商企業脫鉤，其實就是原來的做法使政府職能錯位。政府辦企業與民爭利，結果是權力的膨脹與腐敗。如果任其發展，將出現軍隊不會打仗，政府無法行使正常職能，法院無法辦案等荒謬現象。這種情景在中國歷史上屢見不鮮，結果往往是國家四分五裂，政府機構癱瘓，國將不成其為國。畢竟執掌政權是最大利益之所在，所以不得不使二者脫鉤。要劃清兩者之間的界線，它不僅需要思想上的防線，還需要倫理道德上的防線，更重要的是需要有法制上的防線。即使是這樣，也仍難以割斷為官者與逐利之間難捨難分的聯繫。歸根結蒂，問題就出在權力結構自身的體制上。

第三章

凡百亂之源，皆出嫌疑纖微，以漸寖稍長至於大❶。聖人章其疑者❷，別其微者❸，絕其纖者❹，不得嫌以蚤防之❺。聖人之道，眾隄防之類也❻。謂之度制❼，謂之禮節❽。故貴賤有等❾，衣服有別❿，朝廷有位⓫，鄉黨有序，則民有所讓而不敢爭⓬，所以一之也⓭。《書》曰：「轝服有庸，誰敢弗讓，敢不敬應。」此之謂也⓮。

凡衣裳之生也，為蓋形煖身也⓯。然而染五采，飾文章者，非以為益肌膚血氣之情也，將以貴貴尊賢，而明別上下之倫⓰，使教亟行，使化易成，為治為之也⓱。若去其度制⓲，使人人從其欲，快其意，以逐無窮⓳，是大亂人倫⓴，而靡斯財用也，失文采所遂生之意矣㉑。上下之倫不別，其勢不能相治，故苦亂也㉒。嗜欲之物無限，其數不能相足，故苦貧也㉓。今欲以亂為治，以貧為富，非反之制度不可㉔。古者天子衣文㉕，諸侯不以燕㉖，大夫以祿，士不以燕㉗，庶人衣縵㉘，此其大略也㉙。

【章　旨】本章強調恢復古代先王所創訂的制度，使貴賤有等，衣服有別，朝廷有位，鄉黨有序，從而做到貴貴尊賢，明別上下之倫，從而使社會能長治久安。

【注　釋】❶凡百亂之源三句　此處指一切禍亂的源頭，都是由細小的疑惑與難明的事項逐漸擴展開來，以至成為巨大的禍害。嫌疑纖微，細小的疑惑與難明的事項。漸寖稍長，漸漸地蔓延和增長起來。❷章其疑者　使疑惑不定的問題明朗起來。❸別其微者　區別其中微小的差別。❹絕其纖者　斷絕一切細小的禍源。❺不得嫌以蚤防之　指不使人有絲毫疑惑而早為之設防。蚤，通「早」。❻聖人之道二句　指聖人治國的道理，只是為禍患廣泛設置各種隄防而已。《禮記．王制》中提出「齊八政以防淫」。八政，即「飲食、衣服、事為、異別、度、量、數、制」，事為指百工之技藝，異別指五方之器械。八政包括飲食、衣服、用器、居室、車輿等各個方面，這些都屬於眾隄防的範圍，享用時應當嚴格遵守規定，不得任意踰越。董仲舒在〈賢良對策〉云：「夫民之從利也，如水之走下，不以教化隄防之，不能止也。是故教化立而姦邪皆止者，其隄防完也；教化廢而姦邪並出，刑罰不能勝者，其隄防壞也。」《漢書．董仲舒傳》❼謂之度制　指依照貴賤等級在飲食、衣服、田宅、畜產、舟車等方面，在度量上作出具體的規定，超越這個等級所規定的待遇，便構成淫佚踰制，這在漢代可以根據法律依踰制定罪。❽謂之禮節　用禮儀制度來調節和規範人們之間貴賤上下的等級關係，《禮記．王制》所謂「脩六禮以節民性」。六禮指「冠、婚、喪、祭、鄉、相見」這六種禮節。《漢書．禮樂志》則云：「人性有男女之情，妒忌之別，為制婚姻之禮；有交接長幼之序，為制鄉飲之禮；有哀死思遠之情，為制喪祭之禮；有尊尊敬上之心，為制朝覲之禮。哀有哭踊之節，樂有歌舞之容，正人足以副其誠，邪人足以防其失。」❾貴賤有等　依照爵祿封邑的高低，規定人的貴賤等級。周制為公、侯、伯、子、男五等，內爵為公、卿、大夫、士。庶民也有等級，士之子恆為士，農之子恆為農，工之子恆為工，商之子恆為商。古代犯罪沒官的子弟則淪為奴婢，世世從事賤業，故稱賤民。貴賤有等在此處指身分的高低上下尊卑之間的等級關係。❿衣服有別　指君臣及諸侯大夫士之間通過冠冕巾幘諸服飾的差異，以顯示其身分的尊卑、貴賤。⓫朝廷有位　指諸侯群臣朝見天子時，在朝廷上的排列次序依其身分高低都有相應的位次。叔孫通為漢高祖劉邦制定朝賀的儀式，諸侯王以下至吏之百石以上者皆有相應的位次，朝賀時要按朝廷上位次的尊卑次序依次上壽。⓬鄉黨有序二句　古代五百家為黨，一萬二千五百家為鄉。同鄉之人依時要行射禮和鄉飲酒之禮，由鄉三老及鄉大夫率其吏以禮射禮中之賢者和鄉之老者。《禮記・鄉飲酒義》云：「鄉飲酒之禮，六十者坐，五十者立侍，以聽政役，所以明尊長也。六十者三豆，七十者四豆，八十者五豆，九十者六豆，所以明養老也。民知尊長養老，而後乃能入孝弟。民入孝弟，出尊長養老，而後成教，成教而後國安也。」豆是盛菜肴的器皿。此處強調只有尊長養老，然後民知孝悌，教化大成，國家安寧。⓭所以一之也　指使整個社會秩序處於沒有紛爭而有條不紊的狀態。一，指和諧而協調。⓮書曰五句　《書》，指《書經》，儒家經典之一。引文出自《尚書・益稷》，此篇為舜與禹之間的對話。「轝服有庸」，《尚書》原文為「明庶以功，車服以庸」，指明確大臣們的事功，根據功勞的大小為差別，分別賜以車服旗旗。如果主上能唯賢尚功，則在下者皆能敬應上命，以謙讓為尚。董仲舒在此著眼於臣下車服的享有需有上命，在下者必須謙讓而聽命於上，不能爭功吵鬧。只有這樣，皇帝的龍椅才能坐穩。劉邦登上皇位時，第一個難題便是群臣爭功，在朝堂之上，群臣喝醉酒後亂喊亂叫爭功，拔劍擊柱，使劉邦感到十分頭痛。叔孫通為劉邦立朝儀，也就是解決上下、尊卑、貴賤之間的等級秩序，使「諸侯王以下莫不震恐肅敬」，於是漢高祖曰：「吾乃今日知為皇帝之貴也。」（《漢書・叔孫通傳》）⓯凡衣裳之生也二句　指衣服的原始功能僅僅是為了保暖和掩蔽肌膚，「上古穴居而野處，衣毛而冒皮，未有制度」（《後漢書・輿服志下》）。墨子在〈辭過〉篇云：「聖人之為衣服，適身體，和肌膚而足矣，非榮耳目而觀愚民也。」⓰然而染五采五句　染五采，指在絺綌上染以赤、青、白、黑、黃五種色彩。飾文章，指在衣服上繪繡各種花紋。《後漢書・輿服志下》：「後世聖人易以絲麻，觀翬翟之文，榮華之色，乃染帛以效之，始作五采，成以為服。」《尚書・益稷》載帝舜之言：「予欲觀古人之象，日、月、星辰、山、龍、華蟲，作會；宗彝、藻、火、粉、米、黼、黻、絺、繡，以五采彰施於五色，作服，汝明。」這裡規定衣服上的花紋是十二章，上衣上繪製的花紋有日、月、星辰、山、龍、雉六種圖案。在下裳上繡製的花紋有虎、水草、火、白米、黑白相間的斧形花紋、黑青相間的「己」字花紋。這些花紋的顏色也不同，如山、龍是青色，華蟲是黃色，宗彝是白色，火是赤色。這些色彩和花紋的繪製當然與「蓋形煖身」的功能無關，所以下文說「非以為益肌膚血氣之情也，將以貴貴尊賢，而明別上下之倫」，即以花紋的多少來顯示服者身分的高低，《太平御覽》引孔安國的《書大傳》：「天子衣服其文華蟲、作繪、宗彝、藻、火、山、龍；諸侯作繢、宗彝、藻、火、山、龍；子男宗彝、藻、火、山、龍；大夫藻、火、山、龍；士山、龍。」粉、米、黼、黻，為天子至大夫、士各級皆要繡繪。上得兼下，下不得僭上。《漢書・輿服志下》稱：「至周而變之，以三辰為旂旗。王祭上帝，則大裘而冕；公侯卿大夫之服用九章以下。」自天子以下至公卿大夫士的服飾，都是祭天和元旦、冬至等朝會時穿的禮服，在重大禮儀活動中，通過繁雜的服飾顯示其身分等級關係。通過這樣做的結果，便能做到賈誼所說的：「是以天下見其服而知貴賤，望其章而知其勢。」（賈誼《新書・服疑》）但它與各人日常生活中穿的便服還是有區別的。⑰使教亟行三句　指在重大禮儀活動中，通過各人的服飾及各種禮節，把上下尊卑之間的等級關係灌輸到人們心目中，以達到穩定等級制下的社會秩序。⑱去其度制　指取消依照貴賤等級在飲食、衣服、田宅、畜產、舟車上的限制。⑲使人人從其欲三句　指放縱人們去追逐物質享受的無窮無盡的欲念。⑳是大亂人倫　指這樣做的結果，勢必打亂人們相互之間原有的上下尊卑之間的倫常關係。如賈誼在〈治安策〉中所言：「今民賣僮者，為之繡衣絲履偏諸緣，內之閑中，是古天子后服所以廟而不宴者也，而庶人得以衣婢妾。」古代帝后平時不穿而只在宗廟中祭祀時所穿之禮服可以讓放在閑籠中準備出售的僮僕奴婢穿上，以提高其售價，富家之婢妾竟可以穿帝后的服飾。又云：「今世以侈靡相競，而上亡制度，棄禮誼，捐廉恥日甚，可謂月異而歲不同矣。逐利不耳，慮非顧行也，今其甚者殺父兄矣。」（《漢書・賈誼傳》）㉑靡斯財用也二句　指這樣下去，勢必大量靡費社會物質財富，同時又失去聖人為衣服設置文采的原意了。㉒上下之倫不別三句　此處指上下尊卑之間的等級秩序不能維持，勢必引起社會秩序動盪混亂，正如荀子在〈富國〉篇所說：「民下違上，少陵長，不以德為政。如是則老弱有失養之憂，而壯者有分爭之禍矣。」㉓嗜欲之物無限三句　物欲無限，不可能得到滿足，結果上下皆苦於貧。荀子曾在〈富國〉篇提出「節用以禮，裕民以政」的主張，他說：「不知節用裕民，則民貧。民貧則田瘠以穢。田瘠以穢，則出實不半。上雖好取侵奪，猶將寡獲也。而或以無禮節用之，則必有貪利糾譑之名，而且有空虛窮乏之實矣。此無它故焉，不知節用裕民也。」㉔今欲以亂為治三句　此是主張恢復依照貴賤等級來限制人們在飲食、衣服、田宅、畜產、舟車上的享用，那就能由亂至治，由貧至富。這一道理正如荀子在〈禮論〉篇所言：「禮起於何也？曰：人生而有欲，欲而不得，則不能無求。求而無度量分界，則不能不爭。爭則亂。亂則窮。先王惡其亂也，故制禮義以分之，以養人之欲，給人之求，使欲必不窮乎物，物必不屈於欲，兩者相持而長，是禮之所起也」；「故禮者養也。君子既得其養，又好其別。曷謂別？曰：貴賤有等，長幼有差，貧富輕重皆有稱者也。」㉕天子衣文　天子在重大禮儀吉慶時穿繡有各種花紋的衣服。㉖諸侯不以燕　此指諸侯休息安閒時穿常服，不穿禮服。不僅諸侯，即使天子與皇后休閒時穿的也是常服。常服的規格要低於禮服。《禮記・王制》：「燕衣不踰祭服，寢不踰廟。」燕，安息休閒時。《漢書・蔡義傳》:「蔡義上疏曰:『願賜清閒之燕。』」師古注曰:「燕,安息也。」燕衣,即日常穿的便服,這是君王與貴族表示薄於奉己,厚於事神。㉗大夫衣祿二句 「祿」當是「禒」字之訛。禒衣,是大夫穿的用紅布鑲邊的黑色衣服,而禒的寬度為一寸半,是大夫與士的禮服,意謂大夫和士只在禮儀場合穿禒衣,閒居時穿常服。㉘庶人衣縵 指庶人穿的是不能有色彩和花紋的粗布衣服。即〈服制〉篇所言「散民不敢服雜采。」縵,《說文》:「縵,繒無文。」㉙此其大略也 指由此可知其設置制度之大意也。

【語　譯】所有各種禍亂的根源,其起始時都是從嫌疑纖微細小的事項,逐漸發展蔓延,以至成為大的禍害。聖人讓那些看上去疑惑不定的東西,變得明顯起來,把細小微弱的東西也區分得清清楚楚,根絕那些正處於細小狀態的禍根,不使人有任何疑惑,以便人們及早地進行預防。聖人治國的道理,無非是廣泛地設置各種隄防而已。這就是為人們建立各種規章制度,制定各種禮節。所以,貴賤之間有各種等級,在衣服上規定相應的制度,朝會時各人的站立,都有相應的位置,在鄉里聚會時,要使長幼尊卑賓主之間井然有序,那麼老百姓便會互相謙讓,而不敢有任何爭執,這就是用來協調和統一百姓們的觀念和行為的辦法。《尚書》說:「依照功績來賞賜車輿和衣服,誰還敢不謙讓,誰還敢不恭敬地響應君王的號召。」它要說明的也就是這一點。

人們所以要穿衣服,那是為了遮蓋自己的形體和溫暖自己的身軀。然而在衣服上染上各種彩色,繡繪各種花紋,那就不僅僅是為了保護人的肌膚和血氣,而是為了看重貴者,尊敬賢者,藉以顯示上下、長幼、尊卑之間的倫常關係,使教化得以推行,並易於取得成效。這是為了使國家得以治理。如果廢棄這些規章制度,讓每個人放縱自己的欲念,為了稱心快意而無休止地追逐物欲上的滿足,那麼在倫常關係上會導致混亂,極大地揮霍和浪費社會財富,這樣就喪失衣服上裝飾各種文彩的初衷了。如果上下之間的倫常得不到遵守,那麼國家便無法得到治理,百姓們會苦於頻仍的禍亂。如果放縱人們無窮無盡的物欲,實際上不可能滿足大家的需求,結果是大家都苦於貧困。現在想使禍亂得以治理,使貧困轉化為富裕,便非得恢復原來的制度不可。在古代,天子和諸侯只能在祭祀時穿繡繪有各種文采的禮服,而不能在休閒時也穿它；大夫與士在禮儀場合穿鑲有邊緣的禮服，不能在休閒時也穿它，平民百姓則只能穿沒有文采的粗布衣服。這就是禮制規定的大致上的情況。

【研　析】本章的主旨是董仲舒論述當今要由亂至治，由貧至富，只能是恢復先王的制度，從而使「貴賤有等，衣服有別，朝廷有位，鄉黨有序」，使百姓懂得謙讓而不再因爭奪而引起糾紛，使社會生活處於有條不紊的狀態。這就是董仲舒所設計的制度建設，也是他在〈天人三策〉中所反覆闡述的重要觀點。

董仲舒所闡述的制度，繼承了儒家的傳統觀念。它是以周代的禮儀制度作為底本，加以理想化而建構起來的觀念形態。禮儀方式上的規範化與制度化，標誌著一個政權從單純依靠暴力的強制性統治向強化其法定地位的轉變。天命觀的強化，便是這種轉變的一種象徵。同時，禮儀制度上的規範化，也是為了穩定統治者內部秩序，調節各個階層相互之間的利益關係，使君、臣、民各階層間權利與義務的關係有章可循，從而減少君、臣、民三者之間的矛盾和衝突，謀求一個相對穩定的社會秩序，從而穩定各個統治階層的既得利益。王朝更迭的過程，往往先是對舊秩序的打破，在新王朝統治穩定以後才能正式提出制禮作樂的要求。所以禮儀制度的規範也要等新朝建立若干年後才能逐漸確立。在王朝的中後期，隨著統治集團內部的分化重組，各個階層在力量對比上的平衡關係也會發生相應的變動，原來的禮儀制度勢必受到新興階層的排斥，這時規範禮儀制度的呼聲又會甚囂塵上。所以對於規範禮儀制度的呼聲，必須放到各自的社會歷史背景上去考察，才能懂得在不同時期、內容相似的有關呼籲，所反映的是各自不同的社會涵義。

西周時貴族的服飾中，等級的標誌之一是掛在裳前面的「芾」，金文作「市」，也稱作韠或韍；另一件是掛在「芾」前面的「衡」，亦稱「珩」，金文作「黄」。古人行冠禮後，穿禮服或朝服時，其前身必須加韠和珩。所謂韠是在裳前的一幅腰圍。衡或珩，是一串玉珮上端的一塊似磬而小的橫闊的玉，掛在韠之前。以韠和珩的顏色來標誌人的身分。《禮記・玉藻》關於韠稱：「韠，君朱，大夫素，士爵衛。」即君王是紅色，大夫是素色，士是赤黑色。如果與珩相配，則是「一命緼韍幽衡，再命赤韍幽衡，三命赤韍蔥衡」，即一命是赤黃間色的韍和黑色的珩，二命是赤色的韍和黑色的珩，三命是赤色的韍和青色的珩。韍的赤色是用茜草染的顏色。這樣的佩戴是命服，要依照君王任命的爵位來佩戴，以「赤韍蔥衡」最為貴重，是賞給公爵佩戴的。從西周金文所載的冊命禮來看，周王賞賜臣屬的服飾，以「赤韍幽衡」最多，是賞給卿一級諸侯的。諸侯及各級官吏朝見天子時，都必須穿各級命服，奉王命出征時，也必須穿各級命服。這種服飾制度定型已是西周中期以後的事。

再從禮器的規格來看，《春秋公羊傳》桓公二年（西元前七一〇年）何休注：「禮，祭：天子九鼎，諸侯七，大夫五，元士三。」在考古發掘上也可以看到西周的墓葬也確有九鼎、七鼎、三鼎、一鼎的差異，它顯示著墓主的身分等級；但墓葬禮器呈現系統化的等級序列也是在周穆王以後，即西周中期以後的事。這兩個事例都說明了禮儀制度化是在王朝統治穩定以後才逐步實現的，它很難一蹴即成。《論語》中孔子對「八佾舞於庭，是可忍也，孰不可忍也」的憤慨，那是有見於春秋末期周代禮樂制度崩潰的呼籲。這是因為平王東遷以後，周王朝已失去了原有的威望。禮儀上的僭越成為常見的現象。正因如此，孔子才發出了恢復舊有禮儀制度的呼聲。

漢代的情況與西周有相似之處。漢初百廢待興，規範輿服制度的事一時還提不到議事日程上來，所以叔孫通降漢時，隨從弟子百餘人皆無所進，要等到天下大定以後，劉邦才需要叔孫通為其定朝儀。劉邦初為天子時，所戴的冠是楚地的冠制，稱長冠，其制「高七寸，廣三寸，促漆纚為之，制如板，以竹為裡」（《後漢書・輿服志》），時稱劉氏冠，起初民間無分貴賤，都可戴劉氏冠。至漢高祖八年（西元前一九九年）才下令：「爵非公乘以上，毋得冠劉氏冠。」同時下令：「賈人毋得衣錦繡綺縠絺紵羅，操兵，乘騎馬。」那既是屬於服飾制度化的措施，更是為了恢復經濟而抑制靡費，實施重農抑商的政策在服制上的反映。

漢初，據《北堂書鈔・設官部》引衛宏《漢舊儀》云：「惠帝三年，相國奏遣御史監三輔郡，察辭詔凡九條。」這「監御史九條」，又稱「御史九法」，《西漢年紀》卷一引《漢儀》所列九條的最後二條為「敢為踰侈」，「作非所當服者」，可見那時御史對地方的監察法規上，已把服制的限制及其他踰制奢侈的現象列入監察工作的範圍，可能收效不大，所以才有賈誼在〈治安策〉對這方面問題的大聲疾呼。那時文帝自己身衣弋綈，所幸愼夫人衣不曳地，帷帳無文繡（《漢書・文帝紀贊》）。《漢書・食貨志》還講到「漢初將相或乘牛車」，可見那時王朝的經濟狀況還相當拮据。故賈誼在文帝時提出的「改正朔，易服色制度」（《漢書・賈誼傳》），即使沒有功臣集團的反對，也缺少付諸實施的經濟條件。儘管民間貧富之間二極分化的現象已非常明顯了，但朝廷的經濟實力仍不足。文帝十三年（西元前一三四年），「使博士諸生刺六經中作〈王制〉，謀議巡狩封禪事」（《史記・封禪書》）。但也只能停留在議論上，王朝還沒有力量把改制，也就是禮儀的制度化認真付諸實施。到漢武帝即位以後，情況就不同了。《漢書・食貨志》講到漢代「至武帝之初七十年間，國家亡事，非遇水旱，則民人給家足，都鄙廩庾盡滿，而府庫餘財，京師之錢累百鉅萬，貫朽而不可校，太倉之粟，陳陳相因，充溢露積於外，腐敗不可食。眾庶街巷有馬，阡陌之間成群，乘牸牝者擯而不得會聚」。在經濟比較富裕的情況下，改制的實施，包括禮儀的制度化，以及行封禪之禮，才能付諸實施。同時貧富二極分化的矛盾也進一步尖銳起來了。《漢書・食貨志》還說：「於是罔疏而民富，役財驕溢，或至並兼，豪黨之徒以武斷於鄉曲。宗室有土，公卿大夫以下爭於奢侈，室廬車服僭上亡限，物盛而衰，固其變也。」這就是董仲舒在本篇所闡述的觀念的社會歷史背景。至漢成帝永始四年（西元前十三年），朝廷重申「無其尊，不得踰制」的詔命，那是屬西漢後期，王朝衰落，貧富矛盾進一步激化時的產物，它已對實際生活不可能再發生重大的效用了。在西周是如此，在漢代是如此，在其他王朝也有類似的情況。

爵國第二十八

【題解】篇名〈爵國〉，內容為董仲舒據周代政制，結合漢代情況而設計的一整套政治制度與組織機構。上篇〈度制〉強調只有維持與建立嚴格的等級次序的制度方能上下相安，本篇則將這種制度與其組織結構作具體的闡述。爵國的國，指的是國家的政治體制與其組織機構，爵則指這種政治體制與組織機構中內部的等級關係，如公、侯、伯、子、男等。將這五等爵與封土、戶口等結合起來，便是〈爵國〉篇所要闡述的內容。

本篇在闡述這種政治制度的組織結構時，有官僚系統，如卿、大夫、士等，有後宮系統，如國君的夫人、世婦、姬、良人等；有防衛系統，如根據封土面積和戶口多少而設置相應的軍隊以及為護衛王室而提供的衛士等；還有內官的系統，如為夫人服務的傅母，為世子服務的傅與丞。這一切都按照既定的等級次序來配置。這種嚴密的組織結構，是為了保證政權機構的有效運行與自上而下建立起強有力的指揮系統。然而，制度不可能凝固不變，而董仲舒所設計的政治制度與組織結構更不免流於空想和幼稚；但在二千年前能做出這種嘗試與努力，也可以算是難能可貴的了。

本篇共分為七章。第一章指出諸侯國的爵位與封地面積的大小相聯繫，並指出周代與春秋時的差別。周制為五等爵，三品士；《春秋》則為三等爵，二品士。第二章闡述周代內服系統中公、卿、大夫、士等官爵的等級次序，與大國、次國、小國之間的對應關係。同時，強調應根據功德與才能來授與爵土及官位，若能做到各如其能，則治天下如視諸掌上。第三章闡述諸侯的五等封爵與天子、諸侯的五等官爵乃法天地之數。第四章闡述天子與王侯之國根據井田制應有的土地面積、可耕地數目、人口安置與兵源的人數。第五章敘述王室的後宮與朝廷內各級官員及其下屬的編制與定額。第六章將公、侯、伯、子、男五等爵分為大國、次國、小國三等，分別敘述其封土與耕地的面積，戶口與可徵發人丁數與口軍的規模，並分別敘述其後宮、府官與內官的編制及其下屬的編制與定額。第七章敘述附庸諸國中，稱字、稱名、稱人、稱氏者封國的土地面積、耕地與可徵發戶口的數目、編制口師的規模，以及後宮、官屬的編制與定額。

第一章

《春秋》曰：「會宰周公。」❶又曰：「公會齊侯、宋公、鄭伯、許男、滕子。」❷又曰：「初獻六羽❸。」《傳》曰：「天子三公稱公，王者之後稱公，其餘大國稱侯，小國稱伯、子、男。」❹凡五等。故周爵五等，士三品，文多而實少。《春秋》三等，合伯、子、男為一爵，士二品，文少而實多❺。《春秋》曰：「荊。」《傳》曰：「氏不若人，人不若名，名不若字。」凡四等，命曰附庸，三代共之❻。然則其地列奈何？曰：「天子邦圻千里，公侯百里，伯七十里，子男五十里，附庸字者方三十里，名者方二十里，人氏者方十五里。」❼

【章旨】本章指出諸侯國的爵位與封地面積的大小相聯繫，並指出周代與春秋時的差別。周制為五等爵，三品士；《春秋》則為三等爵，二品士。

【注釋】❶春秋曰二句　語見《春秋》魯僖公九年（西元前六五一年）的記載。全文為「公會宰周公、齊侯、宋子、衛侯、鄭伯、許男、曹伯于葵丘」。宰周公，名孔，為周王室的太宰，食邑於周，位居三公，故稱宰周公。❷又曰二句語見《春秋》魯莊公十六年（西元前六七八年）。公，指魯莊公，名周，在位三十二年。齊侯，指齊桓公。這一次是齊桓公在宋國的幽地召集的會盟，魯莊公並未出席。〈滅國下〉篇就講到「幽之會，莊公不往」。宋公，指宋桓公。鄭伯，指鄭厲公。許男，指許穆公。齊桓公召集這次會盟的原因是上一年鄭人侵宋，於是宋人召集齊人、衛人伐鄭。這次會盟是為了與鄭國媾和。董仲舒引這段經文，是為了說明在周代有公、侯、伯、子、男這五等爵的爵位。❸初獻六羽　語見《春秋》魯隱公五年（西元前七一八年）的記載。六羽，指規格為六佾的羽籥舞，即六列四十八人執羽籥而舞。古代樂舞，按規定為天子八佾，諸公六佾，諸侯四佾。魯是諸侯，按規定不能行六佾之羽籥舞，這樣做是以諸侯僭越諸公之禮儀。❹傳曰五句　《傳》指《公羊傳》，下引文字節引自魯隱公五年之傳文。天子三公稱公，周代的三公是指太師、太傅、太保。成王時，以周公為太師，召公為太保，畢公為太傅。王者之後稱公，王者指夏、商之主。例如商之後為宋國，宋國屬諸侯國，但其國君特稱宋公。其餘大國稱侯，如齊國的國君稱齊侯，魯國的國君稱魯侯。小國稱伯、子、男，如鄭國的國君鄭厲公稱鄭伯，許國的國君許穆公稱許男，滕國的國君稱滕子。董仲舒引述經文和傳文的目的也是為了表明周代確實推行著公、侯、伯、子、男這五等爵的制度。❺故周爵五等七句　土，當是「士」字之訛。「土三品」應是「士三品」。實，當是「質」字之訛。〈三代改制〉篇曰：「周爵五等，《春秋》三等。《春秋》何三等？曰：王者以制，一商一夏，一質一文，商質者主天，夏文者主地，《春秋》者主人，故三等也。」〈十指〉稱《春秋》「承周文而反之質，一指也」。董仲舒認為《春秋》應天作新王之事，王魯，絀夏，親周，故宋，承周文之弊，返之於質，故云周文多而實（質）少，《春秋》文少而實（質）多。周尚文，故爵為公、侯、伯、子、男五等，士為上、中、下三品。孔子修《春秋》，由文返質，故把爵位由五等改為三等，合伯、子、男於一，士由上、中、下三品改為上、下二品。事實上把伯、子、男合為一等，為《春秋》時王之制。魯昭公十三年（西元前五二九年），晉昭公在平丘（今河南封丘）召集諸侯會盟。鄭國由子產參加這次會盟，《左傳》記載到在討論納貢時，子產提出「昔天子班貢，輕重以列，列尊貢重，周之制也。卑而貢重者，甸服也。鄭，伯男也，而使從公侯之貢，懼弗給也。」甸服是指在天子畿內供職者。子產認為鄭國並不在天子畿內供職，應當按照伯、男的級別納貢。這次爭辯從日中爭論到黃昏，最終晉侯同意鄭國子產的請求。可見當時伯、子、男在貢物上是同一個標準。❻春秋曰九句　此句意謂《春秋》對境外的蠻夷外稱州名，對附庸小國的稱呼有四個等級，從上到下分別是稱字、稱名、稱人、稱氏。《春秋》曰「荊」，見於魯莊公十年（西元前六八四年）的《春秋》記載，原文為「荊敗蔡師於莘」。荊，指楚國。河南稱荊州，以州名稱楚國，是言楚國為荊州之蠻夷。《詩經・小雅・采芑》：「蠢爾荊蠻。」故荊蠻是中原地區對楚人的蔑稱。「氏不若人，人不若名，名不若字」，見於同上當年的《公羊傳》，指對附庸小國的稱謂，自上而下有字、名、人、氏的四個等級，而傳文則為「州不若國，國不若氏，氏不若人，人不若名，名不若字，字不若子，凡七等」。氏不若人，徐彥疏：「言潞氏不如言楚人。」人不若名，徐彥疏：「言楚人不如言介葛盧。」名不若字，徐彥疏：「言介葛盧不如言邾婁儀父。」附庸，指不合於天子而附於諸侯之小國的封君。字、名、人、氏皆是附庸小國的稱謂。三代共之，指稱謂上的等級差別，夏、商、周三代皆相通。❼然則其地列奈何九句　全句為說明自天子至公、侯、伯、子、男及附庸中的字、名、人、氏在疆域面積方面的等級次序。地列，指封地的等級。邦圻，國境。圻，通「畿」，指邊境。

【語　譯】《春秋》說：「(魯僖公)會見宰周公。」又說：「魯莊公會見齊侯、宋公、鄭伯、許男、滕子。」《春秋》在魯隱公五年時，還貶稱魯國：「初次用六羽籥舞。」《公羊傳》解釋說：「天子的三公稱公，君王的後代稱公，其餘大國只能稱侯，小國則稱伯，或稱子、男。」總共是五等。所以周代爵分為五等，士則分為三個等級，是文采多於其實質。《春秋》則把爵分為三等，把伯、子、男合為一等，士也因此而分為二個等級，是文采少而實質多。《春秋》還曾把楚國貶稱為「荊」，《公羊傳》還補充說：「稱氏的不如稱人的，稱人的不如稱名的，稱名的不如稱字。」字、名、人、氏一共四等，都被稱為附庸，夏、商、周三代都是如此。那麼，他們各自封地的等級又如何呢？回答說：「天子的國境方圓為千里，公侯是百里，伯是七十里，子、男為五十里，屬於附庸的小國，稱字的方圓三十里，稱名的方圓二十里，稱人和氏的方圓只有十五里。」

【研　析】董仲舒依照《春秋》經文和《公羊傳》所提到的諸侯國的爵位，概括出周代諸侯國有公、侯、伯、子、男五等，士有上、中、下三品，而春秋時則合伯、子、男為一爵，由五等變為三等，士則由三品變為上士、下士二品。他還把爵的等級與封地聯繫在一起，指出天子千里，公侯百里，伯七十里，子男五十里。這樣便有了大國、次國、小國。小國以下則為附庸，也有四級：字方三十里，名方二十里，人與氏皆為十五里。所有的諸侯國都應依照爵位來確定疆域的大小，相互之間保持著嚴格的等級次序。

董仲舒在〈度制〉篇闡述了制度建置的目標是「不患貧而患不均」。這個「均」是「各得其分」，也就是依照其爵位的等級次序來分配財富。那麼周初是否真有五等爵呢？當時的實際情況是如何呢？

《尚書》的〈酒誥〉是周公命令康叔在衛國宣布戒酒的誥詞，其中講到殷人的爵位，它說：「越在外服，侯、甸、男、衛邦伯；越在內服，百僚、庶尹、惟亞、惟服、宗工，越百姓里居。」「外服」，指商朝在外的諸侯。「侯、甸、男、衛」是外朝諸侯的名稱。內服，是指商王畿內百官的名稱，即百僚、庶尹、惟亞、惟服、宗工。董仲舒在本章講外朝諸侯的爵位，下章講內朝職官的爵位。諸侯在商代見於卜辭上的稱呼，有侯、伯、子、男、婦等，稱侯的有杏侯、丁侯、伊侯、光侯等，稱伯的有雇伯、井伯、兒伯、宋伯、盂方伯等，稱子的有子央、子汏、子效、子宋。田與男相通。卜辭中有「多田」，《尚書・禹貢》有「二百里男邦」。從〈酒誥〉的用詞可知西周初年在衛國的商代遺民仍沿用著商代的爵名。

西周在周公東征以後，曾經分封諸侯。《荀子・儒效》篇說：「立七十一國，姬姓居五十三。」《左傳》魯昭公二十八年（西元前五一四年）亦記載有：「其兄弟之國十有五人，姬姓之國四十人。」西周文獻及金文中有公、侯、伯、子、男等稱號。對與王室關係密切及畿內的諸侯稱公，對畿內與畿外較小的諸侯則稱伯、子、男及采、衛等。它們之間有等級關係，但並不嚴格。從稱號的涵義上講，公是對長一輩諸侯的尊稱，如周公、召公、畢公。侯，最初是駐防在邊境的武官，後來才演變成封國的稱號，金文〈令彝〉有「眾諸侯：侯、田、男」。伯，意謂諸侯之長。周文王稱西伯，即殷商西邊諸侯之長。子，意謂君王受分封的諸子，逐漸演化為封爵的稱號。男，指任王事的意思，古代男與任相通。

公、侯、伯、子、男被完整地作為五等爵來表述，要遲到戰國時《孟子・萬章下》。這件事起因於北宮錡問孟子，周室是如何頒爵祿的？孟子曰：「其詳不可得聞也。諸侯惡其害己也，而皆去其籍。然而軻也，嘗聞其略也。天子一位，公一位，侯一位，伯一位，子男一位，凡五等。」孟子說諸侯惡其害己而銷燬典籍，未必有事實上的根據；反之，可見孟子的說法也缺少典籍上的根據，所謂大略也只是孟子把典籍上零星的記載歸納和整理的結果。在《禮記・王制》中也有類似的說法：「王者制祿爵，公、侯、伯、子、男。」二者不同的地方，孟子的五等爵包括天子，把子、男合在一起作為同一個等級，〈王制〉成書時間較晚，據《史記・封禪書》載：漢文帝十六年（西元前一六四年），「使博士諸生刺六經中作〈王制〉」。所以，〈王制〉中所說的也是從六經的零星記載中概括提煉出來的。董仲舒在這裡講的五等爵，也是他從《春秋》經文和《公羊傳》中鉤勒出來的。

從孟子到董仲舒，為什麼要鉤勒這樣一個次序嚴整的五等爵制呢？也許是有鑒於戰國以來諸侯王之間因爭奪霸權而形成的無序狀態，希望通過五等爵制使諸侯王由無序的征戰轉化為有序而各得其分。由於從孟子到董仲舒的反覆論述，周代存在五等爵制也就成為共識了。漢代處理歷史遺留下的諸侯王問題，在劉邦是通過武力來翦滅異姓王，從漢文帝到景帝是通過翦滅吳楚七國之亂來打掉同姓諸侯王的氣焰。漢武帝並未恢復周代的五等爵制，而是實施主父偃建議的推恩令，使諸侯王得分戶邑以封子弟，結果齊分為七，趙分為六，梁分為五，淮南分為三，大國不過十餘城。同時，設附益之法，使諸侯唯得衣食租稅，不與政事，大大削弱了諸侯王的力量，使其再也不能與天子相抗衡了，它比董仲舒的辦法簡單而又徹底得多。

關於封爵與地列的關係，董仲舒的說法也是沿襲孟子以來的傳統說法。孟子與《禮記・王制》的說法，都是天子地方千里，公侯百里，伯七十里，子男五十里，不足五十里者為諸侯之附庸。董仲舒對孟子的補充是在附庸的範圍內進一步加以細分，那就是字者方三十里，名者方二十里，人、氏者方十五里。從周初分封的實際情況看，爵位與封疆這二者之間的關係並非如此簡單。西周的分封主要發生於文、武、成、康四代，《左傳》魯定公四年記錄了衛國的子魚講到周公對魯、康、唐三國分封的情況，對於魯國，他說：「分魯公以大路、大旂、夏后氏之璜、封父之繁弱，殷民六族：條氏、徐氏、蕭氏、索氏、長勺氏、尾勺氏，使帥其宗氏，輯其分族，將其類醜，以法則周公，用即命於周。是使職事於魯，以昭周公之明德。分之土田陪敦，祝、宗、卜、史，備物典策，官司彝器。因商奄之民，命以伯禽而封於少皞之虛。」這是分封給魯公，即周公之子伯禽的器物。大路、大旂、璜、繁弱分別是車子、旂子、美玉與大弓，那是伯禽身分的標誌；其次是殷民六族，那是把殷的前貴族連同其屬下的醜類即奴隸，一起遷移到封國；其三是「土田陪敦」，即「土田附庸」，也就是封地的範圍內的土地以及所在地區的原居民，也就是「因商奄之民」。它的封地是「少皞之虛」，少皞是魯的都城，即今之曲阜。其四是祝、宗、卜、史，即太祝、宗人、太卜、太史四官。備物典策，即冊命伯禽為魯公的文書，要說明的是這已不是魯國的始封地。伯禽始封於河南的魯山。周公經營東方以後，方始遷移到山東的曲阜，所以春秋時在河南許昌仍有魯國「許田」。關於康國，子魚說：「分康叔以大路、少帛、綪茷、旃旌、大呂，殷民七族：陶氏、施氏、繁氏、錡氏、樊氏、饑氏、終葵氏。封畛土略，自武父以南，及圃田之北境，取於有閻之土，以共王職。取於相土之東都，以會王之東蒐。聃季授土，陶叔受民，命以〈康誥〉，而封以殷虛，皆啟以商政，疆以周索。」康叔是周武王的同母少弟，始封於康，是周的畿內國。周公平定東方的叛亂後，把康叔遷封於衛。周公分封給康叔的器物，一是大路、旃旌、大呂一類車輿、旗幟和大鐘。二是原來由武庚統治的殷民七族，其中有專門製陶、造旗等技術的氏族。其三是說明衛國封土的疆域，在原來殷墟的範圍之內。《史記·衛世家》稱其「居河、淇間故商墟」。還有二塊飛地，一是洛邑附近供朝宿用的「有閻之土」，即「閻田」，還有「帝丘」，在今河南濮陽西南，作為周天子狩獵時與天子相會的地區。其四是冊命時由聃季授土，陶叔授民。《尚書》中的〈康誥〉即是分封康叔為衛國君主時的冊文。最終規定了衛國的施政方針是「啟以商政」，對殷商的遺民採取懷柔政策；「疆以周索」，是又要奉行周朝的相關法令。關於唐國，也就是後來的晉國，子魚說得比較簡單。他說：「分唐叔以大路、密須之鼓、闕鞏沽洗，懷姓九宗，職官五正。命以〈唐誥〉，而封於夏墟，啟以夏政，疆以戎索。」這裡說了四點內容。其一是賞賜給唐叔的器物：大路，是大的車輿。密須之鼓，指密須所產之大鼓。沽洗是鐘名。這是周公把文王在大蒐禮中應用的鼓和車，武王在克商戰役中應用的冑甲，作為禮物賞賜給唐叔，要求他繼承先祖尚武的傳統，對付北方的戎狄。其二封給唐叔的人口是懷姓九宗，懷是鬼方的姓。其三封給唐叔的地區是夏墟，其地域大體上在今山西之南部地區，翼城附近。其四是治國的方針與魯國和衛國不同，「啟以夏政，疆以戎索」，因為要與戎狄周旋，所以要揉合夏和戎狄的文化。由於晉與戎狄相處，所以唐叔的疆域沒有明確的四至。魯、衛、晉三國分封的要素，歸納起來，最緊要的是二條，一條是授民，一條是授土，而疆域的四至，面積的大小，很難依爵位的等級有統一的規定，如魯與衛的封國都有過遷徙，晉國的疆域前後變化也很大。在分封的初期，由於人口稀少，土地空曠，國與國之間未必有接壤。到了西周晚期由於人口的增加，國與國之間逐漸出現比壤接鄰的情況。到了春秋時，土地成為稀缺的資源，才有鄭國以璧換取魯國的許田之舉。孟子說的「公侯百里，伯七十里，子男五十里」，不可能是周初分封的實際狀況，而是針對戰國時那種「爭地以戰，殺人盈野，爭城以戰，殺人盈城，此所謂率土地而食人肉」（《孟子．離婁下》）的情況而言的。故它是為了反對頻仍的戰亂而衍生出來的一種觀念，目的是希望各國疆域的大小也應各得其分。

第二章

《春秋》曰：「宰周公。」《傳》曰：「天子三公。」❶「祭伯來」，《傳》曰：「天子大夫。」❷「宰渠伯糾」，《傳》曰：「下大夫。」❸「石尚」，《傳》曰：「天子之士也。」❹「王人」，《傳》曰：「微者，謂下士也。」❺凡五等❻。《春秋》曰：「作三軍。」《傳》曰：「何以書？譏。何譏爾？古者上卿、下卿、上士、下士。」凡四等❼。小國之大夫與次國下卿同，次國大夫與大國下卿同，大國下大夫與天子下士同。二十四等。祿八差❽。有大功德者受大爵土，功德小者受小爵土。大材者執大官位，小材者受小官位，如其能，宣治之至也❾。故萬人者曰英，千人者曰俊，百人者曰傑，十人者曰豪。豪傑俊英不相陵，故治天下如視諸掌上❿。

【章旨】本章闡述周代內服系統中公、卿、大夫、士等官爵的等級次序，與大國、次國、小國之間的卿、大夫、士間的對應關係。同時，強調應根據功德與才能授與爵土及官位；若能做到各如其能，治天下如視諸掌上。

【注釋】❶春秋曰四句　引文與上章相同。上章的引用是為了說明天子外爵有公，此處是說明天子內爵亦有公。《公羊傳》魯隱公五年（西元前七一八年）稱：「天子三公者何？天子之相也。天子之相則何以三？自陝而東者，周公主之；自陝而西者，召公主之；一相處乎內。」《尚書・周官》則稱：「立太師、大傅、太保，惟茲三公。論道經邦，燮理陰陽。」《大戴禮記・保傅》：「昔者，周成王幼，在襁褓之中，召公為太保，周公為太傅，太公為太師。保，保其身體；傅，傅其德義；師，導之教順，此三公之職也。」❷祭伯來三句　事見《春秋》魯隱公元年（西元前七二二年）的記載。祭伯，周公之後，祭公始封之君為周公之子。劉向上封事稱：「周大夫祭伯，乖離不和，出奔於魯。」清代學者蘇輿認為此處所言之大夫乃上大夫，即天子之卿。卿與大夫，《春秋》皆謂之大夫，分而言之，卿為上大夫，其他大夫皆為下大夫。❸宰渠伯糾三句　事見《春秋》魯桓公四年（西元前七〇八年）的記載，當時周桓王使宰渠伯糾聘於魯。宰為官名，渠為氏，糾為其名。伯是天子敬老的尊稱。《公羊傳》曰：「其稱宰渠伯糾何？下大夫也。」《周禮》宰夫有下大夫四人。《白虎通義・爵》：「大夫之為言大扶，扶進人也。」❹石尚三句　事見《春秋》魯定公十四年（西元前四九六年）的記載，當時周天子使石尚去魯國饋送脤。脤為古代王侯祭社稷所用的牲肉。《公羊傳》對此評論曰：「石尚者何？天子之士也。」石是氏，尚是名。《春秋》記載士身分的通例為在上士之名上加氏。中士錄名繫於官，如魯隱公三年提到的宰咺便是中士，宰是其官名，咺為其名。❺王人四句　事見《春秋》魯僖公八年（西元前六五二年）的記載。王人指周天子派來參加會盟的使者，由於其身分是下士，經文不稱其名，只稱其人，故《公羊傳》稱其為微者，即身分低微的人。❻凡五等　指天子之內爵，為公、上大夫、下大夫、上士、下士五等。但孔廣森在《春秋公羊通義》稱：「《春秋》凡王之下士為王人，中士錄名，宰咺是也。上士加氏，石尚是也。下大夫書字，家父、叔服、渠伯糾是也。中大夫以伯仲書，祭仲、南季、仍叔等是也。上大夫以子書，尹子、單子、劉子是也。三公稱公，周公、祭公、虞公是也。」士與大夫皆分上、中、下三等，自三公至下士為七等。董仲舒則認為大夫與士都只分上、下二等，加上公共為五等。二人都是從《春秋》書法上提煉出來的，但二人的結論卻不相同。❼春秋曰八句　《春秋》記載此事於魯襄公十一年（西元前五六二年）。作三軍，是指季武子在魯國建立三軍。魯國本來只有上下二軍，都屬於公室所有，有戰爭時由季氏三卿輪流為二軍的統帥領兵出征。此時作三軍，是季氏三卿要三分公室的軍隊。作三軍後，季孫氏，孟孫氏、叔孫氏分別擔任軍隊的統帥，軍隊分為上、中、下三軍，魯國公室的軍隊便轉而隸屬於季氏之三卿。《公羊傳》所言古者，指魯國初始時只有上、下二軍，尚未設有中軍。在內治國稱卿，在軍旅領兵則謂士，後來逐步演變，卿與士成兩個等級，故有上卿、下卿、上士、下士之稱。《公羊傳》言《春秋》譏魯國作三軍，是譏季氏破壞了魯國原來的制度。董仲舒在這裡是用來證明《春秋》只承認諸侯之內爵除了公以外，只有上大夫、下大夫、上士、下士，合在一起共為四等，而不是上大夫、中大夫、下大夫，及上士、中士、下士各為三等。❽小國之大夫與次國下卿同五句　此處指的是天子與諸侯國之卿、大夫、士之祿秩收入的等差。「祿八差」，當是「祿入有差」之誤。小國降次國一等，次國降大國一等，大國降天子一等。諸典籍對卿、大夫、士祿秩的等差各有異同。《左傳》成公三年載「臧宣叔云：『次國之上卿當大國之中，中當其下，下當其上大夫。小國之上卿當大國之下卿，中當其上大夫，下當其下大夫。上下如是，古之制也。』」次國比大國降一級，小國比大國則降二級，但《左傳》是把卿、大夫都分為上、中、下三級的。《孟子．萬章》則把公侯百里列為大國，伯七十里列為次國，子、男五十里列為小國。《禮記．王制》亦有類似的說法：「諸侯之下士，視上農夫，祿足以代其耕也。中士倍下士，上士倍中士，下大夫倍上士，卿四大夫祿，君十卿祿。」次國相對於大國，小國相對於次國，其卿、大夫、士依次各降一等。二十四等，指自天子至大國、次國、小國的卿、大夫、上士、下士各四等，以及天子之諸卿、大夫、上士、下士的通佐，及附庸之宰、丞、士、秩士四等，合在一起共二十四等。其祿秩所入各有等次。❾有大功德者受大爵士六句　指爵位和祿邑的授受應依據其德才的狀況。有大功大德者授大爵，功德小者授小爵，有大才能者可授以高官厚祿，有小才能者只能獲薄祿卑官。如其能，指各人都能盡其能力，並做到按其功績的大小來授官食祿。宣治之至也，指這樣做能使國家達到至治的境界。❿故萬人者曰英六句　指才德過萬人者謂之英，過千人者謂之俊，過百人者謂之傑，過十人者謂之豪。英俊傑豪皆是對才德出眾者之美稱。豪傑俊英不相陵，指才能之士皆能在相應的職位上任職，賢與不肖者不相欺淩，則人人無奔競僥倖之心。故治天下如視諸掌上，指君王倘若能如此去做，則治天下便易如視掌上之物。

【語　譯】《春秋》說：「宰周公。」《公羊傳》解釋說：「周公是天子的三公之一。」《春秋》說：「祭伯來奔。」《公羊傳》解釋說：「祭伯是天子的大夫。」《春秋》說：「天王派遣宰渠伯糾來訪。」《公羊傳》解釋說：「所以稱作宰渠伯糾，是因為他是天子的下大夫。」《春秋》說：「周天子派石尚來送脤肉。」《公羊傳》解釋說：「石尚是天子的上士。」《春秋》說：「魯僖公會見王人。」《公羊傳》解釋說：「稱王人是表示使者為地位低微的人，是下士。」從周天子那兒來的使者的身分，共有三公、上大夫、下大夫、上士、下士五等。《春秋》說：「魯國建立三軍。」《公羊傳》解釋說：「為什麼要記載這件事？記載這件事是為了譏諷季氏。為什麼要譏諷季氏建立三軍？因為諸侯國早先只有上卿、下卿、上士、下士。」說明諸侯國的職官共有四等。在諸侯國中，小國的大夫與次國的下卿地位相等，次國的大夫與大國的下卿地位相等，大國的下大夫與天子的下士地位相等，這些爵位加起來，一共有二十四個等級，他們各自祿秩的收入也有相應的等級差別。有大功德的接受大的爵位和封邑，功德小的接受小的爵位和封邑，能力大的執掌大的官位，能力小的接受小的官位。各人都能盡其所能，並同時依照功績的大小來分享俸祿，便能使國家的治理達到盡善盡美的境地。能力超過萬人的叫做英，超過千人的叫做俊，超過百人的叫做傑，超過十人的叫做豪。豪、傑、俊、英在各自的職位上不相逾越，那麼君王治理國家就像注視自己掌上之物那樣容易。

【研　析】公、卿、大夫、士屬於內服系統官爵的名稱，而公、侯、伯、子、男則屬於外服系統的名稱。在西周初年，太師和太史是內服系統的主要執政者，都是公爵，尊稱為公。太師既是執政的長官，又是王朝最高的軍事長官。任太師者同時往往有二人，成王時太公望與周公旦同時為太師。其次是卿一級，西周早期有司徒、司馬、司工、司寇、太宰。《尚書・周官》稱：「太師、太傅、太保，茲惟三公。論道經邦，燮理陰陽。」又云：「冢宰掌邦治，統百官，均四海。司徒掌邦教，敷王典，擾兆民。宗伯掌邦禮，治神人，和上下。司馬掌邦政，統六師，平邦國。司寇掌邦禁，詰姦慝，刑暴亂。司空掌邦土，居四民，時地利。六卿分職，各率其屬，以倡九牧，阜成兆民。」六卿的地位次於三公。

從機構講，西周中央政權有兩大系統：卿士寮和太史寮。前者相當於外朝府官的系統，後者相當於內朝宮官的系統。寮是官署的意思，主持這二個機構的長官稱公。〈令彝〉銘文云：「王令周公子明保，尹三事四方，受卿事（士）寮。」明保是周公旦的兒子伯禽，曾經主管「三事四方」，三事，指王畿以內三大政事，即相當於司徒、司馬、司空三卿的職掌。三事亦稱三司，三司的長官是卿。「四方」是指四方諸侯的政務。四方，包括〈令彝〉銘文所稱的「侯、田（甸）、男、舍四方令。」卿，韋昭的《辨釋名》稱：「卿，慶也，言萬國皆慶賴之。」事實上，不僅周王室有三司，諸侯也有這三司，執掌這三司的長官是卿，如魯國季氏三卿。據《左傳》魯昭公四年（西元前五三八年）載：當議論要不要把周天子賞賜的路車為叔孫豹隨葬時，講到當年周朝賜路車時，叔孫氏的家臣杜洩指出：「吾子（季孫）司徒書名。夫子（叔孫）為司馬，與工正書服。孟孫為司空，以書勛。」從杜洩的話中可以看到，魯國季孫、孟孫、叔孫三卿的職事正好是司徒、司空、司馬這三司，故諸侯在其國內設置官制，大略與王室相似。

在西周初年，卿事寮則是主管這「三事四方」諸項政務的外朝行政機構。按照周制，大國的諸侯可以兼任王室的官吏，例如周初衛康叔為周的司寇，周末鄭桓公為周的司徒。由四方諸侯進入朝廷的卿的稱侯，由畿內諸侯進入朝廷為卿的稱伯。大夫，起初是卿的別稱。《詩經．小雅．雨無正》：「三事大夫，莫肯夙夜；邦君諸侯，莫肯朝夕。」這裡的「三事大夫」，指三司主管的長官，即司徒、司空、司馬，應是指卿。春秋時晉國設有公族大夫，《左傳》成公十八年及《國語．晉語七》記載晉悼公時，荀家、荀會、欒黶曾為公族大夫，其職掌是掌管公族及卿大夫子弟的官員，屬於卿一級。後來才分化為上大夫為卿，大夫則為下大夫。卿大夫往往又作泛稱。

士，它的原始意義，指從事耕作的男子，近代學者都認為士最初是武士。《禮記．曲禮》：「四郊多壘，此卿大夫之辱也；地廣大荒而不治，此亦士之辱也。」呂思勉解釋此條謂：「卿大夫初為軍帥，士則戰士，平時肆力於耕耘，有事則執干戈以衛社稷者也。」（《先秦史》）此說有理。周初，兵農不分，周人的貴族階級，人人都是武士，高級官員多半可以帶兵打仗。太師既是軍事長官，也是行政長官；卿既是行政長官，也可以是軍隊的長官。「作三軍」便是魯國季氏三卿分別統率公室的三軍。《左傳》桓公二年載晉大夫師服說：「吾聞國家之立也，本大而末小，是以能固。故天子建國，諸侯立家，卿置側室，大夫有貳宗，士有隸子弟，庶人、工、商各有分親，皆有等衰。」士的地位處於卿大夫與庶人之間。關於卿、大夫、士之間的等級結構的形成，公、卿這二級成型時間較早，大夫、士這二級成型時間較晚，所以它是逐漸明朗化的，是先有事實，後有概念。從《孟子》經《禮記・王制》到《春秋繁露》，是在一定歷史事實的基礎上，逐漸使之制度化的過程。

在諸侯國中，大國、次國、小國之間的卿、大夫、士之間同樣也存在一個等級次序。《左傳》成公三年記載晉國派荀庚，衛國派孫良夫來魯國會盟，魯成公問臧宣叔，說：「晉國的荀庚在晉國是下卿，而衛國的孫良夫在衛國是上卿，那麼在魯國會盟時，他們的位次應如何排列呢？」臧宣叔回答：「次國之上卿當大國之中，中當其下，下當其上大夫。小國之上卿當大國之下卿，中當其上大夫，下當其下大夫。上下如是，古之制也，衛在晉，不得為次國。晉為盟主，其將先之。」依照晉國與衛國各自始封的爵位，衛不是晉的次國，而現在晉國是盟主，座次的排列只能衛次於晉。所以，在實際生活中，自天子至大國、次國、小國的公、卿、大夫、士的等級只能依照各自當時的實力地位，而不是依照其爵位來排列次序。至於要依照功德才能來授官授爵，達到人才的優化配置，也只能是一種理想的期望。實際生活中起決定作用的仍是各自的實力地位。然而從歷史發展的總趨勢看，等級制度的規範化、繁複化又是必然的趨勢，所以從孟子到董仲舒的論述，又有它合理的一面，不能對它作全盤否定。

第三章

其數何法以然❶？曰：天子分左右五等，三百六十三人，法天一歲之數❷。五時色之象也❸。通佐十，上卿與下卿而二百二十人，天庭之象也，倍諸侯之數也❹。諸侯之外佐四等，百二十人，法四時六甲之數也。通佐五，與下而六十人，法日辰之數也❺。佐之必三三而相復❻，何？曰：時三月而成大❼，辰三而成象❽。諸侯之爵❾或五何？法天地之數❿也。五官亦然⓫。

【章旨】本章闡述諸侯的五等封爵與天子、諸侯的五等官爵是法天地之數。

【注釋】❶其數何法以然　指官員定員的數額是效法什麼而形成的。數，指官員的定員。法，效法。❷天子分左右五等三句　五等，指公、卿、大夫、上士、下士五等。三百六十三人，即下文之三公，九卿，二十七大夫，八十一元士，二百四十三下士。三百六十三人是其總和，恰巧為三之四次方之和。法天一歲之數，指其數大致上是效法一年的天數。❸五時色之象也　五時，指春、夏、秋、冬四時，加季夏為中央，合為五時，以與五行相配。五時各有色為其象徵，以青色代表春季，赤色代表夏季，白色代表秋季，黑色代表冬季，黃色代表中央的季夏。❹通佐十四句　通佐十，通佐，此處指卿、大夫、上士、下士之助理。十是一個象徵性數字。《漢書・律曆志》：「是故元始有象一也；春秋二也，三統三也，四時四也，合而為十，成五體。」故十是總和的意思。上卿下卿而二百二十人，下文有七上卿，二十一下卿，六十三元士，百二十九下士之和，一共為二百二十人。天庭之象，天庭是星垣名，亦作天廷，即太微垣，為傳說中天帝宮廷的象徵，其位置在北斗的南方，《史記・天官書》所載的南宮朱鳥，有衡，「衡，太微，三光之庭」，即是天庭。太微是官府的意思，所以星名皆是官名，如三公、九卿、五諸侯等，《觀象玩占》稱：「太微宮垣十星，東西各五星。」東邊的五星從南起，其名稱有左執法廷尉、上相、次相、次將、上將，西邊五星為右執法御史大夫，依次為上將、次將、上相、次相，左右相對稱。倍諸侯之數，指天子通佐十之數是諸侯之通佐五之數的一倍。❺諸侯之外佐四等六句　外佐四等，指卿、大夫、上士、下士四等。百二十人，指諸侯官員之數有三卿、九大夫、二十七上士，八十一下士四等，其總和為百二十人。四時指春、夏、秋、冬四季。六甲，一甲即一天干之數，為十日，六甲即為六十日。通佐五，為天子通佐十之一半。與下而六十人，當作「上士與下士而六十人」。法日辰之數，指這是效法記載時日計數的方法。古代以天干地支記載日期，天干為甲、乙、丙、丁、戊、己、庚、辛、壬、癸，地支為子、丑、寅、卯、辰、巳、午、未、申、酉、戌、亥。一個甲子，即天干地支搭配完畢為六十日。❻佐之必三三而相復　指輔佐的官員按三的倍數遞增。❼時三月而成大　三個月構成一個季節，稱時，一年為春夏秋冬四時。❽辰三而成象　辰三，指日、月、星。這三者相互對應的位置才能構成天象。❾諸侯之爵　指公、侯、伯、子、男五等。❿法天地之數　指效法天地之數。天數為一、三、五、七、九，共計為五，地數為二、四、六、八、十，也共計為五。天地之數都是五，諸侯所以取五等爵是模仿天地之數。⓫五官亦然　五官是指公、卿、大夫、上士、下士，意謂設五官也是仿傚天地之數。

【語　譯】官員定員的數字，是效法什麼而形成的呢？回答是天子把其左右的官屬分為五等，總數為三百六十三人，這是效法上天所定一年的日數，分為五等則是效法五時所具有的五方之色。天子的通佐為十，包括上卿、下卿以下共二百二十人，這是效法天庭「太微垣」的象徵，在數目上是諸侯的倍數。諸侯的外佐分為四等，其總數是一百二十人。它也是效法計算日期的四時六甲的數字。諸侯的通佐為五，「上士」與「下士」加在一起是六十人，也是效法計算日辰的數字。為什麼作為輔佐的官員的數字，總是依照三的倍數來遞增呢？這是因為三個月構成一個大的季節，天上要日、月、星三辰才構成天象。為什麼諸侯的封爵也要分成五等呢？那是因為天數與地數都分別是五個啊！天子內爵中的公、卿、大夫、上士、下士等五官也是這樣啊！

【研　析】董仲舒在本章議論的主題是關於天子與諸侯設置公、卿、大夫、士的數目問題，具體闡述是從「其數何法以然」提起的。數本來是表明事物數量關係的抽象概念，而其指稱則為具象的某一具體事物，如記錄年、月、日以及四時季節轉換，表現在時間上以日為單位的數量關係。一年十二個月分四季，每季三個月，每個月二十九或三十日，一年三百六十五日。古人以天干地支，也就是甲子來記載時日。十天干，十二地支，再從計數的十個數字中區分出奇數和偶數：五個奇數，五個偶數。當這些數離開了具象的事物，在數與數的關係上，古人不斷賦以神祕的觀念，如《易・繫辭》把一至十的奇數看作天數，偶數看作地數。

官員定員的數目從哪兒來呢？任官是為了任事。有多少事，任多少官；有多少不同的事，任多少不同的官。任官時間長了，才有爵，才有祿以代耕。所以，政府機構的官員數量，與其各個不同爵位的數量比，產生的根據只能是事的多少與難易輕重。中央王朝比地方諸侯的政府機構要龐大得多，但從春秋到戰國，各諸侯國的政府管理機構，也變得逐漸複雜起來，對官府的定員和爵位以及俸祿也越來越講究。到秦漢時，中央的統一王朝逐漸定型，對官府機構的組織、定員、職能、品秩愈來愈需要加以系統化和規範化了。這時，自然會有人來為這種需要作出各種各樣的設計。

這樣的設計又是從哪兒找根據呢？《尚書・周官》的天子立三公，曰太師、太傅、太保，立三少以為之貳，曰少師、少傅、少保，是為三孤。又，立冢宰、司徒、宗伯、司馬、司寇、司空，是為六卿，這是古文經學家對中央政府機構的設計，並闡釋了它的職能。孟子在回答北宮錡詢問周室的爵祿時，說明了古代公、侯、伯、子、男及卿大夫、上士、中士、下士的爵和祿的等級，但沒有說明各政府機構的職能及官員的定員。《荀子・王制》在「序官」中列舉了各個官府機構的職能，如宰爵是「知賓客祭祀饗食犧牲之牢數」；司徒是「知百宗城郭立器之數」；司馬是「知師旅甲兵乘白之數」；大師是「脩憲命，審詩商，禁淫聲」；司空是「脩隄梁，通溝澮，行水潦，安水臧，以時決塞，歲雖凶敗水旱，使民有所耘艾」；虞師是「脩火憲，養山林藪澤草木魚鱉百索」；治田是「相高下，視肥墝，序五種，省農功，謹蓄藏，以時順脩」；鄉師是「順州里，定廛宅，養六畜，間樹藝，勸教化，趨孝悌，使百姓順命，安樂處鄉」；工師是「論百工，審時事，辨功苦，尚完利，便備用，使雕琢文采不敢專造於家」；傴巫跛擊是「相陰陽，占祲兆，鑽龜陳卦，主攘擇五卜，知其吉凶妖祥」；治市是「脩採清，易道路，謹盜賊，平室律，以時順修，使賓旅安而貨財通」；司寇的職能是「抃急禁悍，防淫除邪，戮之以五刑，使暴悍以變，姦邪不作」；冢宰的職能是「本政教，正法則，兼聽而時稽之。度其功勞，論其慶賞。以時慎脩，使百吏免盡，而眾庶不偷」；辟公的職掌是「論禮樂，正身行，廣教化，美風俗，兼覆而調一之」；最終是天子的職掌，即「全道德，致隆高，綦文理，一天下，振毫末，使天下莫不順比從服」。可見各個機構的設置，是根據其分工的事狀來確定的。除天子與冢宰統攬全局外，其他都有專職的分工，但其中未說明各個官職在爵位上的高低，沒有說明各個機構設置官員的數目，究其內容與《管子・立政》所言相近。故它可能是齊國官府機構設置狀況的概述。其中也包含著若干理想化的成分，如對失職官員的追究，「政事亂，則冢宰之罪也；國家失俗，則辟公之過也。天下不一，諸侯俗反，則天王非其人也」。事實上，當然不可能有人去確定天王非其人選。

政府作為權力機構的組織結構，它還應該包括政府決策的制訂及執行過程中，各個權力機構之間的職責，及其運作的程序；但這些內容，荀子在〈王制〉中都還沒有觸及。《禮記・王制》則避開了官府各機構的分工和職能，偏重於天子與諸侯所屬之官員的爵位、員數和祿秩的設計，如天子、三公、九卿，二十七大夫，八十一元士。大國三卿皆由天子任命，有下大夫五人，上士二十七人；次國三卿、二卿由天子任命，一卿由其國君任命，有下大夫五人，上士二十七人。小國二卿皆由其國君任命，有下大夫五人，上士二十七人。其祿秩則規定「天子之三公之田視諸侯，天子之卿視伯，天子之大夫視子、男，天子之元士視附庸」。

董仲舒作為今文經學家的代表，在官制的設計上沿襲了〈王制〉的思想，其有所發展的地方，是在定員數字上引入了天數的觀念。在官爵的定員數目上，通過與「天數」類比的方法，使爵位的員數成為顯示天命的象徵。這樣去設計，勢必與實際需要的距離拉得更大了。即使是《周禮》那樣雜取古代官制纂輯而成的制度設計，漢武帝尚稱之為「瀆亂不驗之書」，故對董仲舒的設計不能過於認真，但應該知道它的來龍去脈。

第四章

然則立置有司，分指數奈何❶？曰：諸侯大國四軍，古之制也，其一軍以奉公家也❷。凡口軍三口者何❸？曰：大國十六萬口而立口軍三❹。何以言之？曰：以井田准數之❺。方里而一井，一井而九百畝而立口❻。方里八家，一家百畝，以食五口。上農夫耕百畝，食九口，次八人，次七人，次六人，次五人，多寡相補，率百畝而三口。方里而二十四口；方里者十，得二百四十口；方十里為方里者百，得二千四百口；方百里為方里者千，得二萬四千口；方千里為方里者萬，得二十四萬口❼。法三分而除其一。城池、郭邑、屋室、閭巷、街路市、官府、園囿、萎圈、臺沼、椽采，得良田方十里者六十六，十與方里六十六❽，定率得十六萬口。三分之，則各五萬三千三百三十口，為大口軍三。此公侯也❾。天子地方千里，為方百里者百，亦三分除其一，定得田方百里者六十六，與方十里者六十六，定率得千六百萬口。九分之，各得百七十七萬七千七百七十七口，為京口軍九。三京口軍以奉王家❿。

【章旨】本章闡述天子與公侯之國根據井田制應有的土地面積、良田數目、人口安置與兵源的人數。

【注　釋】❶然則立置有司二句　有司，指官司機構，此處是指自天子以至諸侯如何編制其國家機構。指數，即人口數，一個人有十個手指，千指即一百人。此處是指自天子至各級諸侯人口數的分配。全句意謂如何分配人口，以建立各級國家機構。立國的要素是二條，即土地和人口。封國時要授土授民。授土時，土地的面積按爵位來定，即上文所言天子邦圻千里，公侯百里，伯七十里，子男五十里。本章所言為如何在相應的土地上，安置相應的人口，然後才有建立官司機構的條件。❷諸侯大國四軍三句　此處把人口的安置與軍隊的編制聯繫在一起，是因為古代兵農不分。古代的農民，「有稅有賦，稅以足食，賦以足兵」（《漢書・刑法志》），有多少人口，便有多少土地，也就有多少軍隊，人口的編制帶有軍事性質。諸侯大國，即公侯之國，可以編制四軍，其中一軍用以奉養公侯之家。案：四軍似應為三軍。奉公家之一軍，應在三軍之中，非在三軍之外。❸凡口軍三口者何　句中的後一口字為衍文，應為「凡口軍三者何」。口軍，依據人口的數量來編制軍隊。❹大國十六萬口而立口軍三　大國，指公侯之國，土地面積為百里，估計有十六萬人口，作為其可編制之口軍的估計數。❺井田准數之　是以方里為一井田，以此作為一個標準單元來計算。❻立口　指建立計算兵員的單位。❼方里八家二十句　此處是依照一定面積計算百里之大國所擁有之兵源的人口基數。每平方里為一井，一井是九百畝，每戶是一百畝。以井作為土地計算單位，由來已久。《孟子・滕文公上》：「方里而井，井九百畝，其中為公田，八家皆私百畝，同養公田。公事畢，然後敢視私事，所以別野人也。」由於井的中間是公田，一井只能作八戶計算。每百畝田所能供養的人口，則要依照田的肥瘠與勞動力的強弱，才能確定。上農夫耕百畝食九口，指最高能供養九口，依次逐級遞減。多寡相補，指各戶占有土地後能供給的人口數，平均每戶以三個丁口（此處皆只計算男丁，婦女不計算在內）作為統計數，一井八戶，戶三口，合起來是二十四丁口。十個方里，即十井，可以有二百四十口。十方里丁口數為二千四百口，以方百里為單位，是一千個方里，可以得到二萬四千口兵丁。天子的邦土為千里，亦即是可以得到二十四萬口的兵員，這便是以土地面積來計算諸侯大國和天子所能擁有的作為兵源的人口數。案：原注認為此處的計算多有舛誤，事實上，此處數字與下文牴觸，自相矛盾。方百里是一萬平方里，應得二十四萬丁口。方千里是百萬平方里，應得丁二千四百萬口。如此則與下文保持一致。❽法三分而除其一四句　此處指按照通常的計算方法，需要扣除土地面積的三分之一，以此作為這一地區的城市、郭邑、房屋、街道、巷陌、官府的衙舍、園囿、臺地、湖沼，留下三分之二良田，占總面積的百分之六十六。萎圕，即委巷，僻陋曲折的小巷。椽采，疑有誤，或是不宜耕墾的濕地。得良田方十里者六十六，十與方里者六十六，「十與方里者六十六」的前一「十」字為衍文，應為「與方里者六十六」。此處指除去三分之一，得良田六十六塊十方里與六十六塊一平方里的地。《禮記・王制》亦有類似的說法，云：「方百里者，為田九十億畝，山陵、林麓、川澤、溝瀆、城郭、宮室、塗巷，三分去一，其餘六十億畝。」❾定率得十六萬口四句　全句之意是指依照每方里得良田的比率為百分之六十六來計算。定率得十六萬口。此處指公侯之大國依照這個比率可以擁有作為兵源的丁口估計為十六萬人。三分之，指大國建三軍，每軍人口占其三分之一，為五萬三千三百三十口。這就是公侯之國擁有口軍三的狀況。「大口軍」為「大國口軍」之誤。❿天子地方千里十句　此處指以天子之邦圻方千里計算，也是三分除其一，得良田方百里者六十六處與方十里者六十六處，得人口之數為一千六百萬，分為九軍，每軍為一百七十七萬七千七百七十七口，以其中三軍供侍衛王室之需，其餘六軍則用以捍衛邊疆。

【語譯】那麼，怎樣為各級國家機構配置戶口呢？回答是諸侯大國可以設立四（三）軍，這是古代的制度，其中有一軍是供奉公家的。為什麼口軍是三軍呢？回答是大國可以擁有十六萬丁口，可以建立口軍的編制為三軍，這樣說的根據何在呢？答：這是以井田作為基數來計算的。一個平方里的土地面積作為一個井，一個井為九百畝耕田，用來安置人口。一平方里可以安置八戶人家，每家有一百畝土地，可以供養五口之家。從農民耕作的情況看，上農耕作一百畝土地，可以供養九個人口，依次遞減，有的可以供養八口，有的養七口，有的養六口，至少是養五口，無論是多是少，平均計算，大體上每一百畝田土可以提供三個男丁。每平方里合起來有二十四個丁口；十個平方里可以徵集到二百四十個丁口；方十里有一百平方里，能徵集到二千四百個丁口；方百里有一千個方里，可以徵集到二萬四千丁口；方千里有一萬個平方里之地，那就可以徵集到二十四萬丁口。依照通常計算土地的方法，要扣除面積的三分之一，作為城市、郭邑、房屋、閭巷、街市、路市、官府衙署、園囿、小巷、臺榭和沼澤、委巷和橡采用地的面積，那麼可得方十里為單位的耕地六十六處與一平方里的耕地六十六處，得到耕地的比率是百分之六十六，依照這個比率，大國可以得到十六萬口的兵源，劃分為三份，每份各得五萬三千三百三十三口，大國口軍的編制可以有三軍。這就是公侯之國建軍的編制。天子的地方建置方一千里，可以得到方百里為單位的耕地六十六處與方十里的耕地六十六處，比率也是百分之六十六，從而可以得到一千六百萬丁口的兵源，劃分為九份，每一份有一百七十七萬七千七百七十七口，屬於京城控制的口軍有九，以其中三軍作供奉王室之用。

【研　析】本章的主旨是規劃和設計國家的土地面積和人口安置，從理論上講，有土斯有民。《禮記・王制》稱：「凡居民，量地以制邑，度地以居民，地邑民居，必參相得也。」有了可耕地，才能安置百姓，有了百姓才能計算可能提供多少剩餘勞動，可以有多少勞動力從事國家防衛，能有多少勞動力來為王室、貴族和官僚機構服役，所以設立官司機構的前提是在天子與諸侯之間在剩餘勞動力上如何進行分配。

這裡的口，指男丁，因為從事傜役與作戰的只能是男丁，即百姓，其在身分上則分別從屬於天子或者諸侯。井田是中國古代農耕地區安置人口的一個單元，耕田的實際分配不可能都是井字形的，然而在村社的條件下，土地空曠，由於輪作制，故有可能按照人口授田。《漢書・食貨志》講到「民年二十受田，六十歸田；七十以上，上所養也；十歲以下，上所長也；十一以上，上所彊也」。

授田是按勞動力來進行的。一夫一婦受田百畝，只是一個平均數。土地以井為單位，人口以戶為單位，目的是便於計算占有多少土地，能安置多少人口，才能推算出它能提供多少剩餘勞動力，從而匡算出能編制多少軍隊，即天子九軍，諸侯大國三軍，其中有多少能用以奉養王室與公侯之家，即奉養王室的三京口軍與奉養公侯之一口軍。它們能負擔多少防衛上的需要和多少貴族官僚的消費。

《漢書・刑法志》亦載有類似董仲舒在本章的匡算，云：「因井田而制軍賦，地方一里為井，井十為通，通十為成，成方十里；成十為終，終十為同，同方百里；同十為封，封十為畿，畿方千里。有稅有賦。稅以足食，賦以足兵。故四井為邑，四邑為丘。丘十六井也，有戎馬一匹，牛三頭。四丘為甸。甸六十四井也，有戎馬四匹，兵車一乘，牛十二頭，甲士三人，卒七十二人，干戈備具，是謂乘馬之法。一同百里，提封萬井。除山川沉斥，城池邑居，園囿，街路，三千六百井，定出賦六千四百井，戎馬四百匹，兵車百乘，此卿大夫采地之大者也，是謂百乘之家。一封三百一十六里，提封十萬井，定出賦六萬四千井，戎馬四千匹，兵車千乘，此諸侯之大者也，是謂千乘之國。天子畿方千里，提封百萬井，定出賦六十四萬井，戎馬四萬匹，兵車萬乘，故稱萬乘之主。」這樣的設計，在思路上與董仲舒在本章的設計是完全一致的，不同的地方只是軍隊的編制，本章是以人丁為單位，《漢書．刑法志》所載的設計是以兵車為單位，而兵車是春秋時主要的作戰工具，戰國以後，開始以騎兵與步兵為主，兵車已廢而不用了。

第五章

故天子立一后，一世夫人，中左右夫人，四姬，三良人❶。立一世子，三公，九卿，二十七大夫，八十一元士，二百四十三下士。有七上卿，二十一下卿，六十三元士，百二十九下士❷。王后置一太傅、太母、三伯、三丞❸。二十夫人、四姬、三良人，各有師傅❹。世子一人，太傅、三傅、三率、三少❺。士入仕宿衛天子者比下士，下士者如上士❻。之下數❼。王后御衛者，上下御各五人❽。二十夫人、中左右夫人、四姬，上下御各五人❾。三良人，各五人❿。世子妃姬及士衛者，如公侯之制⓫。王后傅，上下史五人⓬；三伯，上下史各五人；少伯，史各五人⓭；世子太傅，上下史各五人；少傅，亦各五人；三率、三下率，亦各五人⓮。三公，上下史各五人；卿，上下史各五人；大夫，上下史各五人；元士，上下史各五人⑮；上下卿、上下士之史，上下亦各五人⑯；卿大夫、元士，臣各三人⑰。

【章　旨】本章敘述王室的後宮與朝廷內各級官員及其下屬的編制與定員。

【注　釋】❶故天子立一后五句　此處說的是天子後宮之后妃制度。蔡邕《獨斷》：「天子之妃曰后，后之言後也。」又云：「天子一娶十二女，象十二月也。三夫人，九嬪。」把一后、一世夫人、中左右夫人、四姬、三良人，合在一起為十二人，以象天數，鄭玄注《禮記》曰：「后之言後，言在夫之後也。」注《周禮》云：「夫人之於后，猶三公之於王，坐而論婦禮。」姬，美婦人稱姬。《史記・呂不韋列傳》提到以姬稱的女子，如「安國君有所幸秦姬，立以為正夫人」；「子楚母曰夏姬」；「呂不韋取邯鄲諸姬絕好善舞者與居，知其身。」《史記・秦始皇本紀》稱「莊襄王為秦質子於趙，見呂不韋姬，悅而取之，生始皇」，故稱秦始皇母為趙姬，其實是呂不韋家養的趙國美女。又，《史記・高祖本紀》：「高祖居山東時好美姬。」漢文帝母稱薄姬，景帝母稱竇姬。董仲舒把後宮的姬作為封號，即漢初後宮之美人，定員為四姬，以象后妃有四星。良人，《漢書・外戚傳》：「良人，視八百石。」顏師古注：「良，善也。」❷立一世子十句　世子，天子與諸侯之嫡長子。《公羊傳》魯僖公五年（西元前六五五年）：「世子貴也，世子猶世世子也。」意謂世世不絕地繼承父位。三公，《尚書・周官》：「立太師、太傅、太保，茲惟三公，論道經邦，燮理陰陽。」《白虎通義・爵》：「公之為言公正無私也。」九卿，每一公三卿佐之，故為九卿。《白虎通義・爵》：「卿之為言章也，章善明理也。」二十七大夫，每一卿三大夫佐之，故言二十七大夫。《白虎通義・爵》：「大夫之為言大扶，扶進人者也。」八十一元士，每一大夫，三元士佐之，三倍於二十七大夫，故稱八十一元士。《白虎通義・爵》：「士者，事也。任事之稱也。故《傳》曰：『通古今，辯然否，謂之士。』」「天子之士獨稱元士何？士賤，不得體君之尊，故加元以別於諸侯之士也。」二百四十三下士，一元士有三下士佐之，三倍於元士，故稱百四十三下士。七上卿以下至二百二十人皆為卿、大夫、元士、下士之通佐，亦即是今之助理。❸王后置一太傅太母三伯三丞　此是王后在後宮的官屬，指王后左右置太傅、太母各一人。《公羊傳》魯襄公三十年（西元前五四三年）：「婦人夜出，不見傅、母，不下堂。」傅，傅母；母，保母。何休注曰：「禮，后夫人必有傅、母，所以輔正其行，衛其身也。」三伯、三丞，皆為王后身邊次於傅母、保母之宮官。❹二十夫人四姬三良人二句　二十夫人，據上文係「世夫人」與「中左右夫人」

之訛。師傅，當是傅、母之屬一人，以輔助匡正其行為。❺世子一人二句　世子為一人，設有太傅，應包括太傅或太師。《大戴禮記．保傅》：「保，保其身體；傅，傅其德義；師，導之教順，此三公之職也。」戰國時，各國皆為世子設師、傅之職，《史記．商君列傳》：「太子犯法，衛鞅曰：『法之不行，自上犯之，將法太子。太子君嗣也，不可施刑，刑其傅公子虔，黥其師公孫賈。』」《戰國策．齊策四》講到齊王「遣太傅賫黃金千金，文車二駟，服劍一，封書，謝孟嘗君」，此太傅即太子之傅。《史記．十二諸侯年表》：「楚國鐸椒為楚威王傅，為王不能盡觀《春秋》，採取成敗卒四十章，為《鐸氏微》。」《國語．楚語上》載楚莊王使士亹傅太子箴。《戰國策．燕策三》載秦兵臨易水，「太子丹患之，謂其太傅鞠武曰：燕秦不兩立，願太傅幸而圖之」。三傅，當是三少。《大戴禮記．保傅》：「於是置三少，皆上大夫也。曰少保、少傅、少師，是與太子宴者也。」三率，率為統率衛士之長官，秦、漢詹事屬官有統率太子衛士的衛率。《漢書》注引「如淳曰：『《漢儀注》衛率主門衛，秩千石。』」西晉初，太子東宮有中衛率，後分為左右二率，惠帝為太子時，加置前衛率，合為三衛率。三少，依下文當是三下率，為三率之副職。❻士入仕宿衛天子者比下士二句　蘇輿案：「『仕』字，疑衍。」比下士，指衛士宿衛天子者，其地位與下士相對應。下士者如上士，下士猶如今天軍官中最低之軍階，此處指下士入宿衛天子者，其地位則提升一級，與上士相對應。❼之下數　當是「上下之數」。依下文當指上下宿衛人員的數字，猶如近世依照相應的級別，為高官們配置一定數字的貼身警衛員。❽王后御衛者二句　王后御衛者，指為王後宮宿衛者。上下御各五人，指王後宮有上御、下御各五人，以分別輪值後宮的宿衛。❾二十夫人中左右夫人四姬二句　此處指世夫人、中左右夫人，四姬都配備有上下御五人，作為宿衛。「二十夫人」為「世夫人」之誤。❿三良人二句　指三位良人，亦每人配置貼身宿衛的衛士五人。⓫世子妃姬及士衛者二句　指世子的妃與姬，符合配備貼身宿衛之衛士的條件，其衛士的數目與公侯之夫人所配置的衛士數目相同。⓬王后傅二句　王后傅，可配置上史與下史各五人。史，主辦文書的官員，相當於近世的祕書。⓭三伯四句　少伯，即上文之三丞。在史的配備上，三伯為上下史各五人；少伯當有三員，僅各配備史五人。⓮世子太傅六句　此處指世子的太傅，配置上下史各五人，而少傅及其主管宿衛之三率、三下率，則亦各配置上下史五人。⓯元士二句　疑此句之下脫「下士，上下史各五人」。⓰上下卿上下士之史二句　此處指通佐上下卿及上下士之史，亦為上下史各五人。⓱卿大夫元士二句　此處指天子之卿、大夫、元士皆可置臣僕三人，只有下士無臣僕。臣，《說文》：「臣，事君者，象屈服之形。」

【語　譯】所以天子可以設立一位皇后，設世夫人一人，中、左、右夫人各一人，姬四人，良人三人。設立世子一人，在朝廷上設置三公、九卿、二十七大夫、八十一元士、二百四十三下士。（其通佐）則有上卿七人，下卿二十一人，元士六十三人，下士一百二十九人。王后可以設置太傅、太母各一人，伯三人，丞三人。世夫人、四姬、三良人各人皆設有師、傅。世子則可以設立太傅、三少傅、三個率、三個下率。衛士參與天子的宿衛時，其待遇比照下士，原來已是下士的則比照上士、關於上下宿衛的人數的規定：在王后宮中侍衛的人數，上御下御各五人；世夫人、中左右諸夫人、四姬也各配置有上御與下御各五人，侍衛三良人的也是上下御各五人。世子的妃及姬的侍衛人數，與公侯的體制相同。王后的傅可以有上下史各五人，三伯也有上下史各五人為其侍從，少伯（三丞）只配備史各五人。世子的太傅，亦可配置上下史各五人，少傅也是各有五人，三率與三下率也是各配置五人。三公，配置上下史各五人；卿，各人配置上下史五人；大夫，各配置上下史五人；元士配置上下史各五人；下士也配置上下史各五人；（通佐的）上下卿及上下士也都各自配置上下史各五人。卿、大夫、元士、下士還各自有臣僕三人。

【研　析】本章的主旨是闡述天子的九京口軍中屬於供奉王家的三京口軍，也就是供王家役使的從民眾中徵發來的勞役如何在王室內外，依照相應的等級關係進行分配。這裡面可以分為三類：一類是上下御，也就是貼身的警衛和侍從；一類是上下史，也就是貼身的祕書隨從人員；一類是臣，也就供差遣的僕從。

貴族官僚祿秩的收入可以分成二類，一是來自土地上的收入，即田以代祿，指來自租稅的收入；一是從民眾徵發來的力役，包括兵役。百姓為貴族官僚提供的力役的名稱很多，自南朝至隋唐，見於記載的如防閤、庶僕、胥士、白直、折衛府伏身。有的屬於防衛性的，如防閤、伏身、儀刀、捉刀一類；有的屬於事務性差遣，如胥士、白直；有的屬於僕從，如庶僕。後來這些勞役都能折成錢物以代役，故可稱作力祿。這三類人的社會地位也有高低之分：上下御最高，上下史次之，臣僕最下等。可以占有這些剩餘勞動力的成員，包括有內宮的皇后、夫人、姬、良人及其下屬的官員如傅、母、伯、丞，世子下屬的官員如太傅、少傅、三率、三下率，朝廷的命官則包括公、卿、大夫、士以及通佐的上下卿與上下士。

第六章

故公侯方百里，三分除其一，定得田方十里者六十六，與方里六十六，定率得十六萬口❶。三分之，為大國口軍三，而立大國❷。一夫人，一世婦，左右婦，三姬，二良人❸。立一世子，三卿，九大夫，二十七上士，八十一下士，亦有五通大夫，立上下士❹。上卿位比天子之元士，今八百石。下卿六百石，上士四百石，下士三百石❺。夫人一傅母，三伯，三丞❻。世婦，左右婦，三姬，二良人，各有師保❼。世子一上傅、丞❽。士宿衛公者，比公者，比上卿者有三人，下卿六人，比上下士者如上下之數❾。夫人御衛者，上下御各五人❿；世婦、左右婦，上下御各五人；二卿，御各五人⓫；世子上傅，上下史各五人；丞，史各五人⓬；三卿，九大夫、上士，史各五人；下士，史各五人；通大夫、士，上下史各五人；卿，臣二人⓭。此公侯之制也。公侯賢者為州方伯，錫斧鉞，置虎賁百人⓮。

故伯七十里，七七四十九，三分除其一，定得田方十里者二十八，與方十里者六十六，定率得十萬九千二百一十二口，為次國口軍三，而立次國⓯。一夫人，世婦，左、右婦，三良人，二孺子⓰。立一世子，三卿，九大夫，二十七上士，八十一下士，與五通大夫，五上士，十五下士。其上卿，位比大國之下卿，今六百石；下卿四百石，上士三百石，下士二百石。夫人一傅母，三伯，三丞。世婦，左右婦，三良人，二御人，各有師保[17]。世子一下士傅[18]。士宿衛公者，比上卿者三人，下卿者六人，比上下士如上下之數[19]。夫人御衛者，上下士御各五人。世婦、左右婦，上下御各五人；二御，各五人[20]；世子上傅，上下史各五人；丞，史各五人[21]；三卿、九大夫，上下史各五人；下士，史各五人；通大夫，上下史各五人；卿，臣二人。

故子男方五十里，五五二十五，為方十里者六十六，定率得四萬口，為小國口軍三，而立小國[22]。夫人，世婦，左右婦，三良人，二孺子[23]。立一世子，三卿，九大夫，二十七上士，八十一下士，與五通大夫，五上士，十五下士。其上卿比次國之下卿，今四百石，下卿三百石，上士二百石，下士百石。夫人一傅母，三伯，三丞。世婦，左右婦，三良人，一御人，各有師保[24]。世子一上下傅，士宿衛公者，比上卿者三人，下卿六人[25]。御衛者，上下御各五人[26]；世婦，左右婦，上下御各五人；二御人，各五人；世子上傅，上下史各五人；三卿、九大夫，上下史各五人；士，各五人；通大夫，上下史亦各五人；卿，臣三人[27]。此周制也[28]。

【章　旨】本章將公、侯、伯、子、男五等爵分為大國、次國、小國三等，分別敘述其封土與可耕地的面積，在土地上所能安置的戶口、可徵發的人丁與口軍的規模，並分別敘述其後宮、府官與內官的編制及其屬員的定額。

【注　釋】❶故公侯方百里五句　此即上文所謂公侯之國，占地為方百里，即周邊皆百里，折合為一萬平方里，扣除城市、園囿、沼澤、山林占地三分之一，良田占土地面積百分之六十六，即得田方十里六十六與方里六十六，折合為六千六百六十六平方里。每平方里一井，安置八戶，每戶役三丁計算，得二十四口。公侯之國方百里，扣除三分之一非耕地面積，可役使之丁口為十六萬口。❷三分之三句　以十六萬可役使之丁口，編制為三軍，各軍為五萬三千三百餘口，有一軍以供奉公侯之家。此即公侯大國立國之規模。❸一夫人五句　蔡邕《獨斷》云：「公侯有夫人，世婦」；「諸侯一娶九女，象九州，一妻八妾。」❹三卿六句　此為董仲舒設計的公侯之國的卿、大夫、士的定員數目。五通大夫及上士、下士對應於天子之通佐。其數目則對應於下文次國、小國設五通大夫，五上士，十五下士，故大國之通佐，大夫的數字為五人，上士為其三倍，故應為十五人，下士為上士之三倍，故應有四十五人。❺上卿位比天子之元士五句　公侯之國的上卿，其爵位對應於天子的元士。今八百石，指其俸祿對應於漢初的官俸為八百石。漢代官俸：三公號稱萬石，以下為中二千石，二千石，比二千石，千石，比千石，六百石，比六百石，四百石，比四百石，三百石，比三百石，二百石，比二百石，一百石共十五級，未見年俸為八百石者。下卿六百石者，月俸為七十斛。上士四百石者，月俸為五十斛。下士三百石者，月俸為四十斛。❻夫人一傅母三句　此處指諸侯夫人的屬官有一傅，一母，伯三人，丞三人。❼世婦五句　此處指世婦、左右婦、姬、良人各有師母或保母一人。❽世子一上傅丞　此處指大國之世子配置有上傅及丞各一人。❾士宿衛公者五句　士宿衛公者，指進入宮廷宿衛公侯的衛士。「比公者」，此三字為衍文。比上卿者有三人，指帶領宿衛宮廷衛士的軍官中，有官位相當於上卿者三人。下卿六人，指有六人的官位相當於下卿。比上下士者如上下之數，依上文，是指衛士中有相當於上士的二十七人，相當於下士的八十一人。❿夫人御衛者二句　御衛者，指公侯後宮之宿衛者。上下御五人，指宿衛者定員中，有上御與下御各五人。⓫二卿二句　二卿，指上卿與下卿，都能配置其警衛者五人。⓬世子上傅四句　指為公侯世子所配置的上傅，亦配備有上下史各五人，丞則為史五人。⓭卿二句　天子朝廷中是卿、大夫、元士各配置臣僕三人，公侯之國中則僅有卿配置臣僕二人，比天子的朝廷低一級。⑭公侯賢者為州方伯三句　州方伯，古代以天下為九州，《禮記·王制》稱九州千七百七十三國，州二百一十國。州有伯，選一州諸侯之賢者為伯，如周文王曾為西伯，即西方諸侯之長。王畿千里之外設方伯。錫斧鉞，斧鉞是斧形有長柄的兵器，古代把它作為權力的象徵。天子錫斧鉞，是表示天子賜方伯在封地內可以專殺的權力。古代天子命將出征，授兵權的儀式便是賜予斧鉞。《通典·軍禮》記載北齊命將出征時，天子「操鉞授柯，曰：『從此上至天，將軍制之。』又操斧持柯，曰：『從此下至泉，將軍制之。』將軍既受斧鉞，對曰：『國不可從外理，軍不可從中制。臣既受命，有鼓旗斧鉞之威，願假一言之命於臣。』帝曰：『苟利社稷，將軍裁之。』」虎賁百人，虎賁是武士的名稱，言其猛如虎之奔赴。意謂天子賜予方伯虎賁百人。《尚書·牧誓》：「武王戎車三百輛，虎賁三百人。」⑮故伯七十里八句　此處言次國即伯之立國的規模。七七四十九，指次國土地面積的約數。周邊皆七十里，其面積為四千九百方里。三分除其一，定得田方十里者二十八，指扣除城市、園囿、山林、沼澤後所得耕地的約數，以前文之比例言之，應得田方十里者三十三。方十里者六十六，「方十里」之「十」為衍文，對應前文似應為「方里者六十六」。定率得十萬九千二百一十二口，此數字只是一估計數，以田方里者三千三百六十六計算，定率得七萬八千三百八十四口，三分之，則每口軍為二萬六千餘口。董仲舒在此處所言皆是約略的數字，並非精細計算的結果。⑯一夫人五句　伯的妻妾與公侯相同，也是一娶九女，其稱謂上略有不同。公侯是三姬，二良人，而伯是三良人，二孺子。孺子為妾的稱謂，《漢書·外戚傳》：「太子有妃，有良娣，有孺子，妻妾凡三等。」《戰國策·齊策三》：「齊王夫人死，有七孺子皆近。」高誘注：「孺子，幼艾美女也。」⑰世婦五句　御人，對應於上文，似即為孺子，然帝王後宮亦有御人之稱謂。《漢書·王莽傳》載後宮有「御人八十一人，視元士」。各有師保，指世婦以下至御人，各人皆有師母或保母一人作陪伴。⑱世子一下士傅　蘇輿改作「世子一上下傅」。指伯之世子可配置一上傅與一下傅。下傅即對應於公侯之世子的丞。⑲士宿衛公者四句　指統率衛士在宮中宿衛伯爵之軍官中，有地位相當於上卿的三人，相當於下卿的六人，相當於上士與下士的軍官其數字與上士及下士的定員相同，即上士為二十七，下士為八十一。⑳二御二句　二御，即前文之二孺子，各設置衛士五人。㉑世子上傅四句　指世子之上傅，配置上下史各五人。丞，即下傅，亦配置史五人。㉒故子男方五十里六句　此為子男之小國立國的規模。五五二十五，指周邊皆五十里，其面積應為二千五百平方里。為方十里者六十六，數字有誤，以二千五百平方里的面積，三分除一，則為一千六百六十餘平方里，轉化為方十里者，應為十六點六，非六十六。定率得四萬口，方十里者得口二千四百，合計可徵發之丁口約為四萬，分為三軍，每軍一萬三千餘口。以一軍供奉於子男。㉓夫人五句　子男雖是小國之君，但也是一娶九婦，其中夫人、世婦、左右婦為各一人。㉔世婦五句　此處指自世婦至御人，皆各有師母或保母一人。一御人，依上文當為二卿人，即二孺子。㉕士宿衛公者三句　比照伯立國的宿衛之士，子男之國宿衛宮廷的衛士中減少了「比上下士如上下」，即減少了比二十七上士與比八十一下士的定員。㉖御衛者二句　「御衛者」，應為「夫人御衛者」之誤。㉗卿二句　據上文「三」當是「二」之訛。㉘此周制也　指上述公侯立大國，伯立次國，子男立小國的立國規模，都是周朝的制度。孟子在回答北宮錡詢問周室頒布爵祿之制時，已經只能說是「其詳不可得聞也」與「聞其略也」（《孟子‧萬章下》）。本章如此詳盡地敘述周制，也只能是董仲舒依照《公羊》學附會演繹其說而已。

【語譯】公侯這一爵位的大國，其國土的面積，方圓有一百里，除去三分之一，其中可以得到六十六個方十里面積的良田，加上六十六個一平方里面積的耕地，依照相應的比例，可以徵發十六萬丁口，編制為大國的口軍三軍，作為大國的立國規模。公侯之國的後宮，可以設置有夫人一位，世婦一人，左、右婦各一人，姬三人，良人二人。設立世子一人，在公侯之國的朝廷上設置卿三人，大夫九人，上士二十七人，下士八十一人。通佐方面，設有五個通大夫，並設立相應的上士和下士。上卿的爵位相當於天子的元士，其俸秩相當於當今漢代年俸八百石的職位。下卿則相當於六百石，上士相當於四百石，下士相當於三百石。夫人的左右有一傅一母，其下屬尚有三個伯和三個丞。而世婦、左右婦、三姬、二良人各人的身旁都設有師母或保母。世子則設置上傅與丞各一人。在宮廷值宿保衛公、侯的衛士，其中有職位相當於上卿的軍官三人，相當於下卿職位的六人，相當於上士和下士的軍官數字，則與上士和下士的定員相當。在夫人身旁警衛的有上下御定員各五人；世婦、左右婦，也要設置上下御各五人，二卿即上卿與下卿的警衛亦各有御五人。世子的上傅設有上下史各五人，丞亦設史五人。通大夫與士，各設有上下史五人，卿另設有臣僕二人。以上是公侯之國立國的體制。公侯中有賢能的，可以任為一州的方伯，天子要授予斧鉞，並為其配置虎賁一百人。

伯爵之國，封地的面積是七十里見方，七乘七的積是四十九，去掉三分之一，可耕地的面積為方圓十里的二十八個，外加方圓為一里的六十六個，按比率，可以徵發的丁口是十萬九千二百一十二口，可以編制次國的口軍三支，作為次國立國的規模。伯爵立國在後宮娶夫人一人，世婦一人，左、右婦各一人，良人三人，孺子二人。立世子一人，設置三卿，九大夫，二十七上士，八十一下士，通佐方面有通大夫五人，上士五人，下士十五人。伯國的上卿，其官位對應於大國的下卿，相當於當今漢代年俸六百石的官位；下卿則相當於四百石；上士則相當於三百石；下士則相當於二百石。夫人的左右設置傅一人，母一人，其下屬亦設有三個伯與三個丞。世婦，左、右婦，三個良人和二個御人，各自都在身旁設有師母或保母一人。世子設有上傅和下傅各一人。在宮中值宿保衛伯的衛士，其中有地位相當於上卿的軍官三人，相當於下卿的六人，相當於上士和下士的數目，各與上士和下士的定員相當。在宮中為夫人侍衛的設有專職的上御、下御各五人；侍衛世婦和左、右婦的亦各設有上御和下御各五人；侍衛二御人的也各設有五人。世子的上傅設有上史和下史各五人；丞亦設有史五人；三卿、九大夫，設有上下史各五人；下士亦各設有史五人；通大夫設有上史、下史各五人；卿另設有臣僕二人。

子爵和男爵立國，封地的面積是方圓五十里，五乘五的積是二十五，除去三分之一，轉化為方十里面積的六十六（十六）個，按比例可以徵發的丁口可達四萬人，可以編制小國的口軍三支，作為小國立國的規模。小國的後宮娶夫人一人，世婦一人，左、右婦各一人，良人三人，孺子二人。設立世子一人，設置三卿，九大夫，二十七上士，八十一下士。還有通大夫五人，上士五人，下士十五人。小國的上卿其職位對應於次國的下卿，相當於當今漢代年俸為四百石的官位，下卿則相當於三百石，上士相當於二百石，下士相當於百石。夫人的左右設置傅一人，母一人，其下屬還設有三個伯，三個丞。世婦、左右婦、三良人、一（二）御人，都各自設置師母或保母一人。世子設置有上傅和下傅。在宮中值宿保衛子、男的衛士，亦設置有相當於上卿的軍官三人，相當於下卿的六人。在宮中為夫人警衛的衛士，設有上御與下御各五人；侍衛世婦、左右婦的，也有上御和下御各五人；侍衛二御人的也各有五人。世子的上傅，設有上下史各五人；三卿、九大夫，亦配置上下史各五人；士亦是各五人；通大夫也配置上下史各五人；

卿另有臣僕二人。這些都是周代的制度。

【研析】本章敘述公、侯、伯、子、男五等爵各諸侯國之地列封土的等級，在土地上所能安置的戶口，可徵發的人丁與所能編制的口軍。口軍中的三分之二用於防衛國境，三分之一用於供奉貴族官僚所需的勞役。在這個基礎上編制諸侯後宮的建置。諸侯一娶九女，規定夫人、世婦、左右婦、姬、良人之間的等級關係，規定府官和內官的編制。府官分為屬於命官的三卿，九大夫，二十七上士，八十一元士，屬於通佐的大夫、上士和下士；屬於後宮內官的傅、母、伯、丞，屬於世子的傅、丞以及屬於各級官員的警衛如上、下御，隨從如上下史，以及供雜役的臣僕。這一切都有條不紊地依照一定的等級次序進行分配，以做到各得其分。

這是董仲舒根據《春秋》和《公羊傳》所設計的各個等級諸侯國的政府組織結構。有了這種系統的組織機構，才能把制度的目標付諸實施。它是制度施行過程中不可缺少的一個環節。諸侯國內職官的設置，基本上是天子朝廷職官設置的縮影，其規模則逐級遞減。漢代諸王國、侯國職官設置的狀況，也是朝廷職官設置的逐級縮減，最終成為朝廷的微縮。郡縣制下郡縣機構的設置，同樣也對應於朝廷，做到具體而微。但是董仲舒沒有說明在全國範圍內可以建立多少這樣的諸侯國，在天子與諸侯國之間如何建立相應的隸屬關係。

《禮記・王制》在這方面有一個全國範圍的設計，云：「凡四海之內九州，州方千里。州建百里之國三十七，七十里之國六十，五十里之國百有二十，凡二百一十國。名山大澤不以封，其餘以為附庸閒田」；「凡九州千七百七十三國。」至於國與國之間，也有統屬關係，即「五國以為屬，屬有長。十國以為連，連有帥。三十國以為卒，卒有正。二百一十國以為州，州有伯。八州八伯，五十六正，百六十八帥，三百三十六長。八伯各以其屬，屬於天子之老二人，分天下以為左右，曰二伯」。這當然都是與上述同一性質的設計，實際生活不可能如此規範而整齊劃一。當然其中也有來自生活的影子，如左右二伯，就並非全屬憑空虛撰。周初，就曾有自陝以東周公主之，自陝以西召公主之的說法。從這裡也可以知道什麼叫制度設計，那就是把千變萬化的實際生活，加以規範，使之整齊劃一，秩序井然。如果硬要將它付諸實施，那就只能是削足適履，破綻百出，最後落得個人仰馬翻、天下大亂的下場。王莽改制及其慘敗，便是最好的歷史證明。

第七章

《春秋》合伯子男為一等❶，故附庸字者地方三十里，三三而九，三分而除其一，定得田方十里者六十，定率得一萬四千四百口，為口師三❷，而立一宗婦，二妾❸，一世子，宰丕，丞一，士一，秩士五人❹。宰視子男下卿，今三百石❺。宗婦有師保，御者三人，妾各二人，世子一傅。士宿衛君者，比上卿、下卿一人，上下各如其數❻。世子傅，上下史各五人。下良五❼，稱名善者，地方半字君之地，九半，四分除其一，得田方十里者三，定率得七千二百口❽。一世子，宰今二百石❾。下四牛三半二十五❿。三分除其一，定得田方十里者一，與方里者五十，定得三千六百口⓫。一世子，宰今百石，史五人⓬。宗婦仕衛世子臣⓭。

【章　旨】本章敘述附庸諸國中，稱字、稱名、稱人、稱氏者各封國的土地面積、可耕地與可徵發丁口的數目、編制口師的規模，以及後宮與官屬的定員和建置。

【注　釋】❶春秋合伯子男為一等　子、男上從伯稱，與伯為一等，故以伯子男與公、侯為三等。又，《公羊傳》魯隱公五年（西元前七一八年）：「天子之後稱公，其餘大國稱侯，小國稱伯子男。」語見《公羊傳》桓公十一年（西元前七〇一年）：「《春秋》伯子男一也，辭無所貶。」何休注：「《春秋》改周之文，從殷之質，合伯子男為一，辭無所貶。」❷故附庸字者地方三十里六句　附庸，指不合於天子而附諸侯之小國的封君。附庸小國的稱謂有字、名、人、氏四等。以字名國者，土地為方三十里。三三而九，指長寬各三十里之積，為九百平方里。三分而除其一，指九百平方里中除去城池、山林、沼澤、園囿、道路所占的三分之一土地面積。定得田方十里者六十，「六十」之「十」字為衍文，應為「定得田方十里者六」，此處指留下可耕地的面積為六百平方里。定率得一萬四千四百口，指一井八戶，六百平方里，可安置四千八百戶，戶徵發三口，可徵發的丁口為一萬四千四百男丁。為口師三，指分為三師，每師四千八百口。此言附庸字國立國的規模。❸而立一宗婦二句　相當於蔡邕《獨斷》所言：「卿大夫一妻二妾。」❹一世子四句　「丕」，為「二」之誤。宰是家臣的稱謂，作為附庸的字國，不設卿、大夫，以宰主持國政。丞，通「承」，作為宰之佐官。秩士，次於士之官員。❺宰視子男下卿二句　此處言附庸字國的宰，其官位相當於子男小國的下卿。同時，相當於董仲舒時的年俸三百石的小官。❻士宿衛君者三句　指宿衛字國國君的衛士中，可以設置官位相當於上卿與下卿的軍官各一人，相當於士與秩士的軍官各一人。蘇輿疑此處有誤，指出：「附庸之宰視子男下卿而已，宿衛安有比上、下卿者？」❼下良五　盧文弨校云：「三字非誤即衍。」❽稱名善者地方半字君之地五句　稱名善者地方半字君之地，「善」字為衍文。此處意謂稱名之附庸小國，其地為稱字者之半。前文謂「名者方二十里，人、氏者方十五里」，此處稱名者為方十五里，即半字君之地。九半，字者方三十里，三三見九，為九百平方里，名者半字君之地，故為「半九」，當為四百五十平方里。四分除其一，應為「三分除其一」，則為三百平方里，故云「方十里者三」。每井徵發丁二十四，故三百井可徵發七千二百丁口。此為附庸中稱名國君立國之規模。❾一世子二句　此句之上下當有脫文，其上應有「而立一宗婦、二妾」。「宰」之下當為「一，丞一，士一，秩士五人。宰視子男上士」，下接「今二百石」。其下當仍有宗婦配置之師保、御者及妾之御者，士宿衛君者，比上士、下士者一人等內容。❿下四牛三半二十五　此句費解，恐有誤。⓫三分除其一四句　此句之上有脫文，當為「稱人氏者方十五里」。三分除其一，指除去其三分之一城池、山林、沼澤、街道之用地。定得田方十里者一，與方里者五十，合計為一百五十平方里。定率得三千六百口，以每平方里一井，徵發二十四丁計算，可徵發三千六百丁男。這是稱人、氏者立國的規模。⓬一世子三句　句前有脫文，當為「宗婦一人，妾二人，立一世子」。宰今百石，其前後當有脫文，似應是「宰一，丞一，宰視子男之下士，今百石」。史五人，指宰有屬員史五人。⓭宗婦仕衛世子臣　此句中間似亦有脫文，宗婦之下似有「有師保」三字。仕衛，當為「士宿衛君者」，其下文當有御者之定員。「世子臣」當為世子官屬之殘文。

【語　譯】《春秋》把伯、子、男三等爵合併為一等。附庸於諸侯稱字的國君的封地為三十里見方，三乘三為九，有九百平方里的面積。三分而除去其一分，得到的可耕地有六個十里見方的土地面積，按比率可以徵發一萬四千四百餘丁口，編製成三個口師的軍隊，可以在後宮中設立宗婦一人，妾二人，一個世子，一個宰，一個丞，一個士，五個秩士。宰的官位相當於子男諸侯國的下卿，與漢代年俸為三百石的官位相當。宗婦設有師一人，保一人，侍衛她的御者有三人，妾則各人只有二人，世子設有傅一人。在宮中宿衛保護字君的衛士，設置有其職位相當於上卿和下卿的各一人，也有相當於士與秩士的軍官，其數目與士與秩士相當。世子的傅，有上史和下史各五人。稱名的附庸國封君，其封國的疆域，為稱字的國君的一半。它的面積是三乘三為九的一半，也就是九百平方里的一半，即四百五十平方里。三分除去其一分，可以得到三個方十里面積的可耕地，按比率可以徵發得七千二百丁男。其後宮可以設置宗婦一人，妾二人，世子一人，宰一人，丞一人，士一人，秩士五人。宰對應於子男的下士，相當於漢代年俸二百石的官位。

稱人稱氏的附庸國國君，其封地為方十五里，三分除去其一分，得到的可耕地有一個方十里的土地面積，外加五十個一裡見方的土地，按比率可徵發三千六百丁口，其後宮可設立宗婦一人，妾二人，世子一人，宰一人，丞一人，士一人，秩士五人。宰對應於子男的下士，相當於漢代年俸百石的小官，其下屬設有史五人。宗婦有師保一人，在宮中設有宿衛其國君的衛士，世子亦有其臣屬……。

【研　析】此章闡明附庸諸國中，稱字、稱名、稱人、稱氏者封國的土地面積，可徵發的丁口數字，編制口軍的規模，以及後宮與官屬的定員和建置，唯文字皆殘闕不全，脫漏之處甚多，只能以類相推，在譯文中稍作補漏，但已難以求其全貌。

仁義法 第二十九

【題解】篇名〈仁義法〉，出典見《莊子・天地》，內言孔子往見老聃，繙十二經以說。老聃曰：「願聞其要。」孔子曰：「要在仁義。」《禮記・表記》引孔子之言云：「仁者，天下之表也；義者，天下之制也。」《易・繫辭》云：「立人之道，在仁與義。」《韓非子・外儲說右上》載子路自謂云：「所學於夫子者，仁義也。」然而，本篇雖屢次稱引《論語》，《論語》中卻並未有仁義兼稱之語。孟子則言仁時多以義配，始興仁義兼言之風。董仲舒懼施政者偏於治人而不知自治，故闡述「躬自厚而薄責於人」之旨，並強調《春秋》因此而為仁義法。

本篇可分為四章。第一章闡述《春秋》為仁義法，仁之法在愛人，不在愛我；義之法在正我，不在正人。第二章闡述仁者愛人，重在絕亂塞害於將然而未形之時，愛人以遠而愈賢，愈近則愈不肖。故王者愛及四夷，霸者愛及諸侯，安者愛及封內，危者愛及旁側，亡者愛及獨身。第三章闡釋《春秋》之法為「義在正我，不在正人」。身不正者，雖能正人而不得稱之為義，如楚靈王討陳蔡之賊、齊桓公執袁濤塗等。第四章從遠近、往來、內外、順逆、厚薄等各方面進一步展開「仁主人，義主我」的論述，從而闡明仁與義的各自不同的特點及其區別。

第一章

《春秋》之所治，人與我也。所以治人與我者，仁與義也❶。以仁安人，以義正我；故仁之為言人也，義之為言我也，言名以別矣❷。仁之於人，義之於我者，不可不察也。眾人不察，乃反以仁自裕❸，而以義設人❹。詭其處而逆其理，鮮不亂矣❺。是故人莫欲亂，而大抵常亂。凡以闇於人我之分，而不省仁義之所在也❻。是故《春秋》為仁義法。仁之法在愛人，不在愛我；義之法在正我，不在正人❼。我不自正，雖能正人，弗予為義。人不被其愛，雖厚自愛，不予為仁。

【章旨】本章闡述《春秋》為仁義法，強調仁之法在愛人，不在愛我；義之法在正我，不在正人。

【注釋】❶春秋之所治四句　此處意謂《春秋》所講究的是如何處理人與我之間的相互關係。怎樣才能處理好人與我之間的關係呢？那就是必須遵循仁與義這二個倫理上的基本觀念。治，治理；研究。仁，指對他人的愛心。義，指必須控制自己的行為達到適宜與合理的程度。❷故仁之為言人也三句　此三句是以字義闡述上文「以仁安人，以義正我」的內涵。仁之為言人也，仁，從二人。此處的人指我之外的他人，意謂仁愛之心是對待他人而言的。義之為言我也，義字從我，意謂依照義理來約束行為是對自己而言的。言名以別矣，言名，指稱道仁義二字之名就已經區別其各自所指稱的對象了。以別矣，以，與已同。❸以仁自裕　指以愛心來厚待自己。❹以義設人　指以道義來苛求他人。❺詭其處而逆其理二句　詭其處，指顛倒仁與義各自所處的位置。逆其理，指逆反其本來的道理。鮮不亂矣，鮮，很少。此處指如果那樣顛倒常理的話，很少能不引起混亂的。古代儒家強調：「是故君子以義度人，則難為人。以人(仁)望人，則賢者可知已矣。子曰：『中心安仁者，天下一人而已矣。』」(《禮記・表記》)❻是故人莫欲亂四句　此處指人們不希望亂，結果卻常常引起混亂，究其原因，皆由於不明白如何正確地處理仁義與人我之間的相互關係。闇，昏暗不明。❼是故春秋為仁義法五句　此處指孔子作《春秋》以為仁義立法，仁的法則是用來愛人，不是用來愛自己；義的法則是用來端正自己的思想行為，不是用來要求別人。

【語譯】《春秋》所講究的是如何處理人與我之間的關係。怎樣來處理人與我的關係？那就是仁與義。用仁愛來安定別人，用道義來端正自己。所以用仁字來表述一個人如何對待別人，用義字來表述一個人如何對待自己，一說出這兩個字時，二者的具體內涵已完全區別開來了。以仁愛之心來對待他人，以道義準則來約束自我，是人們必須明察的做人的基本道德。但是許多人不能察知這一點，相反地以仁愛來寬待自我，以道義來要求他人。顛倒了它們的位置，背逆了它們的基本原理，那樣就很少能不導致社會的混亂。所以儘管人們都不希望社會發生混亂，但是卻又常常引起社會的混亂，這是由於人們不明白區分人我之間的界線，不懂得仁與義應該施與的地方。所以《春秋》為仁義建立法則，仁的法則在於愛人，不是在於愛自己；義的法則在於端正自己的行為，不是用來端正別人。如果不能端正自己的行為，雖能端正別人，不能稱許它為義；別人不能受到他的關愛，雖然他對自己非常厚愛，也不能稱許他為仁。

【研　析】本篇的主旨是講仁與義。仁義屬於倫理學的範疇。在次序上，本篇處於〈度制〉與〈爵國〉之後。為什麼要在這兩篇之後討論倫理學問題呢？〈度制〉講的是對制度抉擇的價值目標是什麼，是要保持社會秩序的穩定，杜絕一切導致社會動亂的根源。怎樣才能達到這樣的目標？那就是要使整個社會處於「貴賤有等，衣服有別，朝廷有位，鄉黨有序」的狀態。要做到這一點必須遵循什麼樣的原則呢？那就是孔子說的「不患寡而患不均」。至於在董仲舒所設計的制度框架中，整個社會應保持怎樣的等級秩序呢？那就是〈爵國〉所表述的自天子以至公、侯、伯、子、男、卿、大夫、士的秩序來區劃與分配土地和人口，嚴格規定它們之間的上下等級關係。那麼自天子至各級諸侯及其卿、大夫、士們又如何來管理自己的百姓呢？對這麼一群大大小小的君主們，在處理君民關係上，由於百姓根本沒有可以直接制約君主們行為的力量和方法，那麼，為了使他們能遵循「不患寡而患不均」的原則，自覺地遵守約定的社會秩序，從倫理學上規範君主們的行為也許不失為一種軟性的約束。這就是本篇的主旨所在。故董仲舒把〈仁義法〉排列在〈度制〉、〈爵國〉二篇之後，自有其邏輯結構上的次序。

董仲舒在本章所論述的是如何處理人與我的關係。從討論的對象上看，這裡的「我」當然是個體，是自己，但也不是一般意義上的任何一個個體的我，而是統治民眾的君主們的我。同時，這個人不是指單個的個體，不是指某一個具體人，你或他，而是一個群體，是指百姓，民眾。治人與治我的這個治字也僅僅只針對君主自己而言。治我是如何對待自己，治人是如何對待百姓，所以這裡並不是講一般意義上人我之間的相互關係。

倫理學是講人們處理相互關係上的行為準則。如何處理父子、夫婦、兄弟之間的行為關係，屬於家族倫理；如何處理君、民、臣之間的行為關係，那是屬於政治倫理的範疇，本章中論述的如何處理人與我的關係，實際上講的是君主們如何對待自己與百姓的問題，所以只是政治倫理的一部分。仁與義是儒家倫理思想中非常重要的議題。孔子在《論語》中提到仁的地方不下百處之多，提到義的也不少，但在文字上還沒有把仁義二字貫連在一起的提法，儘管從觀念上講二者是貫通的。儒家中最先把仁義作為一個相對獨立的範疇來講，首推孟子。孟子見梁惠王時，向梁惠王開宗明義表達的第一句話便是「王何必曰利，亦有仁義而已矣」。孟子是從人的心性這個視角來切入仁義這個概念的，他說：「惻隱之心，仁之端也；羞惡之心，義之端也；辭讓之心，禮之端也；是非之心，智之端也。人之有是四端也，猶其有四體也。」（《孟子·公孫丑上》）董仲舒則與之不同，是從《春秋》義法的角度切入議題，把仁與義作為外在的法度，作為對人對己的行為準則的依據。

第二章

昔者晉靈公殺膳宰以淑飲食，彈大夫以娛其意，非不厚自愛也，然而不得為淑人者，不愛人也❶。質於愛民，以下至於鳥獸昆蟲莫不愛❷。不愛，奚足謂仁？仁者，愛人之名也。巂，《傳》無大之之辭❸，自為追，則善其所恤遠也❹。兵已加焉⑤，乃往救之⑥，則弗美⑦。未至豫備之⑧，則美之，善其救害之先也⑨。夫救蚤而先之⑩，則害無由起，而天下無害矣。然則觀物之動，而先覺其萌，絕亂塞害於將然而未行之時，《春秋》之志也，其明至矣⑪。非堯舜之智，知禮之本，孰能當此？故救害而先知之，明也⑫。公之所恤遠，而《春秋》美之。詳其美恤遠之意，則天地之間然後快其仁矣⑬。非三王⑭之德，選賢之精，孰能如此？是以知明先而仁厚遠⑮。遠而愈賢，近而愈不肖者，愛也⑯。故王者愛及四夷，霸者愛及諸侯，安者愛及封內，危者愛及旁側，亡者愛及獨身⑰。獨身者，雖立天子諸侯之位，一夫之人耳，無臣民之用矣。如此者，莫之亡而自亡也。《春秋》不言伐梁者，而言梁亡，蓋愛獨及其身者也⑱。故曰仁者愛人，不在愛我，此其法也。

【章旨】本章闡述仁者愛人，重在絕亂塞害於將然而未形之時，愛人以遠而愈賢，愈近則愈不肖，故王者愛及四夷，霸者愛及諸侯，安者愛及封內，危者愛及旁側，亡者愛及獨身。

【注釋】❶昔者晉靈公殺膳宰以淑飲食五句　晉靈公，晉國的國君，名夷皋，晉襄公之子，為大夫趙盾所擁立。膳宰，宮中的廚司。淑，美好。淑人，善良的人。晉靈公為了追求熊掌的美味而殺膳宰之事見於魯宣公六年（西元前六○三年）之《公羊傳》：「趙盾已朝而出，與諸大夫立於朝，有人荷畚自閨而出者。趙盾曰：『彼何也？夫畚曷為出乎閨？』呼之不至，曰：『子，大夫也，欲視之，則就而視之。』趙盾就而視之，則赫赫然死人也。趙盾曰：『是何也？』曰：『膳宰也。熊蹯不熟，公怒，以斗摯而殺之，支解將使我棄之。』」彈大夫以娛其意，出處同上。指晉靈公

「使諸大夫皆內朝，然後處乎臺上，引彈而彈之，己趨而避丸，是樂而已矣」。參見本書〈王道〉篇第九章注❸。董仲舒舉此例用以貶責晉靈公厚於自愛而不愛他人，不能稱為心地善良的人。❷質於愛民二句　此處指仁愛之心就是真誠地愛護百姓，推而廣之，以至於對鳥獸昆蟲莫不愛之。質，實也，誠懇的意思。民，百姓。❸嶲二句　嶲，齊國地名。《左傳》作「酅」，《公羊傳》作嶲，在今山東平陰西南東阿鎮之西。傳，指《公羊傳》。無大之之辭，《春秋》在魯僖公二十六年（西元前六三四年）記載，「齊人侵我西鄙，公追齊師至嶲，弗及。」《公羊傳》對此評論曰：「其言至嶲，弗及何？侈也。」這是指《春秋》經文前面講「齊人侵」，是表示這是一場規模不大的邊境衝突。《春秋》上說魯僖公親自率師去追而弗及，已經是張大其辭的意思。大之，是讚許。無大之之辭，是表示沒有讚許魯僖公行為的意思，所以稱其侈也，是說其言過其實。❹自為追二句　蘇輿云：此前當有「公追戎於濟西」。《春秋》繫此事於魯莊公十八年（西元前六七六年），「夏，公追戎于濟西。」《公羊傳》對此評論曰：「此未有言伐者，其言追何？大其為中國追也。此未有伐中國者，則其言為中國追何？大其未至而豫御之也。其言于濟西何？大之也。」濟西，指濟水以西，戎城即在濟西。魯莊公這次追戎是主動出擊戎人於濟西，並非由於戎人的進攻才還擊的。這是防患於未然，所以要「大之」以讚許魯莊公的行為。對比魯僖公「追齊師至嶲，弗及」，《公羊傳》認為孔子只對魯莊公表示「大之」，而並未對魯僖公表示「大之」。則善其所恤遠也，指讚許魯莊公的主動出擊，能作長遠的考慮，預防於事變未至之前。❺兵已加焉　指齊人侵魯國的西鄙。❻乃往救之　指魯僖公追齊師至嶲。❼則弗美　指《公羊傳》對此無大之之辭。❽未至豫備之　指魯莊公在戎人未犯邊境之前率師追逐其人於濟西，能防患於未然。❾則美之二句　指《公羊傳》稱《春秋》對魯莊公出師濟西的行為表示讚許，亦即「大之」。❿夫救蚤而先之　根據上下文來看，「蚤」當作「害」字。⓫然則觀物之動五句　未行之時，一作未形之時。此處言仁者愛人，必須如本書〈俞序〉篇中所指出的：「愛人之大者，莫大於思患而豫防之，故蔡得意於吳，魯得意於齊，而《春秋》皆不告，故次以言怨人不可邇，敵國不可狎，攘竊之國不可使久親，皆防患為民除患之意也。」⓬非堯舜之智五句　堯，名放勳，帝嚳之子，傳說時代的聖君。舜，名重華，傳說時代的聖君。堯曾禪位於舜。知禮之本，知仁為禮之本。孔子曾說：「克己復禮為仁。一日克己復禮，天下歸仁焉。」（《論語・顏淵》）此處意謂若無堯舜那樣的智慧，知道仁為禮的根本，有誰能防患於未然？故欲救民除害之仁者，還必須具備堯舜那樣的先知之明。⓭公之所恤遠四句　公，指魯莊公。恤遠，指魯莊公「追戎於濟西」，是為了長遠地防止戎人為害於中國。《春秋》美之，指《春秋》大之以讚許其行為。快，樂意，指天地之間皆樂意於魯莊公之仁愛之舉。

⓮三王　有兩種說法：趙岐注《孟子》說是夏禹、商湯、周文王；朱熹注《孟子》說是指夏禹、商湯和周代的文王與武王。⓯明先而仁厚遠　指洞察禍害之先機而防患於未然，使仁愛厚德能達到遠方。⓰遠而愈賢三句　此處指人的愛心，愈是廣闊而深遠者愈賢，愈是局限於身邊的親近，則私心愈重而愈不肖。⓱安者愛及封內三句　安者，指能使國家安定的君王。封內，指封疆之內。此處指君王愛及封內百姓能使國家安定。危者，指統治上發生危難的君王。旁側，指君王左右親信。此處意謂君王如果只愛自己身邊左右的親信，不愛其百姓，國家的存在便有危難。亡者，指亡國的君主。獨身，指君王只愛自己獨身一人，必然會遭遇亡國殺身之禍。⓲春秋不言伐梁者三句　事見《春秋》魯僖公十九年（西元前六四一年）冬的記載：「梁亡。」沒有講是那個國家滅了梁。《公羊傳》對此評論云：「此未有伐者，其言梁亡何？自亡也。其自亡奈何？魚爛而亡也。」《左傳》說到梁亡於秦時，稱：「梁伯好土功，亟城而弗處，民罷而弗堪，則曰：『某寇將至。』乃溝公宮，曰：『秦將襲我。』民懼而潰，秦遂取梁。」〈王道〉篇分析梁民眾潰散的原因時稱：「梁內役民無已，其民不能堪。」愛獨及其身者，指梁國的君王，不愛百姓，只愛自己的獨裁統治，這是導致梁國滅亡的原因。

【語　譯】從前晉靈公為了不能滿足他飲食上享受美味的需要，殺了他的廚師，他還在大夫上朝時用彈弓彈射大夫，以此作為娛樂，因而在歷史上不能算作善良的君主，其原因並不是他不知道重視愛護自己，是由於他不知道怎樣去愛護他人。真誠地愛護百姓的君主，推而廣之，以至於對鳥獸昆蟲也會表示出自己的愛心。沒有愛心，怎麼談得上仁呢？所謂仁者，就是能愛他人的名稱啊！魯僖公在齊軍侵擾邊境時，才出兵追趕到巂地，《公羊傳》認為《春秋》經文中對此事沒有一句讚揚的辭句。魯莊公主動為追逐戎人而深入到濟西，《公羊傳》便讚揚他能憂慮長遠。魯僖公是因為齊軍已經侵犯了邊境，然後才被動地率領軍隊前往救援，所以《春秋》不讚許他。魯莊公在戎人沒有侵犯國境之前，就預先採取防備的措施，所以《公羊傳》便讚揚他。這是讚美他能事先防止禍害。凡是能在事前防止禍害的，那麼禍害就無從發生。如果都能這樣做的話，天下也就沒有禍害了。所以要觀察事物的運動，在事先能發覺尚處在萌芽狀態的變化，然後堵絕一切禍害於尚未形成的時候，這就是《春秋》的心志啊！這在智慧中是最為高明的了。

如果不是具備堯舜那樣的聰明才智，懂得仁是禮的根本，又有誰能做到這一點呢？所以事先預見並拯救禍害，這便是明察事物的表現。魯莊公能夠考慮得那麼長遠，所以《春秋》就讚美他。如果能仔細地體味《春秋》所以讚美他的用意，推而廣之，那麼天地之間的萬事萬物都會因感受到君主們的仁愛而快樂了。如果不具備三王的德行，能精選英明賢能之士，又有誰能做到這一點呢？只有對事物的變化具有先知之明，才能使仁愛深厚地澤及遠方。越是能把愛心施及遠方的越是賢明，越是只親近身邊的人便越是不肖。所以在君主中，王者的愛心能遠及四夷，霸者的愛心能及於各諸侯國，安者的愛心只能及於封域之內，危者的愛心只及於左右旁側之人，亡國的君主們則往往只愛他自身，而成為一個孤獨的人。一個孤獨的人雖然身為天子或諸侯，也不過是一個獨夫而已，沒有臣子和百姓會為他所用。像這樣的君主，用不到別人去滅亡他，他會自取滅亡。《春秋》不講哪個國家討伐梁國，只講梁國滅亡了。那是因為梁國君主的愛心只及於他自己一人的緣故，所以說仁的意思是能愛護別人，不是只愛自己，這就是《春秋》定下的法則。

【研　析】本章為了說明仁者愛人，從《春秋》中列舉了四個例子，可以分成兩種情況：一種是君王中的厚自愛者，如晉靈公「殺膳宰以淑飲食，彈大夫以娛其意」，結果是身敗名裂；又如梁國的君主「役民無已，其民不能堪」，結果是魚爛而亡。另一種是君王中的愛人者，其中又可分為二類：一是如魯僖公，在齊人侵西鄙以後，方始率兵追齊師至巂，屬於事後的亡羊補牢；一是魯莊公追逐戎人於濟西，屬於事前防患於未然。所以在《公羊傳》中，魯僖公得不到讚許，而魯莊公得到了肯定和表揚。因此君王中的所謂仁者，需要具有先見之明並能防患於未然。仁愛也有級別，愛及的人愈遠則愈賢，愈近則愈不肖，故而「王者愛及四夷」，甚至下至鳥獸昆蟲也莫不愛之。由此觀之，董仲舒所講的仁愛，並不是一般百姓所能具有的品質，它只能是對諸侯、卿大夫、士的要求，用現代語言來講，是對各級官員或領導者在品格上的要求。然而歷史和現實生活，往往使董仲舒善良的期望落空，因為倫理與權力往往不是走在同一個車道上。從歷史上來看，亂世居多；從古今君王來看，則枉君居多。

第三章

義云者，非謂正人，謂正我。雖有亂世枉上，莫不欲正人❶，奚謂義？昔者楚靈王討陳蔡之賊，齊桓公執袁濤塗之罪，非不能正人也。然而《春秋》弗予，不得為義者，我不正也❷。闔廬能正楚蔡之難矣，而《春秋》奪之義辭，以其身不正也❸。潞子之於諸侯，無所能正，《春秋》予之有義，其身正也❹，趨利而也❺。故曰義在正我，不在正人，此其法也。夫我無之求諸人，我有之而誹諸人，人之所不能受也。其理逆矣，何可謂義❻？義者謂宜在我者。宜在我者，而後可以稱義。故言義者，合我與宜，以為一言。以此操之，義之為言我也❼。故曰有為而得義者，謂之自得；有為而失義者，謂之自失。人好義者，謂之自好；人不好義者，謂之不自好。以此參之，義，我也，明矣。是義與仁殊。

【章旨】本章闡釋《春秋》之法為「義在正我，不在正人」。身不正者，雖能正人仍不得稱之為義，如楚靈王討陳蔡之賊、齊桓公執袁濤塗等，由於自身不正，都不能稱作義。

【注釋】❶雖有亂世枉上二句　此處意謂在亂世之枉君，儘管自己行為不正，卻沒有不想正別人的。枉上，即枉君，邪曲不正之君。❷昔者楚靈王討陳蔡之賊六句　楚靈王，楚國的國君，為楚共王之子，楚康王之弟，原為公子圍。康王卒，其子郟敖繼位。公子圍弒其姪，自立為國君，即楚靈王，故楚靈王立身不正。陳蔡之賊，楚靈王討陳之事見於《春秋》魯昭公八年（西元前五三四年）的記載。此事的起源是陳哀公之弟公子過與公子招合謀殺死世子偃師，另立公子留。接著，公子招又歸罪於公子過而殺了他，想以此作為自己的替罪羊。為此楚靈王起兵滅陳，抓獲公子招並將他放逐到越國去，同時殺死了謀害陳哀公的兇手孔瑗。楚滅蔡之事見於《春秋》魯昭公十一年（西元前五三一年）的記載：「楚子虔誘蔡侯般殺之于申。」楚子虔，即楚靈王。此事的起源是蔡景侯為其世子般娶於楚，卻又與楚女私通，於是世子般弒殺其父，自立為國君，是為蔡靈侯。楚國誘蔡靈侯來相會，乘機抓住了他並聲討其罪而誅之，滅蔡，命其幼弟棄疾為蔡地之主。《公羊傳》對此評論曰：「楚子虔何以名？絕。曷為絕之？為其誘封也。此討賊也，雖誘之，則曷為絕之？懷惡而討不義，君子不予也。」楚靈王討滅陳蔡的國君，確實是聲討有罪之人，是屬於正人的範疇。《春秋》所以不讚許他的行為，是因為他自身行為不正，他自己也是通過篡弒而登上君位的；而且動機不良，滅陳、蔡後將這兩個國家併入楚國的版圖之內。齊桓公，齊國的國君，姓姜，名小白。執袁濤塗之事見於《春秋》魯僖公四年（西元前六五六年）的記載：「齊人執袁濤塗。」齊桓公為什麼要執陳國的大夫袁濤塗？這是因為齊國軍隊與楚國訂立召陵之盟後，回師時經過鄭國與陳國，由於齊軍紀律不好，陳國大夫袁濤塗怕齊軍擾民而不願齊軍路過陳國，所以誘騙桓公沿海向東走，結果軍隊陷於沼澤之中，於是齊桓公把袁濤塗抓了起來，《公羊傳》說明了《春秋》對這件事的態度：「執者曷為或稱侯，或稱人？稱侯而執者，伯討也；稱人而執者，非伯討也。此執有罪，何以不得為伯討？古者周公東征則西國怨，西征則東國怨；桓公假塗于陳而伐楚，則陳人不欲其反由己者，師不正故也，不脩其師而執濤塗，古人之討則不然也。」參見〈精華〉篇第四章注❻。《春秋》所以對楚靈王與齊桓公正他人的行為不予讚許，不給予義的稱呼，是因為他們不能端正自己的行為。❸闔廬能正楚蔡之難矣三句　闔廬，吳國的君主，名光，吳王諸樊之長子。他用專諸刺殺吳王僚而自立，在位十八年。能正楚蔡之難，指其能打敗楚國，為伍子胥報復其父伍奢、兄伍尚被楚平王錯殺之仇，平楚國欺侮蔡昭公而伐蔡之難。此事《春秋》繫於魯定公四年（西元前五〇六年）：「蔡侯以吳子及楚人戰于伯莒，楚師敗績。」《公羊傳》對此評論曰：「吳何以稱子？夷狄也而憂中國。其憂中國奈何？伍子胥父誅乎楚，挾弓而去楚，以干闔廬」；「蔡昭公朝乎楚，有美裘焉，囊瓦求之。昭公不與。為是拘昭公於南郢，數年然後歸之。於其歸焉，用事乎河，曰：『天下諸侯苟有能伐楚者，寡人請為之前列。』楚人聞之，怒，為是興師，使囊瓦將而伐蔡。蔡請救于吳，伍子胥復曰：『蔡非有罪也。楚人為無道，君如有憂中國之心，則若時可矣。』於是興師而救蔡。」吳兵救蔡，攻入楚國都城。《公羊傳》後面又曰：「吳何以不稱子？反夷狄也。其反夷狄奈何？君舍于君室。大夫舍于大夫室，蓋妻楚王之母也。」《春秋》經文前面稱吳子，後面不稱吳子，因為吳師攻入楚都後，紀律敗壞，純屬夷狄之行，故稱其反夷狄也。其身不正，指闔廬曾殺吳王僚而自立，吳師進入楚國都城郢後又淫亂不止，故闔廬平楚蔡之難不能算作義事。參見〈王道〉篇第九章注❼、❽、❾、❿。❹潞子之於諸侯四句　潞子，潞是赤狄的一支，在今山西潞城東北潞影故城。赤狄是狄人的一支，活動於晉國的北部，子是其爵位，名嬰兒。其母親為晉景公之姊伯姬。《春秋》繫此事於魯宣公十五年（西元前五九四年）：「六月，晉師滅狄潞氏，以潞子嬰兒歸。」《左傳》稱晉滅潞氏的原因是那時潞國的執政酆舒殺伯姬而傷潞子之目。《公羊傳》的解釋是「潞何以稱子？潞子之為善也，躬足以亡國。雖然，君子不可不記也。離於夷狄，而未能合於中國。晉師伐之，中國不救，狄人不有，是以亡也。」稱嬰兒為潞子，是讚揚其行為離於夷狄而符合道義，能正身而行。❺趨利而也　蘇輿案：此四字似為「趨利而已」，語當在「以其身不正也」之下。當依其說。❻夫我無之求諸人五句　此句意謂我沒有的，卻要求別人有；自己有的，就以此來譏笑別人沒有，這樣去要求別人，是別人所不能接受的。如此違反常理，怎能稱之為義呢？正如孔子所言：「其身正，不令而行；其身不正，雖令不從。」（《論語・子路》）求諸人，責之於人。誹，謗也。❼故言義者五句　此處指說到義的意思，即是把我與宜二個字合為一個字，如此去把握的話，那麼說義便是指我自己的行為應當如何。一言，同一個字義。操，把握。

【語　譯】義字所表達的意義，不是用來端正他人，而是用來端正自己。雖然那些生於亂世而枉稱為君上的人，幾乎沒有不想去端正他人行為的，這怎麼能稱為義呢？過去楚靈王討伐陳蔡的那些亂臣賊子，齊桓公要給袁濤塗治罪，並不是他們沒有能力去整治他人，但是《春秋》沒有讚許他們的行為，得不到義的稱呼，是由於他們自己的行為並不端正。吳王闔廬能平息楚國和蔡國的危難，但《春秋》沒有用義辭去讚許他，一方面是因為他自己的行為也不端正，另一方面是由於他們的目的只是為了追逐自身的利益而已。潞子並沒有能去端正別國諸侯的行為，《春秋》卻用義辭去讚美他，是因為他自己的行為端正。所以說，義的涵義在於端正自我，不在於端正別人，這就是《春秋》所立下的法則。我自己做不到的，卻要去責備別人沒有做到；我自己做到了的，就以此去批評與責備別人為什麼沒有做到，這種做法是別人所無法接受的。因為它違反了常理，怎麼還能稱它為義呢？義的意思是道義在我這一邊，只有道義在我這一邊的行為，方才可以稱為義。所以講到義字時，要把我與宜合在一起，是同一個涵義。如此去掌握的話，義是對我自己在思想行為上的要求。俗話說，自己的行為符合道義的話，叫作自得；自己的行為不符合道義的話，叫作自失。為人而好行義的，叫作潔身自好；為人而不好行義的，叫作不能潔身自好。用這許多例證來參驗，義字的意思是指著我字而說的，就非常明白了，同時也就知道義與仁之間的區別了。

【研　析】本章的主旨是闡釋義字是針對自己而言的，即「義在正我，不在正人」。董仲舒從《春秋》中舉了四個案例：一是楚靈王討陳蔡之賊，二是齊桓公執袁濤塗之罪，三是闔廬正蔡楚之難，這三位君主在春秋時期都相當顯赫，雖能正人而其身不正，所以「奪之義辭」。第四個案例是潞子，雖不能正人，然其身正而予之義辭。但是古往今來的大多數君王，都是其身不正，卻莫不欲正人。實際上其身不正是很難正人的。孔子曾反覆地說：「其身正，不令而行；其身不正，雖令不從。」「苟正其身矣，於從政乎何有？不能正其身，如正人何？」（《論語・子路》）如楚靈王、齊桓公、吳王闔廬那樣去正人，無非是施行軍事政治上的高壓罷了。

真要談到正身，不僅要靠自身的覺悟和自我控制能力，還需要有外部的約束，那就是民主化的高度透明的政治體制，需要有民眾和社會輿論的監督，以及健全的法制等等。當然，道德的力量不容忽視，「義在正我」的正身準則便是傳統道德倫理中應當繼承的內容，對於執政者來說尤其如此。但是，道德與科學不同。科學講真假，道德講善惡；而善惡的評定直接涉及價值標準的取向。不同的目的可以有不同的價值標準的取向。對執政者來說，如果以政治利益為唯一的取捨標準，甚至認為只要是政敵，「經濟上不貪，生活上不爛，就只有更壞，因為一心在搞反革命」，那便是否定了人類道德中共同的價值標準取向，為了功利而犧牲道德，是一種並不可取的做法。又如對社會風氣不好的認識，有的人將此歸咎於民眾素質太差，這也是捨本求末、隔靴搔癢的說法。孟子曾經這樣說過：「身不行道，不行於妻子。」（《孟子・盡心下》）「行有不得者，皆反求諸己，其身正而天下歸之。」（《孟子・離婁上》）這些話對執政者可以說是至理名言，頗有參考價值。社會風氣好壞的問題，雖然在民眾的身上得到表現，但根源卻要到制度與執政者的身上去尋找。凡是貪官汙吏，大多數生活上糜爛不堪，對其家屬的利用本人的權勢搞權錢交易則放任不管，甚至暗中慫恿或唆使妻子兒女串同作案。在兩種體制轉換的過程中，如果不能加速民主與法制的建設，加強民眾與社會的監督，所謂「反貪倡廉」便只能流於空談。

第四章

仁謂往，義謂來，仁大遠，義大近[1]。愛在人謂之仁，義在我謂之義。仁主人，義主我也。故曰仁者人也，義者我也，此之謂也。君子求仁義之別，以紀人我之間，然後辨乎內外之分，而著於順逆之處也[2]。是故內治[3]反理以正身[4]，據禮以勸福[5]；外治[6]推恩以廣施[7]，寬制以容眾[8]。孔子謂冉子曰：「治民者先富之，而後加教。」語樊遲曰：「治身者，先難後獲。」以此之謂治身與治民，所先後者不同焉矣[9]。《詩》云：「飲之食之，教之誨之。」先飲食而後教誨，謂治人也。又曰：「坎坎伐輻，彼君子兮，不素餐兮。」先其事，後其食，謂之治身也[10]。《春秋》刺上之過，而矜下之苦[11]，小惡在外弗舉，在我書而誹之[12]。凡此六者[13]，以仁治人[14]，義治我[15]，躬自厚而薄責於外[16]，此之謂也[17]。且《論》已見之，而人不察[18]，曰：「君子攻其惡，不攻人之惡。」[19]不攻人之惡，非仁之寬歟？自攻其惡，非義之全歟？此謂之仁造人，義造我，何以異乎[20]？故自稱其惡謂之情，稱人之惡謂之賊㉑；求諸己謂之厚，求諸人謂之薄；自責以備謂之明，責人以備謂之惑㉒。是故以自治之節治人，是居上不寬也㉓；以治人之度自治，是為禮不敬也㉔。為禮不敬，則傷行而民弗尊；居上不寬，則傷厚而民弗親㉕。弗親則弗信，弗尊則弗敬。二端之正詭於上㉖，而僻行之則誹於下㉗，仁義之處可無論乎？夫目不視弗見，心弗論不得。雖有天下之至味，弗嚼弗知其旨也；雖有聖人之至道，弗論不知其義也。

【章　旨】本章從遠近、往來、內外、順逆、厚薄等各個方面進一步展開「仁主人，義主我」的論述，從而闡明仁與義的各自不同特點與其區別。

【注　釋】❶仁謂往四句　仁是向外施予別人，故稱往；義是責於自我，故稱來。施予他人，故貴在由近而及遠；責於自我，故貴在近至對自身的責備。❷君子求仁義之別四句　此句意謂君子要追求仁與義之間的區別，用來節制人與我之間的相互關係，辨別內外二者之間的區分，從而使對順與逆的認知落到實處。紀，節制；約束。辨，區別。內外，他人為外，自我為內。著，落到實處。順逆，符合道義的為順，違反道義的為逆。❸內治　指對自我的修養。❹反理以正身　反之義理，以端正自身的行為。❺據祉以勸福　此處指應當遵守禮制來求得福的降臨。祉當是「禮」字。❻外治　指對待他人。❼推恩以廣施　指以愛心廣泛施恩澤於他人。❽寬制以容眾　指寬以待人，才能容納民眾。❾孔子謂冉子曰八句　冉子，孔子弟子，名求，字子有，魯國人，少孔子二十九歲，曾為季氏之宰。治民先富之二句，語出《論語・子路》：「冉有曰：『既庶矣，又何加焉？』曰：『富之。』曰：『既富矣，又何加焉？』曰：『教之。』」治民以富為先，即推恩澤於民，管子有「凡治國之道，必先富民」與「倉廩實而知禮節，衣食足而知榮辱」之語。樊遲，孔子弟子，名須，字子遲，齊國人，少孔子三十六歲。治身者二句，語出《論語・雍也》：「（樊遲）問仁。曰：

『仁者先難而後獲，可謂仁矣。』」先難，指先克己。後獲，指個人的利益與收穫應放在後面。歸納起來，治民是富民在先，教民在後，治身則相反，以克己為先，收穫在後，故兩者先後之次序不同。⑩詩云十二句　前引詩見《詩經・小雅・緜蠻》。董仲舒引此詩是為了證明先富後教。《荀子・大略》云：「不富無以養民情，不教無以理民性，故家五畝宅，百畝田，務其業而勿奪其時，所以富之也。立大學，設庠序，修六禮，明十教，所以道之也。《詩》曰：『飲之食之，教之誨之。』王事具矣。」坎坎伐輻三句引文出自《詩經・魏風・伐檀》。坎坎，伐木的聲音。伐輻，指把檀木伐製成車輻。彼君子兮，指士君子們。不素餐兮，指不能白白地吃閒飯。董仲舒引此詩的意思是表示要先從事勞作，然後才有飲食，這是士君子們治身的道理。樊遲問崇德於孔子，孔子的回答是「先事後得」(《論語・顏淵》)，此處強調治民與治身各自的先後不同：治民要先富後教，治身要先事後得。⑪春秋刺上之過二句　如〈王道〉篇稱：「作南門，刻桷，丹楹，作雉門及兩觀，築三臺，新延廄，譏驕溢不恤下也。」這些指責皆為《春秋》譏魯莊公、僖公、定公驕溢之過，批評為上者不恤民眾之苦。⑫小惡在外弗舉二句　誹，譏刺。《春秋》之內外是相對而言的，如魯國是內，則諸夏是外；諸夏是內，則夷狄是外。此處指的是當自近者始。《公羊傳》魯隱公十年云：「《春秋》錄內而略外，於外大惡書，小惡不書。」何休注云：「內小惡書，外小惡不書者，內有小惡，適可治諸夏大惡，未可治諸夏小惡。明當先自正，然後正人。」⑬凡此六者　俞樾云，「六」為衍字。凡此者，指以上所言。⑭以仁治人　即以仁愛待人。⑮義治我　以宜約束自己。⑯躬自厚而薄責於外　即嚴以待己而寬以待人。《公羊傳》魯隱公二年何休注：「《春秋》王魯，明當先自詳正，躬自厚而薄責於人，故略外也。」⑰此之謂也　這就是此處所要表明的意思。⑱且論已見之二句　《論》，指《論語》，是孔子弟子及其再傳弟子關於孔子言行的記錄。此處指《春秋》為仁義法的觀念，在《論語》中已有論述，如「修己以安人」，「修己以安百姓」(《論語・憲問》)，「君子求諸己」(《論語・衛靈公》)等，指的就是躬自厚即嚴格律己。而人不察，指人們沒有注意到這一點。⑲曰三句　此語引自《論語・顏淵》。樊遲問修慝於孔子，子曰：「攻其惡，無攻人之惡。」即批評自己的缺點和錯誤，不要去攻擊別人的缺點和過失。⑳不攻人之惡七句　此處意謂不攻擊別人的過失，難道不是這寬厚的表現嗎？自己批評自己的缺點與錯誤，難道不是道義的完善嗎？這就是以仁愛對待別人，以道義嚴格要求自己。何以異乎，通過反問以指明孔子在《論語》中所闡述的觀點，與《春秋》所立之仁義法之間沒有任何不同。㉑故自稱其惡謂之情二句　此處意謂自己數說自己的缺點和過失是坦率的真情實意，攻擊別人的過失和缺點，結果必然會造成對他人的傷害。子曰：「躬自厚而薄責於人，則遠怨矣。」(《論語・衛靈公》)反之，苛責於人者必然會招致人們的怨恨。情，實情。賊，傷害。㉒自責以備謂之明二句　此處意謂能對自己進行求全責備的人是聰明人，對他人求全責備的人則是糊塗人。明，聰明。惑，迷惑。《呂氏春秋・離俗覽・舉難》：「故君子責人則以人（仁），自責則以義。責人以人（仁）則易足，易足則得人；自責以義則難為非，難為非則行飾；故任天地而有餘。不肖者則不然，責人則以義，自責則以人（仁）。責人以義則難贍，難贍則失親；自責以人（仁）則易為，易為則行苟；故天下之大而不容也，身取危、國取亡焉，此桀、紂、幽、厲之行也。」㉓是故以自治之節治人二句　指居於上位者以自責之義要求別人，那就不可能寬以待人。㉔以治人之度自治二句　指用以仁愛人的尺度來對待自己，放鬆對自己的要求，那麼在遵守禮制上便不可能有恭敬之心。孔子說：「人而不仁如禮何？人而不仁如樂何？」（《論語・八佾》）禮樂是外在的形式，仁愛是內在的心志。㉕為禮不敬四句　為禮不敬會傷害自己的形象，百姓當然不會尊敬他；居於上位而治下不能寬厚，對這種厚於自奉的統治者，百姓當然不會與之親近。㉖二端之正佹於上二句　指治人、治身這二端的標準被居於上位者所顛倒。正，標準。佹，顛倒。㉗而僻行之則誹於下　指邪辟的行為得以風行，故為世論所非難。僻行之，指邪僻的行為上行下效，風行一時。誹於下，指統治者在百姓中口碑不佳。

【語譯】仁說的是往，是施予別人；義說的是來，是責備自我。仁看重能施予得遠，義看重能近至自責。愛心獻給他人稱之謂仁，道義責於自我稱之謂義。仁注重的是對待別人，義注重的是正確對待自我。所以說：仁就是人，義就是我，闡明的也就是這個意思。君子講究仁與義的區別，用來節制人與我之間的關係，然後才能辨別內與外之間的區分，表明其對道義是處於順還是逆的位置。所以內治也就是對待自身必須返還到道義上來端正自我，處處依據禮法以求得福祉；外治就是推恩廣施於人，待人寬厚才能容納更多的民眾。孔子曾經對冉有說：「管理百姓首先是要使他們富起來，然後才能加以教誨。」對樊遲說：「管束自己的話，首先要讓困難來磨練自己，收穫則應放在後面。」這就是治身與治民的區別，它們在先後的次序上是各不相同的。《詩經》上曾說：「先讓他喝足了、吃飽了，然後才是教育他、訓導他。」先處理好百姓的衣食，然後才是對他們進行教誨，這是對待民眾的次序。《詩經》上還說：「喀嚓喀嚓，砍伐樹木發著聲響，那些士君子們，可不能吃白飯啊！」那是要求管理國家大事的士君子們，要先認真為民眾辦事，然後才可以有飯吃。這說的是如何管束自己的道理。《春秋》總是諷刺那些身居上位的統治者的過失，憐惜下層民眾的痛苦。《春秋》對於別國小的過失略而不舉，對於本國小的過失卻都要記載下來，並且進行譏諷，這也是用仁來對待別人，用義來管束自我。總之，嚴格地責備自身的過失，而從輕地責備他人的失誤。《春秋》所表述的也正是這個基本道理。《論語》中已經論述過這些道理，但人們卻不能察知。《論語》上說：「君子責備自己的過失，不去攻擊別人的錯誤。」不批評指責他人的過失，難道不正是表示仁愛與寬恕嗎？嚴格責備自己的過失，難道不正是以道義來對自己求全責備嗎？這就是以仁愛來造就別人，用道義來造就自我，這與《春秋》上對仁義的論述又有什麼不同呢？所以說出自己的過失，是真情實意的坦率；無端指責別人的過失是對他人的傷害；對自己要求嚴格叫作篤厚，對他人苛求叫作刻薄；對自己能求全責備，是一個明白人；對別人求全責備則是一個糊塗人。所以把要求自己的標準去要求別人，那樣居上位者就不能寬厚以待人；把要求別人的標準來要求自己，那麼遵循禮制辦事的過程中就不會恭恭敬敬。不能恭敬地遵循禮制行事的人，會損害他自己的形象，百姓也不會尊重他。身居上位而不能寬以待人則有傷忠厚，而百姓也就不會對他親近。百姓對他們不親近，也就沒有信任感；百姓對他不尊重，也就沒有敬畏之心。那些身居上位的統治者把治身和治人這二端的位置弄顛倒了，由於上行下效，風氣也就弄壞了，結果是怨恨之聲遍布大地。所以仁義二字各自所處置的對象怎麼能不加思索呢？對任何事情，不用眼睛去看，那是見不到的；不用心去思考，就不可能知道道理。天底下最好的美味，如果不用嘴去咀嚼，怎麼能品嘗出其中的美味呢？即使是聖人最正確的道理，如果不去認真地思考，那就不可能知道它所包含的深遠意義。

【研　析】本章進一步從遠近、往來、內外、順逆、厚薄展開「仁主人，義主我」的特性及其區別。仁是施予，故要遠及四夷；義是審視自我，故要切近。仁是對待別人，故稱往；義是對待自我，故稱來。正人是外，正己是內。「以仁安人，以義正我」是順；「以仁自裕，以義設人」是逆。求諸己謂之厚，求諸人謂之薄。這就是治人與自治各自所處的位置。如果把兩者的位置放顛倒了，那就把順與逆搞顛倒了。

此外，還有一個次序先後的問題，那就是要先「富之」，然後加以「教之」。這一句話出自孔子到衛國時與冉有之間的一段對話。孔子看到衛國人口眾多，感慨地說：「庶矣哉！」（「人口真多呀！」）冉有說：「既庶矣，又何加焉？」孔子說：「富之。」冉有再問：「既富矣，又何加焉？」孔子說：「教之。」（《論語・子路》）這種情況正如上一章「研析」中所提到的，社會風氣不好，不能推諉到國民素質差的頭上去。要整頓社會風氣，首先是「正我」，即端正各級領導的作風；然後是「富之」，可不是先富領導，而是先富百姓。用現代語言說那就是要解決百姓的就業問題，使民眾在生活衣食上沒有後顧之憂，然後才是教育與引導。《管子》的第一篇〈牧民〉的主旨便是「倉廩實則知禮節，衣食足則知榮辱」。孟子把王道的起點確定在百姓們「養生喪死無憾」這一點上。民眾的衣食不能溫飽，空談理想教育收效甚微。但是，在衣食溫飽的基礎上，就必須強調教育，全面提高國民的素質了。

必仁且知 第三十

【題解】篇名〈必仁且知〉，與前篇〈仁義法〉為姊妹篇，分別從體與用兩個方面來闡述。前篇從體的角度來看，以仁配義；本篇從用的角度著眼，以仁配智。

本篇可分為四章。第一章強調仁與智必須並重。有仁無智，不能辨別是非善惡；有智無仁，適足以濟其惡。第二章具體闡述仁的內涵。第三章具體闡述智的內涵。第四章論述災異乃上天對君王的譴告，應視作幸事，將此作為除害興利的良機。

第一章

莫近於仁，莫急於知❶。不仁而有勇力財能，則狂而操利兵也❷，不知而辯慧獧給，則迷而乘良馬也❸。故不仁不知而有材能，將以其材能以輔其邪狂之心，而贊其僻違之行，適足以大其非而甚其惡耳❹。其強足以覆過❺，其禦足以犯詐❻，其慧足以惑愚❼，其辯足以飾非❽，其堅足以斷辟❾，其嚴足以拒諫❿。此非無材能也，其施之不當而處之不義也。有否心者，不可藉便埶，其質愚者不與利器⓫。《論》之所謂不知人也者，恐不知別此等也⓬。仁而不知，則愛而不別也；知而不仁，則知而不為⓭也。故仁者所以愛人類也，智者所以除其害也⓮。

【章旨】本章強調仁與智必須並重。有仁無智，不能辨別是非善惡，知人不明；有智無仁，智適足以濟其奸，為害尤烈。

【注釋】❶莫近於仁二句　指對於德行的修養，沒有比需要仁愛更切近，沒有比需要智慧更急迫。知，他本作「智」。知，通「智」。❷不仁而有勇力財能二句　此處指沒有仁愛之心而有勇力材能者，好比狂人手執利器而立於市街中，隨時隨地都威脅著社會的穩定。不仁而有勇力財能，孔子說過：「仁者必有勇，勇者不必有仁。」（《論語・憲問》）孔子還對子路說過：「君子有勇而無義為亂，小人有勇而無義為盜。」（《論語・陽貨》）財能，即資財與能力。若是材能，則是才幹與能力。狂，指瘋狂。操利兵，指手持利器。❸不知而辯慧獧給二句　此處意謂沒有大智大慧，卻又能說會道，反應又敏捷靈巧，這樣就好比是騎了千里馬而騎者卻昏迷不醒。知，通「智」。不知，缺少智慧。辯慧，伶牙俐齒，善於巧辯。子曰：「巧言令色，鮮矣仁。」（《論語・陽貨》）獧給，行動敏捷。獧，同「儇」。《詩經・齊風・還》：「揖我謂我儇兮。」毛亨傳：「儇，利也。」孔穎達疏：「儇，利言其便利馳疾。」給，敏給。《莊子・徐无鬼》：「王射之敏給。」成玄英疏：「敏給，猶速也。」❹將以其材能輔其邪狂之心三句　此處意謂那些不仁不智的人所擁有的才能，適足以輔助其邪惡而狂妄的心志，幫助他實施那些狠毒而又乖僻的行為。正好足以擴大他的錯誤，加重他的罪惡。邪狂之心，粗俗鄙陋的野心。僻違之行，邪惡違法的行為。❺其強足以覆過　他的強詞奪理足以掩蓋他的過失。❻其禦足以犯詐　他的善於應對足以使他能欺詐別人。禦，應對。❼其慧足以惑愚　他的小聰明足以迷惑愚蠢的人。❽其辯足以飾非　他的能言善辯足以掩飾他的錯誤。子曰：「惡利口之覆邦家者。」（《論語・陽貨》）❾其堅足以斷辟　他的頑固不化，足以破壞法紀。堅，頑固。辟，法紀。❿其嚴足以拒諫　指他那種居高臨下的威嚴足以拒絕臣下的諫諍。⓫有否心者三句　此處意謂對於有邪惡野心的君主，不能給予便於其利用的權勢，正如不能給天資愚蠢的人以鋒利的兵刃一樣。否心，邪惡的野心。藉，給予。便埶，便於為人利用的權勢。質愚，指天資愚蠢。《淮南子・主術訓》：「故有野心者，不可借便勢；有愚質者，不可與利器。」⓬論之所謂不知人也者二句　《論》，指《論語》，是孔子弟子及其再傳弟子關於孔子言論的記錄。樊遲「問知，子曰：『知人。』樊遲未達。子曰：『舉直錯諸枉，能使枉者直。』樊遲退，見子夏曰：『鄉也吾見於夫子而問知。子曰：「舉直錯諸枉，能使枉者直。」何謂也？』子夏曰：『富哉言乎！舜有天下，選於眾，舉皋陶，不仁者遠矣。湯有天下，選於眾，舉伊尹，不仁者遠矣。』」（《論語・顏淵》）所謂知人，在孔子心目中，便是在眾人中區別仁與不仁者，舉仁者以使不仁者變得正直起來。恐不知別此等也，此處指怕的是不知道將不仁者與仁者區別開來。有一次子貢問孔子曰：「今之從政者何如？」子曰：「噫！斗筲之人，何足算也？」（《論語・子路》）董仲舒這番言論當亦有所指。⑬仁而不知四句　不知，即不智，指不知區別人之賢與不肖。愛而不別，指只知仁愛而不知道區別賢與不肖，就不能為人們除害。知而不仁，指知其對人之危害而無怛惻同情之心，例如見孺子將掉到井中，而無怵惕惻隱之心，那當然也不會有救人的行為。如此見死不救，便是智而不仁之人。⑭故仁者所以愛人類也二句　劉安在《淮南子・主術訓》云：「仁者，愛其類也；智者，不可惑也。」

【語　譯】做一個正直的君子，沒有比對仁愛的需要更為切近，沒有比對智慧的需要更為急迫。如果沒有仁愛之心而僅有勇力和才能，那就好比一個狂人手上拿著鋒利的兵刃；如果沒大智大慧而又能言善辯，處事敏捷的話，那就好比是昏迷不醒的人騎著快馬在路途上行進。所以那些既不具備愛心，又沒有大智大慧而又擁有才能的人，將會以他的才能來輔助其邪惡而狂妄的心志，幫助他去實施那些怪僻違法的行為，恰巧足以擴大他的過錯，加重他的罪行。有這樣一些人，他們的強詞奪理足以掩蓋他們的過失，他們的巧於應對足以使他們得以進行詐騙，他們的小聰明足以使他們愚弄民眾，他們的花言巧語足以掩飾其為非作歹，他們故作威嚴的姿態足以幫助他們拒絕臣下的忠言勸諫。對於這樣的人，並不是由於他們沒有才能，而是他們把自己的才能使用在不恰當的地方，去做那些不仁不義的事。對於那些心思邪惡的人，決不能給予他們利用權勢的方便，正如對那些愚蠢而狂妄的人，不能給予鋒利的兵刃一樣。《論語》中所論述的不知人的情況，恐怕就是不知道區別上述那幾種情況。有仁愛之心而沒有大智大慧的人，只知道愛人而不知道區別人的賢與不肖；知道區分善惡，卻沒有仁愛的心，那是屬於雖有知人之明而不肯有所作為的人。所以說，仁的意思是要愛人類，智慧的意思是要為人類除去禍害啊！

【研　析】本章的主題是闡述智與仁的關係。從行為上講，仁是愛人，智是愛人的前提。要有知人之明，能分清是非善惡，方始可以懂得怎樣去愛人。《荀子・解蔽》云：「人生而有知」；「凡以知人之性也，可以知物之理也。」他把智看作人的本性，指人的認知能力是天賦的。「可以知物之理」，指人認知的對象是客觀世界，也就是物之理，那是可以被認識的。孔子在論述智與仁的次序上，總是把智放在前面。《論語》開宗明義的第一句話，「學而時習之，不亦說乎？」那就是求知。在〈子罕〉篇說：「知者不惑，仁者不憂，勇者不懼。」智排列在第一位。這是因為惟其不惑，才能不憂不懼，所以孔子說：「未知，焉得仁。」《論語・公冶長》《禮記・大學》八節目的次序，首先是「格物致知」，知仍然放在第一位。《禮記・中庸》講到「子曰：好學近乎知，力行近乎仁，知恥近乎勇。知斯三者，則知所以脩身，知所以脩身則知所以治人。知所以治人則知所以治天下國家矣。」修身、齊家、治國、平天下的前提都是知。修身是知己，齊家、治國、平天下的前提是知人。孔子還說過：「知及之，仁不能守之；雖得之，必失之。」《論語・衛靈公》這是指知要以仁愛之心行之，才能收到效果。反之，以不仁之心行不義之事，那樣的知不是大智大慧的知，而是辯慧獧給的小聰明，其結果就禍害無窮了。

第二章

何謂仁？仁者憯怛愛人❶，謹翕不爭❷，好惡敦倫❸，無傷惡之心❹，無隱忌之志❺，無嫉妒之氣❻，無感愁之欲❼，無險詖之事❽，無辟違之行❾。故其心舒，其志平，其氣和，其欲節，其事易，其行道，故能平易和理而無爭也。如此者謂之仁。

【章　旨】本章具體闡述仁的內涵並細敘其種種特徵。

【注　釋】❶何謂仁二句　指仁者經常為他人遭遇不幸而憂傷，故亦可解釋為惻隱。憯怛，憂傷。《禮記・表記》：「中心憯怛，愛人之仁也。」鄭玄注：「中心憯怛，惻隱之端也，故為愛人之仁。」《孟子・公孫丑上》：「惻隱之心，仁之端也。」《白虎通義．性情》：「仁者不忍也，施生愛人也。」❷謹翕不爭　此處意謂能恭敬和好，與人不爭。謹，恭敬。翕，和合。❸好惡敦倫　好惡，指仁者有好惡，「子曰：『好仁者，無以尚之；惡不仁者，其為仁矣，不使不仁者加乎其身。』」（《論語．里仁》）又，「子曰：『唯仁者能好人，能惡人。』」（《論語．里仁》）朱熹注：「游氏曰：『好善而惡惡，天下之同情，然人每失其正者，心有所繫而不能自克也。惟仁者無私心，所以能好惡也。』」錢穆《論語要略》：「仁者以其情示人，故能自有好惡。」敦倫，敦厚於自身倫理道德的修養。反之，「子曰：『鄉原，德之賊也。』」（《論語．陽貨》）鄉愿是待人處世模稜兩可、不肯表示好惡之心的好好先生，孔子認為這種人是德行的禍害。❹無傷惡之心　指沒有做壞事去傷害他人的用心。「子曰：『苟志於仁矣，無惡也。』」（《論語．里仁》）❺無隱忌之志　君子之過，如日中天，人人得而見之，故無文過飾非隱瞞忌諱的必要。「子貢曰：『君子之過也，如日月之食焉：過也，人皆見之；更也，人皆鄉之。』」（《論語．子張》）孔子還說：「二三子以為我隱乎？吾無隱乎爾。吾無行而不與二三子者，是丘也。」（《論語．述而》）這表明孔子作為老師，自己的言行、思想對學生完全可以公開，沒有什麼需要隱瞞的，從而使自己的言行處於高度透明的狀態，這是仁者必須具備的條件。❻無嫉妒之氣　指沒有嫉妒他人的情緒。孔子說：「見賢思齊焉，見不賢而內自省也。」（《論語．里仁》）他還說：「君子成人之美，不成人之惡。小人反是。」（《論語．顏淵》）既要見賢思齊，又要成人之美，那怎麼還會有嫉妒的心思呢？❼無感愁之欲　指君子不因為物質生活的匱乏而抱怨或感到愁悶。欲，指物質生活的欲望。孔子說：「飯疏食，飲水，曲肱而枕之，樂亦在其中矣。不義而富且貴，於我如浮雲。」（《論語．述而》）所以他表揚顏回：「賢哉，回也！一簞食，一瓢飲，在陋巷，人不堪其憂，回也不改其樂。賢者回也。」（《論語．雍也》）孔子還說：「富與貴，是人之所欲也；不以其道得之，不處也。貧與賤，是人之所惡也；不以其道得之，不去也。」（《論語．里仁》）❽無險詖之事　指不作險惡邪僻之事。詖，偏頗；邪惡。王充曾說：「心險而行詖，則犯約而負教，教約不行，則相譴告。」（《論衡．自然》）譴告是上天以災異譴告君王。❾無辟違之行　指沒有乖僻而違犯法紀和倫理的行為。孔子曾說：君子要「行義以達其道」（《論語．季氏》）。

【語　譯】什麼叫做仁？仁就是懷有同情心而能愛人，在待人接物方面能恭敬平和而與世無爭，知道應該怎樣去好惡，而且敦厚於自身的修養，沒有故意傷害別人的用心，沒有文過飾非、隱瞞忌諱的心志，沒有嫉妒他人的情緒，沒有因任何非分的欲望而帶來愁悶和怨恨，既不做陰險與邪惡的事情，更沒有乖僻違紀的行為。這樣的人胸懷坦蕩，心氣平和，能夠節制自己的欲望，行事能平易近人，一切行為都能合乎正道，所以他能平和愉快，行事合理而又與世無爭地生活。能具備這些德行，方能可以稱其為仁者。

【研 析】本章的立旨是具體闡述仁的內涵。仁者，愛人。君王要能夠去愛人，就必須知道應當具備什麼樣的思想感情和個人倫理行為上的修養，怎樣去具體處理人與己之間的相互關係。中心憯怛，那就是內心具有同情別人的惻隱之心，能夠推己及人，己立立人，己達達人，己所不欲則勿施於人，能對人行恕道，這些是個人情感上的要求。「無傷惡之心，無隱忌之志，無嫉妒之氣」，也就是沒有做壞事的思想動機，不隱瞞又不忌諱自己的缺陷，胸懷坦蕩，不嫉妒他人的長處，那是思想修養上的要求。「無險詖之事，無辟違之行」，則是在行為上的規範，要求沒有惡習，不做壞事。這就是要從感情、思想、行為上處處約束自己以達到仁的境界，才能施善於人。

從倫理上講，仁與義本質上是一回事。本篇講的仁與智的關係，實際上也是仁與義合在一起與智的關係。這裡所講的仁不是對一般人的要求，是對君主的要求，是對士君子的要求。要求他們仁民愛物，能成己成物，盡己性以盡物性，而不是把國家的公共職能變成為自己謀取私利的工具。

董仲舒在本章所論證的仁的內涵，歸結到一點，那就是如何修身的內聖之學。他與孟子關於仁的論述不同。孟子是從人性上開掘仁的內涵，從行政上延伸仁的學說。孟子從惻隱之心為仁、羞惡之心為義出發。推而至「老吾老以及人之老，幼吾幼以及人之幼」，進而演化為「民為貴，社稷次之，君為輕」的民本思想，把仁作為行政的方針，發展為仁政必自經界始以制民之產，及薄其稅斂便民得以安居樂業等思想。這是由內向外拓展。董仲舒則是從外王返向內聖之學，從對君主與士君子治國平天下的要求出發，轉而要求君主與士君子重視自己的修身，走的正好是一條與孟子相反的途徑。二者雖說是殊途而同歸，但側重點有所不同。

第三章

何謂之知？先言而後當❶。凡人欲舍行為，皆以其知先規而後為之❷。其規是者❸，其所為得❹，其所事當❺，其行遂，其名榮❻，其身故利而無患❼，福及子孫，德加萬民，湯武是也❽。其規非者，其所為不得其事，其事不當，其行不遂，其名辱，害及其身，絕世無復，殘類滅宗，亡國是也❾。故曰莫急於知。知者見禍福遠，其知利害蚤❿。物動而知其化，事興而知其歸，見始而知其終⓫，言之而無敢譁，立之而不可廢，取之而不可舍⓬。前後不相悖，終始有類⓭。思之而有復，及之而不可厭⓮。其言寡而足，約而喻，簡而達，省而具，少而不可益，多而不可損⓯。其動中倫，其言當務⓰，如是者謂之知。

【章　旨】本章闡釋「知」的具體內涵，強調智者如湯武，其所事當，其行遂，其名榮，福及子孫，德加萬民；反之，則其事不當，其行不遂，其名辱，直至亡國滅宗，故曰「莫急於知」。

【注　釋】❶何謂之知二句　此處指智是先把自己的想法說出來，後來事態的發展證明他所說的是恰當的。❷凡人欲舍行為二句　舍，通「啥」，怎樣。此處意謂人們準備怎樣行為時，在事先都要依照自己的認知，作出相應的規劃然後才能付諸實施。❸其規是者　指慮無失策，謀無過錯，而計劃正確無誤的人。❹其所為得　指能達到其行為所希冀取得的目標。❺其所事當　指他的行事能夠恰到好處。❻其行遂二句　此處指其行為順利而結果則功成而名遂。遂，順利。❼其身故利而無患　指他不僅自身能獲得利益，而且不留下任何後患。❽湯武是也　湯，即成湯，商族的首領。

他經過周密的籌劃，取得滅亡夏桀的成功。武，周武王姬發，經牧野之戰，打敗商紂的軍隊。湯武正是由於謀劃的正確，而能福及子孫，德加萬民。❾絕世無復三句　指規劃與決策錯誤者，其後果嚴重的會導致王室的後嗣被絕滅，沒有子孫後代，族類遭受摧殘，宗姓被消滅，國家被滅亡，正如夏桀、商紂那樣的結局。復，俞樾云：疑作後。❿知者見禍福遠二句　此處指有智慧的人能對事物的福禍利害有預見性，能預測事物的發展於未然狀態。自古「治亂存亡，其始若秋毫，察其秋毫，則大物不過矣」。「孔子見之以細，觀化遠也。」（《呂氏春秋・先識覽・察微》）蚤，通「早」。⓫物動而知其化三句　此處指要善於掌握事物發展和演化的因果關係。「子曰：『苟有車，必見其軾；苟有衣，必見其敝；人苟或言之，必聞其聲；苟或行之，必見其成。』」（《禮記・緇衣》）⓬言之而無敢譁三句　此處指一旦正確而宏偉的決策確定以後，君王在表述它時，誰也不敢譁然非議；已經確立的體制，誰也無法去廢除它；已經取得的成果，誰再也無法去捨棄它。這裡顯示了君主作為決策者那種高屋建瓴壓倒一切的氣勢。它表示對正確的好事，必須有堅持到底的決心和勇氣，使君臣上下齊心一致從事於事業，則其事業必定成功。⓭前後不相悖二句　此處指貫徹決策時所採取的行為前後不相背悖，始終一以貫之，而不是那種朝令夕改、自相矛盾的行為方式。⓮思之而有復二句　指方案制訂時要求反覆再三，力求思考周密，確定下來後，就不再能為別人所推翻。厭，顛覆。⓯其言寡而足六句　寡而足，指言語不多而內容充足。約而喻，用語簡約而喻意明白。簡而達，用辭簡要而表達清楚。省而具，文字省略而內容完備。少而不可益，多而不可損，此處指表述精確，雖文字很少，卻不能增益，即使文字多了一些，卻也無法減損。此處意謂君子的智慧表現為精通語言的奧祕，在表述上簡約而準確。「子曰：『王言如絲，其出如綸。王言如綸，其出如綍。』」（《禮記・緇衣》）這是指君王的言語在傳布的過程中有不斷放大的效應。魯哀公問何謂敬身？「孔子對曰：『君子過言則民作辭。』」（《禮記・哀公問》）這就是指君子說話過了頭，老百姓還要引用它以作為行事的根據。所以強調君子說話要謹慎，因為言多必失。⓰其動中倫二句　指行動要符合倫理，言語要切合當前的時務。

【語　譯】什麼叫做智慧？就是君子原先說的話，後來的事態證明他所說的話是恰當的。大凡人們怎樣採取行動前，事前都要根據自己對事態的認識，作出籌劃，然後才能付諸實施。能夠正確地作出決策和籌劃的人，那麼他的行為必定能達到既定的目標。他所進行的事情必定能做得恰到好處，事情做起來很順利，他的名聲也很好，他不僅能自身獲得利益，而且不會留下任何後患，福祚會延及子孫，恩德普及於萬眾百姓，商湯和周武王就是那樣的君王。如果事前不能作出正確的決策和籌劃，那麼他的作為就不可能達到他既定的目標，他行事也不可能做到恰到好處，他的一切行動都不可能順利，聲名則受到屈辱，禍害侵及其身，最終的結果是王室的世系被絕滅，沒有子孫後代，族類受摧殘，宗族被消滅，國家被滅亡。所以說沒有比智慧更為急迫的了。有智慧的人在遠處便能看到什麼是禍，什麼是福，能比較早地覺察到什麼是利，什麼是害。對於事物的些微變動，便能知道將會如何轉化；在事情剛剛興起時，便能知道它將來的歸宿；當事情剛開始時，便能預見它將來的結果；當他說出自己的決定和意見時，沒有人敢喧譁地表示非議；他已確立的事情，沒有人可以再去廢棄它；他已經取得的成果，沒有人可以去捨棄它。他的言行前後不相背悖，自始至終都能一以貫之。他在思考時，總是再三地深思熟慮，一旦確定下來以後，再也沒有人可以推翻它。他言語很少但內容充足，簡約而能使人曉喻，用辭省略而內容完備，由於表達精確，所以用語少時，別人無法增益一個字，即使用語多時，別人也無法減損一個字。他的一切行動都是倫理上的楷模，他的講話的內容，都能切合時務，能做到這一切的，才稱得上有智慧的人。

【研　析】本章的主旨是闡述智的具體內涵。智的內涵本來是一個內容非常廣泛的問題，它可以是對人的認知能力的考察，可以是對認知對象和手段的論述，也可以是人們對學習方法、教育方法的認識，然而本章把智的內涵限制在認知與君王何以治國這樣一個非常狹小的範圍之內，僅只是從外王的視角來論述智慧的功利意義，強調智慧的標準是對禍福利害的預見性。董仲舒所以選擇這樣一個視角來論證智慧，與他所希冀的讀者是王者有關。古代君王或曰領袖，兼政策的制訂與實施於一身，一言既出，全國如奉綸音，奔走唯恐不及。他的認知水平與能力，其影響所及，並不限於他本人及其周圍的禍福，而是直接涉及到國家的安危與民眾的命運。因此，董仲舒作為儒生的代表，總是希望皇帝能成為必仁且智的有道明君。然而，皇帝的權力既然不受約束，可以為所欲為，就必然會向獨裁者轉化，聽不進任何不同的意見，時間長了，老了，其認知水平與能力也只會越來越退步，從智者轉化為愚者，最終淪落到孤家寡人的獨夫地步；而董仲舒與儒生們的願望，在那種環境下，只能永遠落空，根本不可能實現。梁武帝終年八十有餘，既是開國明主，又是亡國之君。毛澤東讀《南史．梁武帝紀》時批注云：「專聽生奸，獨任成亂，梁武有焉。」《南史》作者李延壽對梁武評語云：「自古撥亂之君，固已多矣，其或樹置失所，而以後嗣失之，未有自己而得，自己而喪。」毛在此處用紅鉛筆批注：「時來天地皆同力，運去英雄不自由。」其語出自唐代詩人羅隱〈籌筆驛〉中的詩句。其實「時來」是智慧給他帶來的，「運去」是迷信乾綱獨斷的結果，古往今來，年邁的君主很難逃避這種結局。可警！可歎！

第四章

其大畧之類，天地之物有不常之變者，謂之異，小者謂之災。災常先至而異乃隨之❶。災者，天之譴也❷；異者，天之威也❸。譴之而不知，乃畏之以威。《詩》云：「畏天之威。」殆此謂也❹。凡災異之本，盡生於國家之失。國家之失乃始萌芽，而天出災害以譴告之；譴告之而不知變，乃見怪異以驚駭之；驚駭之尚不知畏恐，其殃咎乃至❺。以此見天意之仁而不欲陷人也❻。謹按災異以見天意。天意有欲也，有不欲也。所欲所不欲者，人內以自省，宜有懲於心；外以觀其事，宜有驗於國❼。故見天意者之於災異也，畏之而不惡也，以為天欲振吾過，救吾失，故以此救我也❽。《春秋》之法，上變古易常，應是而有天災者，謂幸國❾。

孔子曰：「天之所幸，有為不善而屢極。」❿且莊王曰：「天不見災，地不見孽，則禱之於山川，曰：『天其將亡予耶？不說吾過，極吾罪也。』」⓫以此觀之，天災之應過而至也，異之顯明可畏也，此乃天之所欲救也，《春秋》之所獨幸也，莊王所以禱而請也。聖主賢君尚樂受忠臣之諫，而況受天譴也。

【章　旨】本章論述災異乃天意對君王的譴告，故君王應將災異視作幸事，看作是除害興利的良機。

【注　釋】❶其大畧之類五句　其大畧之類，指災異在大體上的分類，如水、火、螟蟲之類不常有的現象為災，而那些非常可怪之事如日蝕、地震、山崩以及「馬有生角，雄雞五足」等為異。古人認為天降異兆以警誡君主。《公羊傳》魯定公元年（西元前五〇九年）云：「異大乎災也。」這是指異的警誡程度大於災，但無論災還是異，皆是天地譴告人們的一種方式。災與異有大小先後之別。古人既以為災異是天用來告誡人間的預警系統。那麼如何識別這個預警系統便成為人們智慧的一個重要方面。❷災者二句　災是上天表示譴責的意思。《詩經・小雅・小明》：「畏此譴怒。」譴，譴責。❸天之威也　威，指可畏的天之威嚴。《詩・周頌・我將》：「畏天之威，於時保之。」意謂只有害怕天威才能長久地保持天下。❹詩云三句　《詩》，指《詩經》，儒家經典。《韓詩外傳》曾引此詩句，來說明晉國國君因為梁山崩而素服率群臣而哭。畏天之威在實際生活中表現為畏災異。❺凡災異之本八句　古人認為天人之間能互相感應。天處高而聽卑，君主的一言一行、一思一慮無不在上天的洞察之中，故國家之失亦即君王之失，處於萌芽狀態時，天便降災以譴告之。如魯莊公二十年（西元前六七四年），即齊桓公十二年，夏，齊大災。《公羊傳》解釋這一年的大災是齊國發生大的瘟疫。對於這次災害發生的原因，《漢書・五行志上》載：「劉向以為齊桓好色，聽女口，以妾為妻，適庶數更，故致大災。」對於這次災害的反應，劉向云：「桓公不寤，及死，適庶分爭，九月不得葬。」適，通「嫡」。董仲舒解釋天災發生的原因是「魯夫人淫於齊，齊桓姊妹不嫁者七人。國君，民之父母；夫婦，生化之本。本傷則末夭，故天災所予也」。至於異，也是在齊國齊桓公時，時間是在魯僖公十四年（西元前六四六年），這一年是齊桓公的十四年，八月，沙麓崩，實際上這是一次土石流，城邑廢為墟。《公羊傳》稱：「此何以書？為天下記異也。」《漢書・五行志下之上》載：「劉向以為臣下背叛，散落不事上之象也。先是，齊桓行伯道，會諸侯，事周室。管仲既死，桓德日衰。天戒若曰：『伯道將廢，諸侯散落，政逮大夫，陪臣執命，臣下不事上矣。』桓公不寤，天子蔽晦。及齊桓死，天下散而從楚。王札子殺二大夫，晉敗天子之師，莫能征討，從是陵遲……董仲舒之說略同。」前面是災，後面是異，但齊桓公皆未寤，故殃咎降於齊國，其影響波及天下，以上是漢代儒生解釋災異的一個案例。❻以此見天意之仁而不欲陷人也　此處指天示災異並非為了陷人於不幸，而是為了對人們的仁愛，是為了幫助君主改變自己的言行，以制止殃咎的降臨。在災異的出現到殃咎的降臨之間，還有一個考驗和等待的階段，如果能「見妖而為善則禍不至」。《呂氏春秋・季夏紀・制樂》記載了一個故事：「宋景公之時，熒惑在心。公懼，召子韋而問焉，曰：『熒惑在心，何也？』子韋曰：『熒惑者，天罰也；心者，宋之分野也；禍當於君。雖然，可移於宰相。』公曰：『宰相所與治國家也，而移死焉，不祥。』子韋曰：『可移於民。』公曰：『民死，寡人將誰為君乎？寧獨死。』子韋曰：『可移於歲。』公曰：『歲害則民饑，民饑必死。為人君而殺其民以自活也，其誰以我為君乎？是寡人之命固盡已，子無復言矣。』子韋還走，北面載拜曰：『臣敢賀君。天之處高而聽卑。君有至德之言三，天必三賞君。今夕熒惑其徙三舍，君延年二十一歲。』公曰：『子何以知之？』對曰：『有三善言，必有三賞。熒惑有三徙舍，舍行七里，星一徙當一年，三七二十一，臣故曰君延年二十一歲矣。臣請伏於陛下以伺候之。熒惑不徙，臣請死。』公曰：『可。』是夕熒惑果徙三舍。」❼謹按災異以見天意八句　此處指上天通過災異所顯示天意之所欲與不欲，君主應當省察天意，在內心反省，改行從善。如果有改行從善的行為，則可制止殃咎的來臨，使國家保持興盛。《呂氏春秋・季夏紀・制樂》記載的另一個故事就完整地反映了這一過程：「周文王立國八年，歲六月，文王寢疾五日而地動，東西南北，不出國郊，百吏皆請曰：『臣聞地之動，為人主也。今王寢疾五日而地動，四面不出周郊，群臣皆恐。』曰：『請移之。』文王曰：『若其何移之也？』對曰：『興事動眾，以增國城，其可以移之乎。』文王曰：『不可。夫天之見妖也，以罰有罪也。我必有罪，故天以此罰我也。今故興事動眾以增國城，是重吾罪也。不可。』文王曰：『昌也請改行重善以移之，其可以免乎。』於是謹其禮秩皮革，以交諸侯，飭其辭令幣帛，以禮豪士；頒其爵列等級田疇，以賞群臣。無幾何，疾乃止。文王即位八年而地動，已動之後四十三年，凡文王立國五十一年而終。此文王之所以止殃翦妖也。」❽故見天意者之於災異也五句　此句指君主對上天所顯示的災異，若能畏天之譴責與天之發威，那就能把災異轉化為善良的思想行為，把災異看作是顯示君王過失的徵兆，挽救我於災難之中，以免過失繼續發展下去，越演越烈，遭遇更大的殃咎。❾春秋之法四句　上變古易常，指君王改變古代先王的成法。《春秋》的宗旨是「奉天而法古」。應是而有天災者，指因此而引起上天的譴責和威怒，導致災異的發生。幸國，指對國家而言還是一種僥倖的事件，因為從此可以促使君王發現其過失而醒悟過來，從而改惡以從善。《春秋》在魯宣公十五年（西元前五九四年）記載：「冬，蝝生。」《公羊傳》對此評論曰：「蝝生不書，此何以書？幸之也。幸之者何？猶曰受之云爾。受之云爾者何？上變古易常，應是而有天災，其諸則宜於此焉變矣。」這是指有了這次災變，可以促使執政者改變現行錯誤的政策，所以是幸事。何休《春秋公羊傳解詁》注：「言宣公於此天災饑後，能受過變禍，明年復古行事，冬有大年，其功蓋過於無災。故君子深為喜而僥倖之。」❿孔子曰三句　蘇輿云：「疑奪『其罪』二字，下當更有奪文。」此孔子語不知引自何書，意謂天災的降臨，可以幫助君主免於把過失推向極端，造成更大的傷害。⓫且莊王曰八句　「且莊王曰天不見災」在蘇輿本中作「楚莊王以天不見災」。當以蘇輿本為是。楚莊王，春秋時楚國國君，姓芈，名旅。曾大敗晉軍，爭霸於中原。孽，《白虎通義・災變》：「孽者，何謂也？曰：介蟲先為非常。」《漢書・五行志》：「介蟲孽者，謂小蟲有甲飛揚之類，陽氣所生也。」楚莊王因不見天災而禱於山川的故事，亦見於劉向的《說苑》，類似的事例還有魯哀公時，不見天災的記載而禍更大。《春秋感應符》云：「魯哀公時，政彌亂絕，不日食。政敵之類，當致日食之變，而不應者，譴之何益，告之不寤，故哀公之篇絕無日食之異。」

【語　譯】從大的分類上講，天地萬物之間總有一些非同尋常的變化，叫做怪異，其中影響小的叫做災害。從次序上講，往往災害先至，隨後才是怪異來臨。災害是上天對君主的譴責，怪異是上天顯示天威。如果譴責他還不醒悟，於是就以天威來使他畏懼。《詩經》說：「要畏懼上天的威力。」大體上說的就是這個意思。大凡災異產生的根源，都是由於國家行政上的失誤，當國家政策上的失誤還處於萌芽狀態時，上天就顯示災害來譴責和警告；如果譴責和警告仍不能使君主改變自己的失誤，於是用怪異來驚嚇他；如果驚嚇還不能引起君主的害怕和恐懼，於是禍害便會接踵而來，這一切正是為了顯示天意的仁慈，上天是不希望君主陷身於禍害之中的啊。只要謹慎而細緻地考察災異，便能夠從中看到上天的心意。在上天的心意中有希望這樣做的，有不希望這樣做的，人們只要從自己內心深刻地自我反省，有所警懼，對外能認真地觀察各種事變，最終會在國內找到與災異相應驗的地方。所以能夠認識到天意的君主們，對於災異所持的態度，是畏懼它而不是厭惡它，是將災異看作上天希望糾正自身的過失，藉此來救助自己呢！依照《春秋》的法制，如果君王變更自古以來恆常的制度，因此而引發天災的，對於國家來說，反而是一件僥倖的好事。孔子說：「有幸得到上天災異警告和譴責的君主，如果繼續作惡，而且把過失推向極端，那便會受到更嚴厲的懲罰。」楚莊王因為在天上看不到災異，在地上看不到蟲害，於是對著山川祈禱，說：「難道上天將要使我滅亡嗎？不講明我所犯的過失，難道是為了加劇我的罪過嗎！」由此可以看到天災是為應驗君主的過失而降臨的，怪異則是更加明顯而可畏的事呢！這是上天為了挽救君主，所以在《春秋》中會把災異看作是一件幸運的事，楚莊王因此要祈禱於山川，請求上天通過災異來明示自己的過失。聖主賢君尚且樂於接受忠臣的諫諍，何況是受到上天的譴責呢！

【研　析】本章的主旨是論述由災異以見天意之仁慈，由災異而舉我過，救我失，所以君王要把災異看作幸事，看作是除害興利的機會。有學者認為本章的內容與前面三章講仁講智的內容不相銜接，故而認為本章是其他篇目誤竄入本篇的一段文字。其實不然。它是順著智的線索而來的。所謂智的上品便是能及早地預見禍福利害之間的變化，做到防患於未然，而天意正是通過災異來告誡君主，預示未來的禍殃。故對災異中所包含的天意的解釋與說明，在漢代便是一門最大的學問。本章緊接著「何謂之知」這一章之後，進而闡述災異，這在那個時代自有其歷史的根據。《禮記・中庸》：「至誠之道，可以前知。國家將興，必有禎祥；國家將亡，必有妖孽。見乎蓍龜，動乎四體。禍福將知，善必先知之，不善必先知之，故至誠如神。」因此可以這樣說，為王者預言吉凶，是漢儒進身仕途的一個重要條件。

卷第九

身之養重於義　第三十一

【題解】篇名〈身之養重於義〉，《黃氏日鈔》作〈身之養莫重於義〉，其意相同。漢武帝時，社會風氣重利輕義，時諺云：「何以孝弟為？多財而光榮。何以禮義為？史書而仕宦。」董仲舒有感於此，故著本篇以論述義利之辨，強調身之養莫重於義。

本篇可分為三章。第一章論述義利之辨，強調義大於利，養心重於養身。第二章進一步闡述義利之辨，指出利小而義大，但小者易知而大者難見。民不明其理，故皆趨利而不趨義。第三章強調君主必須以德行昭示民眾，方能使民眾不令而行，不禁而止，從趨利轉向趨義。

第一章

天之生人也，使之生義與利。利以養其體，義以養其心❶。心不得義不能樂，體不得利不能安。義者心之養也，利者體之養也❷。體莫貴於心，故養莫重於義。義之養生人大於利。奚以知之？今人大有義而甚無利，雖貧與賤，尚容其行，以自好而樂生，原憲、曾、閔之屬是也❸。人甚有利而大無義，雖甚富，則羞辱大惡❹。惡深，禍患重，非立死其罪者，即旋傷殃憂爾，莫能以樂生而終其身，刑戮折夭之民是也❺。夫人有義者，雖貧，能自樂也。而大無義，雖富莫能自存。吾以此實義之養生人，大於利而厚於財也❻。

【章　旨】本章論述義利之辨，強調義大於利，養心重於養身。

【注　釋】❶天之生人也四句　此處指義與利是人與生俱來的範疇。利是指人們對物質生活需要的滿足，所以說利以養其體。義是指人們精神生活中在道德倫理修養上的境界，所以說義以養其心。❷心不得義不能樂四句　義與不義是屬於倫理道德上的價值判斷。實現義，拋棄不義，揚善去惡，從而受到社會輿論的讚揚，可以在自身道德倫理修養上得到某種滿足，所以這是人生的一件樂事；而通過對物質資料的占有，則可滿足自己生活上現時和將來的各種需求與慾望，所以說利者體之養也。❸今有人大有義而甚無利五句　盧文弨認為，「尚容其行」應是「尚榮其行」，《四庫》本有誤。蘇輿亦以盧說為是。此處謂現今有人擁有道義，卻很少占有物質財富，雖然在生活上既貧且賤，卻能因自己有高尚的道德修養為榮耀，潔身自好而能在生活中充滿著歡樂。原憲，字子思，魯國人，孔子弟子，少孔子三十六歲。《史記・仲尼弟子列傳》稱：「孔子卒，原憲遂亡在草澤中。子貢相衛，而結駟連騎，排藜藿人窮閻，過謝原憲。憲攝敝衣冠見子貢。子貢恥之，曰：『夫子豈病乎？』原憲曰：『吾聞之，無財者謂之貧，學道而不能行謂之病。若憲，貧也，非病也。』子貢慙，不懌而去，終身恥其言之過也。」曾，即曾參，字子輿，魯國南武城人，少孔子四十六歲，以孝著稱，《漢書・藝文志》著錄有《曾子》十八篇，已佚。《大戴禮記》有以曾子為題的十篇，相傳《小戴禮記》中的〈大學〉，亦是曾子的作品。《韓詩外傳》稱：「曾子曰：吾嘗仕齊為吏，祿不過鍾釜，尚猶欣欣而喜者，非以為多也，樂其逮親也。既沒之後，吾嘗南遊於楚，得尊官，堂高九仞，榱題三圍，轉轂百乘，猶北向而泣者，非為賤也，悲不逮吾親也。」閔，即閔損，字子騫，少孔子十五歲，魯國人，他曾與顏淵等一起被認作是弟子中德行突出的人。

他在孔子身旁「誾誾如也」，溫和而恭順。季氏要使閔子騫為費氏之宰，閔子騫拒絕了。表示自己「不仕大夫，不食汙君之祿」（《史記・仲尼弟子列傳》）。❹人甚有利而大無義三句　此處謂有些人雖然擁有許多財富，可是行事不講道義，雖然非常富有，卻要遭受羞辱，蒙受巨大的惡名。王符在《潛夫論・遏利》稱：「象以齒焚身，蚌以珠剖體，匹夫無辜，懷璧其罪。嗚呼問哉！無德而富貴者，固可豫弔也。夫利物，莫不天之財也。天之制此財也，猶國君之有府庫也。賦賞奪與，各有眾寡，民豈得彊取多哉！故人有無德而富貴，是凶民之竊官位、盜府庫者也。終必覺，覺必誅矣。盜人必誅，況盜天乎！得無受禍焉？」❺惡深六句　此處指由於積累的怨惡太深，必然是禍害與憂慮纏身，其結果不是立即死於其犯罪，就是不久便遭遇各種災殃，這樣的人終身不可能得到歡樂，這種人不是遭受刑戮而死就是半途夭折。「折夭之民」中的「折夭」，當是「夭折」之誤。這種情況正如王符在《潛夫論・遏利》所言：「自古於今，上以天子，下至庶人，蔑有好利而不亡者，好義而不彰者也。昔周厲王好專利，芮良夫諫而不入，退賦〈桑柔〉之詩以諷。言是大風也，必將有遂，是食民也，必將敗其類，王又不寤，故遂流死於彘。虞公屢求以失其國。公叔戌崇賄以為罪，桓魋不節飲食以見弒，此皆以貨自亡，用財自滅。」❻夫人有義者七句　此處意謂凡是人能擁有道義的，雖然貧困，仍能自得其樂地生活下去；而沒有道義的人，雖然擁有巨大的財富，卻痛苦地生活不下去，大量事實證明用道義來涵養人心，比靠財富來供養身體更為重要。君子未必富貴，小人未必貧賤，自古已然。故孔子讚揚顏淵：「賢哉，回也！一簞食，一瓢飲，在陋巷，人不堪其憂，回也不改其樂。賢哉，回也！」（《論語・雍也》）又，王符在《潛夫論・論榮》稱：「幽厲之貴，天子也，而又富有四海。顏原之賤，匹庶也，而又凍餒屢空。」但是，周幽王、周厲王雖然富有四海而莫能自存，顏回、原憲則是雖貧而能自樂者也。

【語　譯】上天創造了人，讓他在誕生時就具有了道義與利益的需求。物質上的利益用來養育人的身體，道義則用來養育人的心靈。人的心靈沒有道義的滋養就不能得到快樂，人的身體得不到物質財富的供養就不會安適。所以道義是用來涵養心靈的，物質上的利益是用來供養身體的。人的身體中最貴重的是人心，從供養上說最重要的還是道義。道義對人的涵養要超過物質上的供養。怎麼能知道這一點呢？現在有一些人有很高尚的道義修養，但擁有的財富卻很貧乏，他們的物質生活雖然那麼貧困而低賤，但卻能為自己高尚的德行感到光榮，並且潔身自好而樂在其中。原憲、曾參、閔損之類就是這樣一些品行高尚的人。也有一些人擁有巨大的物質財富而缺少道義上的修養，雖然物質生活上非常富足，卻往往遭受人們的羞辱和厭惡。積累的怨惡越深，禍害與災難也就越大，有的當即死於自己所犯的罪行之中，有的則不久後遭受巨大的憂慮與禍殃，終身都得不到快樂。他們往往不是遭遇刑罰的誅戮，便是中年夭折，不得善終。所以有道義的人，儘管生活在貧困之中，心情仍然能愉快與樂觀，而那些不講道義而德行低下的人，雖然生活非常富裕，卻為各種苦惱折磨而活不下去。我董仲舒可以舉出許多實例來說明道義對人們心靈的涵養，其重要性要遠遠超過物質財富對人們身體的供養。

【研　析】本篇討論的議題是義與利的關係。作者的立論是義大於利，並提出了「身之養重於義」的論斷。

義利之辨是縱貫中國二千多年倫理思想發展的一個基本命題。它是如何調節上下左右各方面之間利益關係的重要楨桿，決定著人們處理相互關係上的倫理原則，直接聯繫著相互關係中物質利益的分配。求義與求利是一對對立的範疇。前者追求道德價值而後者則追求物質利益。義利之辨是辨明如何處理這二種追求之間應擇取的原則，它包含著許多不同的層面，分別表現為公與私的關係，群體與個體的關係，理與欲的關係，道義與功利的關係，個人的義務與權利的關係，等等。這些相互關係上所反映的種種矛盾，始終存在於古往今來的社會生活之中。所以這個議題不僅是一個古老的歷史問題，而且是一個非常緊迫的現實問題。歷史上有關這個問題的種種辯論，及各種不同的見解，都會給後人以種種啟迪，引導人們去反覆思索，並從中去尋找解決現實生活中所出現問題的答案。

利是指人們對物質財富的占有和利用，義是指人們在個人行為上對自己行為的倫理約束。董仲舒在〈仁義法〉中把「義」界定為「以義正我」，從而把義與利聯繫起來；義則是使人們對利益的貪婪和欲望上受到倫理的自我約束。這就意味著每當貪婪和欲望無限制膨脹時，必須迫使自己考慮到其中尚有公與私的關係，他人與自己的關係，權利是否與自己的義務相對應，環境與條件是否可能和允許。倫理觀念是人們約束自身貪婪欲望的第一道防線。在這一道防線之後還有行政制度與社會輿論的約束，群眾的監督，法制的強迫作用。但是，在所有的防線中，這第一道防線還是最重要的。如果這道防線潰決的話，那麼其他的防線是很難阻擋人們私欲和貪婪膨脹後所引起的那種洪水猛獸式的衝擊。

子路問孔子怎樣才能成為一個完善的人，孔子回答說：「見利思義，見危授命。」（《論語・憲問》）看到有利可圖時，首先想到的是取得它是否合乎道義，遇到危險情境時，是否敢挺身而出，甚至為之付出生命的代價。孔夫子自己的行為是「義然後取，人不厭其取」（《論語・季氏》）。遇事看到對自己有好處，首先想到這是否合理，這就是義大於利。在個人利益面前首先考慮的是公共利益，群體的利益，他人的利益，以及是否與自己所盡的義務相對應。孔子在《論語・里仁》中還說：「放於利而行，多怨。」如果大家都依照如何對自己有利來行事，那麼人們在相互關係上利益的衝突很多，勢必引起怨恨。梁惠王接見孟子時，問的第一個問題就是：「叟不遠千里而來，亦將有以利吾國乎?」用現代語言說就是：「老先生不遠千里而來，將怎樣有利於我的國家?」孟子的回答是：「王何必曰利，亦有仁義而已矣。王曰何以利吾國，大夫曰何以利吾家，士庶人曰何以利吾身，上下交征利而國危矣。」（《孟子・梁惠王上》）上下交爭利，說穿了就是所謂「上有政策，下有對策」。政策與對策雙方所爭者無非是上下各自的利益而已，其結果只能是怨聲載道，所以還得如董仲舒那樣提倡養心重於養身，做到「雖貧與賤，尚容其行」，表彰如顏回、原憲、曾參、閔損那樣安貧樂道的人，而不是向暴發的富人看齊。孔子弟子中以子貢最富，但孔子從未表揚過他的富裕，更不號召弟子們向子貢的致富學習。這是儒家精神中的可貴之處，在今天仍然值得尊重。反之，如果讓那些依靠非法手段轉移社會財富而致富的暴發戶在社會上神氣活現，氣焰逼人，那究竟是盛世景象還是衰世敗象，就很難說的了。

第二章

民不能知而常反之，皆忘義而殉利，去理而走邪，以賊其身而禍其家[1]。此非其自為計不忠也，則其知之所不能明也❷。今握棗與錯金，以示嬰兒，必取棗而不取金也❸。握一斤金與千萬之珠，以示野人，野人必取金而不取珠也❹。故物之於人，小者易知也，其於大者難見也❺。今利之於人小而義之於人大者，無怪民之皆趨利而不趨義也，固其所闇也❻。

【章　旨】本章進一步闡述義利之辨，指出利小而義大，但小者易知而大者難見。民不明其理，故皆趨利而不趨義。

【注　釋】❶民不能知而常反之四句　此處指一般百姓不能懂得義與利之間的根本道理，為了利益而忘記了道義。違背做人的道理而走火入魔地去追逐利益，結果不僅傷害了自身而且還災禍殃及家庭。賊，殘害；傷害。❷此非其自為計不忠也二句　此處指人們所以迷戀於物質利益的追逐，並非是由於他為自己的打算沒有盡心盡力，而是由於他在認識上存在著不明白的地方。知之所不能明，指在義利之辨的問題上不能明辨是非。❸今握棗與錯金三句　此處意謂把棗子與錯金的器皿放在嬰兒面前，讓嬰兒去挑選，嬰兒只會選取棗子，不會選取錯金的器皿，那是因為嬰兒的認知能力無法判明錯金器皿的價值要超過棗子。錯金，指用黃金鏤刻雕飾的器皿。❹握一斤金與千萬之珠三句　此處意謂如果以價值一斤金的貨幣與價值千萬的珍珠，讓野人挑選，那麼野人必定選取一斤金而不取價值千萬之珍珠。一斤金是古代的貨幣單位。《漢書．食貨志》：「黃金方寸，而重一斤。」黃金以斤為名。秦改黃金以鎰為名，以一鎰為一金。漢初復稱黃金一斤為一金。千萬之珠，指價值千萬之珍珠。野人，指村野農夫。古代城郭之內的居民稱國人，郊外的農民稱野人或野民。❺故物之於人三句　此處意謂物品所含的價值量小的，比較具體，容易感覺到；而價值量大的，比較抽象，便難於感知。小者，指物所含之價值量小的。大者，指物所含之價值量巨大的。嬰兒的直覺是棗子可吃，故選擇棗，但嬰兒不能懂得錯金的珍貴，所以捨棄。野人比嬰兒的智商高，但在一斤金與價值千萬之珠之間，也仍無法辨別哪一個價值更高。《呂氏春秋．孟冬紀．異寶》亦有類似的譬喻，云：「今以百金與摶黍以示兒子，兒子必取摶黍矣；以龢氏之璧與百金以示鄙人，鄙人必取百金矣；以龢氏之璧、道德之至言以示賢者，賢者必取至言矣。其知彌精，其所取彌精；其知彌觕，其所取彌觕。」摶黍，黃米飯糰。兒子，即嬰兒。龢氏之璧，即和氏之璧。龢乃「和」的異體字。觕，通「粗」。從上述譬喻可見真正懂得以何者為寶，取決於人們智慧的精深或粗淺。❻今利之於人小而義之於人大者三句　此處意謂儘管對於人生的價值而言，物質利益價值小，道義的價值大，但不能責怪百姓選取物質利益而不選取道義，因為這是由於他們不懂得辨別二者價值大小的緣故。闇，即「暗」，不明。《潛夫論．遏利》云：「知利之可娛己也，不知其積而必有禍也。前人以病，後人以競，庶民之愚而衰，闇之至也。予故歎曰：何不察也。」

【語　譯】百姓們由於不懂得義大於利的道理，所以往往反其道而行之，忘記了道義而為謀私利去斷送自己的前途與生命，違背天理道義而走入旁門邪道，傷害了自身而且禍患殃及家庭。這並非是他們為自己的打算不盡心盡力，而是由於對事物的認知上存在著不明白的地方。我們如果把錯金的器皿與棗子一起放在嬰兒的面前，嬰兒必定選取棗子而不取錯金的器皿，如果把一斤金與價值千萬的珍珠一起放在村野農夫的面前，那麼村野農夫必定選取一斤金而捨棄價值千萬的珍珠。所以一般人對於價值量小的具體事物比較容易察覺，對於價值量大的抽象的事物就比較難於覺察了。對於人生價值而言，物質利益為小，道義為大，所以不能責怪百姓的行為都趨向於獲取具體的物質利益，而不趨向於道義，原因在於他們不明白其中所蘊含的道理。

【研　析】本章說明百姓們所以趨向於物質利益而不趨向於道義，是因為他們不懂得二者之中何者對人生更為重要，更有價值。孔子說：「君子喻於義，小人喻於利。」（《論語．里仁》）蘇輿把君子解釋成士大夫，小人則解釋成平民。這種說法比較確切。孔子還在〈里仁〉篇中說：「君子懷德，小人懷土；君子懷刑，小人懷惠。」君子關懷德政，小人關懷生活；君子關懷刑罰是否恰當，小人關懷利益上的實惠。君子與小人由於二者所處的社會地位不同，視角也就不同。君子可以從社會的整體上感知道義的重要性，百姓只能從個人角度感知自己的切身利益。董仲舒表彰原憲、曾參、閔損能安貧樂道，他們都是屬於士大夫階層的君子，而不是平民百姓。

孔子在衛國時，與冉有有一段對話，孔子見到衛國人口多了，感歎地說：「庶矣哉！」冉有問道：「既庶矣，又何加焉?」孔子說：「富之。」冉有又問：「既富矣，又何加焉?」孔子說：「教之。」《論語・子路》孔子在這裡說得很明白：第一是要活得下去，即人口能夠生存和繁衍，第二是生活富足，過上小康生活，第三才是教化。這也就是一要生存，二要溫飽，三要發展。對平民百姓來說，先要「喻於利」，得到實惠後，然後才是「喻於義」。怎樣使小人們由「喻於利」進而「喻於義」，這就需要依靠教化的力量，而君子們則應主動地承擔起這一責任。

然而，事情還有著另外一面。王符在《潛夫論・遏利》中指出：「世人之論也，靡不貴廉讓而賤財利焉。及其行也，多釋廉而甘利之於人，徒知彼之可以利我也。」王符在這裡一語道破了君子們的嘴臉：口頭上討論時，沒有不強調廉讓而看輕財利的；但實際上的行為卻是丟掉廉讓而去追逐財利，只知道這樣做對自己有利，其他就什麼也不顧了。王符對漢代這種社會風氣的貶斥，的確是一針見血之談。還是孔老夫子說得好：「士志於道，而恥惡衣惡食者，未足與議也。」《論語・里仁》口頭上說自己有志於道義，生活中卻貪圖享受，對這種言行不一的人是無話可說的了。歷代統治者大多熱衷於肅貪倡廉，整頓吏治，但切實去做的能有幾人。老百姓見得多了，便長了心眼，對在位的袞袞諸公不再聞其言而信其行，而是聞其言而觀其行，不再像過去那樣容易受唬弄的了。

第三章

聖人事明義，以照燿其所闇，故民不陷。《詩》云：「示我顯德行。」此之謂也❶。先王顯德以示民，民樂而歌之以為詩，說而化之以為俗❷。故不令而自行，不禁而自止。從上之意，不待使之，若自然矣❸。故曰：聖人天地動、四時化者，非有他也，其見義大故能動，動故能化，化故能大行，化大行故法不犯，法不犯故刑不用，刑不用則堯舜之功德❹。此大治之道也。先聖傳授而復也。故孔子曰：「誰能出不由戶，何莫由斯道也。」❺今不示顯德行，民闇於義不能照，迷於道不能解❻，因欲大嚴憯以必正之，直殘賊天民而薄主德耳，其勢不行❼。仲尼曰：「國有道，雖加刑，無刑也。國無道，雖殺之，不可勝也。」其所謂有道無道者，示之以顯德行與不示爾❽。

【章　旨】本章強調君主必須以德行昭示民眾，方能使民眾不令而行，不禁而止，從趨利轉向趨義。

【注　釋】❶聖人事明義六句　此處指聖人通過闡明道義，以照耀百姓迷惑不明之處，以免百姓陷於罪錯之中。引詩見於《詩經・周頌・敬之》，全詩共十二句，內容是周成王嗣位後，與群臣在廟堂上互相勉勵的詩歌，前面六句是群臣對成王的進言，後面六句是成王對群臣的期望。全詩末尾之句即為「示我顯德行」，意謂請告訴我怎樣做，才能顯示美好的德行。董仲舒引用這一句《詩》的用意，是為了表示君王要以自己的德行，來讓百姓明白什麼是道義，以免百姓跌入罪錯的陷阱。❷先王顯德以示民三句　此處指先王以德行顯示於百姓，百姓歡喜地歌詠它而成為詩歌，使百姓們心悅誠服地被感化而形成美好的風俗，使聖人的教化得以推行。說，通「悅」。劉向在《說苑・貴德》中，以《詩經・甘棠》為例說明聖人教化的過程：「《詩》曰：『蔽芾甘棠，勿翦勿伐，召伯所茇。』《傳》曰：『自陝以東者，周公主之。自陝以西者，召公主之。召公述職，當桑蠶之時，不欲變民事，故不入邑中，舍於甘棠之下而聽斷焉。陝間之人皆得其所，是故後世思而歌詠之。』善之故言之。言之不足，故嗟歎之。嗟歎之不足，故歌詠之。夫詩，思然後積，積然後滿，滿然後發，發由其道而致其位焉。百姓歎其美而致其敬。甘棠之不伐也，政教惡乎不行。孔子曰：『吾於〈甘棠〉，見宗廟之敬也，甚尊其人，必敬其位，順安萬物，古聖之道幾哉！仁人之德教也。』」❸故不令而自行五句

《論語・子路》載：「子曰：『其身正，不令而行；其身不正，雖令不從。』」令行禁止不能完全依靠自上而下的強制執行，還必須依靠執政者自身行為是否端正，是否能起榜樣的作用。要做到「不令而自行，不禁而自止」，依靠的是君王的德行教化。孔子曰：「子欲善而民善矣。君子之德風，小人之德草，草上之風，必偃。」(《論語・顏淵》)君王的思想行為端正了，百姓嚮往而跟隨他，就像自然而然地那樣，用不到去指揮。❹故曰九句　此處謂聖人的教化主要不是靠口頭上的言論，而是依靠其德行，可以譬喻成天地的運動、四時的變化，自然而然地顯示其大義的所在，從而轉化和提高人們在道義上的素質。《論語・陽貨》：「子曰：『予欲無言。』子貢曰：『子如不言，則小子何述焉。』子曰：『天何言哉，四時行焉，萬物生焉，天何言哉。』」孔子在如何為政上強調的是感化教育，強調執政者自身的榜樣作用，不主張單純依靠刑罰的強制作用。「子曰：『道之以政，齊之以刑，民免而無恥；道之以德，齊之以禮，有恥且格。』」(《論語・為政》)董仲舒追求的境界不是百姓們被迫遵紀守法，而是要求他們出自內心的認同，所以說「化大行而法不犯，法不犯而刑不用」。他把不用刑法作為理想的時代，是堯舜無為而治在功德上的體現。這可以說是儒家一貫所倡導的境界。「子曰：『無為而治者，其舜也與？夫何為哉？恭己正南面而已矣。』」(《論語・衛靈公》)同樣講無為而治，儒家與道法家有別。儒家所講的無為而治，是約束君主自身的行為；而道法家所強調的無為而治，是帝王如何駕馭臣下的南面之術。故《論語・八佾》中有這樣一段記載：「子謂〈韶〉，『盡美矣，又盡善也。』謂〈武〉，『盡美矣，未盡善也。』」〈韶〉是舜樂，〈武〉是武王樂；〈韶〉歌頌的是德行和教化，而〈武〉歌頌的是武功與征伐。董仲舒所以讚揚堯舜之功德，正是為了闡述以德行教化的實施為行政的根本措施。❺此大治之道也五句　此大治之道也，意謂德行教化是治國必由之大道。先聖，指堯舜。傳授而復，指互相傳授而反覆驗證，足以證明它是治國必由之道。文中所引孔子之語見於《論語・雍也》，指人既知出必由門戶，為什麼不知道行必由道義呢？所言由家而國，由內而外，反覆說明德行與教化是致治必由之通道。❻今不示顯德行三句　此處意謂今之君王不能顯示其德行教化而迷戀於財利，結果是百姓不明白什麼叫道義，由於思想上迷茫不明，故而在行進中迷了路也不能自己找出正確的途徑。劉向在《說苑・貴德》稱：「周天子使家父毛伯求金於諸侯，《春秋》譏之。故天子好利則諸侯貪，諸侯貪則大夫鄙，大夫鄙則庶人盜。上之變下，猶風之靡草也。故為人君者，明貴德而賤利以道下，下之為惡尚不可止。今隱公貪利而身自漁，濟上而行八佾，以此化於國人，國人安得不解於義？解於義而縱其慾，則災害起而臣下僻矣。故其元年始書螟，言災將起、國家將亂云爾。」❼因欲大嚴憯以必正之三句　意謂因此而想用嚴刑酷法來糾正百姓的過失，那就是直接殘害上天所生養的百姓，並使君主處於寡德薄行的地位，從勢態發展上看，這條道路是走不通的。嚴，酷刑。憯，慘的異體字，此處釋作殘毒虐害。殘賊，傷害。❽仲尼曰九句　引仲尼語不詳出於何處。此處強調依靠禮樂教化，反對一味嚴刑峻法的思想。儒家一貫認為：邦國有道，有刑猶若無刑。反之，邦國無道，雖嚴刑峻法仍無法阻遏民之違法。所謂有道無道，是君主以何者為民之表率，《禮記・緇衣》稱：「子曰：『下之事上也，不從其所令，從其所行，上好是物，下必有甚者矣。』」故上之所好惡，不可不慎，因為他的言行是民之表率。

【語　譯】聖人通過闡明道義，以照耀百姓所不明事理的地方，以免百姓陷於違法犯罪的陷阱。《詩經》說：「告訴我，如何讓我顯示美好的德行。」它所表述的也就是這個意思。古代先王以美好的德行昭示給百姓，人們歡樂地創作了詩歌去歌詠它，心悅誠服地接受它的感化，並且形成良好的社會風俗。所以用不到君王去下命令，人們自覺地去做好人好事，同時用不到去出令禁止，人們自動地去阻止一切壞人壞事。大家遵從君王的意思，用不到派人去驅使他們，一切都好似自然而然地天生應當如此。所以聖人所做的一切，如天地運動四時變化一樣，並沒有其他的緣故，因為人們能看到這是大義之所在，所以才能那樣去運動；正是在天地那樣不斷運動的過程中，所以才能感化人；能夠感化人，所以教化才能普遍推行；由於教化的普遍推行，所以人們都不會去犯法；由於沒有人犯法，所以也就用不到刑罰；能夠不用刑罰，那就似堯舜那樣的功德。這是謀求國家大治的必由之道，是古代聖王反覆接受並被反覆驗證的治道。所以孔子說：「哪個人走出屋子可以不通過門戶！為什麼治理國家不遵從這個道理呢？」當今的君主為什麼不把自己美好的德行昭示給百姓呢？百姓們不明道義卻無人為他們指明方向，他們迷了路卻無人去解救。如果因此而用嚴刑峻法來糾正他們的過錯，那就是刻意殘害上天生養之民，使君主陷於寡德薄行的境地，這樣做是行不通的。孔子說：「國家有道時，雖然有刑罰的規定，但等於沒有刑罰。國家無道時，儘管君王動輒殺人，但殺不勝殺，仍無法阻遏人們犯罪。」所謂有道還是無道，關鍵就在於君王能還是不能向百姓昭示自己美好的德行。

【研 析】本章的主旨是探討怎樣才能使百姓由趨利而轉向於趨義，答案是君主必須通過自己的行為來示範，而不是依靠口頭上的說教。君王只有以德義顯示於民眾，使百姓由闇而明，化而成俗，才能做到不令而行，不禁而止，自然而然地形成良好的習俗。

從實際生活中來看，百姓們所以會出現趨利而不趨義的社會風氣，也是君主與士大夫們在自己行為中所流露的那種貪婪本性誘導而成的。譬如，讓一部分人先富起來，從命題上看，沒有錯，人們生活的富裕，不可能大家用統一的步伐齊步進入，總是有先有後，只能讓一部分人先富起來。但是，這裡面就有一個讓誰先富起來的問題。執政者是先天下之憂而憂，後天下之樂而樂？還是假公濟私，化公為私，先天下之富而富，讓自己和子女先富起來？如果是後者，那麼上行下效，結果只能是放利而行，上下爭利，最後必定怨聲載道，到處是誠信的危機，社會風氣一塌糊塗。如果執政者不肯正視現實，依然故我，甚至想以嚴刑峻法把民眾怨恨的呼聲強行壓制下去，那後果更是不堪設想！防民之口，甚於防川。正如文中所言，「雖殺之，不可勝也」。問題的癥結在於領導者只有言教缺少或者根本沒有身教，言行相悖，忘了教育者必須先受教育這一基本道理。還是孔夫子說得對：「其身正，不令而行；其身不正，雖令不從。」「苟正其身矣，於從政乎何有？不能正其身，如正人何？」（《論語・子路》）所以權力如果沒有誠信作為基礎，即便是巍峨的高樓大廈，它也會頃刻之間變成一堆瓦礫的。

對膠西王越大夫不得為仁　第三十二

【題　解】篇名〈對膠西王越大夫不得為仁〉，膠西王實乃江都王之誤。本篇記述江都王與董仲舒的對答，進一步論述義利之辨。

本篇可分為二章。第一章敘述江都王認為句踐、范蠡、文種三人，滅吳稱霸，可稱為越有三仁，並以此垂詢董仲舒的看法。第二章記述董仲舒對江都王的回答，提出了「正其道不謀其利，修其理不急其功」的修身準則。

第一章

命令相曰❶：「大夫蠡❷、大夫種❸、大夫庸❹、大夫睪❺、大夫車成❻，越王與此五大夫謀伐吳❼，遂滅之，雪會稽之恥❽，卒為霸主❾。范蠡去之，種死之❿。寡人以此二大夫者為皆賢。孔子曰：『殷有三仁。』⓫今以越王之賢，與蠡、種之能，此三人者，寡人亦以為越有三仁。其於君何如⓬？桓公決疑於管仲，寡人決疑於君⓭。」

【章　旨】本章敘述江都王劉非認為越王句踐與越國大夫范蠡、文種滅掉吳國，成就霸業，可以稱為「越有三仁」，並以此垂詢董仲舒的看法。

【注　釋】❶命令相曰　命令，王下令詢問之意。相，這裡指代董仲舒。據《漢書》本傳，董仲舒當時任江都相。篇題作對膠西王，恐有誤。❷大夫蠡　即范蠡。大夫，官名。范蠡，字少伯，越之上將軍，楚國宛（今河南南陽）三戶人。他是具有戰略眼光的政治家。在越國兵敗勢危的時候，他與文種通力合作，幫助越王句踐忍辱負重，經過十年生聚，十年教訓，終於挽回敗局，復興了越國，最後打敗了吳國，使越王成為春秋時期霸主之一。❸大夫種　即文種。大夫，官名。文種，字子禽，楚國郢（今湖北江陵）人，楚平王時為宛令。越兵敗以後，奉句踐之命赴吳求和，保存了越國，句踐得以臥薪嘗膽，將國政託付給大夫種，從而復興越國，幫助越王滅掉了吳國。❹大夫庸　《漢書．董仲舒傳》作泄庸，《吳越春秋》亦作泄庸，越國的大夫，《國語．吳語》作舌庸，或作后庸。他曾在吳王率師伐齊而不及返回時，奉命與范蠡一起，率師沿海溯淮河進入吳國以斷絕吳王夫差退兵的歸路，敗王子友於姑熊夷。姑熊夷是吳國的城郊。王子友是吳王夫差的太子，兵敗為越軍所殺死。❺大夫睪　盧文弨云：睪即皋字，即越之大夫皋如。❻大夫車成　盧文弨云：車成即苦成，越國大夫。❼越王與此五大夫謀伐吳　指越王句踐與上述五大夫商議伐吳的事宜。《國語．吳語》載其事云：「越王句踐乃召五大夫，曰：『吳為不道，求殘吾社稷宗廟，以為平原，不使血食。吾欲與之徼天之衷，唯是車馬、兵甲、卒伍既具，無以行之。吾問於王孫包胥，既命孤矣；敢訪諸大夫，問戰奚以而可？句踐願諸大夫言之，皆以情告，無阿孤，孤將以舉大事。』大夫舌庸乃進對曰：『審賞則可以戰乎？』王曰：『聖。』大夫苦成進對曰：『審罰則可以戰乎？』王曰：『猛。』大夫種進對曰：『審物則可以戰乎？』王曰：『辯。』大夫蠡進對曰：『審備則可以戰乎？』王曰：『巧。』大夫皋如進對曰：『審聲則可以戰乎？』王曰：『可矣。』」審賞，指審慎於賞賜。聖，讚揚這個建議。審罰，指審慎於處罰。猛，指如此則軍隊作戰方能勇猛。審物，審慎於辨別軍隊的標誌，如旌旗、物色、徽幟之類。辯，指旌旗鮮明，便於辨別敵我。審備，指切實安排好後方的防禦守備。巧，指設想周密而巧妙，敵人難以攻入越境。審聲，指指揮軍隊進退的金鼓之聲。可矣，指已經做好上述五方面的準備，可以向吳國進攻了。❽遂滅之二句　指越滅吳，遂雪往年吳王夫差困句踐於會稽，句踐因此被迫稱臣於吳之恥辱。越滅吳的經過，據《史記．越王句踐世家》載：吳越相爭。吳王夫差為了報其父闔廬死於越軍之仇，發憤練兵，終於大敗越軍，圍越王句踐於會稽。越王句踐用范蠡之謀，派遣文種去吳王夫差處稱臣求和。吳王夫差同意了，帶了越王句踐夫婦回吳國。句踐小心謹慎，裝出一副忠心耿耿的樣子，終於打動了吳王夫差，將句踐放回越國。句踐回國，臥薪嘗膽，刻苦自勵，經過十年生聚，十年教訓，越國兵強馬壯，重又復興。吳王夫差為了稱霸中原，興師北上，攻伐齊國，大敗齊軍。接著，吳王夫差又與晉國爭霸中原，大會諸侯於黃池，吳國精兵全部由夫差率領北上，國內只有老弱疲卒與太子友留守。句踐乘機發兵大舉攻吳。吳軍大敗，吳太子友被殺。吳國向吳王夫差告急。吳王夫差匆匆完成黃池之會後，立即回國，派人與越國講和，越國考慮到當時尚無力滅吳，就同意了，兩國休戰。過了四年，越國重又攻伐吳國。吳國軍民疲困不堪，精銳部隊在與齊、晉爭霸的戰爭中喪失殆盡，因而越軍大破吳軍，留在吳國繼續圍困吳王夫差在姑蘇（今蘇州）的山上。吳王夫差派遣公孫雄去向越王求和，說是孤臣夫差昔日得罪越國君王於會稽，君王向夫差求和，夫差不敢違抗，兩國達成和議。今天君王駕臨吳國來討伐孤臣夫差，孤臣夫差唯命是聽，希望能像當年會稽之役那樣寬赦孤臣之罪，允許求和。句踐不忍心，想答應夫差講和的要求。范蠡不同意，說：「當年會稽之事，上天將越國賜給吳國，吳國不取。今天上天將吳國賜給越國，越國豈可逆天之命？況且君王日日夜夜考慮的，不是為了滅掉吳國嗎？圖謀了二十二年，今朝一旦放棄，可以這樣做嗎？天與弗取，反受其咎。君王難道忘記當年的會稽之厄嗎？」句踐對范蠡說：「你說得對，我聽你的話。但是，我面對使者，於心不忍，說不出口。」於是范蠡下令繼續進兵，並對使者公孫雄說：「君王已經將軍事指揮權交付給我了。你快走，不然我要得罪你了！」使者公孫雄只得哭泣離去。越王句踐覺得這樣做太絕情，怕影響不好，就派人去對吳王夫差說：「我將你安置到越國東海邊的小島上去，給你一百戶百姓歸你管轄。」夫差一聽，知道越王句踐不肯放過自己，再也無法翻身，就對來使說：「我老了，不能再侍候君王了。」於是夫差就自殺了。吳國遂為越國所滅。❾卒為霸主　《史記・越王句踐世家》稱：「句踐已平吳，乃以兵北渡淮，與齊、晉諸侯會於徐州，致貢於周。當是時，越兵橫行於江、淮東，諸侯畢賀，號稱霸主。」❿范蠡去之二句　指范蠡在句踐成霸業以後，離句踐而去，從齊國送了一封信給大夫文種，信中說：「蜚鳥盡，良弓藏；狡兔死，走狗烹。越王為人長頸鳥喙，可與共患難，不可與共樂，子何不去？」文種見信，稱病不朝。有人進讒言誣蔑文種且作亂，越王乃賜劍給文種說：「子教寡人伐吳七術，寡人用其三而敗吳，其四在子，子為我從先王試之。」文種遂自殺（《史記・越王句踐世家》）。⓫孔子曰二句　引語見《論語・微子》：「微子去之，箕子為之奴，比干諫而死。孔子曰：『殷有三仁焉。』」殷紂王無道，微子出走，箕子被貶為奴，比干因諫而被殺，三人各得其本心，故同謂之仁。⓬今以越王之賢五句　越王，指句踐。蠡，范蠡。種，指文種。三仁，指越王句踐與范蠡、文種三人為越之三仁。然《漢書・董仲舒傳》載：「王問仲舒曰：粵王句踐與大夫泄庸、種、蠡謀伐吳，遂滅之。孔子稱殷有三仁，寡人亦以為粵有三仁。」此三仁似應是范蠡、文種、泄庸三人。其於君何如，這是問董仲舒對此看法意下如何。⓭桓公決疑於管仲

二句　桓公，齊桓公，春秋時齊國君主，姓姜，名小白，在位四十三年。他在位期間曾九合諸侯，一匡天下，為春秋時期第一位霸主。管仲，又叫管敬仲，名夷吾，字仲，齊桓公任命他為卿，尊稱仲父。他幫助齊桓公以「尊王攘夷」相號召，成就霸業。寡人，江都王自稱。君，指董仲舒。此語顯示江都王以齊桓公自許，以管仲期望於董仲舒。

【語　譯】江都王問董仲舒說：「越國的大夫范蠡、大夫文種、大夫泄庸、大夫皋如、大夫車成，越王與此五大夫一起商議如何討伐吳國，最終滅了吳國，洗雪了越王受困會稽山的恥辱，終於成為春秋時期的一位霸主。事後范蠡離開了越王，文種被迫自殺，寡人以為這二位大夫都是賢者。孔子說：『殷代末年有三個仁人。』現在以越王的賢智，范蠡、文種的能幹，這三個人，寡人以為也可以說是越國的三個仁人。對於這個見解，先生以為如何？齊桓公遇到疑難時求教於管仲，寡人有疑難則求教於先生。」

【研　析】本書自〈仁義法〉以下至本篇的這四篇，圍繞著倫理問題展開論述，以仁與義為中心，環環相扣，層層深入。〈仁義法〉是講仁與義的關係，〈必仁且知〉是講仁與智的關係，〈身之養重於義〉是講義與利的關係，本篇則以董仲舒答江都王問來具體展開義與利之間關係的論述，為士君子們在個人道德修養上如何處理義與利的關係制訂準則，進一步明確為「正其道不謀其利，修其理不急其功」，這一準則比孟子和荀子說得更加明白易曉。

篇題作膠西王，《漢書‧董仲舒傳》則作江都王。董仲舒曾先後被任命為江都王與膠西王之相。江都王，亦稱易王，姓劉，名非，漢武帝之兄。漢景帝二年（西元前一五五年）立為汝南王，曾參與平定吳楚七國之亂，以後被改立為江都王，治故吳國之地。《漢書‧江都王傳》稱「非好力氣，治宮館，招四方豪傑，驕奢甚」。《漢書》本傳稱董仲舒在對策以後，「天子以仲舒為江都相，事易王」，其時間應在建元以後，而江都王死於漢武帝元朔六年（西元前一二三年），江都王詢問董仲舒的時間當在對策以後不久。董仲舒本傳稱「易王，帝兄，素驕，好勇」，從所問問題的內容看，它符合易王所處的地位、身分和性格。膠西王，名端。漢景帝三年（西元前一五四年）立。劉端為人陰狠毒辣，《漢書‧膠西王傳》載：「相二千石至者，奉漢法以治，端輒求其罪告之，亡者詐藥殺之，所以設詐究變，彊足以距諫，知足以飾非。相二千石從王治，則漢繩之以法。故膠西小國，而所殺傷二千石甚眾。」膠西王胸無大志，只要求國相能隱瞞與包庇他的胡作非為的罪行就行了，否則他就千方百計置國相於死地。從本篇文中所提問題的內容來看，與膠西王的性格和作為並不相符。據《漢書》本傳，董仲舒所以任膠西王相，是由於公孫弘妒忌他，在漢武帝面前推舉董仲舒，就是藉口歷任膠西相大多不得善終，只有董仲舒才能勝任此職，實際上是想藉膠西王之手除掉董仲舒。但董仲舒到任後，膠西王素聞董仲舒之名，知道他是個大儒，待他比較友好，沒有翻臉下毒手。董仲舒考慮到時間長了，必定會得罪膠西王，給自己帶來殺身之禍，因此稱病辭官，回家養老去了。所以，文中記載的這段對話，不可能發生在膠西王與董仲舒之間，而只能如《漢書》本傳所載，是江都王與董仲舒之間的對話。

第二章

仲舒伏地再拜對曰：「仲舒知褊而學淺，不足以決之❶。雖然，王有問於臣，臣不敢不悉以對，禮也❷。臣仲舒聞：昔者魯君問於柳下惠曰：『我欲攻齊，何如？』柳下惠對曰：『不可。』退而有憂色，曰：『吾聞之也，謀伐國者，不問於仁人也。此何為至於我？』❸但見問而尚羞之，而況乃與為詐以伐吳乎？其不宜明矣❹。以此觀之。越本無一仁，而安得三仁？仁人者，正其道，不謀其利；修其理，不急其功，致無為而習俗大化，可謂仁聖矣❺。三王是也❻。《春秋》之義，貴信而賤詐❼。詐人而勝之，雖有功，君子弗為也❽。是以仲尼之門，五尺之童子，言羞稱五伯。為其詐以成功，苟為而已也，故不足稱於大君子之門❾。五伯者，比於他諸侯為賢者，比於仁賢，何賢之有？譬猶珷玞比於美玉也❿。臣仲舒伏地再拜以聞。」

【章　旨】本章記述董仲舒對江都王所提問題的回答，提出「正其道不謀其利，修其理不急其功」，強調「仲尼之門，五尺之童子，言羞稱五伯」。

【注　釋】❶知褊而學淺二句　此是董仲舒自謙之語，謂自己知識褊狹而學問淺薄，不足以解決江都王的疑難問題。❷雖然四句　此處意謂君王垂詢於臣，臣不敢不悉心盡力回答，這是對為臣者在禮制上的要求。盧文弨云：「案《春秋》時大夫稱主，仲舒必不對王稱主。」他本「主」作「王」。❸昔者魯君問於柳下惠曰十一句　魯君，指魯僖公。柳下惠，魯國的賢大夫，姓展，名獲，字禽，一說字子禽。他的食邑在柳下，死後諡惠，故史稱柳下惠。孔子在《論語》的〈衛靈公〉和〈微子〉二篇中，很稱讚柳下惠的賢能，說他能「不降其志，不辱其身，伯夷、叔齊與！」孟子也對他評價很高，說：「聖人百世之師也，伯夷、柳下惠是也。」（《孟子．盡心下》）據《左傳》魯僖公二十六年（西元前六三四年）記載：齊桓公死後，齊國內亂，齊孝公曾起兵討魯，軍隊尚未進入魯境，魯僖公求教於展禽，展禽建議派人去犒賞齊師，使齊侯許和而還。不久，魯僖公又利用齊國內亂，借楚兵以討伐齊國。展禽始終不贊成魯僖公乘人之危，挑起齊魯之間的戰爭。因此他以魯僖公謀伐齊國問於他而感到羞恥。❹但見問而尚羞之三句　此處指越王句踐與范蠡、文種為詐以伐吳，不宜稱為仁人。如柳下惠那樣的仁者，不僅拒絕參與議論討伐鄰國之事，而且以國君向自己請教這種事而自覺羞恥，何況范蠡、文種親自參與討伐呢！❺仁人者正其道不謀其利四句　此句在《漢書．董仲舒傳》作「夫仁人者，正其誼不謀其利，明其道不計其功」。誼，即義，與道、理一樣，是倫理修養上必須遵循的範疇，其對立面則為利。此處所指為士君子們在思想動機上要講究道義，不是著眼於謀取個人的私利。功，是指行為的效果，這裡是指士君子們考慮問題時，不能計較個人的得失。董仲舒對江都王講這番話，具有很強的針對性，是對君、大夫們個人道德修養上的要求，不是對庶人而言的。致無為，指無作詐偽，無任刑罰，效法舜的無為而治。子曰：「無為而治者，其舜也與？夫何為哉？恭己正南面而已矣。」（《論語・衛靈公》）習俗大化，指庶民通過教化而形成良好的習俗，以成王道之大化，如此方可謂達到仁人、聖人致治的境界。❻三王是也　三王，指夏、商、周三代的開國君王，即夏禹、商湯、周文王與武王。❼春秋之義二句　〈王道〉篇云：「追古貴信，結言而已，不至用牲盟而後成約。故曰：齊侯、衛侯胥命於蒲。《傳》曰：『古者不盟，結言而退。』」❽詐人而勝之三句　《春秋》肯定與讚揚宋襄公「不鼓不成列，不阨人」的行為（《公羊傳》魯僖公二十二年）。本書〈俞序〉篇指出：「故善宋襄公不厄人，不由其道而勝，不如由其道而敗，《春秋》貴之，將以變習俗而成王化也。」❾是以仲尼之門六句　五尺之童子，古代對少年的泛稱。《大戴禮記・主言》：「布指知寸，布手知尺。」古代以人的身體作為丈量的長度，要知寸有多長，須伸著手指去量，要知尺有多長，就須伸手臂去丈量。因此，對童子稱五尺，對成人稱丈夫。五伯，即春秋五霸，有不同說法，董仲舒主張以齊桓公、晉文公、宋襄公、秦穆公、楚莊王為五霸；另一種說法以齊桓公、晉文公、楚莊王、吳王闔閭、越王句踐為五霸，見《荀子・王霸》篇。為其詐以成功，此句《漢書・董仲舒傳》作「為其先詐力而後仁誼也」。苟為而已也，本傳作「苟為詐而已」。大君子之門，指仲尼之門。意謂在孔子之門下，即便是五尺童子，亦羞於稱道五霸，由於他們都是依靠欺詐和強力才取得成功，雖然後來他們也講究仁義，由於他們曾經有過欺詐的行為，所以不足稱於孔子門下。類似的話，孟子與荀子都曾經說過，如「齊宣王問齊桓晉文之事，可得聞乎？孟子對曰：『仲尼之徒，無道桓文之事者，是以後世無傳焉，臣未之聞也。』」（《孟子・梁惠王上》）荀子則指出：「威動天下，五伯是也，非本政教也，非致隆高也，非綦文理也，非服人之心也」，雖然「天下莫之敢當」，然而，「挈國以呼功利，不務張其義，齊其信，唯利之求。內則不憚詐其民，而求小利焉，外則不憚詐其與，而求大利焉。內不脩正其所以有，然常欲人之有，如是則臣下百姓，莫不以詐心待其上矣。上詐其下，下詐其上，則是上下析也。如是則敵國輕之，與國疑之，權謀日行，而國不免危削，綦之而亡。」（《荀子・王霸》）❿五伯者五句　此句《漢書・董仲舒傳》作「五伯比於他諸侯為賢，其比三王，猶武夫之與美玉也」。珷玞，似玉之美石，青地白文，色蔥籠不分。此處意謂五霸比於其他諸侯，可以算得上是個賢者，但比之於三王，那好像是把美玉與珷玞相比，一個是玉，一個是石。二者在質地上有很大的區別。類似的話亦見於孟子的論述，如「孟子曰：『五霸者，三王之罪人也；今之諸侯，五霸之罪人也；今之大夫，今之諸侯之罪

人也。』」(《孟子・告子下》)

【語譯】董仲舒伏在地上，再次叩拜，回答說：「仲舒知識褊狹，學問淺薄，不足以回答君王的疑慮。儘管如此，君王既然垂詢微臣，微臣便不敢不悉心盡力回答，在禮制的規定上應當如此。臣仲舒曾經聽說，過去魯國的君主曾經向柳下惠垂詢，問道：『我準備向齊國發起攻擊，先生意下如何？』柳下惠回答：『不可以。』柳下惠告辭回來以後，面有憂慮的神情，自言自語地說：『我曾經聽說過，大凡國君要討伐別國時，不會向仁人詢問。那麼魯國的君王為什麼會向我來詢問這一類事呢？』柳下惠僅僅因為受到詢問，便由此而感到羞恥，何況越國的大夫們是與國君一起商討如何去討伐越國。他們的行為不符合道義，這一點是非常明顯的。從這方面來看，越國本來連一個仁人也沒有，怎麼會有三個仁人呢？所謂仁人，所考慮的只是如何以道義來端正自己的思想，而不是去謀劃如何能對自己有利；研究的是怎樣做才符合為人的道理，而不是去急於尋求事功。他們應該致力於如何做到無為而治，使整個社會的習俗得以教化流行，這樣才可以稱作仁人與聖人。三王就是這樣去做的啊！《春秋》所建立的道義，就是貴重信義而賤視奸詐，如果由於用欺詐的辦法去取勝，雖然一時取得了功效，君子也不會去做的。所以在仲尼的門下，即使五尺童子，也羞於去談論五霸，因為他們是靠欺詐的辦法取得成功的，是一種苟且的行為，所以在孔子門下是不足以稱道的。當然，五霸比起其他的諸侯要賢明得多，但比之於仁人和賢人，那又有什麼賢能可以稱道呢？這好比是把珷玞與美玉相比一樣。臣仲舒伏地再次叩拜以求上聞於君王。」

【研　析】本章記述董仲舒對江都王所提問題的回答。從江都王提問的內容看，一是詢問為越王句踐謀劃伐吳的大夫范蠡、文種等，由於伐吳成功，能不能稱為仁人，二是江都王劉非期望董仲舒能像管仲那樣地輔助自己成就霸業。

江都王這樣提出問題，符合他個人的性格。吳楚七國之亂時，劉非雖然只有十五歲，卻主動上書景帝請戰，要求自己能率兵擊吳，為此景帝賜給他將軍印，使他得以參加了平定吳楚七國的戰爭。漢武帝元光年間，匈奴入邊，他又上書漢武帝，要求參加攻擊匈奴的戰爭，但這一次碰了釘子，為漢武帝所拒絕。

在漢初同姓諸侯王中，江都王劉非與吳楚七國的情況不同，他是景帝之子，武帝之兄，與前後兩位皇帝的關係是夠親近的了。然而武帝即位後，裁抑諸侯王的勢力是中央的既定國策，決不可能允許諸侯王國有強大的軍事力量，更不允許諸侯王凌駕於天子之上，成就自己的霸業。漢武帝不同意劉非率兵出擊匈奴的請求，便是一個有力的例證。因此，劉非提出的這兩個問題迫使董仲舒處於左右為難的夾縫之中。如果從江都王之命，則漢廷將對他繩之以法；如果遵奉漢法去頂撞江都王，那麼江都王決不會給他好果子吃，說不定連性命也保不住。

董仲舒與江都王問答的時間是在他向漢武帝作〈賢良對策〉以後不久，那麼董仲舒的回答也只能延續他在對策中所表述的思路。他把抽象的教化與德治放在首位，通過義和利的論述，把攻伐的謀略和春秋的霸業擋了回去。他還通過柳下惠的故事，對圖謀伐國的問題避而不談，同時又借著仲尼之門羞言五霸之事，把如何謀求霸業的問題也輕輕巧巧地避開了，從而謀求自己能全身而退。這是董仲舒在這特殊環境下所作出的最巧妙的選擇。

董仲舒在對策中說：「夫萬民之從利也，如水之走下，不以教化隄防之，不能止也。是故教化立而姦邪皆止者，其隄防完也；教化廢而姦邪並出，刑罰不能勝者，其隄防壞也。古之王者明於此，是故南面而治天下，莫不以教化為大務。立大學以教於國，設庠序以化於邑，漸民以仁，摩民以誼，節民以禮，故其刑罰甚輕而禁不犯者，教化行而習俗美焉。」（《漢書・董仲舒傳》）這些觀念與前面〈仁義法〉、〈必仁且知〉、〈身之養重於義〉三篇在思想觀念上是一脈相承的。在董仲舒看來，「夫仁誼禮知信五常之道，五者所當脩飭也。五者脩飭，故受天之祐，而享鬼神之靈，德施於方外，延及群生也。」（同上）而本章所言「正其道不謀其利，修其理不急其功」，只是王者在義利問題上如何修身養性更為集中而明確的概括而已。

觀德第三十三

【題解】篇名〈觀德〉，主旨為闡述天地為萬物之本，德乃天地之道在人間的體現，故受天命者必具有至德，而尊卑是非均須視德而定。若德相等，則重親親之義，以明親疏遠近之別。

本篇可分為四章。第一章強調天地乃萬物之本，君臣、父子、夫婦之道皆取之於此。第二章以表彰泰伯、伯邑考避位讓賢為例，強調文王以至德而受天命。同時，指出《春秋》中對各諸侯國君主的稱謂，或稱爵，或不稱爵，乃至敘事的方式與次序，皆視其德行而定。第三章闡述《春秋》唯德是親，但若德相等，則先親親，以明親疏遠近之別，而對滅同姓國之舉則痛斥尤力。第四章強調德等則先親親，親等則以近者始，故立嫡以長，母以子貴。諸侯間的會盟朝聘則重其志，看重其思想動機。

第一章

天地者，萬物之本，先祖之所出也。廣大無極，其德炤明，歷年眾多，永永無疆❶。天出至明❷，眾之類也❸，其伏無不炤也❹。地出至晦❺，星日為明，不敢闇❻。君臣、父子、夫婦之道取之此❼。大禮之終也，臣子三年不敢當❽。雖當之❾，必稱先君，必稱先人，不敢貪至尊也❿。百禮之貴⓫，皆編於月⓬。月編於時⓭，時編於君⓮，君編於天⓯。天之所棄，天子弗祐，桀紂是也⓰。天子之所誅絕，臣子弗得立，蔡世子、逢丑父是也⓱。王父父所絕⓲，子孫不得屬⓳，魯莊公之不得念母⑳，衛輒之辭父命是也㉑。故受命而海內順之，猶眾星之共北辰，流水之宗滄海也㉒。況生天地之間，法太祖先人之容貌，則其至德取象，眾名尊貴，是以聖人為貴也㉓。

【章旨】本章強調天地乃萬物之本，君臣、父子、夫婦之道皆取之於此。

【注釋】❶天地者七句　天地被視作萬物之本源，在先秦已是非常流行的觀念，可以說是當時人的共識。從這個觀念的內涵來看，它包含著多重意義：首先是把天地看作宇宙和自然演化的本源，如陰陽五行這些觀念，就都由天地演化而來；其次，天地又是至高無上的人格神，所以天地也是祭祀的對象，天地還通過災異和祥瑞來表達自己對人間生活的意願；再次，天地又作為道德倫理的起源，董仲舒在〈俞序〉篇中便聲稱「仁，天心」，把人間的倫理關係說成是上天固有的倫理觀念。這裡是把德看作天地的本性。同時，天地既然是萬物的本源，當然也是人們先祖的誕生地，而它的德性理應是人們行為的準則。廣大無極，是描述天地在空間上無限寬廣。其德炤明，是把德看成為天的倫理性格。炤明，炤，通「照」。意謂把人間的倫理關係照耀得非常明白。歷年眾多二句，此處描述天地在時間上是無始無終的，經歷了不知多少年代，而且永遠沒有止境。❷天出至明　指天能發出無限光明，照耀人間，使萬物畢現無遺。❸眾之類也　即知眾類，指能辨別萬物眾多的類別。❹其伏無不炤也　意謂所有隱伏的事物都受到它的照耀。❺地出至晦　意謂地的特徵是晦暗。❻星日為明二句　指地面上的萬事萬物，由於有太陽和星星的照耀，也就不敢陰暗不明。❼君臣父子夫婦之道取之此　此處是把天地的關係來比照君臣、父子、夫婦之間尊卑貴賤的倫理關係。《易．繫辭上》：「天尊地卑，乾坤定矣。卑高以陳，貴賤位矣。」君臣之間，君為天，臣為地。董仲舒在〈天地之行〉篇中便說：「為人君者，其法取象於天」；「為人臣者，其法取象於地」。那麼君臣之間尊卑貴賤的關係，變成取法於天地之間的關係，成為任何人也不能懷疑的倫理關係了。父子之間，董仲舒在〈堯舜不擅移、湯武不專殺〉篇稱：「《孝經》之語曰：『事父孝，故事天明。』事天與父，同禮也。」故子之事父，亦為地之與天的關係。夫婦之間，董仲舒在〈基義〉篇稱：「夫為陽，妻為陰」；「陰者陽之合，妻者夫之合」；「陽為夫而生之，陰為婦而助之」。這樣一來，夫婦之間也就是天地陰陽之間的關係。董仲舒通過天地為萬物之本源的論斷，確定了倫理關係上，君為臣綱、父為子綱、夫為婦綱三者之間的從屬和統治關係。因此，從理論上看，董仲舒的三綱說便是從「天地者，萬物之本」推演而來。所以他在〈基義〉篇云：「君臣、父子、夫婦之義，皆取諸陰陽之道。」而陰陽則取法於天地之間。❽大禮之終也二句　大禮之終也，指君喪之禮須三年而終。《禮記・中庸》：「三年之喪，達乎天子。父母之喪，無貴賤一也。」臣子三年不敢當，臣之於君，猶子之於父，故臣子並稱。不敢當，指不敢當君父之位。《公羊傳》文公九年云：「緣臣民之心，不可一日無君；緣始終之義，一年不二君，不可曠年無君；緣孝子之心，則三年不忍當也。」此處意謂君父之喪，為臣子者三年不敢當君父之位。❾雖當之　也是由於國家不能一日無君，不可曠年無君，不得已而即其位，暫不稱王，要三年以後始稱王。❿必稱先君三句　先君，先人，對剛去世的君王之尊稱，指君王在父喪期間即位後，在朝會聘問與聚會時，主客交接間，必須言必稱先王、先君，表示自己不敢貪至尊之位。《公羊傳》莊公四年曰：「古者諸侯必有會聚之事，相朝聘之道，號辭必稱先君以相接。」⓫百禮之貴　指《春秋》所紀皆為禮義所宗。⓬皆編於月　指《春秋》所紀禮儀之事皆繫於月。⓭月編於時　月則繫於春、夏、秋、冬四時。⓮時編於君　四時則繫於君王之紀年。⓯君編於天　指君王則繫於天命。〈玉杯〉篇云：「《春秋》之法，以人隨君，以君隨天。」⓰天之所棄三句　天子弗祐，蘇輿認為「天子」當是「天下」之誤。桀紂是也，桀，夏朝的亡國之君，名履癸，為商湯所敗，出奔南巢而死。紂，商朝的亡國之君，亦稱帝辛，在牧野之戰中為周武王所敗，自焚而死。周人把桀紂的敗亡視作是為天之所棄，如《尚書・泰誓中》云：「天乃佑命成湯，降黜夏命。」周武王把自己討伐商紂的戰爭視作「恭行天罰」。董仲舒在〈三代改制質文〉稱：「湯受命而王，應天變夏作殷號」；「文王受命而王，應天變殷作周號」。⓱天子之所誅絕二句　蔡世子，《春秋》在魯襄公三十年（西元前五四三年）四月記載：「蔡世子般弒其君固。」這裡的蔡世子是蔡景侯之太子，即後來的蔡靈侯。據《左傳》記載：蔡景侯為太子般娶於楚，而與楚女私通，太子般遂殺景侯，自立，是為蔡靈侯，蔡靈侯先後在位十二年。魯昭公十一年（西元前五三一年）四月，蔡靈侯被楚人誘殺於申，十一月楚師滅蔡，抓了世子有帶回楚國，將他殺了用於祭祀。世子有是蔡靈侯之子，蔡靈侯為楚國誘殺後，世子有為蔡臣子所擁立。《公羊傳》對此事評論曰：「此未踰年之君也，其稱世子何？不君靈公，不成其子也。不君靈公，則曷為不成其子？誅君之子不立，非怒也，無繼也。」這是由於世子般弒其父而自立，應為天子之所誅絕，所以蔡國臣子不應立其子有為君，故稱其為世子有，不承認他是成年的國君。逢丑父，春秋時齊國的大夫。魯成公二年（西元前五八九年），晉侯聯合諸侯與齊頃公戰於鞌，齊師敗，頃公被俘。逢丑父因與頃公容貌相似而幫助齊頃公脫逃。董仲舒在〈竹林〉篇云：「國滅君死之，正也」；「至尊為不可以加於至辱大羞，故獲者絕之」。齊頃公既為晉軍所獲，已經喪失了當國君的資格，逢丑父使其脫逃而生還齊國，但齊頃公仍無法迴避曾被俘獲的恥辱，已不適宜再作君主了。故逢丑父的行為應當為天子所誅絕。⑱王父父所絕　王父，祖父。此處指祖父及父親所絕的人。⑲子孫不得屬　此處指為子孫者不得續其父祖所絕之人。屬，續也。⑳魯莊公不得念母　魯莊公，魯國國君，姓姬，名同。在位三十二年。其父為魯桓公，母為文姜。文姜與其兄齊襄公私通。魯桓公知道了這件事，對文姜非常生氣，發怒說：「姬同不是我的兒子，是齊侯的兒子。」後來夫妻兩人一起到齊國去的時候，文姜將此事告訴了齊襄公，齊襄公派人拉殺桓公於車上。文姜便留在齊國。魯桓公去世週年時，魯國要舉行拜祭。莊公思念母親，準備迎接母親回國主持祭祀。《春秋》在魯莊公元年（西元前六九三年）記載此事，《公羊傳》對此評論云：「念母者，所善也，則曷為於其念母焉貶？不與念母也。」何休《春秋公羊傳解詁》云：「念母則忘父，背本之道也。故絕文姜不為不孝。」㉑衛輒之辭父命　衛輒即衛出公，是衛靈公的孫子，蒯聵的兒子。由於蒯聵無道，衛靈公逐蒯聵而立其子輒。衛靈公死，蒯聵想回國即位，但被衛國拒絕。《春秋》在魯哀公三年（西元前四九二年）記載此事，《公羊傳》對此評論曰：「不以父命辭王父命，以王父命辭父命，是父之行乎子也。不以家事辭王事，以王事辭家事，是上之行乎下也。」㉒故受命而海內順之三句　此處意謂王者受天命而稱王，海內之人皆順從於他，猶如眾星之拱衛北極星，江河流水都要歸宗於滄海。受命，指受天命。共，拱。北辰，北極星。㉓況生天地之間五句　全句意謂作為君王，何況生於天地之間，不僅繼承太祖和先人的容貌，而且效法他們最美好的德行並取象於天地，既是眾人所尊敬的，也是聖人所貴重的。

【語　譯】天地是萬物的本源，人類的祖先便是從天地之間誕生的。天地廣大而沒有極限，它的德行光明而照耀人間，經歷了許許多多年代，永遠也沒有疆界。天，幫助人們去辨別事物的各種類別，一切隱伏著的事物沒有不被它照明的。地就是代表著晦暗，由於有太陽和星星的照耀，所以也不敢昏暗。在君臣、父子、夫婦之間的基本道理也是取法於天地之間的關係呢！喪禮要三年才告終結，為臣子者三年不敢當先人的君主之位，雖然不得已而即位，那麼無論在什麼時候，議論任何事情，也都要先稱道先君如何如何，或者先人如何如何，表示自己不敢貪圖至尊的君位。作為百禮之宗的《春秋》的記載，都是依照事情發生的月份來編排的，把月編在每一個季節之下，各個季節又編列在國君紀年之下，而君主則置於天命之下。凡是上天所拋棄的君王，天下沒有人能保佑他，夏桀與商紂便是那樣的君王。凡是天子所要誅絕的人，為臣子的便不能再擁立他為君主，如蔡世子與逢丑父便不為《春秋》所讚許。凡是祖父和父親所要斷絕關係的人，子孫們便不能再恢復它。所以魯莊公不應該思念他的母親，衛輒可以拒絕父親要求回國復位的命令。大凡受天命而為君王的，海內的百姓都會順從於他，好似眾星拱衛北極星那樣，好似江河流水都要歸宗於滄海那樣。何況是生於天地之間的君王，繼承了太祖、先人們的容貌舉止，效法他們最美好的德行和取象於天地，因而受到眾人尊敬，並為聖人所看重的人呢！

【研　析】本篇題目叫作〈觀德〉。什麼是德？《周禮．地官．師氏》以三德三行教國子，鄭玄注云：「德行內外之稱，在心為德，施之為行。」在心為德指內在的修養，施之為行是德之發用，是外在的行為。仁、義、禮、智、信是德的外在發用，其內在的修養則表現為德。德與行，修養與踐履，二者之間緊密相連，而踐履則離不開如何處理君臣、父子、夫婦、兄弟、朋友之間的倫理關係，仁、義、禮、智、信則是在處理這些相互之間倫理關係上的行為表現。懂得這一點，我們就能理解董仲舒為什麼把〈觀德〉篇緊接在論述仁與義、仁與智、義與利諸篇之後，因為內心的修養即德的修養，它是行為的統率。

那麼，德行的淵源又在哪裡？可以從兩個角度去探索：一是從人性上去探索它的起源，如孟子是從人性善這個角度去論述德行的起源，他認為「仁、義、禮、智，非由外鑠我也，我固有之也」（《孟子．告子上》）。他還說：「人皆有不忍人之心，先王有不忍人之心，斯有不忍人之政矣。以不忍人之心，行不忍人之政，治天下可運之掌上。」他從「不忍人之心」出發，推斷出「惻隱之心仁之端也，羞惡之心義之端也，辭讓之心禮之端也，是非之心智之端也。人之有是四端也，猶其有四體也」（《孟子．公孫丑上》）。

董仲舒與孟子所取的角度不同，他從天道、天命的角度去探索德的起源。本篇就是從天地為萬物之本、人道之始這一角度來探討社會倫理的起源，所以君臣、父子、夫婦之間的倫理關係是由於天地而出現的。天人合一這個觀念在《春秋繁露》這部書是貫穿始終的，他在〈為人者天〉篇便強調「人之德行，化天理而義」。按照董仲舒的看法，不僅在天人之間，而且在人與鬼神之間，亦有德行的溝通，它反映在祭祀時的恭敬和誠心。《禮記‧中庸》：「子曰：『鬼神之為德，其盛矣乎！視之而勿見，聽之而勿聞，體物而不可遺。使天下之人，齊明盛服，以承祭祀，洋洋乎如在其上，如在其左右。』」人與鬼神之間，主要是人與先祖先人之間。故本篇的結尾概括地表述了董仲舒心目中的人的德性與天地鬼神之間的關係，「法太祖先人之容貌，則其至德取象」，便是指後人不僅身體容貌來源於太祖先人，而且要效法至德，而這種至德則是取象於天地之間，亦即是〈繫辭上〉所言「仰則觀象於天，俯則觀法於地」。因此「至德取象」，也就是「奉天法古」。這是受命之聖人所具有的品德與行為，所以能備受人們尊貴，從而便「海內順之，猶眾星之共北辰，流水之宗滄海也」。

《禮記‧中庸》以舜為例，云：「子曰：『舜其大孝也與！德為聖人，尊為天子，富有四海之內，宗廟饗之，子孫保之。故大德必得其位，必得其祿，必得其名，必得其壽。』」根據這段論述，現世君王最重要的事，莫過於表明自己的德行。《禮記‧大學》的第一句話便是「大學之道，在明明德，在親民，在止於至善」。唯其能表明自己的至德，才能臨民為政，以德化治天下。所以以德治國，不是看老百姓的素質如何，而是看治國者自己的德行如何！現實生活中強調德治時，往往把這個關係完全搞顛倒了。

第二章

泰伯至德之侔天地也，上帝為之廢適易姓而子之。讓其至德，海內懷歸之❶。

泰伯三讓而不敢就位❷。伯邑考之群心貳，自引而激，順神明也❸。至德以受命，豪英高明之人輻輳歸之。高者列為公侯，下至卿大夫，濟濟乎哉，皆以德序❹。

是故吳魯同姓也，鍾離之會不得序而稱君，殊魯而會之，為其夷狄之行也❺。雞父之戰，吳不得與中國為禮❻。至於伯莒、黃池之行，變而反道，乃爵而不殊❼。召陵之會，魯君在是而不得為主，避齊桓也❽。魯桓即位十三年，齊、宋、衛、燕舉師而東，紀、鄭與魯勠力而報之。後其己，以魯不得偏，避紀侯與鄭厲公也❾。

【章　旨】本章以表彰泰伯、伯邑考避位讓賢為例，強調文王以至德而受天命，故群賢畢至，以德序位而列為公侯或卿大夫。同時，指出《春秋》中對各諸侯國君主的稱謂，或稱爵，或不稱爵，乃至敘事的方式與次序，皆視其德行而定。

【注　釋】❶泰伯至德之侔天地也四句　泰伯，古公亶父之長子。古公亶父即周太王，有三子，依次為泰伯、仲雍、季歷。雖然泰伯的品德可與天地媲美，但太王卻有意禪位於季歷，原因是他認為季歷之子即文王姬昌將興旺周室，所以泰伯與虞仲兩人故意逃亡到荊蠻地區，而且文身斷髮，改易自己的姓氏，把王位讓給季歷。季歷去世後，便把王位傳給姬昌。廢適，適通「嫡」，指廢棄嫡長繼承的禮法。易姓而子之，指改變自己的姓氏，改從他姓。讓其至德，指泰伯能夠讓其王位於弟，是至高無上的德性。海內懷歸之，指由於泰伯的崇高德性，海內有許多百姓都深深地懷念著他。❷泰伯三讓而不敢就位　指泰伯先後曾三次讓王位，語見於《論語・泰伯》：「泰伯，其可謂至德也已矣。三以天下讓，民無得而稱焉。」關於三讓，張守節《史記正義》注《史記・吳太伯世家》時引「江熙云：以太王病，託採藥於吳越，不反。太王薨而季歷立，一讓也；季歷薨而文王立，二讓也；文王薨而武王立，遂有天下，三讓也。又釋云：太王病，託採藥，生不事以禮，一讓也；太王薨而不反，使季歷主喪，不葬之以禮，二讓也；斷髮文身，示不可用，使歷主祭祀，不祭之以禮，三讓也。」❸伯邑考之群心貳三句　伯邑考，文王之長子。之群心貳，謂其自知眾人不擁戴他，文王欲傳位於武王姬發。貳，貳心；離心。自引而激，激，疑是退之誤，謂其自引而激流勇退。順神明也，謂其順從神明的意志。《漢書・霍光傳》曾引用此事：「郎有上書言周太王廢泰伯立王季，文王捨伯邑考立武王，唯在所宜，廢長立少可也。」這是為昭帝崩後，霍光不立廣陵王劉胥而立昌邑王劉賀提供了根據。

❹至德以受命六句　此處指文王姬昌以至德受命為君王，豪傑英雄高明之人士，如車輻湊集於轂上那樣聚集在文王的周圍，地位高的列為公侯，地位低的則為卿大夫。人才濟濟，都以其品德為次序。《國語・晉語四》中，胥臣對晉文公講到周文王即位時，任用四方之賢良，「詢於八虞（韋昭注：「賈、唐曰：八虞，周八士，皆在虞官。伯達、伯括、仲突、仲忽、叔夜、叔夏、季隨、季騧。」），而咨於二虢（韋昭注：「二虢，文王弟虢仲、虢叔。」），度於閎夭而謀於南宮（韋昭注：「南宮，南宮适。」），諏於蔡、原而訪於辛、尹（韋昭注：「蔡，蔡公；原，原公；辛，辛甲；尹，尹佚：皆周太史。」），重之以周、邵、畢、榮（韋昭注：「周，周文公；邵，邵康公；畢，畢公；榮，榮公。」），億寧百神而柔和萬民。」

❺是故吳魯同姓也四句　吳魯同姓，指吳國與魯國皆為姬姓，吳國的始祖泰伯，魯國的始祖周公，皆是姬周之後。鍾離之會，鍾離是吳國的邑名，在今安徽鳳陽的東北。魯成公十五年（西元前五七六年），中原諸侯國首次與吳國舉行大規模的正式會面，它表明吳國的力量正在逐漸強大。不得序而稱君，當時吳國的君王為壽夢，吳國雖然參加了鍾離的會盟，《春秋》在記載此事時，吳國不得與中原諸侯國並列。殊魯而會之，指這次會盟過程中，諸侯國對吳國的態度不同於魯國。為其夷狄之行也，其所以不同於魯國，是因為吳國還沒有擺脫夷狄的習俗，《公羊傳》對此事評論曰：「曷為殊會吳？外吳也。曷為外也？《春秋》內其國而外諸夏，內諸夏而外夷狄。」

❻雞父之戰二句　雞父，楚國的地名，在今河南固始東南。魯昭公二十三年（西元前五一九年），吳國在雞父這個地方打敗了頓、胡、沈、蔡、陳、許諸國的軍隊。《公羊傳》對此事評論曰：「此偏戰也，曷為以詐戰之辭言之？不與夷狄之主中國也。」雖然吳國進行的是偏戰，以堂堂之陣取得了勝利，但《春秋》在記載時卻將它當作詐戰來記載，這是因為《春秋》不讚許夷狄來主持中國。吳不得與中國為禮，指吳在禮制上，不能與中原諸侯國享受同等的待遇。

❼至於伯莒黃池之行三句　伯莒，楚國地名。在今湖北麻城縣境。魯定公四年（西元前五〇六年），吳王闔廬派伍子胥率領軍隊幫助蔡國打敗了楚國。《春秋》上的記載是「蔡侯以吳子及楚人戰于伯莒，楚師敗績」。這裡對吳國稱吳子，而在此以前從未這樣稱呼過。《公羊傳》對此事評論曰：「吳何以稱子，夷狄也而憂中國。」這是指吳在幫助蔡國進行的這次戰爭中，其行為符合禮義，故以子爵稱吳。黃池，原為衛地，此時屬宋，在今河南封丘西南，濟水與黃溝交會之處。魯哀公十三年（西元前四八二年），吳王夫差在艾陵一戰中打敗齊國，於是選定地處魯、晉、吳三國交界的黃池，邀請魯、晉二國一起會盟，並邀請周王朝的單平公參加。《春秋》在記載這次會盟時稱：「公會晉侯及吳子于黃池。」《公羊傳》評論此事曰：「吳何以稱子？吳主會

也。」變而反道，指吳國在這二次會盟中，改變夷狄之行，符合中國禮義之道。乃爵而不殊，指《春秋》在記載時稱其爵位，而與中原諸侯國同等待遇。❽召陵之會三句　召陵之會，召陵是楚國的地名，在今河南郾城東。魯僖公四年(西元前六五六年)，齊桓公統率的魯、宋、陳、衛、鄭、許諸國的軍隊打敗了蔡國，進而征伐楚。在齊國進攻面前，楚國派屈完在召陵與齊軍會談，簽訂了盟約。《公羊傳》評論此事云：「桓公救中國而攘夷狄，卒怗荊，以此為王者之事也。其言來何？與桓為主也。」「與桓公為主，序績也。」此處言《春秋》認為召陵之盟，齊桓公能降服楚國，體現了攘夷狄以救中國的精神，依照功績，這件事應以齊桓公為主，故記載此事時不能以魯國的君主為主。❾魯桓即位十三年六句　魯桓，魯國的君主，名允，魯惠公之少子，隱公之異母弟。即位十三年，這一年為西元前六九九年。齊，齊僖公。宋，宋莊公。衛，衛惠公。燕，南燕國國君。這些國家的聯軍在那一年進攻魯國，戰爭的起因是由於宋國向鄭國索取財物，魯國從中調解不成，所以魯宋失和。宋國利用齊國有滅紀侵魯的野心，勸齊國出兵攻打紀國，宋則與衛、燕合力出兵相助。魯國出於保紀即自保的考慮，與紀、鄭聯合抗擊齊、宋的聯軍，並取得了勝利。《春秋》記載這件事時稱：「公會紀侯、鄭伯。己巳，及齊侯、宋公、衛公、燕人戰，齊師、宋師、衛師、燕師敗績。」後其己，當為「後其日」之誤。此事指《春秋》對日期的記載即「己巳」放在紀侯、鄭伯之後。《公羊傳》對此評論曰：「曷為後日？恃外也。其恃外奈何？得紀侯、鄭伯，然後能為日也。」以魯不得徧，徧，指偏戰，徧乃偏之誤。董仲舒在〈竹林〉篇稱：「《春秋》之於偏戰也，善其偏，不善其戰」；「比之詐戰謂之義，比之不戰則謂之不義」。所謂偏戰，是交戰雙方約定時日，各居一面，堂堂正正地交戰而不以詐取勝。《春秋》記載戰爭的書法，對偏戰可繫以日，對詐戰則繫以月，以表示「惡詐戰而善偏戰」。此處意謂在這次戰爭中，單獨以魯國自己的力量還不能進行偏戰，魯國不僅是為鄭國、紀國被侵才出兵打仗，而且在得到紀國、鄭國之助才有力量進行偏戰，所以《春秋》在紀侯、鄭伯之後才書寫作戰的日期。

【語　譯】泰伯崇高的德性與天地相齊，上帝為他廢棄嫡長繼承制的禮法，讓他改變自己的姓氏而改從他人的姓氏。謙讓王位的繼承，是他最高尚的品德，使天下的人們都深深地懷念著他。泰伯曾三次謙讓不敢就王位。周文王的長子伯邑考知道眾人並不擁護他就王位。便自己主動退出，這也是為了順從神明的意志。有高尚德行的人受天命而就王位，英雄豪傑和才能高明的人，如車輻湊集於轂上那樣聚集在他的周圍，才德高的列為公侯，稍次的也列為卿大夫，濟濟一堂，都依照他們的品德來排列職位的次序。因此，吳國和魯國雖然都是同姓，在鍾離舉行的諸侯國會議上，吳國國君不能如中原諸侯國那樣被列入席次，它與魯國國君的身分便不完全相等，那是因為吳國還沒有擺脫夷狄的身分。在雞父那次戰爭中，吳國雖然取得了戰爭的勝利，然而仍然不得與中國在禮制上享受同等的待遇。直到伯莒那次會戰，吳國打敗了楚國。以後在黃池與中原諸侯會盟，吳國的行為變得比較符合中國的道義，所以《春秋》在記載中稱呼吳國的爵位，吳國國君的地位不再與中原諸國的國君有什麼區別了。再說魯國，在召陵那次諸侯會盟上，魯國國君雖然參加了，但會盟的主持者卻是齊桓公。在魯桓公十三年，齊國、宋國、衛國、燕國一起攻打魯國，但《春秋》記載時將作戰的日期寫在魯君和鄭伯、紀侯會面的後面，所以如此，因為不是魯國單獨與齊、宋、衛、燕作戰，所以偏戰的日期只能記載在紀侯與鄭厲公的後面了。

【研　析】本章表彰了泰伯的三讓不敢就位，伯邑考的自引而退，表彰了接班人最高尚的德行是謙讓，還強調了周文王是以至德而受天命，由於他是天命所歸，所以才有英雄豪傑高明之人輻湊歸之，公侯卿大夫以德序位，才出現眾星拱北辰，流水歸滄海的局面。

為什麼董仲舒在章首要如此表述呢？因為君王的交接班是君臣、父子、夫婦之間最難處理的一個問題。《公羊傳》在解釋魯隱公元年（西元前七二二年）魯隱公即位及隱公與桓公在王位問題上的矛盾時，闡述了宗法制度在王位交接上的基本觀念，那就是「立嫡以長不以賢，立子以貴不以長」，「子以母貴，母以子貴」。確立這些原則的一個基本目的，是為了防止在王位繼承上諸子的互相爭奪。然而，大利之所在，在兄弟與諸子之間，妻妾之間，或搞陰謀詭計，以宮廷政變的方式謀取大位，或兵戎相見，廝殺得你死我活，血流遍地，國家分裂，政局動盪。春秋時期的霸主齊桓公晚年，病重時，「五公子各樹黨爭立，及桓公卒，遂相攻，以故宮中空，莫收棺。桓公屍在牀上六十七日，屍蟲出於戶」（《史記・齊太公世家》）。這樣的歷史悲劇自古迄今已上演了無數次。所以董仲舒特意表彰泰伯的謙讓，伯邑考的自引而退，文王的以至德受天命，就是為了減少這樣的歷史悲劇，希望以德性來緩衝王位的爭奪，但是這也只能是董仲舒的善良願望而已。

董仲舒的這個說法，是得到漢代儒生們所認同的，而且被司馬遷納入《史記》，奉為圭臬。至於西周初年文王即位後的真實情況，是否真是如此呢？《詩經・大雅・大明》講到文王與武王的母親皆出身於大國，身分自然比較高貴。關於文王，其詩云：「摯仲氏任，自彼殷商，來嫁于周，曰嬪于京。乃及王季，維德之行。大任有身，生此文王。維此文王，小心翼翼。昭事上帝，聿懷多福。厥德不回，以受方國。」從詩中所言內容可見文王的母親來自商朝的貴族，子以母貴，泰伯與仲雍當然無法與文王競爭王位，只能遠避於蠻夷之鄉，另謀出路去了。至於武王，同詩云：「纘女維莘，長子維行，篤生武王。保右命爾，燮伐大商。」武王的母親也是出身於鄰國貴族的家庭，同樣也是子以母貴。其實，就連殷紂王也是同樣如此。《史記・殷本紀》：「帝乙長子曰微子啟，啟母賤，不得嗣。少子辛，辛母正后，辛為嗣。帝乙崩，子辛立，是為帝辛，天下謂之紂。」紂王所以能被立為嗣，是因為其母為正后，子以母貴。微子為帝乙長子，雖賢，其母賤，不能與紂爭奪王位。這是當時王位繼承上通行的辦法。同樣是子以母貴，殷紂王亡國了，周文王與周武王都興旺了，並且成為建立周朝的開國君主。所以，董仲舒在文王、武王身上採用天命與王者的至德來解釋周的興起，作為建立德治的一個根據。建立在血緣關係基礎上的嫡長制，在防止諸子弟因爭奪王位而引起的爭鬥上能起到一定的抑制作用，但它並不能保證繼承者一定是賢能而有德行，一定能使王朝興旺發達，故需要有至德和謙讓來調節它。

本章後一個問題所闡釋的觀念是以《春秋》關於鍾離之會、雞父之戰、伯莒與黃池之行、召陵之會等案例，說明對於各諸侯國及卿大夫都要依照其行為的德性和賢能的程度來稱謂和排列其次序，從而進一步凸顯君主德行修養的重要性。

第三章

《春秋》常辭❶，夷狄不得與中國為禮❷。至邲之戰，夷狄反背，中國不得與夷狄為禮❸，避楚莊也❹。邢、衛，魯之同姓也❺，狄人滅之❻，《春秋》不為諱❼，避齊桓也❽。當其如此也，唯德是親。其皆先其親❾，是故周之子孫，其親等也，而文王最先；四時等也，而春最先；十二月等也，而正月最先❿。德等也，則先親親。魯十二公等，而定、哀最尊⓫。衛俱諸夏也⓬，善稻之會⓭，獨先內之⓮，為其與我同姓也⓯。吳俱夷狄也，柤之會，獨先內之，為其與我同姓也⓰。滅國十五有餘，獨先諸夏⓱。魯、晉俱諸夏也，譏二名，獨先及之⓲。盛伯、郜子俱當絕，而獨不名，為其與我同姓兄弟也⓳。外出者眾，以母弟出，獨大惡之，為其亡母背骨肉也⓴。滅人者莫絕㉑，衛侯燬滅同姓獨絕，賤其本祖而忘先也㉒。

【章　旨】本章強調《春秋》唯德是親，為賢者諱。但若其德相等，則先親親，以明遠近親疏之別，而對滅同姓國之舉尤其痛恨，斥責此是背叛祖先的忘本行為。

【注　釋】❶春秋常辭　指《春秋》通常使用的辭語，具體地說是對夷狄與諸侯國的稱謂。❷夷狄不得與中國為禮　指《春秋》對中原諸侯稱其公或侯的爵號，而不稱其名，對夷狄則不能如此，或直呼其名，或稱某人。至邲之戰二句　邲是鄭國地名，在今河南鄭州附近。邲之戰是春秋時期晉國與楚國之間的一場重要戰役。《春秋》繫此事於魯宣公十二年（西元前五九七年）春，事情由鄭國叛楚投晉引起，楚莊王發兵圍困鄭國，三個月後攻下了鄭國的都城。鄭襄公肉祖牽羊去迎接楚莊王，表示認罪，願意聽從處分。楚莊王答應與鄭國簽訂盟約締和，並把軍隊後撤，鄭國公子去疾則去楚國為人質。六月間，晉國援軍剛才趕到鄭國，明知鄭楚兩國已訂盟約，但晉軍將領為了邀功，主動進攻楚軍，雙方在邲地進行決戰，晉軍失敗。《春秋》記載這次戰役時，與通常的用辭相反：「晉荀林父帥師與楚子戰于邲，晉師敗績。」此處稱楚為楚子，是用爵稱，這是以中國之禮來稱呼楚國，因為楚國的行為符合中國的道義，故董仲舒云「夷狄反背」。❸中國不得與夷狄為禮　指作為中原國家的晉國，在對待作為夷狄的楚國時，反而不能以禮義相待，故對晉國則直呼大夫荀林父之名，這是對夷狄的稱謂。何休《春秋公羊傳解詁》曰：「不與晉而反與楚子為君臣之禮，以惡晉也。」這種對楚、晉的不同稱呼，是根據其國家的行為誰更符合道義而決定的。❹避楚莊也　楚莊，楚國的國君，芈姓，名侶，春秋時期的霸主。依照《春秋》記事的規則，楚國屬於夷狄，故不得用爵稱，但對楚莊王則作例外處理而迴避了。❺邢衛二句　邢，古國名，周公的兒子封於邢，在今河北邢臺。衛，古國名，周武王少弟康叔初封於康，後遷封於衛。邢、衛二國皆姬姓，與魯是同姓之國。❻狄人滅之　狄人，是活動在北方與晉、齊、邢、衛諸國混雜在一起的少數族，縱橫在山西、河北一帶，其影響可以南及山東、河南，狄人主要有白狄、赤狄、長狄三個支系。侵擾齊、魯、邢、衛的主要是長狄一系。❼春秋不為諱　「不」字衍文，應為「春秋為諱」。邢、衛受狄人的侵擾，《春秋》繫其事於魯僖公元年（西元前六六一年）春：「齊人救邢。」上一年冬季，狄人伐邢，據《左傳》記載：管仲曾對齊桓公說：「戎狄豺狼，不可厭也。諸夏親暱，不可棄也。」他請求桓公出兵，於是齊桓公發兵救邢，《春秋》記載此事是稱讚齊桓公救邢的行動。但實際上齊兵未至，邢人已經潰敗。次年，《春秋》上有「狄人入衛」的記載，《左傳》稱：十二月，狄人伐衛。衛懿公及狄人戰於熒澤，衛師敗績，遂滅衛。❽避齊桓也　此處指《春秋》記載這二件事時，諱言齊桓公未能及時救援邢、衛，以致邢、衛為狄人所滅之事。《春秋》在魯僖公元年（西元前六五九年）記載：「齊師、宋師、曹師次于聶北，救邢。」《公羊傳》對此事評論云：「救不言次，此其言次何？不及事也。不及事者何？邢已亡矣。孰亡之？蓋狄滅之。曷為不言狄滅之？為桓公諱也。曷為為桓公諱？上無天子，下無方伯，天下諸侯有相滅亡者，桓公不能救，則桓公恥之。」這次救邢的戰爭，齊國軍隊並不能把狄人趕走，只能把邢人遷於陳儀（今山東聊城西），齊師為邢人修新城。至於衛國，被狄人滅亡後，在楚丘（今河南滑縣東）齊人為其立新城。《春秋》繫此事於魯僖公二年（西元前六五八年），衛人初都於朝歌（今河南淇縣）。❾當其如此也三句　本句進一步闡述上文二句所列案例的涵義。《春秋》之所以如此記載，這是因為儘管人們在習慣上把親情放在前面，但在親情之前，德行還是第一位的。《春秋》在對待中國與夷狄之間時，對楚國那樣的夷狄反而比中原諸侯國更為親近一些，原因是《春秋》唯德是親，所以不去讚賞晉國而讚賞楚莊王的行為。❿是故周之子孫七句　此處意謂同樣是周王室的子孫，其血親關係應是相等的，但因文王德行最高，故以文王為先，正如一年四時，四時的地位相等，由於春是首季，故以春為先。一年十二月，各月的地位是相等的，但正月是一年的始月，故以正月為先。⓫魯十二公等二句　魯十二公等，《春秋》所紀自魯隱公至魯哀公，共有十二位君主，故曰十二公地位相等。定、哀，指魯定公、魯哀公在位時，皆為孔子所親歷之時日，離開孔子刪削《春秋》的時間最近，所以最為尊貴。正因如此，故《春秋》在用辭上為尊者諱，為賢者諱。董仲舒在〈楚莊王〉篇云：「《春秋》分十二世以為三等，有見，有聞，有傳聞。」其中昭公、定公、哀公為所見之世，「於所見微其辭，於所聞痛其禍，於傳聞殺其恩，與情俱也」。⓬衛俱諸夏也　指衛與魯都是諸夏之國。⓭善稻之會　《春秋》在魯襄公五年（西元前五六八年）記載此事。善稻，吳國的地名，吳稱善伊，又稱稻緩，在今安徽盱眙。魯襄公三年（西元前五七〇年）六月，晉侯在雞澤召集諸侯會盟，吳王壽夢沒有去參加，於是吳王派使臣壽越到晉國，說明沒有到會的理由，並表示願與中原諸侯結好。於是晉悼公將此事告知各諸侯國，並讓魯、衛二國派使臣與吳國的使臣會面，因而三國使臣便在善稻會面，《春秋》的記載為：「仲孫蔑、衛孫林父會吳于善稻。」仲孫蔑為魯國的大夫，《左傳》作孟獻子，為同一個人。孫林父為衛國的大夫。吳國的使臣沒有提姓名，這是因為視其為夷狄的緣故。⓮獨先內之　指單獨把衛國的孫林父與魯國的仲孫蔑並列。內之，因為二國同姓，所以同以諸夏之國相待。⓯與我同姓　我指魯國。與我，指衛與魯。同姓，指魯、衛二國是兄弟之國，血緣關係相近。同姓者，親相等，故可並列，吳便屬於外。⓰吳俱夷狄也四句　相之會，相，他本或誤作柤，但《春秋》三傳皆作相，在今江蘇邳縣西北。《春秋》在魯襄公十年（西元前五六三年）記載此事云：「公會晉侯、宋公、衛侯、曹伯、莒子、邾婁子、滕子、薛伯、杞伯、小邾婁子、齊世子先，會吳于相。」這次會盟是晉悼公發起，會盟的目的是聯絡吳國一起來對付楚國。吳是夷狄之國，然始祖泰伯又是姬姓，故既說它是夷狄之國，又稱它是魯國的同姓。獨先內之，內為外之誤，當為「獨先外之」。此處指《春秋》的這條記載先把吳國置各諸侯國之外。《春秋》在記載魯成公十五年（西元前五七六年）的鍾離之會時也作了相同的處理。《公羊傳》云：「曷為殊會吳？外吳也。曷為外也？《春秋》內其國而外諸夏，內諸夏而外夷狄。」為什麼吳國首先這樣處理，是因為它又是同姓之國。⓱滅國十五有餘二句　滅國十五有餘，十五疑為五十之訛，《春秋》記載的亡國五十有二。魯隱公二年（西元前七二一年），《春秋》首次記載魯國滅極國的事，為什麼要首先記載滅極呢？因為要先記載諸夏的諸侯國滅人之國。《春秋》經文云：「無駭帥師入極。」極，古國名，姬姓，在今山東金鄉之南，當時為魯國的附庸。無駭是魯國的大夫，相傳其祖展為魯國的公子，至無駭以展為氏。柳下惠，即展禽，便是無駭之子。為什麼要記載這件事？《公羊傳》對此評論曰：「疾始滅也。」這是為了表明在禮義上，對諸夏的要求高於夷狄，故先記其滅人之國的劣蹟，以儆效尤。⓲魯晉俱諸夏也三句　在魯定公六年（西元前五〇四年），《公羊傳》的《春秋》經文云：「季孫斯、仲孫忌帥師圍運。」季孫斯，魯國的大夫，亦稱季桓子。仲孫忌，魯國的大夫，亦稱孟懿子，原名仲孫何忌。《公羊傳》的經文上少了一個「何」字。魯哀公十三年（西元前四八二年），《公羊傳》的《春秋》經文曰：「晉魏多帥師侵衛。」但《穀梁傳》與《左傳》的《春秋》經文中皆作「魏曼多」，二者相較少了一個「曼」字。魏多，即魏襄子，本名侈，多與侈可假借。前者發生在魯國，後者發生在晉國。《公羊傳》的這二條經文與《穀梁傳》的經文相比較，皆少了一個字。《公羊傳》的解釋是孔子所以如此，是譏笑他們取雙名。故魯定公元年時的《公羊傳》云：「此仲孫何忌也。曷為謂之仲孫忌？譏二名，二名非禮也。」取兩個字的雙名為非禮，是《公羊傳》對《春秋》經文的一種解釋。其實取二名，自古就有，從社會風尚講，取單名者多，何休解釋所以譏二名，是因為難以避諱。《春秋》以取單字名為正。董仲舒把這件事又向前推進了一步，認為《春秋》譏二名，從魯、晉二國開始，因為他們都是諸夏之國，故從禮法上譏二名要先從諸夏開始。⓳盛伯郜子俱當絕三句　盛伯，指盛國的亡國之君。《春秋》在魯文公十二年（西元前六一五年）記載：「盛伯來奔。」盛，是魯國的同姓小國，始封的國君是周武王弟叔武，春秋時都邑在成（今山東寧陽東北）。魯莊公八年（西元前六八六年），盛為魯、齊二國所滅，降於齊，此時盛國的國君又投奔魯國。《公羊傳》對此事評論曰：「盛伯者何？失地之君也。何以不名？兄弟辭也。」這是指盛伯乃失地之君，本應直書其名，但因其來奔魯國，以兄弟之情相待，故不書其名，如果盛伯出奔他國，雖兄弟之君，亦稱其名，如衛侯衎出奔齊便書其名。郜子，指郜國的亡國君主。《春秋》在魯僖公二十年（西元前六四〇年）夏記載：「郜子來朝。」郜，姬姓國名，始封君為周文王之子，故都在今山東成武東南，春秋初為宋所滅。此時郜子來朝魯，按《春秋》義例應直書其名，但《春秋》並沒直稱其名。《公羊傳》對此事評論曰：「郜子者何？失地之君也。何以不名？兄弟辭也。」不稱其名，是不忍言其已亡國，而仍以兄弟之國的禮遇相待，以顯示親親之禮。⓴外出者眾四句　此處指各諸侯國君主的兄弟被驅趕外出逃亡者很多，但把同母兄弟趕出國門的，就顯得尤其可惡，因為他連母親也背叛了，沒有一點同胞骨肉之情。如《春秋》在魯昭公元年（西元前五四一年）夏記載：「秦伯之弟鍼出奔晉。」秦伯，指秦景公。鍼，秦景公之同母弟，鍼有寵於其父桓公，景公忌之，使出仕於晉。《公羊傳》對此事評論曰：「有千乘之國，而不能容其母弟，故君子謂之出奔也。」類似的情況還可以舉出不少例子，如《春秋》在魯定公十年（西元前五〇〇年）記載：「宋公之弟辰暨宋仲佗、石彄出奔陳。」宋公是指宋景公。先是宋景公庶弟宋公子池因賜嬖臣馬而與宋景公發生矛盾，出奔於陳以表示抗議，宋景公不加理睬。辰，是宋景公的同母弟，宋仲佗與石彄都是宋國的卿。辰是因為不滿宋景公對公子池的處置，故亦出奔陳。這二個案例，都凸顯了君主不容納同母弟的可惡。㉑滅人者莫絕　指諸侯滅人國者，貶責時不能斷絕其與君位的關係。㉒衛侯燬滅同姓獨絕二句　衛侯燬，即衛文公。《春秋》在魯僖公二十五年（西元前六三五年）春記載：「衛侯燬滅邢。」邢國的始封國君為周公旦之子，而衛的始封君為周武王弟康叔，故二國同姓姬。《公羊傳》對此事評論曰：「衛侯燬何以名？絕。曷為絕之？滅同姓也。」這裡的「絕」，指的是不把他當國君看待，因為《春秋》對國君是稱爵而不稱名的。《禮記．曲禮下》亦云：「滅同姓，名是也。」何休《春秋公羊傳解詁》：「絕先祖之體為重，故名，甚之也。」意謂衛侯燬滅同姓之邢國，輕賤自己的祖先，故稱其名，以表示他根本不配當國君。

【語譯】在通常的情況下，《春秋》在用辭上，夷狄不能與中國在禮制上享用同等的待遇。但是到了在邲那次戰爭中，作為夷狄的楚國的行為反而符合於道義，而作為中國的晉軍，卻不以道義來對待這場戰爭，所以《春秋》在用辭上，不得不對楚莊王有所迴避。邢國與衛國，都是魯國的同姓之國，狄人滅了這二個國家，《春秋》在記載這兩件事時，作了隱諱而沒有明說，這是為了替齊桓公的過失避諱。《春秋》在記事上所以如此，是為了傾向於有德行的君主。《春秋》把自己親近的人放在前面，所以周代的子孫，從親屬關係上是相等的，卻把周文王放在最前面；一年四季各季是相同的，但人們總是把春季放在前面；十二月的各月是相同的，但總是把正月放在最前面。如果德行相同，那麼就突出最親近的人，魯國的十二個君主，都是相同的，而在禮制上則以魯定公與哀公則最為尊貴。魯與衛都是諸夏之國，在善稻之會上，魯、衛與吳國舉行盟會，由於衛與魯是同姓之國，所以特別親近。吳國與四周的國家都是夷狄，在相地舉行的會盟，把它放在夷狄諸國之先，因為吳的始祖與魯是同姓。《春秋》記載的滅國十五（五十）有餘，而首先記載被滅之國的卻是諸夏之國。魯國與晉國都是諸夏之國，《春秋》譏刺取雙名的，獨先及於他們。盛伯與郜子都是亡國之君的後代，應當稱名而不稱爵，不把他們當君主看待，但是在記載與他們相關的事時，唯獨不稱他們的名字，因為他們是魯國的同姓兄弟。君主的兄弟因故逃亡國外的人很多，但如果把同母兄弟逼迫出國門的，更顯得特別可惡。因為他們心中沒有母親，背叛了骨肉之情。滅掉別人的國家，譴責時仍將他當君主看待，稱爵而不稱名，而衛侯燬滅了同姓的邢國，所以《春秋》記載時對他稱名以表示不把他當君主看待，用以顯示他已忘記自己的祖宗而輕賤自己的先人了。

【研　析】本章的主旨是論述親親需以德行為先導。親親是維繫以血緣關係為基礎的宗法制度的一個基本觀念。關於親親，《孟子·盡心上》有這樣一段論述。孟子曰：「人之所不學而能者，其良能也。所不慮而知者，其良知也。孩提之童，無不知愛其親者，及其長也，無不知敬其兄也。親親仁也，敬長義也。無他，達之天下也。」親親起始於孩童對父母兄長的親愛和敬重。在父家長制下，它有著深厚的思想感情基礎。這種樸素而原始的思想感情，儒家把它由家庭延伸到宗族而國家以至天下。

按照宗法制度，周天子是天下的大宗，是同姓貴族中最高的族長，王位由嫡長子繼承。同時，他又是天下的共主，掌握著國家的最高權力。天子的眾子分封為諸侯，君位由嫡長子繼承，對天子是小宗，在本國為大宗。諸侯的眾子分封為卿大夫，也由嫡長子繼承，對諸侯是小宗，在本家為大宗。世襲卿大夫，成為世卿。卿大夫的諸子分為「側室」或「貳宗」。整個王朝的統治與宗法制度聯結在一起。各諸侯國中，還有異姓的功臣被封為諸侯的，那樣就有同姓與異姓的區別。王朝與周邊各族的關係，則又有中國與夷狄之間的區別。這樣各諸侯國之間便有親疏近遠之分，春秋時期則形成為中國、諸夏、夷狄之間的複雜關係。各諸侯國在處理國與國之間的關係上，便要以親親為出發點，講究遠近親疏來決定內外之間的關係。

董仲舒發揮《公羊》學的思想，他在〈楚莊王〉篇提出「吾以其近近而遠遠，親親而疏疏也，亦知其貴貴而賤賤，重重而輕輕也」，在〈王道〉篇提出「親近以來遠，未有不先近而致遠者也。故內其國而外諸夏，內諸夏而外夷狄，言自近者始也」。這一點可以說是董仲舒在本書各篇所反覆闡述的觀念。

董仲舒在本章所闡述的是親親必須「唯德是親」，即親近或者偏好，要以德行為前提。親相等時，要以德為先。德相等時才先親親。如善稻之會，魯、衛與吳相會，《春秋》把魯、衛二國列在一起，因為是同姓之國。柤之會，把吳置於中原諸侯國之外，因為它是夷狄，內外有別。在夷狄諸國中，吳又是同姓之國，故先外之。這些都是為了說明《春秋》書法上如何貫徹親親的原則。滅國五十二，先記載魯滅極國，也正是痛心其始滅同姓之國，從反面體現了唯德是親的原則。《春秋》親親的觀念，還體現在為親者諱，如魯莊公三十二年（西元前六六二年）公子牙為公子季友所處死，這可是為弟的殺兄，比把同母弟趕出國門要嚴重得多。《春秋》卻諱殺而書「公子牙卒」。《公羊傳》對此事評論曰：「緣季子之心而為之諱」，「親親之道也」。孔子在《論語・子路》中曾強調「父為子隱，子為父隱。直在其中矣」，這裡講的也是「親親之道」。當然儒家也有「大義滅親」的提法，所以在如何處理和權衡親親與唯德為先的關係上仍是一個很複雜的問題，它往往還得取決於當時在利害關係上的輕重權衡。

第四章

親等從近者始。立適以長，母以子貴先❶。甲戌、己丑，陳侯鮑卒，書所見也，而不言其闇者❷。隕石于宋五，六鷁退飛，耳聞而記，目見而書，或徐或察，皆以其先接於我者序之❸。其於會朝聘之禮亦猶是。諸侯與盟者眾矣，而儀父獨漸進❹。鄭僖公方來會我而道殺❺，《春秋》致其意，謂之如會❻。潞子離狄而歸❼，黨以得上，《春秋》謂之子，以領其意❽。包來、首戴、黃池、踐土與操之會❾：

陳、鄭去我，謂之逃歸⑩；鄭處而不來，謂之乞盟⑪；陳侯後至，謂之如會⑫，莒人疑我，貶而稱人⑬。諸侯朝魯者眾矣，而滕、薛獨稱侯⑭。州公化我，奪爵而無號⑮。吳楚國先聘我者見賢⑯，曲棘與鞌之戰，先憂我者見賢⑰。

【章旨】本章強調德等則先親親，親等則以近者始，故立嫡以長，母以子貴。諸侯間的會盟朝聘上，則重其志，強調思想動機。

【注釋】❶親等從近者始三句　此處指親屬血緣關係相等的情況下，在位列的次序上，以最近者為起始。立適以長，指在嫡子中立世子，以長子最近，故云立嫡以長。適，通「嫡」。母以子貴先，指如果沒有嫡子，立庶子為世子時，被立為世子或做了國君的庶子，他的母親地位也可隨之提高，原來是媵妾的，可以成為正夫人，其在妻妾位列的次序上，可以排列到前面。❷甲戌己丑四句　此事《春秋》繫於魯桓公五年（西元前七〇七年）正月。甲戌，是四年的十二月二十一日；己丑，是五年的正月六日。陳侯鮑，即陳桓公，名鮑，在位三十八年。卒，死亡。書所見也，指《春秋》二次記錄了陳侯鮑死亡的日子。這是由於孔子當時見到陳國發了二次訃告，但一個人不能死二次。不言其闇，指《春秋》沒有說明陳國發二次訃告的原由。闇，即「暗」。但《公羊傳》回答了這個問題：「曷為以二日卒之？悈也。甲戌之日亡，己丑之日死而得，君子疑焉，故以二日卒亡也。」悈是「狂」的意思，是當時齊國的方言。孔子所以記載了二個卒日，是因為陳侯鮑得了狂疾，走失而死。前面的甲戌日，是他走失的日子；後面的日子是找到他屍體的日子。孔子在不明真相的情況下，記載了陳侯二次卒日。❸隕石于宋五六句　事見《春秋》在魯僖公十六年（西元前六四四年）的記載。隕石于宋五，指隕石落於宋國境內，共有五塊。《公羊傳》解釋這句的文字次序云：「曷為先言霣而後言石？霣石記聞，聞其磌然，視之則石，察之則五。」它反映了人們認知隕石的過程，先聽到聲音，然後見到隕石，再仔細檢察為五。六鷁退飛，六鷁退飛是因為高空有強風。鷁，《穀梁傳》作鶂，字通。其形狀像鸕鷀。古代畫鷁首於船頭。《公羊傳》解釋這四個字的次序反映了人們觀察到這一現象的過程，云：「曷為先言六而後言鷁？六鷁退飛，記見也，視之則六，察之則鷁，徐而察之則退飛。」《春秋》所以記載這二件事，《公羊傳》認為是為王者的後裔記下這些異常情況。這裡引用這二個例子是為了說明對事物的認知是從近者始，以喻證親者自近者始。❹其於會朝聘之禮亦猶是三句　會，淩曙云：「『會』下當有盟字。」諸侯與盟者眾矣，指各國諸侯中與魯隱公會盟的人很多。而儀父獨漸進，事見《春秋》在魯隱公元年（西元前七二二年）的記載，「三月，公及邾婁儀父盟于昧。」儀父，邾婁的國君，名克，謚莊公。《春秋》稱其字，是表示尊敬和褒揚他的意思。表揚的理由是魯隱公以賢讓居位，邾婁之君能親賢慕義，講信修睦，在魯隱公即位之初就與之會盟。《公羊傳》對此評論曰：「此其為可褒奈何？漸進也。」漸進，何休《春秋公羊傳解詁》云：「漸者，物事之端，先見之辭。」此處謂將進之漸，即事物有了好的起端。邾婁儀父至魯莊公時因追隨齊桓公有功而被周天子封爵為諸侯。❺鄭僖公方來會我而道殺　鄭僖公，名髡原，鄭國的國君，在位僅五年。《春秋》繫此事於魯襄公七年（西元前五六六年）。當時，中原諸侯為了對付楚國，晉悼公在鄬這個地方召集會盟。方來會我而道殺，指鄭僖公在前來參加會盟的途中被殺。《公羊傳》解釋被殺的原因是：「鄭伯將會諸侯於鄬。其大夫諫曰：『中國不足歸也，則不若與楚。』鄭伯曰：『不可。』其大夫曰：『以中國為義，則伐我喪；以中國為強，則不若楚。』於是弒之。」❻春秋致其意二句　指鄭僖公雖然沒有到達會場，但還說他如會，是為了表達鄭僖公最初要參加會盟的心意。謂之如會，指《春秋》對此事作了這樣的記載：「鄭伯髡原如會。」❼潞子離狄而歸　潞子，潞國的國君，名嬰兒。潞是赤狄的一支，其位置在今山西潞城東北潞縣故城。離狄而歸，此事《春秋》繫於魯宣公十五年（西元前五九四年）。據《左傳》載：嬰兒的夫人為晉景公之姊伯姬。當時潞國酆舒執政。酆舒殺伯姬而傷嬰兒之目，為此晉派大夫荀林父率兵滅潞國，擄嬰兒而歸。❽黨以得上三句　蘇輿曰：「黨猶所也。或云：黨，親也，上奪無字。亦通。」又，李兆洛認為「亡誤作上」。故此句應為「所以得亡」或「無黨以得亡」。此處指潞子嬰兒偏向於接受中國的文化，結果導致了潞國的滅亡。《公羊傳》對此事的看法是潞子「離於夷狄，而未能合於中國。晉師伐之，中國不救，狄人不有，是以亡也」。《春秋》謂之子，指《春秋》稱嬰兒為潞子。《公羊傳》稱：「潞子之為善也，躬足以亡國。雖然，君子不可不記也。」以領其意，表示接受他善良的心意。❾苞來首戴黃池踐土與操之會　他本在此句中無「黃池」而易之以「洮」，今俱注釋之。按照下文來看，當以他本為是，有洮而無黃池。苞來，紀國的邑名，魯莒會盟的地點，《左傳》作浮來，在今山東莒縣西。《春秋》在魯隱公八年（西元前七一五年）記載：「公及莒人盟于苞來。」首戴，《左傳》作首止，衛國地名，在今河南睢縣東南。《春秋》在魯僖公五年（西元前六五五年）記載：「公及齊侯、宋公、陳侯、鄭伯、許男、曹伯會王世子于首戴。」黃池，原為衛地，此時屬宋，在今河南封丘西南，濟水與黃溝交會處。《春秋》在魯定公十三年（西元前四八二年）記載：「公會晉侯及吳子于黃池。」洮，曹國地名，在今山東鄄城西。《春秋》在魯僖公八年（西元前六五二年）記載：「公會王人、齊侯、宋公、衛侯、許男、曹伯、陳世子款，盟于洮。」踐土，鄭國地名，在今河南原陽西南。《春秋》在魯僖公二十八年（西元前六三二年）記載：「公會晉侯、齊侯、宋公、蔡侯、鄭伯、衛子、莒子，盟于踐土。」操，鄭國地名，今址不詳。魯襄公七年十二月，諸侯會盟於鄬，鄭伯髡原在去會途中被弒於操。❿陳鄭去我二句　陳，指陳哀公。魯襄公七年諸侯會盟於鄬，陳哀公參加了會議，《春秋》記載：「陳侯逃歸。」這次會議是由晉悼公召集諸侯討論如何救助陳國與共同對付楚國，會議過程中，陳哀公逃回陳國。原因是陳國的大夫慶虎、慶寅派公子黃去楚國，並派人告訴陳哀公，楚國已扣留了公子黃，國君如果不返回，國內將發生政變。於是陳哀公只能逃回陳國。鄭，指鄭文公，魯僖公五年（西元前六五五年），齊桓公在首戴與宋、鄭、陳、許、曹諸國會盟。《春秋》記載此事曰：「鄭伯逃歸不盟。」晉楚二國都沒有參加這次會盟。這次會盟的目的是支持周惠王的世子，而周惠王對此不快，對鄭文公說：「我讓你依從楚國，再讓晉國輔助你。」鄭文公便因此逃歸而不參加盟約。《春秋》便用「逃歸」二字，是一種貶辭。去我，意謂離開中原國家的會盟而去。此處的「我」，指代「諸夏」。⓫鄭處而不來二句　鄭，指鄭文公。魯僖公八年（西元前六五二年），齊桓公再次在洮召集會盟，參加會盟的有宋、衛、許、曹、魯、陳、鄭等國，對於鄭國參加這次會盟，《春秋》上的記載為「鄭伯乞盟」。乞盟的意思是鄭文公乞求參加盟會。鄭文公前後態度的變化是因為此時周惠王已去世，上次在首戴的盟會上，鄭文公中途退出，得罪了齊桓公與中原諸侯，這次乞求參盟，是為補救過去的過失。處而不來，此語的出處見《公羊傳》：「乞盟者何？處其所而與也。其處其所而請與奈何？蓋酌之也。」這次會盟，鄭文公派世子去參加，表示請求結盟的願望，因為當時鄭國跟從楚，所以鄭文公不敢親自來參加會盟，而是派世子來試探齊桓公的態度，以便齊桓公有斟酌的餘地。⓬陳侯後至二句　陳侯，即陳穆公，名款，在位十六年。魯僖公二十八年（西元前六三二年），晉文公在城濮之戰中，打敗楚國以後，在踐土召集諸侯會盟，《春秋》記載稱：「陳侯如會。」這是因為城濮之戰中，陳、蔡二國受楚國的脅迫，與晉軍作戰，故晉文公召集踐土之會時，陳侯沒有與諸侯國一起與會，但事後還是以戰敗國的身分接受了盟約，故云陳侯後至，謂之如會。《公羊傳》對此事評論曰：「其言如會何？後會也。」《穀梁傳》曰：「如會，外乎會也，於會受命也。」⓭莒人疑我二句　莒人，指莒國的大夫。魯、莒二國是宿敵，而莒國與紀國友好，在紀國的斡旋之下，魯、莒二國在紀地苞來會盟。莒人疑我，指莒國原來與魯國有宿怨，故懷疑魯國對會盟沒有誠意。貶而稱人，指不稱莒國的大夫，而稱人，借以顯示二者之間的尊卑關係。⓮諸侯朝魯者眾矣二句　滕，國名，姬姓侯爵，周文王之子錯叔繡之後，周武王時封於滕。薛，任姓侯爵，為奚仲之後，奚仲在夏朝做過車正，發明了車輛。滕、薛二國皆為小國，二國的國君同時來朝魯隱公。《春秋》繫此事於魯隱公十一年（西元前七一二年）：「春，滕侯、薛侯來朝。」何休《春秋公羊傳解詁》：「《春秋》王魯，王魯者無朝諸侯之義，故內適外言如，外適內言朝，所以別外尊內也。不言朝公者，禮，朝受之於太廟。」⓯州公化我二句　州公，州國的國君。州，姜姓國名，建都淳于，今山東安丘東北。所以稱公，並非是爵稱，而是指其後來留在魯國作寓公。《禮記．郊特牲》：「諸侯不臣寓公。」《春秋》繫其事於魯桓公五年（西元前七〇七年）：「州公如曹。」意謂州公經過魯國去曹國。次年春，云：「實來。」實即此。「實來」即「這個人來」。《公羊傳》對此評論曰：「實來者何？猶曰是人來也。孰謂？謂州公也。曷為謂之實來？慢之也。曷為慢之？化我也。」化是路過而無禮的意思，意謂其自州至曹，經過魯國，自曹回國，又經過魯國，遂留在魯國，因為國內政變，回不去了。但是，州公對魯國君主始終沒有修禮來朝。所以《春秋》在記載中不稱其爵號。⓰吳楚國先聘我者見賢　《春秋》在魯莊公二十三年（西元前六七一年）夏記載：「荊人來聘。」《公羊傳》對此評論曰：「荊何以稱人？始能聘也。」那一年正好是楚成王元年。《史記．楚世家》稱：「成王惲元年，初即位，布德施惠，結舊好於諸侯，使人獻天子。」成王即位之初，先就派人來魯國行聘禮，《春秋》對其稱荊人。在此之前，《春秋》對楚國只稱荊。根據「州不若國，國不若氏，氏不若人」，《春秋》以其賢而稱人，較前提高了三個檔次。《春秋》在魯襄公二十九年（西元前五四四年）記載：「吳子使札來聘。」《公羊傳》評此事曰：「吳無君，無大夫，此何以有君有大夫？賢季子。何賢乎季子？讓國也。」「以季子為臣，則宜有君者也。札者何？季子之名也。」又，諸侯來曰朝，大夫來曰聘。⓱曲棘與鞌之戰二句　曲棘，宋國地名。杜預注《左傳》云：「陳留外黃縣城中有曲棘里。」在今河南民權西北。事見《春秋》在魯昭公二十五年（西元前五一七年）的記載：「宋公佐卒于曲棘。」宋公佐，宋元公，名佐。據《左傳》載：宋元公前往晉國，與晉頃公商議如何讓魯昭公回魯國去的事，但行至曲棘而卒。《春秋》以其為魯昭公而憂，故行文尊之。《公羊傳》評此事曰：「曲棘者何？宋之邑也。諸侯卒其封內不地，此何以地？憂內也。」憂內即為魯昭公事而憂也。鞌之戰，鞌，同「鞍」，齊國地名，今山東歷城附近。《春秋》繫其事於魯成公二年（西元前五八九年）。戰爭是齊頃公率領的軍隊與晉、魯、衛、曹的聯軍在鞌地雙方會戰，齊軍失敗。《春秋》記載此事時提諸國大夫之名，惟曹國稱「曹公子手，及齊侯戰于鞌」。《公羊傳》評此事稱：「曹無大夫，公子手何以書？憂內也。」曹是小國，無大夫，因為小國的大夫未經天子授命，故無真正意義上的大夫，稱公子之名，以其為魯國之憂而參戰，故善而書其名以見尊。

【語　譯】親緣關係相等的情況下，從最親近者開始。在選擇繼承人時，在嫡子中選擇年長者。如果沒有嫡子，在庶子中選擇繼承人，那麼母親可因兒子而提高自己的身分，這就是從親近者開始。陳侯鮑卒，《春秋》記載了甲戌、己丑兩個日子，這是依次記錄了當時所見到的訃文，而沒有說明其中隱含的原由。《春秋》上所記載有隕石五塊落在宋國境內，有六隻鷁鳥倒退著飛。隕石是先聽到下墜的聲音，然後去看了是隕石，數了數是五塊隕石。六隻鷁鳥倒著飛，先言六，是首先見到的，仔細觀察是鷁鳥，而且是倒著飛。從耳朵聽見，眼睛看到，仔細觀察，依照我接觸的次序記載下來，也是從近者開始。對於諸侯會盟和朝聘的禮儀，《春秋》也是依照這個原則記載的。諸侯來魯國朝會的很多很多，但第一個褒揚邾婁儀父，這是因為他在魯隱公即位之初首先來朝會的。鄭僖公在前來參加會盟的途中便被殺害了，《春秋》稱他到會了，是為了表達鄭僖公前來與會的初衷啊。潞子因為傾向於接受中國的文化，結果卻被晉人擄歸晉國，潞因而滅亡。《春秋》仍稱其為子，表示接受其善良的心願。在鄬、首戴兩次會盟時，陳哀公與鄭文公提前離開會場，《春秋》說他們是逃歸；在洮那次會盟，鄭文公自己沒有參加，所以說他處而不來，但派世子來參加了，《春秋》說他是乞盟；在踐土那次會盟上，陳穆公雖未直接參加會盟，事後他接受了盟約，所以《春秋》說他「如會」；魯、莒在紀地苞來的那次會盟，由於莒心存疑慮，所以《春秋》貶其為莒人。諸侯來魯國朝見的很多，對滕國和薛國的君主稱侯；州公去曹國，來去都路過魯國，卻不朝見魯君，《春秋》既不稱呼他的爵位，而且沒有名號；吳國和楚國的國君在魯隱公即位初始時，便派使節來聘魯，所以《春秋》稱讚他們的使者之賢能；宋元公死於曲棘，曹公子手參加鞌之戰，他們都懷有為魯國分憂的赤誠之心，所以為《春秋》所尊敬。

【研　析】前一章闡述的是親親與尚德的關係。在親等的條件下唯德是親，德相等的條件下，則先親親。在具體操作上，原則上從近者始。立嫡以長，是體現了自近者始。母以子貴，也是體現自近者始。《春秋》

關於「隕石于宋五」，「六鷁退飛」的記載體現了耳聞、目見，而後觀察的認知過程。那也就是依照時間的先後為序，以始者為近。體現在會盟朝聘的記載上，那就是重志。志是行為的起點，褒是如此，貶也是如此。如鄭僖公來參加會盟的路上被臣下所弒，《春秋》致其意，即著眼於他來參加會盟的動機，體現了他願與以晉國為首的中原諸侯結盟而不願從楚的初衷，所以《春秋》的記載上說他是到會了。潞子亡國被擄，《春秋》仍謂之「子」，以領其意，即領會了潞子歸化中國之立志。這也就是「本其事而原其志」。志即是思想動機，是行為的起點。在洮的會盟上，鄭文公處而不來，謂之「乞盟」，陳穆公雖未至會，但因其接受了盟約，所以稱其「如會」，都是原其志的表述。對莒人、州公的貶稱，亦皆原其志也。

董仲舒強調「禮者重其志」（〈玉杯〉）。志是行為的始點，也就是以始者為近，方能近其本質。故「《春秋》之聽獄也，必本其事而原其志」（〈精華〉）。所謂德，著重的在於他內在的思想動機，在於他內心的修養。所以《禮記・大學》在闡述如何方能「明明德」時，把齊家、治國、平天下的起點落腳於個人的德性修養上，也就是修身、正心、誠意、致知、格物這五個節目上，外王要落腳於內聖之上，漢學由此而逐步演化為宋學，在思想脈絡上自有其邏輯上的軌跡。它的結論是「自天子以至於庶人，壹是皆以修身為本」，由近而致遠，然後方可以齊家治國平天下。

奉本第三十四

【題解】篇名〈奉本〉，何者為本？本書〈立元神〉篇作了明確表述：「天地人，萬物之本也」；「天生之以孝悌，地養之以衣食，人成之以禮樂，三者相為手足，合以成體。」此是強調奉孝悌、禮樂為本。本篇則強調奉本當以禮為起點，並從天人合一的角度加以論證。

本篇可分為四章。第一章闡述禮乃繼天地、體陰陽的人治之本，可據以序尊卑、貴賤、大小之位，明外內、遠近、新故之別。同時，敘述天象及其象徵意義。第二章闡述天人合一之理，凡天災必有人事以相應，並據以論斷天意高於一切，夏、商、周三代開國君主，不則天地，不能成為王者。第三章闡述天之所加，雖為災害，仍應對天表示其欽佩無窮，反映在人間倫常上，則為臣子須為君父受罪，否則便是不臣不子，罪莫大焉。第四章論述《春秋》依據魯國歷史以闡明內外、遠近、新故當如何區別，並分別舉例說明。

第一章

禮者，繼天地❶，體陰陽❷，而慎至容❸，序尊卑、貴賤、大小之位❹，而差外內、遠近、新故之級者也❺。以德多為象❻，萬物以廣博眾多，歷年久者為象❼。其在天而象天者，莫大日月，繼天地之光明，莫不照也❽。星莫大於太辰，北斗常星❾。北斗常星部星三百，衛星三千❿，大火二十六星，伐十三星，北斗七星⓫，常星九辭，二十八宿。多者宿二十八九⑫。其猶著百莖而共一本⑬，龜千歲而人寶⑭。是以三代傳決疑焉⑮。其得地體者，莫如山阜⑯。

【章　旨】本章闡述禮乃繼天地、體陰陽的人治之本，可據以序尊卑、貴賤、大小之位，明外內、遠近、新故之別。同時敘述天象及其象徵意義，強調以星占、蓍、龜、地之形相等溝通天人之際的渠道。

【注　釋】❶禮者二句　指禮是承續天地而來，故禮儀中對天地的祭祀最為隆重。《禮記・禮運》稱：「故祭帝於郊，所以定天位也，祀社於國，所以列地利也」；「故禮行郊而百神受職焉，禮行於社，而百貨可極焉。」《易・繫辭》：「繼之者，善也。」故祭天地之禮，是為了繼天地之善。❷體陰陽　指禮儀的活動皆為顯示陰陽之道，如君臣、父子、夫婦間行禮之道，皆取自陰陽。《白虎通義・禮樂》稱：「夫禮者，陰陽之際也，百事之會也。所以尊天地，儐鬼神，序上下，正人道也。」❸而慎至容　至容，淩曙本作「主客」。盧文弨云：「舊本作至容，誤。」以主客為是。主是指君王，客是指二王後。二王，在周是指夏、殷之後。君王在重大禮儀活動中，待二王之後以主客之禮。《春秋》在魯隱公三年（西元前七二〇年）八月記載：「宋公和卒。」何休《春秋公羊傳解詁》注：「宋稱公者，殷後也。王者封二王後，地方百里，爵稱公。客待之而不臣也。」《左傳》魯僖公二十四年（西元前六三六年），載鄭伯問如何待宋成公之禮，「皇武子對曰：『宋，先代之後也，于周為客。天子有事，膰焉；有喪，拜焉。豐厚可也。』鄭伯從之，享宋公，有加，禮也。」此即指天子行祭禮於宗廟時，二王後依客禮可以享用祭肉；天子行喪禮時，二王後來弔唁，天子要答拜。《詩經・周頌・有客》，毛序稱此詩言「微子來見祖廟也」。事實上，這首詩是微子來朝時，周王設宴餞行時所唱的樂歌：「有客有客，亦白其馬，有萋有且，敦琢其旅。」此是講微子來時乘的仍是白馬，因殷人尚白。隨從人員一大串，個個都有優良的品德。它是讚美客人的詩句，從中可見周王的待客之禮，反映了主人的禮客。❹序尊卑貴賤大小之位　指在禮儀和祭祀活動時，要序列尊卑、貴賤和大小的位次。《禮記・曲禮上》：「君臣上下，父子兄弟，非禮不定。」《荀子・禮論》亦云：禮「所以別尊者事尊，卑者事卑，宜大者巨，宜小者小也。」古代在朝覲和祭祀等重大禮儀活動時，有奉禮負責設置君臣之座位，有謁者和贊引負責導引君臣的禮儀活動，藉以顯示和序列參與者之間尊卑、貴賤、大小之位次。此亦即〈度制〉篇所言：「謂之度制，謂之禮節，故貴賤有等，衣服有別，朝廷有位。」❺而差外內遠近新故之級者也　謂禮儀祭祀活動中，要區別外內、遠近、新故在等級上的差異。外內，在《春秋》中是相對的，〈王道〉篇云：「內其國而外諸夏，內諸夏而外夷狄。」國是指魯國。故董仲舒在〈竹林〉篇云：「猶其於諸夏也，引之魯，則謂之外，引之夷狄，則謂之內。」遠近，指親疏關係上的遠近尊卑。董仲舒在〈三代改制質文〉篇以五帝與三王為例，強調「遠者號尊而地小，近者號卑而地大，親疏之義也」。新故，即親故，指王朝受王命時，依正三統的原則，如周文王受天命而王，便親殷故夏。孔子以《春秋》作王之時，使王魯，絀夏，親周，故宋。每一次天命的更迭，在祭祀和禮儀活動上都要改制，以別親故。❻以德多為象　指人以德多者，即有至德的君王作為德的象徵，也就是王道的象徵。如董仲舒在〈觀德〉篇稱：「泰伯至德之侔天地。」泰伯能謙讓，使文王以至德受天命，他們的行為便成了至德的象徵。象，象徵；偶像；用象徵來表達意義。《易・繫辭上》：「子曰：『聖人立象以盡其意。』」此即以象通過啟發與暗示來表達道的本體，或者說以某一象徵來表述自己心靈層面對道或本體的感悟。❼萬物以廣博眾多二句　萬物與人相對應，至德是人們永恆的價值取向，所以成為人道或者王道的象徵。與之相對應的天地萬物，也要以最廣博而年代久遠者為其象徵。❽其在天而象天者四句　天，《說文》：「天，顛也，至高無上，从一大。」故天是至高無上的象徵，這是從文字學的視角作哲學的思考。《爾雅・釋天》：「穹，蒼蒼，天也。」這是以直觀方式地對自然的描述，缺少具象。人們在觀察蒼天時，以什麼作為上天的象徵呢？能歷年久遠而又廣博眾多作為蒼天象徵的，那就是日月星辰。而從古人的直觀感覺上看，能作為上天象徵的，那就是太陽和月亮了。日月承續天地的光明，萬物莫不為其所照耀。❾星莫大於太辰二句　太辰，即大辰，《爾雅・釋天》：「大辰，房、心、尾也。大火謂之大辰。」房、心、尾三宿是蒼龍七宿中的中間三宿，以心宿在中間，其東為尾宿，西為房宿。心宿，即天蠍座α星。辰的意思便是觀天象以授時。為什麼稱之為大火？古代原始農業是刀耕火種，以天文物候定時令。每年春天，房、心、尾三宿在黃昏時從地平線上升起，就得燒荒耕田了。所以稱之為大火。《春秋》在魯昭公十七年（西元前五二五年）冬記載：「有星孛于大辰。」即彗星經過大辰。《公羊傳》稱：「大辰者何？大火也。」為什麼說星莫大於大辰？因為大辰是一顆明亮的一等星，每年春分日，太陽西落，大辰即大火正好從東方地平線升起，農忙的季節到了，放火燒荒的時令到了，傳說時代的火正，即是對大火進行觀察並確定放火燒荒的時令。重黎曾是帝嚳、高辛時代的火正，命曰祝融，其後重黎第二回再任火正，所以祝融成了火神的象徵。《左傳》魯襄公九年：「陶唐氏之火正閼伯居商丘，祀大火，而火紀時焉。相土因之，故商主大火。」從這裡可以看到：一、大火是記時的；二、火正負責祀大火；三、季春時放火，季秋時內火。因為到了秋分時，太陽的位置在心宿附近，大火被陽光所掩沒，那時便要內火，即禁止放火。林堯叟《句解》：「季春建辰之月，鶉火星昏在南方，則令民放火，是謂出火；季秋建戌之月，大火星伏在日下，夜不得見則禁民放火，是謂內火。」又，《夏小正》云：「八月辰（指大火）則伏。」到了九月間，辰星可以在太陽升起前見於東方，到來年春分時，則大火重新在黃昏時出現在東方。因而先民可以依照辰星出沒的時刻來確定一年農時節令。北斗常星，即北斗恆星，為避漢文帝諱，改「恆」為「常」。北斗有七星，包括天樞、天璇、天璣、天權、玉衡、開陽和瑤光。在北天排列成斗形，故稱北斗。其中天樞、天璇、天璣、天權叫作斗魁。玉衡、開陽、瑤光三星叫作斗杓。七顆星中，有六顆的亮度都是二等星，天樞和天璇的聯線向北延伸五倍，可以找到北極星，所以北斗星是指示方向和認識星座的重要標誌。古人通過觀察北斗七星方位的變化，可以確定四時與節氣。故在天象的觀察上，大辰與北斗有著非常重要的地位。❿部星三百二句　這是漢代對當時星空恆星分布數字的約略估計。部星，即古人所謂星官，現代人所謂的星座或星宿，三百是星官的積數。古人所以名之星官，那是把人間官曹列位反射到星宿之上，因而星宿也有了尊卑。星宿各有所屬，在野象物，在朝象官，在人象事，故而天人之間便有了溝通的渠道，占星術也就成了溝通天人之際的專門學問。衛星，可能是指肉眼能看到的單個星，三千是星的積數。對星象的觀察和記載，越到後世也越為豐富細緻，現代人不借助望遠鏡用肉眼可以看到的恆星便有六千多顆。《晉書．天文志上》的《天文經星》講到馬續曾經說：「經星常宿中外官凡一百一十八名，積數七百八十三。」張衡云：「中外之官，常明者百有二十四，可名者三百二十，為星二千五百，微星之數壹萬有一千五百二十。」晉武帝時「太史令陳卓總甘、石、巫咸三家所著星圖，大凡二百八十三官，一千四百六十四星，以為定紀」。⓫大火二十六星三句　大火，指房宿、心宿、尾宿三宿，據《晉書．天文志上》房宿有四星，心宿有三星，尾宿有九星。合在一起為十六星，「二」字當為衍文。伐十三星，指白虎之參宿與觜宿。參宿有十星，《晉書．天文志上》：參宿為天獄，主殺伐。「參，白獸之體，其中三星橫列，三將也。東北曰左肩，主左將；西北曰右肩，主右將；東南曰左足，主後將軍；西南曰右足，主偏將軍。故《黃帝占》參應七將。中央三小星曰伐，天之都尉也，主胡、鮮卑、戎狄之國，故不欲明。七將皆明大，天下精兵也。」觜觿三星，為三軍之候，作白虎之頭。合在一起為十三星，北斗七星，參見前注。《晉書．天文志上》：「北斗七星在太微北，七政之樞機，陰陽之元本也。故運乎天中，而臨制四方，以建四時，而均五行也。」⓬常星九辭三句　此句有誤，《漢書．五行志》：「董仲舒云：

『常星二十八宿者，人君之象者也。』」「九辭」及「多者宿二十八九」皆為衍文。二十八宿，《史記・天官書》把全天分為五大區，即中宮與東宮蒼龍，南宮朱鳥，西宮白虎，北宮玄武。這東、西、南、北四大星區，各細分為七個星宿，合在一起二十八宿。這二十八宿的星象體系在戰國時已形成，四方四象二十八宿的名稱為：東方蒼龍的七宿是角、亢、氐、房、心、尾、箕；西方白虎的七宿是奎、婁、胃、昴、畢、觜、參；南方朱雀的七宿是井、鬼、柳、星、張、翼、軫；北方玄武的七宿是斗、牛、女、虛、危、室、壁。它們沿著赤道、黃道分布。現代國際通用的星座名稱是從希臘神話演化而來的，與我們星宿的名稱不同。東方蒼龍七宿的位置相當於室女、長蛇、半人馬、牧夫、天秤、天蠍、豺狼、蛇夫等星座；北方玄武七宿的位置約相當於人馬、摩羯、天鷹、寶瓶、飛馬、天鵝、仙女、雙鳥、鯨魚等星座；西方白虎七宿的位置約相當於仙后、白羊、英仙、金牛、波江、獵夫、天兔等星座；南方朱雀七宿的位置約相當於雙子、御夫、巨蟹、大犬、南船、獅子、長蛇等星座。⑬其猶蓍百莖而共一本　蓍，多年生直立的草本植物，俗稱蓍草或鋸齒草，古人《易》筮用蓍草莖。百莖而共一本，由於蓍草是多年生，可以分根而植，故能百莖而共一根，為草本中之長壽者。《易・繫辭上》：「蓍之德圓而神，卦之德方以知。」此即以蓍草的莖來筮卦，溝通人與鬼神，以知吉凶。

⑭龜千歲而人寶　龜是爬行動物中長壽者，古人用龜來占卜吉凶。卜筮在我國有悠久的歷史，筮用蓍，卜用龜，故亦簡稱蓍龜。為什麼用這二種東西作占卜呢？《白虎通義・蓍龜》稱：「此天地之間壽考之物」；「龜之為言久也，蓍之為言耆也，久長意也。」至於為什麼稱卜和筮，同書解釋說：「卜，赴也，爆見兆也。筮也者，信也，見其卦也。」就是說，卜是燒灼龜甲，使之爆裂而呈裂紋，作為兆象，用以判斷所問事之吉凶；筮是依所揲蓍草數字的變化而成卦象，參照《周易》相應的卦象及卦辭和爻辭來斷定問事的吉凶。《易・繫辭上》：「探賾索隱，鉤深致遠，以定天下之吉凶，成天下之亹亹者，莫大乎蓍龜。」所以蓍龜二項是中國古代非常盛行的藉以溝通天人之間以占問吉凶的巫術。

⑮是以三代傳決疑焉　三代指夏、商、周，皆以蓍龜決疑難。《史記・龜策列傳》：「自古聖王將建國受命，興動事業，何嘗不寶卜筮以助善！唐虞以上不可記已。自三代之興，各據禎祥。塗山之兆從而夏啟世，飛燕之卜順故殷興，百穀之筮吉故周王。王者決定諸疑，參以卜筮，斷以蓍龜，不易之道也。」漢元成年間補《史記》的褚少孫云：「余至江南，觀其行事，問其長老，云龜千歲乃游蓮葉之上，蓍百莖共一根。又其所生，獸無虎狼，草無毒螫。」董仲舒此句或是由當時日者之言而來。⑯其得地體者二句　此謂以地形以卜吉凶，地形的變化以山阜變化最多。《漢書・藝文志》在術數類中設形法家，稱：「形法者，大舉九州之勢以立城郭室舍形，人及六畜骨法之度數，器物之形容以求聲氣貴

賤吉凶。」以形法來求貴賤吉凶，在人便是相面術，在地便是堪輿術，以宮宅和墓葬的地形來定吉凶禍福，《漢書・藝文志》著錄有《宮宅地形》二十卷。《史記・日者列傳》褚少孫講到「孝武帝時聚會占家問之，某日可取婦乎？五行家曰可，堪輿家曰不可。建除家曰不吉，叢辰家曰大凶，曆家曰小凶，天人家曰小吉，太乙家曰大吉，辯訟不決，以狀聞。制曰：『避諸死忌，以五行為主。』」其中堪輿家，即後世之風水先生。堪指高處，輿指低處，以地形的高低來卜宅地、墓地的吉凶。可見漢武帝時已有地形占吉凶的堪輿家了。

【語譯】禮儀，上繼承於天地，下則體現為陰陽。君王要謹慎地處理主客之間的禮儀，在重大的禮儀活動中要以尊卑、貴賤、大小等地位的區別來排序，還要區別內外、遠近、新舊的不同等級。在人們的社會生活中是以德行多的人為象徵，而萬物則是以廣博、眾多、經歷年代久遠的作為象徵。那麼在天上作為天的象徵的，沒有比太陽和月亮更巨大的了，太陽和月亮承繼著天地的光明，萬物莫不受到它的照耀。星星中沒有比大辰更巨大的，而北斗星則是恆常不變的巨星。整個上天的星官有三百之多，可以用肉眼看到的星星有三千之多。如大火便有（二）十六顆星，伐有十三顆星，北斗有七顆星。在上天的星系中，其位置恆常不變的有二十八宿（，多的星宿有二十八九）。筮法上用的蓍草多到一百根莖也是從同一根上萌生出來的。占卜用的龜可以長壽千歲，因而為人們所寶貴。所以夏、商、周三代相傳都是以蓍草和龜來對心中的疑惑作出決斷。至於得到大地形體的則沒有比山阜更加豐富的了。

【研析】本篇以「奉本」為題，什麼叫本呢？董仲舒在〈立元神〉篇曾作過闡述。他說：「何謂本？曰：天地人，萬物之本也。天生之，地養之，人成之。天生之以孝悌，地養之以衣食，人成之以禮樂，三者相為手足，合以成體，不可一無也。」天、地、人三本的最終落腳點是在「禮」字上。故本章以「禮」為論證如何奉本的起點。

上一篇的主題是「德」，德是仁、義、禮、智的內心修養，而禮也就是德由內在發用於踐履的表現形式。《左傳》魯桓公二年（西元前七一〇年）載臧哀伯之言云：「夫德儉而有度，登降有數，文、物以紀之，聲、明以發之，以臨照百官，百官於是乎戒懼，而不敢易紀律。」這就是通過禮儀節文，表達內在的德義。而禮儀的節文最集中表現在祭祀上，而祭祀則是溝通人與天地鬼神之間的渠道。《禮記‧祭統》：「禮有五經，莫重於祭」；「夫祭有十倫焉，見事鬼神之道焉，見君臣之義焉，見父子之倫焉，見貴賤之等焉，見親疏之殺焉，見爵賞之施焉，見夫婦之別焉，見政事之均焉，見長幼之序焉，見上下之際焉。」在祭祀過程中，通過服飾、程序、歌舞和跪拜的行為細節以表述儀式內含的德義。這樣我們可以理解董仲舒何以由德至禮的內在聯繫，何以由禮來表述尊卑、貴賤、大小、內外、遠近、親疏、新故之間的關係，由德治轉而為禮治。

從君王的角度講，更重要的還是如何溝通君王與天地鬼神之間的消息，以便昭示天命之所歸，預測未來之吉凶禍福，為自己的統治披上神聖而又神祕的外衣。在所有祭祀的儀式中，郊祀祭天是最重要的，而到泰山去封禪，讓君王在泰山頂上直接與天地的消息相溝通，在古人心目中是最盛大的祭祀儀式。漢武帝去泰山行封禪禮時，太史公司馬談留滯周南，沒有能親自去參加，因此發憤而病卒，臨死前握著司馬遷的手哀歎曰：「今天子接千歲之統，封泰山，而余不得從行，是命也夫，命也夫！」（〈太史公自序〉）故在董仲舒看來，奉本，即是奉天地之本也。荀子在〈禮論〉篇云：「禮有三本，天地者，生之本也。」因而本章主要的內容是論述天象，目的是闡述人與天地溝通的若干渠道，如星占、蓍、龜及大地的形相等。

第二章

人之得天得眾者，莫如受命之天子❶。下至公、侯、伯、子、男，海內之心懸於天子❷，疆內之民統於諸侯❸。日月食，並吉凶，不以其行❹。有星茀于東方泰辰，北斗入❺，常星不見❻，地震，梁山沙鹿崩❼，宋、衛、陳、鄭災❽，王公大夫篡弒，《春秋》皆書以為大異❾，不言眾星之茀入、霣雨❿，原隰之襲崩⓫，一國之小民死亡⓬，不決疑於眾草木也⓭。唯田邑之稱，多者主名⓮。君將不言臣⓯，臣不言師⓰，王夷、君獲，不言師敗⓱。孔子曰：「唯天為大，唯堯則之。」則之者，大也。「巍巍乎其有成功也」，言其尊大以成功也⓲。齊桓、晉文不尊周室，不能霸；三代聖人不則天地，不能至王。自此而觀之，可以知天地之貴矣⓳。

【章　旨】本章闡述天人合一之理，凡天災必有人事以相應，強調「唯天為大，唯堯則之」，並據此斷言天意高於一切，即使是夏、商、周三代開國君主，不則天地，不能成為王者。

【注　釋】❶人之得天得眾者二句　得天，指得天之佑。董仲舒在〈三代改制質文〉篇云：「天佑而子之，號稱天子。故聖王生則稱天子。」蔡邕《獨斷》云：「父天母地，故稱天子。」得眾，董仲舒在〈滅國〉篇云：「王者，民之所往。君者，不失其群者也。故能使民往之，而得天下之群者，無敵於天下。」受命，指天子受天命而王天下。董仲舒在〈賢良對策〉中說：「臣聞天之所大奉使之王者，必有非人力所能致而自至者，此受命之符也。天下之人同心歸之，若歸父母，故天瑞應誠而至。《書》曰：『白魚入於王舟，有火復於王屋，流為烏。』此受命之符也。」❷下至公侯伯子男海內之心懸於天子　指天子以下公、侯、伯、子、男以及臣民之心皆懸於天子。董仲舒在〈玉杯〉篇言：「緣民臣之心，一日不可無君。」❸疆內之民統於諸侯　諸侯者天子之斥候也，候逆順，兼伺候王命。此處謂天子疆域廣大，諸侯分地區替君王統率疆域內之民眾。董仲舒在〈諸侯〉篇稱：「古之聖人，見天意之厚於人也，故南面而君天下，必以兼利之。為其遠者目不能見，其隱者耳不能聞，於是千里之外，割地分民，而建國立君；使為天子視所不見，聽所不聞，朝者召而問之也。」❹日月食三句　吉，係「告」字之訛。文見《詩經・小雅・十月之交》：「日月告凶，不用其行，四國無政，不用其良。」此處謂日月蝕，告天下以凶亡之兆，日月不能在各自的軌道運行，互相干擾，四方之國行政不良，原因是天子不任用賢良。《春秋》以異書日蝕，如魯隱公三年（西元前七二〇年）記載「日有食之」，

《公羊傳》對此解釋曰：「何以書？記異也。」❺有星茀于東方二句　星，指彗星。茀，通「孛」，遮蔽物。泰辰，當是「於大辰」之誤。北斗入，他本作「入北斗」。《春秋》記載的彗星有三次，第一次是魯文公十四年（西元前六一三年）七月：「有星孛入于北斗。」第二次是魯昭公十七年（西元前五二五年）冬：「有星孛于大辰。」大辰是東方蒼龍七宿中的心宿，俗稱大火。第三次是魯哀公十三年（西元前四八二年）冬：「有星孛于東方。」前二次都說明了見到彗星的方位。這次只說了見於東方，據《公羊傳》的解釋，這次彗星是在早晨出現的，由於天色已亮，群星均已隱沒，所以無法記載彗星的確切位置，只能說明其大致的方向。所以記載這三次彗星，《公羊傳》稱「記異也」。《漢書・五行志下之下》載有董仲舒所言這三次彗星出現所顯示之兆象，關於有星孛入於北斗，董仲舒以為「孛者惡氣之所生也。謂之孛者，孛孛有所妨蔽，闇亂有所不明之貌也。北斗，大國象。後齊、宋、魯、莒、晉皆弒君」。有星孛於大辰，董仲舒以為「大辰心也，心為明堂，天子之象。後王室大亂，三王分爭，此其效也」。有星孛於東方，董仲舒、劉向以為「不言宿名者，不加宿也。以辰乘日而出，亂氣蔽君明也。明年，《春秋》事終」。❻常星不見　常，原為恆，因為漢文帝名劉恆，避諱而作常。語見《春秋》魯莊公七年（西元前六八七年）四月：「夜，恆星不見，夜中星霣如雨。」《公羊傳》對此解釋曰：「恆星者何？列星也。列星不見，何以知夜之中？星反也。如雨者何？如雨者，非雨也。非雨，則曷為謂之如雨？不脩《春秋》曰：『雨星不及地尺而復。』君子脩之曰：『星霣如雨。』何以書？記異也。」這是《春秋》關於流星雨的記載，流星雨尚未達到地面時即因與空氣摩擦燃燒而隕滅，由於地面無隕石殘留，古人便以為是隕星又返回到天上去了。這次流星雨，董仲舒、劉向以為「常星二十八宿者，人君之象也；眾星，萬民之類也。列宿不見，象諸侯微也；眾星隕墜，民失其所也。夜中者，為中國也。不及地而復，象齊桓起而救存之也。嚮亡桓公，星遂至地，中國其絕矣」（《漢書・五行志下之下》）。❼地震二句　地震，《春秋》記載的地震有五次，第一次是魯文公九年（西元前六一八年）九月，第二次是魯襄公十六年（西元前五五七年）五月，第三次是魯昭公十九年（西元前五二三年）五月，第四次是魯昭公二十三年（西元前五一九年）八月，第五次是魯哀公三年（西元前四九二年）四月。《公羊傳》解釋所以記載地震，是「記異也」。對魯文公九年那次地震，劉向以為「先是時，齊桓、晉文、魯僖二伯賢君新沒，周襄王失道，楚穆王殺父，諸侯皆不肖，權傾於下，天戒若曰，臣下彊盛者將動為害，後宋、魯、晉、莒、鄭、陳、齊皆殺君。諸震，略皆從董仲舒說也」（《漢書・五行志下之上》）。梁山沙鹿崩，指由洪水和由石流引起的山崩。梁山，今陝西韓城境，接洽縣界。《爾雅・釋山》：「梁山，晉望也。」郭璞注：「晉國所望祭者，今在馮翊夏陽縣西北，臨河上。」《春秋》在魯成公五年（西元前五八六年）夏記載：「梁山崩。」《公羊傳》曰：「梁山者何？河上之山也。梁山崩何以書？記異也。」「梁山崩，壅遏河三日不流。」《穀梁傳》記載此事曰：「梁山崩，壅遏河三日不流。晉君召伯尊而問焉。伯尊至，君問之曰：『梁山崩，壅遏河三日不流，為之奈何？』伯尊曰：『君親至素縞帥群臣而哭之，既而祠焉，斯流矣。』孔子聞之曰：『伯尊其無績乎！攘善也。』」對於這次梁山崩與人事之間的對應關係，劉向以為「山陽，君也，水陰，民也。天戒若曰：君道崩壞，下亂，百姓將失其所矣。哭然後流，喪亡象也。梁山在晉地，自晉始而及天下也。後晉暴殺三卿，厲公以弑。湨梁之會，天下大夫皆執國政，其後孫、寧出衛獻，三家逐魯昭，單尹亂王室。董仲舒說略同」（《漢書．五行志下之上》）。沙鹿崩，沙鹿，邑名，當時屬晉國。其地在今河北大名。《春秋》繫此事於魯僖公十四年（西元前六四六年）八月，《公羊傳》對此解釋曰：「沙鹿者何？河上之邑也。此邑也，其言崩何？襲邑也。沙鹿崩何以書？記異也。」此事為泥石流淹沒了城邑。其與人事的對應關係，劉向以為「臣下背叛，散落不事上之象也。先是，齊桓行伯道，會諸侯，事周室。管仲既死，桓德日衰，天戒若曰：伯道將廢，諸侯散落，政逮大夫，陪臣執命，臣下不事上矣。桓公不寤，天子蔽晦。及齊桓死，天下散而從楚，王札子殺二大夫，晉敗天子師，莫能征討，從是陵遲。《公羊》以為沙鹿，河上邑也。董仲舒說略同。一曰河，大川象；齊，大國；桓德衰，伯道將移於晉文，故河為徙也」（同上）。❽宋衛陳鄭災　指宋、衛、陳、鄭四國同日發生火災。《春秋》繫此事於魯昭公十八年（西元前五二四年），記載曰：「五月，壬午，宋、衛、陳、鄭災。」這是一次由大風引起波及四國的一場大火。《左傳》對此記載最具體，自五月初九至十四，連續幾天的大風，宋國、衛國、鄭國、陳國同時起火，還說明了子產在鄭國處置火災的具體經過。對於這次火災，董仲舒以為「象王室將亂，天下莫救，故災四國，言亡四方也。又宋、衛、陳、鄭之君皆荒淫於樂，不恤國政，與周室同行。陽失節則火災出，是以同日災也」（《漢書．五行志上》）。❾王公大夫篡弑二句　篡弑，指王公大夫弑君以篡奪王位。如《春秋》在魯隱公四年（西元前七一九年）記載：「衛州吁弑其君定。」州吁，衛國的大夫，衛莊公的庶子，衛桓公的異母弟，其身分為衛國的公子。又如《春秋》在魯桓公二年（西元前七一〇年）記載：「宋督弑其君與夷及其大夫孔父。」宋督是宋國的太宰，《春秋》所以書弑君者凡三十六，以其為非常怪異之事。❿不言眾星之茀入霣雨　指《春秋》只書流星雨及彗星遮蔽常星，不書彗星及流星雨遮蔽常星以外的眾星。⓫原隰之襲崩　指《春秋》不書一般原野上的崩塌，僅記載了梁山、沙鹿崩二次重大的土石流引起的山崩。⓬一國之小民死亡　指《春秋》只記載君王與諸侯的死亡，不記載平民百姓死亡的消息。⓭不決疑於眾草木也指君王決疑於蓍龜，而不決疑於一般草木。⓮唯田邑之稱二句　「多者主名」中之「者」，當是「著」字之訛。此處指《春秋》中提到田、邑的稱呼時，多稱田、邑之主名。如《春秋》魯桓公三年（西元前七〇九年）三月記載：「鄭伯以璧假許田。」此是魯桓公與鄭莊公易田的記載。許田，魯國的朝宿之邑，其地近許，故稱許田。魯隱公八年（西元前七一五年），「鄭伯使宛來歸祊地」，祊是鄭國在泰山附近的湯沐邑。許田是魯國的飛地，祊是鄭國的飛地，鄭莊公想與魯國交換二國的飛地，這樣做對二國都方便。假璧是鄭莊公願加上璧以彌補祊地不足的部分。《春秋》這二次提到田、邑名，皆著主人之名。⓯君將不言臣　指依《春秋》書法，記載君王統率軍隊時，不任將帥的臣名。如魯隱公七年（西元前七一六年）秋：「公伐邾婁。」這是講魯隱公率師討伐邾婁。⓰臣不言師　依照《春秋》書法，記載將領統率軍隊作戰時，有稱臣而不言師者。據魯隱公五年（西元前七一八年）《公羊傳》稱：「將尊師眾，稱某率師；將尊師少，稱將；將卑師眾，稱師；將卑師少，稱人。」將尊，指將為大夫者。師眾，指滿二千五百人以上。如魯隱公二年（西元前七二一年）「無駭率師入極」，便是稱某率師。師少，指不滿二千五百人。臣不言師屬於將尊師少者，如魯成公三年（西元前五八八年）「晉郤克、衛孫良夫伐將咎如」，便是稱臣之名，不言師。將卑師眾，如魯隱公五年「秋，衛師入盛」，便是稱師不稱將。將卑師少，如魯隱公二年「鄭人伐衛」，稱人。⓱王夷君獲二句　王夷，夷，通「痍」。指王者在戰爭中受傷，事見《春秋》魯成公十六年（西元前五七五年）記載：「晉侯及楚子、鄭伯戰于鄢陵，楚子、鄭師敗績。」《公羊傳》對此評論曰：「敗者稱師，楚何以不稱師？王痍也，傷乎矢也。」此處謂所以說楚子，不言楚師，據《左傳》記載是因為楚共王被晉將呂錡射中目。何休注：「凡舉師敗績，為重眾，今親傷人君，當舉傷君為重。」故稱楚子重於言楚師敗績。君獲，指晉惠公被秦穆公所獲。《春秋》繫此事於魯僖公十五年（西元前六四五年）：「十有一月，壬戌，晉侯及秦伯戰于韓，獲晉侯。」《公羊傳》對此評論曰：「此偏戰也，何以不言師敗績？君獲，不言師敗績也。」⓲孔子曰七句　語見《論語・泰伯》：「子曰：『大哉堯之為君也！巍巍乎！唯天為大，唯堯則之。蕩蕩乎，民無能名焉。巍巍乎其有成功也，煥乎其有文章。』」此為孔子讚揚堯所以能取得輝煌的成功，是由於堯能唯天為大，則天而治，也就是一切皆順應天道，這與孔子讚揚舜能恭己南面，順天無為而治是同一個意思。⓳齊桓晉文不尊周室六句　意謂齊桓公、晉文公是由於他們能尊奉周室，所以才能稱霸；三代的聖人，由於能效法天地，所以能成為王者。由此可以知道以天地為本之所以尊貴。齊桓，齊國的國君，姓姜，名小白，春秋五霸之首，以尊王攘夷為號召，九合諸侯，一匡天下，並能安定周室之內亂。晉文，晉國的國君，姓姬，名重耳。他平定周王室內亂，迎接周襄王復位，以尊王攘夷為號召，在城濮之戰中打敗楚軍後在踐土大會諸侯被周天子命為伯。三代聖人，指夏禹、商湯，周文王和武王。

【語　譯】在人們中，能夠得到上天關愛和民眾擁戴的，沒有人能比得上受天命的天子了。自天子以下，至公、侯、伯、子、男，以及海內民眾的心都懸掛在天子身上；境域以內所有的百姓，都處於各國諸侯統率之下。日食和月食都是由於它們離開了固有的軌道。這是上天警示人們將有凶亡之災的先兆。當彗星出現在東方，遮蔽大辰，進入北斗星官，恆星被流星遮蔽，地震，梁山和沙鹿發生山崩，宋、衛、陳、鄭國同時發生大規模的火災，王公大夫們篡奪君位，弒殺國君，《春秋》都會把它們作為非常奇異可怪的事件記載下來。然而《春秋》不記錄夜空中一般的流星和隕石雨，不記錄平原和隰地上發生的崩塌，不記錄平民百姓的正常死亡。這正如君王們只能拿珍貴的蓍龜來決斷疑難，而決不會拿普通而眾多的草木來決斷疑難問題。只有提到田地和城邑名稱時，都記載它的主人是誰，正如《春秋》在記載戰爭時，提到君王統率軍隊時，就不提為臣子的統帥姓名，提臣子或將領的姓名時，就不提其所率領的師旅。在記載戰爭時，如果提到君王受傷或者君王被俘獲，就不再提到軍隊被打敗的事蹟。孔子說：「只有上天是最偉大的，只有唐堯才能效法上天來管理自己的國家。」他還說：「唐堯所成功的事業是多麼巍峨啊！」他的用意是為了說明唐堯是由於尊敬上天才取得成功。齊桓公與晉文公如果不尊奉周室，不可能成為諸侯的霸主；三代的聖王如果不努力效法天地，那也不可能成為後代瞻仰的聖王。由此我們可以知道天地是何等的尊貴了。

【研　析】昊昊上天，茫茫大地，在古人心目中，既是人們生活中無時無刻無所不在的客觀的物質存在，又由於天地間的種種無端變化，往往左右和主宰著人們的日常生活，故又是人們崇拜敬畏和仰慕的對象。所以人們在認知天地的過程中，既有記載自然現象的客觀記錄，又有神聖和敬畏的宗教崇拜，這二者在先民的心目中往往又纏繞在一起，分不清，說不明。如日月食，彗星經過大辰，北斗等星宿，地震，梁山、沙鹿的土石流的記載原本是一種宇宙自然現象的記錄，然而它又是先人心目中至高無上的人格神的意志的表現。它成了天地與人間互相溝通的信息渠道，成了人們感知天意和閱讀「天書」的契機。《史記》的〈天官書〉，《漢書》的〈天文志〉和〈五行志〉便是把兩者攪和在一起的產物。

本章所引用的《漢書・五行志》所記錄的董仲舒關於這些天象與人事相對應的說法，這在漢代是一門非常時髦的學問，也就是司馬遷所說的「究天人之際，通古今之變，成一家之言」（〈報任安書〉）。從《史記・日者列傳》末所附褚少孫之言，可知當時探究天人之際以占卜言吉凶的有許多家，漢武帝最崇信的是五行家，而董仲舒便是以《公羊春秋》推說陰陽五行之大家。從《漢書・五行志》所記錄的把歷代的災異與人事相對應以闡明天意，在漢代自董仲舒至劉向以至眭孟、夏侯勝、京房、谷永、李尋等各有所闡述和發揮，儘管諸家所言，大同小異，都還是以《春秋》為主要對象，都是如何把已經發生的災異，與那時人事的變化相對應，畢竟這些都是過去已經發生過災異和事變，它比較少涉及到現實生活中實際的利害關係。但若是當今剛發生的天變，而要去闡述與它相對應的人事和對策時，那就涉及到方方面面在位者的利害關係，禁忌甚多而難以啟齒的了。武帝建元六年（西元前一三五年）四月間，長安高廟便殿發生火災，六月間，遼東的高廟便殿發生火災。董仲舒試著要闡述上天在這二次災異所要表明的天意。他在家中草擬了一份草稿，《漢書・五行志上》著錄了這份草稿，其內容稱：「董仲舒對曰：『《春秋》之道，舉往以明來，是故天下有物，視《春秋》所舉與同比者，精微眇以存其意，通倫類以貫其理，天地之變，國家之事，粲然皆見，亡所疑矣。』」這是說可以從《春秋》所述之災異與當今之災異可類比者，以明天意之所在，既然兩觀在建立之年發生火災，董仲舒便從《春秋》所記載的同類災異中所顯示的天意，如魯定公二年（西元前五〇八年）五月兩觀災，哀公三年（西元前四九二年）五月，桓宮、僖宮災，都表示希望「燔貴而去不義」，董仲舒的結論是：「天災若語陛下：『當今之世，雖敝而重難，非以太平至公不能治也。視諸侯親戚貴屬遠正最甚者，忍而誅之。如吾燔遼東廟乃可；視近臣在中國處旁仄及貴而不正者，忍而誅之，如吾燔高園殿乃可』云爾。在外而不正者，雖貴如高廟殿，猶災燔之，況諸侯乎！在內不正者，雖貴如高園殿，猶燔災之，況大臣乎！此天意也。」這是建議漢武帝在諸侯和大臣中選擇那些胡作非為乖僻不正而又最不順眼的人開刀，作替罪羊，用以順應天意。這是份草稿，並非正式上報武帝的奏疏，卻被恰好來訪的主父偃看到了，竟偷了這份草稿送給漢武帝，告了一狀。武帝召諸儒一起來詳判，結果董仲舒的弟子呂步舒不知其為仲舒所書，也認為大愚，因而董仲舒被下吏議罪，當判死刑。後來有詔赦免，總算逃過一劫。

經過這一場驚險的場面，董仲舒也就不敢再侈言災異了。後來漢武帝因外有淮南、衡山王謀反，內則發現已故大臣武安侯田蚡反逆的言論，才想到董仲舒那份講兩觀災的草稿。可見在實際生活中，所謂天意，無非是為帝王的意志披上一件神祕的外衣。同樣是董仲舒的一份草稿，在建元末，當漢武帝還沒有這方面明確的意願，或者處置的條件不成熟，那就成了大愚的樣本。到了元朔年間，漢武帝要處置淮南、衡山等諸侯王時，董仲舒所說的天意忽然又靈驗起來了。所謂天意，在當時無非是用以附會和神化帝王的意願罷了。到了近代，這種所謂天意往往為所謂理論或規律所代替，披上了一件科學的外衣，要求民眾對此絕對服從並遵照執行。但究其實質，這種理論或規律，並非嚴格地建立在客觀事實的基礎之上，而仍只是為統治者的意願服務而已。在中國，聖旨崇拜有著深厚的文化傳統，皇帝說出口的話便是金科玉律，只准臣民高呼萬歲，不容臣民發出不同的聲音，也不容臣民有絲毫置疑的餘地，更不必說是質疑或爭論的了。辛亥革命推翻了封建帝王的專制制度，但對封建家長制的一言堂至今仍有很強大的潛勢力，它的幽靈在新的形勢下仍會以新的面目悄然出現，要完成民主化的過程至今依然是一個相當艱鉅的任務。

第三章

夫流深者其水不測，尊至者其敬無窮[1]。是故天之所加，雖為災害，猶承而大之，其欽無窮，震夷伯之廟是也❷。天無錯舛之災，地有震動之異。天子所誅絕，所敗師，雖不中道，而《春秋》者不敢闕，謹之也❸。故師出者眾矣，莫言還。至師及齊師圍郕，郕降于齊師，獨言還。其君劫外，不得已，故可直言也❹。至於他師，皆其君之適也，而曰非師之罪。是臣下之不為君父受罪，罪不臣子莫大焉❺。夫至明者其照無疆，至晦者其闇無疆❻。

【章　旨】本章闡述凡天之所加，雖為災害，仍須對天欽佩無窮。反映在人間倫常上，臣子須為君父受罪，若反其道而行之，便是不臣不子，罪莫大焉。

【注　釋】❶夫流深者其水不測二句　對於很深的水流，它的水流量就很難測算；對於最尊貴的，人們所表示的敬仰也將無窮無盡。❷是故天之所加五句　震，指雷電劈震。夷伯，指魯國大夫季孫氏的家臣，夷為謚，伯為字。《左傳》以為是魯大夫展氏之祖。《春秋》繫此事於魯僖公十五年（西元前六四五年）：「己卯，晦，震夷伯之廟。」《公羊傳》對此評論曰：「震之者何？雷電擊夷伯之廟者也。夷伯者，曷為者也？季氏之孚也。季氏之孚則微者，其稱夷伯何？大之也。曷為大之？天戒之，故大之也。何以書？記異也。」夷伯乃魯國公子季友的親信，是一個小人物，廟是家廟，由於雷震是上天所加的災害，雖然受到上天的懲罰，還是要特別注重這件事，以此向上天表示無窮的欽佩和景仰。❸天無錯舛之災七句　指天雖無錯亂的災異，但地卻有異常的震動。這是以地來譬喻人臣背逆天子的異動。故《春秋》對諸侯違背天子的事件，亦不敢缺佚，但用辭非常謹慎。天子所誅絕的事如魯莊公六年（西元前六八八年），周莊王派子突率師救衛，然而衛侯朔在齊襄公、宋閔公的軍隊支持下，重新進入衛國，趕走了周天子所支持的已立為衛國國君八年的黔牟。《春秋》記其事云：「夏，六月，衛侯朔入于衛。」《公羊傳》對此事評論曰：「衛侯朔何以名？絕。曷為絕之？犯命也。其言入何？篡辭也。」衛侯朔便是天子所誅絕者，所以誅絕衛侯朔，是因為違天子之命。所敗師，即敗周天子之師。這件事雖違反王道，但《春秋》還是記載了這件事，然而在用辭上則非常謹慎。如稱衛侯之名，是表示天子所誅絕者，稱人，是表示其篡奪衛國的君位，不僅對衛侯用辭謹慎，而且事件前後所涉及的其他諸侯國在用辭上亦非常謹慎。❹故師出者眾矣八句　此處言《春秋》書法，軍隊外出作戰，不記載「師還」，唯獨魯莊公八年（西元前六八六年），出兵與齊國一起攻打同姓的郕國，結果郕國投降於齊國軍隊，至秋天，不得已軍隊又返還魯國。董仲舒依《公羊》說認為《春秋》所以記載魯師還，因為魯莊公還師是迫於齊國的壓力，不得已而為之，所以《春秋》直言其事。郕，亦作盛或成，始封國君為周武王弟叔武，其都城在郕，今山東寧陽東北。❺至於他師五句　《春秋》記載「師還」之事，意謂《春秋》對於這次撤兵的事件，認定為屬於君王的過失，不是師旅的罪錯，原則上為臣子者，不代替君父受罪，反過來如果為臣為子者若不臣不子，那他們的罪孽就沒有比這更深重了。❻至明者其照無疆二句　意謂極光明的東西，它所照耀的地方是無窮無盡的。最晦暗的東西，它的陰暗也是無窮無盡的。

【語譯】水深的河流，其水量是很難測量的；至尊至高的上帝，它受到人們的景仰也是無窮無盡的。上天所給予的，即便是災害，人們還是要承受並且讚美它，同時對它表示無窮的欽佩和景仰。如雷電震擊夷伯家廟的事件便是如此。雖然上天沒有錯亂的災害，但大地則難免發生異常的震動。周天子所要誅滅和拒絕的人，甚至打敗了天子的軍隊，雖然其行為背逆了王道，然而《春秋》對於這樣的事件，也不敢有任何闕佚，只是在用辭上採取極其謹慎的態度。《春秋》記載各國出兵打仗的事件很多，但是沒有記載軍隊何時返還的。魯莊公八年，魯國的軍隊與齊國的軍隊一起圍攻郕國，結果郕國的軍隊向齊國軍隊投降。所以講魯國的軍隊無功而還。那是由於魯國君主迫於齊國的壓力，不得已而從郕國撤軍，因此《春秋》可以直言無隱。直接說出所表示的意思，這次撤還魯國的軍隊，不是軍隊本身的罪錯，臣子不必代替君父的過失承受罪錯，反過來說，為人臣子者，如果不臣不子，那麼它的罪孽就沒有比這更大的了。所以說最光明的東西，它所照耀的地方是無窮盡的；如果陷入最晦暗的境地，那麼它的黑暗也是無窮無盡的。

【研析】本章的主旨是董仲舒借助於人與天地之間的關係來論述君臣父子之間尊卑貴賤的關係，「天無錯舛之災，地有震動之異」，是強調天地通過災異來懲罰人間的錯誤和過失，大多數是正確的，但也可能出現異常的錯誤和過失，人們對這種災異的態度，應該像「震夷伯廟」那樣，表示欽佩、讚美和默默地承而受之，不能有任何背逆的心理。用這種態度來比照人間君臣父子之間尊卑貴賤的等級關係。君王的處置，臣子應該是讚美而承受之，不能有任何違逆的心理。從《春秋》對事件的記載上講，如果是君王的過失，則可以不得已而直言之，臣子不必為君王承受罪孽，但事實上這是很難做到的。即使這是事後史著的記載，那也只能是董仲舒的一廂情願，在歷史和現實生活中，還得由臣子為君王的過失承受一切罪名，充當君王的替罪羊。在漢代出現重大災異時，由誰去承受君王的過失呢？還是得由為大臣者當之。漢成帝綏和二年（西元前七年），春二月，天象上出現熒惑守心，即火星的位置進入心宿。心宿三星，代表天王正位，中星稱明堂，是天子之位，前星為太子，後星為庶子，而熒惑主死喪，「雖有明天子，必視熒惑所在。其入守犯太微、軒轅、營室、房、心，主命惡之」（《晉書・天文志》）。這熒惑入心宿，說明災在天子身上，那時正值漢成帝重病垂危，於是有郎官賁麗上言宜以大臣當之，於是成帝召見翟方進，要翟方進替君王受罪。翟方進還家，還來不及自殺，君王便賜冊，並給酒十石，牛一頭，翟方進即日自殺。過了幾天，漢成帝自己也一命歸天了，翟方進實在死得冤枉。類似的案例還有，如董賢便是哀帝死後，以災異的名義，要求大臣當亡，在家自決。這就是不僅要為活著的君王承受罪過，還要替死去的君王作替罪羊。在現實生活中，類似的事例實在太多，不僅限於臣子，有時上天也得為君王擔當罪責，明明是尊者決策上的失誤，也要由自然災害來為尊者諱。所謂奉本，說到底，就是尊者至高無上的地位容不得任何懷疑。即使心裡明白也要為其圓謊，即使不幸當上了替罪羊，也要以讚美而欽仰的心情去承受它，用現在的話講，這叫做以大局為重。這個大局是尊者的大局。至於以後史著的記載，那也要等到作為傳聞之世，才會在字裡行間隱隱透露一點消息，如果在當時你流露出一點不臣不子之心，那可是罪莫大焉，立刻就應該掉進最黑暗的無底洞中去。這樣一種扭曲人性的心態，在專制主義制度下，卻被視為天經地義不可移易的做人的根本道理。這樣的心態，與人們的親身經歷並不遙遠啊！

第四章

今《春秋》緣魯以言王義❶，殺隱桓以為遠祖，宗定哀以為考妣，至尊且高，至顯且明❷。其基壤之所加，潤澤之所被，條條無疆❸，前是常數。十年鄰之。幽人近其墓而高明❹。大國齊宋，離不言會❺。微國之君，卒葬之禮，錄而辭繁❻，遠夷之君，內而不外❼。當此之時，魯無鄙疆，諸侯之伐哀者皆言我❽。邾婁庶其、鼻我，邾婁大夫。其於我無以親，以近之故，乃得顯明❾。隱桓，親《春秋》之先人也❿，益師卒而不日，于稷之會不日，言其亂，以通外也⓫。黃池之會⓬，以兩伯之辭⓭，言不以為外⓮，以近內也⓯。

【章　旨】本章闡述《春秋》依據魯國歷史所闡明的區別內外、遠近、新故之理，並分別舉例說明。

【注　釋】❶今春秋緣魯以言王義　此處指孔子作《春秋》依據魯國的歷史以闡述王者之道義。董仲舒在本書的其他各篇都有類似的說法，但其著重點各有不同。在〈三代改制質文〉篇稱：「故《春秋》應天作新王之事，時正黑統」。此是著重言改制。在〈王道〉篇稱：「《春秋》立義。」此是以《春秋》為依據魯國歷史以立王者之義之書。本章的重點則是在闡述《春秋》對內外、遠近、新故之間如何處置的道義。董仲舒這個觀念為以後的《公羊》家們廣泛認同，如何休在《春秋公羊傳解詁》中曾反覆闡述同樣的觀念，云：「《春秋》王魯，託隱公以為始受命王。」（見魯隱公元年注）「《春秋》託王於魯，因假以見王法。」（見魯成公二年注）❷殺隱桓以為遠祖四句　殺者，殺其恩也。考妣，指已故的父母。《春秋》分十二世為三等，僖、閔、莊、桓、隱為君子傳聞之世，襄、成、宣、文為君子所聞之世，哀、定、昭為君子所見之世。以孔子所見之哀、定、昭為定位，以此確定諸先祖之遠近親疏。魯隱公與桓公之世最早，故以之為遠祖，定、哀為最近，故視之若考妣。何休《春秋公羊傳解詁》魯桓公二年注：「所見之世，臣子思其君父尤厚，故多微辭是也。所聞之世，恩王父少殺，故立煬宮不日，武宮日是也。所傳聞之世，恩高祖、曾祖又少殺，故子赤卒不日，子般卒日是也。」這裡所貫穿的是「近近而遠遠，親親而疏疏」的原則。至尊且高二句，指的是表現得那麼高貴而極為受人尊重，那麼淺顯而使人易於明白。❸其基壤之所加三句　意謂《春秋》所言之道義，若土壤之於作物培植，若雨露之潤澤於稻禾，其影響所及無邊無疆。基壤，即土壤。條條，四通八達。❹前是常數三句　疑此句為他書錯入之簡文，與前後句文義相脫離。盧文弨云：文訛不可曉。故語譯時省略不譯。❺大國齊宋二句　盧文弨云：「此齊宋當作齊鄭。」《春秋》在魯桓公五年（西元前七〇七年）夏記載：「齊侯、鄭伯如紀。」《公羊傳》評論曰：「外相如不書，此何以書？離不言會。」據《左傳》，齊侯、鄭伯同時訪問紀國，實際上是「欲以襲之，紀人知之」，所以不與會。據孔廣森《春秋公羊通義》：離，「儷也。儷，兩也。紀曰：『離坐離立，毋往參焉。』二謂之離，三謂之參。《漢律》有『離載下帷』，言二人共載是也。故云：『紀與會則為參，紀不與會則為離；參則可曰齊侯、鄭侯會於紀，離則不可曰會於紀，故變文以明之。』」隱公與桓公屬於所傳聞之世，從《春秋》書法上講，何休在《春秋公羊傳解詁》的魯隱公元年（西元前七二二年）注中說：「於所傳聞之世，見治起於衰亂之中，用心尚粗觕，故內其國而外諸夏，先詳內而後治外，錄大略小，內小惡書，外小惡不書。大國有大夫，小國略稱人。內離會書，外離會不書是也。於所聞之世，見治昇平，內諸夏而外夷狄，書外離會。」那麼魯桓公五年，在所傳聞之世，為什麼這次又書外離會呢？徐彥疏對此解釋說：「嫌外離會常書，故變文見意，以別嫌明疑。」董仲舒這句話是為了表明《春秋》對遠祖隱、桓時期的書法，始終堅持遠遠近近的原則，故外離會是不書的。而在魯桓公五年所以書「齊侯鄭伯如紀」，那是用變文以見其用意。❻微國之君三句　此言《春秋》於「所見之世」的書法。《春秋》在魯哀公三年（西元前四九二年）記載：「冬十月，癸卯，秦伯卒。」何休《春秋公羊傳解詁》注：「哀公著治太平之終。小國卒葬極於哀者，皆卒日葬月。」哀公為孔子所見之世，即所謂太平之世，何休在魯隱公元年之注文中云：「至所見之世，著治太平，夷狄進至於爵，天下遠近大小若一，用心尤深而詳，故崇仁義，譏二名。」此以秦國比小國，以其僻陋在夷。秦伯是指秦惠公。類似的記載，如次年「秋十月，甲寅，滕子結卒」，「冬十二月，葬蔡昭公」。這些記載皆是記小國之君的卒日、葬月，表示天下遠近大小若一。❼遠夷之君二句　謂《春秋》對於所見之世，書夷狄之君，亦進至其爵，表示太平之世，內外如一。《春秋》在魯昭公十五年（西元前五二七年），「春，王正月，吳子夷昧卒。」昭公是所見之世，吳君夷昧，是夷狄之君，稱其爵為吳子，記其卒。這是說明依《春秋》書法，此時夷狄之君皆進至其爵，內外皆一，亦即內而不外也。❽當此之時三句　此處謂在所見之世，依《春秋》書法，內而不外，天下為一，故魯無鄙疆界域可言，廣魯以為天下。鄙，郊野。疆，界域。諸侯之伐哀者皆言我，如《春秋》魯哀公八年（西元前四八七年）「吳伐我」，十一年（西元前四八四年）「春，齊國書帥師伐我」。在所傳聞之世的魯莊公十九年（西元前六七五年），「冬，齊人、宋人、陳人伐我西鄙」。至所見之世之哀公則不言伐我之西鄙，而只言伐我。❾邾婁庶其鼻我五句　邾婁，邾婁是魯國附近的小國，或作「邾」，或作「鄒」。庶其，為邾婁之大夫，《春秋》在魯襄公二十一年（西元前五五二年）記載：「邾婁庶其以漆、閭丘來奔。」《公羊傳》對此解釋曰：「邾婁庶其何？邾婁大夫也。邾婁無大夫，此何以書？重地也。」《左傳》則稱：「邾庶其以漆、閭丘來奔。季武子以公姑姊妻之。」鼻我，邾婁大夫。《春秋》在魯襄公二十三年（西元前五五〇年）記載：「夏，邾婁鼻我來奔。」《公羊傳》對此評論曰：「邾婁鼻我者何？邾婁大夫也。邾婁無大夫，此何以書？以近書也。」依據《春秋》書法，「大國有大夫，小國稱人」。稱大夫有名，邾婁小國，此處稱大夫名，這是破了《春秋》書法的體例。《公羊傳》解釋在魯襄公二十三年所以書的原因是因近的原因。何休《春秋公羊傳解詁》注：「廩廩近昇平，故小國有大夫，治之漸也，見於邾婁者，自近始也。」董仲舒此言仍是為了闡明《春秋》書法遠近近之義。其於我無以親，指邾婁雖非魯之親，然邾婁大夫以近而得以顯明。❿隱桓二句　此處謂魯隱公和桓公，論親疏都為《春秋》所緣之魯國國君之先人。⓫益師卒而不日四句　益師，魯孝公之子，魯隱公的叔父，字眾父。卒而不日，指《春秋》記其死卒而未書明日期。此事《春秋》繫於魯隱公元年（西元前七二二年），冬十二月：「公子益師卒。」《公羊傳》對此解釋曰：「何以不日？遠也。」于稷之會，言其亂，指《春秋》在魯桓公二年（西元前七一〇年）三月記載：「公會齊侯、陳侯、鄭伯于稷，以成宋亂。」稷，宋國地名，言其亂，謂言其成宋之亂。是年宋國的華父督弒殤公，殺孔父嘉，從鄭國迎回公子馮，立以為君。魯、齊、陳、鄭四國國君會於宋地，華父督分別賄賂四國，四國便承認了這次篡弒以後所建立的國君，故云「以成宋亂」。《公羊傳》對此評論云：「內大惡諱，此其目前之何？遠也，所見異辭，所聞異辭，所傳聞異辭。隱亦遠矣，曷為為隱諱？隱賢而桓賤。」其意為隱、桓當時距離《春秋》的時間遠，沒有必要為其隱諱，何況隱公賢，而桓公有弒君之罪，所以更沒有必要為他隱諱。以通外，通，《傳》作遠，當是「以遠外」。因其遠而外，故益師卒而不日，稷之會，不諱大惡，皆以遠外之故如此書。董仲舒舉隱、桓時之二例，亦用以明遠遠之義。⓬黃池之會　指《春秋》在魯哀公十三年（西元前四八二年）記載：「公會晉侯及吳子于黃池。」黃池，原為衛地，此時屬宋，在今河南封丘西南，濟水與黃溝交會之處。⓭以兩伯之辭　指《春秋》稱晉為侯，吳為子，兩國均為姬姓。據《左傳》載：黃池之會，吳晉爭當盟主。「吳人曰：『於周室，我為長（吳之先祖為周文王的大伯父泰伯）。』晉人曰：『於姬姓，我為伯。』」故稱兩伯。《公羊傳》稱：「吳何以稱子？吳主會也。則曷為先言晉侯？不與夷狄之主中國也。其言及吳子何？會兩伯之辭也。不與夷狄之主中國，則曷為以會兩伯之言辭言之？重吳也。曷為重吳？吳在是，則天下諸侯莫敢不至也。」⓮言不以為外　指不以吳為外。⓯以近內也　指哀公為所見之世，稱吳子，意謂依《公羊》說，當時是遠近大小若一的太平世也，此明近近之義也。

【語　譯】《春秋》是依據魯國的歷史來闡述王道的涵義，把隱公與桓公作為遠祖而降減他們的恩義，把定公與哀公作為剛過世的先父母，而推崇他們的恩義，其中的道理是那麼受人尊重而高尚，那麼淺顯而使人易於明白。它好像是不斷地在給大地上的作物培土，用雨露來潤澤它們的生長。其影響所及可以說是無邊無疆。桓公時齊宋（鄭）兩個大國在紀相會，卻說離而不說會。哀公時，對於小國君主去世和安葬也作了詳細而具體的記載，對於遠方夷狄的君主，也如對待諸夏那樣對待他們，沒有任何見外的情況。那是因為這個時候，魯國已不再講究郊野和疆域的界限，所以諸侯討伐哀公時，都說成是討伐我。雖然邾婁與魯國沒有血親關係，但在襄公時，《春秋》記載邾婁庶其與邾婁鼻我來投奔魯國，依照《春秋》的書法，如邾婁那樣的小國是不書其大夫的，而現在記載其大夫，使他們逃奔魯國的事件得以在《春秋》上作了明顯的記載，那是因為時間離孔子修《春秋》近的緣故。隱公和桓公是《春秋》最先記載的魯國的遠祖，從親屬關係上講是《春秋》所據之魯國的先人。魯隱公三年，魯公子益師死了，但《春秋》卻不記載他去世的日期；魯桓公二年，桓公在稷這個地方與齊侯等相會，《春秋》直言他們承認和成就了宋國弒君的內亂，那是因為遠與外而沒有為其大惡隱諱。魯哀公在黃池與晉侯和吳子相會，《春秋》在措辭上表明這是兩個霸主的相會，在言辭上不因為吳是夷狄而將其見外，這是由於從時間上看，它離孔子修《春秋》的時間最近，表明那時不論遠近大小都能一視同仁。

【研　析】本章的主旨是闡述《春秋》根據魯國歷史所表述的區別內外、遠近、親故所包含的深刻意義。它是繼君臣父子之間的關係進而論述天子與諸侯及夷狄之間的關係。從時間上講，它們之間在血緣上有遠近親疏的關係，從地理和文化上講，也有一個遠近的關係，而且它又是一個變化著的動態的關係。因為《春秋》是緣魯史而來，孔子修《春秋》的時間是在魯哀公時，故其內外、遠近、親故只能以魯哀公為軸心來展開的。從時間上講，其親疏之間的關係便是由所見之世上推至所聞之世、所傳聞之世的三世，表現在親情關係上則是由親而至於疏，表現在《春秋》的用辭上「於所見微其辭，於所聞痛其禍，於傳聞殺其恩」（〈楚莊王〉篇）。從空間上，也是以魯國為中心的由近而及遠，那就是董仲舒在〈王道〉篇所說的「內其國而外諸夏，內諸夏而外夷狄，言自近者始也」，因而《春秋》在對各諸侯國及夷狄的稱呼用辭上，亦有所區別，同時它又把所見、所聞、所傳聞三世分作據亂、昇平、太平三世，在這三世內外亦有所區別，把所見之世，作為太平世，那時《春秋》在用辭上便內外大小若一了。這樣做是為了便於從思想上與「通三統」相銜接，以為改制提供理論根據。本章反覆論述的便是《公羊》家這些牽強附會而又漏洞百出的道理。

從戰國到秦漢，是我國思想理論領域構築思想體系的時代，從荀子、呂不韋到劉安、董仲舒都是這方面的大家。當他們把各種觀念綜合起來構造體系時，巨大地推動著思想理論的發展，但難免也有牽強附會的地方，從分散零星的觀念到系統化，畢竟是一個巨大的進步。在這個過程中，要把任何一種理論或者思想體系，變成無所不包，無所不靈驗，過於偏重它體系的完整性，那麼儘管它在某些方面是那麼精闢和獨到，然而從體系上講，它只能表現為漏洞百出，有時反而有損於它所包含的某些精粹而又閃亮的觀念。古代是如此，在現代生活中又何嘗不是如此？在思想理論領域愈是想構築偉大的無所不包的思想體系，用它以指導人們的一切行為，嚴禁逾越雷池一步；那麼，隨著在時間的進展和人們實踐的檢驗下，往往反而會變成了狗皮膏藥。從歷史上看，一切偉大的思想體系，都只具有相對的歷史價值，沒有一種思想體系是能包攬一切的絕對真理。歷史長河中不乏這樣的例子：越是想憑藉暴力來強行迫使人們承認自己的理論是絕對真理，不容許別的不同理論的存在，那麼，它存在的時間也就越短，結束也就越快。當看上去巍峨的理論大厦一旦轟然倒塌時，留下的只是一堆廢墟和痛苦的歷史回憶而已。

卷第十

深察名號　第三十五

【題　解】本篇論述兩個互有聯繫的問題：名號與人性。分六章。大致是前三章論名號，後三章論人性。論旨則統一於為君王、諸侯以及萬民設定各自的職分。作者在論述中反覆強調兩點：一是討論名號、人性的目的在於治國，認為「治天下之端在審辨大，辨大之端在深察名號」；二是制定名號必須依據「聖人所發天意」，做到「事各順於名，名各順於天」，以期「天人之際，合而為一」。

在春秋戰國時期，對名實關係的論辯稱名學，亦稱刑名之學，曾引起各家的普遍關注，孔子就曾提出過「名不正則言不順，言不順則事不成」（《論語・子路》）的著名觀點，認為為政應自正名始。各家在論述方法上，往往就從正名析詞開始。漢字是方塊字，本由象形文字演化而來。《漢書・藝文志》稱：「古者八歲入小學，故《周官・保氏》掌養國子，教之六書，謂象形、象事、象意、象聲、轉注、假借，造字之本也。」六書中，形與聲亦是剖析字義的重要依據。本篇中，董仲舒對君、王、諸侯、民各自職分的闡述，都是首先訓釋字義（主要是音訓），然後逐步展開的。在後半篇中對人性的定名，也是從訓釋「性」的字義入手，以「生」訓性：「性之名非生與？」由此得出結論：「如其生之自然之資，謂之性。」分析「萬民之性」時，又釋「民」之義為：「民者，瞑也。」以此否定孟子的性善說，認為普通民眾的人性「譬如瞑者待覺，教之然後善」，從而強調民眾受教於王者、王者施教於民眾，皆為天意，不可違背。故閱讀本篇，最好了解一點名物訓詁的基本知識，我們在相關章節之末約略作了點介紹，供讀者參考。

在本卷中，本篇與後二篇〈實性〉和〈諸侯〉是一個組合，其共同的論旨在於闡明在國家機構中君王、諸侯以及受其統治的民三者的相互關係和各自的職分。三篇中，以〈深察名號〉為主體，〈實性〉的內容與〈深察名號〉後半部分有不少重複，唯其論述要比〈深察名號〉精煉。〈諸侯〉只是短短一章，其內容在〈深察名號〉中亦已有所涉及。

第一章

治天下之端，在審辨大❶。辨大之端，在深察名號。名者，大理之首章也。錄其首章之意，以窺其中之事，則是非可知，逆順自著❷，其幾通於天地矣❸。是非之正，取之逆順；逆順之正，取之名號；名號之正，取之天地。天地為名號之大義也❹。

古之聖人，謞而效天地謂之號，鳴而施命謂之名。名之為言鳴與命也，號之為言謞而效也❺。謞而效天地者為號，鳴而命者為名。名號異聲而同本，皆鳴號而達天意者也❻。天不言，使人發其意；弗為，使人行其中❼。名則聖人所發天意，不可不深觀也。

受命之君，天意之所予也❽。故號為天子者，宜視天如父，事天以孝道也❾。號為諸侯者，宜謹視所候奉之天子也❿。號為大夫者，宜厚其忠信，敦其禮義，使善大於匹夫之義，足以化也⓫。士者，事也。民者，瞑也⓬。士不及化，可使守事，從上而已⓭。五號自讚，各有分；分中委曲，曲有名⓮。名眾於號，號其大全。名也者，名其別離分散也。號凡而畧，名詳而目。目者，偏辨其事也；凡者，獨舉其大事也⓯。享鬼神者，號一曰祭；祭之散名，春曰祠，夏曰礿，秋曰嘗，冬曰烝⓰。獵禽獸者，號一曰田；田之散名，春苗，秋蒐，冬狩，夏獮⓱。無有不皆中天意者。物莫不有凡號，號莫不有散名，如是⓲。是故事各順於名，名各順於天，天人之際，合而為一⓳。同而通理，動而相益，順而相受，謂之德道⓴。《詩》曰：「維號斯言，有倫有脊。」㉑此之謂也。

【章　旨】本章論述名號及名與號之關係，並認為名號取之天地，若事順於名，名順於天，便可達到天人合一。

【注　釋】❶治天下之端二句　端，始端；要端。下文言正名，故此即指正名為治理天下最先或最重要者。《論語．子路》：「子路曰：『衛君待子為政，子將奚先？』子曰：『必也正名乎！』」孔子亦把正名放在首要地位。辨，區分。大，大綱；大要；要領。《荀子．非相》：「故人道莫不有辨，辨莫大於分，分莫大於禮。」全句意謂君王治理天下首要之事，在於區分事物的類別，抓住處理事物的要領。此意本書有多處論及。如第四篇〈玉英〉：「是故治國之端在正名」；第六十七篇〈郊祭〉：「聖人正名，名不虛生」等。❷辨大之端八句　全句意在說明名號的重要性。《釋名・釋言語》：「名，明也，名實使分明也。號，呼也，以其善惡呼名之也。」但董仲舒此處所說的名與號，非指一般事物的名詞與稱號，而是專指帝王治理天下過程中具有綱紀意義的若干名詞與稱號，下文有所列舉，其中特別被強調的是帝王之號。《白虎通義・號》：三王「夏、殷、周者，有天下之大號也。」又云：「諸侯各稱一國之號，而有百姓矣。天子至尊，即備有天下之號，而兼萬國矣。」名者，大理之首章，此名指名分。謂君臣、父子、夫婦之間各自在倫理上的名分。大理，指治國的根本道理。首章，文章的導語。古人作文，以首章概括全文要旨。如成語「開宗明義」即為《孝經》第一章章名。邢昺疏：「開，張也；宗，本也；明，顯也；義，理也。言此章開張一經之宗本，顯明五孝之義理，故曰開宗明義。」此處以喻名分具有綱紀全局的意義，因而下文言：只要抓住這「首章」的要領，便可窺察全局大概，其中是非了然於目，何者為順，何者為逆，也就自行著明。❸其幾通於天地矣　意謂其中極其微妙的關係，可與天地相通。古人以為君臣、父子、夫婦之間的相互關係，原是由聖人效法天地而來。幾，幾微；微妙。《周易・繫辭下》：「知幾其神乎。」又曰：「幾者，動之微，吉凶之先見者也。」❹是非之正七句　此以一系列從屬關係的逐級向上類推，最後導引出所謂天地之大義，從而使之具有絕對的意義。句中三「正」字，意為正的、標準。是非之正二句，以所言君臣、父子、夫婦關係為例，判斷孰是孰非的標準，要看它們是「逆」還是「順」，即遵循還是違逆君臣、父子、夫婦之間的尊卑貴賤秩序；判斷何者為「順」何者為「逆」的標準，則要看他們是否符合各自的名分和稱號；而判斷名號是否正確的標準，則要看它們是否由聖人效法天地而來。《釋名》之〈釋天〉：「天，顯也，在上高顯也。」其〈釋地〉：「地，底也，其體底下，載萬物也。」崇效天，卑法地，君臣、父子、夫婦之義皆由此而來。本書他篇亦多有論及。如第十八篇〈離合根〉：「為人主者，法天之行。」「為人臣者，法地之道。」第七十篇〈順命〉：「天子受命於天，諸侯受命於天子，子受命於父，臣妾受命於君，妻受命於夫。諸所受命者，其尊皆天也，雖謂受命於天亦可。」❺古之聖人五句　句中「施命」，盧文弨校：「舊本倒作『命施』，非。」並改為「施命」。是，當據以改。謞，原指箭在空中飛行之聲。《莊子・齊物論》：「激者謞者。」宣穎注：「激，如水激聲；謞，如箭去聲。」此處意為嗥，即大聲呼叫。鳴，蟲類與鳥類的叫聲。此以讀音來訓釋名與號的涵義。意謂古代聖人以大聲嗥叫來效法天地稱作「號」，以細聲發出聲響來為事物命名叫作「名」。所以名的意思是以鳴聲來命名，號的意思是以嗥叫效法天地。❻名號異聲而同本二句　句中第二「號」字似應作「謞」。「名號」與「鳴謞」當是作者有意尋找的兩組近音字，目的是使之對應起來。名號指名分與稱號，而鳴謞則是聖人效法天地而鳴而謞以製作名號。❼天不言四句　由於事實上所有名號都是人為的，並不存在天意的介入，故作者要用這句話來加以彌補和銜接。意謂天雖沒有直接言說，卻讓人用聲音來表達天意；天亦無直接作為，但由人用行為來確切地體現天意。「使人行其中」之「中」為正中，不偏不倚，完全符合。《論語・堯曰》：「允執其中。」朱熹注：「中者，無過不及之名。」❽受命之君二句　此言天子是上天授命，天意所屬。命，即天之令。漢武帝對董仲舒策問的制文中便有「三代受命，其符安在」的命題。董仲舒的回答是：「臣聞天之所大奉使之王者，必有非人力所能致而自至者，此受命之符也。天下之人同心歸之，若歸父母，故天瑞應誠而至。《書》曰：『白魚入于王舟，有火復于王屋，流為烏。』此蓋受命之符也。」（《漢書・董仲舒傳》）《春秋》魯成公八年（西元前五八三年）秋七月：「天子使召伯來賜公命。」《公羊傳》曰：「其稱天子者何？」何休注：「天子者爵稱也。聖人受命，皆天所生，故謂之天子。」❾號為天子者三句　此下是董仲舒對天子、諸侯、大夫、士、民諸稱號及其名分作出的解釋。天子，應視天如父，克盡孝道。《白虎通義・爵》：「帝王之德有優劣，所以俱稱天子者，以其俱受命於天。」蘇輿注：「敬天，法祖，愛民，是謂天子之孝。」如何敬天法祖，表現在禮制上，便是每年冬至日祀天於圜丘。天被人格化，稱之為昊天上帝。天子之先祖，亦被視為由天所生，故祭天時以其為配祭。《孝經》稱周「郊祀后稷以配天」，「宗祀文王於明堂以配上帝」。❿號為諸侯者二句　此言諸侯為天子所命，故須在所封之地謹慎侍奉於天子。《白虎通義・爵》：「侯者，候也。候，迎順也。」諸侯之號，本有迎順天子之意。《周禮・職方氏》言天子方千里稱王畿，為天子直接管轄區域。其外有九服：侯服、甸服、男服、采服、衛服、蠻服、夷服、鎮服、藩服，分別由各諸侯國管轄。鄭玄注：「服，服事天子也。」《詩經・大雅・文王》：「侯服于周。」賈公彥疏：「侯之言侯，為王斥候也。」故諸侯無論公、侯、伯、子、男諸爵，其職分都在於謹慎地侍奉天子。⓫號為大夫者五句　大夫為卿大夫的總號。卿為上大夫，大夫為下大夫。又有天子大夫與諸侯大夫之分。《禮記・王制》：天子之「大夫不世爵，使以德，爵以功」；「諸侯之大夫不世爵祿。」此下言大夫之職分。宜厚其忠信二句，忠信、禮義為必備的品德修養。敦，亦厚也。使善大於匹夫之義二句，匹夫，指平民中之男子，此處則為泛指。意謂大夫要在品德修養方面遠遠高於平常百姓，足以完成教化民眾之職責。《白虎通義・爵》：「大夫之為言，大扶進人也。故《傳》曰：『進賢達能，謂之卿大夫。』」⓬士者四句　士，《說文解字》云：「士，事也。數始於一，終於十，从十一。孔子曰：推十合一為士。」段玉裁注：「引申之，凡能事其事者稱士。《白虎通義》曰：士者事也，任事之稱也。故《傳》曰：通古今，辨然否，謂之士。」所謂

「推十合一為士」，是漢人從《論語》「聞一知十」、「舉一反三」推衍出來的。「通古今，辨然否」是任事的條件。古代士有兩個來源：一是原為武士，在春秋戰國時期演化為文士；一是原為農夫，經過文化訓導上升為士。吳承仕對《說文》「士，事也」的解釋是：「士，古以男子，事耕作也。」「耕作始於立苗，所謂插物地中也。士、事、菑，古音並同。男字從力，依形得義，士則以聲得義也。事今為職事、事業之義者，人生莫大於食，事莫重於耕，故插物地中之事，引申為一切之事也。」楊樹達在《秋微居小學述林》補充說：「士字甲文作『丄』，『一』象地，『丨』象苗插入地中之形，檢齋之說與古文字形相吻合。」《禮記‧少儀》：「問士之長幼，長則能耕矣，幼則能負薪。」可見士還不能完全脫離農事耕作。民者二句，謂民的本義就是愚昧無知。瞑原指眼睛昏花，引申為懵懂。《說文解字》：「民，眾萌也。」段玉裁注：「萌猶懵懵，無知皃也。」與瞑意相通。《論語‧泰伯》：「民可使由之，不可使知之。」⓭士不及化三句　指士還不夠資格教化百姓，讓他們謹守自己職事，服從上司的命令即可。⓮五號自讚四句　意謂五種稱號，皆為身分地位的自我表明。五者各有職分，職分中還可分出多個細目，每個細目又各有自己名稱。如在「民」這一稱號中，可分出農、工商等細目，每個細目還可分出不同細節，它們都各有自己的名稱。五號，指上文天子、諸侯、大夫、士、民五種稱號。讚，可作「明」解。《周易》：「幽讚於神明而生蓍。」王弼注：「幽，深；讚，明也。」自讚，身分的自我表明。分，職分。委曲，事物的細微曲折。⓯名眾於號十句　此言作為概念的名與號二者之間的關係。號大於名。號與名的關係類似於綱與目或門與類的關係，故謂名多於號而號全於名。名是普遍分別稱謂細節的，所以「詳而目」；號是獨舉大概的，所以「凡而略」。凡，大略；概略，係概括之詞。董仲舒此處所說的號與名，大致相當於《墨子‧經說上》中的類名與私名，《荀子‧正名》中的共名與別名。荀子在文中說：「物也者，大共名也。推而共之，共則有共，至於無共然後止。有時而欲偏舉之，故謂之『鳥』、『獸』。『鳥』、『獸』也者，大別名也。推而別之，別則有別，至於無別善後止。」⓰享鬼神者七句　此以祭祀為例，說明號與名的關係。號只有一個，便是祭；而名春夏秋冬有四個：祠、礿、嘗、烝。董天工《春秋繁露箋注》：「祠，音詞。物始生而食之。礿，音藥。祭品鮮薄也。嘗，嘗新穀也。烝，進品物也。」《公羊傳》魯桓公八年（西元前七〇四年）：「春曰祠，夏曰礿，秋曰嘗，冬曰烝。」何休注：「(春)薦尚韭卵，祠猶食也，猶繼嗣也。春物始生，孝子思親，繼嗣而食之，故曰祠，因以別死生。(夏)薦尚麥苗，麥始熟可礿，故曰礿。(秋)薦尚黍肫，嘗者先辭也，秋穀成者非一，黍先熟，可得薦，故曰嘗。(冬)薦尚稻鴈，烝眾也，氣盛貌，冬萬物畢成，所薦眾多，芬芳備具，故曰烝。」又，此當是周制。殷時名目略有不同。據《禮記・王制》記載為：「天子諸侯宗廟之祭，春曰礿，夏曰禘，秋曰嘗，冬曰烝。」⑰獵禽獸者七句　此以行獵為例，說明號與名的關係。號只有一個，便是「田」；而名春夏秋冬有四個：苗、獮、蒐、狩。田，亦作「畋」，劉向《說苑・修文》：「其謂之畋何？聖人舉事必反本。五穀者以奉宗廟，養萬民也。去禽獸害稼穡者，故以田言之。聖人作名號而事義可知也。」春苗，孔廣森《春秋公羊通義》云：「苗之義從田，主為田驅禽獸害稼者。」秋蒐，蒐，聚也。謂狩獵時擇取其不孕者。何休則以蒐為取大捨小。冬狩，鄭玄注《周禮》以守釋狩，「言守取之無所擇也」。何休則云：「狩猶獸也。冬時禽獸長大，遭獸可取。」孔廣森則云：「狩之義從守，主為守土習軍旅也。」夏獮，獮，《爾雅・釋詁》：「獮，應殺氣也。」關於獮之行獵方法，《周禮・大司馬》稱：「獮田，如蒐田之法。」又，四時獵之名稱，記載不一。如《左傳》魯隱公五年（西元前七一八年）：「春蒐，夏苗，秋獮，冬狩，皆于農隙以講事也。」《爾雅・釋天》、《周禮・大司馬》皆與《左傳》同。而《公羊傳》魯桓公四年（西元前七〇八年）則云：「田狩也，春曰苗，秋曰蒐，冬曰狩。」無「夏獮」。《禮記・王制》：「天子諸侯無事，則歲三田。」與《公羊傳》同。鄭玄注：「三田者，夏不田，蓋夏時也。」因夏為農忙時節，故不行獵。⑱如是　此句總括以上祭祀、行獵兩個實例的論述，意為號與名的關係就是如此。⑲事各順於名四句　此謂事由名而生，名順天而來，如此則天人相通，合而為一。但其實名與天意毫不相干。名本是人們對客觀事物認識形成的一個概念。認識可以把握和接近客觀實際，但它永遠不可能是客觀事物本身。⑳同而通理四句　此言上文所謂「天人合一」的三種關係：同而通理，謂天人會同即通於理數；動而相益，謂協力動作，便可天人互補；順而相受，謂由於順從天意和互相接受，就可達到「德道」的境界。德道，蘇輿注：「猶道德。」恐非。德，通「得」。得道，似可解釋通達天道。㉑詩曰三句　《詩》，即《詩經》。引詩見《詩經・小雅・正月》。原詩為悲悼王朝淪亡、憂傷自身遭逢之作。全詩共十三節，所引為第六節中的兩句。維號斯言，維，語助詞。號，叫喊。斯，猶「則」。意謂有人叫喚我，我才敢說話。有倫有脊，倫、脊，《毛傳》：「倫，道；脊，理也。」意謂說話有條有理，小心謹慎。董仲舒引此，僅僅因句中有一「號」字，可用來附會於本篇名號之說，與詩作者原意已大相徑庭。語譯姑依董氏引此用意，以便通讀。

【語　譯】治理天下的要端，就在於弄清楚什麼是為政的大綱；而弄清楚這個大綱的要端，就在於深入考察名號。名號，是治國平天下這篇大文章的第一章。弄懂第一章的涵義，用來觀察天下事物，那麼是和非可以一清二楚，逆與順便會不言自明，這其中的奧妙就能與天地相通了。判斷是非的標準是看它是逆還是順；判斷逆與順的標準，是看它是否符合名號；名號的正確與否，就看它是否由效法天地而來。天地便是名號大義之所在。

古代的聖人，用大聲嗥叫來效法天地發出的音響，叫做「號」；效法天籟的鳴聲用來為各種事物命名，就叫「名」。「名」這個稱謂，就是「鳴」與「命」的意思；「號」這個稱謂，就是「謞」和「效」的意思。仿效天地嗥叫的，稱為號；用鳴聲來給事物命名的，就叫作名。名和號發音雖然有別，本源卻是相同：都是用「鳴」與「號」來表達天意的啊！天不直接講話，卻通過人來表達天意；天並不親自作為，卻讓人確切地依照天的意旨去行事。名號是聖人依據他所領悟到的天意制定出來的，這一點人們不可不加以深刻地體察和領會。

接受了天命的君王，就是天意的歸屬者，所以號稱天子。號稱為天子的，應該把天看作自己父親一般，用孝道來事奉上天。號稱為諸侯的，應該謹慎地聽候詔令，事奉天子。號稱為大夫的，應該提高忠信品德，加強禮義修養，使自己的品德修養遠遠高於平民百姓，足以擔當起教化民眾的使命。至於士，那是做事的意思；民，是冥頑的意思。士還不具備教化百姓的資格，可以讓他們當差辦事，能夠謹守職分，服從上司就行了。以上五種稱號，都表明了各有自己的職分。在稱號的職分中，還可以分出曲折的細節部分，每個細節部分都有自己的名稱。因此名要比號繁多，號是對全體的概稱。所謂名，是對事物分別離散的各個部分的指稱。號相當於「凡」，是概括的，所以簡略；名是周詳的，因而可以分出許多細目。目的意思是普遍區分事物的方方面面，凡的意思是單獨概舉事物的大綱。就以供享鬼神來說，號只有一個，便是祭，分散開來，不同季節的祭祀就有不同的名目：春叫祠，夏叫礿，秋叫嘗，冬叫烝。再拿打獵禽獸來說，號也只有一個，就是田，分散開來，不同的季節就有不同的名目：春天叫作苗，秋天叫作蒐，冬天叫作狩，夏天叫作獮。這些名與號全都是符合天意的。一切事物沒有不具備概括性的號，在號之下也沒有不可以分散為許多不同的名稱。上面講的兩個例子就是如此。所以事物各自順隨著它們的名稱，名稱順應著天意，這樣在天與人之間，便能合而成為一體。天與人會同便能通達理數，在協力運作過程中又能互相補益，由於順著天意而互相接受，那就是所謂「德道」。《詩經》裡說：「依照名號論議，說話有條有理。」講的就是這個意思。

【研　析】本篇以「深察名號」為題，名與號都是用詞語表達出來的概念，要「深察」的似乎也就是詞語或概念的內涵、外延而已。但董仲舒的興趣顯然不在單純的語言學或邏輯學。他是在繼續闡釋他的政治學，力圖從名號用語中抽繹出政治的、倫理的、道德的意蘊來。重點是在對王號和君號的詮釋（見下章），從而把名號的意義提到「治天下之端」、「其幾通於天地」的高度。所以名與號在這裡不妨看作是董氏藉以闡釋他的政治主張的兩件道具。

在先秦對於詞義或概念的討論，叫作名學。對名的研究，與諸子之間開展論辯的需要有關。如果詞語或概念的涵義沒有明確的界定，雙方的論辯也就無法進行。所以先要正名，那就是對詞語的涵義，概念的內涵、外延，給出明確的界定。中國歷史上最早提出正名的，還是孔子。子路問孔子，為政最先要做什麼？孔子說：「必也正名乎！」子路便說：老師你太迂了，這名如何去正呢？孔子便批評子路粗野，接著便說了一番歷來被視為經典的話：「名不正，則言不順；言不順，則事不成；事不成，則禮樂不興；禮樂不興，則刑罰不中；刑罰不中，則民無所措手足。故君子名之必可言也，言之必可行也。」（《論語．子路》）為什麼說「名不正，則言不順」呢？《呂氏春秋．審分》舉了個通俗有趣的例子：「今有人於此，求牛則名馬，求馬則名牛，所求必不得矣。而因用威怒，有司必誹怨矣，牛馬必擾亂矣。百官，眾有司也；萬物，群牛馬也。不正其名，不分其職，而數用刑罰，亂莫大焉。」想要得到牛，卻呼馬之名；想要得到馬，卻呼牛之名，得不到想要的東西，還要大發雷霆，還要懲罰主管牛馬的官員，如此下去，不是要天下大亂了嗎？孔子提出要正名，當然不是為了呼牛喚馬，他的著眼點還是在人們相互間的倫常關係，特別是君臣、父子之間的尊卑貴賤秩序。孔子對齊景公說：「君君，臣臣，父父，子子。」那就是君臣父子之間的名實關係要一致。所以齊景公回答說：「善哉！信如君不君，臣不臣，父不父，雖有粟，吾得而食諸？」（《論語・顏淵》）可見所謂正名，重點是要糾正社會生活中君不君、臣不臣、父不父、子不子的非規範行為。

先秦諸子對正名的論辯，都有現實的社會治亂問題為背景的，雖然學派有別，但解決問題的方法則幾乎相同：都要求名實相符，即本書第二十一篇〈考功名〉所說的「擥名責實」。《管子・樞言》稱：「有名則治，無名則亂，治者以其名。」〈心術〉篇說：「物固有形，形固有名。此言不得過實，實不得延名。」又謂：「以其形因為之名，此因之術也。名者聖人之所以紀萬物也。」因形而名，這就開了法家刑名之說的先河，也就是尹文子所強調的：「形以定名，名以定事，事以驗名，察其所以然，則形名之與事物無所隱其理矣。」（《尹文子・大道上》）本篇中，董仲舒借正帝王之「名」，以規範帝王之「行」，這或許也不失為一種進諫的好方法。儘管如此轉彎抹角減弱了應有尖銳性和現實感，但它可以避免直接去觸犯帝王頸下那片可怕的逆鱗，為自己的說辭增加一層保險係數。文中特別提出了一個「名則聖人所發天意」的命題。名號是聖人依據天意制訂出來的，而高高在上的天既「不言」，又「弗為」，聖人又是如何揣度到那虛幻縹緲的天意的呢？讓人感到神祕莫測。也許這正是董氏學說要追求的一種效果，但無論如何總是少了一點科學性。在先秦諸子中，對正名問題說得較為系統和完整的是《荀子・正名》。首先要解答的是名的功用和特性問題。名的功用在於區分事物的異同。「同則同之，異則異之」，即同類同名，異類異名。「單足以喻則單，單不足以喻則兼」，可以用單詞名的則用單名，單名不足以表述的，如指稱馬，還要說明其色別的，就用雙名白馬或黑馬等。「單與兼，無所相避則共，雖共不為害矣」，指單名與複名在使用上不相矛盾。「知異實者之異名也，故使異實者莫不異名，不可亂也」，指類別相異的必須有相異名稱，使不同類別的事物不相混淆。接著還提出了共名與別名的區分：「故萬物雖眾，有時而欲偏舉之，故謂之物。物也者，大共名也。推而共之，共則有共，至於無共然後止。」共名是指眾物共同之稱謂，如物，是一切事物的概括；人，是一切個人的概括，即所謂「大共名」。「有時而欲徧舉之，故謂之鳥、獸。鳥、獸也者，大別名也，推而別之，別則有別，至於無別然後止。」別名是一具體事物區別於他事物的指稱。這些是名的基本特徵，也是人們為事物制訂相應名稱的根據。那麼人們是如何區別事物的同與異的呢？荀子說：「凡同類同情者，其天官之意物也同。」天官，指人的眼、耳、口、鼻等感覺器官；意物也同，指為許多人感覺器官所認同。「是所以共約其名以相期也」，即所起之名是由許多人共同約定而為受眾所認同，唯其如此，才能成為社會的人們的交際工具。所以荀子又說：「名無固宜，約之以命，約定俗成謂之宜，異於約則謂之不宜。名無固實，約之以名實，約定俗成謂之實名。」所以名或語詞系統的形成是一個過程，它是依約而成，依俗而定，是整個社會在交往過程中形成的，具有廣泛的社會性。所謂聖人制名，亦無非是依據名實相符的要求，對社會上已經流行的名詞予以規範、界定，使其內涵、外延更加精確而已。在近代可以通過相應的法規來命定，在古代像董仲舒所說的那樣，聖人依天意而命定，也可說是對權威的一種假借。對於已經給定的名詞或語詞系統還有一個如何訓釋的問題，那就留到下一章之末去作點說明吧。

第二章

深察王號之大意，其中有五科❶：皇科、方科、匡科、黃科、往科。合此五科，以一言謂之王❷。王者皇也，王者方也，王者匡也，王者黃也，王者往也。是故王意不普大皇，則道不能正直而方❸；道不能正直而方，則德不能匡運周徧❹；德不能匡運周徧，則美不能黃❺；美不能黃，則四方不能往；四方不能往，則不全於王❻。故曰天覆無外，地載兼愛；風行令而一其威，雨布施而均其德，王術之謂也❼。

深察君號之大意，其中亦有五科：元科、原科、權科、溫科、群科。合此五科，以一言謂之君。君者元也，君者原也，君者權也，君者溫也，君者群也。是故君意不比於元則動而失本，動而失本則所為不立，所為不立則不效於原，不效於原則自委舍，自委舍則化不行❽，化不行則用權於變，用權於變則失中適之宜，失中適之宜則道不平、德不溫，道不平、德不溫則眾不親安❾，眾不親安則離散不群，離散不群則不全於君❿。

【章旨】本章論述王號五科和君號五科，以為王和君只有分別做到了各自的五科，才能成為完全意義上的王和君。

【注釋】❶深察王號之大意二句　大意，原本作「人意」，且下文言君號亦作「大意」，故據以改。科，條目。《後漢書・桓譚傳》「校定科比」句注：「科謂事條。」意謂如果仔細審察一下王這個稱號所蘊含的重大意義，其中包括五項課目。❷皇科方科匡科黃科往科三句　此五科皆以讀音相近之字來訓釋王號之涵義。音訓為漢人慣用的一種訓釋字義的方法。漢劉熙《釋名》、許慎《說文解字》都曾廣泛使用此法來闡釋字義。匡，當為「匡」字之缺筆。宋本避太祖趙匡胤名諱而作此。他本大多為「匡」。❸王意不普大皇二句　句中「普大皇」蘇輿本作「普大而皇」，當據以補一「而」字。此句釋王號五科中之皇、方。皇，輝煌；廣大。方，方正；正直。意謂王的意義若不能普遍廣大而輝煌，那麼行事便不能正直而端方。《白虎通義・號》：「號之為皇者，煌煌人莫違也。煩一夫，擾一士，以勞天下，不為皇也。不擾匹夫匹婦，故為皇。」《風俗通義・皇霸》引《春秋運斗樞》：「皇者中也，光也，弘也。含弘履中，開陰陽，布紀綱，上含皇極，其施光明，指天畫地，神化潛通。煌煌盛美，不可勝量。」❹道不能正直而方二句　此句釋王號五科中之匡。匡，普遍。謂若王者行事不能正直而端方，那麼其恩德便不能運行周遍。❺德不厈運周徧二句　此句釋王號五科中之黃。意謂如君主的恩德不能運行周遍，那麼便不能達到像黃色那樣至善至美的境界。古人以青、赤、黃、白、黑五色配五行、五方，黃為土色，居中央，象徵君王之位，中和之德。《白虎通義・號》：「黃者中和之色，自然之性，萬世不易。」〈諡〉：「美者在上，黃帝始作法度，得道之中，萬世不易。名黃自然也，後世雖聖，莫能同也。」又，《周易・文言》：「君子黃中通理，正位居體，美在其中，而暢於四肢，發於事業，美之至也。」❻美不能黃四句　此句釋王號五科中之往。往，嚮往；歸往。對此意的論述，典籍中甚多。如《穀梁傳》莊公三年（西元前六九一年）：「王者，民之所歸往也。」《荀子・王霸》：「天下歸之謂之王。」《呂氏春秋・下賢》：「王也者，天下之所往也。」《白虎通義・號》：「王者，往也，天下所歸往。」《韓詩外傳》：「王者，往也，天下往之，謂之王。」《說文解字》亦以往釋王：「王，天下所歸往也。」全句意謂如君王在德澤上達不到黃色那樣美好，那麼天下四方的百姓就不願歸往；四方百姓不願歸往，那麼王者的意義就算不上完整。❼天覆無外五句　句中「兼愛」諸本多同，唯王道焜本及王謨本作「兼受」，鍾肇鵬校釋以為「作『兼受』是。『天覆無外』、『地載兼受』正相對成文。兼受，謂地無不承載，無不包容也」。又，句中「一」，據宋本、明鈔本當作「壹」，壹，專一。全句言王術，亦即所謂王道。它像天覆地載那樣，兼受並蓄，包容八方；又像風行雨施那樣，號令專一，恩澤普降。❽君意不比於元則動而失本五句　此句釋君號五科中元、原。蘇輿注：「元是正本之義，原是不息之義。」董仲舒在應制對策中稱：「謹案《春秋》謂一元之意，一者萬物之所從始也。元者辭之所謂大也。謂一為元者，視大始而欲正本也。《春秋》深探其本，而反自貴者始。」（《漢書・董仲舒傳》）原，本書第十三篇〈重政〉：「元，猶原也，其義以隨天地終始也。」句中之「本」，意謂根本，其涵義甚廣。如本書第十九篇〈立元神〉云：「君人者，國之本也。夫為國，其化莫大於崇本，崇本則君化若神，不崇本則君無以兼人。」「何謂本？曰：天地人，萬物之本也。天生之，地養之，人成之。」委舍，猶委卸，即放棄職責。全句意謂如若君王的心意不符合《春秋》元始的涵義，那麼他的行動便會背離事物的根本；一旦行動失去根本，他的所作所為便不可能取得成功；所作所為不能取得成功，那就不可能做到有始有終；行事不能做到有始有終，就等於放棄自己的職責；而如果君王放棄了自己應盡的職責，那麼教化便不能推行。❾化不行則用權於變四句　全句意謂由於君王教化不行於天下，只能把「權」用來應對各項事變，那就會背離適中之道而發生偏差；如果背離了適中之道，那麼君道就不可能公平公正，君德也不可能溫良中和；如果君道不公平公正，君德不溫良中和，那麼臣民就不會親附和安定。

句中「化不行則用權於變」八字，《四庫》本及諸本皆脫。盧文弨校云：「有脫文。」劉師培稱：「『化不行』三字下當有『化不行則用權於變』一語，今脫。」依上下文例，劉說甚是，今據以補。此句釋君號五科中之權、溫。鍾肇鵬校釋本釋權、溫為「權術」、「溫暖」，似乎不甚確切。權和溫是儒家提倡的為政之道或人生境界中的兩個方面的要求，均符合中庸之道。權，意謂權衡輕重，使之合義。《論語・子罕》：「子曰：可與共學，未可與適道，可與適道，未可與立，可與立，未可與權。」朱熹注引洪氏曰：「權者聖人之大用，未能立而言權，猶人未能立而欲行。」可見掌握權需要很高的修養。孟子舉過一個實例：「男女授受不親，禮也；嫂溺，授之以手者，權也。」（《孟子・離婁上》）又云：「執中無權，猶執一也。」（《孟子・盡心上》）漢儒以經、權並稱。本書第四篇〈玉英〉謂：「夫權雖反經，亦必在可以然之域。」此處因「化不行」而不得不「用權於變」，已失去中和之義，故蘇輿注：「經所不及，則以權平之，是權亦中也。若以行權為濟變，則必至於失中。」由教化不行而行權以濟變，最終必然背離適中之道，出現「道不平，德不溫」這樣的結果。溫，溫和。孔子提出人們進行道德修養時要在九個方面作反思，其第三思便是「色思溫」（《論語・季氏》）。弟子們讚頌孔子是「溫、良、恭、儉、讓」（《論語・學而》），則以「溫」為首。孔子平時的神態是「溫而厲，威而不猛，恭而安」（《論語・述而》）。⑩眾不親安則離散不群二句　此句釋君號五科中之群。群，《論語・衛靈公》：「群而不黨。」朱熹注：「和以處眾曰群。」君號五科之一的「群」，當以君主為主體，謂君主應溫和地與臣民相處，即《白虎通義・三綱》所言：「君，群也，群下所歸心也。」本書第七篇〈滅國上〉亦謂：「君者，不失其群者也。」此句中「離散不群」之「群」，則指群合、會聚，主體為民眾。全句意謂如果臣民不親附安定，那麼就會離心渙散不再群居；臣民離心渙散不再群居，作為君主的意義就算不上完全。又，蘇輿以為此下有脫文。其注文稱：「以上文例之，此處文未完。本書〈玉英〉篇『是故治國之端在正名。名之正，興五世，五傳之外，美惡乃形，可謂得其真矣。非子路之所能見』三十六字，當為本篇錯簡，或即是此處文。」冒廣生亦云：「『君』下有脫文。」錄之以備一說。

【語　譯】深切體察一下王這個稱號所蘊含的重大意義，可以發現其中有五項科目：皇科、方科、匡科、黃科和往科。綜合這五科可以用一個字來表達，那就是「王」。王就是皇，廣大的意思；王就是方，方正的意思；王就是匡，普遍的意思；王就是黃，最美好的意思；王就是往，四方歸往的意思。所以王者的心意若不能輝煌而廣大，那麼王道便不能正直而端方；王道不能正直而端方，那麼德澤便不能運行普遍而周到；德澤不能運行普遍而周到，那麼美的境界就不能達到像黃色那樣極致；美的境界不能達到像黃色那樣極致，那麼四方百姓就不願歸往；四方百姓不願歸往，那麼作為王者的意義就算不上完整。所以說，上天的覆蓋沒有例外，大地的承載兼容一切；號令像風雷那樣專一它的權威，賜予像雨露那樣普施它的恩德。所謂王道就是這樣的啊。

深切體察一下君這個稱號所蘊含的重大意義，可以發現其中亦有五項科目：元科、原科、權科、溫科和群科。綜合這五科可以用一個字來概括，那就是「君」。君就是元，元始的意思；君就是原，原初的意思；君就是權，權衡的意思；君就是溫，溫良的意思；君就是群，和群的意思。所以君王的心意如果不能符合作為萬物元始的意思，那麼行事就會喪失根本；行事離開了根本，那麼所作所為就不能取得成功；所作所為不能取得成功，那麼就不能效法天地的原初那樣每一件事都有始有終；不能效法天地的原初那樣行事有始有終，那就是放棄自己的職責；君王放棄了自己的職責，那麼教化就不能推行；不能推行教化，那就只好把權衡用來應對事變；如果君王仰仗於權變，那就會失去中適之道而發生偏差；如果失去了中適之道，那麼君道就不可能公平公正，君德亦不可能溫良中和；如果君道不能公平公正，君德不能溫良中和，那麼民眾便不會親附安定；民眾不能親附安定，那麼便會離心渙散不再群聚；民眾離心渙散不再群聚，作為君主的意義就不能算完全了。

【研　析】本章對「王」、「君」二號各列五科，詳細闡釋所謂「王術」，亦即帝王之術，或稱王道、君道。

本章的論證，主要是通過字義訓釋的方法來進行的。分列出的兩個五科，實際就是各自與王、君讀音相近的五個字，以訓釋王、君的涵義。這在訓詁學上叫作音訓。基於中國漢字構造的特點，音訓和形訓是經常被採用的兩種字義訓釋方法。形訓，如本書第四十四篇〈王道通〉便是典型一例：「古之造文者，三畫而連其中，謂之『王』。三畫者，天地與人也。而連其中者，通其道也。取天地與人之中以為貫而通之，非王者孰能當是？」漢字形聲字特別多，要占到總數百分之八十以上，再加上同音、近音字也很多，因而音訓較之形訓有更廣闊的空間，運用得也更為普遍。在先秦諸子中，已可見音訓的濫觴。如《論語・顏淵》：「季康子問政於孔子。孔子曰：『政者，正也。子帥以正，孰敢不正。』」即以同音字來訓釋詞義。秦漢時期習經重在口授耳治，音訓便成為當時廣泛運用的釋義方法。本篇第一章「謞而效天地謂之號，鳴而施命謂之名」，便是分別用近音字「謞」、「效」和「鳴」、「命」來訓釋「號」和「名」的。我們在注釋中多次引錄的《白虎通義》，亦常以音訓釋義。如其〈號〉：「王者德也，天下所歸往。」其〈三綱〉：「君，群也，群下所歸心也。」又其〈爵〉：「侯者，候也，候逆順也」；「士者事也，任事之稱也」；「民，瞑也」等。賈誼《新書》亦云：「夫民之為言也瞑也，萌之為言盲也。」這些都是屬於以音訓釋詞義的例子。音訓之法也應用於字書。如《說文解字》，有同音的：「鬼，人所歸為鬼。」有雙聲的：「愷，康也。」有疊韻的：「僑，高也。」值得注意的是，諸子在使用這類訓釋方法時，大多偏重於文化倫理涵義，而不是詞的語文涵義；不是著眼於詞義內涵和外延的分析，而是通過訓釋名詞來闡發自己的政治主張和道德倫理準則。對同一個詞，往往不同的人可以有不同的詮釋，帶有較大的主觀性和想像成分。這一點，也拓寬了先秦諸子和兩漢經說的論辯空間。

當然，對詞義的訓釋不限於音訓和形訓。中國古籍中的一些詞往往蘊含著很大的信息量，需要從多個側面去解讀它。如《周易・乾卦》的「乾」字，就包含著多重屬性：「乾。元、亨、利、貞。」這是告訴我們乾卦有元、亨、利、貞四個方面的涵義。〈文言〉又進一步訓釋了這四個字：「元者，善之長也；亨者，嘉之會也；利者，義之和也；貞者，事之幹也。」本章對「王」、「君」二字的闡釋，在採用多字、多義這一點上與此相似，只是董氏用的是音訓法。從比較中可以看出，音訓法畢竟有它的局限性，有時又難免牽強附會；但似乎也有它的優點，那就是因便於受眾記憶而利於傳播。本章中董仲舒便是按照他自己的政治主張，各用五個近音字，對為王為君之道作了完整、全面的解釋，所謂舉一字而窮何以為天子之義，從而意欲達到為王者所師法的目的。

我國古代的這種訓釋方法，不僅與漢字這種獨特的語言工具有關，亦與古代典籍獨特的傳承方式密不可分。《詩》、《書》、《禮》、《易》、《春秋》、《樂》是中國古代傳統文化的六部經典。六經是王官之學。班固在《漢書・藝文志》中便認為諸子都是「六經之支與流裔」。王官之學是當時貴胄子弟唯一受教育的途徑，諸子皆研習過王官之學。由於六經具有極大的涵蓋性，它為諸子思想的發展提供了廣泛的基礎。在那時，經義的傳承方式，主要靠口授。這除了受到當時條件的限制以外，還與經的某些特殊內容有關。如《春秋》，因其「所貶損大人當世君臣，有威權勢力，其事實皆形於傳，是以隱其書而不宣，所以免時難也」，故傳承的方式採用「不可書見，口授弟子，弟子退而異言」。由於是口口相傳，便出現了「公羊、穀梁、鄒、夾之傳。四家之中，《公羊》、《穀梁》立於學官，鄒氏無師，夾氏未有書」（以上均見《漢書・藝文志》）。如今我們仍然可以從《公羊》和《穀梁》那種一問一答的文體中看到口口相傳的某些特徵。其中自然也有訓釋詞義的內容。如魯桓公三年（西元前七〇九年）七月：「日有食之，既。」《公羊傳》：「既者何？盡也。」這「盡」便是解釋「既」之詞義。又如魯莊公元年（西元前六九三年）十月：「王使榮叔來錫桓公命。」《公羊傳》：「錫者何？賜也。命者何？加我服也。」都是對「錫」和「命」字義的訓釋。這些訓釋都由師法口授而來，作為漢文獨特的訓詁學，此時還處於萌芽狀態。《公羊》與《穀梁》的傳文，都是按經文原來的編年次序來闡釋經文的微言大義的，這種體例決定了它是分散的，無法形成較有系統的專題性的論述。《春秋繁露》也可說是一部闡釋《春秋》的專著，它與《公羊》不同的地方，在於它是從整體上把握《春秋》的義理，而在體例上則擺脫了對《春秋》的依附，完全獨立出來，分成若干專題來闡述，本書第六篇〈王道〉就集中體現了這種闡述方式。應當說分專題論述六經理義的做法，在先秦著作中亦已屢見，如《禮記》中的許多篇目，〈大學〉、〈中庸〉、〈表記〉、〈坊記〉、〈緇衣〉等都如此。《荀子》則可說是一部分篇雜論六經的著作。董仲舒的不同處，在於他以專攻《春秋公羊傳》為主，旁及諸經。《公羊》疏於史實的考訂而詳於《春秋》微言大義的闡發，為學者們留下了引申、發揮的很大空間，易於藉以託古改制，用來為現實政治需要服務。這可能就是《公羊》學在漢代成為顯學的重要原因。本書中〈精華〉、〈王道〉、〈滅國〉、〈隨本消息〉、〈盟會要〉、〈十指〉、〈二端〉、〈俞序〉等篇什，都是緊扣經文和傳文闡述理義的，而從〈仁義法〉到〈深察名號〉諸篇，則因內容較多地涉及到儒家的倫理觀念，從正名入手，就需要借助一點訓詁的方法。總體看來，訓詁之學當時還處於初始階段。訓詁學的發展要到漢武帝後期孔壁古文發現以後。由於那時古文經已不可能再有直接的師承，對經義的讀解，只能更多地依賴訓詁章句之學，這樣對文字學的研究就勢必提到議事日程上來了。至東漢，訓詁學已發展到相當規模。《爾雅》一般認為產生於西漢，是一部訓詁專著。劉熙的《釋名》，別稱《逸雅》，和許慎的《說文解字》，都是在東漢問世的。這三部書影響都很深遠，至今仍使我們受惠不盡。其後章句訓詁成了專門的學問，受到人們普遍關注。在唐代，據《唐六典》記載，從左丘明、公羊高、穀梁赤到孔安國、劉向、鄭眾、杜子春、馬融、盧植、鄭玄、服虔、賈逵、何休、王肅、王弼、杜預、范寧等等經學大家和訓詁大師，還被尊為先儒，一年春秋兩次，獲得配享孔子的榮譽。宋代陸九淵，說過一句流傳很廣的話：「六經注我，我注六經。」（見《宋史》本傳）其實漢人也好，宋人也好，對古老的經學的研究，說到底，都是為了歷史與現實的溝通，所謂「舊瓶裝新酒」，借助經典的權威，繫之以現實的需求，使之更好地為當前政治服務。用現今我們聽得很熟的話來說，就叫作「與時俱進」。

第三章

名生於真，非其真，弗以為名❶。名者，聖人之所以真物也。名之為言，真也。故凡百譏有黮黮者，各反其真，則黮黮者還昭昭耳❷。欲審曲直，莫如引繩；欲審是非，莫如引名。名之審於是非也，猶繩之審於曲直也❸。詰其名實，觀其離合，則是非之情不可以相讕已❹。

【章　旨】言名是事物真實的反映，故審察名實離合關係，便可判明事物之是非曲直。

【注　釋】❶名生於真三句　此謂命名必須以事物之真實為依據，才能名實相喻。《荀子・正名》：「名聞而實喻，名之用也。」「名也者，所以期累實也。」真，指事物真實之自身。❷凡百譏有黮黮者三句　百譏，費解。董天工《春秋繁露箋注》改為「百物」，當可從。黮黮，猶昏昏，模糊不清。《說文解字》：「黮，桑葚之黑者。」因桑葚黑，引申為凡黑之稱。昭昭，事理明白。《孟子・盡心下》：「賢者以其昭昭，使人昭昭。今以其昏昏，使人昭昭。」此言名在認識事物中的作用。意謂世間事物眾多，有的昏混不清；如果各有名稱反映它們真實的自身，那麼原來昏混不清的也會變得一清二楚。❸欲審曲直六句　此以繩喻於名。繩墨用以判別木材之曲直，名稱用以審定事物之是非。繩，繩墨，木匠畫直線的工具，喻指規矩或法度。《史記・老子韓非列傳》：「韓子引繩墨，切事情，明是非。」❹詰其名實三句　詰，窮治；深究。離合，指名實相離還是相合。先秦諸子論名，都提到名與實的關係問題，以名實相符為是，名不符實為非。讕，抵賴；誣妄。意謂只要觀察事物之名與實是相離還是相合，那麼其中的是非曲直便不會被顛倒錯亂了。又，俞樾《諸子平議》以為此下文字有脫漏，次序有顛倒。其文稱：「此下當接『《春秋》辨物之理』至『五石、六鷁之辭是也』六十三字。下有脫簡在本書〈玉英〉篇，其文曰『是故治國之端在正名』至『非子路之所能見』三十六字。〈深察名號〉至此已畢。篇首云：『治天下之端在審辨大。』末云：『是故治國之端在正名。』首末正相應也。今定其文當云：『詰其名實，觀其離合，則是非之情不可以相讕已。《春秋》辨物之理，以正其名，名物如其真，不失秋毫之末，故名霣石則後其五，言退鷁則先其六，聖人之謹於正名如此。君子於其言，無所苟而已，五石、六鷁之辭是也。是故治國之端在正名，名之正興五世，五傳之外，美惡乃形，可謂得其真矣，非子路之所能見。』」

【語　譯】名稱產生於事物真實的內涵，不符合事物真實內涵的，就不能作為命名的依據。所謂名，就是聖人用來表達事物真實面貌的。名之所以稱為名，就在於它的真實。所以大凡眾多事物中有昏混不清的，只要用名稱去反映它們各自真實的自身，那麼昏混不清的也會變得一清二楚了。如果想判別木材的曲直，最好不過的辦法是引伸繩墨；倘要審察事物的是非，最有效不過的做法是援引名稱。用名稱作為審察是非的依據，就像用繩墨來判別木材的曲直一樣。深究事物的名和實，觀察二者是相互背離還是相互符合，那麼事物的是是非非就不會被顛倒錯亂了。

【研　析】本章言名實，把觀察名實之間的離合關係，作為審定事物是非曲直的標準。按本篇的行文次序，董仲舒提出這個參合名實的命題，是為了論辯下章的人性的善惡問題。但對現在的這種編排次序，諸家認識並不一致。俞樾以為此種分篇係脫誤錯簡所致，有關性善性惡內容應屬〈實性上〉篇。蘇輿則以為《荀子・正名》篇亦言性情，故〈深察名號〉而有人性之論應不誤（詳本章注❹、下章注❹）。兩位大家，自當各成其說。我們想藉此在這裡贅言幾句的是，名實問題，即法家所說的刑（亦作「形」）名問題，討論的是一個哲學問題，具有極大的覆蓋面，諸子在論辯中，各有以現實迫切需要解決的實際問題為背景。因而即使依俞說，將本篇一分為二，〈深察名號〉單獨成篇，董仲舒也決不會作抽象的泛泛議論，篇中的王號、君號問題，當是他的核心論旨。

諸子對名實的論辯，觸及最多的是君臣關係問題。君有君道，臣有臣道，都需要名實相符。但在如何看待名實離合問題上，由於當事人各自所處的地位以及實際謀求的利益不可能完全一致，有的甚至恰好相反，因而在認識和做法上，就會出現種種矛盾。《管子・心術》對君臣的職分作了這樣比喻：「心之在體，君之位也。九竅之有職，官之分也。」如果「心而無與於視聽之事，則官得守其分矣」。因而要求「君無代馬走，無代鳥飛」，君主不要去幹本屬臣下幹的事。《呂氏春秋・審分》亦有類似比喻：「人與驥俱走，則人不勝驥矣；居於車上而任職，則驥不勝人矣。人主好治人官之事，則是與驥俱走也，必多所不及矣。」都是要求君臣各守其分，做到名實相符。

就名實與人的關係而言，有自動與他動之分。自動的是求名還是求實的問題，他動的多表現為君主對臣下的考察，也就是本書第二十、二十一兩篇中所說的「責名考質，以參其實」和「擥名責實」。《韓非子・二柄》稱：「審合刑名者，言異事也。為人臣者陳其言，君以其言授之事，專以其事責其功。功當其事，事當其言，則賞；功不當其事，事不當其言，則罰。故群臣其言大而功小者則罰，非罰小功也，罰功不當名也；群臣其言小而功大者也罰，非不說於大功也，以為不當名也害甚於有大功，故罰。」以其言授之事和以其事責其功，說的是選任與考績兩件事，都要做到名實相符。漢代考績的情況，在第二十一篇〈考功名〉相關章節後「研析」中已有所介紹，這裡單說選任。漢代行薦舉制，被選者的名，要通過他的實即實際才性表達出來。這就要有人去品評人物才性的優劣。從史著中可以看到，東漢時還出現過一批專門品評人物的名士。《後漢書・郭太傳》注引謝承書：「泰（太）之所名，人品乃定。先言後驗，眾皆服之。」先言後驗，便是對人物的名實參合。還有一個許劭，與其從兄許靖，二人「好共核論鄉黨人物，每月輒更其品題，故汝南俗有月旦評焉」（《後漢書・許劭傳》）。據說「曹操微時，常卑辭厚禮，求為己目。劭鄙其人而不肯對，操乃伺隙脅劭，劭不得已，曰：『君清平之奸賊，亂世之英雄。』操大悅而去」（同上）。此事不一定實有，只是由此也可以看出，所謂鄉閭評議實際是操縱在幾個名士手上。後來魏晉的九品中正制，大抵即沿月旦評而來。《通典・職官十四・中正》注引《晉令》曰：「大小中正為內官者，聽月三會議上東門外，設幔陳席。」這便是通過在州郡設置中正之職使鄉里對人物的品評制度化，屆時在城門外設幔陳席，公開品評，在形式上還有相當的透明度。但「中正任久，愛憎由己，而九品之法漸弊」（《通典・選舉二》）。一旦當權者「愛憎由己」，哪還有什麼公平公正可言！結果是「高下任意，榮辱在手，操人主威福，奪天朝權勢，愛惡隨心，情偽由己，上品無寒門，下品無勢族」（同上）。這可說是集權專制制度在用人問題上的自古及今的通病。

再說幾句求名與求實的問題。《管子・宙合》：「夫名實之相怨久矣，是故絕而無交。惠者知其不可兩守，乃取一焉，故安而無憂。」戴望校注云：「有名有實，必為人怨，其來久。所以絕四鄰之好，杜賓客之交，惡其名實之聞也。」對此，董仲舒作過一個有趣的比喻：「夫天亦有所分予，予之齒者去其角，傳其翼者兩其足，是所受大者不得取小也。」（《漢書》本傳）的確，有了利齒的虎豹，不應再希求有像牛鹿那樣的尖角，能夠展翅飛翔的鳥類，不該奢望再有善於奔跑的四足。魚與熊掌不可兼得，其中蘊含著很大的智慧，歷史上許多人對此作過深刻的思考。《三國志・魏書・武帝紀》引《魏略》曰：「孫權上書稱臣，稱說天命，王以權書示外曰：『是兒欲踞吾著爐火上邪！』」孫權上書勸曹操稱帝，曹操沒有接受，這實在是他的聰明處。為著一個虛名，把矛盾都集中到自己身上來，還不等於放在火爐上烤！類似的例子還有朱元璋。那是在他據有了應天府（今南京），又攻克了徽州城，已成了諸路反元起義軍中一支最強大的隊伍的時候。若按歷史上從陳勝、吳廣到黃巢的先例，朱元璋亦很有可能在這時乘勢稱王。有個叫朱升的人物，因鄧愈的引薦而受朱元璋召見，卻提出了「高築牆，廣積糧，緩稱王」的建議（見《明史・朱升傳》）。正在舉棋不定中的朱元璋，一聽深有所悟，接受了這個建議。所謂緩稱王，也就是暫時放棄對名號追求而注重於實力的擴充。這確是一著高棋。在這種特殊情況下，名實的背離反而對自己更有利。求名求實問題，還曾多次被應用於一種所謂韜光晦跡的策略。典型的例子是司馬懿。這位一直處心積慮圖謀攫取曹魏政權的太傅，聽到河南尹李勝來探望他時，卻特意裝出一副老弱多病的狀態，「使兩婢侍，持衣衣落，指口言渴，婢進粥，帝不持杯飲，粥皆流出沾胸……」，給了李勝一個不久人世的假象。李勝回來後稟告曹爽說：「司馬公尸居餘氣，形神已離，不足慮矣。」「他日，又言曰：『太傅不可復濟，令人愴然。』故爽等不復設備」（《晉書・宣帝紀》）。這樣就麻痺了曹爽，使司馬懿得以利用天子出城謁陵、曹爽兄弟相從這樣一個機會，突然發動軍事政變，一舉奪取了國家權力。

名實問題的論辯雖已很古老，但名實離合的種種矛盾現象卻自古存在，於今尤烈。傳媒中經常在曝光的假冒偽劣問題，道德家們憂心忡忡地談論著的誠信危機問題，都可歸結為名實問題，即名與實的背離。不過茶館酒肆、街頭巷尾人們談論得最多的，還是什麼是「公僕」、什麼是「主人」的問題，對照對照現實，讓他們百思不得其解。倘若孔老夫子再世，他老人家大概又要板起面孔說一聲：「必也正名乎！」

第四章

今世闇於性，言之者不同。胡不試反性之名❶？性之名非生與？如其生之自然之資，謂之性。性者，質也❷。詰性之質於善之名，能中之與？既不能中矣，而尚謂之質善，何哉？性之名不得離質，離質如毛，則非性已❸，不可不察也❹。《春秋》辨物之理，以正其名。名物如其真，不失秋毫之末。故名霣石，則後其五；言退鷁，則先其六❺。聖人之謹於正名如此。君子於其言，無所苟而已❻，五石、六鷁之辭是也。

栣眾惡於內，弗使得發於外者，心也。故心之為名栣也。人之受氣苟無惡者，心何栣哉❼？吾以心之名，得人之誠。人之誠，有貪有仁。仁貪之氣，兩在於身❽。身之名，取諸天❾。天兩有陰陽之施，身亦兩有貪仁之性；天有陰陽禁❿，身有情欲栣⓫，與天道一也⓬。是故陰之行不得干春夏，而月之魄常厭於日光，乍全乍傷。天之禁陰如此，安得不損其欲而輟其情以應天⓭？天所禁而身禁之，故曰身猶天也。禁天所禁，非禁天也⓮。必知天性不乘於教，終不能栣⓯。察實以為名，無教之時，性〔禁天所禁非天也〕何據若是⓰？

【章　旨】本章以形訓釋性之名，並以此駁詰性善之說，強調性之名不得離質，人性與天道合一，人只有通過教化才能控攝情欲以應天，使人性至於善。

【注　釋】❶今世闇於性三句　闇，蒙昧不明。胡不，何不。反性之名，回返到「性」這個名詞。這是董仲舒針對諸子對人性本質之說論辯不一的情況，提出嘗試用名物訓詁的辦法，來解釋人性所蘊含的本義。先秦諸子所持人性之說，約而言之有三：孟子言人性為善，荀子言人性為惡，告子言人性無善無惡。❷性之名非生與五句　此以「性」字之結構訓釋性，屬形訓。「性」字由「心」與「生」構成，因而人之性，也就是人生於自然之本性。蘇輿注：「此以字形言之，以性從生也。《論語・公冶長》皇疏：『性，生也。』〈樂記〉鄭注：『性之言生也。』古亦通用。」先秦以此義釋性者，如告子。《孟子・告子上》：「告子曰：『生之謂性。』」《荀子・正名》：「生之所以然者，謂之性。」「性者，天之就也。」這個天，不是人格神，而是指自然。故言性之質者，即其自然之本質。在董仲舒之後持此說者，有劉向，王充在《論衡・本性篇》：引其言「性，生而然者也。」班固《白虎通義・性情》：「性者，生也，此人所稟六氣以生者也。」康有為《春秋董氏學》：「《莊子》、《孝經緯》皆以性為生之質，於文亦然，當是性之本義。」❸詰性之質於善之名八句　這是針對孟子性善論而發，論辯的方法便是循名責實。意謂如果考究一下性之實質與善這個名，二者顯然並不符合，怎麼還能稱性的本質是善呢？作為性的名稱不能離開性的實質，即使離開一小點，它就不再是性的本義。詰，考詰；查究。中，符合。毛，此處喻指微小。❹不可不察也　俞樾《諸子平議》謂：「此下當接『栣眾惡於內』云云，自此以下即為〈實性上〉篇。董子性必反求諸性之名，故曰『性之名非生與』。論心，必反求諸心之名，故曰『心之為名栣也』。蓋古人言義理，不離聲音訓詁，即孔子正名之義。〈實性〉篇與〈深察名號〉篇所以相次也，後人因兩篇之文有相近者，遂將篇首『今世闇於性』云云，誤羼入〈深察名號〉篇『《春秋》辨物之理』一節之上，而兩篇遂不可分矣。今定此為〈實性上〉篇，而『孔子曰名不正則言不順』以下，則為〈實性下〉篇，庶不失董子之舊乎？」蘇輿《春秋繁露義證》則謂：「案《荀子・正名》篇也言性情，則此段在〈深察名號〉中不誤，但文有錯簡耳。〈實性〉篇中語多與此複，疑出後人綴輯，俞分為上下篇，似未當也。」❺名霣石四句　霣石、退鷁事，見《春秋》僖公十六年（西元前六四四年）。霣石，即隕石。流星體經過地球大氣層，沒有完全燒毀而墜落到地面的部分稱隕星，成分有純鐵、純石或鐵石混合等。其中純石或含石質較多的即為隕石。退鷁，鷁形似鸕鷀，色白。《左傳》注退鷁事曰：「風也。」即因高空有風，人自下仰望，鷁若往後飛行，故稱退鷁。後其五、先其六，均指《春秋》記事之嚴謹和精確。經文原文為：「春王正月戊申朔，霣石於宋五。是月，六鷁退飛過宋都。」《公羊傳》：「曷為先言霣而後言石？霣石記聞，聞其磌然，視之則石，察之則五。曷為先言六而後言鷁？六鷁退飛，記見也，視之則六，察之則鷁，徐而察之則退飛。」所謂「後其五」、「先其六」，皆就觀察者感知的先後次序如實作出的記載。董仲舒引此意在說明「聖人謹於正名如此」，但這似乎屬於記敘的細緻和真實，與正名無關。頗有意思的是，在另一處，董氏將此事解釋為上天示象對宋襄公欲行霸道的警戒。其文稱：「石，陰類；五，陽數。自上而隕，此陰而陽行，欲高反下也。石與金同類，色以白為主，近白祥也。鷁，水鳥；六，陰數。退飛，欲進反退也。其色青，青祥也，屬於貌之不恭。天戒若曰：德薄國小，勿持炕陽。欲長諸侯，與強大爭，必受其害。」（《漢書・五行志》）❻君子於其言二句　語見《論語・子路》：「故君子名之必可言也，言之必可行也。君子於其言無所苟而已。」此言君子所名之事，必然是可以說得清楚，並且可以照著去執行的，故不得有一絲一毫之苟且馬虎。❼栣眾惡於內六句　栣，劉師培曰：「栣惡也。猶言捍禦眾惡也。」原注疑「栣」為「衽」。俞樾云：「衽者，衣襟也。襟有禦之義。《釋名・釋衣服》：『襟，禁也。交於前，所以禁禦風寒也。』『衽』亦有任制之義。……任制與禁禦其義相通。」栣眾惡於內，弗使得發於外者，意謂心能禁眾惡於內，不使其暴發於外，即心具有認知和控攝自身行為的功能。人之受氣，謂人所受之陰陽二氣。《白虎通義・性情》引《鉤命訣》曰：「陽氣者仁，陰氣者貪。」仁者主善，貪者主惡。人所受之陰陽二氣，有善有惡，故心禁其惡於內。為論證人性的內涵，董仲舒在這裡引入了心和氣兩個概念。戰國時期，莊子、管子、孟子、荀子等都把心引入認識論，以其為認識主體，對象化地進行了哲學思考。如《孟子・告子上》：「心之官則思，思則得之，不思則不得也。」《管子・宙合》：「心司慮。」荀子稱感官為天官，心為天君。《荀子・天倫》稱：「心居中虛以治五官，夫是之謂天君。」氣，為春秋時已形成的一種觀念，把心和氣聯繫起來，則是齊人的觀念。他們以行氣、治氣為養心、養身的手段。在孟子的人性論中，人性與心、氣有著緊密的關係。如《孟子・公孫丑上》：「夫志，氣之帥也；氣，體之充也。」志即心志，氣指意氣、勇氣。心志對氣有主導和控制作用。董仲舒則把氣看作人身上的某種材質。❽吾以心之名六句　董仲舒以為「心」之名反映了人的實在和本質。人的實在便包含了貪、仁二氣，它們並存於同一個人的身上。誠，猶實也，與名相對。兩，匹偶，成對的兩物，如陰與陽，仁與貪。《白虎通義・性情》引《鉤命訣》云：「情生於陰，欲以時念也；性生於陽，以就理也。陽氣者仁，陰氣者貪。故情有利欲，性有貪仁也。」❾身之名二句　謂人之身，本於天。《禮記・禮運》：「故人者，其天地之德，陰陽之交，鬼神之會，五行之秀氣也。」「故人者，天地之心也，五行之端也，食味、別聲、被色而生者。」故以天有陰陽之氣，人有貪仁之性相對應。❿天有陰陽禁　董仲舒認為天道好陽而惡陰，在本書第四十三篇〈陽尊陰卑〉中便有「貴陽而賤陰」之說，故所謂陰陽禁者，即指禁陰而不使其干陽也。⓫身有情欲栣　人之性屬陽，人之情欲屬陰，故人之節制自己情欲，猶若天之禁陰以干陽。⓬與天道一也　此是董氏以陰陽之說溝通天人之間，證明人之性情與天道合一。又「天有陰陽禁」一句，劉師培曰：「『陽』為衍字。此文情欲對陰。下云『天之禁陰如此』，則無『陽』字甚明。」鍾肇鵬校釋本則以為「劉說未確。『陰陽禁』、『情欲栣』並列成文。此處『陰陽』乃偏義複詞，猶《禮記・玉藻》『大夫不得造車馬』之例。此『陰陽禁』即禁陰之意」。⓭陰之行不得干春夏五句　此以天之禁陰，曉諭人必須節制自己的情欲以對應上天。陰之行不得干春夏，中國古代的陰陽觀念最早應用於天文和曆法，以之解釋四時的變化。《史記・太史公自序》稱：「律居陰而治陽，曆居陽而治陰，律曆相治，間不容翲忽。」《呂氏春秋・音律》將十二律與十二月相配，以為春夏是陽氣占主導的時令，秋冬是陰氣逐漸占主導的時令。故此處言陰氣的運行不能干擾春夏天氣逐漸轉暖的變化。而月之魄常厭於日光，魄，月中之陰影。厭，損抑；遮蔽。古人以為月之陰影由日光被遮蔽所致。張衡〈靈憲〉：「日譬猶火，月譬猶水。火則外光，水則含景。故月光生於日之所照，魄生於日之所蔽。當日則光盈，就日則盡也。」乍全乍傷，指月之形狀時圓時缺。董仲舒以陰陽說對此作了解釋。即以為陰（魄）常欲掩蔽陽（日光）而天禁之，因而便出現了時圓時缺的景狀。安得不損其欲而輟其情，輟，停止。此句主語為人。人當效天而節情制欲。⓮天所禁而身禁之四句　此言人所要禁的亦就是天所要禁的，如天禁陰，人禁貪，故曰「非禁天也」。⓯必知天性不乘於教二句　此句強調王者實施教化之重要。董仲舒以為人性中既有貪亦有仁，「仁貪之氣，兩在於身」，人應當效法天禁陰而身禁貪；但人如果不經過教化，單憑天然的人性，就不會有「栣」，亦即不會有自行控制貪欲的功能。乘，憑藉；依賴。儘管董氏與荀子所持人性論有異，但二人強調教化之功則同。《荀子・性惡》：「枸木必將待櫽括烝矯然後直，鈍金必將待礱厲然後利。今人之性惡，必將待師法然後正，得禮義然後治。今人無師法，則偏險不正；無禮義，則悖亂而不治。古者聖王以人之性惡，以為偏險而不正、悖亂而不治，是以為之起禮義、制法度，以矯飾人之情性而正之，而擾化人之情性而導之也。」⓰察實以為名三句　末句原文性下有「禁天所禁非天也」七字，惠棟、盧文弨校為衍文，諸本多依，當刪，原文已用〔〕標出。據，應為「遽」。遽，驟然。董仲舒主張「天生民性有善質而未能善」，需「教之然後善」（見五章），故此句是對章首提到的性善論的回應和反駁。意謂對人性的稱名應考察實際狀況，人性在沒有經過王者教化以前，怎麼能一下子達到「善」呢？

【語　譯】如今世人對什麼是人性被弄糊塗了，因為談論人性的說法各不相同。與其如此，何不嘗試回返到性的名稱來探索一下它的究竟呢？「性」這個名不正是從「生」字來的嗎？像天生的自然資質，就叫作「性」。所謂性，就是事物本質的意思。如果細究一下人性的實質再對照對照「善」這個名，二者能做到名實相符嗎？既然不相符，那又為什麼還要稱人的本性是善呢？為人性命名不能離開它的本質，即便背離本質只有一星半點，就不再是它的本性了，這是不能不審察清楚的。《春秋》通過辨別事物內在的理數來為事物正名，它的命名完全符合事物的真實狀況，沒有一絲一毫的差別。所以它記載隕石事件，把數量詞「五」放在「石」的後面；說到鷁鳥退飛，又把數量詞「六」放在「鷁」的前面，可見聖人對於命名這件事嚴謹到何等程度。君子對於自己說的每一句話，非做到沒有一點苟且馬虎不可，《春秋》對五石、六鷁的記載就做到了這樣。

把眾多惡念禁控在內裡，不使它們暴發到外面來的，就是心的功能。所以心的得名就是由於它能「栣」，也就是「禁」。人所秉受的氣質，如果真像性善論說的那樣不包含有惡的成分，那又要心禁控什麼呢？我以為心的稱名，應當切中人的真實的本質。人的真實本質是既有貪欲的一面，又有仁愛的一面，這貪欲和仁愛兩種氣質，並存在同一個人身上。人自身的得名，取法於天。天兼有陰陽二氣的作用，人身上亦同時有貪欲和仁愛這兩種特性。天道有對陰氣的禁控，人身有對情欲的節制，在這一點上，人與天道是一致的。所以在陰氣的運行中，上天不允許它干擾春夏的來到，不允許月亮的陰影一直擋住陽光，只能有時全有時缺。上天對陰氣的禁控如此周到，人又怎麼能不減損自己的欲望、收斂自己的私情以與天道相對應呢？上天所禁控的，人身也禁控，所以說人的身體猶如天一般。禁控天所要禁控的，這並不是禁絕全部天然本能。必須懂得，人的天性如果不依靠法度的制約和禮樂的教化，終究不會有禁控貪欲和私情的功能。從以上對人性的實質的考察再來看它的名，便可知道在沒有受到教化以前，人性怎麼能一下達到「善」這樣的狀態呢？

【研析】本篇四、五、六三章及下一篇〈實性〉，闡述的都是與人性相關的問題。人性之論，在東西方都很古老。在中國，自戰國至秦漢，人性為諸家論爭的最激烈的論題之一。本章第一句便是：「今世闇於性，言之者不同」；王充《論衡・本性》也說：「昔儒舊生，著作篇章，莫不論說，莫能實定。」所反映的都是這種情況。其中影響最為深遠的是荀、孟兩大家，孟子主性善，荀子主性惡。此外，在秦以前，「周人世碩，以為人性有善有惡。舉人之善性，養而致之則善長；性惡，養而致之則惡長。如此，則性各有陰陽、善惡，在所養焉。故世子作〈養〉一篇。宓子賤、漆雕開、公孫尼子之徒，亦論情性，與世子相出入，皆言性有善有惡」（《論衡・本性》）。據《漢書・藝文志》著錄有：《世子》二十一篇，世子名碩，陳人，孔子七十子之弟子；《漆雕子》十三篇，漆雕子名開，孔子弟子漆雕啟之後；《宓子》十六篇，宓子名不齊，子賤為其字，孔子弟子；《公孫尼子》二十八篇，亦為孔子七十子之弟子。孔子自己雖然沒有直接議論人性問題，但在孔門弟子中對人性善惡的議論一直是個熱門話題。儒家代表性的著作如《周易》、〈中庸〉等，對人性亦都有論述。不僅儒家，道法二家對人性問題也頗為關注。儘管《老子》與《莊子》的內篇沒有直接論及，但道家的支系加入論辯的就相當多了。如《管子》中〈心術〉上下及〈內業〉等篇，由心、氣闡發人性；與孟子辯論的告子，則主張「生之謂性」，以性無善惡說而與孟子之性善說相對立。在漢代，董仲舒之前若陸賈，之後若劉向，都談論過人性問題。

本章董仲舒對人性問題的論述，引入了這樣一些命題：性的名與實，性與情欲，性與心，以及人性與天命和陰陽的關係，天命與人事的關係。這些命題最終都要落腳到人性的善與惡，或者無善無惡。值得注意的是董仲舒與諸子一樣，決不是在這裡泛泛地討論一個純學術問題，而是有著明確的政治目的的。王充在《論衡・本性》的首章便說：「情性者，人治之本，禮樂所由生也。」「禮所以制、樂所為作者，情與性也。」原來人性是作為教化的實施對象來考察的，弄清楚人性或善或惡的本質，就是為了使王者的教化有的放矢，富有成效。

《荀子・禮論》說：「禮起於何也？曰：人生而有欲，欲而不得，則不能無求；求而無度量分界，則不能不爭；爭則亂，亂則窮。先王惡其亂也，故制禮義以分之，以養人之欲，給人之求，使欲必不窮乎物，物必不屈於欲，兩者相持而長，是禮之所起也。」這裡說的「人生而有欲」的欲，是指人生存的基本需求；《白虎通義・情性》所說的「喜、怒、哀、樂、愛、惡謂之情」的情，就是人的欲望在情感上的表現。荀子從人生而有欲，看到物有限、欲無窮這一矛盾，因而以為制定禮樂制度的目的，便是要在欲無窮與物有限這一矛盾中間找到一個平衡點，在欲望上給予度量的分界，這就是禮要發揮的功用。人要節制欲望，這一點孟子與荀子是一致的。《孟子・盡心下》：「養心莫善於寡欲，其為人也寡欲，雖有不存焉者，寡矣。其為人也多欲，雖有存焉者，寡矣。」董仲舒在本章中說：「天之禁陰如此，安得不損其欲而輟其情以應天。」第二十篇〈保位權〉亦說：「聖人之制民，使有欲，不得過節；使之敦樸，不得無欲。無欲有欲，各得以足，而君道得矣。」在論辯中，對人生而有欲，幾乎是各派都承認的；但這種欲望是否有它存在的合理性，是可以利用來成就王業，還是把它看作是罪惡的淵藪，那就各說各的了。《呂氏春秋・八覽》中有一篇〈為欲〉，為的主語是君王，欲指百姓的欲望。議論的主題是君王如何利用民眾的欲望為自己所用。它強調君民關係是互換關係：君主欲得民力之用，必須滿足他們的欲望。故「為」的前提是「欲」：「使民無欲，上欲賢猶不能用。」如果沒有適當的方法去滿足民眾追求富裕生活的欲望，民眾仍不能為君主所用，所以說「令人得欲之道，不可不審矣」。這就是要仔細研究如何富民的辦法。不僅如此，「善為上者，能令人得欲無窮，故人之可得用亦無窮也」。君主若能照此行事，百姓就會把自己的命運寄託在君主身上，君主就能穩固地把握住國家的權力。這樣，民有欲非但不可怕，還是一件大好事：「會有一欲，則北至大夏，南至北户，西至三危，東至扶木，不敢亂矣；犯白刃，冒流矢，趣水火，不敢卻也；晨寤興，務耕疾庸，橆為煩辱，不敢休矣。」所以呂不韋在文中說：「古之聖王，審順其天，而以行欲，則民無不令矣，功無不立矣。」這就是因民之欲以用民之力所能達到的最高境界。荀子對「人生而有欲」的態度，顯然與呂不韋不同。他主張「制禮義以分之」，即用禮義來將欲望限制在某個度量上，禁止其逾越。呂不韋是疏和用，荀子則是堵和壓。眾人同欲，必然會產生爭的問題，荀子自然更認為可怕：「從人之性，順人之情，必出於爭奪，合於犯分亂理而歸於暴。故必將有師法之化，禮義之道，然後出於辭讓，合於文理而歸於治。」（《荀子・性惡》）呂不韋態度完全相反，不僅不反對爭，還要引導人們去爭，類似現今人們常說的要引入競爭機制。〈為欲〉中用了一個極通俗的例子：「群狗相與居，皆靜無爭，投以炙雞，則相與爭矣，或折其骨，或絕其筋，爭術存也。」有競爭是好事，通過競爭，可以達到優勝劣汰的目的。關鍵是看你怎麼去引導和掌握：「凡治國令其民爭行義也，亂國令其民爭為不義也；彊國令其民爭樂用也，弱國令其民爭競不用也。夫爭行義樂用，與爭為不義競不用，此其為禍福也。」呂不韋能因民之欲，把互換關係與競爭機制引到君王治國方略中來，在見解上確要高於荀子一籌，這也許與他出身於陽翟大賈的經歷不無關係吧？戰國時期，列強兼併爭奪是那樣激烈，各國都面臨著生死存亡的問題，孟子見梁惠王，梁惠王的第一句話便是：「叟，不遠千里而來，亦將有以利吾國乎？」（《孟子·梁惠王上》）那種急於求得治國之道以應對激烈競爭的心情溢於言表。諸子對人性問題論辯，正是在這樣的歷史背景下展開的。因而它不可能是純學術的探討，而是有著濃厚和急切的功利目的，其中對欲望問題的爭論，顯得尤為直接和現實。那麼在呂不韋與荀子二家之間，董仲舒傾向於哪一邊呢？顯然他是傾向荀子的。董仲舒認為情與欲是一個問題的兩個方面，情是人們的欲望面對著物而表現出來的喜、怒、哀、樂、愛、恨的情緒，「天有陰陽禁，身有情欲栣，與天道一也。」「天之禁陰如此，安得不損其欲而輟其情以應天？」董仲舒與荀子一樣主張對欲望要堵與壓，有所不同的是他還援引了天道。

第五章

故性比於禾，善比於米。米出禾中，而禾未可全為米也；善出性中，而性未可全為善也。善與米，人之所繼天而成於外，非在天所為之內也[1]。天之所為，有所至而止。止之內，謂之天性；止之外，謂之人事。事在性外，而性不得不成德[2]。民之號，取之瞑也。使性而已善，則何故以瞑為號？以瞑者言，弗扶將，則顛陷猖狂，安能善[3]？性有似目。目臥幽而瞑，待覺而後見。當其未覺，可謂有見質，而不可謂見[4]。今萬民之性，有其質而未能覺，譬如瞑者待覺，教之然後善。當其未覺，可謂有質[5]，而不可謂善，與目之瞑而覺[6]，一槩之比也。靜心徐察之，其言可見矣。性如瞑之未覺，天所為也。效天所為，為之起號，故謂之民。民之為言，固猶瞑也。隨其名號以入其理，則得之矣[7]。是正名號者於天地[8]，天地之所生，謂之性情，性情相與為一瞑，情亦性也[9]。謂性已善，奈其情何[10]？故聖人莫謂性善[11]，累其名也[12]。身之有性情也，若天之有陰陽也，言人之質而無其情，猶言天之陽而無其陰也[13]。窮論者，無時受也[14]。

名性，不以上，不以下，以其中民之[15]。性如繭如卵，卵待覆而為雛，繭待繰而為絲，性待教而為善[16]，此之謂真天[17]。天生民，性有善質，而未能善，於是為之立王以善之，此天意也[18]。民受未能善之性於天，而退受成性之教於王。王承天意，以成民之性為任者也[19]。今案其真質，而謂民性已善者，是失天意而去王任也。萬民之性苟性已善，則王者受命尚何任矣？其設民不正，故棄重任而違大命[20]，非法言[21]也。《春秋》之辭，內事之待外者，從外言之[22]。今萬民之性，待外教然後能善㉓，善當與教，不當與性㉔。與性，則多累而不精，自成功而無賢聖㉕，此世長者之所誤出也㉖，非《春秋》為辭之術也㉗。不法之言，無驗之說㉘，君子之所外㉙，何以為哉㉚？

【章　旨】此章引進「善質」這一概念，以米出於禾而禾未全為米，卵能成雛須待孵化等為喻，反覆說明人之善質要經過教化才能成為善，強調民眾接受王者教化、王者施教於民，皆為天意，不可違背。

【注　釋】❶性比於禾九句　禾，即粟，亦特指稻，又可作為黍、稷、稻等糧食作物的總稱。鑒於下篇〈實性〉有「米出於粟，而粟不可為米」之句，此禾似亦當指粟。米為去殼、去皮的穀類或某些植物之子實。禾既為粟，則米亦應是粟米，即小米。此以禾比人之性，以米比人之善；善為人性潛能之一，非人潛能之全部。禾轉化為米，需經人的加工，人之向善亦需經過教化。董氏此說與荀子之人性論較為接近。什麼是性？荀子的回答是：「生之所以然者為之性。」「凡性者，天之就也，不可學，不可事。」（《荀子》之〈正名〉、〈性惡〉）但又有不同。荀子認為人性本惡，善是外力人為的。這一觀點，集中反映於〈性惡〉篇：「人之性惡，其善者偽也。」偽者為也，亦即是聖人禮義教化的結果。「問之曰：人之性惡，則禮義惡生？應之曰：凡禮義者，是生於聖人之偽，非故生於人之性也。故陶人埏埴而為器，然則器生於工人之偽，非故生於人之性也。……聖人積思慮、習偽故，以生禮義而起法度，然則禮義法度者，是生於聖人之偽，非故生於人之性也。」董仲舒則認為人性並非全惡，其中存在著善之質，但這種質只是善的潛在可能性，要經過教化才能轉化為善的現實性，此句中「性未可全為善也」就含有這個意思。類似的論述本書中還有不少。如「性有善質，而未能為善也」（〈實性〉）；「凡人之性，莫不善義」（〈玉英〉）；「天之為人性命，使行仁義而羞可恥，非若鳥獸然，苟為生、苟為利而已」（〈竹林〉）；「天下者無患，然後性可善」（〈盟會要〉）等。❷天之所為八句　天之所為二句，指天只賦予人性以善之質，亦即上文「性未可全為善也」之意。人事，指禮樂教化。此謂天性所具有的善質只是一種善的潛在可能性，須經過王者的教化才「不得不」而形成為良好的品德。這「不得不」是強調人們接受法度制約和禮樂教化是帶有強制性的，良好品德的形成絕非自然而然，亦即第三十六篇〈實性〉所謂「王教在性外，而性不得不遂」。又，盧文弨《抱經堂叢書》及鍾肇鵬校釋本皆以為「而性不得不成德」下有脫文。其所脫文字，在第三十六篇〈實性〉之末，自「性者天質之樸也」至「其名不正，故不受也」，共四十七字。❸民之號八句　此以民之號「瞑」駁詰性善說。瞑，盲也，引申為懵懂、愚昧。以瞑者言，當為「以瞑言者」，蘇輿等已校出。扶將，扶助和帶領，弗扶將之主語省略，當指王者之教化。顛陷猖狂二句，意謂若由著民（瞑）之本性行事，必然顛倒猖狂，胡作非為，哪裡談得上什麼善！荀子亦有類似論述。《荀子・性惡》云：「今人之性，生而有好利焉，順是，故爭奪生而辭讓亡焉。生而有疾惡焉，順是，故殘賊生而忠信亡焉。生而有耳目之欲，有好聲色焉，順是，淫亂生而禮義文理亡焉。然則從人之性，順人之情，必出於爭奪，合犯分亂理，而歸於暴。」❹性有似目六句　此以眼睛有「見質」不瞑眼不能見，喻人性有善質，不經教化不能謂之善。此處所謂善質，類似於孟子所言之善端：「惻隱之心，仁之端也；羞惡之心，義之端也；辭讓之心，禮之端也；是非之心，智之端也。人之有是四端也，猶其有四體也。」（《孟子・公孫丑上》）不同之處在於，董氏的善質須經外力的禮義教化才能成為現實的善，孟子的善端則可由主體自行擴充光大：「凡有四端於我者，知皆擴而充之矣，若火之始然，泉之始達。苟能充之，足以保四海，苟不充之，不足以事父母。」（同上）當然，若進一步分析，也應考慮到兩家論述對象的不同：董氏主要是指被他稱之為「瞑」的萬民，而孟子之言多為列國君主而發。❺可謂有質　據盧文弨本、蘇輿本和譚獻《董子》，當補一「善」字，作「可謂有善質」。❻瞑而覺　陶鴻慶《讀諸子劄記》謂：「『瞑而覺』當作『瞑而待覺』。上文云『譬如瞑者待覺』即其證。」❼靜心徐察之十一句　言，猶理，即後文「以人其理」之理。入，深入探究。此言只要靜心細察「民」這個效法天意所起的稱號，其中所包含的理義自然就可發現。如何細察，那就是通過字義訓詁。民的意思就是「瞑」，瞑字之義為蒙昧未覺，所以民之性亦就是瞑者待覺。❽是正名號者於天地　句首「是」，代指上文所言情況，猶是故、因而。正名號者於天地，意謂為事物定名要取法於天地。《禮記・中庸》：「天命之謂性。」鄭玄注：「天命謂天所命生人者也，是謂性命。」所謂天地之性，是推天命流行之初而言。❾天地之所生四句　此言性與情皆由天地自然所生，是同體的，不可分割。這是董仲舒的觀點。荀子的論述則進一步作了細分。如：「性之好惡喜怒哀樂謂之情，情然而心為之擇謂之慮，心慮而能為之動謂之偽。」故情是人之性感物而動。《白虎通義・情性》：「六情者，何謂也？喜、怒、哀、樂、愛、惡謂六情，所以扶成五性。」《禮記》疏引賀瑒云：「性之於情，猶波之於水，靜時是水，動作成波，靜時是性，動則是情。」❿謂性已然二句　此是對孟子性善說的詰問。前提是「情亦性也」，情性一體。若謂人性皆善，必然導致人情亦皆善的結論。但在董仲舒看來，情顯然不可能是善的：「人欲之為情，非度制不節。」（《漢書》本傳）故反問一句：奈其情何？孟子對情亦有所論及，如《孟子・告子上》：「孟子曰：乃若其情，則可以為善矣。」接著便列舉了心的四種狀態，亦可說是情的四種表現：「惻隱之心，人皆有之；羞惡之心，人皆有之，恭敬之心，人皆有之，是非之心，人皆有之。」對孟子所言之情，戴震《孟子字義疏證》云：「情猶素也，實也。」⓫故聖人莫謂性善　聖人指孔子。孔子確實沒有直接說過性善一類的話，對性的議論亦不多，在《論語》中僅有一句：「性相近，習相遠。」（〈陽貨〉）孔子弟子子貢還說過：「夫子之文章，可得而聞也。夫子之言性與天道，不可得而聞也。」（〈公冶長〉）⓬累其名也　此句是對以上論述的概括。意謂性善說之謬誤，是由沒有深察「民」這個名號的本義造成的。累，帶累。⓭身之有性情也四句　以天之有陰陽喻人之有性情，在董仲舒之前，有世碩。「周人世碩以為人性……各有陰陽善惡，在所養焉」（《論衡・本性》引）。漢代尤多，論旨則各有異。西漢如劉向：「性生而然者也，在於身而不發，情接於物而然者也，出形於外。形外則謂之陽，不發者謂之陰。」（《論衡・本性》引）東漢如《白虎通義・性情》：「性者陽之施，情者陰之化也。」王充《論衡・初稟》：「性生於陽，情生於陰。」許慎《說文解字・心部》：「性，人之陽氣，性善者也；情，人之陰氣，有欲者。」緯書如《鉤命訣》：「情生於陰，欲以時念也。性生於陽，以就理也。」又，《論衡・本性》對董氏性情論直接有一評說，錄之如下：「董仲舒覽孫、孟之書，作情性之說曰：天之大經，一陰一陽；人之大經，一情一性。性生於陽，情生於陰。陰氣鄙，陽氣仁。曰性善者，是見其陽也；謂惡者，是見其陰者也。董仲舒之言，謂孟子見其陽，孫卿見其陰也。處二家各有見可也；不處人情性，情性有善有惡，未也。夫人情性，同生於陰陽。其生於陰陽，有渥有泊；玉生於石，有純有駁，情性於陰陽，安能純善？仲舒之言，未能得實。」⓮窮論者二句　窮論，窮究深論。時，《經籍纂詁》：「時，是也。《書・堯典》『黎民于變時雍』傳。」《爾雅・釋詁》亦謂：「時，是也。」此處代指上文「言人之質而無其情」之論。意謂若加以深入探究，不會有人接受此種說法。⓯名性四句　此句中原注言：「他本『民』誤作『名』。」然依文義，似應從他本改「民」為「名」。名性，指對人本性之考察。董仲舒認為性可以分為上、中、下三品，作為深入考察的對象，當為中品之人，故言「以其中名之」。《論語・陽貨》：「子曰：唯上知與下愚不移。」不移是不能改變。上知指生而知之者，下愚指弱智癡呆者，這兩類人是難以改變的。此外便屬於中人的範圍，那是可以移易的，也就是具有可塑性。孔子說他自己「我非生而知之者，好古敏以求之者也」（《論語・述而》）。可見他認為自己並不屬於上知的範圍。⓰性如繭如卵四句　覆，指孵化。繅，同「繰」，指繭繅絲。意謂人性如同繭與卵，後二者分別具有被孵而成雛、繅而成絲的潛能，人性亦具有為善的潛在可能性，但需經過教化才能成為善的品德。類似的論述亦見於《淮南子・泰族訓》：「繭之性為絲，然非得工女煮以熱湯，而抽其統紀，則不能成絲；卵之化為雛，非慈雌嘔暖覆伏，累日積久，則不能為雛。人之性有仁義之資，非聖人為之法度而教導之，則不可使鄉方。」《韓詩外傳》亦有此說，文字亦與《淮南子》大體相同。此當是漢初人們之成說。⓱此之謂真天　他本無「天」字。意謂此即人性之本真。⓲天生民五句　立王以教民，諸子亦有類似論說。如《管子》：「君道立，然後下從；下從，然後教可立，而化可成也。」董仲舒則把王者對民眾的教化，說成是秉承於天意。這樣天不僅是自然神，已經成了有意志有目的的人格神了。⓳民受未能善之性於天四句　這不僅把王者對民眾的教化說成是受命於天的職責，亦把民眾接受教化說成是順應天命的義務，是由其自身不完善的本性所決定的。任，責任。董仲舒在應制對策中亦作過相似的表述。其文稱：「天令之謂命，命非聖人不行；質樸之謂性，性非教化不成。人欲之謂情，情非度制不節。是故王者上謹承於天意，以順命也；下務明教化民，以成性也。正法度之宜，別上下之序，以防欲也。修此三者，而大本舉矣。」（《漢書・董仲舒傳》）⓴今案其真質七句　全句從王者教化之任反駁孟子性善之說：如果性善之說可以成立，王者的教化之任不是就可以不要了嗎？所以性善說是要王者放棄教化重任、違反天命的錯誤言論。真質，謂人性之真實本質。苟性已善，句中「性」字諸本大多作「信」；蘇輿本則以「性」字為衍文，應作「苟已善」。其設民不正，宋本及永樂大典本皆作「名不正」，「民」當改作「名」。違大命，蘇輿已校出，當作「違天命」。㉑法言　合乎禮法的言論。《孝經・卿大夫》：「非先王之法言不敢道，非先王之德行不敢行。」此處則指下文提到的孔子《春秋》大法之言。㉒春秋之辭三句　此言《春秋》記事之法，凡內部之事需待外部相應出現的事項予以指明的，記敘的次序由外而內。如《春秋》魯僖公十五年（西元前六四五年）：「九月己卯晦，震夷伯之廟。」《漢書・五行志》載有劉向、董仲舒、劉歆對此作出的解釋，其中「董仲舒以為夷伯，季氏孚（指受到信用）也，陪臣不當有廟。震者雷也。晦暝，雷擊其廟，明當絕去其僭差之類也。」夷伯不應立廟而立廟，屬內事，其不當則由雷震自外以天意示之，故《春秋》記「震」在「夷伯」之前，此即所謂「從外言之」。又，魯文公三年（西元前六二四年）：「秋，雨螽于宋。」《漢書・五行志》亦載有劉向等對此作出的解釋，其中董仲舒以為「宋三世內取，大夫專恣，殺生不中。故螽先死而至。」宋三世內取與大夫專恣是宋之內事，雨螽，為由外指明其事之不當，故《春秋》書「雨螽」於「宋」之前，亦屬「從外言之」。㉓待外教然後能善　指普通民眾之性，需待王者教化才能成為善。就其本性而言，教化之力來自外部，故言「待外教」。㉔善當與教二句謂善只能是王者禮法教化的結果，故善當與教相對應；善不可能由性自然形成，故善不當與性相對應。㉕與性三句　意謂如果把善與性對應起來，即以為性原本就善，那麼就會連帶累及名實關係的不精確，以為普通民眾之性，可以通過內省慎獨，自行修養成善，就會無視於聖賢禮樂教化的重大作用。㉖此世長者之所誤出也　此為對當世持孟子性善說者婉轉的批評。長者，敬詞。多指年長而有德行者。㉗非春秋為辭之術也　《春秋》為辭之術，即指上文「《春秋》之辭，內事之待外者，從外言之」。董仲舒以為萬民之性非經外力教化不能達到善，即人性之致善亦屬「內事之待外者」，因而亦必須「從外言之」，強調王者教化的作用。而持性善說者則以為人性之完善可以「自成功而無賢聖」，故董氏譏之以「非《春秋》為辭之術也」。㉘不法之言二句　均指性善說。不法，違反《春秋》大法。無驗，無法驗證。㉙君子之所外　意謂性善之說必然為君子所排斥和拒絕。外，排斥；拒絕。㉚何以為哉　為，《經籍纂詁》：「為，猶與也。」此處意謂贊同。指君子怎麼能夠贊同這樣一種「不法之言，無驗之說」呢？

【語　譯】所以說，性好比是禾，善好比是米。米從禾中產生，但禾並非全部是米；善出自人的本性，但是人性不可能全部都是善。善與米都是人們在天工造就的基礎上，再用外力加工而成的，不在上天直接創造的範圍之內。天工的造就，達到一定程度就停止。在天工造就這個程度以內的稱為天性，程度以外的，就屬於人事，是人工努力的結果。人工的努力原在本性以外，人性在受到外在的教化後，才會被動地養成善的品德。民的稱號，是取「瞑」這個字的意思，假使人性本來就已是善的，那怎麼能用「瞑」字來表達民這個稱號的涵義呢？拿處於「瞑」也就是蒙昧狀態的人來說，如果沒有外力的扶持引導，只會陷於顛倒沉溺，猖獗瘋狂，怎麼能做到善呢？性就好比是眼睛，人在躺著閉目睡眠時，眼前只有昏蒙幽暗，要等到醒來睜開眼睛，才能看到外部的一切。在人還沒有覺醒時，眼睛只能說具有看見的潛能，不能說已經看到。而今千千萬萬民眾的本性，就是雖有為善的資質，但自己不能覺醒，好似沉睡的人等待著覺醒，要經過教化然後才能具備善的品質。當他們尚未覺醒時，可以說具有善的資質，但還不能說是善良的，這與眼睛從睡著到覺醒的變化是相同的。只要靜心地慢慢去體察它，其中道理自然就會明白過來。人的本性是一種「瞑」的狀態，就像睡著還未醒來的樣子，這原是天工造就的。以天工造就的本性作為依據，給它起一個稱號，所以就叫作民。民這個字所要表達的，原本就是「瞑」的意思。由這個稱號深入研究它所蘊含的道理，就能理解人性的涵義了。因而端正名號要依據天地賦予的本義。由天地生養而成的稱為性情，性和情合而為一，都處於一種「瞑」的昏睡未醒狀態，情也就是性，不可分割。如果說性已是善的，那又拿情怎麼辦呢？所以聖人從來不說性是善的。如果把人性說成是善的，那就會連累到民這個名號與「瞑」的涵義也變得不相符合了。人身上包含有性和情，就像天有陰和陽一樣，說人的資質只有性而沒有情，那就等於說天只有陽而沒有陰。如果作一番窮究深論，那麼這種說法是不會有人接受的。

給人性定名，考察的對象，既不是上等的人，也不是下等人，而是要依照絕大多數的中等人來定名。人性這東西，好比是繭或卵，卵要經過孵化才能成為幼禽，繭要經過繅才能成為絲，人性亦要經過教化才能成為善良，這就是人性的本真。上天生養的民眾，在他們的本性包含有為善的潛質，但還未能達到善，於是又為他們設立王者來實施教化，使他們具有善的品質，這是天意的體現。民眾從上天那裡承受了尚未轉化為善良的本性，又回過來從王者那裡接受使本性善良的教化。王者秉承天意，把教化民眾成就善良的人性作為自己的職責。如今已有了這樣對人性真實本質的考察作依據，還要說民眾的本性早已是善良的，那就是違反天意，要取消王者教化的職責。如果萬民的本性已經善良，那麼王者接受了天命還有什麼職責要他去完成呢？對人性不能正確地定名，勢必導致王者放棄重任而違背天命。這樣的言論是不符合《春秋》大法的。依照《春秋》記事的方法，凡是內部的事，需待外部相應出現的事項來說明的，記敘的次序就要從外部說起。既然萬民的原始人性要等待外部的教化才能轉化為善良，那麼它的善良應當與教化相對應，不該與原始本性相對應。如果把人性與善相對應，那麼就會帶累民的名實關係亦不精確。以為人性不需要聖賢教化就可以自行成就善良的品質，這是當世長者一種錯誤的說法，不符合《春秋》表述事物的原則。違反《春秋》大法的言論，無法驗證的學說，正是君子所要拒絕的，怎麼可以贊同呢？

【研 析】本篇第二章，通過訓釋「王」、「君」二字以闡釋天子之義。這一章旨在闡釋「民」亦即平民百姓的名分地位。「民之為言，固猶瞑也」，用的仍然是音訓的方法。以瞑字的含有昏蒙未覺之義，從而論定萬民之性「譬如瞑者待覺，教之然後善」。由於民是人口中的大多數，對民眾本性的論述，也就不能不涉及到對整個人性的考察。就像文中說的那樣：「名性，不以上，不以下，以其中民（名）之。」這中人之性自然也就是「萬民之性」了。

董仲舒的這個民之性為「瞑」的說法，與孟子的性善說是對立的，所以他在論述過程中，明確以性善說作為論戰對象。他的論證方法多採用「比類率然」的類推法。在董氏心目中《春秋》是類比論證的準則和典範：「《春秋》之道，舉往以明來。是故天下有物，視《春秋》所舉與同比者，精微眇以存其意，通倫類以貫其理，天地之變，國家之事，粲然皆見，亡所疑矣。」（《漢書・藝文志》）本章中提到的類推例證：一是把性比作禾，善比作米，米出於禾而禾未全是米；二是把性比作目，目閉而瞑待覺而後見；三是把性比作卵和繭，卵待孵而成雛，繭待繅而為絲。結論是人性雖有潛在的善質，但不經教化不會自行達到善。我們知道類比推理是根據兩個或兩類事物在一系列屬性上的相似，從而推論出另一個或另一類事物屬性上亦有相似的狀況。從禾與米、卵與雛、繭與絲、目之瞑與見，推論出人性中的善質與善的關係，如同卵、繭之成為雛、絲需加上外力作用一樣，潛在善質要轉化為現實的善，亦需加上一個外力條件，那就是王者的法度制約和禮樂教化。類比的聯想和推理，可以幫助人們舉一反三，觸類旁通，從而啟發人們的靈感，找到解決難題的方法。這是中國一種傳統的思維方法。孔子在《論語・述而》中說過：「舉一隅不以三隅反，則不復也。」然而類比推理是要受到類比雙方條件的制約的，由兩類事物在某些方面的相似性，推導出它們在另外一些方面亦仍然相似，這樣的結論並不具有必然性。我們在古籍中看到的類比案例，不少只是現象有某些相似，可能對激發聯想會起到一些作用，畢竟還很難說是科學的論證。譬如在本章中，董氏用卵與雛和繭與絲類比人性中的善質與善的關係，它們的相似之處，實在只有都需外力參與才能發生轉化這樣一點上，除此以外，它們各有自己的規定性，不可作比。人是組成社會的具有思維和認知能力的動物，即使依照董氏的人性論，善質經過法度的制約和禮樂的教化，也並非一定會像卵孵而成雛、繭繅而成絲那樣，達到王者所要求的善。人性的變化遠比卵之與雛、繭之與絲複雜得多。當然不能否認舉一反三的類比推理在啟發人們思考方面的作用，從修辭學的角度說，比喻也不失為一個增添文采的好方法，但論證要取得可靠的結論，還必須有嚴格的邏輯推理和周密的實證為基礎。

不妨把孟子與董氏性善、性未善的論辯擱置一旁，再來考察一下他們各自從自己人性觀點出發，會導引出哪些不同的政治主張來。應當說，在按照儒家理想，陶冶人性，培育人們善良品德這一目標上，兩家是一致的，差別在如何達到這一目標的途徑或方法上。孟子的性善說以為人人皆有惻隱、羞恥、辭讓、是非之心，這便是所謂善端，因而在倫理修養上主張宏揚人性中的善端，通過內省以達到聖賢的境界。這一點在孟子與齊宣王的對話中表現得非常明顯。一見面，齊宣王就要問齊桓、晉文之事，也就是如何稱霸的事。孟子的回答是：「仲尼之徒無道桓文之事者。」把話題從霸道轉到王道，又由王道很自然地說到了為王者的道德修養問題。這時孟子便說起了發生在齊宣王自己身上的一個故事，巧妙地藉此來宣揚他的善端說。孟子說：我聽說一天你大王「坐於堂上，有牽牛而過堂下者，王見之，曰：牛何之？對曰：將以釁鐘。王曰：舍之。吾不忍其觳觫，若無罪而就死地。對曰：然則廢釁鐘與？曰：何可廢也，以羊易之」（《孟子．梁惠王上》）。孟子正是由這個故事，說明齊宣王存有惻隱之心的善端，只要將此擴而充之，那麼實行王道仁政，就像為長者折一根樹枝那樣容易的事。孟子在另一個場合，進一步論述了王者倫理修養的功夫在於擴充自己內心的善端。他說：「無惻隱之心，非人也；無羞惡之心，非人也；無辭讓之心，非人也；無是非之心，非人也。惻隱之心，仁之端也；羞惡之心，義之端也；辭讓之心，禮之端也；是非之心，智之端也。」又說：「凡有四端於我者，知皆擴而充之矣，若火之始然，泉之始達。苟能充之，足以保四海；苟不充之，不足以事父母。」（《孟子．公孫丑上》）孟子倡說所謂「盡心」，也就是從自己內心的善端出發，「推己及人」，「老吾老，以及人之老；幼吾幼，以及人之幼」（《孟子．梁惠王上》)。表現在王政上便是將此「推恩」於四海。這就是儒家所謂由「內聖」慎獨的功夫,以達到治國平天下的目的。董仲舒則以為,人性的善質非經外力教化是不可能達到善的。他在對策中說:「天令之謂命,命非聖人不行;質樸之謂性,性非教化不成;人欲之謂情,情非度制不節。是故王者上謹於承天意,以順命也;下務明教化,以成性也;正法度之宜,別上下之序,以防欲也;修此三者,而大本舉矣。」(《漢書·董仲舒傳》)因而本章中,一再強調王者的教化作用,並把它說成是上天授命於王者的「重任」。如果以為人性的完善,道德素養的提高,只需自律內省便可做到,那麼「王者受命尚何任矣」?所以董仲舒把孟子的性善說論定為「棄重任而違大(天)命,非法言也」。

簡略回顧一下孟、董二子在人性問題上的學說和主張,對我們認識面對的現實生活,還是會有所啟發的。事實上,禮法教化與道德自律,應是相輔相成的,兩者缺一不可。其對象不僅僅是民,還包括大大小小實際執政的君子,因為沒有倫理道德上的內省和自律,只靠制度上的規範和制約,行政司法上的監督和制裁,實際往往會管不勝管,社會生活也不可能進入良性有序的狀態。反過來如果過多地寄望於人們的道德自律,等待著企盼中的君子之國的到來,那麼總會有一天,出現在面前的不是什麼君子之國,而是大大小小的執政者及依附於其周圍的黨徒們,張開饕餮大口,貪婪地鯨吞本屬全社會所有的財富。所以還得有制度去限制他們,有社會輿論去監督他們,必要時通過行政和司法去懲處他們。令人不無憂慮的是,在現實生活中卻常常既看不到執政者的道德自律,而制度和監督又往往缺位,司法制裁亦軟弱無力,這樣留給這個社會多數人的只有無奈,眼睜睜地看著大量大量的公共財富轉眼間被他們捲入私囊。群小效而仿之,於是樑上君子盛行,剪徑之徒猖獗。這其實亦是兩千多年前的董仲舒早已告誡過的:「大人病不足於上,而小民羸瘠於下,則富者貪利而不肯為義,貧者日犯禁而不可得止,是世之所以難治也!」(本書〈度制〉)

第六章

或曰：性有善端，心有善質❶，尚安非善？應之曰：非也。繭有絲而繭非絲也，卵有雛而卵非雛也。比類率然❷，有何疑焉？天生民有六經❸，言性者不當異。然其或曰性也善❹，或曰性未善，則所謂善者各異意也。性有善端，動之愛父母，善於禽獸，則謂之善。此孟子之言❺。循三綱五紀，通八端之理，忠信而博愛，敦厚而好禮，乃可謂善。此聖人之善也❻。是故孔子曰：「善人吾不得而見之，得見有恆者，斯可矣。」❼由是觀之，聖人之所謂善，未易當也，非善於禽獸則謂之善也。使動其端，善於禽獸則可謂之善❽，善奚為弗見也❾？夫善於禽獸之未得為善也，猶知於草木而不得名知，萬民之性善於禽獸而不得名善。知之名❿乃取之聖，聖人之所命，天下以為正。正朝夕者視北辰，正嫌疑者視聖人⓫。聖人以為無王之世，不教之民，莫能當善⓬。善之難當如此，而謂萬民之性皆能當之，過矣。質⓭於禽獸之性，則萬民之性善矣；質於人道⓮之善，則民性弗及也。萬民之性善於禽獸者，許之；聖人之所善者⓯，勿許。吾質之命性者，異孟子。孟子下質於禽獸之所為，故曰性已善；吾上質於聖人之所善，故謂性未善。善過性，聖人過善⓰。《春秋》大元⓱，故謹於正名⓲。名非所始，如之何謂未善已善也⓳？

【章　旨】本章中董仲舒直接以孟子作為論辯對象，並把雙方的論爭歸結為人性之已善與未善之爭，認為孟子之已善說不符合「聖人之所謂善」，違反了《春秋》大元之義。

【注　釋】❶性有善端二句　此為董仲舒對孟子論點的概述。《孟子・公孫丑上》：「所以謂人皆有不忍人之心者，今人乍見孺子將入於井，皆有怵惕惻隱之心。非所以內交於孺子之父母也，非所以要譽於鄉黨朋友也，非惡其聲而然也。由是觀之，無惻隱之心，非人也；無羞惡之心，非人也；無辭讓之心，非人也；無是非之心，非人也。惻隱之心，仁之端也；羞惡之心，義之端也；辭讓之心，禮之端也；是非之心，智之端也。人之有是四端也，猶其有四體也。」孟子以「乍見」二字描摩其時情景，說明此下出現的惻隱之心，是在未受任何外在的社會關係和自身的心理欲望的影響下產生的直接反應，因而它是純粹的，發自內心的，不帶任何功利動機。孟子以這樣的仁、義、禮、智四端，作為心善的依據。《孟子・告子上》則進一步由心善說到性善：「惻隱之心，人皆有之；羞惡之心，人皆有之；恭敬之心，人皆有之；是非之心，人皆有之。惻隱之心，仁也；羞惡之心，義也；恭敬之心，禮也；是非之心，智也。仁義禮智，非由外鑠我也，我固有之也，弗思耳矣。故曰，求則得之，舍則失之。」四端為我所固有，即是人之本性所具有的善。❷比類率然　意謂凡是同類的大都如此。率，大率；普遍。❸六經　蘇輿、陶鴻慶、劉師培諸家，均疑當作「大經」，當據以改。本書第八十篇〈如天之為〉有「天之生有大經也」之句，當是其證。《論衡・本性》：「天之大經，一陰一陽；人之大經，一情一性。」又，六經，亦稱六藝，指《詩》、《書》、《禮》、《易》、《春秋》、《樂》。《史記・滑稽列傳》：「孔子曰：六藝於治一也。《禮》以節人，《樂》以發和，《書》以道事，《詩》以達意，《易》以神化，《春秋》以義。」❹性也善　蘇輿注稱：「『也』蓋『已』之誤。董意不在性善、性惡，而在已善、未善之判。」當據以改作「性已善」。❺性有善端五句　中「動」、句末「言」，據蘇輿本當作「童」、「善」。此為董仲舒概括的孟子所言人性善之善這一概念的內涵。《孟子・盡心上》：「孟子曰：人之所不學而能者，其良能也；所不慮而知者，其良知也。孩提之童，無不知愛其親者，及其長也，無不知敬其兄也。親親，仁也；敬長，義也。無他，達之天下。」善於禽獸，指人善於禽獸。《孟子・離婁下》：「孟子曰：人之所以異於禽獸者幾希，庶民去之，君子存之。舜明於庶物，察於人倫，由仁義行，非行仁義也。」孟子這兩段話的意思是一致的，謂仁義是人的良知良能，出於人的本性。幾希，微小。指人異於禽獸極其微小。由仁義行，謂舜之所行皆由其本性，非外加仁義之政。❻循三綱五紀六句　此為董仲舒所立何謂善之標準，以異於孟子所言之善。三綱五紀，《白虎通義・綱紀》：「三綱者，何謂也？謂君臣、父子、夫婦也。故《含文嘉》曰：『君為臣綱，父為子綱，夫為妻綱。』」五紀，〈周語〉：「五義紀宜。」韋昭注：「五義，謂父義，母慈，兄友，弟恭，子孝。」亦有以仁、義、禮、智、信為五倫之常德者。又，《白虎通義・綱紀》作六紀：「六紀者，謂諸父、兄、弟、族人、諸舅、師長、朋友也。故《含文嘉》曰：『敬諸父兄，六紀道行，諸舅有義，族人有序，昆弟有親，師長有尊，朋友有舊。』」綱與紀之關係，《白虎通義・綱紀》稱：「何謂綱紀？綱者，張也；紀者，理也。大者為綱，小者為紀。所以張理上下，整齊人道也。人皆懷五常之性，有親愛之心，是以綱紀為化，若羅網之有紀綱而萬目張也。」八端，三綱與五紀並稱為八端。八端核心即是要求臣、子、婦對君、父、夫履行單方面的倫理義務。❼孔子曰四句　引語見《論語・述而》。孔子的這段話說了兩種人。一是善人，他從未見過。可見孔子心目中的善人標準很高，幾乎完美無缺，所以難以見到。二是「有恆者」，即具有一定善心，而能恆久堅持行善的人。孔子以為能夠見到「有恆者」已經很不錯了：「斯可矣」。接下去便講了一段因何難以做到有恆的話：「亡而為有，虛而為盈，約而為泰，難乎有恆矣。」朱熹注：「三者（指以無為有、以虛為盈、以約為泰）皆虛誇之事。凡若此者，必不能守其常矣。」董仲舒引此為了說明善是很難達到的一個境界，連孔子也說他從未見到過善人，從而論定孟子所說的那種僅僅只是善於禽獸一點點的人，根本不能稱之為善。❽使動其端二句　此為董仲舒對孟子所言善之內涵的轉述。使，設使。動其端，或可作兩種解讀。一是此三字為上文「性有善端，動（童）之愛父母」不甚確切的簡述。若此，則「動」亦應改為「童」。童其端，意謂發端於「孩提之童」的那種仁愛之心。詳本章注❺。二是作「擴充善端」解。若此，則端指四善端：「惻隱之心，仁之端也；羞惡之心，義之端也；辭讓之心，禮之端也；是非之心，智之端也。」（《孟子・公孫丑上》）動其端，意謂由四端擴而充之：「凡有四端於我者，知皆擴而充之矣，若火之始然，泉之始達。苟能充之，足以保四海；苟不充之，不足以事父母。」（同上）然能將四善端擴而充之者，已是賢君明主，與下文所言僅僅「善於禽獸」者非屬同類。二解比較，似以前解為是。善於禽獸，《孟子・離婁》原文是：「孟子曰：人之所以異於禽獸者幾希。」意謂人本性所具有的善與禽獸比較差別極其微小。❾善奚為弗見也　據蘇輿注當補一「人」字，作「善人」。本書第三十六篇有「善人者何為不見也」可證。❿知之名　蘇輿注：「『知』疑為『善』。」聯繫上下文，應作「善之名」。⓫正朝夕者視北辰二句　正，辨正；校正。北辰，北極星。《爾雅・釋天》：「北極謂之北辰。」《論語・為政》：「譬如北辰，居其所而眾星共（拱）之。」孫詒讓《周禮正義》卷八二云：「北極正中即天之中，古謂之天極，又謂之北極樞，後世謂之赤道極。

然天中之極，無可識別，則就近極之星以紀之，謂之極星。沿襲既久，遂並稱星為北極，又謂之北辰。然則北極者，以天體言之；北辰者，以近極之星言也。」意謂確定時間早晚，要以北極星為標誌，判斷事物嫌疑，要以聖人之言為準繩。然北辰或北極星可以作為指示方向、識別星座的標誌，未聞可以「正朝夕」。⑫聖人以為無王之世三句　聖人以為云云，不知所據，待考。也可能是董氏託聖人之名以為說。無王之世，董天工《春秋繁露箋注》：「以春秋之世言。」《史記・太史公自序》：「壺遂曰：孔子之時，上無明君，下不得任用，故作《春秋》，垂空文以斷禮義，當一王之法。」似亦可解釋為上古之世，如：《呂氏春秋・恃君》：「昔太古嘗無君矣，其民聚生群處，知母不知父，無親戚兄弟夫妻男女之別，無上下長幼之道，無進退揖讓之禮，無衣服履帶宮室畜積之便，無器械舟車城郭險阻之備，此無君之患。」《白虎通義・號》亦云：「古之時，未有三綱六紀，民人但知其母，不知其父，能覆前而不能覆後。臥之詓詓，行之吁吁，饑即求食，飽即棄餘，茹毛飲血，而衣皮葦。」不教之名民，句中「名」，諸家已校出，係衍文。不教之民，指未經禮樂教化之民，包括那時周邊國家或少數民族，即所謂王化之未及者。意謂在無王之世和未經王者教化的民眾，都是不可能稱得上善的。⑬質　質正；對照；比較。此下諸質字，可依不同語境作不同讀解。⑭人道　謂人倫之道，與天道、地道並稱。《周易・說卦》：「立人之道，曰仁與義。」《禮記・喪服小記》：「親親、尊尊、長長、男女有別，人道之大者也。」《禮記・喪服四制》：「仁義禮知，人道具矣。」《禮記・哀公問》記載，哀公問孔子人道何為大，孔子曰「人道政為大」，「愛與敬，其政之本與」。董仲舒強調教化，故其所言人道當指三綱五紀所規範的為人之道。⑮聖人之所善者　聖人，當指孔子。其所言善者，參見本章注⑦。⑯善過性二句　意謂善高於人之本性，聖人的品德又高於善人。過，超過。聖人是儒家最高理想人格，孔子認為在他所處的社會裡，找不到一個聖人：「聖人吾不得而見之矣，得見君子者，斯可矣。」（《論語・述而》）孔子說到自己：「若聖與仁，則吾豈敢！抑為之不厭，誨人不倦，則可謂云爾已矣。」（同上）孔子心目中的聖人是堯、舜、禹、周文王、周武王、周公。他主張應畏懼、遵循聖人之言，提出：「君子有三畏：畏天命、畏大人、畏聖人之言。」（《論語・季氏》）⑰春秋大元　大字用為動詞，猶以元為大。意謂《春秋》推崇元始。本書第四篇〈玉英〉：「謂一元者，大始也。」第六篇〈王道〉：「《春秋》何貴乎元而言之？元者，始也，言正本也。」⑱故謹於正名　所以對正名很謹慎。⑲名非所始二句　意謂對人性的命名還沒有弄清楚它的原始意義，怎麼就把未善說成已善了呢？

【語　譯】有人說：既然人性具有善的始端，心裡又有善的資質，怎麼還說人性不是善的呢？可以明確地回答：這個說法不對。繭可以繅出絲來，但繭不是絲；卵可以孵出幼禽來，但卵畢竟不是幼禽。依此類推，人性有善質但還不是善的道理是一樣的，那還有什麼疑問呢？上天造化萬民自有它的法則，在議論人的本性時，不應當背離天意。至於說到有人以為人性已善，有人主張人性未善，那麼這兩種關於「善」的概念也是各不相同的。主張人性有善的始端的說法，以兒童愛自己父母為例，說明人的本性要比禽獸善良，因而說人性善。這是孟子的觀點。遵循三綱五紀的原則，通曉八端的道理，忠信而又博愛，誠實敦厚而又喜好禮儀，這樣的人方始可以稱得上善。這是聖人說的善。所以孔子曾經說過：「善人我還沒有見到過，能夠見到具有善心而能持之以恆的人，就算不錯了。」由此可見，聖人所說的善，是很難做到的，並非比禽獸善良一點就可以稱之為善了。倘使從童心發端、僅僅只是勝過禽獸的那麼一點善便可稱之為善，那孔子怎麼會說善人不可得見呢？只是比禽獸好一點是不能稱為善的，這就如同只比草木的智慧高一點不能稱作有智慧一樣。萬民的本性比禽獸善，不能就此定名人性已善。人性善與不善的命名，應該由聖人來定，聖人所定下的名稱，天下的人都會把它奉為標準。要確定時間早晚的，就得觀察北極星；要辨別事物嫌疑的，就得依據聖人的言論。聖人認為在沒有王者的上古時代的人，沒有經過禮樂教化的百姓，都不可能稱得上善的。善的境界如此難以達到，還要說千千萬萬民眾的本性天然都是善的，那實在太脫離實際了。假使與禽獸的本性作比較，那麼普通民眾的本性也可以說是善的；但倘若與人道所要求的善作比較，那他們的本性就不可能達到這樣的境界。如果認為民眾的本性要比禽獸善良一些，這是可以贊同的；但要說他們都已達到聖人所說的善的標準，那就無法贊同。在如何為人性定名的問題上，我的見解不同於孟子。孟子是向下參照禽獸的作為，所以認為人性已善；而我是向上與聖人定下的善的標準作比較，所以說尚未達到善的要求。善要高於人的本性，聖人又要超過善人。《春秋》最看重的是元始，也就是重視事物的本源，所以對於正名這件事非常謹慎。現在對人性命名的原始本義也還沒有弄清楚，怎麼能把尚未善的人性說成已經善了呢？

【研　析】在本章中董仲舒正面以孟子的性善說作為論難對象，認為人性之善應該是「人道之善」，因而只有達到「循三綱五紀，通八端之理」的標準，才能稱之為善；而孟子的性已善說是「下質於禽獸」提出來的，降低了人性善的標準。在論辯中，董仲舒請出了孔聖人，強調「聖人所命，天下以為正」。引以為據的便是孔子的這樣一段話：「善人吾不得而見之矣，得見有恆者，斯可矣。」（《論語・述而》）董仲舒的這些立論，細讀起來，還是不免有欠缺之處。孟子的人性善並不是從「下質於禽獸之所為」得出來的，只是在人獸之辨這個意義上，孟子曾說過「人之所以異於禽獸者，幾希」（〈離婁〉）這樣的話。在孟子的論述中，亦沒有「人性已善」的命題，他只是提出人性有仁、義、禮、智四端，其端甚微，易於放失，故強調「養」：「我善養吾浩然之氣。」（〈公孫丑上〉）又說：「存其心，養其性，所以事天也。」（〈盡心上〉）關於養，朱熹注：「養，謂涵育薰陶，俟其自化也。」即是一套內省自律的修養功夫。孟子認為心性品質只有極少數是天生的，多數有待修養而提高。舉的例子是「堯舜，性者也；湯武，反之也」（〈盡心下〉）。孟子提出養心的重點「莫善於寡欲」，「可欲之謂善，有諸己之謂信，充實之謂美，充實而有光輝之謂大，大而化之之謂聖，聖而不可知之之謂神」（同上）。故治國平天下需以修身養性為前提。孟子並不否認環境和人事對人心的影響。他說：「富歲子弟多賴，凶歲子弟多暴，非天之降才爾殊也，其所以陷溺其心者然也。今夫麰麥，播種而耰之，其地同，樹之時又同，浡然而生，至於日至之時，皆熟矣。雖有不同，則地有肥磽雨露之養、人事之不齊也。」（〈告子上〉）故人性雖有善端，若沒有環境與人事教化對人心施加的影響，沒有自身的修養，也還是不能成為善的。至於孔子說的那段他從未見到過善人的話，其實並非在討論人性問題，他是針對當時執政者們的實際情況說的。他說他沒有看到過一個善人，只要能見到稍有恆心一點的就算不錯了，而事實卻連這樣的人也難見到。他所見到的執政者大多是「亡而為有，虛而為盈，約而為泰」，就是弄虛作假，謊報政績，老百姓已經窮得要命，他們卻還窮奢極侈，大講排場。應當說這些批判還是很深刻的。董仲舒說孔子沒有講過人性善的話，這是事實；但孔子也沒有講過三綱五紀是人性善的標準呀！

應當說，董仲舒在本篇第四章中「如其生之自然之資，謂之性」，這一表述還是符合實際的。人性中最基本的是人的自然屬性，即與生俱來的潛能。孟子的「人之異於禽獸者，幾希」那個話，也是從人、獸各自的自然本質的比較中來說的，人與禽獸的差別就那麼一點點。孟子沒有把人看得如何神聖，這反而正是他的高明處。問題是這「一點點」究竟是什麼？孟子以為其中就有他所說的善端，而且不止一端，有仁、義、禮、智四端。董仲舒針對這一點提出發難，可說是很有點抓住了要害的。因為仁、義、禮、智這些深深打上了王權思想烙印的倫理要求，只能像董仲舒說的那樣後天由外在於人本性的社會力量加工而成，不可能與生俱來。人與禽獸的最大區別是，人是有社會又會思想的動物，所以人除了自然的屬性外，還有社會的屬性。在人性問題上所討論的善與惡以及仁、義、禮、智、信等，都屬於社會倫理範疇。即使是古人說的食和色這兩項屬於人最基本的自然本能的需要，也只有在共同的社會生活過程中才能得到滿足。所以人性是一個非常複雜的概念，只有兼顧其自然的資質與社會的屬性，才有可能說清楚。中國古代對人性問題的討論，側重於對倫理道德的認識，無論性善說、性惡說，還是董仲舒的性三品說，著眼點都在於如何以倫理道德來規範人們的行為，目的都是為了強化君主專制制度的統治，因而不同於西方文藝復興和啟蒙運動時期為求個性解放而進行的關於人性問題的探討。從董仲舒的論述中也可以清楚看到，它的探討的方向只能引申出王權，而無法引申出人權的結論來。這是過去東西方關於人性問題在認知上的基本差異。當然我們也必須從另一方面看到，一個社會如果缺少了某些共同的價值取向，和反映這些價值取向的人性化的倫理觀念，那麼這個社會就會無法保持穩定。兩千多年來中國社會之所以能夠基本穩定並有所發展，其中被賦予了人性化涵義的倫理觀念，是起到了紐帶和粘合劑的作用的。而在這一點上，無論是孟子的性善說、荀子的性惡說，還是董仲舒的性三品說，可說是殊途而同歸。

實性第三十六

【題解】本篇論人性，古時稱之為情性之說或性命之說。篇中有兩句話：「且名者，性之實；實者，性之質也」，可視為對篇名「實性」的詮釋。

全文以孟子性善說為對立面，提出性之三品（聖人、中民、斗筲）說，反覆強調中民之性唯有經過王者教化才能為善，論定性善之說「其名不正，故不受也」。分三章。第一章以禾須加工才能成為米等為喻，說明人的自然本性須教而後善，因而不能把善說成是人的本性。第二章提出性之三品說。性三品說在後世有深遠的影響，唐代的韓愈以繼承孟子的道統自居，但他卻接受了董仲舒的性三品說，並加以闡揚發揮。第三章由性之名的本義，續論善非性所原有，從而作出性善說「其名不正」的結論。

據《漢書・董仲舒傳》記載，武帝制文中，就有關於情性問題的垂問：「性命之情，或夭或壽，或仁或鄙，習聞其號，未燭厥理。」董氏除在〈天人三策〉中作了對答外，本篇及上篇後半部分，當是對這一問題更為詳細的論述。

本篇與上篇後三章內容有較多重複，故俞樾疑上篇後三章與本篇為同一「實性」論題的上下篇（詳上篇三章末「研析」）。

第一章

孔子曰：「名不正，則言不順。」❶今謂性已善，不幾於無教，而如其自然❷？又不順於為政之道矣。且名者，性之實；實者，性之質也❸。無教之時，何處能善❹？善如米，性如禾；禾雖出米，而禾未可謂米也；性雖出善，而性未可謂善也❺。米與善，人之繼天而成於外也，非在天所為之內也❻。天所為，有所至而止。止之內，謂之天；止之外，謂之王教。王教在性外，而性不得不遂❼。故曰性有善資，而未能為善也。豈敢美辭，其實然也❽。天之所為，止於繭、麻與禾，以麻為布，以繭為絲，以米為飯，以性為善，此皆聖人所繼天而進也，非情性質樸之能至也。故不可謂性❾。

【章　旨】以禾須加工才能成為米等為喻，說明人之自然本性須經王者教化才能達到善，因而不能說善是人之本性。

【注　釋】❶孔子曰三句　語見《論語・子路》。朱熹注引楊氏曰：「名不當其實，則言不順；言不順，則無以考實而事不成。」孔子所言「正名」，並非泛指名詞概念的界定，而是針對實際生活中名實之間的矛盾提出來的。正名就是為了要使全體社會成員各自按照禮制規定擔負相應的責任，以維護社會尊卑貴賤秩序。故在此下尚有：「言不順，則事不成；事不成，則禮樂不興；禮樂不興，則刑罰不中；刑罰不中，則民無所措手足。」❷今謂性已善三句　意謂如說人性已善，那差不多等於說取消聖賢教化，而讓人們任其自然就可以了嗎？亦即上篇所言：「自成功而無賢聖。」今謂性已善，指孟子之性善說。幾，《廣雅・釋詁》：「幾，近也。」❸名者四句　此言性之名實關係。意謂為人性所定之名，反映了性的實體；而性的實體就是它的自然本質，亦即上篇「如其生之自然之資謂之性」。蘇輿依據董仲舒原意，對此句作了這樣概述：「以名言之，則性為生；以實言之，則性為質；而質原於生，是亦實也。」❹無教之時二句　據諸本，句首當補一「質」字；「處」，應為「遽」。遽，驟然。全句作「質無教之時，何遽為善」。意謂當人性還處於自然本質狀態時，因何一下子變成善了呢？❺善如米六句　這是用類比推理方法，證明人性未能稱善。類推的過程是：

以人性比禾，以善比米；米由禾出，善由人之性來；禾不能稱米，故人之性也不能稱善。❻米與善三句　意謂米與人性之善，都是在天然原始屬性之外，經人工之努力而形成的新的屬性，它們已都不再是原來自然生成的品質。句中內、外，皆就自然本性而言。❼天所為八句　止之內謂之天，上篇作「止之內謂之天性」；王教，上篇作「人事」；不得不遂，上篇作「不得不成德」。天所為有所至而止，指天工不與人事，在造就人之自然本質後即停止作用。文中三「止」字，指天工造化所達到的程度，亦即人之自然原始屬性。遂，順遂；成功。指由王者禮法教化所造成的品德，有別於人之自然秉性。人在倫理上的品德是王者禮法教化所造就的，其造就過程對主體而言是外在的，是帶有強制性的，所以說「不得不」。強調「不得不」，是為了與孟子依靠內省修養達到人性自我完善的主張區別開來。❽故曰性有善資四句　盧文弨云：「美辭，疑是異辭。」鍾肇鵬校釋已據以改。然似亦可以不改。把人性說成已善，在持善資說者看來，自然是虛美之辭。董仲舒以為人性的本質只能是具有善資，不可能已善。❾天之所為九句　句中「以米為飯」，當作「以禾為米」。聖人繼天而進，指在天然基礎上進行人為加工。此句亦運用類比推理，以麻紡織而為布，繭經繅而成絲，禾穀舂而成米為喻，說明人性須經過王者禮法教化方能為善。而情與性，皆質樸自然，不可能自行達到由教化而成之善。此論與荀子較為接近。《荀子‧正名》謂：「性者，天之就也；情者，性之質也；欲者，情之應也。以所欲為可得而求之，情之所必不免也。」

【語　譯】孔子說：「如果名稱不正確，講話就不可能順遂。」如今有人說人性已經是善良的，那不等於說用不到禮法教化，只要順其自然人性便可以達到善了嗎？這是不符合王者的為政之道的。再說所謂名是用來表明人性這個實體的；而人性的實體，就是人的自然本質。人性未經教化還處於自然本質狀態的時候，怎麼可能一下子便變成善良了呢？善好比米，人性好比禾；禾的子實雖然能生產出米來，但不能把禾說成就是米。同樣的道理，人的原始資質雖然可以培育出善良的品德，但不能直接稱人性就是善。米和善的特性，是在它們天然本性的基礎上，經過人們外部的努力才造就的，不是天工造成的那個內在資質。上天造化萬物到達一定程度便停止作為，在它停止作為的範圍內，已經造就的屬性稱為天性；在這個範圍以外，是王者禮法教化的結果。王者教化相對於人的本性是來自外部的作用力，人性受到外在教化，是被動地順遂了善良的品德。所以說人性有為善的潛在資質，但還不能直接稱之為善。哪裡敢用虛美之詞稱譽人性呢？因為人性的自然資質就是這樣。上天的造化就到繭、麻、禾這樣一些原生物為止，把麻織成布，把繭繅成絲，把禾的籽實舂成米，把人性教化為善良，這都是聖人在天然資質的基礎上作進一步努力的結果，它們原有的質樸自然的本性不可能自行達到這一步。所以不能用經過教化後才有的善來稱謂人的本性。

【研析】 本篇內容與上篇〈深察名號〉後面三章有不少重複，表述上則較後者集中和精煉一些。二者相較，此篇刪去了關於天有陰陽、人有情性的論述；有關善的標準問題，也迴避了對孟子下質於禽獸之所為而曰已善的指名責難；全文集中到通過一系列類比來闡述人性有善質而未能為善的論旨上，說明人性只是天質之樸，所以能為善者，皆是王者禮法教化的結果。而那些刪去的部分，正是比較容易引起後人詬病的地方。如東漢王充便認為董氏以陰陽論情性「未能得實」（《論衡・本性》）。近人徐復觀先生對〈深察名號〉亦有微詞：「嚴格加以分析，問題是相當夾雜的。」（《兩漢思想史》第五章）任繼愈先生主編的《中國哲學發展史》引錄〈深察名號〉中以陰陽論情性等語後說：「認為人之貪仁之性來於天之陰陽二氣，天人合一，似乎又是說人性是天賦的，這又和他主張人性由於王教而成發生矛盾。」韋政通先生覺得董氏對孟子性善說的責難，「多屬誤解，如孟子肯定普遍的善性，是先驗的意義，並非因為『善於禽獸』才予以肯定。」又說：「仲舒對孟子的人性論，缺乏相應的了解。」（《董仲舒》）

第二章

正朝夕者視北辰，正嫌疑者視聖人。聖人之所名，天下以為正❶。今按聖人言中，本無性善名，而有「善人吾不得見之矣」❷。使萬民之性皆已能善，善人者何為不見也？觀孔子言此之意，以為善難當甚。而孟子以為萬民性皆能當之，過矣❸。聖人之性不可以名性，斗筲之性又不可以名性；名性者，中民之性❹。中民之性如繭如卵：卵待覆二十日而後能為雛，繭待繰以綰湯而後能為絲❺；性待漸於教訓而後能為善。善，教訓之所然也，非質樸之所至能也❻，故不謂性。

【章　旨】引孔子「善人吾不得見」語，以證明善之難當，並提出性三品說，論定中民之性唯教而後能善。

【注　釋】❶正朝夕者視北辰四句　北辰，北極星。《爾雅・釋天》：「北極謂之北辰。」古人用以為觀察天象之依據。❷今按聖人言中三句　今按聖人言中本無性善名，指在《論語》所載之孔子言論中，並無人性善之名目。《論語》中，孔子論及人性的確實不多，僅有〈陽貨〉：「性相近，習相遠。」〈公治長〉：「子貢曰：夫子之文章，可得而聞也，夫子之言性與天道，不可得而聞也。」善人吾不得見之矣，語見《論語・述而》：「子曰：善人吾不得而見之矣，得見有恆者，斯可也。」董仲舒據此認為既然連善人也不可得而見，又何來常人之善性。❸觀孔子言此之意四句　句中「善難當甚」，蘇輿本改為「善甚難當」。此以孔子上文所言為據，批評孟子性善說言之過甚。《孟子》論及性善者，大致有〈滕文公上〉：「孟子道性善。」〈告子上〉：「人性之善也，猶水之就下也，人無有不善，水無有不下。」「惻隱之心，人皆有之；羞惡之心，人皆有之；恭敬之心，人皆有之；是非之心，人皆有之。」〈公孫丑上〉：「惻隱之心，仁之端也；羞惡之心，義之端也；辭讓之心，禮之端也；是非之心，智之端也。人之有是四端也，猶其有四體也。」孟子又有良心說。如〈告子上〉：「雖存乎人者，豈無仁義之心哉？其所以放其良心者，亦猶斧斤之於木也，旦旦而伐之，可以為美乎？」朱熹集注：「良心者，本善之善心。即所謂仁義之心也。」❹聖人之性不可以名性四句　董仲舒在此把人性分為上、中、下三品，即上品聖人之性，下品斗筲之性，中品中民之性。並以為在探討人性問題時，應選擇中民之性作為考察研究的對象。斗、筲，均為量具，喻於人，則指氣量狹窄、才識短淺之小人。《論語・子路》：「(子貢)

曰：『今之從政者何如？』子曰：『噫，斗筲之人，何足算也！』」朱熹注：「斗，量名，容十升。筲，竹器，容斗二升。斗筲之人，言卑細也。」關於董氏因何選擇中民之性作為名性對象，董天工《春秋繁露箋注》云：「中民之性，指相近而言。聖人、斗筲不可以名性，一則上智不待於教，一則下愚教不可施。唯中民待教而善。」上智（亦作「知」）、下愚，語出孔子。《論語・陽貨》：「唯上知與下愚不移。」其解釋歷來有異。孔安國注：「上知不可使為惡，下愚不可使強賢。」朱熹注：「人之氣質相近之中，又有美惡一定，而非習之所能移者。」程頤注則曰：「人性本善，有不可移者何也？語其性則皆善也，語其才則有下愚之不移。所謂下愚有二焉：自暴、自棄也。人苟以善自治，則無不可移，雖昏愚之至，皆可漸磨而進也。唯自暴者拒之以不信，自棄者絕之以不為，雖聖人與居，不能化而入也，仲尼之所謂下愚也。」❺繭待繅以綰湯而後能為絲　繅，他本作「繰」。繅，同「繰」。綰，凌曙本、蘇輿本均作「涫」，當據以改。涫，沸滾。❻所至能也　他本多作「所能至也」。

【語　譯】要確定時間的早晚，就得觀察北極星；要辨正事物嫌疑的，必須依據聖人的言論。聖人定下的名稱，天下人都會把它奉為標準。現經查考在聖人的言論中，根本找不到人性為善的名目，只說過「善人我還沒有見過呢」這樣的話。如果說萬眾百姓的本性都已經是善的，那聖人為什麼還要說我沒有看到善人呢？可見孔子這句話的意思，就是以為人性善是一個非常難以達到的標準。可孟子卻說萬眾百姓的人性都已經達到了善的要求，這就錯啦！聖人的本性，不能用來作為人性命名的依據；那些斗筲小人的本性，也不能作為人性命名的依據；能夠用來為人性命名的，只能是中民的本性。中民的本性，像蠶繭，像禽卵：禽卵要經過母禽二十多天的孵化才能成為幼雛，蠶繭要經過沸湯煮煉才能成絲；人性要通過逐漸的教育和訓導，才能造就善良的品德。人性的善良是教育訓導的結果，不是原來那質樸的本性所能達到的。所以不能用經過教育訓導後才會有的善來稱謂人的本性。

【研　析】比較一下本章與上篇五章關於人性命名對象的論述，可以看出有著明顯的變化。上篇五章說：「名性不以上，不以下，以其中民（名）之。」這裡的上、中、下都是泛指，是一個「類」名，沒有嚴格的規定性。本章的表述則為：「聖人之性不可以名性，斗筲之性又不可以名性；名性者，中民之性。」

這樣便把人性分為聖人之性、斗筲者之性、中民之性三品，後人概括稱之為董氏三品說，以區別於孟子的性善說和荀子的性惡說。

在三品說中，聖人之性列為首品。聖人是儒家的最高理想人格。董仲舒給聖人定了一個標準：「善過性，聖人過善。」（〈深察名號〉）聖人要比善人更高一個層次，而善人的具體標準則是：「循三綱五紀，通八端之理，忠信而博愛，敦厚而好禮，乃可謂善。」（同上）而在多數情況下，董氏說的聖人就是明君聖王，如說「天令謂命，命非聖人不行」（《漢書》本傳）。孔孟對聖人亦多有論及。孔子以為「博施濟眾」可謂聖（《論語・雍也》），孟子說「大而化之」可稱聖。「大而化之」的具體解釋是：「可欲之謂善，有諸己之謂信，充實之謂美，充實而有光輝之謂大，大而化之之謂聖，聖而不可知之之謂神。」（《孟子・盡心下》）聖已經是接近神那種人了，難怪孔子說：「聖人吾不得而見之矣，得見君子者，斯可矣。」（《論語・述而》）

對屬於下品的斗筲之性，董仲舒沒有作出界定。本書第二十四篇〈官制象天〉，把可入選官之人分為聖人、君子、善人、正直之人四等，又說：「由此以下，不足選也。」這斗筲之人大概就在那「不足選」之列。斗和筲分別為木、竹製作的容器，因其容量很少，孔子用來喻指器識狹小之人。據《論語・子路》記載，一次子貢問孔子怎麼樣的人可以從政，孔子依高下等次說了三種人：「行己有恥，使於四方，不辱君命」者，「宗族稱孝，鄉黨稱弟」者，「言必行，行必果，硜硜然小人哉」。子貢最後問到「今之從政者何如」時，孔子歎息一聲說：「噫，斗筲之人，何足算也！」看來在孔子的心目中，這斗筲小人連第四等也排不上。《資治通鑑・漢靈帝》有這樣的話：「斗筲之人，依憑世戚，附托權豪，俯眉承睫，徼進明時。」看來所謂斗筲之人，便是十足的趨炎附勢奸佞之徒。

中民之性是董仲舒選定的名性對象，亦是本章和本篇論及的主要內容。所以作這樣安排，當與他的人性論的明確的政治意圖有關。中民亦即普通民眾，占人口絕大多數，他們居間不定，或善或惡，有很大的可塑性，因而被看作是王者教化的重點。《潛夫論・德化》云：「上智與下愚之民少，而中庸之民多。

中民之生世也，猶鑠金之在爐也，從範變化，惟冶所為，方圓薄厚，隨熔制爾。是故世之善否，俗之薄厚，皆在於君。」董仲舒在對策時亦曾有過類似論述：「夫上之化下，下之從上，猶泥之在鈞，唯甄者之所為；猶金之在熔，唯冶者之所鑄。」（《漢書》本傳）本篇中反覆以禾與米、卵與雛、繭與絲、麻與布、璞與玉等為喻，既是為了說明善並非屬於人之自然本性，也是用以強調法度制約和禮樂教化的重要，不可須臾或缺。作為比較，不妨引一下孟子的相關論述。一次孟子與告子討論人性，雙方都以水為喻展開了論辯。告子說人性好比水，你往哪個方向開個口子，它就往哪裡流，所以沒有善不善的定論。於是孟子說：「水信無分於東西，無分於上下乎？人性之善也，猶水之就下也。人無有不善，水無有不下。今夫水搏而躍之，可使過顙；激而行之，可使在山。是豈水之性哉？其勢則然也。人之可使為不善，其性亦猶是也。」（《孟子．告子上》）巧得很，董仲舒在對策中談到教化萬民時亦用了水的比喻：「夫萬民之從利也，如水走下，不以教化堤防之，不能止也。是故教化立而奸邪皆止者，其堤防完也；教化廢而奸邪並出，刑罰不能勝者，其堤防壞也。古之王者明於此，是故南面而治天下，莫不以教化為大務。」（《漢書》本傳）比喻當然只能是比喻，不應當真。但三位思想家不約而同地使用同一比喻而論旨各異，就不免讓人要作一番玩味。水在告子那裡是哪裡開個口子，它就往哪裡流，在孟子那裡是「人無有不善，水無有不下」往下流；可到了董氏這裡，周圍突然築起了高高的堤壩，水從此不許再流了！這三組意象是否可作這樣聯想：在春秋戰國時期，民眾多少還有點自由度，到了集權專制的秦、漢大帝國相繼建立以後，便只能做俯首帖耳的順民了。的確，歷史的進步，有時需要以部分的倒退作為代價的。在董氏及其前後的一些思想家的有關人性的論述中，民眾都是作為王者教化的消極被動的受眾而存在的，之所以要研究他們，一是為了役使，二是為了防亂。近半個多世紀來，我們都親身經歷了無數次改造人、教化人的運動，每次運動都告誡我們切勿做一個獨立的人，而應甘心情願地做一顆被任意擰在大機器某個部位上的螺絲釘。我們過去曾經用過的筆名「羅思鼎」，便是由此而來，正是這種思潮的產物，帶有深刻的時代烙印。也許因為有了這些經歷的緣故，現在來重讀董氏的這些論述常會有「溫故知新」之感。在上篇六章之末的「研析」中，我們曾經說過，無論孟子的性善說、荀子的性惡說或董子性三品說，都在歷史上起過穩定社會的作用。這一點不可否認。同樣不可否認的恐怕還有一點，那就是如果對人性問題的研究繼續照著這條路子走下去，那麼只能離科學的人性論越來越遠，離獨立人的發現和人性的真正的解放，離現代人健全的人格的建立越來越遠。

第三章

性者，宜知名矣，無所待而起，生而所自有也；善所自有，則教訓，已非性也❶。是以米出於粟，而粟不可謂米；玉出於璞，而璞不可謂玉；善出於性，而性不可謂善❷，其比多。在物者為然，在性者以為不然，何不通於類也❸？卵之性未能作雛也，繭之性未能作絲也，麻之性未能為縷也，粟之性未能為米也。《春秋》別物之理以正其名，名物必各因其真。真其義也，真其情也，乃以為名❹。名霣石則後其五，退飛則先其六，此皆其真也。聖人於言無所苟而已矣❺。性者，天質之樸也；善者，王教之化也。無其質，則王教不能化；無其王教，則質樸不能善❻。質而不以善性，其名不正，故不受也❼。

【章旨】由性之名之本義，續論善非性所原有，故性善說者所言之善，其名不正，不能贊同。

【注釋】❶性者七句　謂凡言性者應知其名之來由，因溯性之名之本始。性之無所待與善之有所待相對而言。人之性是與生俱來的，用不到等待任何外部條件的作用。而「善所自有」，即人之所以有善，「則教訓」，那是基於教育訓導的結果，已不屬於原來的本性。❷米出於粟六句　粟當即第一章所言之禾。古時禾為黍稻稷等糧食作物之總稱，亦專指粟，其實去殼稱小米。璞，未經加工琢磨之玉石。此以粟與米和璞與玉之區別，喻指性與善之相異，不能稱人之本性為善。❸其比多四句　其比多，指類似上文粟與米、璞與玉等可以類比的事物還有很多。此下文句針對孟子及其性善說而言：這個既有聯繫又有區別的道理，反映在諸物之間都以為是對的，反映在性與善的問題就不以為不然了，何以如此不通於比類率然的道理呢？❹春秋別物之理以正其名五句　此以《春秋》的記載為名實相符、各得其真的範例，同時亦是正名問題上判別是非的標準。名物，為事物確定名稱。名用如動詞。各因其真，各自依據其真實情況。因，隨順；依據。真其義也，錢塘疑「真」當作「名」。蘇輿注：「作『真』亦通。以事言則為義，以物言則為情，必得其真，而後可以為名。」❺名霣石則後其五四句　霣石、退飛事，見《春秋》僖公十六年（西元前六四四年）。霣石，即隕石。流星體經過地球大氣層，沒有完全燒毀而墜落到地面的部分稱隕星，成分有純鐵、純石或鐵石混合等。其中純石或含石質較多的即為隕石。退飛，指鷁鳥。其形若鸕鷀，色白。《左傳》注退飛事稱：「風也。」即因高空有風，人自下仰望鷁若往後飛行，故稱退飛。後其五、先其六，均指《春秋》記事的嚴謹和精確。經文原文為：「正月戊申朔，霣石于宋五。是月，六鷁退飛過宋都。」此事《左傳》、《公羊》、《穀梁》三傳皆有載錄。《左傳》側重於宋襄公與周內史對此事吉凶預兆涵義的問答，後二傳則對所謂《春秋》記事之法作了詳細解釋。《公羊傳》曰：「曷為先言霣而後言石？霣石記聞，聞其磌然，視之則石，察之則五。」「曷為先言六而後言鷁？六鷁退飛，記見也，視之則六，察之則鷁，徐而察之則退飛。」《穀梁傳》曰：「先隕而後石也，何也？隕而後石也。于宋，四竟之內，曰宋。後數，散辭也，耳治也。是月者，決不日而月也。六鶂（即鷁）退飛過宋都，先數，聚辭也，目治也。子曰：石無知之物，鶂微有知之物。石無知，故日之（指記有「戊申」日）；鶂微有知之物，故月之。君子之于物，無所苟已。石鶂猶盡其辭，而況於人乎？」❻性者八句　意謂人性是指人的原始質樸狀態，善是指人經過教化所獲得的倫理品格；所以二者缺一不可：沒有人性的原始品質，王者教化便無從可施；沒有王者的教化，原始的品質就不可能轉化為善良的品德。樸，指萬物處於原始自然狀態下之品質。❼其名不正二句　意謂性善之名，不符合人性自然品質的真實狀況，故不能贊同。其，代指孟子的性善說。受，採納；接受。

【語譯】對人性的命名，應該懂得，它是用不到經過外部條件的促使，是與生俱來的；而善良的品德就有來由，那是教育訓導的結果，已經不再是人原來的本性。這就像米是從粟來的，不能說粟就是米；玉是由璞琢而成的，不能說璞就是玉；同樣的道理，善是從人的原始本性教化出來的，但不能說原始本性就是善。可以類比的例子還有很多。這個既有聯繫又有區別的道理，反映在米與粟、玉與璞之間都認為是對的，反映在性與善的問題上就不以為然了，怎麼這樣不懂比類可以相通的道理呢？不能把禽卵的品性說成是幼雛，不能把繭的品性說成是絲，不能把麻的品性說成是布縷，不能把粟的品性說成是小米呀！《春秋》總是仔細辨別事物之理來確定它們的名實關係，為事物命名一定要依據各自的真實情況，能反映真實的事義，真實的情理，然後才作為名稱。《春秋》記載落下隕石，把數量詞「五」放在名詞石的後面；記載鷁鳥飛行，又把數量詞「六」放在名詞鳥的前面，這些都真實地反映了當時的實際情況。由此可見聖人對自己記下的每一個字都要做到絕無半點苟且馬虎才罷休。所謂人性，是指天然本質樸實的情況；所謂善良，那是王者教化的結果。如果人沒有原始樸實的品質，那麼王者教育和訓導也不能轉化他；如果沒有王者的教化，那麼質樸本性也不能成為善良的品德。所以對人的原始品質，就不能稱為善良的品性。「性善」這個名就是名實不符，所以不能贊同。

【研　析】本章反覆闡述萬民之性者，「天質之樸也」，所以為善者，王者「教之化也」。王者承天意以成民之性為己任，這亦是全篇的主旨。在對策中，董仲舒更一再申述當時施行教化的迫切性。他說古之王者「莫不以教化為大務」，因暴秦失政，致使「習俗薄惡，人民嚚頑」，而「漢得天下以來，常欲善治而至今不可善治者，失之於當更化而不更化也」（《漢書》本傳）。那麼王者如何才能化民之性以為善呢？這似乎已是題外話，但弄清這一點，也許倒正可以從中接觸到董仲舒之所以如此強調教化作用的本意。

生活在中國這樣一個長期受帝王思想統治的國度裡的思想家，很難有真正屬於自己的獨立的學術品格。但既然是思想家，他就不會一味地為帝王抬轎子、吹喇叭，專為當今皇上說好話。顯然轎夫、吹鼓手之類都不能稱為思想家。甘心只做一黨一派喉舌的亦與思想家無緣。縱然他們可能會煊赫一時，但歷史註定他們只能是過眼煙雲，不可能留下印跡。真正的思想家是屬於全人類的。他們代表著某個特定時代的全社會的智慧、靈魂和良心。孔子的學說總體上雖也可說是帝王之學，但它絕不是為短視的帝王一己私利設計的。他道通天地，思入風雲，思考的廣泛性和深刻性超過了歷史上任何一個帝王。孔子坦然、率真，又確實有一顆仁愛之心，關注著社會全體成員。當有人提到用人形的木偶殉葬這件事時，老夫子一時憤怒得脫口罵出了「始作俑者，其無後乎」這樣的話，讓數千年後的我們，還能從這罵聲裡看到那可貴的人道的閃光。董仲舒當然遠沒有達到這樣的高度。他的主要著述《春秋繁露》、〈天人三策〉等都是切合現實施政需要而作，《漢書》本傳就說是「掇其切當世施朝廷者著於篇」，希冀獲得武帝賞識的意向十分明顯。但只要細讀全書就不難看到，董仲舒作為漢代一個著名的思想家，同樣有著思想家必須具備的清醒的批判意識。他不僅沒有一味迎合當今皇上的私欲，還假借天命論、災異說等方式，力圖制約皇權的無序膨脹。他反覆強調天命授予王者以教化重任，實際對王者亦是一種制約，因為王者要取得教化者的資格，首先就得正己。他在對策中稱：「《春秋》深探其本，而反自貴者始。故為人君者，正心以正朝廷，正朝廷以正百官，正百官以正萬民，正萬民以正四方。四方正，遠近莫敢不壹於正，而亡有邪氣奸其間者。」（《漢書》本傳）既然民之性可因教化而為善，那麼如果民心刁惡，民風澆漓，責任就在王者沒有施行教化或雖行教化而官員執行不善。對於王者，董仲舒當然不敢說得太直露，他請出了聖人：「孔子曰：『君子之德風，小人之德草，草上之風必偃。』故堯舜行德則民仁壽，桀紂行暴則民鄙夭。夫上之化下，下之從上，猶泥之在鈞，唯甄者之所為；猶金之在熔，唯冶者之所鑄。『綏之斯來，動之斯和。』此之謂也。」對官員，董仲舒直接作了尖銳的抨擊。他以今古作比，古時「上下和睦，習俗美盛」，而今「民不樂生，尚不避死，安能避罪！」然「古之天下亦今之天下，今之天下亦古之天下」，「壹何不相逮之遠也！」原因就在於「身寵而載高位，家溫而食厚祿，因乘富貴之資力，以與民爭利於下，民安能如之哉！」「故詩人疾而刺之曰：『節彼南山，惟石巖巖，赫赫師尹，民具爾瞻。』爾好誼，則民鄉仁而俗善；爾好利，則民好邪而俗敗。由是觀之，天子大夫者，下民之所視效，遠方之所四面而內望也。近者視而放之，遠者望而效之，豈可以居賢人之位而為庶人行哉！」（同上）

董仲舒反覆強調王者教化還有一個並未明言但可能是更為實際的原因，便是想為儒生入仕開闢通道，從社會發展的角度說，就是要求從武官政治轉變為文官政治，徹底終結戰爭時期而進入和平時期。漢初在高帝呂后時，居高官者皆為功臣宿將，下級官僚亦多為軍功爵受益的階層，只有少數出身於文法吏，儒生出身者更是屈指可數。一次漢高帝見陸賈在他面前《詩》曰《書》云說個不休，便很不屑地罵了起來：「乃公馬上得之，安事《詩》、《書》！」陸賈回答說：「馬上得之，寧可以馬上治乎？且湯武逆取而以順守之，文武並用長久之術也。」（《漢書・陸賈傳》）這一問一答，就頗有代表性的道出了中國歷史上凡是用武力取得的政權必經的前後兩個發展階段。不錯，天下是騎在馬上打出來的，但到了坐天下時，難道還能一直騎在馬上東衝西殺嗎？「逆取」必須繼之以「順守」。在政壇唱主角的，必將由動刀動槍的武將，漸漸轉為舞文弄墨的文官。當然其間的相互排抵、較量以至爭鬥、搏殺，在所難免。西漢大體到建國三、四十年後的文景時期，儒生地位才稍有上升，真正的改觀則要到雄心勃勃想有一番大作為的漢武帝登位以後。董仲舒向武帝提出了包括罷黜百家、獨尊儒術在內的一系列建議，再三進言「治國者以積賢為道」，「能致賢，則德澤洽而國太平」（本書〈通國身〉）。他在向漢武帝對策時說：「夫不素養士而欲求賢，譬猶不琢玉而求文采也。故養士之大者，莫大乎太學；太學者，賢士之所關也，教化之本原也。今以一郡一國之眾，對亡應書者，是王道往往而絕也。臣願陛下興太學，置明師，以養天下之士，數考問以盡其材，則英俊宜可得矣。今之郡守、縣令，民之師帥，所使承流而宣化也；故師帥不賢，則主德不宣，恩澤不流。今吏既亡教訓於下，或不承用主上之法，暴虐百姓，與姦為市，貧窮孤弱，冤苦失職，甚不稱陛下之意。」（《漢書》本傳）這些建議的實質，就是要用董仲舒所說的賢士也即儒生，去替代那些不少仍是武官出身無法擔當教化重任的郡守縣令，來一個大換班。

儘管董仲舒可說生逢以「順守」繼「逆取」之時，但他還是為自己的一系列建議付出了沉重的代價，落到差點掉腦袋的地步。此意「導讀」及第三十七篇〈諸侯〉篇末「研析」中已有所提到，此處不贅。晚年家居著述的董氏，頗為寂寞，寫過一首〈士不遇賦〉，一開頭就大為感慨：「嗚呼，嗟乎！遐哉，邈矣！時來曷遲，去之速矣。屈意從人，非吾徒矣。正身俟時，將就木矣。悠悠偕時，豈能覺矣。心之憂兮，不期祿矣。遑遑匪寧，只增辱矣。努力觸藩，徒摧角矣。不出戶庭，庶無過矣。……」（載《藝文類聚》卷三〇）不過，董子實在也無需歎息。既不熱衷於功名利祿，又不願屈意從人，還要「努力觸藩」，自然會碰得頭破血流。歷史上，大凡有建樹的思想家，其命運大抵也只能如此。

諸侯第三十七

【題解】此篇言諸侯之由來及其應盡之職分。認為古代聖君見上天厚待於人，故法天以兼利君天下；又因千里之外為耳目所不及，特為之割地分民，建立各諸侯國。所以諸侯的職分就是「諸候」——在各地代替天子偵候。

由於僅此一短章，鍾肇鵬校釋本疑為「原篇亡佚後之殘存者」。惠棟則以為「此係〈深察名號〉篇錯簡」。

生育養長，成而更生，終而復始，其事，所以利活民者無已❶。天雖不言，其欲贍足之意可見也❷。古之聖人，見天意之厚於人也，故南面而君天下，必以兼利之❸。為其遠者目不能見，其隱者耳不能聞，於是千里之外，割地分民，而建國立君，使為天子視所不見，聽所不聞，朝者召而問之也❹。諸侯之為言，猶諸侯也❺。

【注釋】❶生育養長五句　意謂上天之所以終而復始地生養萬物，都是為了給萬千黎民提供足夠的衣食，使之生生不已。其事，即指上文使萬物生育養長、終而復始之事。董仲舒以為人受命於天，超然異於群生，故天「生五穀以食之，桑麻以衣之，六畜以養之，服牛乘馬，圈豹檻虎，是其得天之靈，貴於物也」（《漢書・董仲舒傳》）。❷天雖不言二句　意謂上天雖然沒有說話，但它通過四時變化，促使萬物生育養長，供給萬民以足夠的衣食這個用意，還是可以覺察得到的。贍，供給；供養。《論語・陽貨》載：「子曰：天何言哉，四時行焉，百物生焉，天何言哉。」❸古之聖人四句　南面，古以坐北朝南為尊位，故帝王見群臣皆面南而坐，因亦以代指居帝王之位。《周易・說卦》：「聖人南面而聽天下，向明而治。」《論語・雍也》：「雍也可使南面。」兼利，意謂使天下人一併受到利益。《禮記・經解》：「天子者，與天地參，故德配天地，兼利萬物，與日月並明，明照四海而不遺微小。」此言古代聖王因感天意厚待於人，故法天兼利天下。《尚書・泰誓中》：「惟天惠民，惟辟（國君）奉天。」君王奉天意以治民，故有「天視自我民視，天聽自我民聽」之說。❹為其遠者目不能見八句　此言設置諸侯之緣由。千里之外為天子耳目所不能及，故分封諸侯，以廣視聽。《周禮・職方氏》：「乃辨九服之邦國。方千里曰王畿。其外五百里曰侯服，又其外方五百里曰甸服。」鄭玄注：「服，服事天子也。《詩》云：『侯服于周。』」《禮記・王制》稱：「諸侯之于天子也，比年一小聘，三年一大聘，五年一朝。」小聘使大夫，大聘使卿，朝則諸侯親行。諸侯在朝聘時，回答天子目不能見、耳不能聞的遠方風物民情。《孟子・梁惠王下》：「諸侯朝於天子曰述職。述職者，述所職也。」又，分封諸侯之緣由，《白虎通義・封公侯》敘述較詳，其文稱：「王道立三公、九卿、二十七大夫足以教道，照幽隱，必複封諸侯何？重民之至也。善惡比而周知，故擇賢而封之。使治其民，以著其德，報其才。上以尊天子備輔藩，下以子養百姓，施行其道，開賢者之路，謙不自專，故列士封賢，因而象之：象賢重民也。」❺諸侯之為言二句　句中第二「諸侯」，淩曙、蘇輿等本皆作「諸侯」，當據以改。《白虎通義・爵》：「侯者，侯也。侯逆順也。」《尚書・禹貢》「五百里侯服」孔安國傳：「侯，候也。斥候而服事。」皆以「侯」釋「侯」。故諸侯其職分即是在各地為天子充當斥候。

【語　譯】讓萬物孕育、生養、成長，成熟以後又重新再生，年復一年，終而復始。上天這樣做，就是為了便於供養天下庶民衣食，讓他們生生不息。上天雖然沒有說這個話，但它想要充分滿足庶民需求這樣一個意願，是可以讓人覺察得到的。上古時代的聖人看到天意如此厚待世人，所以他們在南面坐朝治理天下時，一定要讓天下庶民全都得到好處。由於有些遙遠的地域自己不能親眼看到，那些來自民間隱微的聲音又不能親耳聽到，因而在京畿千里以外的地方分割土地，分配民眾，建立封國，冊立國君，由他們為天子看天子看不到的情況，聽天子聽不到的聲音。這樣當他們奉召來京參加朝見時，天子便可以詢問他們各種情況了。所以「諸侯」這個名稱的意思，就是「諸侯」——在各個地方充當天子的斥候。

【研析】此篇與上兩篇〈深察名號〉、〈實性〉，在本卷中是一個組合，其中心內容便是闡述君王、民、諸侯三者各自的職分。與前兩篇相較，本篇內容要單薄得多，真正涉及諸侯職分的只有一句話：「諸侯之為言，猶諸侯（候）也。」說得更簡單一點就是：「侯者，候也。」

對於這種情況，當然也可以從此篇很可能是殘篇，原文多有亡佚這樣的推測中得到解釋。但我們想到的卻是另外一個問題：即使此篇確是殘簡，估計原文全篇對諸侯的職分問題也不會有太多的實質性的論述。本書第二十八篇〈爵國〉，記述古代諸侯封爵的等級，封國的疆域，以及戶口、官制、俸祿等等都頗為詳盡，唯獨對諸侯的職分，即諸侯對天子應盡的義務和可以享受到的權利，則語焉不詳。其中原由，作為猜測，是否可以這樣說：因為在董仲舒生活的那個年代，談論有關諸侯職分的問題，忌諱多多，倘要參核名實，更有莫大風險。在董氏之前，賈誼和鼂錯先後都是在這個問題上栽了大跟斗，前者遭貶，後者被殺。董仲舒自己，有一次只是在家裡私下寫了一點想法，也被人竊去告發，差點掉了腦袋。

那是建元六年（西元前一三五年）。這一年二月和四月，相繼發生了遼東高廟和京城高園便殿兩次火災。漢武帝為此而素服五日，足見問題的嚴重。董仲舒按照他的思維方式，將這兩次災異與《春秋》上所記載的分別發生於定公、哀公時期的幾次宮殿火災作了對應比較，認為武帝「正當大敝之後，又遭重難之時，甚可憂也」。其中最可憂的他以為就是諸侯和大臣的驕奢僭越。於是假借天意寫下了這樣一段話：「故天災若語陛下：『當今之世，雖敝而重難，非以太平至公，不能治也。視親戚貴屬在諸侯遠正最甚者，忍而誅之，如吾燔遼東高廟乃可；視近臣在國中處旁仄及貴而不正者，忍而誅之，如吾燔高園殿乃可』云爾。在外而不正者，雖貴如高廟，猶災燔之，況諸侯乎！在內不正者，雖貴如高園殿，猶燔災之，況大臣乎！此天意也。」（《漢書．五行志》）董仲舒的這一手也是夠厲害的。可以設想一下，如果他以此進奏武帝而獲允准，那就將在京城內外、朝堂上下大開殺戒。也許他亦意識到事關重大，不敢貿然，所以只寫了個草稿，沒有作為正式奏文上呈。這時偏有個時任郎中的主父偃，「候仲舒，私見，嫉之，竊其書而奏焉。上召視諸儒，仲舒弟子呂步舒不知其師書，以為大愚。於是下仲舒吏，當死，詔赦之」（《漢書》本傳)。

董仲舒的這段頗具驚險色彩的經歷說明，諸侯在漢初是一個特殊的群體，是一股可以左右朝政的勢力，豈容他人隨意說三道四。如果用本書第三十五篇〈深察名號〉中反覆強調的「名生於真，非其真，弗以為名」的原則，來一個循名責實，那麼漢代的諸侯遠非「侯者，候也」一句話可以說清楚。

漢初封侯的情況，《史記・高祖功臣侯者年表》的序文中，有一段很概括的敘述。其文稱：「漢興，功臣受封者百有餘人，天下初定，故大城名都散亡，戶口可得而數者十二三，是以大侯不過萬家，小者五六百戶。後數世，民咸歸鄉里，戶益息，蕭、曹、絳、灌之屬或至四萬，小侯自倍，富厚如之。子孫驕溢，忘其先，淫嬖。至太初百年之間，見侯五，餘皆坐法隕命亡國，秏矣。」這段記載清晰地勾出了漢初諸侯由興而衰的軌跡。而在這由興至衰之間，充滿著一輪又一輪的權力激戰。

漢初的廣封諸侯，實在也是出於無奈。原因是漢高祖劉邦本來就是由已被封為諸侯王的一批功臣宿將的擁戴而當上皇帝的。據《漢書》本紀記載，高祖五年（西元前二〇二年），楚王韓信等七名諸侯王聯名上疏漢王劉邦稱：「大王陛下：先時秦為亡道，天下誅之。大王先得秦王，定關中，於天下功最多。存亡定危，救敗繼絕，以安萬民，功盛德厚，又加惠於諸侯王有功者，使得立社稷。地分已定，而位號比儗，亡上下之分，大王功德之著，於後世不宣。昧死再拜上皇帝尊號。」劉邦自然要假意來一番推讓再三，然後說：「諸侯王以為便於天下之民，則可矣。」但高祖皇帝與諸侯王的蜜月極其短暫。就在第二年十月，「人告楚王信謀反」。於是劉邦用陳平之計偽遊雲夢，把韓信騙到陳這個地方抓了起來，後來總算開恩，改封為淮陰侯。史著雖無明確記載，但此事在諸侯王中肯定會引起疑忌和波動。其時初創的劉漢王朝，遠沒有強大到可以一舉削平諸侯王的地步。高祖不得不暫時妥協，以穩定局面。就在改封楚王韓信為侯的同時，又「剖符封功臣曹參等為通侯」。同書另一處記載更詳：「又與功臣剖符作誓，丹書鐵契，金匱石室，藏之宗廟。」作誓時是殺了白馬的，所以又稱白馬盟誓。誓詞內容，《史記・高祖功臣侯者年表》和《漢書・高惠高后文功臣表》均有載錄：「使黃河如帶，泰山若厲，國以永存，爰及苗裔。」

誓言的涵義，應劭作了這樣解釋：「封爵之誓，國家欲使功臣傳祚無窮也。帶，衣帶也。厲，砥礪石也。河當何時為衣帶，山當何時為礪石，言如帶厲，國猶永存，以及後世子孫也。」至於盟約的內容，史著並無完整的記載，見之於《史記・呂后本紀》和《漢書・周亞夫傳》的有兩條，一是「非劉氏而王，天下共擊之」；一是「非有功不得侯，不如約，天下共擊之」。這也就是說，此後封王成了劉姓的專利，異姓而有功可以封為侯。大約到高祖六年（西元前二〇一年）冬，已分封了功臣二十餘人，其餘的依然吵吵嚷嚷，爭個不休。一次高帝從南宮的複道往下望去，只見那些武將們三人一堆、五人一簇在那裡議論，心裡著實不安。召來張良問問，張良回答說：「陛下與此屬共取天下，今已為天子，而所封皆故人所愛，所誅皆平生仇怨。今軍吏計功，以天下為不足用遍封，而恐以過失及誅，故相聚謀反耳。」高帝又問該怎麼辦，張良獻上一計，說是要高帝選一個平日自己最討厭而將士們又都熟知的人，當眾封以侯，眾議自可平息。次年三月，高帝大宴群臣，一面當眾促令丞相加緊定功行封，一面就在席上挑了個叫雍齒的人，封為汁防侯。張良的計策成功了：「罷酒，群臣皆喜，曰：『雍齒且侯，吾屬亡患矣。』」（《漢書・高帝紀》）從這時開始，劉漢王朝不得不一次又一次擴大封侯範圍，《漢書・高惠高后文功臣表》是這樣記載的：「八載（西元前一九九年）而天下乃平，始論功，而定封。訖十二年（西元前一九五年），侯者百四十有三人。」

漢初的列侯，在長安都賜有侯邸，大多攜家居於京師。而他們的封國，有的在漢郡，有的在王國，其政務，通常委任家吏管理。侯國的租稅、貢賦，則由當地輾轉輸送到長安的侯邸。與此同時，漢初在中央自丞相、御史大夫以下各級實際執掌軍政大權的要職，亦大多由功臣宿將出身的諸侯或其子弟擔任。以丞相這一紀綱百揆的要職為例，第一任蕭何，封酇侯。此後列任：曹參，平陽侯；王陵，安國侯；審食其，辟陽侯；呂產，汶侯；周勃，絳侯；灌嬰，潁陰侯；張蒼，北平侯；申屠嘉，故安侯；陶青，開封侯；周亞夫，條侯；劉舍，挑侯；衛綰，建陵侯。自高帝至景帝時期的十四任丞相，都是功臣宿將出身的諸侯或其子弟封侯者。漢代的列侯藩國，都擁有土地、子民，權埒君王，驕橫不法，直逼天子。賈誼在向漢文帝的上疏中，以為當時漢王朝的事勢「可為痛哭者一，可為流涕者二，可為長太息者六」，而可為痛哭者正是這諸侯問題。他把漢家天下比作一個患了重病的病人，全身浮腫以至「一脛之大幾如要（通「腰」），一指之大幾如股」。賈誼一再發出警告：「夫抱火厝之積薪之下而寢其上，火未及燃，因謂之安，方今之世，何以異此！」（《漢書・賈誼傳》）稍後的鼂錯亦屢屢上書「請諸侯之罪過，削其支郡」（《漢書・鼂錯傳》）。所以諸侯的職分在漢代就不是什麼「侯者，候也」，他們實際上已成了一支可以與朝廷分庭抗禮的特殊勢力。集權專制的帝王制度，決定了皇權必須由皇帝一人獨擅。分封諸侯本意在屏藩帝室，但諸侯一旦擁有相當實力，必然覬覦、侵削皇權，以至進而向這至上權力發起挑戰。賈誼曾總結過其中的規律：大抵是強者先反，弱者後反。他以高帝前後「十年之間，反者九起」為例：「淮陰王楚最彊，則最先反；韓信倚胡，則又反；貫高因趙資，則又反；陳豨兵精，則又反；彭越用梁，則又反；黥布用淮南，則又反；盧綰最弱，最後反。」（《漢書》本傳）因而西漢自高帝至武帝，歷經一百多年，如何處置諸侯問題，一直是掌政者的一塊心病。大致說來用了文武兩手：前期高帝對諸異姓侯王的打擊，景帝對吳楚七國之亂的平定，用的都是武力；後期武帝推恩令的頒布和酎金制的實施，可謂文攻。其間文帝時期對因在誅滅呂氏中有功而受封的列侯的處置，還使用過一種方法，姑稱之為疏離術。因論者少有提及，不妨以周勃為例，略作介紹。

周勃其人，在上個世紀七、八十年代之交，一度成為大陸眾多文學戲劇作品的熱門題材，出於某種宣傳需要，把他說成是力挽劉漢於幾絕的扛鼎人物。其實據《史記・呂太后本紀》記載，當呂后以「欲立諸呂為王」詢問近臣時，王陵以有高帝「非劉氏而王，天下共擊之」的白馬盟誓在而表示反對，周勃、陳平的回答卻是：「高帝定天下，王子弟；今太后稱制，王昆弟諸呂，無所不可。」王陵因而憤憤地指責他們「諸君從欲阿意背約，何面目見高帝地下！」當然呂后死後，周勃、陳平在殲滅諸呂和迎立文帝中，都是立了大功的。周勃也因此被文帝擢為右丞相，賜金五千斤；他在高帝時已封為絳侯，此時又增邑萬戶。功高蓋主，歷來大忌。這時有人提醒周勃：「君既誅諸呂，立代王，威震天下，而君受厚賞處尊位以厭之，則禍及身矣。」（《漢書・周勃傳》）原來文帝本為代王，是在諸呂被殲後由周勃等迎回京師即皇帝位的。文帝在代國時的一套政權班子，這時也隨文帝入主朝廷，但實際的朝政大權仍然在周勃等一批功臣宿將手裡。顯然這樣一種局面文帝決不會容忍太久。所以周勃一聽那人的提醒，著實害怕起來，「乃謝請歸相印，上許之。歲餘，陳丞相平卒，上復用勃為相」（同上）。但仍然讓周勃為相其實是一個幌子。緊接著文帝就下了一道詔令：「朕聞古者諸侯建國千餘，各守其地，以時入貢，民不勞苦，上下歡欣，靡有違德。今列侯各居長安，邑遠，吏卒給輸費苦，而列侯也無由教訓其民。其令列侯之國，為吏及詔所止者，遣太子。」所謂「之國」，就是命令列侯離開京師長安到各自的封地去。這樣，既清除了臥榻之側的隱患，又將這股勢力化整為零，皇帝才能安心坐他的龍椅。但當時文帝似乎還沒有足夠的威望，詔令既出，列侯並未能立即應詔成行。於是文帝決定要選一隻領頭羊。最先想到的便是周勃。除了周勃在誅滅呂氏中功勞最大以外，很可能還看中了他在呂后欲王諸呂時所表現出來的那種軟弱和阿順。文帝對周勃說：「前日吾詔列侯就國，或頗未能行，丞相朕所重，其為朕率列侯就國。」（《漢書・周勃傳》）於是周勃不得不再次辭去丞相職務，於文帝三年（西元前一七七年）十一月離京之國。他的封國在絳。絳是古晉地，在今山西省境內。一個下了臺的老丞相，來到這個離京師千里以外的古城邑，周勃的日子過得可謂寂寞又恐慌。「歲餘，每河東守尉行縣至絳，絳侯勃自畏恐誅，常被甲，令家人持兵以見」。披甲以見原是為了怕被誅而自衛，沒有想到卻犯了大忌：「其後人有上書告勃欲反，下廷尉，逮捕勃治之。勃恐，不知置辭，吏稍侵辱之，勃以千金與獄吏……」後來還是薄太后說了好話，文帝才赦免了他。「勃既出，曰：吾嘗將百萬軍，安知獄吏之貴也！」（同上）堂堂侯爵丞相，竟落到被一個小小牢頭欺侮、敲詐的地步，自然令人為之扼腕長歎，但此類事如周勃那種沒有骨氣、見風轉舵而又善於翻手為雲、覆手為雨的投機分子，其遭遇在帝王權力爭鬥中原也司空見慣，不足為怪。

回頭再說說董仲舒撰作《春秋繁露》時期諸侯王的一些情況。漢在惠景之時，列侯尚有九十人，到武帝時雖已剩下不多，但在南討甌越、北擊匈奴過程中，又出現了一批因功而封侯的新貴，所以在武帝初期如何處置諸侯王仍然是一個嚴重而尖銳的問題。董仲舒自己先後任江都王與膠西王之相，與河間獻王也有過往來，因而對諸侯問題有足夠的感性認識，應該是有發言權的。在他假借遼東高廟、高園火災，以警戒名義，提出應誅除諸侯及近身大臣中的驕奢不正者的建議十年以後，即元朔六年（西元前一二三年），淮南王、衡山王謀反案發，後受誅，而此案江都王、膠西王亦有牽連。就像當年景帝原以為拋出鼂錯做替罪羊便可平息吳楚七國之亂，但殺了鼂錯七國依舊作亂不止，使他不禁為之喟然長歎，深悔自己錯殺了鼂錯那樣，這時候武帝也有些後悔了，後悔當初沒有聽從董仲舒的警示。也許是為了作些彌補，武帝特授董仲舒弟子呂步舒以斧鉞，專治淮南王等謀反一案，允許先斬後奏。至於董仲舒，其時已賦閒在家，且垂垂老矣，他還能說些什麼呢？

五行對　第三十八

【題解】本篇論孝道。全文以闡釋《孝經》一段語錄為貫串線，參之以五行之說，並與五時（四時加一季夏）相對應，以成其孝為「天之經、地之義」之說。因係以五行說論孝答河間獻王之問的方式行文成篇，故以「五行對」作為篇名。

分三章。一章由五行相生、五時相承，說明父子關係應是父授子受、子承父業，並認為這是為人子者應盡的「為人之道」，符合「天之經」。二章由地之事天、土之於四時無所命，導引出忠臣之義、孝子之行，並認為此即「地之義」。三章言君子之舉止儀容應做到悅目、悅耳、悅心，與孝道無涉。諸家多有以為此章文字係他篇錯簡者。蘇輿本已將此章移入第四十一篇〈為人者天〉之末。本書仍依《四庫》本之舊。

第一章

河間獻王問溫城董君❶曰：「《孝經》曰：『夫孝，天之經，地之義。』❷何謂也？」對曰：「天有五行，木火土金水是也。木生火，火生土，土生金，金生水，水生木❸。水為冬，金為秋，土為季夏，火為夏，木為春。春主生，夏主長，季夏主養，秋主收，冬主藏❹。藏，冬之所成也❺。是故父之所生，其子長之；父之所長，其子養之；父之所養，其子成之。諸父所為，其子皆奉承而續行之，不敢不致如父之意，盡為人之道也❻。故五行者，五行也❼。由此觀之，父授子受之，乃天之道也。故曰夫孝者，天之經也，此之謂也。」

【章　旨】由五行相生、五時相承，說明父子關係應是父授子受、子承父業，並認為這是為人子者應盡的「為人之道」，符合「天之經」。

【注　釋】❶河間獻王問溫城董君　河間獻王，劉德，漢景帝之次子，漢武帝之兄。以景帝前二年（西元前一五五年）立，其治地為今河北獻縣東南。河間，漢高帝時置郡，文帝改國。《漢書·河間獻王傳》稱劉德「修學好古，實事求是。從民得善書，必為好寫與之，留其真」，「獻王所得書，皆古文先秦舊書，《周官》、《尚書》、《禮》、《禮記》、《孟子》、《老子》之屬，皆經傳說記，七十子之徒所論」。溫城董君，即董仲舒。溫城，董氏故里。《漢書》本傳稱「仲舒，廣川人」。廣川，郡名，治信都，治所在今河北冀縣。廣川有修縣，縣屬有修市城，溫城是修市城之俗稱。❷孝經曰四句　《孝經》，儒家經典之一。作者當是曾子後學，形成於戰國後期，定型於漢初。有今古文兩個版本。今文本《孝經》十八章。傳說秦焚書時為顏芝所藏，由其子顏貞獻於河間獻王。引文見於《孝經》第七章〈三才〉：「子曰：夫孝，天之經也，地之義也，民之行也。」唐人邢昺注：「經，常也。利物為義。孝為百行之首，人之常德。若三辰運天而有常，五土分地而為義也。」❸天有五行七句　句末「水生木」三字《四庫》本缺，今據鍾肇鵬校釋本補。其校注稱：「『水生木』三字舊脫。今案：《繁露·五行之義》於『金生水』下有『水生木』句；《五行大義》二〈論相生〉引本篇亦有『水生木』三字。今據補。」董仲舒引入五行來回答河間獻王提出的何以孝為天之經、地之義的問題。關於五行說，《白虎通義·五行》稱：「五行者，何謂也？謂金、木、水、火、土也。言行者，欲言天行氣之義也。」金、木、水、火、土原是五種物質，古人將其符號化，視之為構成宇宙間一切事物的基本元素。正是這五種元素的運行過程，形成了萬事萬物的無窮變化。五行之間，又有所謂「比相生」和「間相勝」的相生、相勝關係。比相生，即木生火，火生土，土生金，金生水，水生木。間相勝，即金勝木（中隔水），水勝火（中隔木），木生土（中隔火），火勝金（中隔土），土勝水（中隔金）。據《五行大義》，其相生之理為：木性溫暖，火伏其中，鑽灼而出，故木生火。火熱能焚木，木焚而成灰，故火生土。金居石依山，山必生石，故土生金。少陰之氣，潤津流津，銷金為水，故金生水。木因水潤而能生，故水生木。又據《白虎通義‧五行》相勝之理為：大地之性，眾勝寡，故水勝火。精勝堅，故火勝金。剛勝柔，故金勝木。專勝散，故木勝土。實勝虛，故土勝水。在這個基礎上，古人逐漸構築起對宇宙萬事萬物及其運行變化的認知模式。❹水為冬十句　這是把五行與四季及農作物從生長到成熟的過程結合了起來。唯四季與五行無法逐一配對，故又人為地增加一個並不實際存在的「季夏」以與五行中之「土」相對應。此種做法，先秦諸子中已有。如《管子‧四時》在東南西北四方外，再加一「中」，以與五行中之「土」相結合。並稱：「土德實輔四時入出。」即此季夏之土，對四時起著支配作用。《呂氏春秋‧十二紀》在季夏六月之後，專立一章，文曰：「中央土，其日戊己，其帝黃帝，其神后土。」「其音宮，律中黃鐘之宮。其數五。其味甘。」「天子居太廟太室，乘大輅，駕黃騮，載黃旂，衣黃衣，服黃玉。」黃帝為五帝之首。下文有「五聲莫貴於宮，五味莫美於甘，五色莫貴於黃」之句。可知季夏之土處於主導地位。❺藏二句　《五行大義》引此作「藏者，冬之所成也」。此處脫一「者」字。❻是故父之所生十句　此以五行相生、五時（四時加一季夏）相承關係，對應於父子關係。意謂若父為春之生，則子繼之以夏之長；若父為夏之長，則子繼之以季夏之養；若父為季夏之養，則子繼之以秋冬之成熟、收藏。這樣子承父業便成了與時令運行、萬物長養那樣天經地義的事。故下文言不敢不依照父親意願做成其事，這是做人的根本道理。以天道和陰陽五行論孝道，可說是董仲舒倫理學的一個特點。《鹽鐵論‧論菑》引文學語曰：「始江都相董生，推言陰陽，四時相繼，父生之，子養之，母成之，子藏之。故春生、仁，夏長、德，秋成、義，冬藏、禮。此四時之序，聖人之所則也。」❼五行者二句　此以五行論道德倫理。前一「五行」，指木、火、土、金、水；後一「五行」，指五種德行。若儒家思孟學派以五行附會倫理道德，稱仁、義、禮、知、信五種德行為五行。《尚書‧甘誓》：「有扈氏，威侮五行。」此五行亦指五種德行。本書第四十二篇〈五行之義〉：「故五行者，乃孝子忠臣之行也。五行之為言也，猶五行歟？」又，《五行大義》引此作「故五行者，五常也」，五常亦指仁義禮智信。

【語　譯】河間獻王問溫城董仲舒說：「《孝經》中說孝是天的常經，地的大義。這是什麼意思呢？」董仲舒回答說：「天有五行，就是木、火、土、金、水。木產生火，火產生土，土產生金，金產生水，水產生木。水與冬季相對應，金與秋季相對應，土與季夏相對應，火與夏季相對應，木與春季相對應。春主管孳生，夏主管長大，季夏管養育，秋主管收穫，冬主管貯藏。所謂藏，就是冬天要完成的事。由以上五行相生、五時相承的原理可以說明，凡是父親所生育的，他的兒子就有責任使它長大；父親培育大的，兒子要繼續扶養；父親所扶養的，兒子就要使它成熟。大凡父親的作為，他的兒子都要承接下來並且繼續照著做下去，不敢不努力去實現父親的意願，竭盡做人的基本道理。因此所謂五行，也就是五種德行。由此看來，父親傳授，兒子接受，這是上天定下的為人之道。所以《孝經》中說，所謂孝，就是上天的常經，講的就是這個意思。」

【研　析】本篇冠以「五行對」之名，說明董仲舒是以五行的觀念來回答河間獻王提出的有關孝行的倫理問題的。陰陽五行說在董氏思想體系中占有重要地位，本書中，單以陰陽、五行名題的，就有十四篇之多，其中以五行為題的有九篇，本篇是首篇，其下依次尚有：〈五行之義〉、〈五行相生〉、〈五行相勝〉、〈五行逆順〉、〈治水五行〉、〈治亂五行〉、〈五行變救〉和〈五行五事〉。涉及的問題較多，我們將在相關篇章之末，分題作一些說明。

五行說在中國古代文化中有重要影響，其形成和系統化也有一個歷史過程。在漢代五行說是預測吉凶和未來的一種方術。當時流行的方術很多，如堪輿家、建除家、叢辰家、曆家、天人家、太一家等等，比較起來，以五行家的影響最大，連最高統治階層也深信不疑。漢武帝在制文中曾說：「避諸死忌，以五行為主。」（《史記・日者列傳》）本篇中五行的排列次序是：木、火、土、金、水。這個排列不是並列的，而是一個周而復始的循環圈：木生火，火生土，土生金，金生水，水生木，依次相生不息。董氏又將此與五時相對應，從而引伸出父授子受、子承父業的為人之道，以及效法以地事天而以下事上的孝子之行、忠臣之義，並以此為「天之經，地之義」。但在更早的文獻記載中，五行的排列次序並不是這樣。如《尚書・洪範》的排列次序是：「一曰水，二曰火，三曰木，四曰金，五曰土。」五者的關係是並列的，對其作出的說明，也只限於五種物質元素本身的特徵或功能：「水曰潤下，火曰炎上，木曰曲直，金曰從革，土爰稼穡。」《尚書・洪範》所述的，是箕子依據傳為禹所得之《洛書》，向周武王細述九種治國大法，五行列為第一法。其撰作年代，學者頗多分歧，有以為周初的，有以為當在戰國時期。通常觀念的形成，總要早於成書時間。因而可以肯定兩點：一是五行觀念的產生的時間，至少在戰國以前；二是其原初的排列次序是並列的，既不存在相生相勝關係，也還沒有誰支配誰的問題。

那麼本篇中五行的這種排列次序是否由董仲舒憑空創造出來的呢？當然也不是。儘管陰陽五行說在後來發展過程夾雜了大量迷信荒唐的東西，但絕不能因此否定它在古代認識史上的地位。不妨設想一下，古人要從紛紜繁雜的大千世界中，挑選出這五種物質來，既保留其原有主要特性，又不斷擴大它的涵蓋面，即在相當程度上使之符號化，從而成為分類和測試天地間萬事萬物的依據，這需要具有多大的創造勇氣啊！其間不知經過了多少代人的觀察、比較、總結、提高，從雛形到定型，所經歷的漫長的時光，是我們現代人無法想像的。不無遺憾的是，古人沒有留下一點可供我們聯想的痕跡。五種物質元素被定型後，古人的思索並沒有停止，再進一步便是找出它們之間的關係。這過程亦不會是短暫的。所幸這一回，我們終於從《國語・鄭語》中找到了一段相關的記載。其文內容為周太史伯向鄭桓公縱論西周末年天下興衰繼替大勢。談到如何治理國家時，史伯提到了「和」的命題：一物與不同質的他物調合謂之和。他說：「故先王以土與金木水火雜，以成萬物。」這樣就把土單列出來，與金木水火相配比以創造百物。原先的並列關係不見了，五行之間有了區分，其中土是最貴重也是最基本的，其他四種物質元素只有分別與土配比才能創造出新的事物來。這當是古人在農業為主的自然經濟條件下，長期觀察、思考的結果。五行中的土一經單列出來，就比較容易想到生長於土地之上的作物，又由作物的初生而至於成熟的過程，漸漸顯現出一個原先肉眼看不到的存在——時間，即時令或季節。於是在〈樂記〉的一篇佚文中就有了這樣記載：「春生夏長，秋收冬藏，土所以不名時者，地，土之別名也，比於五行最尊，故不自居部職也。」（《太平御覽》卷一七引）所謂不自居部職，指土實際並沒有與之對應的季節，但土在五行中又被視為是最尊貴的。五行原先還只是五種具有不同特性物質元素，一經與春夏秋冬和生長收藏聯繫起來，就從空間維度中抽出一隻腳來，跨進了與其原有物質屬性毫不相干的時間維度，使五行兼有了時空兩種屬性，這從認識論的角度說，該是一個很大的突破。但《國語・鄭語》也好，〈樂記〉佚文也好，都不是論述五行的專篇，因談及相關問題而順便提到，所以很可能只是引用當時流行的一種說法，並未作系統的論述。較為完整的論述見於《管子・四時》。文中不僅五行與四時互為對應配比，還與五方與天象以及政事聯繫了起來：「東方曰星，其時曰春，其氣曰風，風生木與骨，其德喜嬴而發出節時。其事號令……。」「南方曰日，其時曰夏，其氣曰陽，陽生火與氣，其德施舍修樂。其事號令……。」「中央曰土，土德實輔四時入出，以風雨節土益力，土生皮肌膚，其德和平用均，中正無私……。」「西方曰辰，其時曰秋，其氣曰陰，陰生金與甲，其德憂哀、靜正、嚴順，居不敢淫佚。其事號令……。」「北方曰月，其時曰冬，其氣曰寒，寒生水與血，其德淳越溫怒周密。其事號令……。」「是以聖王治天下，窮則反，終則始，德始於春，長於夏，刑始於秋，流於冬，刑德不失，四時如一。」這樣以一個年度為循環單元，五行、五方、四時以及相應的天象和政令，已配比構建得相當完整。不過仔細想來，仍有缺憾。那就是四時與五行無法逐一對應，留下一個「土」，居於中央，但卻沒有與之配比的作為時間維度的季節。可能就是為了彌補這一空缺，《管子・四時》加了這樣一段話：「(土德)中正無私，實輔四時。春嬴育，夏養長，秋聚收，冬閉藏。大寒乃極，國家乃昌，四方乃服，此為歲德。」其後問世的《呂氏春秋・十二紀》，在《管子・四時》的基礎上，除作了更為系統、完整的論述外，又在夏與秋之間，加了一個實際上並不存在的「季夏」，四時變成了五時。到此，一個五行與五時、五方、五色、五帝、五神、五音、五味以及天象、地貌等等一一對應，相關的祭祀和政事都作了詳盡安排的宏大的框架便誕生了。它既是古人的認知模式，也是自天子以至於庶民一年的行事藍圖。從當時的社會發展階段和人們的認識水平看來，這應該已是完美無缺。董仲舒吸收了《呂氏春秋・十二紀》五行與五時相對應這樣一種構架，本書第六十篇〈五行逆順〉可說是《呂氏春秋・十二紀》的漢代微縮版。文中將季夏改稱為「夏中」：「土者夏中，成熟百種，君之官。」本篇則仍稱季夏：「土為季夏」，「季夏主養」。並以土喻子，闡述了被稱之為「天之經、地之義」的孝道。這一來，五行之說又介入了一個新的領域——倫理道德。

第二章

王曰：「善哉！天經既聞得之矣，願聞地之義。」對曰：「地出雲為雨，起氣為風。風雨者，地之所為。地不敢有其功名，必上之於天。命若從天氣者，故曰天風天雨也，莫曰地風地雨也❶。勤勞在地，名一歸於天，非至有義，其孰能行此？故下事上，如地事天也，可謂大忠矣❷。土者，火之子也，五行莫貴於土。土之於四時無所命者，不與火分功名❸。木名春，火名夏，金名秋，水名冬。忠臣之義，孝子之行，取之土。土者，五行最貴者也，其義不可以加矣❹。五聲莫貴於宮，五味莫美於甘，五色莫貴於黃。此謂孝者地之義也❺。」王曰：「善哉！」

【章　旨】由地之事天、土之於四時無所命，導引出忠臣之義、孝子之行，並認為此即「地之義」。

【注　釋】❶對曰十句　句中「命若從天氣者」之「命」，據蘇輿注當屬下句，即應為「若從天氣者，故命曰天風天雨也」。此下是董仲舒對河間獻王所問《孝經》何以稱孝為「地之義」的回答。以為風和雨皆地所為，這是古人的認識。如《春秋公羊傳》魯莊公二十五年（西元前六六九年）：「秋大水，鼓，用牲于社，于門。」何休注：「大水與日食同禮者，水亦土地所為，雲實出於地而施於上，乃雨歸功於天，猶臣歸功於君。」《太平御覽》卷十引《大戴禮》曰：「天地之氣和即雨。」又引《管子》：「冬作土功，發地藏，則夏多暴雨，秋霖不止。」《說文解字》：「雲，山川氣也，从雨，雲象回轉之形。」「雨，水从雲下。」又云：「氣，雲氣也。象形。」雲氣動而為風。又，《古文苑》卷十一所錄董仲舒〈雨雹對〉，則以陰陽言風雨之成因。文中稱：「二氣之初蒸也，若有若無，若實若虛，若方若圓，攢聚相合，其體稍重，故雨乘虛而墜。風多則合速，故雨大而疏；風少則合遲，故雨細而密。」風雨皆地所為，本屬地之功名，地卻不敢自占而上之於天，所以不稱地風地雨，而稱天風天雨。關於天與地之位分，《周易・繫辭上》第一句便是：「天尊地卑，乾坤定矣，卑高以陳，貴賤位矣。」這是以只存在於人間的尊卑貴賤關係，來想像和推測天地之間似亦有尊卑之別；一旦這種想像和推測凝固化，再回過來強化人間的尊卑秩序，並賦予這種原屬人為的秩序以天命的永恆和絕對的涵義。❷勤勞在地七句　此承上文以風雨為地所出而其冠名權一歸於上天，導引出卑尊高、下事上的大義。《太平御覽》卷三六引《春秋元命苞》曰：「地出雲起雨，以令從天下，勤勞出於地，功名歸於天。」宋均注：「土以謙自尊，以卑自斂，終不自伐生養之苦，乃興雲下雨，不以為功，一歸於天也。」地既如此恭謹事天，人也必須法之以下事上。所謂下事上，包括子之事父，臣之事君，妻之事夫，皆是，且被譬之為地之事天。《白虎通義・五行》：「地之承天，猶妻之事夫，臣之事君也。其位卑，卑者親視事，故非同於一行尊於天也。」這樣，人與人之間原本為雙向互動的關係，變成了處於下位者對於上位者的單向的、無條件的順從和事奉的關係。這個以下事上說，已為君為臣綱、父為子綱、夫為妻綱的三綱論，奠定了基調。❸土者五句　此處引入五行說，以土喻子，再論孝為地之義。依照五行相生的次序，火生土，故言土為火之子。子應順父，故土不能與火分功名。土於四時無所命者，指在五行中，唯土與四時沒有直接與某一時相對應。其他四行的對應關係即下文所言：木名春，火名夏，金名秋，水名冬。五行莫貴於土，《管子・四時》：「中央曰土，土德實輔四時入出。」《白虎通義・五行》：「行有五，時有四何？四時為時，五行為節，土尊不任職，君不居部，故時有四焉。」「土所以不名時者，地，土之別名也。比於五行最尊，故不自居部職也。」「土者最大，苞含物將生者出，將歸者入，不嫌清濁為萬物。」❹忠臣之義六句　臣事君以忠，子事父以孝，都被說成是取法於地之事天，地即土。《春秋元命苞》云：「土之為言吐也，言子成父道，吐其精氣以輔也。」《白虎通義・五行》：「子順父，妻順夫，臣順君，何法？法地順天也。」本書第十三篇〈基義〉亦謂：「君為陽，臣為陰；父為陽，子為陰；夫為陽，妻為陰。陰道無所獨行，其始也不得專起，其終也不得分功，有所兼之義。是故臣兼功於君，子兼功於父，妻兼功於夫，陰兼功於陽，地兼功於天。」為臣者不得分功於天子，此意實取於《韓非子》。其〈主道〉篇稱：「有功則君有其賢，有過則臣任其罪。」「臣有其勞，君有其成功，此之謂賢主之經也。」其義不可加矣，指土所標舉的忠孝之義，至貴至要，無以復加。❺五聲莫貴於宮四句　五聲莫貴於宮，五聲指宮、商、角、徵、羽五個音階。《周禮・春官・大師》：「皆文之以五聲，宮、商、角、徵、羽。」宮為五音階中第一音階，《白虎通義・五行》：「土為中宮，其音宮。宮者，中也。」《國語・周語下》：「夫宮，音之主也。」《淮南子・地形訓》：「音有五聲，宮其主也。」五味莫美於甘，五味指鹹、酸、苦、辛、甘。以五味配五行，始見於《尚書・洪範》：「水曰潤下，火曰炎上，木曰曲直，金曰從革，土爰稼穡。潤下作鹹，炎上作苦，曲直作酸，從革作辛，稼穡作甘。」在五味中甘配土，故以其為最美。《白虎通義・五行》：「土味所以甘何？中央者，中和也，故甘，猶五味甘為主。」《春秋元命苞》云：「甘者，食常，言安其味也。甘味為五味之主，猶土之和成於四行。」五色莫貴於黃，句中「貴」，他本多作「盛」。五色，指青、赤、白、黑、黃五種顏色。五色依次與東、南、西、北、中五方相匹配，稱五方色。最早見之於《逸周書・作洛》：周公「乃建大社於國中，其壝東青土，南赤土，西白土，北驪土，中央釁以黃土。」五色中以黃色最尊貴，《淮南子・地形訓》：「色有五章，黃其主也。」故後來黃色成為帝王專用顏色。五行與五色、五聲、五味相互對應，在《左傳》、《國語》中已屢見。如《左傳》昭公二十五年（西元前五一七年）錄有子太叔與趙簡子一段對話：「簡子曰：『敢問何謂禮？』對曰：『吉也聞諸先大夫子產曰：夫禮，天之經也，地之義也，民之行也。天地之經，而民實則之。則天之明，因地之性，生其六氣，用其五行。氣為五味，發為五色，章為五聲，淫則昏亂，民生其性，是故為禮以奉之。為六畜、五牲、三犧，以奉五味；為九文、六采、五章，以奉五色；為九歌、八風、七音、六律，以奉五聲。為君臣、上下，以則地義；為夫婦、外內，以經二物；為父子、兄弟、姑姊、甥舅、婚媾、姻亞，以象天明。』」

【語　譯】河間獻王說：「你講得真好啊！孝是天的常經我已經聽懂了，希望再聽你說說為什麼孝又是地之大義的道理。」董仲舒回答說：「大地山川形成雲層，下降為雨水；地氣的運行產生風。所以風和雨，是大地作為的結果。然而大地卻不敢據有這個功名，一定要把它奉獻給上天。所以風雨的命名好像它們是隨從上天之氣產生的，叫作天風天雨，而不是叫地風地雨。辛勤勞作的是大地，名聲卻全都歸給了上天，若不是具有最高的道義，誰能這樣做呢？所以在下位的事奉在上位的做到像大地事奉上天那樣，就可以稱為大忠了。土是由火產生的，所以土是火的兒子。五行中沒有比土更為貴重的了。土之所以在四季中沒有分管哪一個具體的季節，就是無意與火分享功績和名聲。五行中其餘四行都是有所屬的：木的名下是春，火的名下是夏，金的名下是秋，水的名下是冬。作為忠臣的道義，孝子的行為，都是取法於土的品德。土，是五行中最為尊貴的，其中所蘊含的道義至高至上，不可復加的了。五聲中沒有比宮聲更尊貴，五味中沒有比甜味更美好，而在五色中，沒有比黃色更為莊重尊貴的。黃色是土地的本色，這是說孝就是大地的道義的表現。」河間獻王說：「先生講得太好啦！」

【研　析】「弟子規，聖人訓，首孝悌，次謹信。」這是《弟子規》的開篇。在中國，特別是在廣大的農村，直至上個世紀的上半葉，入學的孩子，很少有不讀過這本啟蒙書的。做人第一要孝——這個觀念就這樣深深印入了童稚的心靈。

本篇以五行論孝，兼及於忠。孝的觀念在中國，深遠而古老。追溯起來當發源於以血緣為紐帶的氏族社會，至今我們能夠看到的用文字來表示孝的內容的，則已到了西周時代。當時的宗法制度須以孝為支柱。一是對在世父母須盡奉養之責，這種觀念民間已普遍存在，如「用孝養厥父母」（《尚書‧酒誥》）；一是以孝表示對祖宗神的敬重，如「顯示於神」（〈克鼎〉），「祖宗先王」（〈宗周鼎〉），其目的是祈求祖宗「降餘多福」（同上）。孝，不僅是道德問題，還牽涉到法制，《尚書‧康誥》中就把「不孝不友，子弗祗服厥父事，大傷厥考心」者，列為「刑茲無赦」的對象。《周禮‧大司徒》中規定八種刑罰，第一條便是「不孝之刑」。《詩經》中保留有不少感念父母養育之恩的詩篇，如〈小雅‧蓼莪〉：「父兮生我，母兮鞠我，拊我畜我，長我育我。顧我復我，出入腹我，欲報之德，昊天罔極。」《左傳》昭公二十六年（西元前五一六年）載有齊景公與晏子一次關於禮制內涵的對話。晏子說：「君令臣共，父慈子孝，兄愛弟敬，夫和妻柔，姑慈婦聽，禮也。」所謂禮，不僅是一些禮儀形式，更要注重其內涵，即依照倫理要求來規範君臣、父子、夫婦之間的行為關係，其中忠孝二項是主體。孔子對孝的論述也是著眼於建立在血緣基礎上的親情關係。《論語‧陽貨》載宰我問孔子三年服喪期是否太長，孔子反問他在喪期你吃米飯、穿錦衣（喪制規定只可吃粥、穿粗衣）能安心嗎？宰我回答說「安心」。孔子說既然覺得安心那你就去吃吧、穿吧。但若是一個君子，他在居喪期間就會「食旨不甘，聞樂不樂，居處不安」。孔子的意思是，孝應是人們自身內心的自覺需要，是一個人修養的體現。所以宰我出去後，孔子就批評他「不仁」，說：「子生三年，然後免於父母之懷。夫三年之喪，天下之通喪也。予（指宰我）也有三年之愛於其父母乎？」孔子認為孝的最基本的行為標準是：「父在，觀其志；父沒，觀其行；三年無改於父之道，可謂孝矣。」（《論語・學而》）也就是本篇中所言：「諸父所為，其子皆奉承而續行之，不敢不致如父之意，盡為人之道也。」然而在孔子的論述中，父子之間的倫理關係還是相對的、雙向的，子孝與父慈相對應。《論語・為政》載季康子問如何使民敬、忠以勸，孔子回答說：「臨之以莊，則敬；孝慈，則忠；舉善而教不能，則勸。」即只有對父母孝順，對子女慈愛，才會受到他人竭誠相待。孟子亦把「敬老慈幼」作為人應有的重要品德加以提倡（見《孟子・告子下》）。孔子還認為父母也可能有過失，兒女應該「事父母幾諫」（《論語・里仁》），即婉言相勸，力求其能改正，並非絕對服從。所以倫常關係是相對的，不應是單方面的無條件的義務關係。本篇一開頭就引了《孝經》第七章〈三才〉中的一段話：「子曰：『夫孝，天之經也，地之義也，民之行也。』」其實這話並非出自孔子之口，而是鄭國大夫子產說的（見《左傳》昭公二十五年）。子產強調的是禮的重要性，原文為：「子產曰：夫禮……」（詳本章注❺），《孝經》作者引用時，不僅將「子產」改為「孔子」，還把「夫禮」改成了「夫孝」，這樣就把孝說成是具有天經地義的絕對意義，成為人們永恆的倫理準則。本篇對《孝經》這段話的闡釋又引入了五行之說，更強化了它的絕對性。如何來理解這種強化？局限在倫理道德範疇內恐怕是很難說清楚的。本書第七十篇〈順命〉中有這樣一段話：「天子受命於天，諸侯受命於天子，子受命於父，臣妾受命於君，妻受命於夫。諸受命者，其尊皆天也，雖謂受命於天亦可。」這表明孝是董氏整個以天人合一為特徵的政治學說中的一個有機組成部分，孝的行為已被賦予了濃厚的政治色彩。

孝在儒家初期的論說中，已有了超越倫理範疇的意向。如《論語・學而》：「有子曰：其為人也，孝弟而好犯上者，鮮矣；不好犯上，而好作亂者，未之有也。」犯上之上，既可指長輩，也可指君主、帝王。作亂則當指對既定社會秩序而言。這樣孝就有了忠順於當國者的涵義。不過孔子所說的忠，主要還是指與人交往中的忠敬誠實，與後來的專一忠於帝王的忠還是有所區別。最先把「孝親」與「忠君」聯繫起來的，可能也是《孝經》：「君子之事親孝，故忠可移於君。」於是孝這個原根植於血緣關係的倫理範疇，至少有部分已進入政治領域。以為大統一的秦帝國提供思想理論基礎自命的《呂氏春秋》，對《孝經》有多處引錄，且往往從政治角度加以闡釋和引申。其中〈八覽・孝行〉篇有一段文字，顯然本於《孝經》第二章〈天子〉，文句則略有調整，強調的是孝在君王治理天下國家中的重要地位。其文稱：「凡為天下，治國家，必務本而後末。……務本莫貴於孝。」「人主孝，則名章榮，下服聽，天下譽。人臣孝，則事君忠，處官廉，臨難死。士民孝，則耕芸疾，守戰固，不罷北。夫孝，三皇五帝之本務，而萬事之紀也。」秦始皇統一六國後是否以孝為治國之本，史著無明確記載。近年出土的《雲夢秦簡》中有一篇〈為吏之道〉，提出「君鬼（懷）、臣忠、父慈、子孝，政之本也」，多少能夠說明《呂氏春秋》提出的政治主張還是部分地被採納的。秦始皇因嫪毐事件而遷母趙姬於咸陽宮，齊人茅焦說秦王時，講到「秦方以天下為事，而大王有遷母太后之名，恐諸侯聞之，由此倍（背）秦也」（《史記・秦始皇本紀》）；劉向的《說苑》則作「遷母咸陽，有不孝之行」。秦始皇接受了茅焦的說詞，把趙姬迎回甘泉宮。可見那時孝的觀念已被全社會所接受，並形成了一種不容輕視的輿論力量。漢初，正式提出以孝治國。所以漢代的帝王，自惠帝起，謚號皆用「孝」字，如孝惠帝、孝文帝、孝景帝、孝武帝等。《謚法解》稱：「謚者，行之跡；號者，功之表。」孝既已為治國之本，謚皇帝以孝，也是理所當然的事。漢代郡縣的薦舉稱孝廉。文帝十二年（西元前一六八年）詔書稱：「孝悌，天下之大順也。」規定地方舉「孝者帛人五匹，悌者力田二匹」。《孝經》成了法定的基本教科書。以上就是河間獻王與董仲舒問對孝道的歷史背景。了解這個背景，有助於我們讀解這篇〈五行對〉。

第三章

衣服容貌者，所以說目也；聲言應對者，所以說耳也；好惡去就者，所以說心也❶。故君子衣服中而容貌恭，則目說矣；言理應對遜，則耳說矣；好仁厚而惡淺薄，就善人而遠僻鄙，則心說矣❷。故曰：「行意可樂，容止可觀。」❸此之謂也。

【章旨】敘述君子在儀容、言辭和好惡去就三個方面應具備的修養。

【注釋】❶衣服容貌者六句　句中三「說」字，蘇輿、淩曙本皆作「悅」。說、悅可通。此句大意當取自《尚書・洪範》。原稱「五事」，列為「洪範九疇」即九種治國大法之一。全文為：「五事：一曰貌，二曰言，三曰視，四曰聽，五曰思。貌曰恭，言曰從，視曰明，聽曰聰，思曰睿。恭作肅，從作乂，明作晣，聰作謀，睿作聖。」《韓詩外傳》卷一及《說苑・修文》亦引此，文字則有所改易或引申。此處董仲舒將其合為三層意思：貌與目相對應，貌是為了取悅於目；言與耳相對應，言是為了取悅於耳；行與心相對應，行是為了取悅於心。又，「好惡去就」據下文解釋，好惡指自身修養：「好仁厚而惡淺薄」；去就指與人相處：「就善人而遠僻鄙」。❷故君子衣服中而容貌恭七句　君子，西周、春秋時多用於通稱貴族。君子與小人對稱，則指統治者與被統治者。如《國語・魯語上》：「君子務治，小人務力。」春秋末期後，君子為儒家所推崇的理想人格，君子與小人對舉，則分別指「有德者」與「無德者」。此處聯繫上下文可理解為統治者或國君、君主。中，符合。此處指衣著得體而合於禮制。僻鄙，指邪僻卑鄙之小人。此段文字《說苑・修文》為：「君子衣服中，容貌得，則民之目悅矣；言語順，應對給，則民之耳悅矣；就仁去不仁，則民之心悅矣。三者存乎心，暢乎體，形乎動靜，雖不在位，謂之素行。」都認為儀容、言辭和好惡去就是君子自身修養必備的三方面。只有做好了這三個方面，才能獲得民眾目、耳、心的全面認同。此意下篇〈為人者天〉有進一步發揮，如：「君者，民之心也，民者，君之體也。」《尚書・皋陶謨》亦謂：「天聰明，自我民聰明；天明畏，自我民明威。」旨在說明，君王若能得到民眾認同，亦就能得到上天的認同，從而達到天人合一的境界。❸故曰三句　摘引自《孝經・聖治》。其中「意」，原文作「思」，他本亦多有作「思」者。《孝經・聖治》言此意之全文為：「言思可道，行思可樂，德義可尊，作事可法，容止可觀，進退可度，以臨其民，是以其民畏而愛之，則而象之，故能成其德教，而行其政令。」所摘引之句，大意謂所行所思能夠受到民眾歡迎，儀容舉止要讓人們樂於觀瞻。可，可堪；值得。

【語　譯】衣服和容貌，是用來讓眼睛看了高興的；言語和應對，是用來讓耳朵聽了高興的；喜歡和厭惡什麼東西，疏遠和接近什麼人，是用來讓人們知道後心裡感到高興的。所以君王的衣服得體，容貌恭敬，那麼就能愉悅民眾的眼目；言談在理，應對謙遜，那麼就能愉悅民眾的聽聞；喜好仁義厚道，厭惡淺薄狹隘，親近善良君子，遠離卑鄙小人，那麼民眾心裡就會感到高興。因而古書上說：「所行所思，能夠受到民眾歡迎；儀容舉止，要讓人們樂於觀瞻。」說的也就是這個意思。

【研　析】此章文字，《四庫》本置於本篇〈五行對〉之末，然其內容則與五行無關。前人校注以為「『衣服』以下似錯簡」。凌曙、蘇輿諸本皆據以移置於下篇〈為人者天〉之末。我們此次注譯的原則是盡可能保留四庫本原貌，故未予改易。讀者閱讀時，不妨與〈為人者天〉聯繫起來讀。

本章對國君在儀容、言辭和好惡去就三個方面修養的論述，所據為《尚書・洪範》。如果我們將〈洪範〉原文與董氏的闡釋作一番比較，就會發現一個耐人玩味的現象。〈洪範〉中所列的五事，都是就當國者這個主體而言。亦就是說修養是出於為政的需要，並非為了取悅於什麼人。「五事」的全文是：「一曰貌，二曰言，三曰視，四曰聽，五曰思。貌曰恭，言曰從，視曰明，聽曰聰，思曰睿。恭作肅，從作乂，明作晣，聰作謀，睿作聖。」如果把五事與各自的解釋串連起來，大意是說：第一容貌要恭敬，因為容貌恭敬才能嚴肅；第二言論要正當，因為言論正當才能治理；第三觀察要清楚，因為觀察清楚才能明晰；第四聽聞要廣遠，因為聽聞廣遠才能善謀；第五思考要通達，因為思考通達才能聖明。董仲舒對貌、言、好惡去就的闡釋，分別與民眾的目、耳、心對應了起來，即主體所以要作如此這般的修養，全是為了取悅於客體的目、耳、心。這樣國君的修養就有了顯明的功利涵義：修養只是手段，目的不在主體，而在客體，即取悅民眾，收攬民心。從這個比較中，多少可以看出一點歷經近千年的歷史演變後（一般認為〈洪範〉作於周武王時，亦有學者以為當成於戰國），在高層統治階層中人們心態所發生的某些變化。政治行為越來越職業化，權力擁有者越來越離不開權術。當然歷史是進步了，但先民的那種純樸、坦誠卻已在逐漸稀薄以至消失。如今在國際國內政治生活中慣於作秀的人物比比皆是。他們所憑藉的早已不是董氏所描述的那種僅僅只能取悅於直接面對的少數民眾的手工業式的做法，而是以高科技為支撐的鋪天蓋地的現代包裝術。你每天翻開報紙，打開電視，滿眼看到的就是一些政治人物在演戲。取悅於人，也許是人之共性，但政治畢竟不是演戲。一個國家領袖能否為民眾所認同，能夠讓人們記住多少時間，歸根結柢要看他能否真正造福於極大多數人民，能否真正對歷史的進步有所貢獻。包裝，無論是他人包裝或自我包裝，縱然能收效於一時，卻絕不可能長久。倘若不信，那就請看一看：自董仲舒迄今兩千多年來，在老百姓心目中多少留下一點好印象的皇帝究竟能有幾個呢？

【闕文】第三十九

【闕文】第四十

卷第十一

為人者天 第四十一

【題解】篇名〈為人者天〉，旨在闡述「天人合一」之理。董仲舒認為人之所以為人，由天所決定，故君主的行為必須合乎時令和事宜，嚴格控制自己的喜怒哀樂。君王治國時，尤須重視政有三端，即「父子不親，則致其愛慈；大臣不和，則敬順其禮；百姓不安，則力其孝弟」。

本篇可分為二章。第一章強調天人相副，君王喜怒哀樂應如天之出四時，合乎時令和事宜。第二章通過政有三端以強調教化的重要性。君王若能貴孝悌而好禮義，重仁廉而輕財利，身體力行，則必能萬民聽命，致治天下。

第一章

為生不能為人，為人者天也❶。人之人本於天，天亦人之曾祖父也❷，此人之所以乃上類天也❸。人之形體，化天數而成❹；人之血氣，化天志而仁❺；人之德行，化天理而義❻；人之好惡，化天之暖清；人之喜怒，化天之寒暑；人之受命，化天之四時。人生有喜怒哀樂之答，春秋冬夏之類也❼。喜，春之答也；怒，秋之答也；樂，夏之答也；哀，冬之答也❽。天之副在乎人。人之情性有由天者矣❾。故曰受❿，由天之號也⓫。為人主⓬也，道莫明省身之天⓭，如天出之也。使其出也，答天之出四時⓮而必忠其受⓯也，則堯舜之治無以加⓰。是可生可殺，而不可使為亂⓱。故曰：「非道不行，非法不言⓲。」此之謂也。

傳曰：惟天子受命於天，天下受命於天子，一國則受命於君。君命順，則民有順命；君命逆，則民有逆命⓳。故曰：「一人有慶，萬民賴之⓴。」此之謂也。

【章　旨】本章強調人之成為人，乃上天所賦予，故天人相副。君王的喜怒哀樂，應如天之出四時，合乎時令與事宜。君命順則民有順命；君命逆則民有逆命。故曰：「一人有慶，萬民賴之。」

【注　釋】❶為生不能為人二句　此處意謂父母只是生我養我，並不能決定我何以做人。如何做人，即個人的社會行為必須求之於上天。為生，指父母所生。為人，指人的社會行為。❷人之人本於天二句　人之人，指人之所以為人，即人之所作所為如何能符合做人的基本品格，其根據在於天理，所以說天是人的曾祖父，即為人之本始出於天。❸此人之所以乃上類天也　由於「天人同類」，董仲舒將倫理歸之於天，既然天如此，人所以也如此，理由便是天為人之本始。《禮記·中庸》講到修身時說：「思修身，不可以不事親；思事親，不可以不知人；思知人，不可以不知天。」❹人之形體二句　董仲舒在〈官制象天〉篇云：「求天數之微，莫若於人。人之身有四肢，每肢有三節，三四十二，十二節相持而形體立矣。天有四時，每一時有三月，三四十二，十二月相受而歲數終矣。」〈人副天數〉篇云：「人有三百六十節，偶天之數也。」董仲舒闡述天人合一的觀念，借助於二種方法，一是以類相應，二是數字相同，故其云：「於其可數也，副數；不可數者，副類。皆當同而副天，一也。」（〈人副天數〉篇）❺人之血氣二句　此處意謂人之血氣的運行，就是為了人們能把天志之仁，轉化為以仁心愛人的行為。人之血氣，指人的生命力。依照中醫的理論，氣是指精氣，體現人的活力。血液在人周身運行，氣要依靠血在全身的運行才能發揮作用。所以中醫有「血為氣母」的說法。人的生命過程，也就是血氣在人體內不斷運行的過程。化天志而仁，董仲舒在〈俞序〉篇說：「仁，天心。」〈天地陰陽〉篇云：「天志仁。」〈王道通三〉篇云：「仁之美者在於天，天仁也。」「人之受命於天也，取仁於天而仁也。」

❻人之德行二句　此處意謂人之內在品德修養和踐履躬行，必須要把天理作為自己應當遵循的思想和行為的原則。德行，指德要以行為本。《周禮・地官・師氏》以三德三行教國子，鄭玄注：「德行，內外之稱，在心為德，施之為行。」義，董仲舒在〈仁義法〉篇稱：「義在正我，不在正人。」「義者，謂宜在我者。宜在我者，而後可以稱義。」❼人之好惡八句　董仲舒把人在感情上的喜怒哀樂與春夏秋冬四時在氣候上暖清寒暑對應起來，證明天人相副。這個觀念他在〈王道通三〉、〈陰陽義〉等篇反覆地進行闡述，如：「喜氣為暖而當春，怒氣為清而當秋，樂氣為太陽而當夏，哀氣為太陰而當冬。四氣者，天與人所同有也。」（〈王道通三〉）又如：「春，喜氣也，故生；秋，怒氣也，故殺；夏，樂氣也，故養；冬，哀氣也，故藏。四者天人同有之。」（〈陰陽義〉）❽喜春之答也九句　此處言春秋夏冬四時氣候的變化在於天，把人之喜怒哀樂看作對四時之回應。答，回應。❾人之情性有由天者矣　人的情性若四時亦皆由天所成。情是指喜怒哀樂，性是指仁義禮智信。《白虎通義・性情》云：「五性者何謂？仁義禮智信也。」「六情者何謂也？喜怒哀樂愛惡謂六情，所以扶成五性。」❿受　指受天之所授。⓫天之號也　意謂此是上天所給予之名號。⓬人主　指君王。⓭道莫明省身之天　要懂得天道，沒有比省察人自身與天相副之處更為清楚明白的了。道，指天道。⓮答天之出四時　指王者發出喜怒哀樂的情感時，要符合上天四時變化的規則。董仲舒在〈王道通三〉篇云：「然而主之好惡喜怒，乃天之春夏秋冬也，其俱暖清寒暑而以變化成功也。天出此物者，時則歲美，不時則歲惡。人主出此四者，義則世治，不義則世亂。是故治世與美歲同數，亂世與惡歲同數，以此見人理之副天道也。」⓯必忠其受　意謂君主必須如此體會執行，方能忠實於受天之所授。⓰則堯舜之治無以加　指君王若能把喜怒哀樂之出如天之出四時那樣及時，以此去治理國家，那麼即便讓堯、舜那樣的聖王來治理國家，也無法超越過他。⓱是可生可殺二句　語見《禮記・表記》：「子曰：『事君可貴可賤，可富可貧，可生可殺，而不可使為亂。』」意謂君主之使臣，可貴之，亦可賤之；可使之富，亦可使之貧；可生之，亦可殺之。但不能使之為亂。此處是言君主之喜怒哀樂，既可增強力度，也可減輕力度，但不能錯亂時宜，錯亂時宜則世道大亂。⓲非道不行二句　語見《孝經・卿大夫章》：「非先王之法言不敢道，

非先王之德行不敢行。故非法不言，非道不行。口無擇言，身無擇行。言滿天下無口過，行滿天下無怨惡。」此是要求人主之一言一行皆應遵循天道，若天之為四時之則。⑲惟天子受命於天七句　此段文字見於《禮記・表記》：「子曰：唯天子受命于天，士受命于君。故君命順，則臣有順命，君命逆，則臣有逆命。」唯一的差別是把「臣」改成「民」，但二者的意思沒有變化，都是認為天下之治亂繫於天子之喜怒哀樂是順天命還是逆於天命。君命順，指君王的命令順從於天命，具體是指君王之喜怒哀樂能如天之春夏秋冬四時那樣符合時宜，天下可以由此而治。民有順命，指的是百姓能成為太平盛世之順民。君命逆，指君王的喜怒哀樂不合四時之相宜，宜者義也，不義會導致世道大亂。民有逆命，指那時百姓便遭遇亂世之苦難。⑳一人有慶二句　語見《尚書・呂刑》。此處意謂君王一人能依從於天命，做了好事，那麼天下億萬百姓都能得到利益。一人，指天子、君王。慶，善。賴，利。

【語　譯】探究人之為人，父母只能起到生育的作用，卻不能決定其如何做人，真正決定一個人如何做人的是上天。人之所以成為人，它的本質是秉受於上天，所以說天是人類的先祖，這就是人所以與天相類似的原因。人的形體，便是由天數變化而成；人的血氣，由天志變化而成為仁；人的德行，是由天理轉化為道義；人的愛好與厭惡，是由天氣的暖和與清涼轉化而成；人的喜悅和憤怒，便是由天的寒冷與暑熱轉化而成；人所秉受的情感，便是由上天的四時轉化而成。人一生下來就有喜怒哀樂，類似於天有春秋冬夏的變化。喜悅，與春天相對應；憤怒，與秋天相對應；快樂，與夏天相對應；哀傷，與冬天相對應。天時變化的副本，就都反映在人的身上。人的情性都是由上天所秉賦的呀！所以說「受」，就是秉受上天而來的意思。作為人們的君主，要明察天道，為了如天意那樣去治理國家，那麼沒有比省察自身所具備的天道更方便的了。假如他的喜怒哀樂，能與春夏秋冬四時那樣符合時令，那就能忠實於從上天所接受的天命，如果真能那樣的話，那麼即便讓堯舜那樣的聖王來治理國家，也不一定能比他治理得更好。人主的喜怒哀樂，可以增強力度，也可以減輕力度，但決不能使之錯亂。所以說：「不合正道的事決不能做，不合法度的話決不能說。」要講的就是這個意思。

古書上說：只有天子才能接受上天的天命，而天下的臣民則都要受命於天子，一個國家則是受命於它的君主。而君主的命令若能順從於天命，那麼百姓也能成為盛世的順民；如果君主的命令違逆了天時，那麼百姓也必然會遭遇亂世的苦難。所以說：「天子一個人做了好事，那麼億萬百姓都會受到益處。」要講的也就是這個道理。

【研　析】篇題為〈為人者天〉。「為」字是動詞，指何以為人；「人」字是指人的社會行為。天，具體是指上天所規範的人的行為準則。故全篇的主題是以天理來規範人們的行為，這個「人」不是普通的人，而是〈王道通三〉篇中所指稱的王者，故全篇的宗旨是以天理來規範君主的行為。本章的主旨則是闡述為什麼君王的行為要本諸天理？如何才能做到本諸天理？

「天之副在乎人」即「天人合一」，此是董仲舒立論的基本前提。董仲舒論證天人相副的方法有二：一是以數相副。古人把數看作天意的微妙象徵，稱之為天數。一年有四時，一時有三個月，合起來十二個月，這「三、四、十二」便成了天數。它與人的形體相比，一個人有四肢，每個肢體有三節，合在一起十二節，這就證明了天人之數相副。進一步推之於官制，官有四選，公、卿、大夫、士；每選三人，即三公九卿，二十七大夫，八十一元士。那就未免顯得牽強附會了，因為官職設置的實際情況並非如此，也不可能依照這樣的數字去設置。

二是不能以數相副的，便只能以類相副了。我國地處暖溫帶、亞熱帶，一年分四季，春夏秋冬四季的時令分明。我國又是一個以農業為主的社會，農時的季節性比較強，即春生、夏長、秋收、冬藏。農事的季節性決定著官府的政事行為必須與之相適應，「四時教令」便是使政令適應農事生產的需要，保障農業生產能按時作業，進而保障社會生活的基本穩定。不誤農時是歷代統治者必須遵循的基本國策。《管子・牧民》的起首第一句話便是「凡有地牧民者，務在四時」。統治者政令符合時令，這樣方能做到「國多財則遠者來，地闢舉則民留處」，百姓安居樂業，國力蒸蒸日上。反之，如果統治者「不務天時，則財不生」，百姓便只能作鳥獸散了。（以上引文見《管子・牧民》）一九五八年的大陸上掀起聲勢浩大的全民大煉鋼鐵運動，最大的失誤是廣大農民因此而誤了農時，許多地方的莊稼爛在地裡，糧食遭受很大損失，結果是餓殍遍野，因營養不良而引起的浮腫病盛行，又死了不少人。

在古代《管子》的〈幼官〉、〈四時〉、〈五行〉諸篇強調的都是要求政令能適應農時季節的變化。《呂氏春秋》的〈十二紀〉，《禮記》的〈月令〉，《淮南子》的〈時則〉貫穿的也都是同一個觀念，都是先民在長期農業生產實踐中把對自然規律的樸素認識，上升到天人關係的理論形態，希望作為天意能灌輸到帝王們的頭腦中去。這種觀念要求不僅直接與農時相關的政令要依照季節的轉換來變化，而且還要求連「慶賞刑罰」也要與四時相對應，這就是通過以類相應來體現天人相副。「四時教令」不僅僅是思想家的觀念，而且被滲透到法律條文中去，雲夢出土的秦簡《春律．田律》便有這方面的案例，唐律中也保留了不少。比如對死刑便規定每歲立春後至秋分不得決死刑。這是因為依照時令，春夏行慶賞之德政，至秋冬才能實施刑罰。故董仲舒在〈四時之副〉稱：「天有四時，王有四政。四政若四時，通類也。天人所同有也。」四政，即慶賞刑罰，要依照春夏秋冬四時的時令來安排。

本章把人之喜怒哀樂與天之四時相對應，其實在這二者之間還有一個轉換的中間環節，這個中間環節便是慶賞刑罰的四政，因為它是君王執政之二柄，韓非子便說過：「二柄者，刑德也。何謂刑德？曰：殺戮之謂刑，慶賞之謂德。」（《韓非子．二柄》）君王在執掌二柄，推行四政時，畢竟不能完全離開其主觀情感上的喜怒哀樂。再說，人的喜怒哀樂是人在情感上本能的表現，也不一定限於這四種，諸如好惡、愛恨、恐懼等都屬於情感的表現形式，是人對自身需要也就是欲望的直接反應。這個需要包括個體生理上的需要，也包括社會生活上的需要。當需要得到滿足時會產生肯定的情緒，得不到滿足時會產生否定的情緒。因而情緒受到這兩方面的影響；從客觀上講是環境的影響，或者說是外界物質條件的影響，從主觀上講，則受主體認知過程的影響，也就是他的觀念和意志的影響，還有他當時生理狀態也會影響他的情緒，而情緒或者感情表現的程度上，又有強與弱、平靜與激動的狀態。從時間上講，有的激動的情緒，在很短的時間內便會消失，有的則會持續很長的時間。從激動的本身來看，有的是應激性的，只要有相應的外界刺激，他便會激動起來，有的甚至會變成病態和畸形的心理狀態。人們產生心理障礙時，不僅影響他的生理狀況，還會影響他的行為狀況。情緒上的自我控制是非常艱難的，但必須努力去控制自己。所以要理智地、自覺地控制自己的感情，避免感情上的一時衝動。

如果真要讓人的喜怒哀樂如春夏秋冬時令那樣輪流轉換，這當然很難，因為影響人們情緒變化的，不僅僅是氣候的變化，它有許多極其複雜的因素。但人們的喜怒哀樂確實也有一個需要如時令那樣如何合乎事宜的問題，如果超越時令和事宜，當然會受到傷害。君王也是人，他也有充沛的思想和情感。但他又與普通人不同，因為他與國家的最高權力結合在一起，因此很難有力量去約束君王的情緒，因此君王的情緒往往會如野馬那樣狂奔亂跑，會閃現各種奇思異想，一旦他把這種荒誕不經的奇思異想付諸實施時，誰也難以阻攔。君王也有情感衝動突發的時候，一旦君王的喜怒哀樂近乎狂暴喪失理智的時候，那時他在行為上造成的後果將不堪設想，會使國家在重大問題上的決策帶來極大的不確定性，它會對社會的政治經濟生活產生難以設想的後果。這可怕的景狀絕非危言聳聽，我們可以在歷史和現實生活中找到許多印證。

如果有誰審視一下君王們的心理狀態，以及與他決策和行為的關係，將會是一個很有趣的課題。漢武帝是一個有雄才大略的帝王，十六歲即帝位，少年氣盛。太皇太后竇氏在世時，他還不能不受一些約束。他即位六年後，竇氏去世，在朝廷上就沒有力量可以直接約束他了。他的情感又是那麼豐富充沛，他的意志又是那麼固執而頑強，作為一個人，他也會有心理障礙，他又是那麼迷信鬼神，時時期望自己的權力乃天命的賦予，是上天的恩寵所造成的，無人能違抗這種意志和力量。面對這樣的君王，要約束他在喜怒哀樂上的情感衝動，那實在是非常艱難的事。於是，董仲舒只能順著他的思路，利用漢武帝的這種觀念，請上天出來約束他了。帝王們的好惡喜怒只有當他們處於焦頭爛額、走投無路的情況下，才會無可奈何地呼籲上天，說一聲「天知道」！但那時往往大勢已去，敗局已是無可挽回的了。董仲舒在本章中苦心孤詣地要人間的君主們，以喜怒哀樂應答天之四時，要如天之出四時，要忠於天命之所授，絕不能使喜怒哀樂不合時令和事宜，否則便會造成「君命逆，則民有逆命」的結果，這也就是「水能載舟，也能覆舟」的道理。董仲舒提出「一人有慶，萬民賴之」來寄寓其厚望與深意，希望人間的君王們能以上天來約束自己，做到「非道不行，非法不言」。這種做法不能說完全無效，但效果也有限，只要看一下漢武帝一生的行事也就不難了解的了。

第二章

傳曰：政有三端❶：父子不親，則致其愛慈❷；大臣不和，則敬順其禮❸；百姓不安，則力其孝弟。孝弟者，所以安百姓也❹。力者，勉行之❺身以化之❻。天地之數，不能獨以寒暑成歲，必有春夏秋冬❼。聖人之道，不能獨以威勢成政，必有教化❽。故曰：先之以博愛，教以仁也❾；難得者，君子不貴❿，教以義也⓫。雖天子必有尊也，教以孝也；必有先也，教以弟也⓬。此威勢之不足獨恃，而教化之功不大乎⓭？

傳曰：天生之，地載之，聖人教之⓮。君者，民之心也；民者，君之體也。心之所好，體必安之；君之所好，民必從之⓯。故君民者⓰，貴孝弟而好禮義⓱，重仁廉而輕財利⓲。躬親職此於上，而萬民聽，生善於下矣⓳。故曰：「先王見教之可以化民也⓴。」此之謂也。

【章　旨】本章通過政有三端以強調教化的重要性。君王若能貴孝悌而好禮義，重仁廉而輕財利，做到身體力行，則必定能萬民聽命，致治天下。

【注　釋】❶政有三端　指君王為政有三項要點，即下文所言之父子關係、君臣關係、君民關係。端，頭緒；要點。❷父子不親二句　此處指父子之間不能親睦的話，為父者要以慈愛來對待其子。《左傳》魯隱公三年載衛國的大夫石碏諫衛莊公時，曾說：「君義臣行，父慈子孝，兄愛弟敬，所謂六順也。」如果為子弟者不親其父兄，為父兄者需以慈愛待其子弟，用以和睦親情。石碏這段話是針對衛莊公立完為太子，卻寵愛其弟公子州吁，結果造成父子兄弟之間的矛盾。故石碏強調父慈才能促使子孝，兄愛才能使弟恭敬。衛莊公不聽石碏的話，結果衛莊公死後，太子完即位為衛桓公，其弟公子州吁起兵弒桓公自立，衛人起而弒州吁。❸大臣不和二句　此處言君王與大臣們相處，必須以禮相待。孔子說：「君使臣以禮，臣事君以忠。」（《論語．八佾》）又《禮記．緇衣》：「子曰：『大臣不親，百姓不寧，則忠敬不足，而富貴已過也。大臣不治，而邇臣比矣。故大臣不可不敬也，是民之表也。邇臣不可不慎也，是民之道也。君毋以小謀大，毋以遠言近，毋以內圖外，則大臣不怨，邇臣不疾，而遠臣不蔽矣。』葉公之顧命曰：『毋以小謀敗大作，毋以嬖御人疾莊后，毋以嬖御士疾莊士、大夫、卿士。』」君王在處理諸臣之間的關係時，如果不能以禮敬重大臣，而親近貼身的近臣，不與大臣謀而與小臣言大事，不與近臣謀而與遠臣謀近事，或者與內臣謀外朝的政事，結果是近臣會結黨營私，大臣無法治理國事，內外相阻隔，使國家機構正常的運行秩序處於癱瘓狀態。儘管楚國的葉公子高臨終顧命時為歷代君王作了如此沉痛的囑告，然而歷代的君王們有幾人能聽取？君王為了把權力集中到自己手上，還是不斷地要以近臣制大臣，與遠臣謀朝廷的大事，以小制大，結果只能是以小謀敗大作，使整個政局動盪不定，最終是全國百姓都不得安寧。如此的歷史悲劇，離我們的生活實在太近，一場文革災難的操作方式何嘗不是如此呢？❹百姓不安四句　此處謂百姓生活不得安寧時，那就要努力提倡孝悌和德行。句中「弟」，通「悌」。《論語．學而》：「有子曰：『其為人也孝弟，而好犯上者，鮮矣；不好犯上，而好作亂者，未之有也。君子務本，本立而道生。孝弟也者，其為仁之本與！』」以農業為本，是家族本位的宗法社會的特徵。在宗法制的社會中，強調人附著於土地，在倫理上則提倡孝悌，這是穩定社會秩序的重要手段。因為家族和宗法制度的穩定，在當時是一切社會秩序的基礎。在父母與子女感情基礎上，在人性的根本上，提倡家庭內部的和睦和秩序，以謀求社會的穩定，既簡易而又具有廣泛的可操作性，所以提倡孝悌力田，成為漢初謀求社會穩定的一項重要政策措施。❺勉行之　指努力勉勵百姓推行之，如漢惠帝四年（西元前一九一年）時，「春正月，舉民孝弟力田者復其身」（《漢書・惠帝紀》），漢文帝十二年（西元前一六八年）詔曰：「孝悌，天下之大順也。力田，為生之本也。」「孝者，帛人五匹。悌者、力田二匹。」（《漢書・文帝紀》）❻身以化之　指君王自己要身體力行，才能教化百姓。❼天地之數三句　指一歲之間，天地日月的運行構成四時，單以寒暑便不能構成年歲，必須春秋冬夏才能構成四時，故四時便是天地之數。天地之數，指天地運行的規則。❽聖人之道三句　儒家強調的是以德治國，不能專門依靠暴力和刑罰作為專政工具來維持自己的統治。威勢成政，指依仗刑罰來推行政治。教化，指以德致治，依靠禮樂來教化百姓。《論語・為政》：「子曰：『道之以政，齊之以刑，民免而無恥；道之以德，齊之以禮，有恥且格。』」《管子・四時》以陰陽之學闡明四時的變化，從而為刑德的施行提供依據，云：「陰陽者，天地之大理也。四時者，陰陽之大經也。刑德者，四時之合也。刑德合于時則生福，詭則生禍。」至於陰陽四時與刑德的關係，云：「陽為德，陰為刑。」又云：「德始于春，長于夏，刑始于秋，流于冬」。這就是春夏行德政，秋冬施刑政的根據。這些觀念確實為歷代的統治者所接受，並且通過律令來付諸實施。❾先之以博愛二句　此處謂君王之教化，以博愛為先，以仁政來教化百姓。《論語・顏淵》：「樊遲問仁。子曰：『愛人。』」孔子還說：「弟子入則孝，出則悌，謹而信，泛愛眾，而親仁。」（《論語・學而》）《孝經・三才章》：「是故先之以博愛，而民莫遺其親。」此處謂君王須身行博愛之道，以為率先之則，而人們逐漸受其教化，那就沒有人會遺棄其父母親。❿難得者二句　此處意謂君子不貴難得之財利。〈王道〉篇稱：「虞公貪財，不顧其難，快耳說目，受晉之璧、屈產之乘，假晉師道，還以自滅。宗廟破毀，社稷不祀，身死不葬，貪財之所致也。」難得之財利，害大於益，故君子不貴也。⓫教以義也　《禮記・中庸》：「義者，宜也。」董仲舒在〈仁義法〉云：「義云者，非謂正人，謂正我。」「義者，謂宜在我者。宜在我者，而後可以稱義。」故君子立義，不貴難得之利，以此作為民之表率。《禮記》中對這一點作了清楚的表述：「下之事上也，不從其所令，從其所行。上好是物，下必有甚者矣。故上之所好惡，不可不慎也，是民之表也。」（《禮記・緇衣》）⓬雖天子必有尊也四句　語見《孝經・感應章》：「雖天子必有尊也，言有父也；必有先也，言有兄也。」意謂天子有父行孝，有兄行悌以為天下之表率，才能行教化於天下，故云：「孝悌之至，通于神明，光于四海，無所不通。」⓭此威勢之不足獨恃　自「先之以博愛……而教化之功不大乎」，全句以天子為仁義孝悌之表率及其在教化上之巨大功效，說明建立在刑法基礎上的威勢不足獨恃。⓮傳曰四句　董仲舒在〈立元神〉篇云：「天地人，萬物之本也。天生之，地養之，人成之。天生之以孝悌，地養之以衣食，人成之以禮樂，三者相為手足，合以成體，不可一無也。無孝悌則亡其所以生，無衣食則亡其所以養，無禮樂則亡其所以成也。」⑮君者民之心也八句　此處言君民之間若心與身的關係。心寄存於體，而心又是體的統率。心好，體才能安。君王向善，民生才能舒暢。此語亦見於《禮記．緇衣》：「子曰：『民以君為心，君以民為體。心莊則體舒，心肅則容敬，心好之，身必安之，君好之，民必欲之。心以體全，亦以體傷，君以民存，亦以民亡。』」⑯君民者　指王者君臨於萬民之上。⑰貴孝弟而好禮義　此處意謂以孝悌禮義教化於民眾。《孝經．廣要道章》：「子曰：『教民親愛，莫善於孝。教民禮順，莫善於悌。移風易俗，莫善於樂。安上治民，莫善於禮。』」⑱重仁廉而輕財利　此處意謂君王之行政要重仁義而輕財利。《禮記．大學》：「仁者以財發身，不仁者以身發財。未有上好仁，而下不好義者也；未有好義其事不終者也。」發，起也。此處言仁者有財務於施與以起身，不仁者貪於聚斂以起財。《禮記．大學》又云：「百乘之家，不畜聚斂之臣。與其有聚斂之臣，寧有盜臣。此謂國不以利為利，以義為利也。長國家而務財用者，必自小人矣。」此處言聚財以供君王揮霍者必為小人。⑲躬親職此於上三句　此處指君王能親自奉行上述原則者，那麼民眾便會聽從他的號令，下民皆生善矣。⑳先王見教之可以化民也　語見《孝經．三才章》：「先王見教之可以化民也，是故先之以博愛，而民莫遺其親。陳之以德義，而民興行。先之以敬讓，而民不爭。導之以禮樂，而民和睦。示之以好惡，而民知禁。」由此可見，君王所以教化之內容，仍然是以仁義孝悌禮樂為其宗旨。

【語譯】古書上說：君王為政，有三項要點：如果父子之間不親近的話，為父者要以慈愛待其子；如果與大臣不和睦，為君者對大臣們要以恭敬的心情待之以禮；如果百姓不能安定地生活，那麼就應該大力提倡孝悌。提倡孝悌，是為了安定百姓。大力的意思，就是君王要勉勵自己身體力行來感化他人。天地運行的客觀規則，就是不能單獨依靠寒暑來完成年歲的始終，而是必須要有春、夏、秋、冬。聖人治理國家的道理，不能單獨依靠權力的威勢來推行政治，而是必須要輔以教化。所以說：執政者先要以博愛的心施行仁政，才能教化人民；君王不看重難得的財利，才能教化人們遵循道義的準則去行事。即使貴為天子，也要尊重自己的父親，才能以孝行來教化百姓；君王應當敬愛自己的兄長，才能以悌來教化百姓。這些都說明即使是君王，也不能單獨依靠自己的威勢去一味壓服別人，而教化的功效難道不是更大嗎？

古書上說：上天生育百姓，大地承載著全體人民，而聖人利用自己的行為教化人民。君王是人民的心，百姓是君王的體。心地善良的話，身體便會安適。君主所喜好的，人民必定跟從。所以君王在君臨百姓時，一定要重視孝悌而愛好禮義，要看重仁慈廉潔而輕視財利。君王若能躬親盡職於這些原則，那麼萬眾百姓自然便會聽命於他，處於下位的百姓們就都會從善如流了。所以說：「古代的聖王卓越地見識到教育可以感化人民呀！」這裡要表達的也就是這個意思。

【研　析】本章的主旨是闡明君主在國內必須處理好三方面的關係，即父子關係、君臣關係、君民關係。政之三端，即是如何處理好這三方面的矛盾。父子不親，是父子之間有矛盾。這當然不是一般人的父子不和，而是帝王之家父子的矛盾，不僅是父子而且還有兄弟，夫婦之間的矛盾，它的焦點是接班人的問題，權力更替上的利害矛盾。大臣不和，其實質是君臣之間的矛盾，不僅是君臣之間，還包括大臣之間，內外臣僚之間，近臣與遠臣之間，其核心是權力和利益的歸屬問題。百姓不安，其實質是君民之間的矛盾，不僅僅是君與民之間有矛盾，而且大小臣僚與民眾之間也存在著尖銳的矛盾，其核心是民眾的負擔和社會秩序的安寧。如何處理好這三方面的相互關係，確實關係到整個王朝的統治能不能穩定。

在這些問題上，董仲舒的基本觀念是「不能獨以威勢成政，必有教化。」用現代話講，就是不能依靠專政和鎮壓的手段，只能依靠感化和教育的辦法。如果處理方法不恰當，不僅解決不了矛盾，無法理順這三方面的相互關係，還會動搖王朝統治的基礎。當然，這僅僅是董仲舒的理想和願望。這三方面的矛盾都有深遠的利益背景，一旦矛盾激化起來，動刀動槍，往往在所難免。歷史反覆地證明採用暴力鎮壓和殺戮的辦法，後果都不好。董仲舒在〈王道〉篇分別為這三方面提供了反面的例證。父子不親：如晉獻公與世子申生不和。董仲舒在〈王道〉篇說：「晉獻公行逆理，殺世子申生，以奚姬立奚齊、卓子，皆殺死，國大亂，四世乃定，幾為秦所滅。」矛盾的根源由奚姬為其子爭奪接班人地位而起。本章注釋中講到的衛國州吁殺衛桓公的事，也是由於衛莊公在世時，沒有聽從石碏的建議，處理好世子與諸子之間的相互關係，留下了後患。大臣不和：〈王道〉篇從君臣之間不能敬順其禮，濫肆殺戮而造成嚴重後果，舉了「晉靈行無禮，處臺上彈群臣，枝解宰人而棄之，漏陽處父之謀，使陽處父死。及患趙盾之諫，欲殺之，卒為趙盾所弒。」「晉厲公行暴道，殺無罪人，一朝而殺大臣三人。明年，臣下畏恐，晉國殺之。」而晉厲公殺三郤也是由於郤至和欒書及胥童之間不和而引發的。大臣不和還會引發朝廷上大規模的黨爭。漢、唐、宋、明的黨爭，後果都很嚴重。而黨爭又往往與天子以近臣制大臣，以遠臣制朝廷大臣所引起，結果是「以小謀敗大作」，導致政局的大動盪，甚至使國家機器陷於癱瘓的狀態。百姓不安：董仲舒在〈王道〉篇從民不堪重負的視角說明梁所以亡國的案例，云：「梁內役民無已。其民不能堪，使民比地為伍，一家亡，五家殺刑。其民曰：『先亡者封，後亡者刑。』君者將使民以孝於父母，順於長老，守丘墓，承宗廟，世世祀其先。今求財不足，行罰如將不勝，殺戮如屠，仇讎其民，魚爛而亡，國中盡空。《春秋》曰：『梁亡。』亡者自亡，非人亡也。」所以百姓不安，光是勉其孝悌是不夠的，還得減輕農民身上的重負。

董仲舒把這三方面列為施政之三端，不僅有鑑於春秋以來無數慘痛的歷史教訓，恐怕也有感於他當時看到的矛盾和問題。漢武帝的統治在這三方面都有嚴重的危機。先說父子不親，漢武帝與其太子劉據在征和二年（西元前九一年）爆發了一場嚴重的危機。父子在長安以兵戎相見，交戰五日，死者數萬人，血流遍地，溢入溝中。結果太子戰敗，自經而死。此事件發生在董仲舒逝世後的第十三年，太子劉據死時近四十歲，七歲便被立為皇太子，少壯時，奉詔受《公羊春秋》。董仲舒作為《公羊》學的一代宗師，生前應與太子有過接觸，對漢武帝與太子之間父子不親的情況當亦有所聞，故此言當有所指。

《資治通鑑》具體地記載了漢武帝與太子之間矛盾發展的情況，云：「初，上年二十九乃生戾太子，甚愛之。及長，性仁恕溫謹，上嫌其材能少，不類己；而所幸王夫人生子閎，李姬生子旦、胥，李夫人生子髆，皇后、太子寵浸衰，常有不自安意。上覺之，謂大將軍青曰：『漢家庶事草創，加四夷侵陵中國，朕不變更制度，後世無法；不出師征伐，天下不安；為此者不得不勞民。若後世又如朕所為，是襲亡秦之跡也。太子敦重好靜，必能安天下，不使朕憂。欲求守文之主，安有賢於太子者乎！聞皇后與太子有不安之意，豈有之邪？可以意曉之。』大將軍頓首謝。皇后聞之，脫簪請罪。太子每諫征伐四夷，上笑曰：『吾當其勞，以逸遺汝，不亦可乎！』上用法嚴，多任深刻吏。太子寬厚，多所平反，雖得百姓心，而用法大臣皆不悅。皇后恐久獲罪，每戒太子，宜留取上意，不應擅有所縱捨。上聞之，是太子而非皇后。群臣寬厚長者皆附太子，而深酷用法者皆毀太子。邪臣多黨與，故太子譽少毀多。衛青薨，臣下無復外家為據，競欲構太子。」「上與諸子疏，皇后希得見。太子嘗謁皇后，移日乃出。黃門蘇文告上曰：『太子與宮人戲。』上益太子宮人滿二百。太子後知之，心銜文。文與小黃門常融、王弼等常微伺太子過，輒增加白之。皇后切齒，使太子白誅文等。太子曰：『第勿為過，何畏文等！上聰明，不信邪佞，不足憂也！』上嘗小不平，使常融召太子。融言：『太子有喜色。』上嘿然。及太子至，上察其貌，有涕泣處，而佯語笑。上怪之；更微問，知其情，乃誅融。皇后亦善自防閑，避嫌疑。雖久無寵，尚被禮遇。」這一長段文字，司馬光唯妙唯肖地生動描繪了漢武帝與太子劉據二人「父子不親」的過程。父親年老了，兒子也成年了，交接班迫在眼前了。一是二人政見不同，漢武帝好征伐，太子不贊成；武帝好用嚴刑峻法，任用文法吏，太子寬厚仁恕，受儒家思想影響深。二是武帝多內寵，諸子與太子爭奪接班人之勢已成。三是由於武帝父子不親，朝廷大臣出現黨羽，有附武帝者，有附太子者，故大臣不和與父子不親二者緊密相連。附武帝者著眼於眼前的利益，附太子者著眼於將來太子接位以後的利益。歷代的黨爭，有不少與父子不親密切相關。明末東林黨與閹黨之爭，東林黨實際為附太子者。黨爭的局面一旦在朝廷上形成，政局便不可能穩定了。四是父子之間，開始有小人來挑撥離間，播弄是非，如蘇文、常融，王弼之輩，皆是帝王近身的宦官。五是父子不親的早期，雙方都有所克制和寬容。武帝與衛青那一番話，反映了武帝那時比較寬容的心態，雖嫌太子材能少而不類己，也能注意安撫皇后、太子母子，對蘇文、常融等的挑撥尚能有所警覺，及時處置，而太子對武帝亦還信任，同時亦還注意檢點自己的言行。武帝有病，一面有涕泣哀傷之情，一面有佯言笑以寬慰武帝之心。從這些細微之處，可以覺察到二者之間有矛盾，但都不願使之激化。如果武帝當時能「致其慈愛」，那是可以把矛盾解決於萌芽狀態之時。

然而武帝迷信鬼神。公孫賀是武帝的連襟，其夫人是衛皇后的姊姊。武帝以公孫賀為丞相，公孫賀有子敬聲，任太僕，侵呑北軍錢餉，案發下獄。當時漢武帝詔捕京師大俠朱安世，公孫賀便請求捕朱安世以贖其子之罪。安世被捕入獄以後，便從獄中上書告敬聲與陽石公主私通，及使人巫祭祠詛上，且上甘泉當馳道埋偶人，祝詛有惡言。為了這個案子，公孫賀父子俱死獄中，全家被族誅，當然會連累及太子與皇后。那時女巫往來於宮中，宮女在屋內埋木人祭祀，因嫉忌而相互咒詛，進而互相告訐，以為她們對武帝詛咒。《資治通鑑》稱：「上怒，所殺宮廷及大臣死者數百人。上心既以為疑，嘗晝寢，夢木人數千持杖欲擊上，上驚寤，因是體不平，遂若忽忽善忘。」這時武帝年齡大了，既有生理上的病態，心理上也有障礙，疑神疑鬼。用木偶來詛咒皇上，以現在眼光來看，當然不作憑信，但當武帝處於那種心理狀態時，就為江充無端挑起「巫蠱之禍」提供了可乘之機。江充上書言武帝疾祟在巫蠱，於是以江充為使者，在京師治巫蠱獄。自京師、三輔連及郡國，坐此而死者前後數萬人。《資治通鑑》載：「江充自以與太子及衛氏有隙，見上年老，恐晏駕後為太子所誅」，於是「因胡巫檀何言：『宮中有蠱氣，不除之，上終不瘥。』上乃使充入宮。」「以次及皇后、太子宮，掘地縱橫，太子、皇后無復施牀處。充云：『於太子宮得木人尤多，又有帛書，所言不道，當奏聞。』」於是太子被迫矯詔收捕充等，斬江充，炙胡巫。那麼漢武帝與太子父子之間的矛盾也就激化了。武帝偏聽黃門蘇文返甘泉告太子反狀，武帝在極度憤怒的情況下，要丞相劉屈氂發兵斬捕反者，而太子也矯詔赦長安中都官囚徒，同時發長水及宣武胡騎相會合，結果是長安城內，父子之間爆發了一場血戰，太子兵敗自經，皇后自殺。如果董仲舒能活到這一天，看到這一幕由父子不親、大臣不和演化而成的慘劇將如何感慨繫之！二年以後，武帝後悔了。高廟寢殿的郎官車千秋，本姓田氏，是齊國諸田徙長陵之後，他上書言稱自己嘗夢一白頭翁教臣言：「子弄父兵，罪當笞。天子之子，過誤殺人，當何罪哉！」《資治通鑑》：「上乃大感寤，召見千秋，謂曰：『父子之間，人所難言也。公獨明其不然。此高廟神靈使公教我，公當遂為我輔佐。』立拜千秋為大鴻臚，而族滅江充家，焚蘇文於橫橋上；及泉鳩里加兵刃於太子者，初為北地太守，後族。上憐太子無辜，乃作思子宮，為歸來望思之臺於湖，天下聞而悲之。」這是一場由父子不親，演化成大臣不和，最終是以威勢相迫，通過暴力的手段而導致的歷史悲劇。「巫蠱之獄」是這場悲劇的誘發因素，然而所以產生巫蠱之獄，與武帝病態的心理狀態有關。武帝發兵以謀反的罪名捕太子，也是在狂怒的情況下作出的決定。所以，如何約束王者喜怒哀樂的心理狀態，成了保障決策的科學和正確的一個重要因素了。故董仲舒認為王者的喜怒哀樂要如「天之出四時而必忠其受也」，自有其無法直言的深切涵義。

漢武帝與太子劉據父子之間，圍繞著接班人的交接班問題上的歷史悲劇，不是一個孤立的問題。除了悔恨以外，漢武帝又是如何思考這一問題的呢？歷史上沒有直接的記載，但從武帝事後採取的措施上，亦可略知其一二。武帝在事後沒有再立太子的意圖，次年，即征和三年（西元前九〇年），「貳師將軍李廣利將出兵擊匈奴，丞相為祖道，送至渭橋，與廣利辭決。廣利曰：『願君早請昌邑王為太子。如立為帝，君侯何長憂乎？』屈氂許諾。昌邑王者，貳師將軍女弟李夫人子也。貳師女為屈氂子妻，故共欲立焉。內者令郭穰告丞相夫人以丞相數有譴，使巫祠社，祝詛主上，有惡言，及與貳師共禱祠，欲令昌邑王為帝。有司奏請案驗，罪至大逆不道。有詔載屈氂廚車以徇，腰斬東市，妻子梟首華陽街。貳師將軍妻子亦收。貳師聞之，降匈奴，宗族遂滅。」（《漢書・劉屈氂傳》）從這件事可以知道，巫蠱的問題僅僅是藉口，與此大獄的原因是圖謀冊立昌邑王為太子，犯了大忌。為什麼漢武帝不願冊立太子呢？因為一旦冊立太子，勢必建立東宮，形成第二個權力中心。在專制主義的體制下，權力中心容不得二元化，只允許一個核心。一旦出現影子中心，勢必引起大臣的不和，最終是二個中心自相吞併，拚一個你死我活。但是人的壽命有限，漢武帝又是怎樣來完成權力的交接呢？《資治通鑑》載其事云：「時鉤弋夫人之子弗陵，年數歲，形體壯大，多知，上奇愛之，心欲立焉，以其年穉，母少，猶豫久之。欲以大臣輔之，察群臣唯奉車都尉光祿大夫霍光，忠厚可任大事，上乃使黃門畫周公負成王朝諸侯以賜光。後數日，帝譴責鉤弋夫人；夫人脫簪珥，叩頭。帝曰：『引持去，送掖庭獄！』夫人還顧。帝曰：『趣行，汝不得活！』卒賜死。頃之，帝閒居，問左右曰：『外人言云何？』左右對曰：『人言且立其子，何先去母乎？』

帝曰：『然，是非兒曹愚人之所知也。往古國家所以亂，由主少母壯也。女主獨居驕蹇，淫亂自恣，莫能禁也。汝不聞呂后邪！故不得不先去之也。』」為了避免再次出現權力中心的分裂，不能大張旗鼓地冊立太子，只能暗中悄悄地確定誰是太子，準備臨終時才正式完成這個過程。為了防止母后與外戚擅權，竟殺母奪其子。《資治通鑑》云：「上病篤，霍光涕泣問曰：『如有不諱，誰當嗣？』上曰：『君未諭前畫意邪？立少子，君行周公之事！』」漢武帝在立嗣問題上最終採取這樣的措施，說明他實在再也經歷不起由於權力結構二元化引起的再一次決鬥了，再也不願諸子之間為爭奪繼承權而自相殘殺了。

然而王朝體制下，父子之間權力交接的矛盾，仍然存在著。在漫長的歷史長河中，帝室父子不親的矛盾反覆上演過許多次，有的鬧至國破家亡，有的雖未國破家亡，但多少人卻因此無辜地家破人亡，國家也大傷元氣，有的則一而再、再而三，弄得全國上下都苦不堪言。從個人講，漢武帝和太子劉據二人還都不能說是有意使壞的小人，某種意義上說，他們也是身不由己地捲入了無法脫身的漩渦之中。所謂接班人的問題，其根源還在國家權力私相授受的體制上。它會把國家機器，從管理社會公共生活的職能異化為以人為食料的吃人機器。所以如果根本體制不能調整，那麼這類荒誕的歷史悲劇還會反覆地上演。

關於百姓不安的問題，漢武帝也沒有處理好。光憑「力其孝弟」能安百姓嗎？恐怕未必見得如此。

孝悌力田是漢初惠帝以來所採取的基本國策。在惠帝四年，高后元年，文帝十二年，都曾經頒布過鼓勵孝悌力田的詔令。武帝元光三年時還曾令郡國舉孝廉各一人。在武帝初年時百姓的生活是比較安定的。《漢書‧食貨志》說：「至武帝之初七十年間，國家亡事，非遇水旱，則民給人足，都鄙廩庾盡滿，而府庫餘財。」武帝中葉以後情況便發生變化了，「是後外事四夷，內興功利，役費並興，而民去本。」「仲舒死後，功費愈甚，天下虛耗，人復相食。」於是起用聚斂興利之臣，鹽商出身的東郭咸陽與冶鐵出身南陽孔僅任大司農丞，領鹽鐵專賣之事。洛陽賈人之子桑弘羊受到武帝信任和重用，徵收商稅，規定緡錢二千而算一，即商人財產每二千錢徵收一百二十文，商人的軺車每輛二算，船五丈以上一算，還規定「匿不自占，占不悉，戍邊一歲，沒入緡錢。有能告之，以其半畀之。」《漢書‧食貨志下》當時有一個名叫楊可的人，在全國發動了一次告密的群眾運動，其威勢有似與上個世紀五十年代的「三反五反運動」相似。結果是「中家以上大抵皆遇告。杜周治之，獄少反者。乃分遣御史廷尉正監分曹往，即治郡國緡錢，得民財物以億計，奴婢以千萬數，田大縣數百頃，小縣百餘頃，宅亦如之。於是商賈中家以上大抵皆破。」國家是富了，可百姓卻窮了，「及揚可告緡，上林財物眾，乃令水衡主上林。上林既充滿，益廣。」財富的集中，更刺激了漢武帝的高消費，「乃大修昆明池，列館環之。治樓船，高十餘丈，旗幟加其上，甚壯。於是天子感之，乃作柏梁臺，高數十丈。宮室之修，繇此日麗。」（同上）結果當然是百姓不安，於是「山東被水災，民多饑乏」，「泰山、琅邪群盜徐勃等阻山攻城，道路不通。遣直指使者暴勝之等衣繡衣、仗斧分部追逐。刺史、郡守以下伏誅。」（《漢書・武帝紀》）

這件事說明要解決百姓不安的問題，除了孝悌力田之外，還得有「難得者，君子不貴」這一條。歷史經驗反覆地證明君王的好大喜功，同樣會給百姓帶來災難性後果，在這方面的教訓在中國歷史上同樣也是反覆地出現。那些有雄才大略的君王們卻都樂此而不疲。漢武帝頭腦畢竟還是有清醒的時候，在他在位的最後第三年，征和四年（西元前八九年），搜粟都尉桑弘羊與丞相、御史大夫一起建議在輪臺（今新疆烏魯木齊市附近）募民屯田，武帝不僅沒有採納，而且還下了罪己詔，檢討自己對匈奴和西域連年征戰的方針，提出「當今務在禁苛暴，止擅賦，力本農，脩馬復令以補缺，毋乏武備而已。」由是不復出軍征戰，封田千秋為富民侯，表示與民休養生息、思富養民的決心，這樣才挽回了漢武帝末年內外交困的頹勢。他死後，司馬光在《資治通鑑》對其有一大段比較公平的評語。司馬光曰：「孝武窮奢極欲，繁刑重斂，內侈宮室，外事四夷，信惑神怪，巡遊無度，使百姓疲敝，起為盜賊，其所以異於秦始皇者無幾矣。然秦以之亡，漢以之興者，孝武能尊先王之道，知所統守，受忠直之言，惡人欺蔽，好賢不倦，誅賞嚴明，晚而改過，顧託得人，此其所以有亡秦之失而免亡秦之禍乎！」環顧漢武帝一生，也可以知道董仲舒提出的「政有三端」，一定要處理好。諸如父子不親、大臣不和、百姓不安這三條，確實是傳統體制各種弊病中的要害所在。

五行之義 第四十二

【題解】篇名〈五行之義〉，旨在闡發五行所蘊含的深意，從五行相生引申出父子之義，用以論證五行乃孝子忠臣之行，從而得出道德倫理上的忠孝觀念乃出自天理的結論。

本篇可分為兩章。第一章通過五行相生來論證其間存在著父子關係，從而推演出忠孝乃上天為人們所制定的行為準則。第二章以五行配四時，五行中的木火金水分別與東南西北、春夏秋冬配比，強調土居中央，乃天之股肱，不拘一職，統率全局，猶如朝廷中之宰相。

第一章

天有五行：一曰木，二曰火，三曰土，四曰金，五曰水。木，五行之始也；水，五行之終也；土，五行之中也，此其天次之序也❶。木生火，火生土，土生金，金生水，水生木，此其父子也❷。木居左，金居右，火居前，水居後，土居中央❸，此其父子之序，相受而布。是故木受水而火受木，土受火而金受土，水受金也。諸授之者，皆其父也；受之者，皆其子也❹。常因其父以使其子，天之道也❺。是故木已生而火養之❻，金已死而水藏之❼，火樂木而養以陽❽，水克金而喪以陰❾，土之事天竭其忠❿。故五行者，乃孝子忠臣之行也⓫。五行之為言，猶五行歟⑫！是故以得辭也⑬，聖人知之，故多其愛而少嚴⑭，厚養生而謹送終⑮，就天之制也。以子而迎成養，如火之樂木也⑯；喪父，如水之剋金也⑰；事君，若土之敬天也⑱。可謂有行人矣⑲。

【章旨】本章通過五行相生來論證其間存在著父子關係，並進而推演出道德倫理上的忠與孝乃上天為人間制定的行為準則。

【注釋】❶天有五行十三句　這是董仲舒藉上天之名而認定的五行排列的次序。五行觀念是古人用日常生活中習見的五種材質如金、木、水、火、土等，以說明世界萬物的起源和多樣性的統一。在春秋時期，《左傳》、《國語》中便有關於五行的片段記載，如《左傳》昭公三十一年載有「火勝金」、《左傳》哀公九年載有「水勝火」等語。戰國時期五行說頗為流行，並出現了「五行相生」、「五行相勝」（或稱「五行相剋」）的原理。《尚書・洪範》：「五行：一曰水，二曰火，三曰木，四曰金，五曰土。」這裡的水火木金土只是表示五種材質，其間並無相生或相勝的關係，說明它尚未認識到物質形態可以相互轉化或制約。託名管仲而實為戰國時人所著的《管子》中的〈四時〉、〈五行〉等篇中，明確提出了「五行相生」的觀點，將四時與五方、五行相配合，出現了「東方甲乙木，南方丙丁火，中央戊己土，西方庚辛金，北方壬癸水」的提法，並以木、火、金、水配春、夏、秋、冬，而中央曰土，土德「中正無私，實輔四時」（《管子・四時》）。〈五行〉篇中五行的排列次序是「木、火、土、金、水」，各居七十二日，君王須據五行而施其政令，方能政通人和；反之，則災殃立至。其說與董仲舒在本章中所述如出一轍，或即為董氏五行說之直接淵源。「五行相勝」始見於鄒衍的五德終始說，但史料散佚；《史記・孟荀列傳》中對此語焉不詳。《呂氏春秋・應同》中較完整地保存了「五德終始」說，將黃帝、夏、商、周分別代表土德、木德、金德、火德，預言代周而興者為水德，故秦統一天下後尚黑，法六，行水德。其五行排列次序為土、木、金、火、水，後代制約並代替前朝，五行相勝。其後如《淮南子・原道訓》：「節四時而調五行」，高誘注：「五行，金木水火土。」《內經・素問・藏氣法時論》：「五行者，金木水火土。」《白虎通義・五行》：「五行者，何謂也？謂金木水火土也。」凡此皆為五行相勝。它們與《呂氏春秋》的不同在於《呂氏春秋》中的「五行相勝」為逆剋（後者勝前者），而《淮南子》等典籍中則為順剋（前者勝後者）。金木水火土原應為金木土水火，方符五行相勝之理。然因中央戊己土後出，故居末位。後世沿襲此次序至今未變。董仲舒依天之次序排列五行的次序，與以五行與四時相對應有關，他在〈五行對〉云：「水為冬，金為秋，土為季夏，火為夏，木為春。」如果依照春夏秋冬天之四時的次序排列，那麼五行的次序便應該是木、火、土、金、水。❷木生火六句　既然五行與四時相配比，依四時的次序排列，從這個排列中自然地引申出五行相生的觀念。在〈五行相生〉篇董仲舒還概括五行之間是「比相生」的關係，即依次鄰近相生，故有木生火，火生土，土生金，金生水，水生木的循環相生。他還把這相生的關係解釋為父子關係，木生火便可解釋為木為火之父，而火則成為木之子。五行之間便依次成為父子關係。❸木居左五句　此是把五行與方位相配比，左是東，右是西，前是南，後是北，既然木火金水與東南西北的位置都已排定，留下來的是中央，便與土相配比，以便土與四時中的季夏相對應，從而把五行與四時和方位互相配比起來，形成周而復始的運行關係。它大致上已成了戰國與秦漢間五行家們共同的觀念，並藉此來推演和預測人事上的各種變化。這在當時是人們非常流行的思維模式，而且在各個時期，各家都有其獨特的創造和發揮。董仲舒在漢初也是這方面的一位大家。❹此其父子之序九句　此以父子授受譬喻五行相生的關係。水生木則水為父，木為子，水授木受。火受木，則木為父，火為子，木授火受。因而五行相生的關係變成為父之所為，由其子承受而續行，由此而推論孝為倫理之天經地義。❺常因其父以使其子二句　依照四時中「春主生，夏主長，季夏主養，秋主收，冬主藏」的次序，木火土金水依次與上述次序相對應，如果木為父，那麼父屬木之生，則由子屬火，為夏而長之。因其父以使其子，便是把五行的次序看作父子關係，如上述木與火的關係。❻木已生而火養之　木屬春，故主生；火屬夏，而主長。為父之所生，其子長之。❼金已死而水藏之　金屬秋，秋主收，作物已收故云已死。水屬冬，冬主藏，故云水藏之。以秋冬喻人死而送終喪葬之禮。❽火樂木而養以陽　以陰陽配春夏秋冬，春夏為陽，秋冬為陰，春為少陽，夏為太陽，秋為少陰，冬為太陰。火承於木，故云「火樂木而養以陽」。❾水克金而喪以陰　金屬少陰之秋，水屬太陰之冬。秋收冬藏，故云水克金而喪以陰。❿土之事天竭其忠　天與地相對應，天地與君臣相對應。地事天猶下之事上、臣之事君。在德行上屬忠，故云土之事天，既若子之事父，又若臣之事君，故云土之事天竭其忠。⓫故五行者二句　此是概括上兩句的內容，從而把五行與人之倫理德行聯繫起來。把五行相生的關係譬喻作父子相承，從而引申出孝道；把土與天地君臣的關係相對應，引申出忠君的觀念；把忠孝這兩個倫理觀念與木火土金水這五行相對應，從而把倫理觀念說成是順應天經地義而成。⑫五行之為言二句　「五行之為言」之五行，是指木火土金水之五行；「猶五行歟」之五行，是指倫理德行。與〈五行對〉所言之「故五行者，五行也」的涵義相同。馬王堆的帛書有〈五行〉篇，郭店楚墓出土的竹簡亦有〈五行〉篇，所言之五行，皆為倫理上的五種行為。⑬是故以得辭也　意謂根據以上的類比和論證，可以得出如下的判斷或結論。辭，指命題，如《墨子・小取》：「以辭抒志。」此處指判斷或者結論，如《墨子・大取》：「辭以故生，以理長，以類行。」⑭多其愛而少嚴　謂父子之間要多仁愛而少威嚴，即〈為人者天〉所云：「父子不親，則致其愛慈。」「先之以博愛，教之以仁也。」⑮厚養生而謹送終　此謂子之待父，生前要厚為奉養，死後要謹於送終。孔子曰：「生，事之以禮；死，葬之以禮，祭之以禮。」（《論語・為政》）⑯以子而迎成養二句　此處以五行來闡述忠孝之義。父母生前，為子者要迎父母而厚養之，如火之樂於木也。⑰喪父二句　父母去世，為子者要按照禮制去喪葬，如水之克金。⑱事君二句　臣之事君，要如地之敬天，忠於君主。⑲可謂有行人矣　指能以忠孝事其君父者，可稱其為有德行的人了。

【語譯】天有五行：一是木，二是火，三是土，四是金，五是水。木是五行的開始，水是五行的終結，土是五行的中間，這是上天給五行安排的次序。由木生火，火生土，土生金，金生水，水又生木，這就是父子相承的關係。由方位看，木在左面，金在右面，火在前面，水在後面，土在中央，這也是按照父子相承的次序來分布的。所以說木是承受水而來的，火是承受木而來，土是承受火而來，金是承受土而來，水是承受金而來。凡是授予的，都居於父的地位；凡是承受的，都是居於子的地位。通常憑借其為父的地位，以支配處於子位的，這就是天道啊！所以木生出來後，火就要奉養它；金死的時候，水就要埋葬它。火喜歡木，便以陽氣來奉養它；水克金時，便以陰氣來為其送終。土服事天時，便竭盡其忠心，所以說五行就是孝子忠臣們的行為啊！五行之所以稱為五行，不就是指五種德行嘛！從這裡還可以得到這樣的提示，聖人是很清楚地知道為父的應該多一點慈愛，少一點威嚴，為子的對父親生時要厚於奉養，死時則要謹於送終，這就是順從上天所制定的法則。為子者迎養父親，要如火喜歡木那樣。喪父時，要如水剋金那樣恭行喪葬的禮儀。事奉君主時，就要如土敬事上天那樣地忠於君主。能如此去做的，就可以叫作有德行的人了。

【研　析】此篇的題意為闡發五行所蘊含的深意。本章的主旨是通過五行的推演，論證作為倫理觀念的忠孝，是上天為人們所制定的行為準則。

五行是中國古代推測吉凶的一種運算模式。從事五行運算的人稱作五行家。《史記・卜者列傳》末尾，褚少孫曾講到他自己為郎時，與太卜待詔為郎者同署，言曰：「孝武帝時聚會占家問之，某日可取婦乎？五行家曰可，堪輿家曰不可，建除家曰不吉，叢辰家曰大凶，曆家曰小凶，天人家曰小吉，太一家曰大吉。辯訟不決，以狀聞。制曰：『避諸死忌，以五行為主。』」從這一段話中，可以知道在中國古代決疑時要先問吉凶，推演吉凶的方法有許多種，但各家都離不開吉凶的占候，而演算吉凶的模式都包含巫術和義理兩個方面。有了義理，才能比較正確地預測未來；有了巫術，才能使人們敬仰和崇拜。為什麼會有那麼多家呢？因為決疑者可以從中有所選擇。從許多次決疑中，可以看出哪一家的預測比較正確。漢武帝從這許多家中選擇五行，可見那時五行是占候吉凶的主流派別。董仲舒在本章即借助武帝所推重的五行演算，推演出道德上的判斷以論證忠孝這樣的倫理觀念來自天道。

五行思想，在中國古代也有一個演化和發展的過程，它在一定程度上反映了人們認識事物的發展過程。目前可以推斷，五行不可能出現於周代以前。近人胡厚宣先生早在上世紀四十年代從甲骨文中發現了四方名和四方風名。楊樹達先生在《積微居甲文說》指出：四方與四方風都是神的名稱，而且四方與四時相配。直到西周時，當時仍只祭東南西北四方之神。《公羊傳》魯僖公三十一年：「天子有方望之事。」何休注：「謂望祭四方之神。」由此可見，春秋時期尚未出現中央神的概念。五行中，木、火、金、水與東、南、西、北相配，出現較早；土則最後出現，而且最初的身分是社神，獨立於四方之外。《詩經・小雅・甫田》：「以我齊明，與我犧羊，以社以方。」鄭玄箋：「秋祭社與四方。」何楷《世本古義》亦稱：「方社祭四方之神及后土。」周代以前，天有四方、四神，地有四嶽、四祇，但沒有地之中土觀念。當時的「中」，只是具體地指所處的居邑，並非指大地的中央。到了周代後期，四方神轉化為東西南北四帝。四帝配星各主二十八宿中的七宿，後來又將北斗七星別立一主，作為「中宮」，由此而演變出新的五方神即五帝的觀念，至此始出現「中央戊己土」的提法。《國語・鄭語》記載桓公與史墨的問答：「故先王以土與金木水火雜，以成百物。」從這裡可以看到土的觀念出現在金木水火之後。

在儒家經典中對五行作比較系統的敘述，當推《尚書・洪範》。洪範，就是大法的意思。相傳周滅殷後，周武王向箕子詢問治國方略。箕子依據《洛書》闡述九種大法，史官記錄了他的話，寫成〈洪範〉。根據孔安國的序文，〈洪範〉應是周武王時的作品，但歷代學者根據其行文的特徵，認為它可能成文於戰國時期。至於它所包含的思想比成文的時間要早得多，因為在春秋時期已流行五行的說法了，《左傳》魯文公七年：「晉郤缺言於趙宣子曰：『〈夏書〉曰：六府三事謂之九功。水、火、金、木、土、穀，謂之六府。正德、厚生、利用謂之三事。義而行之，謂之德禮。』」這六府，除了穀以外便是五行了，而且是引〈夏書〉的說法，所以五行的說法從時間上看，應是流傳很久遠的思想了。

〈洪範〉所記九法列在第一位的便是五行。其又云：「一、五行：一曰水，二曰火，三曰木，四曰金，五曰土。水曰潤下，火曰炎上，木曰曲直，金曰從革，土爰稼穡。潤下作鹹，炎上作苦，曲直作酸，從革作辛，稼穡作甘。」從其表述上可以知道，五行是五類不同的活動著的材質。先分別描述它們的活動的特性：水活動的特性是向下潤濕，火活動的特性是向上燃燒，木活動的特性表現在木材的紋路曲曲直直，金的特性是可以順從人的意願變革其形狀，土活動的特性是能長出穀物。所以六府就成了五行，並且為五行分別配上鹹、苦、酸、辛、甘五味。這五味也是人們在生活中可以感覺得到的特性：水流到海裡便有鹹味，火燒焦的東西有苦味，木質含有酸味，金屬有辛味，稼穡成熟後有甜味。

從〈洪範〉這段文字的整體上看，它僅僅是把物質分成五大類。對事物的分類是人類認識事物最初始的階段。兒童思維的發展與人類認識的發展有其相似之處。兒童在四、五歲時，就能把東西依照相類似的特性分成若干類，在數學中這是屬於群的概念。在兒童思維發展中還有把事物排成序列結構的狀況。

在排成序列的過程中，在事物發生的次序上便產生時間的觀念，在數學上叫作序列結構。在兒童思維發展中還存在著空間的劃分與順序安排的關係，從而產生方位的觀念，在數學上叫作拓撲結構。人們通過這三層認知結構的模式，可以推演或者運算各類事物之間的相互關係和其因果關係，從而預測事物發展的趨勢。比較〈五行之義〉與〈洪範〉關於五行的表述，五行排列的次序不同了，由水、火、木、金、土變成木、火、土、金、水，五行之間的相互關係上變成以次相生的關係，五行在方位上與左、右、前、後、中的排列次序對應，在五行之間推演出相生與授受的父子關係，從而論證了孝子忠臣為「天之道也」。董仲舒通過這種方式為道德倫理上的觀念籠罩上神祕的天理的光環。而這個推理過程便是借助於五行所包含的這三層認知結構上的關係。

第二章

五行之隨❶，各如其序；五行之官❷，各致其能❸。是故木居東方而主春氣，火居南方而主夏氣，金居西方而主秋氣，水居北方而主冬氣。是故木主生而金主殺，火主暑而水主寒❹。使人必以其序，官人必以其能❺，天之數也❻。土居中央，為之天潤❼。土者，天之股肱也❽。其德茂美，不可名以一時之事❾，故五行而四時者，土兼之也。金木水火雖各職❿，不因土，方不立⓫，若酸鹹辛苦之不因甘肥不能成味⓬也。甘者，五味之本也；土者，五行之主也。五行之主土氣也，猶五味之有甘肥也，不得不成。是故聖人之行，莫貴於忠⓭，土德之謂也。人官之大者⑭，不名所職，相其是矣⑮。天官之大者，不名所生，土是矣⑯。

【章旨】本章以五行配四時，將木火金水分別與東南西北四方、春夏秋冬四時相配，強調土居中央，乃天之股肱，不拘於具體職守，統率全局，猶如人間的宰相。

【注釋】❶五行之隨　指木火土金水五行各依次相隨而行。❷五行之官　據〈五行相生〉篇：木官為司農，火官為司馬，土官為司營，金官為司徒，水官為司寇。❸各致其能　指五官各自發揮其職能。❹木居東方而主春氣六句　此是以木火金水四行與春夏秋冬四時、東南西北四方相配比，規範其行政上的職能。《管子‧四時》在這方面有更加完整而具體的表述。木居東方而主春氣，〈四時〉篇曰：「東方曰星，其時曰春，其氣曰風，風生木與骨，其德喜嬴，而發出節時。其事號令：修除神位，謹禱弊梗。宗正陽，治堤防，耕芸樹藝。正津梁，修溝瀆，甃屋行水，解怨赦罪，通四方，然則柔風甘雨乃至，百姓乃壽，百蟲乃蕃，此謂星德。」「是故春三月以甲乙之日發五政：一政曰，論幼孤，舍有罪。二政曰，賦爵列，授祿位。三政曰，凍解修溝瀆，復亡人。四政曰，端險阻，修封疆，正千佰。五政曰，毋殺麛夭，毋蹇華絕芋。五政苟時，春雨乃來。」火居南方而主夏氣，〈四時〉篇曰：「南方曰日，其時曰夏，其氣曰陽，陽生火與氣。其德施舍修樂。其事號令：賞賜賦爵，受祿順鄉。謹修神祀，量功賞賢，以動陽氣，九暑乃至，時雨乃降，五穀百果乃登，此謂日德。」「是故夏三月以丙丁之日發五政：一政曰，求有功，發勞力者而舉之。二政曰，開久墳，發故屋，辟故窌以假貸。三政曰，令禁扇去笠，毋扱免，除急漏田廬。四政曰，求有德賜布施於民者而賞之。五政曰，令禁罝設禽獸，毋殺飛鳥。五政苟時，夏雨乃至也。」金居西方而主秋氣，〈四時〉篇曰：「西方曰辰，其時曰秋，其氣曰陰，陰生金與甲，其德憂哀靜正嚴順，居不敢淫佚。其事號令：毋使民淫暴，順旅聚收，量民資以畜聚。賞彼群幹，聚彼群材，百物乃收，使民毋怠。所惡其察，所欲必得。我信則克，此謂辰德。辰掌收，收為陰。」「是故秋三月以庚辛之日發五政：一政曰，禁博塞，圉小辯，鬬譯跽。二政曰，毋見五兵之刃。三政曰，慎旅農，趣聚收。四政曰，補缺塞坼。五政曰，修牆垣，周門閭。五政苟時，五穀皆入。」水居北方而主冬氣，〈四時〉篇曰：「北方曰月，其時曰冬，其氣曰寒。寒生水與血，其德湻越溫怒周密。其事號令：修禁徙民，令靜止，地乃不泄。斷刑致罰，無赦有罪，以符陰氣，大寒乃至，甲兵乃強，五穀乃熟，國家乃昌，四方乃備，此謂月德。月掌罰，罰為寒。」「是故冬三月以壬癸之日發五政：一政曰，論孤獨，恤長老。二政曰，善順陰，修神祀，賦爵祿，授備位。三政曰，效會計，毋發山川之藏。四政曰，捕姦遁，得盜賊者有賞。五政曰，禁遷徙，止流民，圉分異。五政苟時，冬事不過，所求必得，所惡必伏。」這裡把木火金水與春夏秋冬四時、東南西北四方配比在一起，依照季節的次序發布與農事相適應的政令。人事方面，慶賞刑罰的政令亦依次序排列。各個時令都有與其相適應的五政，反映了先民在長期農業生產實踐中對自然規律的樸素認識。這種論述在觀念上通過五行與陰陽的結合，上昇到天人合一的理論形態，並使之與社會政治聯繫在一起，成為一個完整的可以操作的體系。❺使人必以其序二句　此處指政令必須依照時序。如果政令違反了時序，便會產生各種不良後果。在《管子・四時》中就指出「春行冬政則雕（凋），行秋政則霜，行夏政則欲。」「夏行春政則風，行秋政則水，行冬政則落。」「秋行春政則榮，行夏政則水，行冬政則耗。」「冬行春政則泄，行夏政則雷，行秋政則旱。」官人必以其能，指任五官之職者，必須發揮其官職相應的職能以適四時之教令。❻天之數也　指四時之教令是上天所制訂的法則，是不能違背的。數，法則。❼土居中央二句　指土居中央為四方之主，為天去潤澤四方。❽土者二句　股肱是大腿和胳膊，謂土官是司營，是君王近旁輔佐之大臣，執法以制四方。❾不可名以一時之事　指土兼輔四時，應天因時而化之。《管子・四時》：「中央曰土，土德實輔四時入出，以風雨節土益力，土生皮肌膚，其德和平用均，中正無私，實輔四時。春嬴育，夏養長，秋聚收，冬閉藏。大寒乃極，國家乃昌，四方乃服，此謂歲德。」❿金木水火雖各職　指金木水火對應於秋春冬夏各有四時相應的職守。⓫不因土二句　謂東西南北四方，不依靠中央之土，便不能確立其方位。⓬若酸鹹辛苦之不因甘肥不能成味　意謂五味中少了對應於土的甜味就不成其味了，以凸顯甜味在五味中處於統率的地位。⓭聖人之行二句　此處指臣之事君，若地之敬天，忠於君王。五行相生的父子關係，象徵著孝；而土則象徵著忠，以忠為大。⓮人官之大者　指朝廷百官中最大的官。⓯不名所職二句　指百官中不負具體職司，又是諸司的總管，那就是丞相。漢代宰相翟方進曾奏言：「《春秋》之義，尊上公謂之宰，海內無不統焉。」（《漢書・翟方進傳》）《漢書・百官公卿表序》云：三公「蓋參天子坐而議政，無不總統，故不以一職為官名。」⓰天官之大者三句　名，蘇輿疑作「主」字。意謂天官之最大者，是土官，不司若春、夏、秋、冬四時諸官之職司，但輔四時之出入，起著主宰的作用。

【語　譯】五行的運行，各自按照自身的次序；五行的官守，各自發揮其本身的職能。所以木居於東方，而主管春氣；火居於南方，而主管夏氣；金居於西方，而主管秋氣；水居於北方，而主管冬氣。所以說木主管生養，金主管殺伐，火主管暑熱，水主管寒冷。各種官職對人的使用，也必須依照四時的順序。職官用人必定要依照其才能，這是上天所制訂的法則。土的方位居中央，為天時而潤澤四方。土是上天的輔佐，它的德行茂盛而美好，它的職司決不局限於某一時令的事務。故所以五行只與春夏秋冬四時相對應，就是因為土兼管著四時的政令。五行中金木水火雖然都各司其職，如果沒有土居中央，那麼其各自的方位便不能確立。這就像酸、鹹、辛、苦諸味沒有甜味相對應，就不能構成各自的味道。甜是五味的根本，土是五行的主宰。五行以土氣作為主宰，正如五味之中必須有甘甜，沒有它便不能構成各種味道。因此聖人的德行，沒有比忠更貴重的了，這就是土的德行啊！朝廷中官職最大的，便不去分工職司某一部門，那就是丞相啊！天官中最大的，也是不專管某一時令的，像土就是這樣。

【研　析】五行中尚土的觀念，由來已久。《國語・鄭語》載：「史伯對曰：先王以土與金木水火雜，以成百物。」《國語・越語》：「范蠡對曰：唯地能包萬物以為一，其事不失，生萬物，容畜禽獸，然後受其名而兼其利。」《太平御覽・時序・五行》引〈樂記〉之佚文云：「春生夏長，秋收冬藏，土所以不名時者。地，土之別名也，比于五行最尊，故不自居部職也。」《莊子・在宥》：「今夫百昌，皆生于土而反于土。」《管子・四時》強調土的觀念已見於注文，可見尚土的思想在春秋以來已相當普遍。

尚土的思想是一定社會經濟條件在觀念上的反映。在農業為主的社會經濟生活中，一切農作物的栽培和種植，都離不開土地。「有土斯有財」，崇本抑末的尚農政策，土地資源自然處於第一位。董仲舒推崇土德正是繼承了春秋以來尚土的傳統觀念。

董仲舒推重土德，可能與漢初主火德，及文帝時那一場漢主水德還是土德的爭論有關。戰國到秦漢時期的君王們都曾受到鄒衍「五德轉移」說的影響。鄒衍曾作〈主運〉篇，已佚，《史記・孟荀列傳》云其「稱引天地剖判以來，五德轉移，治各有宜，而符應若是。」《呂氏春秋・應同》的第一段文字，曾被認為是鄒衍唯一較為完整地保留下來的佚文。它概述自黃帝至夏、商、周三代，是順應著上天五德轉移的意志依次嬗替而來：土、木、金、火，至戰國時火德已衰，取代火德的應是水德。顯然，這是為周王朝敲響了喪鐘，預言將有一個代表水德的新王朝，來取代周天子的地位，這是戰國末年各國共同的願望。秦始皇滅六國以後，「始皇推終始五德之傳，以為周得火德，秦代周德，從所不勝。方今水德之始，改年始朝賀皆自十月朔。衣服旄旌節旗皆上黑。」（《史記・秦始皇本紀》）秦始皇是實踐了鄒衍的預言。劉邦起兵時，曾編造過一個神話，說自己夜行穿過沼澤中，有大蛇當道，劉邦拔劍斬蛇。後來有人至斬蛇之所，「有一老嫗夜哭，人問嫗何哭？嫗曰：『人殺吾子。』人曰：『嫗子何為見殺？』嫗曰：『吾子白帝子也，化為蛇，當道。今者赤帝子斬之，故哭。』人乃以嫗為不誠，欲苦之，嫗因忽不見。」（《漢書・高帝紀》）同時由於劉邦是楚人，屬南方，尚火德。秦發跡於西方，五行屬金，火剋金，所以預兆自己是赤帝之子。所以，漢初高祖以火德為主。後來發現這種根據方位推算出來的火勝金的神話與秦代行水德的實際情況相矛盾，而且依照鄒衍「五德轉移」的說法，水是剋火的，於是丞相張蒼提出「漢乃水德之始」，「色外黑內赤」。至文帝時又有人提出漢不應是水德而應尚土德。土能剋水。《史記・封禪書》載其事：文帝十三年（西元前一六七年），「魯人公孫臣上書曰：『始秦得水德；今漢受之，推終始傳，則漢當土德，土德之應黃龍見。宜改正朔，易服色，色上黃。』是時丞相張蒼好律曆，以為漢乃水德之始，故漢決金堤，其符也。年始終十月，色外黑內赤，與德相應。如公孫臣言，非也。罷之。後三歲，黃龍見成紀。文帝乃召公孫臣，拜為博士，與諸生草改曆服色事。」這次改曆由於二派相爭不下，只好拋開鄒衍五德終始的說法，恢復漢初尚火德。董仲舒在〈五行相生〉篇亦言：「南方者，火也，本朝。」劉向的三統曆亦以漢為火德，故在本篇，董仲舒說「土受火」，「土之事天竭其忠」，藉此以緊扣漢代主火德的現狀，同時又推重土德之忠臣孝子之行。

陽尊陰卑 第四十三

【題解】篇名〈陽尊陰卑〉，旨在從天數出發。闡揚天人合一的觀念，進而闡明陽尊陰卑，力主君主應德主刑輔，以德治國。以德治國是本篇與〈為人者天〉、〈五行之義〉的共同主題，但角度則略有不同。〈為人者天〉強調人治應合於天道，故君主應「貴孝弟而好禮義，重仁廉而輕財利」。〈五行之義〉強調「五行者，孝子忠臣之行也」，故聖人主張「多其愛而少嚴，厚養生而謹送終」。本篇〈陽尊陰卑〉以陰陽喻刑德，強調天道重陽輕陰，故君主應尚德而不尚刑。

清代學者盧文弨、蘇輿指出，在《春秋繁露》的《四庫全書》本中，本篇與下一篇〈王道通三〉有錯頁，今據盧、蘇本校正。

本篇可分為三章。第一章強調十進位數制乃天數。陽氣正月始出，生育養長農作物，至十月而收穫，人亦十月而出生，兩者皆合於天道。第二章以陽尊陰卑來闡釋道德倫理中夫婦、父子、君臣的尊卑關係。第三章闡明天地陰陽有主次、順逆之分，就為政而言，刑為陰，德為陽，故為政者應任德而不任刑。

第一章

天之大數，畢於十旬❶。旬天地之間，十而畢舉❷；旬生長之功，十而畢成❸。十者，天數之所止也❹。古之聖人，因天數之所止，以為數紀❺，十如更始❻。民世世傳之，而不知省其所起。知省其所起，則見天數之所始；見天數之所始，則知貴賤逆順所在❼；知貴賤逆順所在，則知天地之情著，聖人之寶❽出矣。是故陽氣以正月始出於地，生育養長於上。至其功必成也，而積十月❾。人亦十月而生，合於天數也。是故十月而成，人亦十月而成，合於天道也❿。

【章　旨】本章強調十進位數制乃天數。陽氣正月始出，生育養長莊稼，至十月功成收穫，人亦為十月懷胎而出生，兩者皆合於天道。

【注　釋】❶天之大數二句　此處謂上天用來計算的數字，自一至於十而畢。俞樾云：「上『旬』是衍文。下兩『旬』字乃匌字之誤。匌者，周匝之本字也。」《說文》段玉裁注云：「匌謂其極而後也。」數，《漢書・律曆志》：「數者，一、十、百、千、萬也，所算數事物，順性命之理也。」故數在古人心目中，有兩個不同的涵義，一是用於計算的數字，一是用於顯示性命之理，具有神祕的意義。❷旬天地之間二句　旬，係匌字之誤。指圜天地之間，用數來計算的話，只要以一至十這十個數字，就可以徹底表述清楚了。另一重涵義，那就是用來理順性命之理。所以「十」這個數字便具有神祕的涵義了。如〈官制象天〉云：「天有十端，十端而止已。天為一端，地為一端，陰為一端，陽為一端，火為一端，金為一端，木為一端，水為一端，土為一端，人為一端，凡十端而畢，天之數也。」自〈五行之義〉經〈陽尊陰卑〉至〈王道通三〉，構成了一個完整的十端，〈五行之義〉講木、火、土、金、水之義，〈陽尊陰卑〉講陰陽之尊卑關係，〈王道通三〉講天地人三者之間關係，也是畢於十而止。那就是表明天地之間與性命之學相關的道理。有這十項就可完全包括而無一遺漏的了。❸旬生長之功二句　此處「旬」字仍為匌字，義與宙相近，意謂宇宙之間萬物生長之功，通過一至十這十個數字的變化便能完成了。《易・繫辭上》：「天一，地二；天三，地四；天五，地六；天七，地八；天九，地十。天數五，地數五。五位相得而各有合，天數二十有五，地數三十。凡天地之數五十有五，此所以成變化而行鬼神也。」《易・說卦》：「參天兩地而倚數。」參是代表奇數，兩是代表偶數。倚，是立的意思。此處指以奇數為天數，偶數為地數，立其卦爻之數，因為卦由陰陽兩爻所組成。通過卦象的變化，可以窮盡性命之理。❹十者二句　指天數到十便完備了。《說文》：「十，數之具也。一為東西，丨為南北，則四方中央備矣。」❺數紀　指以數字來綱紀萬物。❻十如更始　指計算數字時，由一至十，便更而復始。蘇輿云：「人生而十指，上古簡樸，紀數以手，故止於十，天數實原於人。」❼見天數之所始二句　《漢書・律曆志》：「天之數始於一。」董仲舒在對策中說：「一者萬物之所從始也，元者辭之所謂大也。謂一為元者，視大始而欲正本也。」從《易經》以一為陽爻，以二為陰爻，以象徵「天尊地卑，乾坤定矣，卑高以陳，貴賤位矣。」（《易・繫辭上》）君、父、夫與天相對應，臣、子、婦與地相對應。君尊臣卑，父尊子卑，夫尊婦卑則為順；反之則為逆。這就是所謂「貴賤逆順之所在」。❽聖人之寶　指維護尊卑、貴賤、順逆之名分秩序。亦即董仲舒所謂「視大始而欲正之本」，此處點明了篇題「陽尊陰卑」之主旨。❾是故陽氣以正月始出於地四句　中國古代的曆法和音律，都用陰陽二氣的產生和變化來解釋在我國北方作物生長、成熟、收藏運行的週期，積至十月則這一過程完畢，全功告成。據《漢書・律曆志》載：正月，在地支屬寅，對應的音律是太族，「族，奏也。言陽氣大，奏地而達物也。」五月，在地支屬午，對應的音律為蕤賓，「蕤，繼也；賓，導也。言陽始導陰氣使繼養物也。」九月，在地支屬戌，音律是亡射，「射，厭也。言陽氣究物而使陰氣畢剝落之，終而復始，亡厭已也。」《白虎通義・五行》對此的解釋是「射者，終也。言萬物隨陽而終，當後隨陰而起，無有終已也。」十月，地支屬亥，音律為應鐘，「言陰氣應亡射，該藏萬物而雜陽閡種也。」《白虎通義・五行》的解釋是「應者，應也。鐘者，動也。言萬物應陽而動下藏也。」董仲舒在〈煖燠孰多〉篇云：「是自正月至於十月，而天之功畢。計其間，陰與陽各居幾何，薰與溧其日孰多？距物之初生，至其畢成，露與霜其下孰倍？故從中春至於秋，氣溫柔和調。及季秋九月，陰乃始多於陽，天於是時出溧下霜。出溧下霜，而天降物固已皆成矣。故九月者，天之功大究於是月也，十月而悉畢。」「功必成也」的「必」字，通「畢」字。❿是故十月而成三句　盧文弨指出：「十月而成」前脫漏「天道」二字。此處指天道十月而功畢，人也是懷胎十月而生，這是為了附合於十這個天數。

【語　譯】天的大數，最終完成於十。總括天地間所有的事物，如果用數字來表達的話，那麼從一到十這十個數字便足夠了。宇宙間萬物生長變化的過程，也只需要從一到十這十個數字便能表達清楚了。十這個數，是天數終止的標誌。古代的聖人，利用一到十為止的這十個數字作為天數，用來記錄萬事萬物，記錄滿十再從頭開始，永遠沒有止境。民間世世相傳，但不知道它是如何起源的。懂得思考和查察它的起源，那就能看清楚天數的起始了。看清楚天數的起始時，那就能知道貴賤尊卑的源頭在哪裡了。懂得貴賤尊卑的源頭，天地的情形也就明顯而凸出並得以效法了，聖人所重視的正名分等道理也就顯露出來了。所以陽氣從正月開始到達於地面，使萬事萬物都能生育長養於地上，到它所作的功夫全部完成，需要積累十個月的時間。人也要十月懷胎才能誕生，這都是符合天數的結果。所以說天道要十個月才能完功，人也要十個月方能誕生，都是與天道相合啊！

【研析】數字本來是一個計算的工具，通過數字的演算，能從已知推知未知，並能得到驗證。同時，數也是一種表達的工具。儘管從一到十，只有十個數字，通過數字的編碼，可以記錄和描述萬事萬物。在虛擬的描述中，可以透析事物內在的各種因果關係。古人雖然沒有現代的計算技術來實現數字所包含的無窮盡的功能，但從董仲舒關於天數的描述中，他似乎天才地猜測到從一到十這十個數字所包含的無窮無盡的潛在功能。所以在古人心目中，作為符號的數字具有神奇的功能，因而把一切神聖奇妙的東西歸之於數字，使數字成為某種意義的象徵。

董仲舒把一作為天數的起點，並將一與元結合在一起，使一成為尊卑貴賤順逆之人間倫理的根本象徵，把十作為齊備完美的象徵。《說文》解釋十字，便認為「一為東西，丨為南北，則四方中央備矣。」把一到十這十個數字作為天數，也就是把它作為數字的整體來把握。十如更始，清楚地說明了我們的先民在世界範圍內較早地使用了十進位制。《漢書‧律曆志》：「數者，一、十、百、千、萬也。」用這五個表示位級的數詞來說明數的概念，也鮮明地說明在中國古代數的概念是與十進位制相聯繫的，至於把人亦十月懷胎而生以符合天數，那就有點為天人合一而湊數了。

第二章

故陽氣出於東北，入於西北，發於孟春，畢於孟冬，而物莫不應是。陽始出，物亦始出；陽方盛，物亦方盛；陽初衰，物亦初衰。物隨陽而出入，數隨陽而終始❶，三王之正隨陽而更起❷。以此見之，貴陽而賤陰也。故數日者，據晝而不據夜❸；數歲者❹，據陽而不據陰❺。不得達之義❻。是故《春秋》之於昏禮也，達未宋公而不達，宋公不宜稱而達❼，達陽而不達陰，以天道制之也❽。丈夫雖賤皆為陽，婦人雖貴皆為陰❾。陰之中亦相為陰，陽之中亦相為陽。諸在上者皆為其下陽，諸在下者各為其上陰❿。陰猶沈也⓫，何名何有⓬，皆并一於陽⓭，昌力而辭功⓮。故出雲起雨，必令從之下，命之曰天雨⓯，不敢有其所出。上善而下惡⓰。惡者受之，善者不受⓱。

土若地，義之至也⓲。是故《春秋》君不名惡，臣不名善，善皆歸於君，惡皆歸於臣⓳。臣之義比於地，故為人臣下者，視地之事天也。為人子者，視土之事火也⓴。雖居中央，亦歲七十二日之王㉑，傳於火以調和養長㉒，然而弗名者，皆并功於火，火得以盛㉓，不敢與父分功美，孝之至也㉔。是故孝子之行，忠臣之義，皆法於地也。地事天也，猶下之事上也㉕。

【章旨】本章以陽尊陰卑的觀念來闡釋倫理觀念中的夫婦、父子、君臣的尊卑關係。

【注　釋】❶故陽氣出於東北十三句　董仲舒認為四時的變化都是由於陰陽二氣推移變化的結果。陰陽二氣運行的方向和位置，他在〈陰陽位〉篇稱：「陽氣始出東北而南行，就其位也；西轉而北入，藏其休也。陰氣出東南而北行，亦就其位也；西轉而南入，屏其伏也。」孟春，是春季的第一個月，即正月，孟冬是冬季的第一個月，即十月。在陰陽二氣中，陽氣是推動萬物生長發育的力量，一歲之內，陽氣發於一月，盛於六月，終於十月。萬物也是隨著陽氣始出而萌生，陽氣的強盛而成熟，陽氣的衰弱而剝落。數，指萬物從生長、成熟、剝落的規則，它是隨著陽氣的終始而終始。❷三王之正隨陽而更起　言三王之正朔，皆隨陽氣微動而起，董仲舒以此論證陽貴而陰賤。三王，指夏禹、商湯、周文王和武王。正，指正月。三王的正月各不相同。夏朝以孟春為正月，商朝以季冬為正月，周朝以仲冬為正月。《白虎通義．三正》：「正朔有三何本？天有三統，謂三微之月也。明王者當奉順而成之，故受命各統一正也，敬始重本也。朔者，蘇也，革也。」「三微者，何謂也？陽氣始施黃泉，動微而未著也。」❸數日者二句　指日期的計算根據白天，不是根據夜晚。因為晝代表陽，夜代表陰。《管子．乘馬》：「日夜之易，陰陽之化也。」❹數歲者　指年歲的計算。❺據陽而不據陰　指夏商周三代紀年的三正皆是依照三微之月，即十一月、十二月與正月，都是陽氣始施，動微而未著之時，不是依照陰氣變動的狀況。❻不得達之義　應為「陰不得達」之誤。陰不得達，指日期和年歲的計算不由陰氣運行的週期來表達。❼達未宋公而不達二句　盧文弨云：「『達未宋公而未達，宋公不宜稱而達』誤。今案《傳》增正。」此段文字應為「達宋公而不達紀侯之母，紀侯之母宜稱而不達，宋公不宜稱而達。」《春秋公羊傳》魯隱公二年（西元前七二一年）：「宋公使公孫壽來納幣，則其稱主人何？辭窮也。辭窮者何？無母也。然則紀有母乎？曰：有。有則何以不稱母？母不通也。」這裡講的是兩件事，一件事是魯隱公二年：「紀履緰來逆女。」一件事是魯成公八年（西元前五八三年）：「宋公使公孫壽來納幣。」宋公，宋共公，公孫壽是宋國的大夫，納幣是由男方向女方送聘禮，送聘禮時不能由女婿自己出面，應由其伯父叔父、兄長師友出面，為什麼這件事在經文上提到宋公呢？因為沒有話好說，由於宋公沒有母親了。紀履緰是紀國的大夫，到魯國來為紀國君主迎娶，那麼紀君有沒有母親？他有母親，那又為什麼不稱母命呢？因為母命不能通於國外。可見《春秋》讓宋公之命可以通達國外，紀侯之母命卻不能通於國外。所以說紀侯有母，迎娶時宜稱母命去迎娶，卻不能通達於國外，宋公自己是女婿，不宜稱己命迎娶，卻稱己命而通達國外。❽達陽而不達陰二句　男是陽，女是陰，男可以通達於國外，女則不能通達於國外，這就是依照天道所制定的禮制。❾丈夫雖賤皆為陽二句　丈夫作為男性，雖地位低賤，仍然屬陽；婦女的地位雖貴重，仍然屬於陰。

故漢宣帝時，王吉曾上疏言：「夫婦，人倫大綱。」「漢家列侯尚公主，諸侯則國人承翁主，使男事女，夫詘於婦，逆陰陽之位，故多女亂。」（《漢書・王吉傳》）王吉認為這種做法違反了陰從陽、女順夫之天經地義。❿陰之中亦相為陰四句　此處指陰與陽的地位是相對的，以上下尊卑來區分。陰之中亦相為陰，如妻妾與夫相對為陰，而妾與妻相對又為妻之陰。陽之中亦相為陽，如臣子在國，君為陽，臣為陰；在家為父則父為陽，子為陰；子對孫，則又為孫之陽。故為上者，皆為在其下者之陽，在下者，則各為其上者之陰。⓫陰猶沈也　此處意謂陰只能是沉積於下方者。沈，《說文》：「沈，陵上滴水也。」⓬何名何有　指處於下位者不能占有任何名義，享有任何功績。⓭皆并一於陽　指必須把一切功績歸之於在上位者，否則便是貪天之功。⓮昌力而辭功　指在下位者若取得事功，必須竭力以謙辭歸功於上。〈保位權〉篇稱：「故功出於臣，名歸於君。」《禮記・坊記》：「善則稱君，過則稱己，則民作忠。〈君陳〉曰：『爾有嘉謀嘉猷，入告爾君于內，汝乃順之于外。曰此謀此猷，惟我君之德，於乎！是惟良顯哉！』」⓯故出雲起雨三句　董仲舒在〈五行對〉篇云：「地出雲為雨，起氣為風。風雨者，地之所為。地不敢有其功名，必上之於天。命若從天氣者，故曰天風天雨也，莫曰地風地雨也。勤勞在地，名一歸於天。」⓰上善而下惡　指君臣之間，善上歸之於君王，惡則由臣下擔當。⓱惡者受之二句　指為臣者應主動承擔惡名，不能接受善名。⓲土若地二句　指五行中土之事火，若天地中的地之事天，其中所蘊含的道義是至高無上的。又「土若地」至「此皆天之近陽而遠陰也」句共四百四十字，皆因四庫本錯頁，而自〈王道通三〉移於此。同時本篇自「夫喜怒哀樂之發」至「天之當也，而人資諸天」句則移於〈王道通三〉篇。⓳是故春秋君不名惡四句　《春秋》襄公十六年（西元前五五七年）載：「大夫盟。」《公羊傳》對此評論曰：「諸侯皆在是，其言大夫盟何？信在大夫也。何言乎信在大夫？遍刺天下之大夫也。曷為遍刺天下之大夫？君若贅旒然。」在湨梁之會上，大夫盟會作主，由於善名歸於大夫，君為贅旒。旒是旗的一種，為人所執持。此處意謂名歸於大夫，君勢必為人執持，使臣凌駕於君主之上，故《春秋》譏刺之。《韓非子・二柄》：「田常上請爵祿而行之群臣，下大斗斛而施於百姓，此簡公失德，而田常用之，故簡公見弒。」此為田常得善名，結果是齊簡公反為田氏所弒。《墨子・尚賢中》亦云：「賢臣唯務得明君而事之，竭四肢之力，以任君之事，終身不倦，若有美善，則歸之於上。是以美善在上，而所怨謗在下。寧樂在君，憂戚在臣。」此旨董仲舒在〈竹林〉及〈保位權〉等篇亦有論及，為董氏一貫之主張。⓴為人子者二句　依五行相生之義，火生土，故火與土為父子之序，土事火以孝，故云為人子者，視土之事火，若子之事父以孝也。㉑雖居中央二句　以五行之次序木、火、土、金、水，則土居中間；以五行之方位論，木居左，金居右，火居前，水居後，而土居中央。《管子・五行》以五行分王一年三百六十日，故春、夏、秋、冬及居中間之土各王七十二日，云：「睹戊子土行御，天子出令，命左右司徒內御，不誅不貞，農事為敬，大揚惠言，寬死刑，緩罪人，出國司徒令。命順民之功力以養五穀，君子之靜居，而農夫修其功力極。然則天為粵宛。草木養長，五穀蕃實秀大，六畜犧牲具，民足財，國富，上下親，諸侯和，七十二日而畢。」㉒傳於火以調和養長　土為火之子，火屬夏，《管子・四時》云：「土德實輔四時入出，以風雨節土益力。」調和風雨以輔夏之養長。㉓然而弗名者三句　此處謂土不名己之功，歸功於火，使火得以盛大，亦即子歸功於父。㉔不敢與父分功美二句　指土歸功於火，不敢與火爭功與媲美，將孝道發揮到了極致。《禮記・坊記》：「子云：善稱親，過則稱己，則民作孝。」㉕是故孝子之行五句　以地事天喻臣之事君以忠，子之事父以孝，而孝子忠臣皆取法於地。《白虎通義・五行》：「子順父，妻順夫，臣順君，何法？法地順天也。」

【語譯】陽氣是從東北方起來的，進入於西北方，開始於孟春正月，終結於孟冬十月，萬物的生長養育也沒有不與此相對應的。陽氣剛開始出來時，萬物也剛剛開始萌生；陽氣盛行時，萬物也隨之而旺盛；陽氣開始衰弱時，萬物也開始剝落。萬物隨著陽氣出入而出入，萬物的氣數都是隨著陽氣的始終而始終。夏商周三代的正朔，也是隨著陽氣始動而更迭的。由此可以觀察到，陽處於高貴的地位，陰則處於低賤的地位，所以人們計算日期時，根據白天而不是根據夜晚；計算年歲時，也是根據陽氣而不是根據陰氣，那是因為陰不能通達的緣故。所以《春秋》對於婚禮，記載宋共公派使節來魯國納幣，而不記載紀侯的母親，紀侯的母親適宜於稱名來迎親，但不能表達是她派人來迎親；宋共公不適宜出面派人來納幣，而《春秋》卻表示是他派人來納幣，這是因為表達陽而不表達陰，是根據天道制訂的法則。作為丈夫雖然地位低賤，卻仍處於陽位，婦人的地位和出身雖然高貴，卻只能處於陰位。在陰位中，相互間處於下位的亦為陰。在陽位中，相互間處於上位的亦為陽。凡是處於上位的都是處於其下位的陽，處於下位的都是處於其上位的陰。陰的意思就是下沉，哪裡也沒有它的名位，哪裡也不是它所能擁有的。它的一切都要歸併於陽，它必須盡力做工而推辭一切功名。所以雲雨都是由地面蒸氣而起，但必須讓它從天而下，而且要命之為天雨，不敢說是由地所蒸發出的東西。把一切善皆歸之於在上者，把一切惡都歸之於在下者。在下位者可以接受惡名，但不能接受好名聲。

土就好像地，地對於天的事奉將孝道發揮到了極致。所以《春秋》大義認為不能把惡名歸之君王，而為臣子者也不能占有好名聲，應該把所有的好名聲歸之君王，而把所有的惡名聲讓臣子們頂著。為人臣的道義與地相同，所以做人臣子的，要依照地是怎樣事奉天的樣子去做。做兒子的，就要依照土如何事奉火的樣子去做。土雖然位居中央，在一歲之中，也有七十二天由它作為王者，在這期間它為輔助火而調和長養萬物，但是又不據有任何名聲，並把一切功勞歸之於火，火因此而旺盛起來，土卻不敢跟它的父親火去分享功勞與美名，這就是孝行的極致。所以孝子的行為，忠臣的道義，都是效法於地。地的奉事天，就好似居下位的人侍奉在上位的人那樣。

【研　析】本章的主旨是以陰陽學說中陽尊陰卑的觀念，來闡釋倫理觀念上的夫婦、父子、君臣之間的尊卑關係，為三綱說（君為臣綱，父為子綱，夫為婦綱）提供思想依據。

《漢書・五行志》：「董仲舒治《公羊春秋》，始推陰陽，為儒者宗。」故在《春秋繁露》中，有關陰陽之說的篇幅比較多，以陰陽為題的篇目便有〈陽尊陰卑〉、〈陰陽位〉、〈陰陽終始〉、〈陰陽義〉、〈陰陽出入上下〉、〈天地陰陽〉六篇。此外在有關天地與五行諸篇中，亦皆涉及陰陽思想。

陰陽觀在中國古代有一個演化和發展的過程。司馬談論列六家要旨時，六家的次序是陰陽、儒、墨、名、法、道德，將陰陽列在六家之首。自戰國到秦漢，陰陽思想的影響非常廣泛，滲透到各個領域，而以陰陽名家的，則始自鄒衍。《史記》將鄒衍放在〈孟子荀卿列傳〉中的孟子與荀卿之間，稱其「深觀陰陽消息而作怪迂之變，〈終始〉、〈大聖〉之篇十餘萬言。」他在齊、魏、趙、燕諸國的風光遠遠超過先秦的其他思想家們，「騶子重於齊，適梁，惠王郊迎，執賓主之禮。適趙，平原君側行撇席。如燕，昭王擁彗先驅，請列弟子之座而受業，築碣石宮，身親往師之，作〈主運〉。其遊諸侯見尊禮如此，豈與仲尼菜色陳蔡，孟軻困於齊梁同乎哉！」儘管司馬遷對此憤憤不平，在戰國時，鄒衍的風光的確遠遠超過孔孟。而且成為一種時髦的學問，各種學術流派都受到它的影響。

各國的執政者所以如此尊禮這位鄒衍，或許與他所鼓吹的「五德轉移」能預測王朝興衰嬗替有關。《史記・封禪書》說：「鄒衍以陰陽〈主運〉顯於諸侯。」鄒衍唯一被認定的作品被保留在《呂氏春秋・應同》第一段講述五德終始的文字之中，講的是五行，而非陰陽。關於陰陽觀明確的表述僅見於《史記・太史公自序》記載的〈六家要指〉之中：「夫陰陽四時、八位、十二度、二十四節各有教令，順之者昌，逆之者不死則亡，未必然也，故曰『使人拘而多畏。』夫春生夏長，秋收冬藏，此天道之大經也，弗順則無以為天下綱紀，故曰『四時之大順，不可失也。』」那是用陰陽來解釋時令和八卦的變化。

較系統地表述陰陽與時令的變化並闡述四時教令的作品當推《管子》中〈四時〉、〈五行〉、〈禁藏〉諸篇，若〈四時〉：「是故陰陽者天地之大理也，四時者陰陽之大經也，刑德者四時之合也。刑德合於時則生福，詭則生禍。」這幾句話也正是本篇下一章的主旨。具體闡述四時教令的，所運用的卻是五行的思想，真正具體闡述陰陽思想的反而是《易傳》。它是戰國儒生們把陰陽思想引入《易經》的產物。在《漢書・藝文志》記載的陰陽家的作品，分成兩部分，一部分是「陰陽二十一家，三百六十九篇」，「陰陽家者流，蓋出於羲和之官，敬順昊天，曆象日月星辰，敬授民時，此其所長也。及拘者為之，則牽於禁忌，泥於小數，舍人事而任鬼神。」另一部分是「陰陽十六家，二百四十九篇，圖十卷」，「陰陽者，順時而發，推刑德，隨斗擊，因五勝，假鬼神而為助者也。」在《漢書・藝文志》中，著錄與陰陽家關係密切的還有五行家，其中以陰陽為題的便有六家，若《泰一陰陽》、《黃帝陰陽》等，五行家共有三十一家，六百五十二卷，班固對五行家的概括是「五行者，五常之形氣也。《書》云：『初一曰五行，次二曰羞用五事。』言進用五事以順五行也。貌、言、視、聽、思，心失而五行之序亂，五星變作，皆出於律曆之數而分為一者也，其法亦起五德終始，推其極則無不至。而小數家因此以為吉凶，而行於世，寖以相亂。」這些被《漢書・藝文志》著錄的四十餘位陰陽家的著作，幾乎都散佚了，並沒有保存下來。

從班固為這一類著作所概括的特徵來看：一是陰陽家淵源於曆律，用陰陽來闡述四時、八節、十二月、二十四節令氣象的變化，在天人合一的思想指導下，進一步闡述四時之教令。從《管子》的〈四時〉、〈五行〉諸篇到《呂氏春秋．十二紀》及《禮記．月令》等，都是陰陽家這一思想演化的產物。二是與五行家緊密聯繫在一起，鄒衍五德終始的學說對陰陽家的社會影響起了推波助瀾的作用，藉此來預測災異和吉凶。陰陽家與鬼神巫術的關係非常密切，古人對未來的預測不能不借助於神學和巫術。這一學派所以備受王者們的推重，與它濃重的神學色彩有關。因為這些王者們幾乎沒有一個不迷信鬼神巫術，秦皇是如此，漢武更其是如此。

董仲舒要漢武帝能接納儒家的思想，希望漢武帝能獨尊儒術，罷黜百家。從他的〈賢良對策〉中，也可以看到充斥全篇的天人合一的觀念，濃重的神學色彩。整部《春秋繁露》同樣也充斥著神學迷信，甚至還包括求雨這一類巫術的內容。董仲舒與巫師們不同的是他借助於陰陽五行這些觀念來闡述倫理觀念、政治思想和哲學理論，不是一頭倒栽進神學巫術的泥坑之中而不能自拔。那麼多陰陽家的著作無法保存下來，就是因為它們除了神學與巫術以外，缺少實質性的思想內容，只能在其他各家的學說中，還能看到它的一鱗半爪。後人要掌握陰陽思想發展的脈絡，反而只能從史著及諸子中，約略窺見其演變的線索。

從字義上看，陽，是太陽照射到的地方，陰是陽光照不到的地方。《說文》解釋陽：「高明也。」山南曰陽。陰，為「山之北也」。《穀梁傳》：「水北為陽，山南為陽。」《道德經》：「萬物負陰而抱陽。」那就是正面為陽，背面為陰。這裡面並沒有多少深奧的道理。《國語．周語上》：「幽王二年（西元前七八〇年），西周三川皆震。伯陽父曰：『周將亡矣！夫天地之氣，不失其序；若過其序，民亂之也。陽伏而不能出，陰迫而不能烝，於是有地震。今三川實震，是陽失其所而鎮陰也。陽失而在陰，川源必塞；源塞，國必亡。』」這是伯陽父用陰陽思想解釋周幽王二年由於地震引起河道堵塞的現象，並預言西周將滅亡。至幽王十一年（西元前七七一年），西周果被犬戎攻滅，於是國都東遷洛邑，史稱東周。這是陰陽家用以解釋地震和河道堵塞，並通過災異來預言國家的滅亡。放到今天來看，這些說法顯然缺乏科學上的根據，但伯陽父所講的那一番話，已把陰陽演化為象徵性的咒語，對自然現象的這種神祕而主觀的詮解，自有其獨特的邏輯格式，也容易為人們所接受而廣泛流行。這一類象徵性的咒語，在陰陽思想中占有相當大的比例。董仲舒有關陰陽五行的諸篇中，有相當篇幅屬於這個類型。

然而從伯陽父的這番話來看，它至少說明在春秋時，已有陰陽思想在流行。《論語》、《孟子》沒有正面闡述陰陽的觀念，荀子才開始說到陰陽，《荀子・天論》：「是天地之變，陰陽之化。」〈禮論〉：「故曰天地合而萬物生，陰陽接而變化起。」僅只是片言隻語，語焉不詳。《莊子・天下》說：「《易》以道陰陽。」這話應當承認有道理。從正面用陰陽觀念來闡述《易經》的，肇始於《易傳》。《周易》是一部通過卜筮以占吉凶的書。《周易》的卦辭與爻辭是經，〈彖〉、〈象〉、〈文言〉、〈繫辭〉、〈說卦〉、〈序卦〉、〈雜卦〉是傳。傳是對古經的注解，其中〈彖〉、〈象〉、〈繫辭〉各分為上下兩篇，共為十篇。漢人稱之為十翼。今本《周易》，〈彖傳〉與〈象傳〉皆分列於六十四卦，〈文言〉分列於〈乾〉、〈坤〉兩卦，而〈繫辭〉、〈說卦〉、〈序卦〉、〈雜卦〉皆獨立成篇。《易經》為什麼以「易」為名，〈繫辭〉的說法是「生生之謂易」。這意味著萬物生生不已，即在不斷變化和新陳相因的過程中，由於事物處在變化的過程之中，才有占卜其變化的趨勢，才能預言未來的吉凶。從字義上講，易字為象形字，上日下月，象徵著日月往來。《說文》：「《祕書》說：日月為易，象陰陽也。」那就是用陰陽兩種力量互相消長的過程，來說明事物變化的動因。〈繫辭〉則說是「一陰一陽之謂道，繼之者，善也。成之者，性也。」那是說一陰一陽矛盾的對立，是事物互相轉化的規律，這就是所謂的道。它推動著事物向善的方向發展，所以如此，陰陽各有其本性。〈說卦〉也是用陰陽來解釋《易》的，其云：「昔者聖人之作《易》也，幽贊於神明而生蓍，參天兩地而倚數，觀變於陰陽而立卦。」參，三，奇數。兩，偶數。奇數與偶數構成陰陽兩爻。由陰陽兩爻的變化來建構卦象，通過卦象來象徵萬事萬物的變化。《易》以乾坤二卦始，〈繫辭〉解釋說：「子曰：『乾坤，其易之門邪？』乾，陽物也，坤，陰物也。陰陽合德，而剛柔有體。以體天地之撰，以通神明之德。」這就是說陰陽剛柔相推而引起天地萬物的變化，從而可以表明其得失與吉凶。為什麼用陰陽剛柔相推產生的變化來預言吉凶呢？〈繫辭〉說：「乾以易知，坤以簡能。易則易知，簡則易從。」因為其平易簡約，容易被人們所遵從。陰陽的觀念反映了一切事物都由矛盾對立的雙方互相推移而發生變化的客觀規律，同時人們日常生活中也確實可以觀察到互相對立又互為依存的矛盾的兩個方面。《易經》中經常提到的一對對互相對立又互相依存的範疇，如天地、日月、晝夜、男女、君臣、剛柔、進退、屈伸、吉凶、禍福、利害、悲喜、得失、成敗、安危、存亡等，它們確實為從王者到百姓在日常生活所經常遇到的現象。怎樣正確理解與運用它們之間辯證的關係，比較容易為人們所接受。毛澤東的《矛盾論》儘管有將複雜的結構簡單化之嫌，但自有其中國傳統文化的根源，許多方面是《易經》中陰陽觀念的現代版。當然他是取其義理，而不是取其象數，因而具有易於普及的特點，因為它易知易從。董仲舒把陰陽引入《公羊春秋》，也確實有它方便於人們易知易從的一面。同時其中涉及象數的一面，它又能方便地為董仲舒對陰陽推移作出神祕主義的類似於咒語的詮解。正是這兩方面的作用，才使陰陽觀念對王者們具有特殊的魅力。

在《易經》裡面陰陽之間除了變易的一面之外，還有不變的一面。〈繫辭〉說：「天尊地卑，乾坤定矣。卑高以陳，貴賤位矣。動靜有常，剛柔斷矣。」「乾道成男，坤道成女。」這些都是不變的一面，這就是它們之間的各自地位。《易緯・乾鑿度》：「不易也者，其位也。天在上，地在下，君南面，臣北面，父坐子伏，此其不易也。」用陰陽來闡釋《易經》，包含著三層道理：變易，簡易，不易。董仲舒在本章所闡發的便是以陽尊陰卑來說明夫婦、君臣、父子之間的上下尊卑貴賤，猶若天地之間那樣地存在著不易之位。〈文言〉解釋〈坤卦〉之六三爻辭「含章可貞，或從王事，無成有終」時曾說：「陰雖有美，『含』之以從王事，弗敢成也。地道也，妻道也，臣道也。地道『無成』而代『有終』也。」它的意思是為臣者雖有文章之美才與可貞之美德，含有此二美，去為王辦事，事成而不敢居有其功。地道就是妻道、臣道。地順天，妻順夫，臣順君，那便是天經地義之道。地不居天功，才能世世代代得到善終，也就是為臣子者成事而不居功，世世守臣道，才能有始而又有善終，而不是「靡不有始，鮮克有終。」董仲舒在本章闡述：「是故《春秋》君不名惡，臣不名善，善皆歸於君，惡皆歸於臣。臣之義比於地，故為人臣下者，視地之事天也。」這種言論，與上述《易傳》所言相比較，豈不是一脈相通嗎？由此可以明白董仲舒陰陽觀的淵源來自何處的了。

第三章

地，天之合也，物無合會之義❶。是故推天地之精❷，運陰陽之類❸，以別順逆之理❹。安所加以不在❺！上下，在大小，在強弱，在賢不肖，在善惡。惡之屬盡為陰，善之屬盡為陽❻。陽為德，陰為刑❼。刑反德而順於德，亦權之類也。雖曰權，皆在權成❽。是故陽行於順，陰行於逆。逆行而順，順行而逆者，陰也。是故天以陰為權，以陽為經❾。陽出而南，陰出而北。經用於盛，權用於末。以此見天之顯經隱權，前德而後刑也❿。故曰：陽天之德，陰天之刑也⓫。陽氣煖而陰氣寒，陽氣予而陰氣奪，陽氣仁而陰氣戾，陽氣寬而陰氣急，陽氣愛而陰氣惡，陽氣生而陰氣殺⓬。是故陽常居實位而行於盛，陰常居空虛而行於末⓭。天之好仁而近⓮，惡戾之變而遠⓯，大德而小刑之意⓰也。先經而後權，貴陽而賤陰也⓱。故陰，夏入居下，不得任歲事；冬出居上，置之空處也。養長之時伏於下，遠去之，弗使得為陽也。無事之時起之空處，使之備次陳，守閉塞也。此見天之近陽而遠陰，大德而小刑也⑱。是故人主近天之所近，遠天之所遠，大天之所大，小天之所小。是故天數右陽而不右陰，務德而不務刑。刑之不可任以成世也，猶陰不可任以成歲也。為政而任刑，謂之逆天，非王道也⑲。

【章旨】本章闡明天地陰陽有主次、順逆之分，存在於萬事萬物之中。以為政來說，德為陽，刑為陰；經為陽，權為陰。天道貴陽而賤陰，故為政者應任德而不任刑。

【注釋】❶地天之合也三句　「物」字下缺一「莫」字。〈基義〉篇稱「凡物必有合」，「物莫無有合，而合各有陰陽」。合的意思是凡物都有正負兩個方面，也就是陰和陽。這是陰陽學的基本觀念。若缺一「莫」字，則全句便無法通解，亦與董仲舒一貫的主張相背。蘇輿勉強解釋成為：「地雖為天之合，而不敢不事天，故曰『物無會合』。」但仍無法擺脫自相矛盾的困境。地與天的關係既然是地順天，事天仍是合會之義。「物無合會之義」與「凡物必有合」二者畢竟是對立的，故蘇輿之說不能成立。❷推天地之精　指推演天地之精華。《易・繫辭》所言「天尊地卑，乾坤定矣。卑高以陳，貴賤位矣。」即以天地之合見萬物尊卑貴賤之位。❸運陰陽之類　指運用陰陽以類萬物之情。❹以別順逆之理　順者，陰順於陽，故地順於天，臣順於君，婦順於夫；反之則為逆，即尊卑、貴賤、上下之位顛倒。❺安所加以不在　指對立統一，即合會之義，無所不在，放之四海而皆準。在，指會合之義。❻上下七句　即合會之義，無所不在，表現為上下、大小、強弱、賢不肖、善惡這些範疇的對立統一。以陰陽作為符號來表示對立雙方，那麼正方為陽，負方為陰，故云善為陽，惡為陰。「上下」之前，脫漏一「在」字。❼陽為德二句　以行政措施上的刑德類比於陰陽，則陽為德，刑為陰。此說見於戰國時齊國的稷下學派。《管子・四時》：「是故陰陽者，天地之大理也。四時者，陰陽之大徑也。刑德者，四時之合也。」「陽為德，陰為刑。」又曰：「德始於春，長於夏，刑始於秋，流於冬。」也就是春夏行德政，秋冬施刑政。而且還詳盡規定了德政與刑政的具體內容，每一季都有特定的「德」與「事」，如有違逆，必自取災禍。其指導思想便是「務時而寄政」，使四時有關刑德的政令與陰陽二氣的運轉相對應。《管子》在〈禁藏〉等篇亦有類似的說法。❽刑反德而順於德四句　「皆在權成」之「權」字，蘇輿校為「經」字。此句以陰陽與經權的關係解釋刑與德的關係，以經喻德，以權喻刑。〈玉林〉篇云：「權之端焉，不可不察也。夫權雖反經，亦必在可以然之域」又云：「故諸侯在不可以然之域者，謂之大德，大德無踰閑者，謂正經。諸侯在可以然之域者，謂之小德，小德出入可也。權，譎也，尚歸之以奉鉅經耳。」權，謂變通的辦法，與經為常道相對，雖然離開了經的常規，然其目的則不離經的本義，在經可以允許的範圍內採取變通的辦法。權本身不是目的，只是為達到目的而採取的手段，而目的仍然在經範圍之內。刑與德是相對立的，用刑不是目的，只是為了達到德治而迫不得已運用的手段，其目的仍是返歸於德治。《尚書・多方》：「慎厥麗，乃勸厥民，刑用勸。」麗，刑法。勸，勉勵，用刑的目的是勸善以尚德。《尚書・康誥》是周公告誡康叔治理衛國的誥詞，它提出了「明德慎罰」，一方面強調以德來「用康保民」，另一方面又強調「敬明乃罰」。它反映了以德為主、以刑為輔的觀念由來已久。而《尚書・呂刑》則提出「惟敬五刑，以成三德。一人有慶，兆民賴之。」既要敬慎於用刑，更要看到用刑的目的在於德治。雖曰權，皆在經成：此處指事雖由權變而成，其成就仍要歸功於經，正如「陰猶沈也。何名何有，皆并一於陽，昌力而辭功。」❾是故陽行於順七句　此處以陰陽、順逆、經權之間的相互辯證關係來闡述刑與德之間相互依存的辯證關係。西元一九七三年馬王堆出土的帛書《黃帝四經》中的〈十大經・姓爭〉云：「天德皇皇，非刑不行。繆繆（穆穆）天刑，非德必頃（傾）。刑德相養，逆順若成。刑晦而德明，刑陰而德陽，刑微而德章（彰）。其明者以為法，而微道是行。」在陰陽、順逆、刑德之間既有主次關係，又有互相依存的關係。❿陽出而南六句　此六句以陰陽之南北方位及經權之盛末以論述上天以德為主、以刑為輔之前後關係。陽出而南二句，指在方位上陽居南，陰居北。董仲舒在〈陰陽位〉稱：「陽以南方為位，以北方為休，陰以北方為位，以南方為休。」又以五行之火居南方而立夏氣，故屬陽；水居北方而主冬氣，故屬陰。夏為萬物生長的盛時，冬為萬物生長的衰時，以喻經用於盛，權用於衰末，說明前德而後刑，德為主而刑為輔。故《黃帝四經》之〈經法・約〉云：「三時成功，一時刑殺，天地之道也。」〈十大經・觀〉云：「先德後刑以養生。」「夫并時以養民功，先德後刑，順于天。」⓫陽天之德二句　見〈十大經・姓爭〉：「天德皇皇，非刑不行。繆繆（穆穆）天刑，非德必頃（傾）。」又〈十大經・觀〉云：「春夏為德，秋冬為刑。」⓬陽氣煖而陰氣寒六句　據前文引申而論，故春夏為陽，秋冬為陰，故以萬物在四時生長與消亡之過程，解釋陽氣為暖、予、仁、寬、愛、生諸義，以陰氣為寒、奪、戾、急、惡、殺諸義。⑬是故陽常居實位而行於盛二句　此處以陰陽之虛實關係來闡釋其盛與末的關係。董仲舒在〈賢良對策〉中說：「陽常居大夏，而以生育養長事為；陰常居大冬，而積於空虛不用之處。」（《漢書・董仲舒傳》）《鹽鐵論・論菑》：「文學曰：『天道好生惡殺，好賞惡罰。故使陽居於實而宣德施，陰藏於虛而為陽佐輔。天賤冬而貴春，用陽屈陰。故王者南面而聽天下，背陰向陽，前德而後刑也。』」⑭天之好仁而近　指陽氣主仁，春夏主陽以生育萬物，故董仲舒在〈俞序〉篇云：「仁，天心。」〈王道通三〉：「仁之美者在於天。天，仁也。天覆育萬物，既化而生之，有養而成之，事功無已，終而復始，凡舉歸之以奉人。察於天之意，無窮極之仁也。」仁為天之本性，故云天好仁而近之。⑮惡戾之變而遠　戾屬陰氣，暴虐為害，是肅殺和罪惡的象徵。變為權變。故云天惡而遠之。⑯大德而小刑之意　以德喻仁，以刑喻戾，大德而小刑即近仁而遠戾。⑰先經而後權二句　經為陽，權為陰，次序之先後，亦即位之尊卑貴賤，藉以說明大德而小刑之意。⑱故陰夏入居下十三句　此處以冬夏之間，陰陽位置的變化來說明天如何遠陰而近陽。據〈陰陽位〉載：終年之間，陰陽各一出，陽出則陰伏，陰出則陽伏。一年四季春夏為陽出，秋冬為陰出，故陰氣在夏天時伏居於地下，冬天時則出居於上。陽為實位，陰為虛位，陽出實入實，陰則出虛空而入虛空，夏為養長之時，故謂其伏於下。《管子・四時》：「其時曰冬，其氣曰寒。其事號令，修禁徙民，令靜止，地乃不泄。」故謂冬為無事之時，以守閉塞也。次陳，次等的地位。〈四時〉又云：「斷刑致罰，無赦有罪，以符陰氣。」這是因為陰氣主殺也。上天有好生之德，藉此說明天之所以近陽而遠陰，大德而小刑的道理。⑲是故人主近天之所近十一句　此處指王者受命於天，務必以天之遠近大小為己之遠近大小。「右陽而不右陰」句中，「右」為推重之意，指天推重陽而不推重陰，故必須務德而不務刑。為政不能任刑，不能背逆天道。董仲舒在〈賢良對策〉中說：「天使陽出布施於上而主歲功，使陰入伏於下而時出佐陽。陽不得陰之助，亦不能獨成歲。終陽以成歲為名，此天意也。王者承天意以從事，故任德教而不任刑。刑者不可任以治世，猶陰之不可任以成歲也。為政而任刑，不順於天，故先王莫之肯為也。」（《漢書・董仲舒傳》）

【語　譯】地，是為了與天相配合啊！所有的事物沒有不是相對立而又互相會合的。所以必須推究天地的精華，運用陰陽來對事物分類，從而區別萬事萬物之間，何者為順，何者為逆的道理。會合的道理，加在任何事物上都無所不在呢！它存在於上下之間，在大小之間，在強弱之間，在賢與不肖之間，在善與惡之間，可以說是無所不在。惡的屬性是陰，善的屬性是陽。陽是德行和教化，陰是刑罰和殺戮。刑罰相反於德行而又順從於德行，它也屬於權變一類。雖說是權變，仍還在經的範圍之內才能取得成功。所以陽是順向運行的，而陰則是逆向運行的。逆向運行符合順向的要求，順向的運行反而倒應該算是逆向的運行，這就是陰的屬性。所以說上天是以陰為權變，陽為經之常道。陽從東北出來向南方運行，陰從東南出來而向西北運行。經用於興盛的時候，權用於衰落結束的時候，由此可見天把經放在顯著的位置，把權放在隱蔽的位置，德行放在前面，刑罰放在後面。所以說，陽是表示天的德行，陰是表示天的刑罰。陽氣帶來溫暖而陰氣則帶來寒冷，陽氣表示給予而陰氣則表示剝奪，陽氣是表示仁慈而陰氣則表示暴戾，陽氣表示寬緩而陰氣則表示急速，陽氣是顯示仁愛而陰氣則顯示厭惡，陽氣表示事物的生生不息，而陰氣則為肅殺而又淒涼的景象。所以陽氣經常處於實在的地位，推動事物向興盛的方向發展；陰氣處於虛空的位置，推動事物走向衰落。這一切表明上天喜好仁愛而接近它，厭惡暴戾的權變而疏遠它，也就是張大德行而小視刑罰的意思。正如把經放在前面，權則置在後面，把陽放在尊貴的地位，把陰放在卑賤的位置。所以陰在盛夏時入居下位，不能由它來決定年歲的計算；冬天肅殺的時候它便出而居於虛空的位置。生育長養的時候，它潛伏於下位，讓它離得遠一些，不要使它影響陽氣的運行。冬天沒有農事的時候，讓它出來處於虛空，讓它陳列於次要的位置，擔當閉塞守藏的職責。這一切都為了顯示上天靠近陽而遠離陰，張大德治而小視刑罰的意思。所以作為君主，必須靠近上天所靠近的，疏遠上天所疏遠的，張大上天所張大的，小視上天所小視的。上天之所以推重陽而不推重陰，致力於德教而不致力於刑罰，是因為刑罰不能成為治世的主導方面，正如陰氣不能依靠它以成就年歲那樣。君主行政如果一味依靠刑罰，那既是違反天意，也就是違反王道。

【研　析】本章從天地陰陽矛盾對立中主次、順逆的關係，說明萬事萬物之間無不包含著陰陽兩個方面。在陰陽關係上，刑為陰，德為陽；在經與權的關係上，刑為權，德為經。董仲舒從上天貴陽而賤陰、先經而後權說明上天近陽而遠陰，從而論證君主應該像上天一樣地務德而不務刑。

為政任德還是任刑是一個很古老的話題，而話還得從什麼是德說起。刑德的思想由來久遠，這一對緊密聯繫的範疇早在殷代就已出現了。《尚書・盤庚》上、中、下三篇是盤庚遷殷前後的誥誓。就誥誓的對象來說，上篇和下篇是群臣，相當於今天的幹部群體，中篇則是對庶民百姓。在上篇有兩句話，一句講的是德，另一句講的是刑。盤庚說：「汝克黜乃心，施實德于民，至于婚友，丕乃敢大言汝有積德。」意思是講你們要去掉私心，把恩惠施給百姓，以至於姻親朋友，才敢說你們正在積德。盤庚還說：「汝不和吉言于百姓，惟汝自生毒，乃敗禍姦宄，以自災于厥身。」意思是你們不向老百姓宣告吉祥的言論，即散布不滿於遷殷的流言，是自己在造謠生事，即將發生災禍奸宄，那是自己害自己。這實際上是講你們將受到刑罰。盤庚還說：「各長于厥居，勉出乃力，聽予一人之作猷。無有遠邇，用罪伐厥死，用德彰厥善。」意思是你們都要長期居住在這裡，努力工作，聽從我的指揮，不論將來還是現在，我要用刑罰處死那些作惡的，用德行表彰那些為善的。這裡刑與德是並行而不悖的。君主刑德的對象是官員，不是百姓。盤庚還在文告的最後，說：「嗚呼！邦伯、師長、百執事之人，尚皆隱哉！予其懋簡相爾，念敬我眾。朕不肩好貨，敢恭生生。鞠人謀人之保居，敘欽。」他還說：「罔有弗欽！無總于貨寶，生生自庸。式敷民德，永肩一心。」這兩段話的意思是各位長官及全體國家幹部們，希望你們認真考慮，我將認真觀察你們對待民眾的情況，我並不貪圖財貨，只希望民眾能夠生長繁息，對於能使百姓安居樂業的人，我都會敬重他們。「你們不要違反我的意願，不要為自己去聚斂財寶，要努力幫助百姓們謀生，把恩惠也就是德政施給民眾，要永遠與民眾同心同德。」

《盤庚》是君主遷都前後的講話，從這一長篇講話中可以看到刑德是君主執掌其統治的軟硬兩手。這兩手是並行的，刑德的對象是官員們。德是賞賜與恩惠，刑是處罰，對於百姓則只實施德政，只講恩惠，不講刑罰。《尚書・微子》記載了殷亡歷史教訓的總結。微子是紂王的庶兄，殷亡後為周封在宋。他對殷之亡有切膚之痛，云：「我祖底遂陳于上，我用沈酗于酒，用亂敗厥德于下。殷罔不小大，好草竊姦宄。卿士師師非度。」意思是先祖成湯制定的法規，還擺在人們面前，而紂王則沉湎於酒，敗壞了成湯的美德，大小臣工們無不偷竊姦淫搶劫，官員們都不遵守法度。由此可見，德既是對統治者施政的要求，也是對官員們個人品行的要求。紂王上下皆失德，故導致殷的滅亡。《史記・殷本紀》也講到紂「敗厥德」。

在周代，德政和德行的地位進一步提高，比殷代更被看重。《左傳》昭公二年（西元前五〇四年），晉侯使韓宣子聘魯，「觀于大史氏，見《易》、《象》與《魯春秋》，曰：『周禮盡在魯矣。吾乃今知周公之德，與周之所以王也。』」魯文公十八年（西元前六〇九年），莒太子僕弒君奔魯，季文子將其驅逐出境。季文子通過太史克對魯昭公講了番為什麼如此做的道理。「太史克對曰：『先君周公制周禮曰：則以觀德，德以處事，事以度功，功以食民。』作〈誓命〉曰：『毀則為賊，掩賊為藏，竊賄為盜，盜器為姦。主藏之名，賴姦之用，為大凶德，有常無赦。在《九刑》不忘。』孝敬忠信為吉德，盜賊藏姦為凶德。」莒太子僕的行為為凶德，如果接納他也是凶德，可見禮是指形式，德才是禮的內容。德有凶德與吉德，禮儀是表達吉德的形式，刑罰是處置凶德的方法。周公制禮，是為了表達吉德的內涵，其目的在於觀察人的行為是否符合吉德的要求。德不僅包括人的主觀方面的修養，也包括客觀方面的行為規範。〈誓命〉是周書已佚的篇名。《九刑》便是周公制訂的刑法。《左傳》魯昭公六年（西元前五三六年）載：鄭國子產鑄刑書，叔向給子產的書信中說到「夏有亂政而作《禹刑》，商有亂政而作《湯刑》，周有亂政而作《九刑》。」《九刑》制作的時間大體上在周成王四年，是平定管叔、蔡叔作亂以後，正刑書以儆其後。《逸周書・嘗麥》說：「維四年孟夏，王初祈禱于宗廟，乃嘗麥于太祖，是月，王命大正正刑書。」這個刑書也就是《九刑》。在《尚書》保存的周公時期的誥誓有十餘篇，最能代表周公思想的是〈康誥〉，衛康叔名封，是周武王的同母少弟，平定管蔡之亂以後封於衛，治理殷的餘民。這篇誥誓是宣布其去衛以後所要遵循的治國方針，叮囑姬封的第一句話便是「惟乃丕顯考文王，克明德慎罰。」文王所以得國的經驗便是尚德而慎刑，到了封地以後，「若德裕乃身，不廢在王命。」指的即是要用德行來修養自身，才能完成王命。誥文結束時，還說：「告汝德之說，于罰之行。」現在已告訴你行德政以取悅於民，以及如何實施刑罰了。「丕則敏德，用康乃心，顧乃德，遠乃猷，裕乃以民寧，不汝瑕殄。」那是說現在要努力施行德政，安定民心，顧念他們的善良，寬緩他們的徭役，豐足他們的衣食，這樣，人民便能安寧了，不會怨恨你了。

刑與德之間，以德為主，以刑為輔。王國維在《殷周制度論》中說：「〈康誥〉以下九篇，周之經綸天下之道胥在焉，其中皆以民為言。〈召誥〉一篇，言之尤為反覆詳盡，曰命，曰天，曰民，曰德，四者一以貫之。」王國維認為在這四者中，用以貫穿其他三者的是德，說：「周之所以綱紀天下，其旨則在納上下于道德，而合天子諸侯卿大夫庶民以成一道德之團體。周公制作之本意實在于此。」「殷、周之興亡乃有德與無德之興亡。」孔子秉承周公德治的思想，他在〈為政〉中說：「道之以政，齊之以刑，民免而無恥；道之以德，齊之以禮，有恥且格。」《禮記．緇衣》解釋說：「夫民，教之以德，齊之以禮，則民有格心；教之以政，齊之以刑，則民有遯心。」格是親近的意思。以德來教化，君民之間比較親近，單純靠刑法來制裁，那麼百姓只會疏遠君主。《論語．顏淵》：「季康子問政於孔子曰：『如殺無道，以就有道，何如？』孔子對曰：『子為政，焉用殺？子欲善而民善矣。君子之德風，小人之德草。草上之風，必偃。』」儒家治國的基本方針是道德教化，所以《禮記．大學》講述治國平天下的八節目，其出發點還是格物致知正心誠意，目標是「在明明德，在親民，在止於至善」的境界。貫穿全篇的主旨是德。在儒家的傳統觀念中，刑與德的關係，始終是把德教放在第一位。

在戰國後期，在刑德的問題上亦有不同的認識。韓非子在〈二柄〉中把刑德視作君王駕馭群臣的兩手，認為君主必須把這二手掌握在自己手上，否則將受制於臣，其文云：「明主之所導制其臣者，二柄而已矣。二柄者，刑、德也。何謂刑、德？曰殺戮之謂刑，慶賞之謂德。」「今人主非使賞罰之威利出於己也，聽其臣而行其賞罰，則一國之人皆畏其臣而易其君，歸其臣而去其君矣，此人主失刑德之患也。」「人主者，以刑德制臣者也。今君人者釋其刑德，而使臣用之，則君反制於臣矣。」在如何使用刑賞的問題上，韓非子主張厚賞重罰，在〈六反〉篇云：「凡賞罰之必者，勸禁也。賞厚，則所欲之得也疾；罰重，則所惡之禁也急。」「故曰：重一姦之罪而止境內之邪，此所以為治也。重罰者，盜賊也；而悼懼者，良民也；欲治者奚疑於重刑？若夫厚賞者，非獨賞功也，又勸一國。受賞者甘利，未賞者慕業，是報一人之功而勸境內之眾也，欲治者何疑於厚賞？」這些話對於執政者來說是非常入耳的。這樣一來，執政者不必在品德上如何嚴格要求自己，而只要如何運用好手中權力來達到自己的目的就行了。這大概也是秦始皇看重韓非的一個重要原因。賈誼的〈過秦論〉總結秦亡的教訓，說了這麼一段沉痛的話語：「繁刑嚴誅，吏治刻深；賞罰不當，賦斂無度。天下多事，吏弗能紀；百姓困窮，而主弗收恤。然後姦偽并起，而上下相遁，蒙罪者眾，刑戮相望於道，而天下苦之。」其結果是一旦陳勝、吳廣揭竿而起，便忽喇喇地大廈傾了，因為賞罰二柄不可能解決所有的問題，而且重刑重賞不一定能運用得恰當，弄得不好朝令夕改，民無所措手足。就漢代而論，漢武帝也重用了一大批酷吏，刑罰同樣苛而又濫。張湯與杜周都是武帝時著名的酷吏。杜周為廷尉，善於伺候武帝的意旨來辦案。《漢書・杜周傳》稱：「客有謂周曰：『君為天下決平，不循三尺法，專以人主意旨為獄，獄者固如是乎？』周曰：『三尺法安出哉？前主所是著為律，後主所是疏為令；當時為是，何古之法乎！』至周為廷尉，詔獄亦益多矣。二千石繫者，新故相因，不減百餘人，郡吏大府舉之廷尉，一歲至千餘章。章大者連逮證案數百，小者數十人；遠者數千里，近者數百里。會獄，吏因責如章告劾，不服，以掠笞定之。於是聞有逮證，皆亡匿。」當時詔獄所及，被逮捕者達六七萬人，刑法吏為了邀功又進一步增加至十多萬人，可見武帝時刑獄之濫。所以董仲舒在刑德問題上的議論，是有所指而言的。只是論證的方法不同，他借助於陽尊陰卑來闡述以德為主、以刑為輔，在〈賢良對策〉中，他說：「臣聞聖王之治天下也，少則習之學，長則材諸位，爵祿養其德，刑罰以威其惡，故民曉於禮誼而恥犯其上。」「至秦則不然，師申商之法，行韓非之說，憎帝王之道，以貪狼為俗，非有文德以教訓於天下也。」「天道之大者在陰陽。陽為德，陰為刑，刑主殺而德主生。故陽常居大夏，而以生育養長為事；陰常居大冬，而積於空虛不用之處。以此見天之任德不任刑也。」「王者承天意以從事，故任德教而不任刑。刑者不可任以治世，猶陰之不可任以成歲也。為政而任刑，不順於天，故先王莫之肯為也。今廢先王德教之官，而獨任執法之吏治民，毋乃任刑之意與！」（《漢書・董仲舒傳》）神州大陸這許多年來，叫了幾十年的專政，一直對「任刑」念念不忘，而且要從重從快，總算到本世紀才提出以德治國的口號。德治的前提是當局的君子們得從正心誠意出發才行。還是孔夫子說得對。他對季康子說：「政者，正也，子帥以正，孰敢不正？」（《論語・顏淵》）此話至今仍行之有效，可說是百試不爽。

王道通三　第四十四

【題解】篇名〈王道通三〉，旨在從字形結構的分析，證明王者貫通天、地、人三者，取仁於天。同時，闡述天有春夏秋冬，各具有暖清寒暑之氣，人則有喜怒哀樂好惡，天人實為一體。天若寒暑易節則歲惡，人主若喜怒無常則世亂，故人主應使自己之感情生活合乎時令與道義。

清代學者盧文弨、蘇輿俱指出《春秋繁露》《四庫全書》本中，本篇與前篇〈陽尊陰卑〉有錯頁。今據盧、蘇本校正。

本篇可分為三章。第一章通過對「王」字作字形結構的分析，說明王者貫通天、地、人三者。天的特徵是仁，故王者應行仁於天下。第二章闡述天有春夏秋冬，時則歲美，不時則歲惡；人有喜怒哀樂，義則世治，不義則世亂。人主的喜怒哀樂必須合於時令，以義為則，方能天下大治。第三章闡述人主之好惡喜怒，乃天之暖清寒暑。寒暑失調則歲惡，人主喜怒失當則必為亂世。故人主應使自己的好惡喜怒合乎道義，不可任性。

第一章

古之造文者，三畫而連其中，謂之王❶。三畫者，天地與人也，而連其中者，通其道也。取天地與人之中以為貫而參通之，非王者孰能當是❷？故王者唯天之施，施其時而成之❸，法其命而循之諸人❹，法其數而以起事❺，治其道而以出法❻，治其志而歸之於仁❼。仁之美者在於天。夫❽，仁也。天覆育萬物，既化而生之，有養而成之，事功無已，終而復始，凡舉歸之以奉人。察於天之意，無窮極之仁也❾。人之受命於天也，取仁於天而仁也❿。是故人之受命，天之尊⓫，父兄子弟之親，有忠信慈惠之心⓬，有禮義廉讓之行⓭，有是非逆順⓮之治，文理燦然而厚⓯，知廣大有而博⓰，惟人道為可以參天⓱。

【章　旨】本章通過對「王」字作字形結構的分析，說明王者貫通天、地、人三者，而天的特徵是仁。王者受命於天，取仁於天，故應行仁於天下。

【注　釋】❶古之造文者三句　古之造文者，泛指古代漢字的創造者。漢字的創造是一個歷史的過程。《易・繫辭下》：「上古結繩而治，後世聖人易之以書契，百官以治，萬民以察。蓋取諸〈夬〉。」由結繩記事到書契便是一個發展過程。〈夬卦〉上兌下乾，兌為竹，乾為金，象竹與刀，古人用刀刻字於竹契上以記事，故謂之書契，因而取象於〈夬卦〉。在古代傳說中，稱漢字為倉頡所造。《世本・作篇》：「史皇作圖，蒼頡作書。」《呂氏春秋・審分覽・君守》：「奚仲作車，蒼頡作書，后稷作稼，皋陶作刑，昆吾作陶，夏鯀作城，此六人者所作當矣。」故李斯所作的字書，亦以《倉頡》名篇。漢字由象形字演化而來，在歷史發展過程中，人們不斷造作新字，造字亦有規則。《漢書・藝文志》：「故《周官》保氏掌養國子，教之六書，謂象形、象事、象意、象聲、轉注、假借造字之本也。」六書既是造字的根據，也是解析漢字字義的根據。三畫而連其中二句，便是通過字形的筆畫結構解析王字。❷三畫者六句　此處以筆畫結構來解「王」的字義。以天、地、人代表王字之三劃。貫參，貫通而參合之。參，〈墨經・經上〉：「直，參也。」直如三點成一線，意謂「王」的字義是指把天、地、人三者參合在一起，以表示王者的職責。天地人三者相參，在戰國時已流傳於世。荀子在〈天論〉中曾稱：「天有其時，地有其財，人有其治，夫是之為能參。」董仲舒則藉「王」字把天人合一的觀念刻印在王的字義上。漢字是表意文字，由形、音、義三者組合，即通過語音與文字結構以表達人們對字義的認識。董仲舒在〈滅國上〉云：「王者，民之往。」王、往雙聲疊韻為訓，便是通過音訓來表述字義。對「王」字通過這二種方法訓釋的字義，在當時及後來皆為人們接受為共識。《說文》釋「王」字時，便將這二說並列。字義往往還隨著時間的發展而被賦予新意。《史記・殷本紀》：「周武王為天子，其後世貶帝號，號為王。」「王」的原始意義是對美好德行的褒稱。故《乾鑿度》云：「王者美行焉。」董仲舒對「王」字無論音訓和形訓，都對「王」字賦予以新意。《白虎通義・號》一面稱：「王者，往也。天下所歸往。」又稱：「仁義合者稱王。」即為字義的進一步引申。❸唯天之施二句　《易・乾卦・彖傳》云：「大哉乾元，萬物資始，乃統天。雲行雨施，品物流行。」此處意謂大哉天德之善，萬物賴之而有始，天按四時施行雲雨，萬物受其滋潤而成長。本書〈離合根〉篇則云：「天高其位而下其施。」❹法其命而循之諸人　指效法天命而將和風細雨潤澤於百姓。循，順著；依照。❺法其數而以起事　即依照天數設置官職而行其事。數，指天數。〈官制象天〉云：「備天數以參事，治謹於道之意也。」❻治其道而以出法　蘇輿認為此句有誤，云：「疑當『法其道而以出治。』」從上下行文看，蘇輿所言為是。法其道，指法天道。而以出治，指仿天道以治天下。❼治其志而歸之於仁　意謂君主必須治理自己的心志，以歸於仁。志，指君主的心志。〈天地陰陽〉：「天志仁。」〈俞序〉：「仁，天心，故次以天心。」❽夫　為「天」字之誤。❾天覆育萬物八句　此八句接著釋何以謂「天，仁也」。其義亦見於《易》。《易》以乾象天，〈文言〉云：「乾始能以美利利天下，不言所利，大矣哉！」〈繫辭〉謂：「天地之大德曰生。聖人之大寶曰位。何以守位？曰仁。」天之謂仁，萬物之生生不息也。類似的說法，亦見於漢初陸賈《新語・道基》，其中所謂天，是指「張日月，列星辰，序四時，調陰陽，布氣治性，次置五行，春生夏長，秋收冬藏，陽生雷電，陰成雪霜，養育群生，一茂一亡，潤之以風雨，曝之以日光，溫之以節氣，降之以殞霜，位之以眾星，制之以斗衡，苞之以六合，羅之以紀綱，改之以災變，告之以禎祥，動之以生殺，悟之以文章，故在天者可見。」所見者天之道也，而「仁者道之紀」。❿人之受命於天也二句　此處謂君王受命於天，而取仁於天，以仁為其心志。人，指君主。受命，接受命令。⓫是故人之受命二句　「天之尊」當作「有天之尊」。指人之受命，皆有天之尊，其所尊者皆天也。本書〈順命〉篇：「天子受命於天，諸侯受命於天子。子受命於父，臣妾受命於君，妻受命於夫。諸所受命者，皆尊其天也，雖謂受命於天亦可。」⓬父兄子弟之親二句　「父」之上當添一「有」字，作「有父兄子弟之親」。此處謂仁表現在父子兄弟之親方面，便是忠信慈愛之心。《論語・學而》：「子曰：『弟子，入則孝，出則弟，謹而信，泛愛眾，而親仁。』」為人子弟者，孝、悌、信、愛便是親近仁。「有子曰：『其為人也孝弟，而好犯上者鮮矣；不好犯上，而好作亂者，未之有也。君子務本，本立而道生。孝弟也者，其為人之本與！』」而且孔子曾對季康子說：「孝慈，則忠。」（《論語·為政》）⑬有禮義廉讓之行　《論語·衛靈公》：「子曰：『君子義以為質，禮以行之，好以出之，信以成之，君子哉！』」禮義廉讓的核心還是仁字。孔子還說過：「人而不仁，如禮何？」（《論語·季氏》）「己欲立而立人，己欲達而達人，能近取譬，可謂仁之方也矣。」（《論語·雍也》）⑭逆順　順，指維持尊卑貴賤上下之間的等級關係。逆，指尊卑貴賤上下之位顛倒。⑮文理燦然而厚　文理的光輝燦爛，是在德行修養之後。「子曰：『行有餘力，則以學文。』」（《論語·學而》）行，指孝悌信愛之德行。⑯知廣大有而博　盧文弨云：「『有而』倒。」此處指知識廣大而又淵博。有，通「又」。「子曰：『君子博學於文，約之以禮，亦可以弗畔矣夫！』」（《論語·雍也》）「顏淵喟然嘆曰：『仰之彌高，鑽之彌堅；瞻之在前，忽焉在後。夫子循循然善誘人，博我以文，約我以禮，欲罷不能。既竭吾才，如有所立卓爾。雖欲從之，未由也已。』」（《論語·子罕》）⑰惟人道為可以參天　此處謂人道之修省能達到上述至誠至明的境界，便能參合於天了。《禮記·中庸》：「唯天下至誠為能盡其性，能盡其性則能盡人之性，能盡人之性則能盡物之性，能盡物之性，則可以贊天地之化育，則可以與天參矣。」「至誠之道可以前知，國家將興，必有禎祥；國家將亡，必有妖孽。見乎蓍龜，動乎四體，禍福將至，善必先知之，不善必先知之，故至誠如神。」與天的參合，也就是進入神的境界。

【語譯】古代創造文字的先聖，先橫畫三劃，然後用一豎線把三橫劃連起來，稱之為王字。那橫的三劃分別代表天、地和人，中間連接這三劃的直線，象徵著連接三者之間的通道。這是為了表示它能貫通與參合於天地之間，除了王者又有誰能做到這一點呢？所以王者總是效法上天行雲施雨以滋潤萬物，按時的行施而促成美好的年歲，效法天命而撫育百姓，效法天數來行事，效法天道來治理天下，治理好自己的心志以一心一意歸於仁。仁德的所以美好在於天，天就是仁和愛呀！上天覆蓋和養育萬物，既化育而使其生長，又養育而使其成熟，不斷地努力去做，終而復始，沒有停歇的時候，這一切都是為了奉養人啊！如果認真地觀察上天的心意，就是無窮無盡的仁愛。君王就是受命於天呀！從上天取得仁而行仁政，人們的受命，都是為了尊敬上天，人們都具有父兄子弟的親情，都有忠信慈惠的心意，都有禮義廉讓的品行，都能依照是非順逆來治理，文辭燦爛而義理厚重，知識廣大而淵博，只有人道才可以與天道相參合。

【研　析】董仲舒通過對「王」字筆劃的解析，說明王者是貫通天地人三者之間的渠道。王者的職責是貫通天人之間，把仁與天結合在一起。「天，仁也。」仁是天的化身。王者受命於天，取仁於天，為仁於天下。

上一篇〈陽尊陰卑〉藉著陰陽關係來講刑和德的關係，最後落腳於以德政為主，以刑罰為輔。德是殷周以來傳統的觀念，而本篇的主題是講仁。周公講德是緊密地與天命相聯繫著的，認為「皇天無親，惟德是輔。」《左傳》魯僖公五年引《周書》強調「天命靡常」，「惟天不畀不明厥德」（《尚書・多士》）。

春秋時，孔子在倫理思想上凸出仁字。董仲舒在本篇講仁，同樣也把仁與天命結合在一起。他曾反覆強調仁是天心、天志，君王唯有仁心才能參合於天人之間。董仲舒在《春秋繁露》中專講仁的篇目，尚有多篇，如〈仁義法〉，剖析仁與義的關係，強調仁是愛人，義是正己，並強調為仁必須要為民眾防患於未然；〈必仁且智〉講應由仁來統率智，「仁而不智，則愛而不別也；智而不仁，則知而不為也」，強調仁者要有「憯怛愛人」之心。本章之說仁，則強調從父兄子弟之親出發，強調要「有忠信慈惠之心，有禮義廉讓之行，有是非逆順之治」，然後才是文理燦然和廣大而又淵博的智慧。孔子強調仁，比之殷周強調的德，在倫理關係的涵蓋上要寬泛得多。德在殷周時，只是指王者的品德修養，施恩德於百姓；而仁作為倫理上的要求可以涵蓋所有的人，從父兄子弟之間的相互關係出發，具有普遍的意義。「子曰：『弟子，入則孝，出則弟，謹而信，泛愛眾，而親仁。』」（《論語・學而》）由親親而尊尊，由孝慈的親子之情，推而愛一切人，以之作為為政的根本。它既世俗而平凡，又神聖而崇高；既是對王者的要求，也是對普通人共同的行為要求。

孔子在《論語》中講到仁的地方有上百次，每次都有不同的側重點，正是為了把仁的倫理要求貫穿於人們日常生活的方方面面，對於每一個人都是那麼親切而貼近，諸如如何侍養自己的父母，他批評宰我不仁，「子曰：『予之不仁也！生子三年，然後免於父母之懷。夫三年之喪，天下之通喪也，予也有三年之愛於其父母乎！』」（《論語・陽貨》）它又是那樣崇高而偉大，他說：「志士仁人，無求生以害仁，有殺身以成仁。」（《論語・衛靈公》）殺身以成仁，成為人們道德情操最崇高的表現。

從本篇內容的重點看，主要是講王者的喜怒哀樂，作者為什麼要把仁放在前面，而且要把它作為王者溝通天人之間的主體來講？喜怒哀樂是人的感情表現，世上沒有無緣故的愛和恨，感情的基礎來自於人們對生活的基本理念。董仲舒所要表白的是王者的喜怒哀樂必須建立在仁的思想基礎之上，而不是建立在其他各種欲念的基礎之上。

第二章

天常以愛利為意❶，以養長為事❷，春秋冬夏皆其用❸也。王者亦常以愛利天下為意，以安樂世為事，好惡喜怒而備用也。然而主好惡喜怒，乃天下之春夏秋冬也，其俱煖清寒暑而以變化成功也❹。天出此物❺者，時則歲美，不時則歲惡❻。人主出此四者，義則世治，不義則世亂❼。是故治世與美歲同數，亂世與惡歲同數❽，以此見人理之副天道也。天有寒有暑，夫喜怒哀樂之發，與清煖寒暑，其實一類也。喜氣為煖而當春，怒氣為清而當秋，樂氣為太陽而當夏，哀氣為太陰而當冬❾。四氣者，天與人所同有也，非人所能畜也❿，故可節而不可止⓫也。節之而順⓬，止之而亂⓭。人生於天，而取化於天。喜氣取諸春，樂氣取諸夏，怒氣取諸秋，哀氣取諸冬，四氣之心也⓮。四肢之答各有處，如四時⓯；寒暑不可移，若肢體⓰。肢體移易其處，謂之壬人⓱；寒暑移易其處，謂之敗歲⓲；喜怒移易其處，謂之亂世⑲。明王正喜以當春，正怒以當秋，正樂以當夏，正哀以當冬。上下法此，以取天之道⑳。春氣愛，秋氣嚴，夏氣樂，冬氣哀。愛氣以生物，嚴氣以成功，樂氣以養生，哀氣以喪終，天之志也。是故春氣暖者，天之所以愛而生之；秋氣清者，天之所以嚴而成之；夏氣溫者，天之所以樂而養之；冬氣寒者，天之所以哀而藏之。春主生，夏主養，秋主收，冬主藏，生溉其樂以養，死溉其哀以藏，為人子者也㉑。故四時之比，父子之道㉒；天地之志，君臣之義也㉓；陰陽理，人之法也㉔。陰，刑氣也；陽，德氣也。陰始於秋，陽始於春㉕。春之為言，猶偆㉖偆也；秋之為言，猶湫㉗湫也。偆偆者，喜樂之貌也；湫湫者，憂悲之狀也。是故春喜夏樂，秋憂冬悲，悲死而樂生。以夏養春，以冬喪秋，大人之志也。是故先愛而後嚴，樂生而哀終，天之當也㉘。

【章　旨】本章從天人合一的觀念出發，闡述天有春夏秋冬，時則歲美，不時則歲惡；人有喜怒哀樂，義則世治，不義則世亂。人主的喜怒哀樂，必須合於時令，以義為則，方能達到天下大治的理想境界。

【注　釋】❶天常以愛利為意　指天以慈愛和施利於萬物之生長為其心意。❷以養長為事　指天以生長養育萬物為其事功。❸春秋冬夏皆其用　指四時在萬物生長養育過程中各有其作用。〈四時之副〉篇云：「天之道，春暖以生，夏暑以養，秋清以殺，冬寒以藏。暖暑清寒，異氣而同功，皆天之所以成歲也。」類似的說法亦見於《黃帝內經．四氣調神大論》：「夫四時陰陽者，萬物之根本也。所以聖人春夏養陽，秋冬養陰，以從其根，故與萬物沉浮於生長之門。」

❹王者亦常以愛利天下為意六句　此處指人之好惡喜怒皆由天之春夏秋冬四時轉化而來。董仲舒在〈為人者天〉篇亦云：「人之好惡，化天之暖清；人之喜怒，化天之寒暑；人之受命，化天之四時。」天以春夏秋冬四時的變化以成歲，君主則以好惡喜怒愛利安置天下世事。❺此物　依下文，此當作「四」。指天出春、夏、秋、冬四者。❻時則歲美二句　指春夏秋冬四時的變化符合時令的節奏，那時年成就美好；四時的變化違反時令的節奏，那年就會有各種水旱災荒，年成就不好。❼人主出此四者三句　指由君主發出的喜怒哀樂，符合道義，則天下大治；違反了道義，則天下大亂。❽治世與美歲同數二句　數，天數。此處意謂命定或必然。《漢書・律曆志》：「數者，所以算數事物，順性命之理。《書》曰：『生其算命。』」在古人心目中，政令必須與時令相一致。如果政令背離了時令，便會造成四時時令的顛倒。如《管子・四時》云：「其時曰春，其氣曰風，風生木與骨。其德喜贏，而發出節時，其事號令：修除神位，謹禱弊梗。宗正陽，治堤防，耕耘樹藝。正津梁，修溝瀆，甃屋行水，解怨赦罪，通四方，然則柔風甘雨乃至，百姓乃壽，百蟲乃蕃，此謂星德。」如果「春行冬政則雕（凋），行秋政則霜，行夏政則欲。」政令違反時令的後果，《呂氏春秋》的〈十二紀〉說得更具體，其在〈孟春紀〉云：「孟春行夏令，則風雨不時，草木早槁，國乃有恐。行秋令，則民大疫，疾風暴雨數至，藜莠蓬蒿並興。行冬令，則水潦為敗，霜雪大摯，首種不入。」依照時令來規劃政令，一方面反映了農業生產對氣候變化的依賴，另一方面也為了附會天道與人理相副的信念。❾夫喜怒哀樂之發七句　此七句以人之喜怒哀樂與四時的春秋冬夏之暖清寒暑以及陰陽之少陰少陽、太陰太陽相對應。意謂人主之喜怒哀樂的生發，要如四時春秋冬夏之暖清寒暑氣溫的變化相對應，做到與時令相符合。違反時令則會出現災害。案，自「夫喜怒哀樂之發」句至本章末「天之當也」，《四庫》本錯頁至〈陽尊陰卑〉篇，今據蘇輿本移此。❿四氣者三句　意謂四氣自然生發，非人所能積儲。四氣，在天為清暖寒暑之氣，在人為喜怒哀樂之氣，天與人皆有四氣。畜，蘇輿本作「蓄」，二字相通。積儲。⓫可節而不可止　此處意謂氣可節制而不能中止。⓬節之而順　控制四氣生發的程度，使之順理成章。節，指控制它。⓭止之而亂　指倘若是人為地抑止喜怒哀樂四氣的生發，反會受激而暴烈生亂。如果人的情緒得不到適當的宣洩，長期的鬱抑，反而有害於人的健康。⓮人生於天七句　此處意謂人為天所生，人之喜怒哀樂取於天之春秋冬夏四時的變化，而影響這喜怒哀樂四氣之變化的則是人之心。《荀子・正名》：「性之好惡喜怒哀樂謂之情。情然而心為之擇，謂之慮。心慮而能為之動。」⓯四肢之答各有處二句　四肢，以人的手足四肢喻指春秋冬夏。之答，指以喜怒哀樂，為人對四時之應答。董仲舒在〈為人者天〉云：「人生有喜怒哀樂之答，春秋冬夏之類也。喜，春之答也；怒，

秋之答也；樂，夏之答也；哀，冬之答也。」⑯寒暑不可移二句　指寒暑不可倒逆，猶若人肢體之手足不能顛倒。⑰肢體移易其處二句　王人，蘇輿認為「王，疑夭之誤，與妖同。」此處指人的肢體移位，即成怪胎，古人謂之妖人。⑱寒暑移易其處二句　指四時節令倒置，勢必造成作物生長的災害，故謂之敗歲。⑲喜怒移易其處二句　意謂君王喜怒無常失其宜，勢必造成政局的混亂，故謂之亂世。《呂氏春秋．季夏紀．明理》曾對四時易節，寒暑不當及至亂之世曾有一個生動的描述，其云：「其風雨則不適，其甘雨則不降，其霜雪則不時，寒暑則不當，陰陽失次，四時易節，人民淫爍不固，禽獸胎消不殖，草木庳小不滋，五穀萎敗不成。」「至亂之化，君臣相賊，長少相殺，父子相忍，弟兄相誣，知交相倒，夫妻相冒，日以相危，失人之紀，心若禽獸，長邪苟利，不知義理。」⑳明王正喜以當春六句　此處謂明王以喜怒哀樂當春秋冬夏四時節令的變化，以此佐助王者對天下的治理，並以此取法於天道。《禮記．中庸》：「喜怒哀樂之未發，謂之中；發而皆中節，謂之和。中之者，天下之大本也；和也者，天下之達道也。致中和，天地位焉，萬物育焉。」天地四時節令依時而變化，則萬物得以發育成長。君主的喜、怒、哀、樂皆得其正而適其誼，如四時之依節令而變化，以致天下之達道。《呂氏春秋．季夏紀．明理》：「故眾正之所積，其福無不及也。」㉑生溉其樂以養三句　此處以春夏秋冬四時之生養收藏譬喻為人子者盡孝之道。生前樂以養之，死後哀以藏之。《孝經．紀孝行章》：「子曰：『孝子之事親也，居則致其敬，養則致其樂，病則致其憂，喪則致其哀，祭則致其嚴。五者備矣，然後能事親。』」溉，俞樾云：「溉，讀為既，盡也。」藏，閉藏，引申為埋葬。㉒四時之比二句　此處指春夏秋冬生養收藏的過程，同時也是為子者盡孝子之義，即生則樂以養之，死則哀以葬之。比，蘇輿本作「行」。㉓天地之志二句　〈天地之行〉篇云：「君臣之道，法於天地。」「天執其道為萬物主，君執其常為一國主。」「地明其理為萬物母，臣明其職為一國宰。」㉔陰陽理二句　此處指聖人效法陰陽之理，制訂君臣、父子、夫婦之義。蘇輿本作「陰陽之理，聖人之法也。」㉕陰刑氣也六句　此處以陰陽與為政之刑德相配比，陰始於秋而閉藏於冬，陽始於春而樂養在夏。㉖偆　通「蠢」。《白虎通義．五行》：「春之為言，偆偆動也。」《說文》：「偆，富也。」㉗湫　悲秋憂愁之狀。㉘天之當也　當，盧文弨云：「疑是常字。」指悲死而樂生為天之常道也。

【語　譯】上天常常以愛利於萬物為它的心意，把生長和養育萬物作為它的職事，春夏秋冬四季都是它養育萬物的手段。王者也常常把愛利天下百姓作為自己的心意，以天下百姓能安樂一世作為自己的職責，好惡喜怒都是他治理天下時不可缺少的手段。君主們的好惡喜怒就是上天造化萬物的春夏秋冬呀！它們都是通過暖清寒暑的變化來造化萬物的。上天暖清寒暑的變化，合乎時宜，年成就美好；不合乎時宜，年成就不好。人主所顯示的喜怒哀樂，都能符合時宜的話，天下便會大治；違反時宜的話，也會導致天下大亂的局面。所以說天下太平與年成美好在天數上是相同的，天下大亂的局面則與年成受災荒在天數上也是相通的，從這一點可以知道人理與天道是相對應的。上天有寒和暑的變化，在君主身上便表現為喜怒哀樂。人感情上發生變化，與天氣的清暖寒暑，是一脈相通的。喜氣表現為暖和，它相當於春天；怒氣表現為清涼，它相當於秋天，樂氣如太陽當頭，它相當於夏天；哀氣則是太陰為主，相當於冬天。這四種氣是天人共同所有的，不是人可以蓄養在那裡的，所以只可以節制，而不能中止。適當地加以節制，事物的變化就能順當；如果想要抑止它，反而會導致更大的混亂。人是上天所創造出來的，人的脾氣性情也是效法上天並由上天所化育出來的。喜氣便是春天那裡採取來的，樂氣是從夏天那裡採取來的，怒氣是從秋天那裡採取來的，哀氣是從冬天那裡採取來的。四氣的控制和變化則出於人的內心。人的四肢各有其相應的位置，它就像天有春夏秋冬四時那樣；寒冷與暑熱的位置不能移易，正如人的四肢各有其相應的位置那樣。如果人的肢體改變了原來的位置，大家便稱他為妖人；寒暑改變了各自的位置，那就會敗壞年成並造成災荒；君主的喜怒如果用在不恰當的地方，人們便會稱那是亂世。所以英明的君主要端正自己的喜以相當於春天，端正自己的怒以相當於秋天，端正自己的樂以相當於夏天，端正自己的哀以相當於冬天，君臣上下都要根據這樣的規則去行事，也就是一切都採取自天道。春氣是仁愛的，秋氣是威嚴的，夏氣是歡樂的，冬氣是哀傷的。仁愛是為了生養萬物，威嚴是為了收穫作物，樂氣是為了養生，哀氣是為了送終，這一切都是上天的意志。所以春氣是那樣的溫暖，這是上天用仁愛來使萬物生長；秋氣是那樣清涼，那是上天用威嚴來使萬物取得成就；夏氣是那樣溫暖而熱烈，這是上天用歡樂來養育萬物；冬氣是那麼寒冷，那是上天所以用悲哀來閉藏萬物。春天主管生長，夏天主管養育，冬天主管閉藏，秋天主管收穫。父母在世時，要盡心奉養使他們歡樂；當他們去世時，要盡哀竭誠去埋葬送終，這是為人子女者應盡的責任。所以說，四時的運行，所表述的是父子之道；天地的意圖，所表述的是君臣之間的道義；所以有關陰陽的理論，正是聖人所要效法的呀。陰氣屬於刑戮的氣，陽氣屬於仁德的氣。陰氣從秋天開始伸張，陽氣則從春天開始萌生。春天的意思，好比大地的萬物都在蠢蠢欲動；秋天的意思，好比世上的萬事都變得湫湫而淒涼。偆偆是表示人們喜樂的樣子，湫湫是表示人們憂愁和淒涼的心態。所以人們在情感上都有春天喜悅，夏天歡樂，秋天憂愁，冬天悲哀的種種變化，對死亡感到悲哀，對生命感到歡樂。以夏天來養育春天的生長，以冬天來埋葬秋天的憂愁，這可是大人的志向啊！所以說先要有愛心，然後才能講威嚴，對生命表示歡樂，對死亡表示哀傷，這就是天行之常道呢。

【研　析】此章本著天人合一的觀念，以春夏秋冬四時的變化來闡述人在感情生活上的喜怒哀樂的變化必須合於時令，恰如其分，才能達到天下大治的理想境界。董仲舒在〈為人者天〉的首章，也講了人之喜怒哀樂必須符合天之四時，以論述如何在父子、君臣、君民三者相互間感情上建立融洽的相互關係。

喜怒哀樂是人們感情世界的生活內容，它與人們在理性世界的觀念和意志有著密切的關係，但又不完全從屬於理性世界，它包含著很多非理性的成分。情感的波瀾起伏會產生巨大的力量，它既可以使社會事業取得巨大的成功，也可以使社會的人際關係遭受巨大的損害。人畢竟是性情中人，沒有人能離開喜怒哀樂，都需要有情感上的宣洩，以謀求心理上的平衡。然而作為人，絕沒有無緣無故的愛，也沒有無緣無故的恨。人有自己的觀念和意志，都會控制和影響自己的感情生活。《荀子‧正名》篇：「性之好惡喜怒哀樂謂之情，情然而心為之擇，謂之慮。心慮而能為之動。」在人際相處的過程中，都包含著感情的成分，在父子夫婦之間的家庭關係上，固然存在著濃重的感情成分，在君臣、君民之間的國家政治關係，包括民族的共同生活以及共同的宗教信仰，同樣也蘊含著濃重的感情色彩。情感上一時的衝動，頭腦發熱，往往在從眾心理影響下，人們會對自己的行為失去理智的控制，事後往往會給個人和社會帶來難以彌補的傷害。如果這種情感上的衝動，局限於個人或者一個家族內部，它帶來損害主要停留在個人及其家庭之內，對社會的影響畢竟有限。但是當這樣的衝動發生在君王身上，那它所產生的後果就不僅僅限於君王的家庭及其個人，其影響所及往往波及整個社會，其傷害之大，往往會出乎常人想像之外。

人們感情上的波動，既有其心理上的原因，也有其生理上的原因。如何控制人們的感情，節制人們情緒上的起伏和波動，始終是歷代思想家們關注的一個重大問題。《禮記・中庸》云：「喜怒哀樂之未發，謂之中。發而皆中節，謂之和。中也者，天下之大本也。和也者，天下之達道也。」所謂中者，指感情萌發的思想基礎，必須建立在道義的基礎上。發而皆中節，則是指感情的宣洩皆能有所節制，不超過它的限度。所謂致中和，便是使人之喜怒哀樂皆致其所宜。惟其如此，才能把事物推向良性的軌道，使人際關係能達到和諧相處的境界，所以把「和」作為天下之達道。說到底，這樣也就可以把人的感情生活納入理性的軌道了。這當然屬於理想的境界，又談何容易。

董仲舒如此反覆地強調要如天之四時來規範人們的感情生活，特別是要求君王的感情生活必須服從這一規範，既是對帝王之家的感情生活確有所見，又是由於這一問題難以啟口議論，不借重於天之四時，那就幾乎是無從說起的了，就是說了也會遭受滅門之禍。在那個時代，董仲舒不可能把問題說得明明白白。《韓非子・說難》云：「夫龍之為虫也，柔可狎而騎也，然其喉下有逆鱗徑尺，若人有嬰之者，則必殺人。人主亦有逆鱗，說者能無嬰人主之逆鱗則幾矣。」君王情緒衝動之時，亦正是逆鱗之所在遭到了侵犯。

董仲舒把天之四時春夏秋冬，以喻人之喜怒哀樂，從現代科學的眼光來觀察，也不能完全說它是無根之木，無源之水，而是在人的生理上有一定的基礎。人的情緒和感情波動，受到人體內分泌的影響。人的腎上腺素和甲狀腺素能分泌使人興奮的人體激素，而在人大腦中一個似豌豆大小的腺體——松果體，它分泌的褪黑素會使人情緒低落，悲哀感傷，昏昏欲睡。這種分泌受晝夜自然環境的影響。春天時，逐漸晝長夜短，甲狀腺素和腎上腺素分泌的刺激人興奮的激素增加，人會顯得歡快舒暢，在情緒上會顯得喜氣洋洋。春天清晨喜鵲在枝頭鳴叫時，自然會增添幾分歡悅的氛圍。秋天以後，日照減少，加上天氣陰冷，秋雨綿綿，光照不足，在這種情況下，松果體分泌的褪黑素明顯增多，人的情緒也會表現出抑鬱消沉，憂愁寡歡，出現秋風秋雨愁煞人的情景，而這種淒涼的情緒，往往會誘發各種疾病，成為老人死亡的季節。夏天的歡樂興奮，冬天的悲哀沮喪，亦各有其自然環境的基礎。當然，這些在董仲舒都只是根據經驗觀察的結果。人在喜怒哀樂上的情緒波動畢竟不完全是時令變化的結果，更多是應物而生，《禮記・樂記》稱：「夫民有血氣心知之性，而無哀樂喜怒之常，應感起物而動，然後心術形焉。」要節制人的感情，最主要的還是在人的心理上樹立如何加強自我控制的意識。《荀子・天論》稱：「好惡喜怒哀樂藏焉，夫是之謂天情，耳目鼻口形能各有接而不相能，夫是之謂天官。心居中虛以治五官，夫是之謂天君。」控制一切的是天君，所以要清其天君，正其天官，才能使天情自然而合理。所以在《禮記・大學》的八節目中，誠意、正心是放在修身、齊家、治國、平天下之前。只有誠其意了，才能「如惡惡臭，如好好色」，好惡皆得其宜。

第三章

而人資諸天。天固有此，然而無所之如其身而已矣❶。人主立於生殺之位，與天共持變化之勢❷，物莫不應天化。天地之化如四時。所好之風出，則為煖氣而有生於俗；所惡之風出，則為清氣而有殺於俗。喜則為暑氣而有養長也，怒則為寒氣而有閉塞也❸。人主以好惡喜怒變習俗❹，而天以煖清寒暑化草木。喜樂時而當則歲美❺，不時而妄則歲惡。天地人主一也。然則人主之好惡喜怒，乃天之煖清寒暑也，不可不審其處而出也。當暑而寒，當寒而暑，必為惡歲矣。人主當喜而怒，當怒而喜，必為亂世矣❻。是故人主之大守❼，在於謹藏而禁內❽，使好惡喜怒必當義乃出，若煖清寒暑之必當其時乃發也❾。人主掌此而無失，使乃好惡喜怒未嘗差也，如春秋冬夏之未嘗過也，可謂參天矣。深藏此四者而勿使妄發❿，可謂天矣⓫。

【章　旨】本章闡述人主之好惡喜怒乃天之暖清寒暑。四時若寒暑失調，必為惡歲；人主若喜怒無常，必為亂世。故人主應使好惡喜怒必當義乃出，絕不可任性亂來。

【注　釋】❶而人資諸天三句　意謂人資於天而生，天則固有春秋冬夏四時的變化，然而對於人而言，也應該沒有任何增飾，喜怒哀樂皆如天所賦予人的本身而已。資，取資。無所之，似可作無所增飾解。如其身，人之喜怒哀樂如其本身自然所稟有。❷人主立於生殺之位二句　指君王掌握著刑德之柄，主宰人間之生殺大權，與天共持變化萬物之勢。具體是指慶賞刑罰在時間上要與天之四時春夏秋冬相合。《管子・禁藏》：「夏賞五德，滿爵祿，遷官位，禮孝悌，復賢力，所以勸功也。秋行五刑，誅大罪，所以禁淫邪，止盜賊。」中國古代在刑罰的時令上亦有所限制。如《唐律疏議》卷三十引《獄官令》：「從立春至秋分不得決死刑，違者徒一年。」「其大祭祀及致齋朔望上下弦，二十四氣，雨未晴，夜未明，斷屠月日及假日，並不得奏死刑。」斷屠月是指正月、五月、九月，禁殺日，則指每月之一日、八日、十四日、十五日、十八日、二十三日、二十四日、二十八日、二十九日、三十日，雖不待秋決，亦於此月日不得決死刑。❸物莫不應天化八句　此句意謂萬物皆如天之四時的變化而變化，人們所好之春風出來時，便表現為暖氣頻吹，在人間產生美好的習俗；所厭惡的秋風起來時，則表現為清肅的涼氣，要在人間抑殺一切不良的習俗。夏天歡樂的暑氣使草木養育成長，冬天則表現為憤怒的寒氣而使草木閉藏。❹人主以好惡喜怒變習俗　《禮記・緇衣》：「上好是物，下必有甚者矣，故上之所好惡，不可不慎也，是民之表也。」如果「上好仁，則下之為仁爭先人，故長民者，章志貞教，尊仁以子愛百姓，民致行己以說其上矣。《詩》云：『有梏德行，四國順之。』」陳澔注：「章志者，明吾好惡之所在也。貞教者，率身以正也。所志所教，莫非尊仁之事，以此為愛民之道，是以民皆感其子愛之心，致力于行己之善而悅其上。」

❺喜樂時而當則歲美　此處指人主之喜怒哀樂依照與不依照四時之時令，會影響歲之美惡。《管子．四時》云：「春行冬政則雕（凋），行秋政則霜，行夏政則欲。」「夏行春政則風，行秋政則水，行冬政則落。」「秋行春政則榮，行夏政則水，行冬政則耗。」「冬行春政則泄，行夏政則雷，行秋政則旱。」

❻人主當喜而怒三句　此處指君主之喜怒無常，必定導致政治上的混亂。《管子．心術下》：「凡民之生也，必以政平，所以失之者，必以喜樂哀怒。節怒莫若樂，節樂莫若禮。」大喜大怒都是有害的心理狀態。《淮南子．原道訓》：「夫喜怒者，道之邪也；憂悲者，德之失也；好憎者，心之過也；嗜欲者，性之累也。人大怒破陰，大喜墜陽；薄氣發瘖，驚怖為狂；憂悲多恚，病乃成積；好憎繁多，禍乃相隨。」

❼大守　指君主之職守。

❽謹藏而禁內　指君主必須深藏自己的感情，不輕易外露自己的喜怒哀樂。禁內，指不輕易受外界的影響。〈立元神〉篇云：「君人者，國之元，發言動作，萬物之樞機。樞機之發，榮辱之端也。失之毫釐，駟不及追。」

❾使好惡喜怒必當義乃出二句　意謂人主必須使自己喜怒哀樂的表露必須恰當，合乎事物與時機之所宜。

❿深藏此四者而勿使妄發　此處意謂君主若能深藏自己的喜怒哀樂，勿使妄發。深藏，〈離合根〉：「故為人主者，法天之行，是故內深藏，所以為神。」四者，指喜怒哀樂。

⓫可謂天矣　意謂能與天相媲美。這是君主在個人修養上最高的天人合一的境界，亦即《禮記．中庸》所表述的「喜怒哀樂之未發，謂之中；發而皆中節，謂之和。中也者，天下之大本也；和也者，天下之達道也。致中和，天地位焉，萬物育焉。」同時，可以從中看到作為君王，如何控制個人喜怒哀樂之情感世界是何等地艱難。

【語　譯】人的一切都是由上天那裡來的。天固然有其四時的變化，而人也應如上天那樣不加增飾地如其本身那樣地變化。君主處於掌管人間生殺大權的位置上，與上天共同執掌著萬物變化的趨勢。世間萬物莫不根據上天的命令而變化，天地的變化如春夏秋冬四時那樣循環往復。人們所喜好的春風出現時，呈現為暖氣頻吹，有利於美好習俗的誕生；人們所厭惡的秋風起來時，則呈現為清涼的陰氣，要在人間抑殺一切不良的習俗；夏天歡樂的氣氛則似暑氣，使草木都能養育成長；冬天則表現為憤怒的寒氣，它使萬物都閉藏起來。君主則是以自己的好惡喜怒來改變人們的習俗，正如上天用暖清寒暑的變化來繁育草木那樣。人主的喜怒符合四時的時令，年成便會非常美好。如果違背了時令，好惡無常，年成便會變得非常惡劣。天地與君主是一體的呀！人主的好惡喜怒，相當於上天的暖清寒暑，所以不能不非常審慎地處理它的出入。天時在應當暑熱的時候來了寒潮，在應當寒冷的時候卻來了酷熱，那一年的年成便會非常惡劣。如果君主在應當歡樂的時候，卻表現出巨大的憤怒，對應當憤怒的地方，卻反而表現為喜悅，那必然會在政治上引起極大的混亂。所以作為君主，他的重大職守，是深藏自己的感情，不輕易受到外界的影響，要努力使自己的好惡喜怒在符合道義時適當地表露出來。正如春夏秋冬四時的暖清寒暑都要符合時令才表現出來。如果人主能掌握好這一點而沒有閃失，使自己的喜怒哀樂不發生任何差錯，猶如天的春夏秋冬從來不曾錯過時令那樣，那就可以說與上天相參合了。君主能深藏自己的喜怒哀樂而不妄發亂動，那就可以說已經達到與上天一樣的境界了。

【研　析】本章反覆闡述的主旨為人主之喜怒好惡必須與上天四時暖清寒暑的依時變化相參合，才能使歲收美好，習俗渾厚。怎樣才能使人們的感情生活納入這個軌道呢？董仲舒在本章只是提出了目標，卻沒有具體指出如何達到這個目標的途徑。他在本書最後一篇〈天道施〉曾提出：「夫禮，體情而防亂者也。」《管子・心術》云：「禮者，因人之情，緣義之理，而為之節文者也。」這也就是通過禮的各種儀式，把人們由情感活動所帶來的行為加以儀式化，所謂嘉、凶、吉、賓、軍五禮，背後都蘊含著人們喜怒好惡的感情流露，通過儀式的種種細節，加以規範化，從而把人們的情感生活納入這些禮儀過程所蘊含的義理世界，以使人對生老病死的喜怒好惡皆當其義，以進入天人合一的境界。

《禮記・仲尼燕居》：「禮也者，理也。」《禮記・樂記》：「禮也者，理之不可易也。」而五禮的範圍則囊括了大到朝廷生活的方方面面，小到個人的飲食起居，以及日常生活中的應對進退。禮是情感生活外化為儀式的表露，從而使情感納入法理的範疇。情感生活的內心修養則是敬和誠。董仲舒在〈祭義〉中所強調的要「致其中心之誠，盡敬潔之道」，在〈天道施〉中所說的「至誠遺物而不與變」，也就是只有通過至誠才能不受外物的影響，從而達到與天地相參合的至高無上的境界。

為什麼要遺物？《禮記．樂記》：「感於物而動，性之欲也。物至知知，然後好惡形焉。好惡無節於內，知誘於外，不能反躬，天理滅矣。夫物之感人無窮，而人之好惡無節，則是物至而人化物也。人化物也者，滅天理而窮人欲者也，於是有悖逆作偽之心，有淫佚作亂之事。是故強者脅弱，眾者暴寡，知者詐愚，勇者苦怯，疾病不養，老幼孤獨不得其所，此大亂之道也。」怎樣才是至誠，《禮記．中庸》：「誠者，天之道也。誠之者，人之道也。誠者，不勉而中，不思而得，從容中道，聖人也。誠之者，擇善而固執之者也。」這裡把人分為二等，一類是聖人，能與天道合一，一類是誠之者，他們是堅持擇善而從的人，也就是向誠的境界努力的人。至誠也就是聖人與天道合一的境界。《中庸》對此極為重視，一再強調說：「唯天下至誠，為能盡其性；能盡其性，則能盡人之性；能盡人之性，則能盡物之性；能盡物之性，則可以贊天地之化育；可以贊天地之化育，則可以與天地參矣。」參合天地，贊天地之化育，這便是至誠的境界。這裡所講的物，不是作為外界誘惑的因素，而是天地萬物之物。至於人們喜怒哀樂好惡的實際情況究竟如何，那又是另一回事了。此處所述，僅僅是董仲舒一個理想境界而已。

天容第四十五

【題解】篇名〈天容〉。天容指天的容貌，具體體現為天之春夏秋冬四時的暖清寒暑的運行狀態。本篇的主旨是以天道運行的狀態來規範君王喜怒哀樂所應遵循的法則，即應合於時與義。

天之道，有序而時❶，有度而節❷，變而有常❸，及而有相奉❹，微而至遠❺，踔而至精❻，一❼而少積蓄❽，廣而實，虛而盈❾。聖人視天而行。是故其禁而審好惡喜怒之處也，欲合諸天之非其時不出煖清寒暑也❿；其告之以政令⓫而化風之清微⓬也，欲合諸天之顛倒其一而以成歲也⓭；其羞淺末華虛而貴敦厚忠信也，欲合諸天之默然不言而功德積成也⓮；其不阿黨偏私⓯而美汎愛兼利⓰也，欲合諸天之所以成物者少霜而多露也。其內自省以是⓱，而外顯不可以不時⓲，人主有喜怒，不可以不時⓳。可亦為時⓴，時亦為義㉑，喜怒以類合㉒，其理一也㉓。故義不義者，時之合類也㉔，而喜怒乃寒暑之別氣也㉕。

【注釋】❶有序而時　指四時的變化既有次序，又有時間上的界限。❷有度而節　指既有法度而又有節奏。度，法度。❸變而有常　既有變化無端的一面，又有恆常不變的一面。❹及而有相奉　蘇輿本作「反而有相奉」，凌曙本「反」作「及」，以反為是。指四時如冬與夏、春與秋既是寒暑暖清相反，而又相輔以成歲。❺微而至遠　氣候的變化既幽微而又影響深遠。❻踔而至精　指天道運行既卓越而又精緻。踔，卓越。❼一　〈天道無二〉：「天之常道，相反之物也，不得兩起，故謂之一。一而不二，天之行也。」不得兩起，指陰與陽二者不得並起，其運行過程只能是一起一伏，即俗諺所說的不是東風壓倒西風，便是西風壓倒東風。❽少積蓄　指天道的變化很少有人力所能蓄積和施加的影響。〈王道通三〉：「四氣（指喜怒哀樂四氣）者，天與人所同有也，非人所能蓄也，故可節而不可止也。」❾廣而實二句　指天道廣大而又充實，既似一無所有的虛空而又充盈無所不包。自「天之道」至「虛而盈」數句是以四時往復為背景，對天道運行狀態所作出的描述。❿聖人視天而行三句　意謂聖人效法天道運行的狀態，深藏並審視自己好惡喜怒的出處，使其符合上天的時序。不到相應的時令，絕不發出影響氣候暖清寒暑的指令。禁而審，指審慎而不違背時令。⓫告之以政令　指依四時而預告其政令。《管子・四時》講到「春三月以甲乙之日發五政：一政曰：論幼孤，舍有罪；二政曰：賦爵列，授祿位；三政曰：凍解修溝瀆，復亡人；四政曰：端險阻，修封疆，正千佰；五政曰：毋殺麛夭，毋蹇華絕芋。五政苟時，春雨乃來。」「夏三月以丙丁之日發五政：一政曰：求有功，發勞力者而舉之；二政曰：開久墳，發故屋，辟故窌以假貸；三政曰：令禁扇去笠，毋扱免，除急漏田廬；四政曰：求有德賜布施於民者而賞之；五政曰：令禁罝設禽獸，毋殺飛鳥。五政苟時，夏雨乃至也。」「秋三月以庚辛之日發五政，一政曰：禁博塞，圉小辯，鬬譯跽；二政曰：毋見五兵之刃；三政曰：慎旅農，趣聚收；四政曰：補缺塞坼；五政曰：修牆垣，周門閭。五政苟時，五穀皆入。」「冬三月以壬癸之日發五政，一政曰：論孤獨，恤長老；二政曰：善順陰，修神祀，賦爵祿，授備位；三政曰：效會計，毋發山川之藏；四政曰：捕姦遁，得盜賊者有賞；五政曰：禁遷徙，止流民，圉分異。五政苟時，冬事不過，所求必得，所惡必伏。」⓬風之清微　指喜怒哀樂的變化，如和風細雨一般，潤澤萬物的成長。⓭欲合諸天之顛倒句　指符合上天四時之往復循環，依照陰陽起伏之變化而以成年歲之美好。⓮其羞淺末華虛而貴敦厚忠信也二句　意謂其以淺薄低下浮華而徒具形式為可恥，以敦厚樸實忠信可靠為貴重，便符合上天默默不言以奉獻其功德而積成年歲的美好。淺末華虛，淺薄低下又浮華而空虛不實。天之默默不言，《論語・陽貨》：「子曰：『天何言哉，四時行焉，百物生焉。天何言哉。』」⓯其不阿黨偏私　此處言君王之施政，不得偏袒阿私，必須公正無私。《管子・心術下》：「聖人若天然，無私覆也；若地然，無私載也。私者，亂天下者也。」⓰汎愛兼利　汎，泛。王者需泛愛眾人、兼利天下而無其私。《管子・宙合》：「一其愛而無獨與是，王施而無私，則海內來賓矣。」〈離合根〉：「汎愛群生，不以喜怒賞罰，所以為仁者。」⓱內自省以是　即人主自省其喜怒為是者。是，對；正確。⓲外顯不可以不時指人主表露其喜怒時，還得注意時機和環境等條件，如果環境與時間等條件不允許，時機未成熟，即使其喜怒與道義相合，亦不能流露出來。⓳人主有喜怒二句　謂人主應物而有喜怒之情，但不能不注意是否合乎時令。⓴可亦為時　「可」是指人主的喜怒符合道義，亦要有時機配合的條件。㉑時亦為義　時機具備時，還得要求符合道義。時機與道義對人主的喜怒而言，兩者不可或缺。㉒喜怒以類合　指把人主喜怒所針對的事類合起來分析。㉓其理一也　意謂其中所蘊含的道理是一致的。㉔故義不義者二句　指人主之喜怒，符合不符合道義，與符合不符合時機是同類的。㉕而喜怒乃寒暑之別氣也　從天人相應的角度看，人主之喜怒乃上天寒暑所滋生的別氣。

【語　譯】天道的運行既有次序而又有時限，既有法度而又有節奏，既有變化而又有恆常，既是相反而又相輔奉，既幽微而又影響深遠，既卓越而又精緻，既是陰氣陽氣各自單獨運行而又少有積蓄，既寬廣而又實在，既屬虛空而又充盈。聖人是依照天道的運行而行事，所以深藏而又審慎地處置自己的好惡喜怒，這是為了符合上天在時令不當時不出暖清寒暑四氣；聖人按時向百姓宣告政令，使教化清明而微妙，也是為了符合上天四時變化、陰陽起伏而成歲的過程；聖人以淺薄、浮華為羞恥而以敦厚忠信為可貴，是為了符合上天默默無言而完成眾多功德的精神；聖人所以不偏袒阿私而看重泛愛眾人和兼利天下，是為了符合上天所以造成萬物而少霜凍、多雨露的精神。即使內省時認為符合道義，而對外顯露其喜怒時也不可不注意它是否符合時宜。所以說君主有喜怒時，不可不注意顯露喜怒的時機。喜怒符合道義的，還要注意時機，符合時機也是為了符合道義，喜怒依照事類是相通的，因為其中所蘊含的道理是一致的。人主的喜怒在是否符合道義上，與是否符合時機的問題上也是可以貫通的，因而君主的喜怒也就是上天寒暑之氣另一種表現罷了。

【研　析】天容，指天的容貌。〈符瑞〉篇云：「極理以盡情性之宜，則天容遂矣。」故上天的容貌即天之情性的外在表露。具體地講，天之容貌，就是春夏秋冬四時所表現的暖清寒暑運行的狀態。本篇的主旨是以天道運行的狀態來表述君王喜怒哀樂所應遵循的規則。本篇對天道運行狀態的表述，若「有序而時」，「有度而節」，「變而有常」，「反而有相奉」，「微而遠」，「廣而實」，「虛而盈」，都比較富於辯證的觀念。關於君主喜怒必須符合義與時的論述，亦比較全面。

然而用今天眼光來看，把君主的喜怒好惡與天之四時的暖清寒暑相比附，並不一定非常恰當。人的生活過程中，離不開喜怒哀樂的感情世界，但君主又不同於一般人。他的喜怒哀樂，有時侯會對社會生活產生極其複雜而廣泛的影響，那是因為它直接或間接地影響著國家權力的運轉，影響著一些重大問題的決策。要使君主的喜怒哀樂既合於時又合於義，還得具體分析影響君王感情世界的各種原因。一年四季，春夏秋冬的變化，從生理角度講，它會影響人的情緒，這一點在〈王道通三〉第二章的研析中作了一些剖析。人在情緒上的變換，不僅僅受季節變化的影響，還受人所處年齡段的影響。人在青春期與衰老期的感情生活有著明顯的差異，還有健康情況的變化也會影響人們的情緒，比如疾病就會折騰人們的感情生活。堅強的意志固然能節制和約束這些影響，但這些生理上的影響畢竟是無法完全消除的。再說，人在感情上的表現，喜怒哀樂只是最原始的狀態，而人在情感上的表現要比這幾種原始的狀態複雜得多，而且感情也不是純粹而單一的，它往往和人的觀念與信仰結合在一起，表現為某種心理狀態，諸如恭敬、畏懼、忠誠、莊嚴、肅穆、憂愁、怨恨、瘋狂、暴烈等，也都是對心理狀態的某種肯定或否定的評價及其特徵的描述。《禮記》中〈大學〉和〈中庸〉所闡述的內容有相當一部分都是人們在一定觀念支配下，對心理狀態的修養。理學家們反覆闡述的天理和人欲的關係，也就是為了控制和約束人由物欲帶來的情感衝動，使人的喜怒哀樂完全納入理性的軌道，在精神上達到儒家所追求的最高境界。這在董仲舒那裡也就是他希冀君主們達到的天人合一的理想境界。

董仲舒在《春秋繁露》全書中，議論喜怒哀樂與四時春夏秋冬關係的篇目，前後有〈為人者天〉、〈王道通三〉、〈天容〉、〈天辨在人〉、〈陰陽義〉、〈人副天數〉、〈感德所生〉、〈如天之為〉八篇，而喜怒哀樂與君主施政直接相關的便表現為慶賞刑罰是否合於時與義。規範君主的喜怒哀樂，在政治行為上的落腳點便是依四時施行政令，使慶賞刑罰也能納入理性的軌道。議論陰陽四時與慶賞刑罰或者刑德之間關係的篇目，前後多達〈陽尊陰卑〉、〈天辨在人〉、〈陰陽位〉、〈陰陽義〉、〈天道無二〉、〈四時之副〉、〈天地之行〉、〈感德所生〉、〈天地陰陽〉九篇。這二者的篇目亦有重疊之處，那是因為二者的主題是互為貫通的。董仲舒為什麼在《春秋繁露》全書中，用那麼多的篇幅來討論君主的喜怒哀樂與慶賞刑罰的問題，因為從春秋以來各諸侯國的成敗得失來看，這個問題實在太重要了。「《春秋》之中，弒君三十六，亡國五十二，諸侯奔走不得保其社稷者不可勝數。察其所以，皆失其本。」（《史記・太史公自序》）這個「本」當然是指君臣父子夫婦之道，察其所以失其本的原因，至少其中相當大的部分從君主行為的主觀動機上來看，或多或少都與喜怒哀樂失其宜有關，表現在行為上便是慶賞刑罰失其理，才會產生弒君亡國的嚴重後果。董仲舒在〈王道〉篇講到的「晉靈行無禮，處臺上彈群臣，枝解宰人而棄之，漏陽處父之謀，使陽處父死。及患趙盾之諫，欲殺之，卒為趙盾所弒。晉獻公行逆理，殺世子申生，以驪姬立奚齊、卓子，皆殺死，國大亂，四世乃定，幾為秦所滅，從驪姬起也。」「晉厲公行暴道，殺無罪人，一朝而殺大臣三人。明年，臣下畏恐，晉國殺之。陳侯佗淫乎蔡，蔡人殺之。」這樣的案例舉不勝舉，從導致弒君亡國結果的行為上看，幾乎都與刑德失其宜相關；從行為的主觀動機上看，亦無不與君主的喜怒哀樂失其宜相聯繫，由此也可以理解董仲舒所以花那麼多篇幅用天地陰陽四時來闡述依照天人相應的思想體系，喜怒哀樂與慶賞刑罰必須納入理性範疇，約束感情世界中喜怒哀樂對理性的衝擊。儒家在內聖問題上有關個人思想感情上的修養的論述，在社會生活中，究竟能發生多大的作用，那又是另外一回事了。雖然不能說完全沒有作用，但也得看對什麼人來說，至少在君王身上，其作用實在微弱得很。君王們大多數是缺德鬼，在道德倫理上是矮子居多，能稱得上是巨人的實在少得可憐。

天辨在人 第四十六

【題解】篇名〈天辨在人〉，旨在闡明天人之間可以相通之理。天有喜怒哀樂之行，人有春夏秋冬之氣，進而強調君主施政應當端正對德刑之用的態度。同時，闡述陰陽二氣的運行是陽實陰虛，故陽尊陰卑。天下之貴賤，隨陽而序位，君父以陽為位，臣子處於陰位。

本篇可分為二章。第一章闡述陰陽與五行既有區別而又相輔相成。天人之間可以合類相通，故君主施政應當以德為主，以刑為輔。第二章闡述陰陽二氣的運行，陽處實位，陰處虛位，故陽尊而陰卑。君父居陽位，坐北朝南，臣子處陰位，處南面向北。

第一章

難者曰：「陰陽之會❶，一歲再遇。於南方者以中夏，遇於北方者以中冬❷。冬喪物之氣也，則其會於是何❸？」「如金木水火，各奉其所主以從陰陽，相與一力而并功，其實非獨陰陽也。然而陰陽因之以起，助其所主❹。故少陽因木而起，助春之生也；太陽因火而起，助夏之養也；少陰因金而起，助秋之成也；太陰因水而起，助冬之藏也❺。陰雖與水并氣而合冬，其實不同，故水獨有喪而陰不與焉。是以陽陰會於中冬者，非其喪也❻。春愛志也，夏樂志也，秋嚴志也，冬哀志也❼。故愛而有嚴，樂而有哀，四時之則也❽。喜怒之禍，哀樂之義，不獨在人，亦在於天；而春夏之陽，秋冬之陰，不獨在天，亦在於人❾。人無春氣，何以博愛而容眾？人無秋氣，何以立嚴而成功？人無夏氣，何以盛養而樂生？人無冬氣，何以哀死而恤喪？天無喜氣，亦何以暖而春生育？天無怒氣，亦何以清而秋殺就？天無樂氣，亦何以竦陽而夏養長？天無哀氣，亦何以激陰而冬閉藏❿？故曰：天乃有喜怒哀樂之行，人亦有春秋冬夏之氣者，合類⓫之謂也。匹夫雖賤，而可以見德刑之用矣⓬。是故陰陽之行，終各六月，遠近同度，而所在異處⓭。」

【章旨】本章闡述陰陽與五行既有區別而又相輔相成。同時，強調天與人之間可以相通，天有喜怒哀樂之行，人亦有春夏秋冬之氣，二者可以合類，從而強調君主施政應當以德為主，以刑為輔。

【注釋】❶陰陽之會　指陰陽二氣交會的交接點。❷遇於南方者為中夏二句　指陰陽二氣在中夏時交會於南方，中冬時交會於北方。中夏，即仲夏之月，夏至日在此月。《呂氏春秋・仲夏》：「是月也，日長至，陰陽爭，死生分。」中冬，即仲冬之月，冬至日在此月。《呂氏春秋・仲冬》：「是月也，日短至。陰陽生，諸生蕩。」依陰陽之說，夏至日為陽氣極盛，由盛而轉衰。冬至日為陰氣極盛，由盛而轉衰。故云中夏中冬兩個月是陰陽交會的月份，為陰陽二氣各自由盛而衰的轉折點。董仲舒在〈陰陽位〉中認為陽氣始出於東北而南行，陰氣始出於東南而北行，二者初次交會於南方，時間便在仲夏的夏至日，然後陽氣西轉而北入，陰氣則以北為位，後與陽氣相遇於北方。冬至以後，陰氣便而西入至南方，陽氣則仰而復由東北出，二者出入之處相反，一歲再次相遇，如此往復循環。❸冬喪物之氣也二句　既然冬為喪物之氣，故詢問為什麼陰陽二氣要在中冬相會呢？冬為陰氣，在冬天的政令有「斷刑致罰，無赦有罪」（《管子・四時》），要「飭喪紀，辨衣裳，審棺椁之厚薄，營丘壟之小大高卑薄厚之度，貴賤之等級。」（《呂氏春秋・孟冬》）

❹如金木水火六句　此處言陰陽與五行為兩種互相並行又互相輔助的因素，春夏秋冬四時的變化是這兩種力量共同作用的結果，不僅僅是由於陰陽變化的單一作用。金木水火，各有其對應面，與木相對應的是春，與火相對應的是夏，與金相對應的是秋，與水相對應的是冬。木火金水的轉換，同樣也影響了四時春生、夏長、秋收、冬藏的變化。陰陽因五行而起，陰陽的轉換只是幫助五行所主之四時節令的轉換。

❺故少陽因木而起八句　這種以陰陽中之少陽、太陽、少陰、太陰配春夏秋冬之四時的說法，出於《易・繫辭上》：「是故《易》有太極，是生兩儀，兩儀生四象。」四象者，四時也，以四時各有其象，故謂之四象。天地生四時，故稱兩儀生四象。以筮法而言，少陽之爻以象春，太陽之爻以象夏，少陰之爻以象秋，太陰之爻以象冬。少陽、太陽、少陰、太陰之說由此而起。鄭玄注：「布六（揲）於北方以象水，布八（揲）於東方以象木，布九（揲）於西方以象金，布七（揲）於南方以象火。」即以金木水火與陰陽相偶。《白虎通義・五行》云：「五行之性，或上或下何？火者，陽也。尊，故上。水者，陰也。卑，故下。木者，少陽。金者，少陰。」而五行中的土，作為尊者以配天。

❻陰雖與水并氣而合冬五句　此處指陰與水兩種因素合於冬，但陰陽與五行各自為功。冬之喪氣是由水所促成的，陰氣並沒有參預，所以認為陰陽二氣相會於中冬與冬季的喪物之氣二者間並沒有因果上的聯繫。

❼春愛志也四句　志，心之所之也。愛是心愛，樂是歡樂，嚴是威嚴，哀是悲戚，是人們表示內心情感的標誌。

❽愛而有嚴三句　說明感情世界存在著矛盾對立的兩個側面，也是春夏秋冬四時往復運行的規則。

❾喜怒之禍八句　「禍」疑為「情」之誤，指喜怒哀樂既是人的感情，又應符合道義。全句意謂喜怒哀樂不僅是人的感情世界，也是上天心志的表現，而春夏秋冬四季陰陽的變化，亦不獨是天地運行的規則，也受到人事的影響，因為古人認為政令也同樣影響著四時氣候節令的變化。

❿天無喜氣八句　此句接上句之人既有喜怒哀樂之情，亦有春夏秋冬之氣，而天亦有喜怒哀樂之氣，才能促成春生、夏養、秋收、冬藏。殺就，指作物枯萎而受死。《淮南子・天文訓》：「夏日至則陰乘陽，是以萬物就而死；冬日至則陽乘陰，是以萬物仰而生。」疎陽，應作「疏陽」。意謂天有樂氣故能疏通陽氣而促進作物的生長。

⓫合類　意謂喜怒哀樂與春秋冬夏為相通，可相合為一類，用以印證天人相應，辨天在人，辨人也在天。喜怒哀樂之情表現在君主施政上，便是正確處理德與刑的關係，而與春秋冬夏四時的對應上，就是《管子・四時》所云：「刑德者，四時之合也。刑德合於時則生福，詭則生禍。」

⓬匹夫雖賤二句　意謂即使匹夫之低賤，也會懂得刑德二柄各自的作用和地位。匹夫，指庶民。

⓭是故陰陽之行四句　依照陰陽學說，在一年中，陰陽二氣的運行，各有六個月占主導地位。陽氣出於東北而南行，陰氣出於東南而北行，在南方相會而又相反

而行，陽氣則西轉而北行，陰氣則西轉而南入，各自所在的位置相異，而遠近又互相對應，第二次相會於北方，表現在氣候上，便是春夏秋冬循環往復的運行。

【語　譯】有人問難說：「陰陽交會，每年都有兩次，在仲夏的時節相會於南方，在仲冬的季節相會於北方。冬天是萬物凋喪的節氣，那陰陽二氣為什麼要在這個時候交會呢？」對責難者的回答說：「這是五行中金木水火等各自奉行自己所主管的職責，並與陰陽相對應，雙方一起齊心合力的結果，不是陰或陽哪一方面單獨依靠自己所能完成的。陰陽因金木水火而起協助其完成各自的職責。所以少陽是因木氣而起，協助春天促使萬物萌生；太陽是因火氣而起，協助夏天促使萬物長養；少陰是因金氣而起，幫助在秋天收穫萬物；太陰因水氣而起，幫助在冬天促成萬物的閉藏。陰氣雖然與水氣一起併力合成冬天，其實二者有所不同。水單獨具有使萬物凋喪的氣象，陰氣並沒有直接參預這一過程。所以陰陽交會於仲冬，與萬物凋喪之間並沒有必然的因果關係。春天具有仁愛的心志，夏天具有歡樂的心志，秋天則表現為威嚴，冬天則表現為哀傷。所以仁愛與威嚴、歡樂與悲哀，也都是四時運行的法則。喜怒所包含的情，哀樂所包含的義，並不單獨表現在人身上，也表現在上天那兒；而春夏的陽氣，秋冬的陰氣，也不僅僅為上天所獨有，也存在於人的身上。人如果沒有春氣，怎麼可能博愛而包容大眾？人如果沒有秋氣，又怎能建立威嚴而完成事功？人如果沒有夏氣，又怎能養育眾人而使人們快樂地生活？人如果沒有冬氣，又怎麼能哀悼死者而撫恤喪者家屬？上天如果沒有喜氣，又怎麼能在春天用溫暖來生育萬物？上天如果沒有怒氣，又怎能以清肅的秋天來使萬物凋零？上天如果沒有樂氣，又怎麼能疏通陽氣而使萬物養長？上天如果沒有哀氣，又怎麼能激發陰氣在冬天使萬物閉藏？所以說：上天也有喜怒哀樂的行為，而人身上也有春夏秋冬四氣在運行，這就是天人之間相通而可以合併一類的道理。即使是地位低賤的平民百姓，也可以由此看到刑德的功用。所以陰陽在一歲之間的運行，各有六個月占主導的地位。二者之間運行遠近的度數相同，而各自所處的位置則相反。」

【研　析】本篇的主旨是依照天人相應的觀念，論證上天春夏秋冬四時與陰陽二氣變化的規則可辨別人身上與之相對應的喜怒哀樂的變化，反之也可以從人身上喜怒哀樂的變化辨別上天四時的運行法則，並由此推論施政時必須以德為主、以刑為輔的政治觀念。

本卷從第四十一篇〈為人者天〉到本篇第四十六〈天辨在人〉六篇的內容，始終圍繞著天與人這一議題。天是春夏秋冬四時的變化，人是喜怒哀樂的情感世界，在人世間要處理的問題是父子、君臣、君民之間的關係，施政的方式則是慶賞刑罰。如何處理好上述關係？有兩個模式：一是陰陽學說，一是五行思想。〈五行之義〉與〈陽尊陰卑〉兩篇便專門論述這兩個模式，落腳點是王者如何上參天道，以天之春夏秋冬來調節人的喜怒哀樂，從而擺正君王施政時刑德關係，以德為主，以刑為輔，實現儒家的德治觀念。論證推理的模式是陰陽與五行二者相組合，目標是促使君王控制自己喜怒哀樂的情感世界，以達到以德治國的理想境界。

關於陰陽及五行這兩種模式的歷史淵源及其結合演化的過程，在〈五行之義〉與〈陽尊陰卑〉這兩篇的說明中，已作了一些剖析，本章在論述四時春生、夏長、秋收、冬藏的相互關係上，亦是強調陰陽與五行這兩種因素並行影響的結果。如果從人的認識過程上去分析，這兩種認知的模式亦確實能在人的認識過程中發揮互相補充的作用。人對客觀世界認識的過程是不斷地觀察分析客觀世界的活動和思考的過程，而這個認識過程必須借助於圖像、語言、符號和文字這些工具把感覺、觀察或者實踐中所得到的結果表述出來，還要借助於各種形象或模型才能產生聯想，通過聯想才能進入分析和思考的過程。經過思考和分析，才能預測事態發展的趨勢，並為下階段的行為提供方案和設計。

從人類認識發展史看，它也是一個從簡單到複雜的過程。《易・繫辭下》：「古者包犧氏之王天下，仰則觀象於天，俯則觀法於地。觀鳥獸之文與地之宜，近取諸身，遠取諸物，於是始作八卦，以通神明之德，以類萬物之情。」象是模擬外在客觀世界的形象。八卦的卦象是八類事物抽象化的圖像，而其最基本的圖像元素則是「⚊」和「⚋」這樣兩個分別代表「陽」和「陰」的符號，象徵剛柔兩種力量相互影響以構成和解釋萬事萬物變化的一種認知模式。這樣一個系統化的認知模式，要經過漫長的歷史過程才能形成。它可以說明許多事物矛盾變化運行的規則。但是也有許多事物的分類上，不是陰陽、正負、剛柔對立矛盾的關係所能說明的，比如顏色的分類，不能簡單地只承認黑白二類吧，青、赤、黃、白、黑五色的分類畢竟要比只分黑白二色好一些。古人對味覺的分類有酸、苦、甘、辛、鹹五味的區分，對嗅覺則有羶、焦、香、腥、朽五味的分類。金、木、水、火、土五行的分類，五行的次序及其相生相剋的關係為人們認識複雜的外部環境提供了一個認知事物的模式，把這兩種模式構築在一起，為古人認知客觀事物的變化，預測未來的趨勢，提供一定的方便。所以從戰國到秦漢，許多思想家都在探索如何把這兩種模式結合起來，為人們掌握事物變化提供一個更加方便的模型。從《管子》、《呂氏春秋》、《淮南子》到董仲舒的《春秋繁露》，都是朝這個方向去努力尋找一個把二者結合起來能闡釋萬事萬物變化的認知模型。梁啟超在〈陰陽五行說之來歷〉一文中，斥責陰陽五行為惑世誣民之邪說，並把鄒衍、董仲舒、劉向斥責為罪魁禍首。這種做法未免有點過份。儘管陰陽五行之說有其幼稚可笑和神學迷信的一面，但這畢竟是古人認知發展史上的一個重要歷史階段，其中畢竟還尚有其合理的成分。董仲舒對於陰陽的論述，確實也包含著不少能發人深省的辯證思想。

本章的闡述是以答難者問陰陽之會何以遇於仲冬喪物之氣而展開的。董仲舒認為喪物之氣是由五行中之水氣所構成，與陰陽會於仲冬無關，接著便論述喜怒哀樂與春夏秋冬之氣皆為天人所共有，實際上是在議論人的情感世界與人對客觀世界的認知是相通的，它們之間的規則也是合類相通的。怎樣來認知人的情感在認知過程中的作用，確實是應該受到重視的問題。情感與理智究竟是怎樣一種相互關係？情感與理性的衝突，在認知過程中究竟如何發揮作用？在情感與理智的背後，實際上體現著兩種不同的價值觀。情感所流露的是人作為動物本能的價值觀，也可以稱之為生物價值觀；而理性所體現的是某一社會共同體中佔統治地位的文化價值觀。在人們認知的過程中，情感的因素是認知、智能和理性的領航員，起著決定方向的作用，是不可忽視的關鍵因素。人們在接觸客觀事物時的第一反應是情感上的好惡在起作用，它的具體表現便是拒絕還是接受這一事物。感情上好與惡的反應表現在行為上便是趨還是避。如果感情上對所遭遇的客觀事物的評價是肯定的，則會引起愛好而接近它的行為；若是否定的，則會引起厭惡、痛苦的情感反應，在行為上便表現為逃避。如果不引起情感反應，那就不會引起認知主體的注意。而文化的價值取向是超越於個體之上的，它主要是集體的社會的現象。它反映著這個社會共同的利益和觀念，而這樣的價值觀是這一共同體或者集團在長期共同生活中逐漸積疊而形成的。個體在這個集體生活中，就受著這一集團共同的文化價值觀念的滲透，如果個體要背離這一價值取向，便會被共同體的大多數人所拒絕和拋棄，因而在個體的心理上便造成一種從眾心理。這種從眾心理是保持共同體穩定，保持文化的穩定的重要力量。

為了保持共同體的穩定，為了維護文化的穩定性，一個集團和社會總需要一種外在於個人的權威力量來維護整體的利益和長遠的利益，防止和限制個人欲望的衝動，以避免整體利益遭受破壞。這種力量可以表現為風俗習慣、道德和法律、政治上的強制等等，在觀念上則表現為神學，打出宗教的神聖旗號，或者表現為強烈的倫理觀念。作為團體首領的君王，他基本的職責便是維護這個團體共同的文化上的價值觀念，使之成為團體全體成員共同的行為準則。還必須看到作為共同體文化上的價值取向，與個體出於生物本能情感上的價值取向，二者之間在基本方面是一致的，但也有不一致的地方，因為個體之間千差萬別，各人在情感上的好惡也不可能完全一致，有的有利於共同體的發展，有的則不利於共同體的發展。作為成員中的個別人，這一類矛盾比較容易克服。如果作為一個國家的君主，他執掌著至高無上的國家權力，而他個人在情感上的喜怒哀樂偏離整個共同體的文化價值取向時，他行為的結果就會帶來難以估量的後果。這就是董仲舒反覆強調君王個人必須依照上天四時運行的法則來節制自己喜怒哀樂的原因。

從這個視角去觀察宋儒們反覆辨析天理與人欲的關係，也就比較容易理解二者之間的關係了。不過宋儒注視的重點對象不在君王，而在士子和百姓的身上。當然作為共同體共同的文化價值取向也只能符合一定的生產方式及其相應的相互關係，當生產方式的情況發生變化時，這種共同的文化價值取向往往反而成為社會發展的阻礙。當某個個體偏離共同的文化價值取向時，儘管這種偏離對共同體的發展可能是更有利的，但仍不能為社會共同體所認可，從而使個體與社會共同體成員之間的合作變得非常困難，那就是所謂反潮流的精神。整個社會會發生結構性衝突，而這種衝突在人與人之間的相互關係上往往首先表現為情感上的衝突，然後是基本觀念上的矛盾和衝突。董仲舒所以那樣執著於反覆地論述喜怒哀樂的情感問題，固執地要憑借上天的威力把君王的情感生活納入理性的軌道，有其深層次的原因。如果帝王們的情感生活偏離了理性的軌道，並倚仗其手中的權力，濫用刑罰，它所帶來的後果是非常可怕的。當然，也有個別與此相反的情況。南朝劉宋時，有個人叫袁粲，此人清整有風操。他曾為人們說過這樣一個故事：「昔有一國，國中一水，號曰狂泉。國人飲此水，無不狂，唯有國君穿井而汲，獨得無恙。國人既並狂，反謂國主不狂為狂，於是聚謀，共執國主，療其狂疾，火艾針藥，莫不畢具。國主不任其苦，於是到泉所酌水飲之，飲畢便狂。君臣大小，其狂若一，眾乃歡然。我既不狂，難以獨立，比亦欲試飲此水。」（《宋書·袁粲傳》）當社會共同體的價值觀念已經背離歷史發展總趨勢時，即使作為君主要對抗這樣的潮流，尚且如此之艱難，何況是老百姓中渺小的個人呢？如果處在潮流或者風向激烈變動的時期，一忽兒是東風壓倒西風，一忽兒又是西風壓倒東風，無論飲井水還是飲狂泉，都難以做人。近幾十年來，大陸正是這種潮流激烈變動的時期。既有君主個人喜怒哀樂打破傳統文化觀念所帶來的激烈的矛盾衝突，也有眾人皆醉個人難以獨醒的時刻。筆者身歷其境，深深地體會到在那樣的時刻，做人可真是難呀！

第二章

陰(ㄧㄣ)之(ㄓ)行(ㄒㄧㄥˊ)，春(ㄔㄨㄣ)居(ㄐㄩ)東(ㄉㄨㄥ)方(ㄈㄤ)，秋(ㄑㄧㄡ)居(ㄐㄩ)西(ㄒㄧ)方(ㄈㄤ)，夏(ㄒㄧㄚˋ)居(ㄐㄩ)空(ㄎㄨㄥ)右(ㄧㄡˋ)，冬(ㄉㄨㄥ)居(ㄐㄩ)空(ㄎㄨㄥ)左(ㄗㄨㄛˇ)，夏(ㄒㄧㄚˋ)居(ㄐㄩ)空(ㄎㄨㄥ)下(ㄒㄧㄚˋ)，冬(ㄉㄨㄥ)居(ㄐㄩ)空(ㄎㄨㄥ)上(ㄕㄤˋ)，

此陰之常處也。陽之行，春居上，冬居下，此陽之常處也。陰終歲四移，而陽常居實，非親陽而疏陰，任德而遠刑與❶？天之志❷，常置陰空處，稍取之以為助❸。故刑者德之輔，陰者陽之助也❹。陽者歲之主也。天下之昆蟲隨陽而出入，天下之草木隨陽而生落，天下之三王隨陽而改正❺，天下之尊卑隨陽而序位。幼者居陽之所少，老者居陽之所老，貴者居陽之所盛，賤者當陽之所衰❻。藏❼者，言其不得當陽。而當陽者臣子也，陽者君父是也。故人主南面，以陽為位也。陽貴而陰賤，天之刑也❽。禮之尚右，非尚陰也，敬老陽而尊成功也❾。

【章　旨】本章闡述陰陽二氣運行的規律是陽處實位，陰處虛位，故陽尊而陰卑。天下之尊卑隨陽而序位，人主以陽為位，坐北朝南；臣子屬陰，處南朝北。

【注　釋】❶陰之行十六句　董仲舒把陰陽設想為一虛一實的兩種氣，在運行時作相反方向的運動。它們在大地上依春夏秋冬的次序，左右前後，東西南北，出入上下地運行。春居東方，陽出而陰入，陰居於下方，陽居於上方的實位；秋居於西方，陰出陽入，陽居於下方而陰居於上方的虛空；夏居於南方，陽處於上方的實位，陰於下方的虛位；冬處於北方，陽居於下位，而陰處於上位的空方。陰一年四處上下左右地轉移，始終處於空方的虛位，而陽則始終處於實位。而陰陽與刑德對應，說明上天親近陽氣而疏遠陰氣，因而在刑德的關係上親德而遠刑。❷天之志　指上天之意志。❸常置陰空處二句　董仲舒曾在〈賢良對策〉中說：「是故陽常居大夏，而以生育養長為事；陰常居大冬，而積於空虛不用之處。天使陽出布施於上而主歲功，使陰入伏於下而出佐陽；陽不得陰之助，亦不能獨成歲。」（《漢書・董仲舒傳》）董仲舒在〈陽尊陰卑〉亦有類似的說法：「陽常居實位而行於盛，陰常居空位而行於末。」「故陰，夏入居下，不得任歲事，冬出居上，置之空處也。養長之時伏於下，遠去之，弗使得為陽也。無事之時起之空處，使之備次陳，守閉塞也。」❹刑者德之奉二句　「奉」應為「輔」。此處以陰為陽之輔來證明刑為德之輔為天之意願。董仲舒在〈賢良對策〉中云：「王者承天意以從事，故任德教而不任刑。刑者不可任以治世，猶陰之不可任以成歲也。為政而任刑，不順於天，故先王莫之肯為也。今廢先王德之官，而獨任執法之吏治民，毋乃任刑之意與！」❺陽者歲之主也四句　此處列舉昆蟲、草木、三正為以陽主歲之根據。董仲舒認為一年之內陽發於孟春，畢於孟冬。昆蟲、草木之類，皆為「陽始出，物亦始出。陽方盛，物亦方盛。陽初衰，物亦初衰。物隨陽而出入。」(〈陽尊陰卑〉)三王，指夏禹、商湯、周文王武王三代的開國君主，皆隨陽氣之始動改其正朔，「十一月之時，陽氣始養根株黃泉之下，萬物皆赤，赤者，盛陽之氣也。故周為天正，色尚赤也。十二月之時，萬物始牙而白，白者陰氣，故殷為地正，色尚白也。十三月之時，萬物始達，孚甲而出，皆黑。人得加功，故夏為人正，色尚黑。」(《白虎通義・三正》)董仲舒認為三正，都是陽氣在地下湧動使作物根部萌芽生長的現象，是為三王更改正朔的依據。❻天下之尊卑隨陽而序位五句　此處言序位以尊卑貴賤老少為次。古人坐臥皆有次序。《禮記・曲禮上》：「請席何鄉，請衽何趾。席南鄉北鄉，以西方為上，東鄉西鄉，以南方為上。」古人席地而坐，故設坐席，則問面向何方，設臥席則問足向何方。如果主客對話的座席為南北相對的，則以西方為上；若是東西相對的，則以南方為上位，其賓客則以其身分的尊卑貴賤年齡為序列。故禮儀習慣上以讓上座為謙遜的表示。❼藏　指冬天，北方，屬陰。❽而當陽者臣子也六句　此六句蘇輿本作「不當陽者臣子是也，當陽者君父是也。此人主南面，以陽為位也。陽貴而陰賤，天之制也。」當以蘇輿本為是。此處言君臣父子之間的位列。在方位上北方屬陰，南方屬陽。藏是指冬天，北方，屬陰，是為臣子的面向。故為臣子者應面向北方，為君父者則面向南方，君臣對話時的位列，君王必須坐北朝南，故云人主南面，以陽為位；為臣子者要坐南朝北，以陰為位。通過位列來顯示君尊臣卑的相互關係。❾禮之尚右三句　古殷禮尚右，周禮則尚左。左屬陽，右屬陰。董仲舒解釋尚右並非尚陰，而是對古禮的尊重。

【語　譯】陰氣的運行，春季裡處於東方，秋季裡處於西方，夏季裡處於空虛的右位，冬季裡處於空虛的左位，夏季裡居於空虛的下位，冬季裡居於空虛的上位，這是陰氣經常所處的位置。陽氣的運行，春季裡居於上位，冬季裡居於下位，這是陽氣經常所處的位置。陰氣一年裡四處移動，陽氣則經常居於實處，這豈不是上天親近陽氣而疏遠陰氣、任用德教而遠離刑罰嗎？上天的意願，經常把陰氣安置在空虛的地方，稍為取一點作為陽氣的輔助。所以刑罰只是德教的輔助，正如陰氣是陽氣的輔助。在一年之中，陽氣始終處於主要的地位。天下的昆蟲都是隨著陽氣的出入而出入，天下的草木都是隨著陽氣的盛衰而盛衰，夏商周三代的開國君主變更正朔時，都是依照陽氣在地下湧動的月份而改正朔的。天下尊卑的位次都是隨著陽氣排列席位的，年幼的居於少陽的位次，年老的居於老陽的位次，高貴的居於陽氣盛行的位次，低賤的則居於陽氣衰微的位次。處於收藏地位的，是表示其不能面對向陽的一面。為人之臣子者便是不能處於向陽的一面，站在向陽的一面的只能是君父。所以說君主南面而坐，那就是陽位。陽位貴重，陰位卑賤，是上天的制度。禮儀上有尊崇右方的情況，但這不是尊崇陰氣，而是為了表示尊敬老陽推崇成功的意思。

【研　析】本章的主旨是借助上天的權威論證陽處實位，陰處虛位，陽尊陰卑，從而闡述人世間君臣之間所必須遵循的位列次序。在禮儀活動中，通過位列的次序，以顯示人們相互關係中尊卑貴賤的等級秩序，以及他們各自的名分和職責，在中國傳統文化中占有重要的地位。通過位列所標誌的是各人在相互關係中的權利和義務。

《禮記．仲尼燕居》有一段孔子與子張關於問禮樂的對話，孔子的回答是：「言而履之，禮也；行而樂之，樂也。君子力此二者，以南面而立，夫是以天下太平也。」君王南面而立，力行禮樂，便能天下太平。具體地講，便是在禮儀活動中通過位次來顯示尊卑貴賤的等級秩序，是保持天下穩定的根本大事。孔子還說：「目巧之室，則有奧阼，席則有上下，車則有左右，行則有隨，立則有序，古之義也。室而無奧阼，則亂於堂室也；席而無上下，則亂於席上也；車而無左右，則亂於車也；行而無隨，則亂於塗也；立而無序，則亂於位焉。昔聖帝明王諸侯，辨貴賤長幼遠近男女外內，莫敢相踰越，皆由此塗出也。」目巧之室，指只用目力所修之房室，奧是尊者所處的位置，阼是主人所處的位置，意謂在建築時，即使那些非常簡陋的堂室，尚且要為尊者和主人留下他們所處的位置。席則有上下，古人席地而坐，地上有墊席，在客廳迎客時，主客墊席的布置有上下之分。如果是南北向，則東為上，如果是東西向，則南為上。車上的位置有左右，以左為上，《春秋公羊傳》魯成公二年載：「逢丑父代頃公當左。」何休注：「昇車象陽，陽道尚左，故人君當居左，臣居右。」行則有隨，指步行時，尊者在前，卑者隨後，或以年齡為序。站立在一起時，尊卑次序，亦各有定位。君臣之間，君主站在北面南向，為陽，臣子站在南面向北，為陰。董仲舒在〈王道〉篇講到宋閔公與大夫萬博，因口角被害，便指出「古者人君立於陰，大夫立於陽，所以別位，明貴賤。今與臣相對而博，置婦人在側，此君臣無別也。」把君臣位列無序，作為導致亂象的重要原因。漢初叔孫通為漢高祖劉邦制訂朝儀，無非是為了改變「群臣飲爭功，醉或妄呼，拔劍擊柱」的無序狀態。所謂朝儀，也就是「功臣列侯諸將軍軍吏以次陳西方，東鄉；文官丞相以下陳東方，西鄉」，「皇帝輦出房，百官執戟傳警，引諸侯王以下至吏六百石以次奉賀。自諸侯王以下莫不震恐肅敬」。朝儀排列如此進入有序狀態時，劉邦感歎地說：「吾乃今日知皇帝之貴也。」（《漢書·叔孫通傳》）

等級名分與位次是緊密相聯的。至於以左為尚還是以右為尚，那是隨著時代和場合而變化，並不固定。殷代尚右，周代尚左，漢代又是尚右。以位次排列來顯示尊貴的文化傳統至今仍在人們日常生活中發生著影響。文革時，中共第九次代表大會召開時，有一張主席臺的全景照片，毛澤東居於中央，左邊自林彪起排列的是文革中上臺的新貴，俗稱為左派；右邊自周恩來起排列的是諸老帥們，俗稱為右派。那時以左為上。儘管文革時標榜破四舊，然而在這張全景照中所表現的仍是以位次來顯示尊貴的前風尚。毛澤東去世以後，也許會轉變為以右為上了。

迄今為止，大陸上對國家領導人在報端名次的排列始終是人們窺探政治氣候變化的一門大學問，可見要變革文化傳統實在艱難。儘管在口頭上可以標新立異，但實際呈現的文化景象，如高呼萬歲、讀語錄、跳忠字舞之類仍只是古老的文化傳統的新翻版而已。因為歷史上曾經存在過的文化傳統不是簡單的否定所能拋棄得了的，當你自命為創新時，仍會不自覺地回到原來的起點上。真正需要的是認識它，理解它。只有在理解透徹的基礎上，才能推陳而有所創新。

陰陽位　第四十七

【題解】本章闡述陰陽二氣在一年中運行的位置和途徑，得出了陽出實入實、陰出空入空的結論，用以證明上天任陽不任陰，好德不好刑。

陽氣始出東北而南行，就其位也，西轉而北入，藏其休也❶。陰氣始出東南而北行，亦就其位也，西轉而南入，屏其服也❷。是故陽以南方為位，以北方為休；陰以北方為位，以南方為休。陽至其位而大暑熱，陰至其位而大寒凍❸。陽至其休而入化於地，陰至其伏而避德於下❹。是故夏出長於上，冬入化於下者，陽也；夏入守虛地於下，冬出守虛位於上者，陰也❺。陽出實入實，陰出空入空，天之任陽不任陰，好德不好刑❻，如是也。故陰陽終歲各一出。

【注釋】❶陽氣始出東北而南行四句　此處描述陽氣以年為週期運行的軌跡。從東北出向南，在南方就位，然後轉而向西又轉北入地下，進入休眠的狀態。就，趨向；靠近。休，止息。❷陰氣始東南而北行四句　此處描述陰氣運行的軌跡，與陽氣相反方向，從東南向北運行。在北方就位，向西轉而再南下，進入地下屏伏的狀態。「屏其服」，蘇輿本作「屏其伏」，似應以蘇輿本為是。屏其伏，退隱而處於潛伏的狀態。❸陽至其位而大暑熱二句　此處言陽氣在南方至其位執行職責時，氣候正是酷暑當頭的夏季。陰氣在北方虛空當其位執行職責時，氣候上正是天寒地凍的冬季。❹陽至其休而入化於地二句　此處言陽氣休眠時，在北方轉入地下；陰氣處於潛伏狀態時，避陽氣而處於南方的地下。德指陽氣。❺是故夏出長於上六句　此處言陰陽二氣在冬夏二季各自上下出入的變化。作物在夏季處於生長的季節，故言陽氣夏出長於上，在冬季則處於枯萎的時期，故言陰氣冬出守虛位於上。「夏入守虛地於下」應為「夏入守虛於地下」。❻陽出實入實四句　虛與實的關係在南北是倒置的，南方地上是實，地下是虛；北方地上是虛，地下是實。所以陽氣是出於實又入於實，而陰氣則相反為出於虛而入於虛。以陰陽出入過程的虛實關係說明上天任陽不任陰，好德而不好刑。

【語　譯】陽氣開始時出現於東北方而向南方運行，在南方到達它的位置，然後轉而向西進入北方，便隱藏於地下而處於休眠的狀態。陰氣開始時出現在東南方而向北方運行，在北方到達它的位置，然後轉而向西進入南方，便退隱而潛伏在地下。因此陽氣以南方為執行其職責的位置，北方為其休眠的場所；陰氣則以北方為其執行職責的位置，而南方則是退隱潛伏的地方。陽氣在位置上執行其職責時，正是大暑大熱的時候，陰氣在其位置上執行其職責時，正是大寒大凍的時候。陽氣在其休眠時，便轉而化入地下；陰氣到其潛伏時，便迴避陽氣而趨入於地下。夏天時出來長養萬物，冬天則轉而進入地下的是陽氣；夏天時在地下守於虛位，冬天時則出來守空位於上方的便是陰氣。陽氣出現時處於實位，退隱休眠時也處於實位，陰氣出現時處於空位，退隱時也處於空位，它說明上天任用陽氣而不任用陰氣，喜好教化和德政而不喜歡刑罰。陰陽二氣運行過程要說明的就是如此。所以以一年為週期，陰陽二氣各出現一次。

【研　析】本篇的主旨是為陰陽二氣構建一個以一年為週期，在時間和空間中運行的模型。這樣一個模型，確實是董仲舒在陰陽五行觀念的發展中，超越前人的一個創造。他為什麼要構建這樣一個模型呢？又怎樣來理解董仲舒擺在我們面前的週期性的陰陽運行的模型呢？

這樣一個模型在本書與陰陽和五行相關的各篇目中，都曾有過反覆的論述。如在上一篇〈天辨在人〉中論述陰陽運行和陰陽相會時，便是以這個模型為背景的。在後面〈陰陽出入上下〉這一篇中又進一步對這個模型進行闡述。由此可見這個模型在董仲舒的思想體系中有著重要的地位。我們知道陰陽和五行是中國古人認知客觀世界時所構建的不同的認知模式，把陰陽與四時結合在一起，認知天地與氣候運行變化的規則已經有了不少論述，如《管子・四時》便說過：「是故陰陽者，天地之大理也。四時者陰陽之大德也。刑德者陰陽之合也。」《易》是以陰陽來說明天地變化的。〈繫辭〉講的「兩儀生四象」也就是陰陽的變化產生四時季節的變化，所謂四象也就是少陽、老陽、少陰、老陰四象，即春夏秋冬四時的變化。這些模式在本書的各個篇目中被反覆引用，也是秦漢時代人們帶有普遍性的認知模式。五行思想同樣具有與四時結合以認知季節時令和政令變化的軌跡，把木、火、水、金與春、夏、秋、冬相對應，在當時亦受到人們廣泛的認同，同時五行又與東西南北中的方位相結合，木與春與東方三者結合在一起，火與夏與南方三者結合在一起，金與秋與西方結合在一起，水與冬與北方結合在一起。這裡春、夏、秋、冬是時間上的順序，東、南、西、北是在平面上方位的布局。從垂直面看，則還有上下左右之間的相對位置，而從空間概念的內涵上看則還有虛與實的關係。要把陰陽與五行這二種認知模式在時空上組合在一起，就要處理好時間上順序和空間上方位變化的關係，同時又照顧到已經為當時人們所認同的基本概念，那麼董仲舒所構建的陰陽二氣以一年為週期的動態模型，基本適應了這個要求。這也許就是董仲舒設計這樣一個模型的動機和目標吧。

對於這一認知模型的評價，值得認真探索。任何認知模型的價值在於它預測的範圍及其結果是否正確、可靠。如果預測經過檢驗得到成功，如果得到的成果非常重要，那它會為人們所接受，並廣泛地傳布。如果預測無效，那麼它會被淘汰。如果局部有效，局部無效，它會被作出修正。在建立一些有效的認知模型以後，它們會在推廣過程中不斷地得到改善，並在這些認知模型之間建立更高層次的智能模型。人們對客觀世界和自身的認知便是在這樣的過程中不斷得到發展。「陰陽位」那樣的模型只是代表我們認識過程中的一個階段。它能幫助我們揭示認識發展過程的一些現象，當然它決不是完善的。有時候人的認知模型與人的文化觀念結合在一起，為保持這種文化觀念的價值觀，連同其相關的認知模式，也會被塗上一層神聖的色彩。董仲舒反覆強調的上天的意志，便是為這種認知模式塗上一層神聖的宗教色彩，從而拒絕一切批判和修正。它也可以通過權力機構的力量，使之處於主導的地位，如五行思想的得到統治者重視，就是與鄒衍的「五德終始」說，為帝王們提供了可以用天意來執掌權力的理論依據。漢武帝的「獨尊儒術，罷黜百家」也與儒家提供了天命論有關。在現代生活中便是表現為通過法律規定某種意識形態為其法定的國家觀念，如果它提供的預測得不到應有的效果，那麼歷史最終會使它淘汰出局，因為它畢竟要受人們認知事物的需要和規則所制約。

卷第十二

陰陽終始 第四十八

【題解】篇名〈陰陽終始〉，旨在通過陰陽二氣在一歲之中運行狀況的介紹以建立一種認知模型。上篇〈陰陽位〉著重介紹陰陽二氣的位移過程，本篇則著重敘述陰陽二氣在運行過程中數量上相應的變化，從而在總體上保持平衡。同時，調和陰陽學說與五行學說，將陰陽各分為少陽、太陽、少陰、太陰，與五行中的木、火、金、水相配比，強調天道同樣有經有權。

本篇可分為兩章。第一章闡述天道終而復始，陰陽二氣此出彼入，此盛彼衰，在總體上始終保持平衡。第二章闡述少陽太陽少陰太陰分別與春夏秋冬、木火金水相配比，各就其類而與之相起，運行時有經有權，合之以成歲功。

第一章

天之道，終而復始。故北方者，天之所終始也，陰陽之所合別也❶。冬至之後，陰俛而西入，陽仰而東出，出入之處常相反也❷。多少調和之適，常相順也。

有多而無溢，有少而無絕❸。春夏陽多而陰少，秋冬陽少而陰多❹，多少無常，未嘗不分而相散也❺。以出入相損益，以多少相溉濟也❻。多勝少者倍入。入者損一，而出者益二❼。天所起一，動而再倍，常乘反衡❽再登之勢，以就同類❾，與之相報❿，故其氣相俠，而以變化相輸也⓫。

【章旨】本章闡述天道運行是一個終而復始的過程。陰陽二氣的運行此出彼入，此起彼伏，此盛彼衰，周而復始，循環不已，但在整體上始終保持平衡，既互相牽制，又互相推動。

【注釋】❶天之道五句　此處言天道通過陰陽二氣周而復始地循環運行，北方既是陰陽二氣運行的終點，也是它的起點。陰陽二氣既在北方會合，又在北方分別向相反的方向運行。合別，會合與分別。❷冬至之後四句　指冬至以後，陰氣由北方的上位由西而俯入地下，陽氣則由北方之下位仰而由東方出於地上。二者出入的方向相反，一由東方出，一由西方入。冬至，二十四節氣之一，夏曆每年的十一月，陽曆的十二月二十二日，太陽直射南回歸線為冬至日，是北半球白天最短的日子。此後太陽直射點逐漸向北移動，白晝逐漸延長。古人把冬至日看作陰氣由極盛而轉衰，陽氣則由極衰而轉盛的時刻。俛，《漢書・鼂錯傳》：「在俛仰之間。」顏師古注：「俛即俯」。❸多少調和之適四句　指陰陽二氣在運行過程中，各有盛衰多少的變化，一多一少，二者既互相調和又互相適應，多時不會外溢，少時也不會止絕。適，相當；相匹配。❹春夏陽多而陰少二句　春夏屬少陽與老陽，故云陽多而陰少，秋冬屬少陰與老陰，故云陽少而陰多。❺多少無常二句　在四季轉換的過程中，陰陽二氣的多少始終處於變化的過程之中，故云多少無常。而且兩者又是始終處於分開而又離散的狀態。❻以出入相損益二句　陰陽二氣的出入，表現為其氣的損益，出為益，入則為損。二者的出入損益又相互對應。溉濟，沾溉和互濟，指陰陽二氣在多少盛衰變化過程中，處於互補互濟的狀態。❼多勝少者倍入三句　全句意為多方勝，少方則與其相背而損入，入者若損一，勝出者亦益一，在總量上仍保持平衡。倍，通「背」。背向。《史記・淮陰侯列傳》：「兵法右倍山陵，前左水澤。」益二，當為益一之訛。❽反衡　衡為古代馬車前之橫木，反衡指行進的方向與馬車行進的方向相反。❾以就同類　同類是指少陽、太陽、少陰、太陰分別與木、火、金、水屬於同類。陰陽二氣在運行過程中各自分別與木、火、金、水相就，也就是同類相應。❿與之相報　指陰陽二氣互相報答。⓫故其氣相俠二句　此謂陰陽二氣以互相變化而相互推動。俠猶「挾」。指陰陽二氣互相牽制。輸，運輸。

【語譯】天道的運行是終結之後又重新開始，往復循環而不已。北方，既是天道運行的終點，又是天道運行的起點，陰陽二氣既在這裡會合，又從這裡分別離開。冬至日以後，陰氣由此向西而逐漸俯入於地下，陽氣則由地底仰首向上而逐漸由東邊出現，其出入的方向經常是處於相反的方向。陰陽二氣的盛衰多少，都能協調得互相匹配，從而能夠互相適應。多的時候不會溢出，少的時候不會斷絕。春夏的季節是陽氣多而陰氣少，秋冬的時候則是陰氣多而陽氣少。多少始終處於變化不定的過程之中，而且兩者始終處於互相區別而離散的狀態。它們之間此出彼入，互為損益，在多少上兩者又處於互補互濟的狀況。當多的一方勝過少的一方時，少的一方便以相背的方向損入地下，少的方面減損一點，而多的方面也隨即溢出一點，總量上始終保持平衡。當上天的運行一旦開始啟動時，那麼陰陽二氣便沿著相背的方向運行，各自又會從對方相反的方向重新出現新的趨勢，而且陰陽二氣總是與其同類相應，而又互相報答，所以陰陽二氣既互相牽制，又在變化過程中互相推動。

【研析】上一篇董仲舒為陰陽二氣在一年的四時運行過程中，描述了各自在方位上東西南北，出入休伏的運動狀況，為人們鉤勒了陰陽二氣在一歲之內運行的動態模型。從模型的設計上，從靜態到動態不能不說是一個很大的進步。而本章則是在位移的基礎上陰陽二氣各自在運行過程中數量上相對應的變化，描述二者之間盛衰的關係。二者之間既各有損益又互為補充，多少無常，處於不斷變化的狀態，而這種變化又呈現出週期性的往而復返，周而復始地以年歲為週期的循環狀態。

董仲舒關於陰陽運行的描述，為我們鉤勒了一個模型。模型是人們模擬某種事物運動狀態及其結構狀態的一種形式，它是實物系統運行過程的簡化，是其抽象和類比的表示。它不可能包括原型的全部特徵，但應該表示原型的本質特徵。所以模型是客觀世界在人們認識過程中的反映，它的作用是幫助人們運用這個模型來進行邏輯推理，驗證事物發展的趨勢，所以它是人們預測未來，為人們選擇和決策提供幫助的一種工具。從陰陽學的發展上看，董仲舒能在前人的基礎上鉤勒出這一個模型，可以說是一個重大的發展。從認識論的角度講，懂得如何建構模型，來提高人們認知客觀世界的能力，由個別到類別，由具體到一般，由形象思維到抽象思維，提高了人們邏輯推理的能力。這是因為社會的進步，需要發展理性的、推理的、抽象的思維活動。儘管它還離不開神學和迷信那樣的精神活動，但它畢竟是理性的初始，所以不能不說是一個巨大的進步。當然就董仲舒對這個模型的描述而言，還是非常粗疏的，有許多不清晰的地方，甚至有不少自相矛盾而不能自圓其說之處，在語譯上我們就遇到由此而引起的困難。但由於這是二千年以前古人的認識，而且作為模型，最基本的要求是模型要反映原物最基本的本質特徵，它才能為人們認識過程中提供邏輯推理的依據。董仲舒關於陰陽運行的模型是以一年四季氣候溫度的變化為對象的，而把四時季節變化的根據建立在陰陽二氣位移及盈衰變化的基礎上，也只能是那時人們科學技術水平低下時的認識水平，這樣的認識與四時氣候變化的實際原因是相背離的。我們知道我國所處的北半球溫帶地區四時季節的變化是由於地球環繞太陽週期運行過程中，太陽對地球的直射點始終在南北回歸線之間往返。太陽直射在南回歸線時，北半球是冬至日，太陽直射的位置在北回歸線時，則是夏至日，太陽二次直射在赤道時，則為春分日和秋分日。這二至二分成為北半球人們劃分季節變化的標誌。

中國古代還沒有日心說，主張的是天圓地方，所以還不可能這樣來認識四時季節的變化。在先秦至漢初，流行的還是把四時的變化看作是上天通過陰陽二氣運行和變化而促成的。就以如何解釋二至二分為例，如《呂氏春秋．仲冬》：「是月也，日短至，陰陽爭，諸生蕩。」日短至，即白晝最短的日子到來；陰陽爭，是指冬至這一天，陰氣由極盛而開始轉衰，陽氣由極衰而開始轉盛。《淮南子．天文訓》云：「日冬至則斗北中繩，陰氣極，陽氣萌，故曰冬至為德。」反過來在夏至日，《呂氏春秋．仲夏》云：「日月也，日長至，陰陽爭，死生分。」這是表示夏至這一天，陰氣由極衰而開始轉盛，陽氣則由極盛而轉衰，表示新的運行趨勢已經開始。《淮南子．天文訓》云：「日夏至，則斗南中繩，陽氣極，陰氣萌，故曰夏至為刑。」董仲舒只是把這些流行的說法，加以系統化，並鉤勒成一個完整的模型。

那麼董仲舒怎麼會以四時季節變化為對象，來鉤勒一個如此完整的陰陽二氣在天地之間運行的模型呢？那是與先秦以來，特別是儒家傳統天道觀密切相關。在中國古老的思想文化傳統中，天既是萬物之本，也是萬能的主宰。天通過自然來顯示自己的存在。孔子曾說過，如何來了解天意呢？「天何言哉，四時行焉，百物生焉，天何言哉。」（《論語．陽貨》）那是說，天不是通過言語來顯示自己的意志，它是通過四時運行的過程與百物生長的過程來顯示天道的，而災異則是上天譴告人們違背天道的表現。所以要了解天道，那麼正常情況下，四時運行的過程，便成了天行的軌跡。董仲舒自然會以四時運行的過程作為構築天道運行模型的對象。繼承先秦以來用陰陽二氣來解釋四時變化的既成的學說，並且使之臻於更加完善而嚴整。用這樣一個模型來說明四時變化的緣由和軌跡，在當時人們的認識水平看，似也能自圓其說，因為沒有更加科學和正確的模型來取代它，它也的確是當時人們的共識。若用現代的科學技術來驗證這樣的模型，它當然是早已過時了。因為它不能從本質上反映四時運行的基本特徵和闡明其內在的原因。

那麼董仲舒鉤勒這麼一個陰陽二氣在春夏秋冬四時，東西南北上下左右盛衰多少，出入休伏的運行軌跡，又究竟為了什麼呢？董仲舒認為，天人之間相通，王道只是天道在人間的化身。這是董仲舒立論的大前提。天地自然的運行軌跡與人間社會生活的規則及倫理觀念也是互相印證的。有了這樣一個認知天道的模型，董仲舒就可以借助於天道來說明王道，借助於模型通過邏輯演繹和推理來論證他的那些政治主張和傳統的倫理觀念，一切都是天道的化身。這如果拿到現在來看，推理和論證的過程當然會顯得蒼白無力。天人合一從人與自然的和諧相處這一點上說有其合理的一面，然而社會與自然的運行法則是不同的。直接以自然運行的軌跡來論證社會生活的法則和人們的倫理觀念，顯然根據不足。但也不能因此而否定其政治主張及其倫理觀念自有其合理的一面。因為其中有不少是歷史經驗的總結，實際上董仲舒的這些主張並不是由於模型的邏輯推演才產生的，他只是借助於這一模型使這些主張和倫理觀念披上一件天道的聖光而已。再說以陰陽二氣的矛盾運動來說明事物的變化，在客觀上含有符合樸素的辯證的因素，具有普遍的意義。其中也不乏一些對矛盾運動比較細緻的論述。所以就陰陽運行模型的整體上說雖然是不科學的，但也不能否認其中包含著某些合理的因素。

第二章

春秋之中，陰陽之氣俱相併也❶。中春以生，中秋以殺❷。由此見之，天之所起其氣積，天之所廢其氣隨❸。故至春少陽東出就木，與之俱生❹；至夏太陽南出就火，與之俱煖❺。此非各就其類而與之相起與❻？少陽就木，太陽就火，火木相稱❼，各就其正❽，此非正其倫與❾？至於秋時，少陰興而不得以秋從金，從金而傷火功，雖不得以從金，亦以秋出於東方❿，俛其處而適其事⓫，以成歲功⓬，此非權與⓭？陰之行，固常居虛⓮而不得居實。至於冬而止空虛⓯，太陽乃得北就其類⓰，而與水起寒⓱。是故天之道有倫、有經、有權⓲。

【章　旨】本章闡述陰陽二氣，分別可分為少陽、太陽與少陰、太陰，並與春夏秋冬、木火金水相配比，各就其類而與之相起。同時，將天道與人治相比附，春夏生長為經，秋冬肅殺為權，合之而成歲功。

【注　釋】❶春秋之中二句　春秋之中，指仲春仲秋之月。陰陽之氣俱相併，春分在仲春，秋分在仲秋，《呂氏春秋》在〈仲春〉與〈仲秋〉云：「是月也，日夜分。」這兩天太陽都直射於赤道，晝夜的時間長度俱相等。《淮南子・天文訓》：「晝者陽之分，夜者陰之分。」晝夜的時間相等，也就是陰陽二氣相併，不分上下。❷中春以生二句　指春分以後萬物皆生長旺盛，秋分以後，萬物皆趨於肅殺。《淮南子・時則訓》於仲春之月云：「是月也，雷始發聲，蟄蟲咸動蘇。」於仲秋之月則云：「是月也，雷乃始收，蟄蟲倍戶，殺氣浸盛，陽氣日衰。」❸天之所起其氣積二句　指春分以後，陽氣為天之所起，故積而趨盛。《淮南子・時則訓》在季春之月云：「是月也，生氣方盛，陽氣發泄。句者畢出，萌者盡達，不可以內。」在季秋之月，則云：「是月草木黃落」陽氣委隨而去，而陰氣則與陽氣以相反的方向而變化。❹俱生　指春與少陽及木俱主生，東為其所出之方位。❺俱煖　指夏與太陽及火俱主暖，以促進萬物的長養，煖氣與清氣相對應，故云「天以暖清寒暑化草木」(〈王道通三〉)。❻此非各就其類而與之相起與　指木與少陽為同類，皆在春季起於東方。火與太陽為同類，皆在夏季相與行於南方。❼火木相稱　指火與木互相贊許。稱，贊許。〈五行之義〉：「木已生而火養之」「火樂木而養以陽」。❽各就其正　指各自發揮其職能。❾此非正其倫與　意謂難道不正是擺正其父子之間的倫常關係嗎？倫，倫常。依照五行相生的說法，木生火，火受於木，「諸授之者，皆其父也；受之者，皆其子也。」「是故木已生而火養之，火樂木而養以陽。」(〈五行之義〉) 都是父子之間倫常關係的體現。❿至於秋時五句　此五句中有脫字和錯字，二處「得」下皆脫一「不」字，應為「不得不」。「西方」則為「東方」之訛。故「少陰興而不得以秋從金」當改為「少陰興而不得不以秋從金」，因少陰確是以秋從金。「亦以秋出於東方」，當改作「亦以秋出於西方」。〈五行之義〉稱：「金居西方而立秋氣。」從金而傷火功，《尚書・洪範》：「金曰從革。」從金即變革的意思，改變火養長的趨勢，故云傷火功。⓫俛其處而適其事　指秋氣在西方俯首而成其事。⓬以成歲功　指完成一歲之功業。秋氣為嚴，「嚴氣以成功」(〈王道通三〉)。⓭此非權與　指秋氣以肅殺幫助夏季完成一年的收穫，難道這還不是權變嗎？權，權變。⓮居虛　指陰之運行始終居於空位。〈天辨在人〉云：「陰之行，春居東方，秋居西方，夏居空右，冬居空左，夏居空下，冬居空上，此陰之常處也」，「天之志，常直陰空處」。⓯至於冬而止空虛　指陰氣經過一年的運行，到了冬天又回到北方上位的空虛。⓰太陽乃得北就其類　太陽，當為太陰。太陰與水同類，指太陰在北方就近其同類水。⓱而與水起寒　指太陰與水一起推動冬季寒潮的到來。《南齊書・五行志》引〈洪範・五行傳〉：「水北方，冬藏萬物，氣至陰也。」⓲是故天之道有倫有經有權　倫與經相通，指天道運行之常。權，指權變，用以輔助經常之道，賢者懷其常道而挾其權變以成其事。一說倫指人倫，包括經與權兩個方面。此以春生夏長為天之常道，秋殺冬藏為天之權變，以助陽氣以成一歲之事功。這是天道運行的二種形態。

【語　譯】春秋兩個季節中，陰陽二氣的強弱基本上都處於平衡的狀態，然而過了仲春是轉向生長的趨勢，過了仲秋則是轉向肅殺的趨勢。由此可以知道，大凡上天所啟動的氣，便積疊而不斷強盛，上天所廢棄的氣，便萎頓而轉向衰弱，所以春天時，少陽之氣從東邊出來靠近木，與木一起催促萬物的生長；至夏天，太陽之氣出現在南方，靠近火，與火一起用暖氣促進萬物的成長。這難道不是同類之氣相聚在一起發揮作用嗎？少陽趨向於木，太陽趨向於火，火木互相匹配促進，各自發揮自己的職能，這難道不正是擺正它們之間的倫常關係嗎？到秋天的時候，少陰興起時，不得（不）因秋而就近於金，隨從金便會損傷火的功能，雖然不得（不）隨從於金，也因為秋出於東（西）方，俯首於空虛的場所而成就該做的事，以完成一年的功業。這難道不是權變的表現嗎？陰氣的運行，可以說是經常處於空虛的位置而不能居於實位。太陽（陰）在冬天的時候停留在北方的虛空，在北方靠近其同類，與水一起推動寒潮的到來。所以天道運行的過程，有倫常，有經道，有權變。

【研　析】在戰國時期，實際上流行著兩個不同的認知客觀事物運動變化的思想模型，一個是以陰陽二氣運行變化為主體的模型，一個是以五行為主體的描述事物之間相互聯繫及其相生相剋的模型，這兩個模型都普遍地為人們所認同。

那時的人們都想著把這兩個認知事物推演事理變化的模型耦合起來，這在先秦的許多作品中都有所反映。《管子》的不少篇目反映了這個趨勢，《呂氏春秋》的〈十二紀〉也反映了這個傾向，以後《淮南子》也是如此，董仲舒也並不例外。但是，陰陽與五行二者畢竟是兩個不同的認知模型，要把二者耦合在一起，有不少難點。任何事物的運行變化，離不開時間和空間，在時間上以年為段落，離不開四時的變化，在空間上有東西南北與上下左右的劃分，都是以四為區劃的，又怎麼與五耦合在一起呢？陰陽與五行二者運行的模式也不相同。陰陽二氣的運行是出入休伏盛衰，而五行的運行模式則是相生相剋，所以在如何耦合這兩個認知模型的方式上，各家都有不同的方式，儘管也有共同的地方，但二者畢竟不能混合成一個完全新型的認知模式，從而可以徹底揚棄舊的型式，而往往只能是以一個為主，兼及另一個。

董仲舒也離不開這樣的格局。《春秋繁露》中十八篇以陰陽與五行為題的篇目中，陰陽與五行各占一半。從內容上看，以陰陽為題者，在內容上則以陰陽的認知模型為主；以五行為題者，在內容上便以五行的認知模型為主。同時，在以陰陽為主時，便兼顧五行的認知模型；在以五行為主時，便要兼顧陰陽的說法，使二者互相補充。本篇主要是表述陰陽二氣在四時運行的模式，在本章便兼及五行，把陰陽分成少陰少陽與太陰太陽，通過春夏秋冬、東西南北與木火金水配比起來，這樣便可以使陰陽與五行這兩個認知模型耦合起來。至於把春夏比作經和倫，把秋冬比作權，便使其與政治倫理結合在一起了。

把不同的認知模型耦合起來，從認識論上看，也是人類思維不斷由低級向高級演化的過程，從而不斷地提高人們認知客觀世界的綜合能力。當然這個過程不是直線的，而是通過實踐不斷地推翻陳舊的認知模型，創造新的和更多的認識不同事物的認知模型，把人的認識能力提高到一個新的境界。從中華民族的整個認識史看，戰國和秦漢之間，我們民族畢竟還處於認識發展史上的青少年時期，離開成熟還有很長的距離，但它畢竟是我們民族思想文化的源頭。在今天看來，它們的某些認識已顯得那麼幼稚，然而我們仍然能從中汲取到新的創造力量，決不能因它的稚嫩而棄之不顧。何況，陰陽學說這種認知模型雖然在今天已被否定，但它在人類認識史上的功績仍然不可被磨滅，因為認知模型總是在不斷被證偽的過程中才能獲得進步和發展。一種認知模型出現後，在實踐中不斷被否定和修正，最後終於被另一種新的認知模型所推翻和代替。但新的認知模型不會憑空出現，而總是在汲取舊認知模型的經驗和教訓的基礎上前進。從認識發展史看，反面教訓在價值上並不比正面經驗遜色，而從證偽的角度著眼，反面教訓甚至可以說比正面經驗更有價值。

陰陽義　第四十九

【題解】篇名〈陰陽義〉，旨在進一步闡釋陰陽學說這種認知模型，強調陰陽的運行要恰到好處，各如其分。本篇提出陽是天德，陰是天刑。天以春夏秋三季生成萬物，以冬一季用於喪死，陽多於陰，重生輕死。君主應效法天道，重德慎刑，如此則天下大治，反之則天下大亂。君主還應使喜怒必當義乃出，正如寒暑之必當其時乃發。這一切都是為了闡明「天人合一」的觀念，強調君主必須以德治為主，重視教化。

本篇文字較短，不另分章。

天道之常，一陰一陽。陽者天之德也，陰者天之刑也。迹陰陽終歲之行，以觀天之所親而任❶。成天之功，猶謂之空，空者之實也❷。故清溧之於歲也，若酸鹹之於味也，僅有而已矣❸。聖人之治，亦從而然。天之少陰用於功，太陰用於空。人之少陰用於嚴，而太陰用於喪❹。喪亦空，空亦喪也。是故天之道以三時成生，以一時喪死❺。死之者，謂百物枯落也；喪之者，謂陰氣悲哀也。天亦有喜怒之氣、哀樂之心，與人相副。以類合之，天人一也。春，喜氣也，故生；秋，怒氣也，故殺；夏，樂氣也，故養；冬，哀氣也，故藏。四者天人同有之，有其理而一用之❻。與天同者大治，與天異者大亂。故為人主之道，莫明於在身之與天同者而用之，使喜怒必當義乃出，如寒暑之必當其時乃發也。使德之厚於刑也，如陽之多於陰也。是故天之行陰氣也，少取以成秋，其餘以歸之冬。聖人之行陰氣也，少取以立嚴，其餘歸之喪❼。喪亦人之冬氣，故人之太陰，不用於刑而用於喪。天之太陰，不用於物而用於空。空亦為喪，喪亦為空，其實一也，皆喪死亡之心也❽。

【注　釋】❶迹陰陽終歲之行二句　意謂循陰陽一歲運行的足跡，可以觀察到天所親近而任用的是陽氣。迹，足跡；追蹤。親，親近。任，任用。〈陰陽位〉云：「天之任陽而不任陰。」❷成天之功三句　此處謂少陰助陽，以成天之歲功，上天仍稱之為空，但與冬季太陰之空相比，仍可以算是空中之實也。❸故清溧之於歲也三句　意謂秋冬對於年歲而言，猶如酸與鹹在調味中的作用。雖然不可以缺少，但只要有一點也就可以了。清溧，喻秋冬清涼寒冷之季節。❹天之少陰用於功四句　少陰為秋季，百物成熟結實的時候，以成上天一歲之功德，故云天之少陰用於功；太陰為冬季，百物枯死萎落的時節，故云太陰用於空。天人相應，君王在秋季使用刑罰尚嚴，即行刑肅殺之意，故云人之少陰用於嚴；冬主藏，是喪葬的季節，故云太陰用於喪。❺天之道以三時成生二句　此處謂天在四時中以春、夏、秋三時作為生長的完整過程，以冬季一時作為喪死的季節，那時百物枯落。❻有其理而一用之　此處謂天人共有其理，它的作用也是一致的。❼是故天之行陰氣也六句　謂天之運行陰氣時，只是少量取用而成秋功，僅有而已，其餘便歸之於冬季的太陰。聖人行陰氣時，亦只取用少量而立威嚴，不能過於慘烈，其餘則是喪葬的活動。❽空亦為喪四句　《說文》：「喪，亡也；亡，即空意。」意謂空與喪、死、亡同一個意思。

【語　譯】天道運行的通常規律，就是一陰一陽。陽氣是上天的仁德，陰氣是上天的刑罰。循尋陰陽一年內運行的足跡，可以觀察到上天所親近而任用的究竟是什麼。少陰成就上天一年的功德，尚且稱之為空，而這個空是為了成就陽之功德，是空中之實。所以清涼與寒冷對於年歲而言，正如酸與鹹對於人的味覺一樣，只要有一點就可以了。聖人對於國家的治理，所遵循的也是這個道理。上天用少陰來成就一歲的功業，而太陰只作用於虛空。人使少陰的作用表現於嚴厲，太陰的作用則表現於喪葬。喪也就是空虛，空虛也就是喪亡。所以天道是以春、夏、秋三時造就百物的生長和成熟，用冬季一時促使百物凋喪死亡。所謂死，也就是百物的乾枯萎落；所謂喪，也就是表示陰氣盛行心情悲哀。上天既有喜氣和怒氣，也有悲哀和歡樂的心情，與人的感情生活相類似。以同類相吻合，天與人是完全相同的。春天是喜氣的表示，所以促進百物的生長；秋天是怒氣的標誌，所以是一派肅殺的景象；夏天是歡樂的心情，所以養育百物成長；冬天則充塞着悲哀的氛圍，所以是收藏的季節。這四樣東西，都是天和人所共同具有的，其中的道理是一致的，作用也是相同的。人們治理國家時，如果能與天相同，便能達到天下大治；如果與天相異的話，那就會天下大亂。作為君主如何去治理國家的道理，就是要明察自身與天相通的基本道理，使自己的喜悅和憤怒必須符合道義方可表現出來，正如寒暑必須符合時令節氣才能發生一樣。君主必須多使用德教，少使用刑罰，正如陽氣多於陰氣那樣。所以上天運行陰氣的時候，只能稍稍取一些以促成秋收，其餘便歸之於冬季。聖人的推行陰氣，也只能稍稍取一點以建立威嚴，其餘則歸之於喪葬。喪亡也是人的冬氣，所以人的太陰之氣，不是用於刑罰，而是用於喪亡。上天的太陰，不是作用於百物，而是作用於空虛。空虛也就是喪亡，喪亡也就是空虛，其實是一回事，都是表示凋喪死亡的意思。

【研　析】本篇以「天人一也」的觀念為前提，借助陰陽二氣四時運行的模型，來闡明君王治理國家必須效法天道的運行。因為「為人君者，其法取象於天。」（〈天地之行〉）「《春秋》之道，奉天而法古。」（〈楚莊王〉）天地之道，由一陰一陽組成。陽是天德，陰是天刑。聖人之治天下，也要有德有刑。天之四時有春夏秋冬，也就是對應於人之喜怒哀樂，故此四者天人同有。義者，誼也，也就是恰到好處。「陰陽義」

是指陰陽的運行要恰到好處。所以為君者必須使喜怒哀樂根據道義而發，猶如春夏秋冬四季根據時令而發。天道以春夏秋三個季節生成萬物，以冬一個季節用於喪死，重生而輕死，故君王之治國也必須使德厚於刑。最終皆歸結於仁，歸結於教化。這個觀念在本書的許多篇目從不同的角度進行反覆地論述，若〈天容〉、〈天辨在人〉、〈陰陽位〉、〈陰陽終始〉、〈王道無二〉、〈如天之為〉等篇都有闡釋。在他的〈天人三策〉中也作了充分的論述，故天人合一的觀念，作為天道觀在董仲舒的思想體系中占有非常重要的地位。

在中國古代關於天的觀念，也就是天道觀，有一個漫長的演化過程。從天也就是大氣層的自然景觀上看，人們在大地上舉目四望時，到處都是同樣的蒼穹，高懸在人們頭頂之上，覆蓋在大地所有萬物之上，因此天也就具備了無所不在地君臨於萬物之上的最高神的特性。董仲舒在〈離合根〉也正是這樣描述天的形狀。他說：「天高其位而下其施，藏其形而見其光。高其位，所以為尊也；下其施，所以為仁也；藏其形，所以為神；見其光，所以為明。」當然，這樣的描述已經把自然的景觀加以人為的神化了。再從「天」這個字的字源上看，《說文》：「天，顛也。至高無上，从一大。」這是六書的會意，是表示至高無上，至大無二。王國維認為古文「天」字本象人形，其首獨巨，大字上面一劃，指人頭頂之上。甲骨文以「上」指天神，也就是指人們頭頂上的蒼天，而上帝也就是天帝了。《尚書》的〈湯誓〉便有「予畏上帝，不敢不正。」〈盤庚〉則有「肆上帝將復我高祖之德」及「先王有服，恪謹天命」，上帝或者天命是在祖宗神之上。周代天神的觀念，在《詩經》和《尚書》的〈周書〉中則反映甚多。〈大雅・文王〉便有「文王在上，於昭于天」，〈周書・康誥〉有「天乃大命文王」，「惟天其罰殛哉」，〈酒誥〉有「惟天降命」，上天是一切權力的來源和主宰。《孟子・梁惠王下》引《周書》逸文：「天降下民，作之君，作之師，惟曰其助上帝寵之。」意謂上天降生人民，對之加以特別愛護，為他們立了君，立了師。殷周以來關於天道的觀念，它具有宗教和神學的意義。怎樣來溝通天人之際，那時是通過祭祀，通過巫術。如《呂氏春秋・季秋紀・順民》記載了湯因大旱而如何祭祀上天求雨的故事，云：「昔者，湯克夏而正天下，天大旱，五年不收，湯乃以身禱於桑林。曰：『余一人有罪，無及萬夫。萬夫有罪，在余一人。無以一人之不敏，使上帝鬼神傷民之命。』於是翦其髮，鄽其手，以身為犧牲，用祈福於上帝，民乃甚說，雨乃大至。則湯達乎鬼神之化，人事之傳也。」

到了秦漢時代，君王們對於如何通過祭祀來溝通天人之際的信息交往，也是非常熱衷的。秦始皇上泰山行封禪禮是為了與上天溝通。漢武帝也要去泰山行封禪禮，司馬遷在〈太史公自序〉稱：「是歲天子始建漢家之封而太史公留滯周南，不得與從事，故發憤且卒。」他的父親司馬談為了不能隨武帝一起去參加封禪的典禮要憂憤而終，這件事也說明了天道的觀念對人們的影響是何等地深切。而漢武帝又「尤敬神鬼」，那時的郊祀和對泰一、上帝的祭祀都是君王祭天的儀式。禮節的規模都非常隆重而龐大，漢武帝策問董仲舒的制文中便講到「蓋聞：『善言天者必有徵於人，善言古者必有驗於今。』故朕垂問乎天人之應。」（《漢書・董仲舒傳》）可見天人關係已是當時朝野議論的一個熱點。凡善言天人之際的學者都能受到漢武帝的器重，也正由於有這樣一個社會氛圍，才會產生董仲舒為我們留下的這樣一份比較完整的天人合一的學說。歷來關於天的論說，無論就其神學的意義，自然的意義，或是倫理的意義來說，各家都是秉承由傳統而來的傳說，點到為止，是一種比較朦朧含糊的概念，沒有人在天人關係上認真地推求究竟，也沒有人要求將其貫通於一切方面，構成一個龐大的體系。只有董仲舒認認真真地去做了。漢武帝在策問董仲舒的制文中，稱董仲舒為「今子大夫明於陰陽所以造化，習於先聖之道業」，這可以說是當時對董仲舒思想體系一個頗得要領的評價。整個《春秋繁露》可以分成前後二個部分：前半部是以《春秋》之道，推論天人之際，通過災異來顯示天道，藉以闡述儒家傳統的政治主張和倫理觀念；後半部分則通過陰陽五行的觀念構造認知天人之際的思維模型，借助於邏輯推理和粗疏的實證來闡釋以德治為主的倫理觀念和政治主張，從而以天道與王道來貫通一切，以儒家思想為主體，揉合各家的觀念，使之成為一個有層次有結構的龐大的思想體系。它是以天人之際為主心骨，以陰陽和五行的認知模型為框架結構，以《春秋公羊傳》作為其實證的依據，它在儒家思想發展史上具有劃時代的意義。《春秋繁露》也確實比不上司馬遷和司馬相如的文采。這與書的性質有關，因為它是通過抽象思維來表述理論和概念，把許多基本的概念和範疇建構成一個以天人之際為中心的系統，以它來解釋既有的經驗，並預測未來。這當然比不上司馬相如通過形象來描述子虛烏有的〈子虛賦〉富有文采，也不能如司馬遷在《史記》以敘事使人物栩栩如生，所以讀董仲舒的作品確實比讀《史記》和〈子虛賦〉要艱難得多，要用心去思考，要查對相關的資料才能弄清他在說什麼，在生活中究竟有什麼意義。難怪漢武帝讀了董仲舒的對策，要說：「朕之不明與？聽若眩與？」（《漢書・董仲舒傳》）

陰陽出入上下 第五十

【題解】篇名〈陰陽出入上下〉，闡述了陰陽二氣在一歲四時中的具體運行路線，二者出入上下左右的方向完全相反，並行而不相亂，澆滑而各持分。冬至與夏至日，陰陽二氣短暫相遇，但立即從不同的走向離去；春分與秋分日，陰陽各半，晝夜均而寒暑平，但隨即此損彼益，循沿相反的方向運動。二者不能俱入俱出，而只能並存於鄰近時空，但其運行趨勢完全相反，反映了辯證法的基本特徵。

天道大數❶，相反之物也，不得俱出，陰陽是也❷。春出陽而入陰，秋出陰而入陽，夏右陽而左陰，冬右陰而左陽。陰出則陽入，陽入則陰出；陰右則陽左，陰左則陽右。是故春俱南，秋俱北，而不同道❸；夏交於前❹，冬交於後❺，而不同理❻，並行而不相亂❼，澆滑而各持分，此之謂天之意❽。而何以從事❾？天之道，初薄大冬，陰陽各從一方來❿，而移於後⓫，陰由東方來西⓬，陽由西方來東⓭，至於中冬之月⓮，相遇北方，合而為一，謂之曰至⓯。別而相去⓰，陰適右，陽適左。適左者其道順，適右者其道逆⓱。逆氣左上，順氣右下⓲，故下煖而上寒，以此見天之冬右陰而左陽也⓳，上所右而下所左也。冬月盡，而陰陽俱南還⓴，陽南還出於寅，陰南還入於戌，此陰陽所始出地入地之見處也㉑。至於中春之月，陽在正東，陰在正西，謂之春分。春分者，陰陽相半也，故晝夜均而寒暑平㉒。陰日損而隨陽，陽日益而鴻，故為煖熱㉓。初得大夏之月㉔，相遇南方，合而為一，謂之日至㉕。別而相去㉖，陽適右，陰適左㉗。適左由下，適右由上，上暑而下寒㉘，以此見天之夏右陽而左陰也㉙。上其所右，下其所左㉚，夏月盡，而陰陽俱北還㉛。陽北還而入於申，陰北還而入於辰，此陰陽之所始出地入地之見處也㉜。至於中秋之月，陽在正西，陰在正東，謂之秋分。秋分者，陰陽相半也，故晝夜均而寒暑平㉝。陽日損而隨陰，陰日益而鴻㉞，故至於季秋而始霜㉟，至於孟冬而始大寒㊱，下雪㊲而物咸成㊳，大寒㊴而物畢藏㊵，天地之功終矣。

【注釋】❶大數　總的規律。數，規則。❷相反之物三句　指陰陽在運行過程中，一出一入，走的是相反的方向，不會一起出，也不會一起入。❸春俱南三句　春俱南，指陰陽二氣在春天俱自北而南，但陽氣是由東北而南出，陰氣則由西轉而南入。秋俱北，指陰陽二氣在秋天皆自南而北。陽氣是自西轉而北入，陰氣則由東轉而北行，故二者雖俱南俱北，但不同道。❹夏交於前　指陰陽二氣在夏天交於南方。前，南方。❺冬交於後　指陰陽二氣在冬天相交於北方。後，北方。❻而不同理　指夏主長養，冬主喪亡，二者義理相反。❼並行而不相亂　此處指陰陽二氣俱南俱北並行前進時，各行其道，不相錯亂。❽澆滑而各持分二句　陰陽二氣夏季在南方，冬季在北方交會時，雖交錯而保持各自的職分，這就是上天意志的顯示。澆滑，交錯。持，保持。分，職分。❾而何以從事　意謂上天是怎樣來實現自己意志的。❿初薄大冬二句　指孟冬時節，陰陽二氣各自從東西二方自南方向北而來。⓫移於後　即向北方移動。⓬陰由東方來西　指陰氣由東南方向西北方向移動。⓭陽由西方來東　指陽氣由西南向東北方向移動。⓮中冬之月　即夏曆十一月間。⑮相遇北方三句　指陰陽二氣在北方會合，會合的這天便是冬至，故云「謂之日至」。⑯別而相去　指陰陽二氣在冬至日會合後又分別而去。自此句至「上所右而下所左也」，為描述冬至日後陰陽二氣運行的狀態。⑰適左者其道順二句　指冬至後，陰氣右轉向，陽氣左轉向，向左轉者向下運行，向右轉者向上運行，故曰其道順，故曰其道逆。順，向下運行。逆，向上運行。⑱逆氣左上三句　此處左右位置倒置，應是「逆氣右上，順氣左下」，逆氣即陰氣，順氣即陽氣。陰氣在仲冬之月，處於北面的上方，陽氣則轉入北方的地下，故下暖而上寒。北方冬天地下溫度高於地表，董仲舒以陰陽二氣上下運行狀況來解釋這種現象。⑲以此見天之冬右陰而左陽也　指此種狀況表明上天在冬季時重陰而輕陽。⑳冬月盡二句　冬月盡，即季冬之月，此時陰陽二氣俱自北而南返。㉑陽南還出於寅三句　此謂陰陽二氣南還時出於寅，沒於戌，亦即陰陽二氣始出地與始入地所見之時辰。這實際上是從地平線上看到日出與日沒的時辰。陽南還出於寅，《史記・律書》：「寅言萬物始生演然也。」《淮南子・天文訓》：「寅則萬物螾螾也。」《白虎通義・五行》：「少陽見於寅，寅者，演也。」《獨斷》：「春為少陽，其氣始出生陽也。」太陽於凌晨寅時始出。陰南還入於戌，《史記・律書》：「戌者，言萬物盡滅。」《淮南子・天文訓》：「戌者，滅也。」《漢書・律曆志》：「畢入於戌。」注：「戌，滅也，九月陽氣微，萬物畢成，陽出入地也。」戌，在十二時辰中屬傍晚時。㉒至於中春之月七句　指冬至日以後，陽氣自北偏東方向南行，至春分時位置在正東。陰氣則自北偏西方向南行，至春分時位置在正西方向，其時間正值春分。春分為二十四節氣之一，太陽直射於地球之赤道，南北半球晝夜時間相等，故云陰陽相半，氣溫適中，故云寒暑平。㉓陰日損而隨陽三句　前一「陽」字為衍字。指春分以後，陰氣日益減損，而陽氣日益鴻大，故氣候逐漸轉暖。隨，通「隳」。毀壞。《商君書・算地》：「今世巧而民淫，方效湯武之時，而行神農之事，以隨世禁。」又《呂氏春秋・順說》：「隳人之城郭。」㉔初得大夏之月　即農曆孟夏之月。㉕相遇南方三句　指陰陽二氣相遇於南方，會合而一。至，即夏至日。此日太陽直射於北回歸線，北半球此日白日最長，黑夜最短。㉖別而相去　指陰陽二氣在夏至日會合後又分別向相反的方向離去。㉗陽適右二句　指陽轉向右面，陰轉向左面，與冬至日呈相反的方向。㉘上暑而下寒　指陽氣此時處在上方，陰氣處在下方，在溫差上，地面暑熱，地下陰涼，故曰上暑而下寒。㉙以此見天之夏右陽而左陰也　指上天在夏天右陽而左陰，與冬至後的情況相反。㉚上其所右二句　推崇處於右方的陽氣，貶低處於左方的陰氣。雖都是推崇右方，貶低左方，但陰陽二氣的位置則相反。㉛夏月盡二句　指季夏之月，陰陽二氣俱由南而北返。㉜陽北還而入於申三句　陽北還而入於申，指進入秋冬後，陽氣北還，太陽沒於申時，為下午五點鐘左右。《史記・律書》：「申者，言陰用事，申賊萬物，故曰申。」《淮南子・天文訓》：「申者，呻之也。」《獨斷》：「秋為少陰。」陰北還而出於辰，言秋冬時陰氣北還出地為辰時，即上午七點鐘左右，為太陽昇起的時間。㉝至於中秋之月七句　指夏至日後，陽氣自南偏西向北行，秋分日其位置處於正西方，陰氣自南偏東行，至秋分日則處於正東的位置。中秋之月，即仲秋，秋分日在此月。秋分為二十四節氣之一，此時太陽復直射於赤道。南北半球晝夜的時間相等，故云陰陽相半，氣溫適中，故云寒暑平。㉞陽日損而隨陰二句　前一「陰」字為衍字，指秋分以後，陽氣日益損少而隳落，陰氣日益增強而鴻大。㉟至於季秋而始霜　至季秋，即農曆九月間，開始出現霜凍。㊱至於孟冬而始大寒　孟冬，農曆十月，天氣轉而趨向寒冷。㊲下雪　當是「小雪」之訛。小雪，二十四節氣之一，在農曆的十一月二十二、三日間。㊳物咸成　指作物應皆收割完畢。㊴大寒　二十四節氣之一，在農曆的十二月七、八日間。㊵物畢藏　指作物皆應收藏完畢。此時天地一歲間為人間所作之功績宣告終結。

【語　譯】在天道運行總的規律中，有的事物呈現相反的趨勢，它們不能同時出現，那就是陰陽。春天時陽氣出現而陰氣進入地下，秋天時陰氣出現而陽氣進入地下，夏天時陽氣在右邊出現，而陰氣則轉向左邊；冬天則陰氣轉向右邊，而陽氣又轉向左邊。陰氣出現時，陽氣則入地下；陽氣出來時，陰氣則進入地下。陰在右邊，陽則在左邊；陰在左邊，則陽在右邊。所以說春天時陰陽二氣雖然都一起從北向南邊，秋天時雖然一起從南邊北返，但走的不是同一條道路。夏天陰陽二氣相交於前方，冬天時雙方又相交於後方，寒暑的道理又各不相同，兩者雖然並行但不相混亂，交錯而各相保持自己的分寸，這就是所謂上天的意志。那麼上天又是怎樣來實現自己意志的呢？當天氣剛剛進入冬季的時候，陰陽二氣各自從一方向北方來，由前方移位於後側，陰氣是由東方向著西北過來的，而陽氣則是西方向著東北方向過來，到了仲冬十一月時，兩者相遇於北方，合在一處，這一天便是冬至日。兩者在冬至日後又分別而離去，陰氣向右邊轉，陽氣則向左邊轉。向左轉的順勢而下，向右轉的逆勢而上。逆氣也就是陰氣逆勢而向右〔左〕上方，順勢而下的陽氣便處於左〔右〕下方，所以大地的地表寒冷而地下暖和。從這個現象可以看出上天在冬天是右袒陰氣而左遷陽氣，崇尚向右逆勢而上的陰氣而貶低向左潛入地下的陽氣。冬季的最後一個月也就是十二月結束時，陰陽二氣又都一起向南邊運行了。陽氣向南歸還時，在寅時出現於地表；陰氣向南歸還時，日沒落於戌時，從這裡也可以看到陰陽二氣昇出地面和進入地下的時刻。到了仲春二月間，陽氣在正東方，陰氣在正西方，這一時刻被稱之為春分。春分那一天，陰陽二氣各佔一半，晝夜的時間也各占一半，氣溫處於寒暑天的平均水平。此後陰氣日益損少而萎縮，陽氣日益增長而宏大，氣候日漸暖熱。天氣進入孟夏的月份，陰陽二氣又相遇於南方，雙方再次會合在一起，那一天便是夏至日。此後陰陽二氣又分別離去，陽氣趨向右側，陰氣趨向左側，轉向左側的陰氣趨向於下方，轉向右側的陽氣則趨向於上方，因而地面處於暑熱的氣候，地下則比較寒冷，由此可以看到上天在夏季右袒陽氣而左遷陰氣。這時上天崇尚處於右方的陽氣，貶低處於左方的陰氣，到了季夏之月即六月結束時，陰陽二氣又由南方轉而歸還北方。陽氣向北歸還時，日沒落的時間為申時，陰氣向北歸還時，日出的時間為辰時。這也是陰陽二氣在秋冬時昇出地面和進入地下的時刻呀。到仲秋即八月間，陽氣處於正西方，陰氣則處於正東方，這個時刻被稱之為秋分。秋分那一天，陰陽二氣各占一半，晝夜的時間也相等，氣溫則處於寒暑的平均水平。此後陽氣日漸損少，而陰氣則日漸宏大，所以到了季秋的九月間開始出現霜凍，到了孟冬十月，天氣逐漸轉向寒冷。小雪的時候，作物都已成熟。大寒的時候，作物都已收藏起來。天地在一歲間的功德到此也就最終完畢。

【研　析】本篇以「陰陽出入上下」為題，是表示陰陽二氣是相反之物，在週期性的四時運行過程中，二者出入上下左右時皆為相反的方向。二者不能在同一時空點上並存，但能並存於鄰近的時空點，而其趨勢則又相反。這正是辯證法的基本特徵。全篇的內容便是具體地描述陰陽二氣在四時的具體運轉過程，強調即使是在冬至與夏至日，兩者有短暫地相遇，而其運行的走向則完全是相反的。在春分，秋分的日子，雖然晝夜均，寒暑平，陰陽相半，但亦各自立即此損彼益，或此益彼損，循沿相反的方向運動，並藉以闡述陰陽這一對相反之物的矛盾運動的特徵。

中國古代哲學富於辯證思維，在分析事物運動過程中善於抓住事物的對立面，在對立面的互相依存和鬥爭的過程中掌握事物發展和運行的規律，藉以預測事物發展的趨勢。如《老子》說：「故有無相生，難易相成，長短相形，高下相傾，音聲相和，前後相隨。」（第二章）這裡有無、長短、難易、高低、前後、音聲之間既是互相對立的範疇，但又互相依存，因為離開了其中一方，另一方也就不能存在。《老子》中還說：「曲則全，枉則直，窪則盈，敝則新，少則得，多則惑。」（二十二章）委曲與保全，彎曲與伸張，低窪與充盈，敝破與更新，多與少，得與惑都是互相對立的範疇，但二者又能互相轉化，運用得當，它能幫助人們順利地應對各種困難，在形勢對自己不利時，委曲才能保全自己，暫時後退一步，為以後的伸張創造了條件，講的是對立面可以轉化；又如：「禍兮福之所倚，福兮禍之所伏。孰知其極？其無正。正復為奇，善復為妖。」（五十八章）禍與福，正與奇，善與妖都是互相對立的，又是相對的，各自又蘊含著向自身的對立面轉化的潛在條件。災禍包含著向福轉化的可能，事物發展到極點，就向其反面轉化。

本篇描述的陰陽這二者對立面運行的過程，要說的也就是這些道理。陰陽二氣實際上只是所有事物內在正反二種力量的象徵，並非真有陰陽二種氣體在那裡營運。董仲舒在這裡只是借助這二個符號來演繹事物變化發展的趨勢和其可能遇到的結果。《易》是一部占卜吉凶的書，所謂吉凶，也就是預測事物變化與人的利害關係，所以《易》是一部講述變化的書。《易．繫辭下》云：「日往則月來，月往則日來，日月相推而明生焉；寒往則暑來，暑往則寒來，寒暑相推而歲成焉；往者屈也，來者信（伸）也，屈信相感而利生焉。」它把這些變化的原由皆歸之於陰陽剛柔二種相反的力量相推相摩的結果。無論自然間天地、日月、四時、寒暑，社會生活中的男女、父子、君臣、吉凶、禍福、生死、存亡、得失、損益的變化，都離不開陰陽、剛柔的相推相摩。如果我們把本篇的內容理解為董仲舒在總結前人成果的基礎上，把陰陽運行過程借助於四時的變化使它模型化了、形象化了，以便於人們去琢磨事物辯證運動的規律，那麼這樣的探索雖然不能說完善，但還是有益的，可以從中找到古人對辯證法認知的足跡。

天道無二 第五十一

【題解】篇名〈天道無二〉，闡釋陰陽二氣不得兩起，而是一出一入，一休一伏，並行而不同路，交會而各代理，從而強調天道一而不二，常一而不滅。反映在人間倫理上，通過字形分析，強調心止於一中，謂之忠；心止於二中，謂之患。故君子賤二而貴一。人為善而不一，不足以立身；治國有常而不一，不足以致功。

天之常道❶，相反之物❷也，不得兩起❸，故謂之一❹。一而不二❺者，天之行也❻。陰與陽，相反之物也，故或出或入，或右或左，春俱南，秋俱北，夏交於前，冬交於後，並行而不同路，交會而各代理，此其文與❼？天之道，有一出一入❽，一休一伏❾，其度一也❿，然而不同意⓫。陽之出，常縣於前而任歲事⓬；陰之出，常縣於後而守空虛⓭。陽之休也，功已成於上而伏於下⓮；陰之伏也，不得近義而遠其處也⓯。天之任陽不任陰，好德不好刑如是。故陽出而前，陰出而後，尊德而卑刑之心見矣。陽出而積於夏，任德以歲事也；陰出而積於冬，錯刑於空處也⓰。小以此察之⓱，天無常於物⓲，而一於時⓳。時之所宜，而一為之⓴。故開一塞一，起一廢一㉑，而至畢時而止，終有復始其一㉒。一者，一也㉓。是於天凡在陰位㉔者皆惡亂㉕，善不得主名㉖，天之道也。故常一而不滅，天之道㉗。事無大小，物無難易。反天之道，無成者。是以目不能二視，耳不能二聽㉘，一手不能二事。一手畫方，一手畫圓，莫能成㉙。人為小易之物，而終不能成，反天之不可行如是。是故古之人物而書文，止於一者，謂之忠；持二忠者，謂之患㉚。患，人之忠不一者也。不一者，故患之所由生也。是故君子賤二而貴一㉛。人孰無善？善不一，故不足以立身㉜。治孰無常？常不一，故不足以致功㉝。《詩》云：「上帝臨汝，無二爾心。」㉞知天道者之言也。

【注釋】❶天之常道　指此是上天為萬事萬物所規定的恆常之道。❷相反之物　指一物之內，總包含有一正一反這兩種相反的力量，它們影響著事物發展的方向；或者指一物的外部有正反兩種相反的力量，各自從相反的方向作用於此物。❸不得兩起　指這正反兩種相反的力量，不能同時決定事物運動的趨向。它運動的結果只能是此消彼長或彼消此長，不是東風壓倒西風，便是西風壓倒東風。❹故謂之一　指這二種力量的作用最終只能產生一個結果，只能出現一種發展趨勢，不是向前進，便是向後倒退。❺一而不二　指這二種力量作用的結果，在同一時間內，既不可能有二個結果同時並存，也不可能有二種發展趨勢並存。❻天之行也　指此是上天運行的軌跡。❼陰與陽十一句　此是董仲舒設計的陰陽二氣在一年的春夏秋冬四時之內，東西南北運行的模型。這個模型在〈陰陽位〉與〈陰陽出入上下〉兩篇都有過同樣的表述。它把四時季節的變化歸因於陰陽這兩種互相對立的力量在東西南北運行和此消彼長的結果，而東與西、南與北又是相反的方向。二者一東一西，南北相交，則是一前一後，一寒一暖，各有其理，相交後旋即別而相去，走的亦是相反之道，出入與左右亦各自相反。此其文與，《易・繫辭下》：「物相雜，故曰文。」指陰陽二類卦爻相雜，以成卦文。又：「其旨遠，其辭文，其言曲而中理。」指陰陽錯雜之文，所顯示之道理，意旨深遠，曲而中理。又「文不當，故吉凶生焉。」高亨按：「『文不當』疑本作『文當不』，轉寫誤倒。不否古通用，當不，即當否也。物相雜為文，物相雜而當，即物之當也。文當則生吉。物相雜而不當，即文之不當也。文不當則生凶。」董仲舒意謂此是陰陽二物相反而又錯雜之大勢，當其勢則吉，不當其勢則凶。❽一出一入　指陰陽皆有出入。然而陰出陽入，陽出陰入，二者相反。❾一休一伏　指陰入地稱伏，陽入地稱休，陽在冬入地，陰在夏入地。二者時令相反。❿其度一也　指其出入休伏遠近的程度是相同的。⓫然而不同意　指天雖使陰陽二者皆有出入，一休一伏，其遠近程度相同，然而陰陽二者各自的用意和志向各不相同。意，志也。⓬陽之出二句　縣，同「懸」。出現的意思。歲事，指一年的事功，春生夏長，陽出於春夏，以促成作物生長於前。⓭陰之出二句　陰出於秋冬，作物收藏在後，停留在北方的虛空。〈陰陽始終〉：「陰之行，固常居虛而不得居實。至於冬而止空虛。」⓮陽之休也二句　指陽氣由於其在春夏促進作物生長之功已完成於地上。冬季在北方便進入地下處於休眠的狀態。⓯陰之伏也二句　指陰在春夏之所以伏於地下，是由於它不符合促進作物生長之宜，故而遠離地面而深深潛伏於地下。⓰陽出而積於夏四句　指陽氣出於春而積聚於夏季，任用仁德而成就一年之歲事；陰氣始出於秋而積聚於冬季，安置刑罰於虛空之處。積，積聚，天之所起其氣積，陽氣積於夏之南方，陰氣積冬之北方。以歲事，指以成就一年之事功。錯刑，指安置刑罰。錯，措。⓱小以此察之　稍微以這種觀念去觀察的話。小，稍。⓲天無常於物　指天對於萬事萬物總是不斷地變化著，沒有固定不變的東西。⓳而一於時　都是隨著時間而變化。⓴時之所宜二句　指陰陽二氣，總是隨著時令之所宜而變化，其中必有一方占著優勢。㉑開一塞二句　指在陰陽二氣之間，開陽則塞陰，起陰則廢陽，兩者不能並盛。㉒至畢時而止二句　終有復始其一，蘇輿本作「終有復始於一」，以蘇輿本為是。意謂至年終歲末為止，陰陽的運行又終而復始。始於一，即元日。畢時，指一年的終結。㉓一者二句　指陰陽二者只能定於一尊。㉔陰位　陰以北方為位，陰在冬天至其位而大寒凍。㉕惡亂　指亂世與惡歲。「惡之屬盡為陰」（〈陽尊陰卑〉），故冬之政令為「斷刑致罰，無赦有罪，以符陰氣。」（《管子・四時》）㉖善不得主名　「善之屬盡為陽。」（〈陽尊陰卑〉）陰在位者，陽不主名：指冬季不行春夏之政令。㉗常一而不滅二句　蘇輿認為「滅，疑作二。」意謂常一而不變，是天之道也。㉘目不能二視二句　指目不能同時看二個方向，耳不能同時聽兩個人的話。《荀子・勸學》：「目不能兩視而明，耳不能兩聽而聰。」意謂一心不能二用。㉙一手不能二事四句　此是一句古成語，為先秦西漢的著作反覆引用，若《韓非子・功名》：「右手畫圓，左手畫方，不能兩成。」又〈外儲說左下〉：「子綽曰：『人莫能左畫方而右畫圓也。』」《金樓子・立言》：「人莫能左畫方，右畫圓。」《論衡・書解》：「方圓畫不俱成，左右視不並見，人材有兩為，不能成。」董仲舒解釋這種現象是由於天之道，常一無二，故即便小而易之事如兩手各畫方圓，違反天道亦不可行。《管子・心術》把這種現象解釋為心之官是否為欲念所蔽，故云：「夫心有欲者，物過而目不見，聲至而耳不聞也。」（〈心術上〉）這反映了人腦的注意力是有限的，對進入意識領域的信息進行處理是有選擇和限制的。因為人不可能無限制地處理進入人腦的所有信息。大腦的神經網絡處理信息的基本形式是並行處理的，只要沒有目標或動作上的衝突，人可以同時做幾件事，例如我們可以一邊走路一邊看書。但是注意的中心在一個瞬間只能集中於一處，如果注意看書，走路就可能撞到樹上。如果注意走路，那麼看書不可能留下印象。因此注意就體現信息在大腦中並行和串行的過程，同時對信息進行有選擇和有限制的處理過程。㉚是故古之人物而書文五句　此句有誤。蘇輿校訂為「是故古之人物而書文，心止於一中者，謂之忠；持二中者，謂之患。」是故古之人物而書文，物，盧文弨云：「物而書文，疑物當作象。」意謂古人以象意而創造文字。心止於一中者，謂之忠，這是董仲舒通過字形以解析忠字的字義。中，《說文》：「从口丨。下上通也。」心止於一中，即為臣者一心止於君臣之間，下上相通。《說文》：「忠，敬也。盡心曰忠。」二說相通。持二中者，謂之患，董仲舒以持二中者，喻為臣者對君主有二心，為君主之禍患。《荀子・勸學》：「事兩君者不容。」《韓非子・有度》：「賢者之為人臣，北面委質，無有二心。」《淮南子・兵略訓》：「二心不可以事君。」㉛患人之忠不一者也五句　前一患字，指人，謂有禍患於他人者，即不能一心事君主者。後一患字，指所以產生禍患的原因，由於他不能把心思和注意力集中於一處，那就成事不足，敗事有餘。㉜人孰無善三句　此處指人皆有善，但若不能堅持善良的品德，一以貫之，那將無以立足於社會。㉝治孰無常三句　治國有恆常之道，但若不能堅持，一以貫之，那將不能得到治國的功績。㉞詩云三句　引詩見於《詩經・大雅・大明》。此詩是周代史詩之一，敘述王季和太仕、文王和太姒結婚和周武王牧野之戰的事。此句意謂有上帝保佑你們，不要三心二意。類似的意思若《詩經・小雅・小旻》：「人知其一，莫知其他。戰戰兢兢，如臨深淵，如履薄冰。」都是要人們在處理事務時要聚精會神地專心貫注，不能三心兩意。

【語　譯】天道運行的恆常規則是一對相反的事物，不能同時並起，所以稱之為一。一而不二，就是上天運行的規律。陰氣和陽氣是二種相反的東西，它們之間，一個出現，另一個便潛入，一個向左，一個便向右，春天時兩者都向南，秋天時兩者都向北，夏天兩者相交於前，冬天兩者又相交於後，雖然並行前進，但走的不是同一條路，兩者雖然交會，但各自輪換位置，代表著不同的理數，這難道不就是它們運行的軌跡嗎？天道的運行決定了它們之間，一個出現，一個便潛入，一個是休眠，另一個則是潛伏，其遠近的程度是相同的，但其各自的用意和志向是各不相同的。陽氣的出現常懸掛在向南的前方，主宰完成一年的功德；陰氣的出現，則常常懸掛在向北的後方，守於空虛的位置。陽氣因休眠而轉入地下時，那是由於它在春夏已經功成事就而轉伏於下；陰氣的所以在春夏潛伏於地下，那是由於它不適宜於促進作物的生長，而遠離地面深深地潛伏於地下。上天也就是如此任用陽氣而不任用陰氣，就是如此地喜好德政而不喜歡刑罰。所以陽氣出現時，便設置於前方；陰氣出現時則設置於後方。上天尊貴德政而卑視刑罰的用心顯示得非常清楚。陽氣在春季出現積聚於夏季，任用仁德而成就一年的歲事；陰氣在秋季出現積聚於冬季，安置刑罰於空虛的場所。由此可以觀察到，上天對一事一物並不是固定不變的，只是統一於某一個時間段。在陰陽二氣中，那一個時間段適宜於什麼，便選擇其中一個主宰那個時間段。所以放開一個，也就同時要堵塞一個。起用一個，同時就要廢置另一個。那樣終而復始地，始終保持只有一個在某一時間段內作主宰。「一」所要表示的就是專一。對於上天來說，凡是歸於陰位的，都是屬於惡歲和亂世，而屬於陽氣的善良在陰位就得不到為主的名分，這就是天道。所以恆常地堅守一而不二，那就符合天道。事物不論大小難易，如果違反了天道，那將一事無成。因此，我們可以知道，眼睛不能同時專注二種事物，耳朵不能同時悉心聆聽二種不同的聲音，一個人不能用手去做二件不同的事，如果同時要一隻手去畫方，另一隻手去畫圓，沒有人能夠成功。人們對於這些小而容易的事物，尚且無法去完成，可見違背天道的事情是根本不能去做的。所以古人象意而創造文字時，所謂忠字，便是由一個心字一個中字構成的，如果是二個中字，豈不成了患字。所謂患，那是指為人臣的不能一心事君呀！所以遭遇禍患，說到底是做事時不能專注一心呀。所以君子看不起那些三心二意的人，而看重那些能一心一意專注的。凡是人哪個沒有善良的一面啊？如果不能把善良的品德一以貫之，那他就不足以立身於社會。凡治國又怎麼會沒有恆常的規章呢？如果不能堅持這些恆常的基本規章，那就不足以將國家治理得有成績了。

《詩經》曾經說：「有上帝在保佑你，但你不能有二心呀！」這是懂得天意的人的至理名言呀！

【研 析】一而不二，貴一賤二，是本篇的宗旨。作者以陰陽二氣四時運行的模型闡釋陰陽不得兩起，而一於時，故一為天道之常。以人目不能二視，耳不能二聽，手不能同時一手畫圓，一手畫方，說明君子必須貴一而賤二，故為人不一，既不足以立身，亦不足以致功。所以他把忠字拆為心止於一中，心不止於一中則為患。落實於為人臣者事君不能有二心，正如韓非所言：「賢者之為人臣，北面委質，無有二心。」（《韓非子・有度》）

貴一的思想，《呂氏春秋》也有不少精闢的論述，如「有金鼓所以一耳也；同法令所以一心也。智者不得巧，愚者不得拙，所以一眾也；勇者不得先，懼者不得後，所以一力也。故一則治，異則亂；一則安，異則危。夫能齊萬不同，愚智工拙，皆盡力竭能，如出一穴者，其唯聖人乎！」（《呂氏春秋・審分覽・不二》）這裡強調金鼓是為了統一士兵的聽聞，法令是為了統一百姓的心志，使愚、知、巧、拙、勇、怯等不同的人，都能盡心竭力發揮所能，如同一個模子裡塑造出來，能做到這一點的可以算是聖人了。《呂氏春秋》中又說：「王者執一，而為萬物正。軍必有將，所以一之也；國必有君，所以一之也；天下必有天子，所以一之也；天子必執一，所以摶之也。一則治，兩則亂。今御驪馬者，使四人，人操一策，則不可以出於門閭者，不一也。」（《呂氏春秋・審分覽・執一》）執一的目的是為了幫助君王把權力和政令集中統一起來，真正使自己成為萬事萬物的主宰。類似的論斷，韓非也說了不少，如「道不同於萬物，德不同於陰陽，衡不同於輕重，繩不同於出入，和不同於燥溼。君不同於群臣。凡此六者，道之出也。道無雙，故曰一。」（《韓非子・揚權》）從哲學上講，這是用一來統率多，在政治上講則是由君來統率臣。「利出一空者，其國無敵；利出二空者，其兵半用；利出十空者民不守。」（《韓非子・飭令》）空者，孔也。利出一空，即利從一穴而出。若利出其君，則民聽其君，故國強無敵。利出二孔，則兵之半為君用，半為臣用；利自十孔出，則兵之能用於其君者寡矣。故曰其國不寧。「故明君操權而上重，一政而國治。」(《韓非子·心度》) 統一政令法令確實是治國之道;政出多門,朝令而夕改,也確實是亂世危亡的徵兆。

從歷史上看,東漢末的黨錮之禍,唐代的朋黨之亂,宋代的元祐黨爭和明代的東林黨爭幾乎都與王權的旁落有關,並直接間接地導致了王朝的覆滅。所以二千多年來,統一成了中華民族不解的情結。然而一與多還是相輔相成的,一是以多為前提和基礎的。政令和法令需要統一,但這個統一必須建立在民主的基礎上,通過多種方案的選擇和不斷優化的基礎上才能作出比較正確的抉擇。它不是憑空而來的,更不能靠個人拍腦袋說了算,在貫徹和執行的過程中,也不是萬事一刀切所能行得通的。統一同樣也有因地因時的問題,一與多互相依存,一只有重視多才能得到鞏固和發展。如果把一絕對化,則結果適得其反,一在這時會轉化為多。過份強調統一,極易由於資訊不透明、公開而形成個人專斷,個人專斷極易堵塞言路而走向個人獨裁,而個人獨裁的下場必定是政權的覆滅。獨裁政權覆滅後必然會出現群龍無首的多頭分散局面,誰也不聽誰,任誰也不服,這種結局對國家和民族都是一場嚴重的災難。由此可見,一與多是對立統一的一對矛盾,兩者不可或缺其一,統一脫離了民主的基礎,前途極其危險。

煖燠孰多 第五十二

【題解】 篇名〈煖燠孰多〉，有的版本作〈暖燠常多〉。本篇強調一年之內，溫暖之日多於寒冷之日，比附於人事，則強調聖主應效法天道，天覆地載，風令雨施，對百姓布施恩德，推行仁政。即使遇到洪水、乾旱等非常之變，仍應不失平生所守的天之常道，堅持直道而行。

天之道，出陽為煖以生之，出陰為清以成之❶。是故非薰也不能有育，非溧也不能有熟，歲之精也❷。知心而不省薰與溧孰多者，用之必與天戾。與天戾，雖勞不成❸。是自正月至於十月，而天之功畢❹。計其間者，陰與陽各居幾何❺？薰與溧其日孰多❻？距物之初生，至其畢成，露與霜其下孰倍❼？故從中春至於秋，氣溫柔和調❽。乃季秋九月，陰乃始多於陽，天於是時出溧下霜❾。出溧下霜，而大降物❿固已皆成⓫矣。故九月者，天之功大究於是月也，十月而悉畢⓬。故案其迹，數其實，清溧之日少少耳⓭。功已畢成之後，陰乃大出。天之成功也，少陰與而太陰不與，少陰在內而太陰在外⓮。故霜加物而雪加於空。空者亶地而已，不逮物也⓯。功已畢成之後，物未復生之前，太陰之所常出也⓰。雖曰陰，亦以太陽資化其位，而不知所受之⓱。故聖王在上位，天覆地載，風令雨施⓲。雨施者，布德均也⑲；風令者，言令直也⑳。《詩》云：「不識不知，順帝之則。」㉑言弗能知識，而效天之所為云爾。禹水湯旱，非常經也，適遭世氣之變，而陰陽失平㉒。堯視民如子，民親堯如父母。《尚書》㉓曰：「二十有八載，放勳乃殂落㉔，百姓如喪考妣㉕。四海之內，閼密八音三年㉖。」三年陽氣厭於陰，陰氣大興，此禹所以有水名也㉗。桀，天下之殘賊也㉘；湯，天下之盛德也㉙。天下除殘賊而得盛德大善者再，是重陽也，故湯有旱之名㉚。皆適遭之變，非禹湯之過㉛。毋以適遭之變，疑平生之常，則所守不失，則正道益明㉜。

【注釋】❶出陽為煖以生之二句　此處指春天出陽，天氣轉暖而萬物生長。秋天始出陰，天氣轉清涼，而作物賴以成熟。煖，暖的異體字。清，涼；寒。❷是故非薰也不能有育三句　意謂作物沒有暑熱便不能發育成長，沒有清涼寒冷便不能成熟，這就是年歲精華之所在。薰，灼熱炙人。溧，寒冷。❸知心而不省薰與溧孰多者四句　意謂若用心思考而不知道溫暖與寒冷哪個作用更多，那麼用力的後果必然會與天意相違背，與天意相違背，雖然勞累也不能成事。知心，蘇輿疑作「治心」。省，知覺；懂得。戾，違反。❹是自正月至於十月二句　作物生長完整的過程是自正月至十月，上天的功業至十月完成。❺陰與陽各居幾何　指在這一時間段內，陰或陽占主導地位的日子，各佔多少？春夏，以陽氣上升為主的時間有六個月，秋季及孟冬十月，共四個月是陰氣逐漸上升的日子。❻薰與溧其日孰多　指天氣轉暖與轉寒的日子哪個更多。❼距物之初生三句　此處指作物自萌芽至成熟期間，有露水和結霜的日子哪個多，哪個是另一個的翻倍？露，指水汽凝結在作物上的水珠。霜，指露水結晶成霜，這時夜間的地面溫度在攝氏零度以下。《白虎通義・災變》：「露者霜之始，寒即變為霜。」❽故從中春生於秋二句　中春，為仲春二月。秋，指仲秋八月。在這一段時間內，大氣溫柔調和。生，凌曙本作「至」。❾乃季秋九月三句　依照董仲舒陰陽在四時運行的模型，陰起於孟秋七月，至仲秋八月為陰陽平，季秋九月陰始多於陽。我國北方早霜起於晚秋，晚霜結束於早春。故云「天於是時出凓下霜」。❿大降物　指上天降生的作物。盧文弨本、蘇輿本俱作「天降物」。⓫成　指作物成熟。北方的作物大都成熟於晚秋。⓬故九月者三句　自正月至十月，為作物的整個生長期，上天起陽升溫，所作之功窮盡於九月，完畢於十月。究，窮盡。⓭案其迹三句　指根據陰陽運行的軌跡，計算十個月中暖薰的日子有八個月，清凓的日子約二個月，故云「清凓之日少少耳」。⓮少陰與而太陰不與二句　少陰屬秋，太陰屬冬。作物的生長期至九月開始成熟，秋季少陰在生長期內，故云「少陰與」、「少陰在內」。冬季太陰在生長期外，故云「太陰不與」、「太陰在外」。與，參加。⓯霜加物而雪加於空三句　指霜能促進作物的成熟，故云「霜加於物」。冬季下雪的時期作物皆已收割完畢，故云「雪加於空」。亶，盧文弨云：「亶，與但同。」謂寒冬臘月時雪但加於空曠的土地上，不及於作物。⓰功已畢成之後三句　功已畢成之後，指十月以後，此時作物俱已收穫完畢。物未復生之前，指作物重新生長之前，指孟春正月之前，時間是在仲冬十一月和季冬的十二月。這個時間段是太陰在北方就位的時期，故云「太陰之所常出也」。蘇輿本「常」作「當」，二字字義基本相同。⓱亦以太陽資化其位二句　指夏季太陽幫助太陰轉化其位置，由地上轉入地下。但太陰並不知道這是由於受到陽氣的資助。資，幫助。⓲聖王在上位三句　此言聖王在高位，上有天覆，下有地載，天地以風為號令，以雨水來布施恩德。類似的說法亦見於〈深察名號〉所云：「天覆無外，地載兼愛，風行令而一其威，雨布施而均其德，王術之謂也。」⓳雨施者二句　雨施於萬物，促成萬物的成長，故稱其布德均也。《易・繫辭上》：「鼓之以雷霆，潤之以風雨，日月運行，一寒一暑。」⓴風令者二句　董仲舒謂天地以風為教命號令，告人君直道以行事，故云「言令直也」。《易》以巽卦為風，《易傳》以風喻君王之教命。〈象傳〉曰：「隨風，巽。君子以申命行事。」㉑詩云三句　引詩見《詩經・大雅・皇矣》。此詩是周人敘述自己開國歷史的史詩之一，從太王開闢岐山、王季繼承先祖德業；一直講到文王伐崇伐密的勝利。不識不知，指上天何以如此運行，是不可能認識和知曉的。順帝之則，指一切順從上帝在自然運行過程中所顯示的法則。㉒禹水湯旱四句　意謂堯與禹時遭洪水，湯時遭乾旱，並非是經常的現象，是適巧遭遇氣候反常的情況，是由於陰陽失去平衡的原因。依下文，禹上似脫一堯字。《白虎通義・災變》：「堯遭洪水，湯遭大旱，亦有譴告乎？堯遭洪水，湯遭大旱，命運時然。」堯，傳說時代的聖君，號陶唐氏，名放勳。禹，傳說中的聖君，姒姓，名文命，鯀之子，原為夏后氏的部落領袖，夏王朝的創始者。禹奉舜命治理洪水。《史記・五帝本紀》：「堯曰：『嗟，四嶽，湯湯洪水滔天，浩浩懷山襄陵，下民其憂，有能使治者？』皆曰鯀可。堯曰：『鯀負命毀族，不可。』

嶽曰：「異哉，試不可用而已。」堯於是聽嶽用鯀。九歲，功用不成。」湯，又稱成湯、天乙或稱成唐。甲骨文稱唐、大乙，商王朝的建立者，建都於亳，今山東曹縣南。湯克平夏桀後，曾遭遇大旱。《呂氏春秋・季秋紀・順民》：「昔者湯克夏而正天下，天大旱，五年不收，湯乃以身禱於桑林，曰：『余一人有罪，無及萬夫。萬夫有罪，在余一人，無以一人之不敏，使上帝鬼神傷民之命。』於是翦其髮，鄺其手，以身為犧牲，用祈福於上帝，民乃甚說，雨乃大至。」㉓尚書　亦稱《書》、《書經》，儒家經典之一。古代文獻的彙編。下面引文見於《尚書・舜典》。㉔二十有八載二句　指堯年老，禪帝位於舜，二十八年後乃崩。《史記・五帝本紀》：「堯立七十年得舜，二十年而老，令舜攝行天子之政，薦之於天。堯辟位凡二十八年而崩。」放勳乃殂落，古文《尚書》作「帝乃殂落。」今文《尚書》或作「放勳乃殂落。」殂落，堯死之諱稱。㉕百姓如喪考妣　意謂堯之去世，百姓的悲哀如失父母。《禮記・曲禮下》：「生曰父，曰母，曰妻；死曰考，曰妣，曰嬪。」古代對在世的父母亦稱考妣。㉖四海之內二句　意謂四海之內的百姓，為了悼念堯的去世，在三年之內終止了一切音樂娛樂活動來寄託對堯的哀思，藉以說明堯視民如子，而民視堯如父母。古文《尚書》作「三載，四載遏滅八音。」遏，斷絕。密，靜謐。八音，指金、石、絲、竹、匏、土、革、木。這裡泛指一切音樂。㉗三年陽氣壓於陰三句　董仲舒依陰陽五行之說，水在北方屬陰，堯時大水成災是由於有三年時間陽氣被陰氣所壓住，那時陰氣大盛，所以洪水成災。禹以治水而成名，故云禹因水而得名。㉘桀天下之殘賊也　桀，夏代的最後一個國君，名履癸。《史記・夏本紀》：「桀不務德而武傷百姓，百姓弗堪。」湯弔兵伐桀，桀走鳴條，放於南巢而死。故云「桀，天下殘賊也」。㉙湯天下之盛德也　《淮南子・脩務訓》：「湯夙興夜寐，以致聰明。輕賦薄斂，以寬民氓。布德施政，以振困窮。弔死問疾，以養孤孀。百姓親附，政令流行。」《史記・殷本紀》云：「湯出，見野張網四面，祝曰：『自天下四方皆入吾網。』湯曰：『嘻，盡之矣！』乃去其三面，祝曰：『欲左，左。欲右，右。不用命，乃入吾網。』諸侯聞之，曰：『湯德至矣，及禽獸。』」〈夏本紀〉：「湯修德，諸侯皆歸湯，湯遂率兵以伐夏桀。」㉚天下除殘賊而得盛德大善者再三句　德政屬陽，除桀為大善亦屬陽，故是重陽也。《帝王世紀》：「湯伐桀後，大旱七年，川洛以竭。」董仲舒認為湯時，天下以重陽德，陽氣太盛，導致七年大旱。㉛皆適遭之變二句　指禹時遭大水，湯時遭乾旱，皆為天時陰陽失調的非常之變，並非由於禹與湯有過失而遭受上天的譴告。㉜毋以適遭之變四句　意謂以禹湯遭水旱之災為例，說明君主應堅持直道以行事，不能因為遭受陰陽失調的非常之變，便去懷疑自己平生的一貫行事，這樣便能不喪失自己的平生操守，使正道更加彰明。蘇輿云：「下『則』字，疑衍。」

【語譯】上天運行的規律，陽氣出現時，氣候便轉為溫暖，以促進萬物的生長；陰氣出現時，氣候便轉向清涼，促使萬物成熟。因此沒有溫暖的氣候，就不能有萬物的發育成長；沒有寒冷的氣候，也就不能促成作物的成熟，這是一歲中氣候運行的精華呀。知道氣候的溫暖和寒冷的變化是一歲中氣候運行的精華，而不知道溫暖與寒冷哪個占有更多的日子，如果按此去培植作物，那必然與上天運行的法則相違背。違背上天運行的法則，即使勞作得非常辛苦，仍然得不到收成。所以，從正月到十月，上天使萬物生長、發育和成熟的功業方能完成。在這十個月內，應該計算一下，陰與陽各占多少？溫暖與寒涼的日子哪一個更多一些？從作物萌芽的日子算起，到收穫完畢這一段時間內，下露與下霜的日子哪一個更多一些？所以仲春二月到仲秋八月，氣候總是那麼溫柔而調和。到了季秋九月，陰氣方始比陽氣多，那時候天氣開始出現寒潮而下霜。到了出現寒潮和下霜，上天所降生的萬物在這時也都已經成熟了。所以季秋九月期間，上天的大功基本告一段落，而到了十月則一切都完成了。所以考察上天化育萬物的蹤跡，計算它的實際時間，那麼清涼寒冷的日子少而又少。在上天完成化育萬物的功業完成以後，陰氣才會大量湧出。上天完成自己的功德時，少陰是參與了，而太陰則沒有參與；少陰是被包括在內的，太陰則被排斥在外。所以下霜時，它促進了作物的成熟，而下雪時，作物已經收穫完畢，雪都落在空虛之中。空虛的意思是除了大地以外，一無所有，沒有降落在作物上。上天化育萬物功業完成以後，萬物還沒有復生以前，也就是太陰所應當出現的時候。雖說是太陰，也是依靠太陽才能轉化其方位，只是太陰並不知道自己從哪裡受到的幫助。所以當聖明的君主居於高位時，上有蒼天覆蓋，下有大地厚載，有風為之號令，有雨為之布施。雨的布施，能使恩德均布於百姓；風發出的號令，號令人們都要直道而行事。《詩經》上說：「用不著去識別，也用不著去知道，只要順從上帝的法則就行了。」意思是說上帝那裡是你不可能知道和懂得的，你只要效法上帝如何去做就可以了。夏禹時遭遇洪水，商湯時遭遇乾旱，都不是正常必然發生的事，那是當時氣候發生的不正常的變化，是陰陽失去平衡的結果。堯那時對待百姓如自己的子女，百姓們看待堯如自己的父母。《尚書．舜典》上說：「（堯退位後）二十八年，放勳去世了。百姓如同喪失自己父母一般。普天之下，四海之內，為此而中止音樂演奏三年。」那三年陽氣受壓於陰氣之下，陰氣的氣勢大大興盛，這是禹所以遭遇水災的原因。夏桀，是天下的殘賊；商湯，是天下有盛德的君王。那時天下既除去殘賊，又得到有盛德的君王，盛德加上除去夏桀的這件大善事，那便是陽氣太重。這是湯那時所以要遭遇乾旱的原因。這都是適巧遭逢到的氣候突然變化，並不是夏禹與商湯有什麼過失而遭受上天的譴告。所以不要因為遭遇不正常的氣候變化而懷疑自己平生所堅持的正常行事，那樣就不會喪失自己平生的操守，正道也就能更加彰明了。

【研　析】〈煖燠孰多〉在蘇輿本中作〈暖燠常多〉，主旨為強調在一年之內，溫暖的日子多於寒冷的日子。董仲舒由此比附於人事，認為君主應效法天道，效法天覆地載，風令雨施的榜樣，為百姓布施恩德，多行仁政。然而天亦有不測之變，如禹遭遇連年水災，湯遭遇七年旱災，但這不是禹與湯直道行政的過失，故君王若遭遇非常之變，勿因此而懷疑自己平時所守之常道，仍應該直道而行。

本篇末尾的論述值得探討。關於人類文明史早期曾遭受過洪水及乾旱的傳說，並不限於中國，外國也有，《聖經》上就有過這方面的記載。秦漢典籍中有關這方面的記載和評論可以說是屢見不鮮。但是，將陰陽學說這種認知模型來解釋其原因的，是董仲舒的首創之舉。他將洪水發生的原因歸之於堯的逝世，百姓對聖王唐堯之死，如喪考妣，四海之內，停止音樂演奏三年。這三年之內，陰氣大盛，壓倒陽氣，水屬於陰，所以引起連年水災。湯是有盛德的明君，屬陽；他又推翻了夏桀這個暴君，此是大善行，也屬於陽，陽上加陽，陽氣太盛，旱屬火而火屬陽，所以有七年之旱。按照董仲舒一貫提倡的天人感應學說來看，「王正則元氣和順，風雨時，景星見，黃龍下；王不正則上變天，賊氣並見。」（〈王道〉篇）如今商湯由於「盛德大善」以致陽氣大盛，反而引起七年大旱，這與〈王道〉篇中的觀點不是自相矛盾嗎？雖然董仲舒在本篇中解釋這是「適遭世氣之變」，但善屬陽位，惡屬陰位，盛德大善導致陽氣太盛，陽氣太盛必然導致乾旱，那麼商湯的七年大旱就是邏輯發展的必然，而不是什麼「適遭世氣之變」了。

《漢書・五行志》說董仲舒是「始推陰陽，為儒者宗」，這正是董仲舒與以前的儒者不同之處。孔子、孟子從未談到陰陽，《論語》、《孟子》中找不到關於陰陽觀念的論述。荀子提到陰陽，如《荀子・天論》中提到「是天地合而萬物生，陰陽接而變化起」，但也只是寥寥數語，地位並不重要。荀子思想中占中心地位的是「禮」，正如孔子之重「仁」，孟子之重「心性」。

先秦儒家典籍中，直到《易傳》出現後，才對陰陽學說勾勒出了大致的輪廓，以陰陽二氣作為貫通天人之間的根據，如《易經・咸卦・彖傳》：「咸，感也，柔上而剛下，二氣感應以相與。」二氣即是陰陽。從時代背景看，《易傳》受到鄒衍學說的影響。《莊子・天下》中說：「《易》以道陰陽。」足見當時陰陽學說已成為《易》的特徵。《易傳》的作者無疑是儒門後學，由於受鄒衍學說的影響，終於發展出了一套與《孟子》、《中庸》不同類型的天人關係論，以陰陽為主而建立起天人感應學說的雛形。

董仲舒發展了《易傳》中所肇始的論述陰陽觀念的儒家學說，同時又吸收了《呂氏春秋》中以陰陽、五行、天文、律曆及政治理想的複雜結構，將天人感應學說發展成為空前的大系統。董仲舒企圖用陰陽學說來解釋自然與社會中的各種現象，但在具體建構這一龐大的系統時不免有許多粗疏之處。諸如對傳說中商湯時七年大旱的解釋是由於湯的盛德大善引起陽氣太盛所致，生拉硬扯地套上陰陽觀念，削足適履，難以自圓其說。

董仲舒所以要用陰陽觀念去改造和發展儒家學說是由於時代的需要。理論離不開預測，而預測準確率的高低決定著理論的價值，不能作出預測或預測屢屢出錯的理論必然會遭到人們的唾棄。董仲舒所以要始推陰陽，是為了企圖加強預測的能力和提高預測的準確程度。只有這樣，才能取得統治者的信任。但是，由於陰陽學說缺乏科學作基礎，預測固然常易出錯，解釋歷史事件也不免有牽強附會之處。然而，傳統的儒家學說需要陰陽觀念作為補充，才能取得統治者的信任與重視。因此，這種學說在宋代得到了很大的發展，從周敦頤、邵雍到程顥、程頤、朱熹等，這些理學大師無不對陰陽學說作了充分的闡述，並將《易經》這部講占卜的經典列為六經之首，這已成為中國傳統儒學中的一大特色。

基義第五十三

【題解】篇名〈基義〉，闡述的是倫常觀念中最基本的道理，提出了「王道之三綱」，為三綱說這一中國傳統儒學的核心內容奠定了基礎。

董仲舒在本篇從上下、左右、前後、表裡、美惡、順逆、喜怒、寒暑、晝夜等大量矛盾中概括出「凡物必有合」的命題，從而進一步提出「陰者陽之合，妻者夫之合，子者父之合，臣者君之合」，用陰陽來統率三綱。陰從屬於陽，故臣、子、妻應歸功於君、父、夫，這是因為前者屬陰，後者屬陽。天道之三綱，可求於天。天親陽而疏陰，任德而不任刑，故聖人多其愛而少其嚴，厚其德而簡其刑，以此配天，可以變習易俗，使天下大治。

凡物必有合❶。合，必有上，必有下；必有左，必有右；必有前，必有後；必有表，必有裏❷。有美必有惡，有順必有逆，有喜必有怒，有寒必有暑，有晝必有夜，此皆其合也❸。陰者陽之合，夫者妻之合，子者父之合，臣者君之合。物莫無合，而合各有陰陽❹。陽兼於陰，陰兼於陽；夫兼於妻，妻兼於夫；父兼於子，子兼於父；君兼於臣，臣兼於君。君臣、父子、夫婦之義，皆取諸陰陽之道❺。君為陽，臣為陰；父為陽，子為陰；夫為陽，妻為陰❻。陰道無所獨行❼。其始也不得專起，其終也不得分功，有所兼之義。是故臣兼功於君，子兼功於父，妻兼功於夫，陰兼功於陽，地兼功於天⑧。舉而上者，抑而下也；有屏送而左也，有引而右也⑨；有親而任也，有疏而遠也⑩；有欲日益也，有欲日損也。益而用而損其妨。有時損少而益多，有時損多而益少。少而不至絕，多而不至溢⑪。陰陽二物，終歲各壹出。壹其出，遠近同度而不同意⑫。陽之出也，常縣於前而任事；陰之出也，常縣於後而守空處。而見天之親陽而疏陰，任德而不任刑也⑬。是故仁義制度之數，盡取之天⑭。天為君而覆露之，地為臣而持載之；陽為夫而生之，陰為婦而助之；春為父而生之，夏為子而養之；秋為死而棺之，冬為痛而喪之。王道之三綱，可求於天⑮。天出陽，為煖以生之；地出陰，為清以成之。不煖不生，不清不成。然而計其多少之分，則煖暑居百而清寒居一。德教其與刑罰猶此也。故聖人多其愛而少其嚴，厚其德而簡其刑，以此配天⑯。天之大數必有十旬。旬，天地之數，十而畢舉⑰；旬，生長之功，十而畢成⑱。天之氣徐，乍寒乍暑。故寒不凍，暑不渴，以其有餘徐來，不暴卒也⑲。《易》曰：「履霜堅冰。」⑳蓋言遜也㉑。然則上堅不踰等㉒，果是天之所為，弗作而成也㉓。人之所為，亦當弗作而極也。凡有興㉔者，稍稍上之㉕以遜順往，使人心說而安之㉖，無使人心恐而不使㉗。故曰：君子以人治人，謹能愿㉘，此之謂也。聖人之道，同諸天地，蕩諸四海，變習易俗㉙。

【注　釋】❶凡物必有合　謂事物皆有對偶。合，即偶。〈楚莊王〉篇：「百物皆有合偶，偶之，合之，仇之，匹之，善矣。」能掌握好事物之間的對偶關係，便能處理好事物運行的軌跡，並從中獲益。❷合必有上九句　從靜態看，任何事物的位置與其周邊的關係，都有上下、左右、前後的關係。其中，上與下，左與右，前與後都是相對偶而成為匹配的關係。從事物自身觀察，它們都有內與外的對應關係，也就是表和裡。❸有美必有惡六句　這些對偶的關係反映了事物屬性的兩個方面，一是從事物運動的狀態去觀察，順與逆是指運動的方向，是順時針，還是逆時針；是逆潮流，還是順著潮流。寒與暑是指四時溫度的變化。晝與夜是每天時間運行的過程。古人在觀察和描述事物動態狀況時，還經常運用許多互相對應的概念，諸如疾徐、快慢、出入、盈縮，以至生死等。二是認知主體對事物的價值取向，如美與惡，喜與怒，是指觀察者對事物的態度。古人經常運用的這一類互相對應的概念，還可以舉出很多，例如肯定與否定，親近與疏遠，愛與恨，戰與和等。因為矛盾對立的狀態具有普遍意義。❹陰者陽之合六句　「夫者妻之合」是「妻者夫之合」之誤。此合是指主從之間的相互匹配。陰與陽，妻與夫，子與父，臣與君，既是矛盾互相匹配的二個方面，在二者之間又包含主與從的從屬關係。陽為主，陰為從；夫為主，妻為從；父為主，子為從；君為主，臣為從。任何事物都包含有陰陽二個側面，也就是事物內在矛盾的正反二個側面。它們之間存在著主與從的關係，而矛盾的主要方面即屬陽的一面，它決定著事物的性質，而君臣、父子、夫婦之間的從屬關係則是古代社會等級制度的表現。❺陽兼於陰十句　從概念上講，陰與陽是並存的，沒有陽也就無所謂陰，反之沒有陰亦就無所謂陽。同樣的道理，沒有妻就無所謂夫，沒有夫也無所謂妻。父子、君臣之間的道理與此相同。董仲舒以陰陽互為依存的關係來解釋君臣、父子、夫婦之間的相互關係。然而「陽兼於陰，陰兼於陽」，這前後二個兼字，用意亦有不同，前者是包含的意思，後者是被包含的意思，二者雖然並存，但其地位和名分不同，有上下、貴賤、尊卑之別。故君臣、父子、夫婦之間的地位和名分亦各有不同。兼，《說文》：「並也，从手秝，一手持二禾也。」意謂二者並立，互為依存。❻君為陽六句　此處以陰陽之間的尊卑關係來論述君臣、父子、夫婦之間的尊卑關係。《說苑・辨物》：「其在民則夫為陽而婦為陰，其在家則父為陽而子為陰，其在國則君為陽而臣為陰。故陽貴而陰賤，陽尊而陰卑，天之道也。」❼陰道無所獨行　指陰必須從屬於陽，也就是君臣、父子、夫婦之間，為臣者、為子者、為婦者不得獨行，必須從屬其君父和丈夫。君臣父子之間的相互關係，在《論語》中各自的關係還是相對的。「齊景公問政於孔子。孔子對曰：『君君，臣臣，父父，子子。』公曰：『善哉！信如君不君，臣不臣，父不父，子不子，雖有粟，吾得而食諸？』」（《論語・顏淵》）這裡包含著假如君不像君的樣子，那麼為臣的就可以不像臣子的樣子，自然就不必盡為臣之道，也不應該盡臣道，也就是孟子所說的「聞誅一夫紂矣，未聞弒君也」。父子、夫婦之間的相互關係同樣也是如此。在君不君、父不父、夫不夫的情況下，陰道也就是為臣、為子、為妻者皆能獨行其是，那麼在倫常關係上必然出現不穩定的局面。「陰道無所獨行」的意思是如若君不君，那麼為臣者仍要以臣道事君；父不父時，為子者仍應以子道事父；夫不夫時，為妻者仍要以妻道事夫。陰對陽的從屬關係是單方面的、絕對的。同樣的道理，為臣、子、妻者，對君、父、夫的從屬關係也必須是單方面的，絕對而無條件的，依照其地位和名分，履行單方面的義務。這種義務不隨環境而改變，不隨對方是否遵守其地位和名分而轉移，才能長期穩定整個社會的秩序，鞏固社會的倫理綱常關係，以避免陷入相對的、循環報復的不穩定狀態。

❽其始也不得專起八句　其始也不得專起，指屬陰者不得單獨始起。其終也不得分功，指屬陰者在結束時不得分享其功。所以為臣者必須把自己建立的功業歸於君王，否則的話，便是貪天之功。為子者要把自己的成功歸之於父親，為妻者要把自己努力的成果歸功於夫君。如果為臣、子、妻者以功自居，最終勢必倒置雙方地位和名分上的相互關係。董仲舒在〈陽尊陰卑〉關於天地與陰陽的關係這樣說：「陰猶沈也。何名何有，皆並一於陽，昌力而辭功，故出雲起雨，命之曰天雨。不敢有其所出，上善而下惡。惡者受之，善者不受。土若地，義之聖也。是故《春秋》君不名惡，臣不名善，善皆歸於君，惡皆歸於臣。臣之義比於地，故為人臣者，視地之事天，為人子者，視土之事火也。」「傅於火以調和養長，然而弗名者，皆并功於火，火得以盛，不敢與父分功美，孝之至也。」「是故孝子之行，忠臣之義，皆法於地也。地事天也，猶下之事上也。地，天之合也。物無合會之義。」❾舉而上者四句　此句意謂陰陽二者運行時，上天有一種力量在主宰著它們的運行方向，有時舉而使之上，有時抑而使之下，有屏而使之向左，亦有引而使之向右。若〈陰陽出入上下〉篇所云：「春出陽而入陰，秋出陰而入陽，夏右陽而左陰，冬右陰而左陽。陰出則陽入，陽出則陰入；陰右則陽左，陰左則陽右。」「屏送而左也」中的「送」字為衍文，應刪。又，疑「舉」與「抑」之上皆脫一「有」字。❿有親而任也二句　指上天親而任陽，疏而遠陰。〈天辨在人〉云：「陰陽終歲四移，而陽常居實，非親陽而疏陰，任德而遠刑與！」⓫有欲日益也七句　此是董仲舒對上天使陰陽二氣在四時中各在數量上變化狀況的描述。天所欲益

者，指陽氣，所欲損者，為陰氣。益而用，盧文弨云：「疑是益其用。」盧說為是。相似的描述亦見於〈陰陽終始〉：「多少調和之適，常相順也。有多而無溢，有少而無絕。春夏陽多而陰少，秋冬陽少而陰多，多少無常，未嘗不分而相散也。以出入相損益，以多少相溉濟也。」⓬陰陽二物四句　此處謂天安排陰陽二氣每年都各有一出一入，雖然二者出入的方向相反，時令相反，但其遠近的距離相對應。然而，各自的用意不同。春夏陽氣出，使天氣轉暖而暑熱，促進萬物生長；陰氣出則使天氣轉清涼而寒冷，使作物轉而趨於枯落而收藏。故稱其同度而不同意。相似的說法亦見於〈天道無二〉所云：「天之道，有一出一入，一休一伏，其度一也，然而不同意。」⓭陽之出也六句　此處以陽在實處，陰在空處，說明上天之親陽而疏陰，並借以譬喻上天之任德而不任刑。縣，通「懸」。前，指南方，指陽氣在春夏運行的方向是自北而南。任事，指任年歲之事，即促進萬物的發育和生長。後，指北方，陰氣在秋冬的季節自南而北，懸於北方的上空。守空處，是指冬季作物已收割完畢，此時大地上白茫茫一片真乾淨，陰氣空懸於北方而不及於作物。相同的觀念亦見於〈天道無二〉：「陽之出，常縣於前而任歲事；陰之出，常縣於後而守空虛。陽之休也，功已成於上而伏於下；陰之伏也，不得近義而遠其處也。天之任陽不任陰，好德不好刑如是。」⓮仁義制度之數二句　仁義指仁者愛人，義以正我。制度有兩個內容，一是指天子、公、侯、伯、子、男及卿、大夫、士的等級制度，制度的價值取向是孔子所說的「不患寡而患不均」，均是指依照等級制度來分配社會財富，以謀求社會有穩定的價值取向；一是指依照仁、義、禮、智、信的倫理觀念所設計的反映宗法等級制度的禮儀制度，通過這些禮儀制度來穩定上下、尊卑、貴賤之間的等級關係。這也就是通過制度使倫理觀念具有約束力，所以可以稱作為倫理制度。倫理制度是依靠制度中所隱含的倫理精神和價值取向來整合人們的行為，並使之結構化、實體化，以此來規定人們的生活方式。董仲舒把這樣的制度設計，盡歸之於上天，認為這是上天所規定的天數，人們只有遵循這樣的倫理制度，才能謀求社會的安寧，取得天下的大治。背離這些制度的結果，只能是天下大亂。以天命來強化倫理制度的貫徹和執行。⓯天為君而覆露之十句　此是董仲舒以天地陰陽四時的配置來闡釋君臣、父子、夫婦之間的倫理關係，並把它概括為三綱。董仲舒關於三綱的提法，除了本篇之外，還見於〈深察名號〉，云：「循三綱五紀，通八端之理，忠信而博愛，敦厚而好禮，乃可謂善。」可見三綱說是把一切倫理觀念集中於維護君臣、父子、夫婦三者之間的上下、貴賤、尊卑的等級關係。三綱說的形成亦有一個歷史過程。《孟子・滕文公上》講到：「父子有親，君臣有義，夫婦有別，長幼有序，朋友有信，」那就是五倫。稍後則有《韓非子・忠孝》載韓非對韓王說：「臣之所聞曰：『臣事君，子事父，妻事夫，三者順則天下治，三者逆則天下亂，此天下之常道也，明王賢臣而弗易也。』」此時已在五倫中凸顯三倫的地位。董仲舒把這三倫稱作三綱，就又前進了一步。通過以天地陰陽四時的配置，把先秦五倫所注重的人與人之間相對的倫理關係，轉變為人對天理，人對地位和名分，人對常德單方面絕對的關係。這種做法，在人與人之間的相互關係上，避開了君不君、父不父、夫不夫的問題，而是強調為臣者必須尊重為君者之名分，自己必須遵守為臣者之地位和名分，忠於自己的職守。君若不君，為臣者亦不能超越自己的職分，如劉禪雖然不是一個好的君主，但諸葛亮仍然「鞠躬盡粹，死而後已」，是單方面盡忠的義務。諸葛亮所以受後人表彰，也正由於他能單方面而不求回報地履行道德責任。這就不僅僅是對某個君王的忠心，而是對一種道德倫理原則的盡心盡責。它超出了世俗式的交易式的道德倫理關係。在五倫中，所以凸出三綱，是為了強調君臣、父子、夫婦三者在整個倫理關係中的重要地位，而在三綱中，君臣之間又占有凸出的地位。《白虎通義・三綱之紀》云：「三綱者，何謂也?謂君臣、父子、夫婦也。故《含文嘉》曰：『君為臣綱，父為子綱，夫為妻綱。』何謂綱紀?綱者，張也。紀者，理也。大者為綱，小者為紀。所以張理上下，整齊人道也。人皆懷五帝之性，有親愛之心，是以紀綱為化，若羅網之有紀綱而萬目張也。《詩》云：『亹之文王，綱紀四方。』」⓰天出陽十二句　此處以天地陰陽在四時之暖暑清寒的變化，以譬喻君王行政必須以德教為主，刑罰為副。以暖暑居百與清寒居一的比例關係來說明德教與刑罰的比例關係，要盡量增加愛心，減少苛嚴的政治措施。董仲舒的三綱說以仁義制度為始，最終落腳於厚德簡刑。對君主的行政既有前提，又有節制，並非一味為暴君專制獨斷立說。徐復觀先生認為董仲舒的三綱說為「後世的暴君、頑父、惡夫，對臣、子、妻的壓制，皆援三綱之說以自固自飾，且成為維護專制體制、封建制度的護符，而其端實自仲舒發之。」(《兩漢思想史》)其實問題不完全在於董仲舒發其端的三綱說自身，而是暴君、頑父、惡夫屏棄和割裂三綱說的前提和落腳點，使之孤立出來，成為專制獨裁者實施暴虐欺壓弱者的論據。在這一點上，立意者的初衷與援引者的企圖，二者之間是應該有所區分的。「德教其與刑罰猶此也」中的「其」字為衍文。⓱天地之數二句　十，我國古代是十進位制，數滿於十而進位。單獨的數字是始於一而終於十。故云「天地之數，十而畢舉。」《漢書・律曆志》：「數者，一、十、百、千、萬也。所以算數事物，順性命之理。」在算術的計算上則稱：「紀於一，協於十，長於百，大於千，衍於萬，其法在算術。」也就是以一為基數，不斷地乘以十所產生的一個數的系列和系統。故十在古人心目中有神祕的意義。旬，《說文》：「十日為旬。」⓲生長之功二句　指作物在一年之內生長成熟的期限，至十月而全部完成，即〈煖燠孰多〉篇所云：「故九月者，天之功大究於是月也，十月而悉畢。」與此類似的表述亦見於〈陽尊陰卑〉之篇首。❶天之氣徐六句　此處意謂上天的氣候都是安穩地緩緩運行，既沒有驟然的寒冷，也沒有驟然的暑熱，這樣的話，天氣寒冷的時候人們可以預作防範而不會凍傷，同樣暑熱的時候人們也可以採取措施而不會中暑，天氣以其有餘的部分緩緩而來，決不突然地施暴於人們。徐，安穩貌。乍，驟然。盧文弨云：「乍上當有『不』字。」寒不凍，指沒有凍傷。暑不渴，蘇輿本「渴」作「暍」，蘇輿注云：「暍，傷暑也。」不暍，指不傷於暑。暴卒，指突然而至。⑳易曰二句　易，《易經》，是一部占卜的書，其經文包括卦辭和爻辭兩部分。引文出於《易・坤卦》初六爻辭：「履霜，堅冰至。」意謂人們方在履霜之時，而堅冰將至，此比喻人事吉凶的變化皆由漸而至。㉑蓋言遜也　意謂當人們看到霜時，順推其自然規律，那麼堅冰將至。遜，順也。〈文言〉便作「蓋言順也。」〈象傳〉：「履霜堅冰，陰始凝也。馴致其道，至堅冰也。」馴猶順也。㉒上堅不踰等　指堅冰不會超過降霜的階段而突然降臨人間。㉓弗作而成也　意謂氣候轉寒的變化，不是驟然而至。借此以喻君主的政策亦不應驟然而極變。「作」與「乍」通，青銅器銘文中的乍皆為作。㉔興　指政策方針及法制上的重大變革。㉕稍稍上之　意謂需緩緩地逐步進行，要順著形勢的發展逐步而來。㉖使人心說而安之　此處指變革必須使人們都高興喜悅，大家才能安心地接受這一變化。說，通「悅」。㉗無使人心恐而不使　意謂變革不能使人們由於恐懼變化而導致人們的怨恨。疑下脫一「怨」字。㉘君子以人治人二句　意謂正人君子在管理國事時，只能為人們謀利益辦善事。以人治人，指對國事的管理，只能是一部分人管理大部分人。謹，當作「僅」。愿，老實。指善行。㉙聖人之道四句　聖人治國之道，與天地之道相同，它激盪於四海之內，唯其如此，才能變革民間不良的習慣和風俗，也就是取得移風易俗的實際效果。

【語　譯】任何事物都有互相對應和配合的兩個方面。作為一個完整的事物，都必然是既有上方，又有下方；既有左邊，又有右邊；既有前面，又有後面；既有外表，又有內裡。有美好的，也必有醜惡的；有順向運行的，也必然有逆向的；有表示喜歡的，也必然有表示憤怒的；有寒冷，也必然有暑熱；有白天，也必然有黑夜，這些都是事物互相對應和互相匹配的兩個方面。陰氣的出現是為了與陽氣相合，妻子的存在是為了與丈夫相合，做兒子的要與父親相合，為臣的要與為君的相合。任何事物沒有不互相匹配的，所有的匹配都包含著陰陽兩個方面。陽包含著陰，陰從屬於陽；丈夫包含著妻子，妻子從屬於丈夫；父親包含著兒子，兒子從屬於父親；君王包含著臣，臣從屬於君王。君臣、父子、夫婦之間的道義，都取法於陰陽二者之間的道理。君王為陽，臣下為陰；父為陽，子為陰；丈夫為陽，妻子為陰。屬於陰的事物開始時不能單獨發起，終結時不能分享功德，這就是因為兩者之間有包容和從屬的關係。所以臣下取得的功績要歸功於君王，兒子的功績要歸功於父親，妻子的功績則要歸功於丈夫。陰氣的功績要歸功於陽氣，大地的功績則歸功於上天。可見有的要擡舉它向上，有的則壓抑它向下；有的被摒送往向左邊，有的被引導往右邊；有的被親近而任用，有的則被疏而遠之；有的希望它逐日增益，有的則希望它日漸減損。增加有用的，減損有妨害的。有時減損少而增益多，有時則減損多而增益少。少而不至於斷絕，多而不至於滿溢。陰陽這二樣東西，在一年之中，各自都能出現活動一次，這一次出現的活動過程，它們活動遠近的距離是相同的，但其意義則各不相同。陽氣的出現常常在前面，承擔實際促成作物成長的歲事；陰氣的出現，常常在後面，守在虛空之中。由此可以見到，上天是親近陽氣而疏遠陰氣，任用德政而不任用刑罰。所以仁義制度所顯示的法則，都是從上天那裡效法來的。上天作為君王，覆蓋而潤澤萬物，大地以臣子的身分而執持和承載萬物；陽氣作為丈夫的身分而使作物生長，陰氣以妻子的身分幫助子嗣生長；春天正如父親而使萬物生長，夏天正如兒子而養育萬物；秋天使作物死而為棺殮葬，冬天則表現為哀痛而去辦理喪事。所以王道的三綱，可以從上天那裡得到驗證。上天出陽氣使天氣轉暖以促進萬物的生長，大地出陰氣，使天氣清涼以促成作物成熟。沒有暖和的氣溫，作物便無法生長；沒有氣溫的轉涼，作物便不能成熟。如果計算一下這二者各自所占的比例的份額，那麼溫暖暑熱的日子占到百份，而清涼寒冷的日子只占一份。君王施政時，德教與刑罰的比例也必須是如此。所以聖人總是多一點愛心而少一點嚴酷，增厚其恩德，而簡化其刑罰，這也是為了與天相匹配呀。天的大數有十個，十日構成一旬。旬，就是代表著天地的數，從一到十可舉盡所有的數字。旬，為作物生長所作的功，要十個月才能全部完成。上天氣候的變化是一個緩慢的過程，不是驟然而寒冷，也不是驟然地酷熱，所以寒冷時不會造成凍害，酷熱的時候不會中暑，這就是由於它是慢慢地到來，而不是突然地來到。《易經》說：「腳踩著地面上的霜，就意味著堅冰快要來到。」冷是順著寒潮的趨勢而來的，然而堅硬的冰不會超越霜期而提前到來，如果是上天的作為，決不會驟然而降臨，人的作為也不應當採取那種驟然而趨向於極端的做法。凡是有所興革時，應該慢慢地實施，一切都要順著趨勢而慢慢前進，使所有的人都能感到喜悅而安心地接受，決不能使人們產生恐懼的心理，並由此而產生怨恨。所以說：君子們總是使一部分人去管理許多人，只能從善良的願望出發去做好事，本篇要說的也就是這個意思呀。聖人治國的道理，與天地相通，激盪於四海之內，才能變革百姓們舊的和不良的習慣與風俗。

【研 析】本篇以「基義」為題，即表明全篇所闡述的主題是倫常觀念中最基本的意義，也就是「王道之三綱」。雖然董仲舒在《春秋繁露》全書中只有兩次講到三綱，本篇以外的另一次也只是在〈深察名號〉篇順帶地提到一句「循三綱五紀，通八端之理，忠信而博愛，敦厚而好禮，乃可謂善。」正是這個三綱說在中國思想文化上產生了極其深遠的影響，而且也是近一個多世紀來爭論比較多的一個問題。

緯書《含文嘉》把三綱表述為「君為臣綱，父為子綱，夫為妻綱。」《白虎通義》則把三綱表述為「三綱者，何謂也？謂君臣、父子、夫婦也。」「君臣、父子、夫婦，六人也。所以稱三綱何？一陰一陽之謂道，陽得陰而成，陰得陽而序，剛柔相配，故六人為三綱。」關於綱與紀，《白虎通義》的解釋是「綱者，張也。紀者理也。大者為綱，小者為紀。所以張理上下，整齊人道也。人皆懷五常之性，有親愛之心，是以紀綱為化，若羅網之有紀綱而萬目張也。」所以三綱是傳統倫理觀念的核心部分。

五四以後，對中國的傳統道德觀的批判，三綱說便首當其衝。毛澤東在〈湖南農民運動考察報告〉一文中，強調四權，即政權、族權、神權、夫權，代表了全部封建宗法的思想和制度，是束縛中國人民特別是農民的四大繩索。從思想觀念上看，這四權的束縛都離不開三綱說。政權也就是君權，便是通過君為臣綱作了最明白的表述。

上個世紀這一百多年來對三綱說的批判，不僅限於口誅筆伐，而且經歷了狂風暴雨般廣泛而持久的群眾性的革命運動。董仲舒自然會因此而成為批判的靶子。所以徐復觀先生也為董仲舒的三綱說抱憾，他說：「將先秦儒家相對性的倫理，轉變為絕對性的倫理，這是他在文化上所遺留的無可原諒的鉅大毒害。這是與董氏初心完全相反的。」（《兩漢思想史》卷二）當然也有不同的聲音，如賀麟先生於一九四〇年五月，在《戰國策》上發表〈五倫觀念的新檢討〉一文，提出重新認識三綱說的觀點。他認為由五倫即君臣、父子、夫婦、兄弟、朋友的相對關係進展為三綱的絕對關係有其邏輯必然性。由五倫的交互之愛、等差之愛進展為三綱的絕對之愛、片面之愛可以補救由相對關係所帶來的社會不穩定性。五倫說注重的是人與人的相對關係，而三綱說注重的是人對理、人對地位和名分、人對常德單方面的絕對的義務觀念，把人的倫理修養作為人們必須遵奉的道德律令或無上命令。他把「正其理不謀其利，明其道不計其功」的「理」和「道」解釋為純道德規範，即柏拉圖式的純道德理想，因而對三綱說的踐履也就成了道德上的理想境界。他認為應該擺脫三綱說已死去的軀殼，積極地挖掘三綱說的真義，從而在現代社會建設新的行為規範和準則，那即是把道德本身作為理想和目的，而不是作為工具和手段的倫理識度，加以權威化、制度化，使人人都竭盡對社會單方面的愛和單方面的義務，賦三綱說以時代的新意。

賀麟先生的主張，得到了韋政通先生響應，認為賀麟先生的分析確已把握傳統倫理的本質，以及對三綱的精神作了頗富創意的詮釋，同時賀麟先生也把韋政通先生引為空谷足音，成為兩岸學者在精神上的一次溝通。韋政通先生在《董仲舒》一書中，進一步指出三綱說「這個觀念絕不是任何一個思想家個人的主張或發明，它是中國倫理思想在長期演變過程中，配合歷史環境需要所產生的結果。」「忠孝混同的思想應是了解這一演變更重要的線索。」賀麟先生與韋政通先生的論斷是很有價值的。但如果我們認真閱讀董仲舒的文本，那可以很清楚地知道董仲舒的倫理觀念必須從整體去把握。三綱說的絕對關係還是有前提的。他從天道陰陽所推斷的政治主張是「天之親陽而疏陰，任德而不任刑。」強調的是德政而不是一方對另一方的專政。在行文上他還把「仁義制度之數，盡取之天」作為表述三綱說的前提，並非只對單方面提出倫理上的要求，對另一方便沒有任何約束。三綱中君臣、父子、夫婦之間的關係不是平等的關係，是從屬的關係，是治人與被治的關係。董仲舒在〈仁義法〉中說：「《春秋》之所治，人與我也。所以治人與我者，仁與義也。以仁安人，以義正我。」仁者愛人，「質於愛民，以下至於鳥獸昆蟲莫不愛。不愛，奚足為仁？」「義在正我，不在正人，此其法也。」它的基本精神是「躬自厚而薄責於外」，離開了仁義制度的前提，三綱說便無異於以羊群餵虎狼了。

董仲舒的仁義制度和三綱說，說到底是把權力結構道德化，君權、父權、夫權說到底都是從屬於統治者的權力，都是政治權力。這權力從哪兒來？來源於天，仁義制度是取之於天。王道之三綱亦求之於天。天命說和對道德的遵奉當然有利於統治者維護自己的統治。君王頭頂上當然需要神聖的光環。漢武帝也正是在這一點上需要董仲舒為其編織神聖的光環。然而權力的維護卻不能完全依靠天命說與對道德的遵奉，它還得依靠暴力與陰謀權術。漢元帝為太子時，曾從容對漢宣帝說：「陛下持刑太深，宜用儒生。」宣帝作色曰：「漢家自有制度，本以霸王道雜之，奈何純任德教，用周政乎！」（《漢書・元帝紀》）比較起來，元帝顯得天真，宣帝比較老實，話說得直率而露骨。但那也只是在兒子面前說老實話。所謂王道是指天命和倫理道德，所謂霸道也就是暴力加上陰謀權術。怎樣「雜之」呢？當遵奉道德與神化君權對君王統治有利時，當然會這樣做；當使用暴力與搞陰謀詭計對自己有利時，它也會毫不留情地去做，不管它是針對什麼人，包括自己的父兄和丈夫。轉換的時機取決於君王對利害的權衡與判斷和環境的需要。

在統治者的心目中，倫理永遠只是權力的補充和輔助。李世民在發動玄武門之變時，他與太子哥哥建成，弟弟元吉之間就沒有什麼兄弟的情分了，有的只是你死我活的權力鬥爭，大家搞的都是陰謀詭計，通過暴力來一個消滅另一個。不但如此，就是對父親李淵也不講君臣父子之間的關係了。李世民讓尉遲敬德帶刀去威逼李淵，要他交出權力，此時孝義二字早已丟到九霄雲外了。李世民為了實現自己的目標可以不擇手段。建成與元吉各有五個幼子，一時皆被斬盡殺絕，手段可謂毒辣殘暴。這次事變本身就是一場道德倫理的大崩潰。事變之後，李世民登上皇位，轉身就講起仁義來了。貞觀元年（西元六二七年）他便說：「朕看古來帝王以仁義為治者，國祚延長；任法御人者，雖救弊於一時，敗亡亦促，足是元龜。今欲專以仁義誠信為治，望革近代之澆薄也。」（《貞觀政要》卷五）

倫理實踐上的問題，關鍵是如何把道德倫理對個體內在品格上的要求，如何使軟約束能與硬約束即外在於個體的倫理制度和規則結合起來。從制度上講，對為臣、為子、為婦者在禮儀制度和輿論上有強大的約束力量，反之對為父、為夫者的約束便輕得多，對君王則根本沒有任何約束了。這樣一來，君王對政治權力的運用，往往可以任意超越倫理道德的規範。在西方，情況就完全不同了。當尼克森因水門事件下臺時，在當時大陸中國人心目中覺得這似乎是小題大做；在美國，白宮的獨立檢察官可以公開地揭露克林頓的醜聞，如果這件事發生在中國，那就顯得不可思議了。因為沒有這方面的制度約束，那時醜聞成了防擴散材料，揭露醜聞成了攻擊無產階級司令部，包庇醜聞反而成了維護領導威信和顧全大局的行為。事情的是非完全被顛倒了，人們只能在個人利害面前駐足不前了。除非當事者已失去權力和地位，那時才能譴責其倫理道德上的缺失，這時又往往要小題大做，上綱上線，但也只是為了權力鬥爭的需要。若是這一醜聞涉及其他在位的有權勢者，那麼即使當事者已成了落水狗，這件醜聞也仍然是碰不得的禁區，決不讓信息透明和公開。理由呢，多得很呢！投鼠忌器啊，內外有別啊，找個藉口還不是容易得很！所以在東方權力往往凌駕於倫理之上。

當然，如若權力完全背離倫理基本原則，執政者完全失去民眾及其周圍之信任和追從的時候，那麼它離開崩潰的日子也不會很久了。多行不義者必自斃。歷史的警示，或多或少地約束著執政者不得不維護自己的道德形象，並檢點約束自己的行為。這樣的約束畢竟缺少制度的保障。所以真要不僅在思想上把握住，而且在實踐上體現三綱說的真義，把遵循倫理作為個人存在的目的、理想和價值，它不僅需要思想觀念上的薰陶，在實踐上它更需要有制度上的約束和保障。否則的話，倫理難免要淪落為強權的奴婢。賀麟先生的立論是那麼善良，又那麼崇高，將來或許會成為現實。但是在過去和眼前的現實中卻又顯得那麼天真。這可應了周一良先生的一句話：「畢竟是書生。」在中國傳統政治的漩渦中畢竟沒有書生立足之地。那裡畢竟是暴力與陰謀占著主導的地位。賀麟先生、徐復觀先生、周一良先生都已作古了，但他們的平生遭際都說明了這一點。

【闕文】第五十四

卷第十三

四時之副 第五十五

【題解】篇名〈四時之副〉，以慶賞罰刑四政配天之春夏秋冬四時，著重闡述四政與四時同類相應，為天人所同有，都不可以互相干擾和易處，而是各有其正處。王者配天，應按照時令而施行政令。

天之道，春煖以生，夏暑以養，秋涼以殺，冬寒以藏❶。煖暑清寒，異氣❷而同功❸，皆天之所以成歲❹也。聖人副天之所行以為政，故以慶副煖而當春，以賞副暑而當夏，以罰副涼而當秋，以刑副寒而當冬❺。慶賞罰刑，異事而同功，皆王者之所以成德也❻。慶賞罰刑與春夏秋冬，以類相應❼也，如合符❽。故曰王者配天，謂其道。天有四時，王有四政，四政若四時，通類也❾，天人所同有也。慶為春，賞為夏，罰為秋，刑為冬。慶賞罰刑之不可不具也，如春夏秋冬不可不備也。慶賞罰刑，當其處不可不發，若煖暑清寒，當其時不可不出也。慶賞罰刑各有正處，如春夏秋冬各有時也❿。四政⓫者，不可以相干也，猶四時不可相干也⓬。四政者，不可以易處⓭也，猶四時不可易處也。故慶賞罰刑有不行於其正處者，《春秋》譏也⓮。

【注釋】❶春煖以生四句　本句所述源自《管子》。《管子・形勢解》以陰陽二氣之盈縮變化解釋四時氣候暖暑清寒的變化，云：「春者，陽氣始上，故萬物生。夏者，陽氣畢上，故萬物長。秋者，陰氣始下，故萬物收。冬者，陰氣畢下，故萬物藏。」「秋涼以殺」在蘇輿本中作「秋清以殺」，從下文緊接為「煖暑清寒」來看，當以「秋清以殺」為是。❷異氣　指暖暑為陽氣，清寒為陰氣，二者性質各異。❸同功　指陰陽二氣同作功於萬物。❹成歲　指天之道以春夏秋冬四時之節，周而復始以構成年歲之常。❺聖人副天之所行以為政五句　此處以人主之慶賞刑罰以對應於天之春夏秋冬的常道。副，相稱。《管子・形勢解》云：「故春夏生長，秋冬收藏，四時之節也。賞賜刑罰，主之節也。四時未嘗不生殺也，主未嘗不賞罰也。」「以罰副涼」在蘇輿本作「以罰副清」，以蘇輿本為是，理由同前。❻異事而同功二句　異事，指慶賞與刑罰為不同性質的事。同功，指慶賞、罰刑二者皆為聖人治國安民時不可或缺，必須兩者皆備方能構成王者之德。❼以類相應　指二者在天人之間以同類而相應。同類相應的思想見於《易・文言》：「同聲相應，同氣相求。水流濕，火就燥；雲從龍，風從虎，聖人作而萬物覩。」類似內容亦見於《呂氏春秋・有始覽・應同》：「類固相召，氣同則合，聲比則應，鼓宮而宮動，鼓角而角動。平地注水，水流濕。均薪施火，火就燥。山雲草莽，水雲角觴，旱雲煙火，雨雲水波，無不皆類其所生以示人。」畢沅認為此句中「角觴」是「魚鱗」之誤。❽合符　指二者相合若符契，絲絲入扣。❾王者配天六句　此處言王者與天相對應，王道與天道相對應。春夏秋冬四時為天之道，慶賞罰刑為王道之四政，故王者之慶賞罰刑與天道之春夏秋冬相對應。❿慶賞罰刑各有正處二句　此處言春夏行慶賞，秋冬行罰刑，各有時令。《初學記・賞賜》引《春秋傳》曰：「古之理人者，勸賞而畏刑，恤人不倦，賞以春夏，刑以秋冬。將賞為之加膳，加膳則飫賜，此所以知其勸賞也。」《陸宣公奏議》：「臣聞聖人作則，皆以天地為本，陰陽為端。慶賞者，順陽之功，故行於春夏；刑罰者，法陰之氣，故用之秋冬。事或愆，民人必罹咎。」⓫四政　指慶賞罰刑。⑫不可以相干也二句　意謂慶賞罰刑各有其所適用之處，不能互相干擾。賞罰不當，將使是非善惡顛倒，導致社會的動盪混亂。猶如春夏秋冬四時暖暑清寒的氣候不能移位而互相干擾，如果季節不當時令，就會影響作物的生長和成熟。相干，指互相干擾。⑬不可以易處　指慶賞罰刑為君王權柄之所在，不可易其位。《韓非子・二柄》：「殺戮之謂刑，慶賞之謂德。為人臣者畏誅罰而利慶賞，故人主自用其刑德，則群臣畏其威而歸其利矣。故世之姦臣則不然，所惡則能得之其主而罪之，所愛則能得之其主而賞之。今人主非使賞罰之威利出於己也，聽其臣而行其賞罰，則一國之人皆畏其臣而易其君，歸其臣而去其君矣，此人主失刑德之患也。夫虎之所以能服狗者，爪牙也；使虎釋其爪牙而使狗用之，則虎反服於狗矣。人主者，以刑德制臣者也。今君人者，釋其刑德而使臣用之，則君反制於臣矣。」⑭故慶賞罰刑有不行於其正處者二句　慶賞罰刑有不行於其正處者，指慶賞不當其功而罰刑不當其罪。《管子・形勢解》云：「明主之動靜得理義，號令順民心，誅殺當其罪，賞賜當其功。故雖不用犧牲珪璧禱於鬼神，鬼神助之，天地與之，舉事而有福。亂主之動作失義理，號令逆民心，誅殺不當其罪，賞賜不當其功。故雖用犧牲珪璧禱於鬼神，鬼神不助，天地不與，舉事而有禍。故曰犧牲珪璧不足以享鬼神。」春秋時，由於賞罰不當而為《春秋》譏刺之事比比皆是，如《春秋》在魯成公十七年（西元前五七四年）記載：「晉殺其大夫郤錡、郤州、郤至。」次年有「晉殺其大夫胥童。庚申，晉弒其君州蒲。」何休注：「厲公猥殺四大夫，臣下人人恐見及，以此致禍。」〈王道〉篇稱此事為「晉厲公行暴道，殺無罪人，一朝而殺大臣三人。明年臣下畏恐，晉國殺之。」

【語　譯】上天運行的常道是：春季溫暖以促進萬物的生長，夏季以暑熱來長養萬物，秋季以清涼來肅殺萬物，冬季以寒冷使萬物得以貯藏。溫暖暑熱，清涼寒冷，不同的氣候都是為萬物作功，都是上天用來完成歲事所作的功。聖人是對照天道的作為來推行其政事的，所以用慶賀來對應春天轉向溫暖的氣候，用賞賜來對應夏季升為暑熱的氣候，用懲罰來符合秋天轉向清涼的氣候，用刑戮來符合冬天轉向寒冷的氣候。慶賀、賞賜、懲罰、刑戮等事雖然各不相同，但其目的和功用則又是相同的，都是王者實施其德治的手段。慶賀、賞賜、懲罰、刑戮與四時的春夏秋冬，都是以類相對應的，二者之間就如符契相合那樣絲絲入扣。所以說，王者是與上天相對應的，是以他所推行的王道與天道相匹配的。上天有春夏秋冬四時，王者便有慶賞罰刑四政，四政與四時一般，在類別上兩者是相通的，這是天人所共有的。慶賀也就是春天，賞賜也就是夏天，懲罰也就是秋天，刑戮那就是冬天了。在人們的社會生活中，慶賀、賞賜、懲罰、刑戮是不能不具備的，正如一歲之中，春夏秋冬四季的變化是不能不完備的一樣。慶賀、賞賜、處罰、刑戮在相應的場合，就不能不發揮它們應有的作用，正如氣候上溫暖、暑熱、清涼、寒冷在其相應的時令，就不能不讓它們出現。慶賀、賞賜、懲罰、刑戮一定要用得恰到好處，正如春夏秋冬四時的轉換也各有其節令。慶賞罰刑這四項政事不能讓它們互相干擾，正如春夏秋冬四時的節令也不能互相干擾。慶賞罰刑的執掌者不可改換其應該施用的地方，正如春夏秋冬四時不能改變其場所。若是君王行慶賞不當其功，罰刑不當其罪，《春秋》便會譏諷它。

【研　析】本篇以慶賞罰刑四政配天之春夏秋冬四時，著重闡述兩者同類相應，如合符契，從而推論四政若四時，不可以互相干擾，不可以互相易處。

董仲舒把陰陽思想表現於政治理論，便是把陰陽與刑德相配比，而把陰陽刑德的觀念引入整個社會生活的領域，那便是一方面按陰陽四時來安排農業生產，另一方面是依陰陽來安排慶賞罰刑。這是一種從戰國到秦漢非常流行而且時髦的觀念。這個觀念在《易·文言》中已有表述：「夫大人者與天地合其德，與日月合其明，與四時合其序，與鬼神合其吉凶，先天而天弗違，後天而奉天時。」這裡的「與四時合其序」，便是依照四時的順序來安排政令。所謂先天，是指自然變化未萌時順應天道的軌跡加以引導；所謂後天，即順應自然變化的趨勢。「與天地合德，與日月合明」也就是求得天人之際的協調。這個觀念在《黃帝四經》中便得到發揮，主張：「春夏為德，秋冬為刑。」「先德後刑以養生。」「夫並時以養民功，先德後刑，順于天。」(《十大經·觀》)「三時成功，一時刑殺，天地之道也。」(《經法·論約》)這些觀念在董仲舒闡述陰陽刑德的諸篇中都有所發揮。

至於具體闡述四時的政令，在《管子》的許多篇目中多有論述，如〈四時〉篇云：「陰陽者，天地之大理也。四時者，陰陽之大經也。刑德者，四時之合也。刑德合於時則生福，詭則生禍。」也就是政令必須與時令相符，相符則國有福，相違則國有禍，也都是本篇所闡述的基本觀念。為了使陰陽四時與五行相匹配，具體規定了四時皆有五政，如果政令與時令相錯，即本篇所言之四政相干，情況就非常不妙。《管子．四時》云：「春行冬政則雕（凋），行秋政則霜，行夏政則欲。」「夏行春政則風，行秋政則水，行冬政則落。」「秋行春政則榮，行夏政則水，行冬政則耗。」「冬行春政則泄，行夏政則雷，行秋政則旱。」說明若是王者的政令與四時相背，會導致時令的錯亂，藉此說明天人相應。至《呂氏春秋》在十二紀的紀首中，把政令直接與各月時節相匹配，這十二紀的紀首也就是《禮記》的〈月令〉。

綜合以上著作中所述的這些政令，可以分成兩大類：一類是屬於為農業和畜牧業生產服務的，有其合理的一面；另一類是屬於政治性質的，亦有其合理的成分，但難免有牽強附會的地方。柳宗元在〈時令論〉一文中，就提出了不同的意見，他說：「凡政令之作，有俟時而行之者，有不俟時而行之者。」他認為若「孟春修封疆，端經術相土宜，無聚大眾」這一類為春耕生產服務的政令，「固俟時而行之」；至於「布德和令，行慶施惠，養幼少，省囹圄，賜貧窮，禮賢者」這一類政令，則屬於「固不俟時而行之者」，即使不在春季也應該去做。至於「反時令則有飄風暴雨霜雪水潦，大旱沈陰，氛霧寒暖之氣」之類的災異，是屬於「瞽史之語，非出於聖人者也」。柳宗元這樣分析四時教令還是比較公允的。在農業社會，政令必須服從於農業生產的季節性安排，有其合理的一面，但並非所有的政令皆需如此；另一方面還應該看到由於政令的錯失而導致普遍性地錯失農時季節，也確實會引起巨大的自然災害，但這並不是上天在懲處人們，而是人為的失誤所直接造成的嚴重後果。

至於董仲舒所言「四政者，不可以易處」，還包含著另一重涵義，即刑賞是君王的權柄，如果大權旁落，那也會造成君臣換位的嚴重後果。《韓非子．二柄》講了齊國與宋國二個案例，云：「今君人者，釋其刑德而使臣用之，則君反制於臣矣。故田常上請爵祿而行之群臣，下大斗斛而施於百姓，此簡公失德而田常用之也，故簡公見弒。子罕謂宋君曰：『夫慶賞賜予者，民之所喜也，君自行之；殺戮刑罰者，民之所惡也，臣請當之。』於是宋君失刑而子罕用之，故宋君見劫。田常徒用德而簡公弒，子罕徒用刑而宋君劫。」董仲舒在〈保位權〉篇也強調了「為人君者，固守其德以附其民，固執其權以正其臣」的道理。

人副天數 第五十六

【題解】篇名〈人副天數〉，著重闡述天人合一的觀念。董仲舒在此篇中將人體各器官與四時、十二月等天數相比附，強調人有小骨節三百六十六副一年中的日數，四肢副四時數，以及耳目聰明象日月，空竅理脈象川谷，心有哀樂喜怒象神氣之類，從而闡明人副天數，故人能超然卓立於萬物之上。

天人合一的觀念可以上溯自《易經》，在戰國晚期到秦漢時期十分流行，《呂氏春秋》、《淮南子》、《白虎通義》、《論衡》及各種緯書中多有論及。董仲舒是其中的最凸出者，對天人合一的理論起了集大成的作用。

天德施，地德化，人德義。天氣上，地氣下，人氣在其間❶。春生夏長，百物以興；秋殺冬收，百物以藏。故莫精於氣❷，莫富於地❸，莫神於天❹。天地之精所以生物者，莫貴於人❺。人受命乎天也，故超然有以倚❻。物疢疾莫能為仁義，唯人獨能為仁義❼；物疢疾莫能偶天地，唯人獨能偶天地❽。人有三百六十節，偶天之數也❾；形體骨肉，偶地之厚也❿；上有耳目聰明，日月之象也⓫；體有空竅理脈，川谷之象也⓬；心有哀樂喜怒，神氣之類也⓭。觀人之體一，何高物之甚，而類於天也⓮。物旁折取天之陰陽以生活耳，而人乃爛然有其文理⓯。是故凡物之形，莫不伏從旁折天地而行[16]，人猶題直立端尚[17]，正正當之[18]。是故所取天地少者，旁折之；所取天地多者，正當之。此見人之絕於物而參天地[19]。是故人之身，首坌員，象天容也[20]；髮，象星辰也；耳目戾戾，象日月也；鼻口呼吸，象風氣也[21]；胸中達知，象神明也；腹胞實虛，象百物也[22]。百物者最近地，故要以下，地也。天地之象，以要為帶。頸以上者，精神尊嚴，明天類之狀也；頸而下者，豐厚卑辱，土壤之比也[23]。足布而方，地形之象也[24]。是故禮[25]，帶置紳必直其頸[26]，以別心也。帶而上者盡為陽，帶而下者盡為陰[27]，各其分[28]。陽，天氣也；陰，地氣也[29]。故陰陽之動，使人足病，喉痺起[30]，則地氣上為雲雨，而象亦應之也[31]。天地之符，陰陽之副，常設於身[32]。身猶天也，數與之相參，故命與之相連也。天以終歲之數，成人之身[33]。故小節三百六十六，副日數也[34]；大節十二分，副月數也[35]；內有五藏，副五行數也[36]；外有四肢，副四時數也[37]；乍視乍瞑，副晝夜也[38]；乍剛乍柔，副冬夏也[39]；乍哀乍樂，副陰陽也[40]；心有計慮，副度數也[41]；行有倫理，副天地也[42]。此皆暗膚著身[43]，與人俱生，比而偶之弇合[44]。于其可數也，副數[45]；不可數者，副類[46]。皆當同而副天，一也[47]。是故陳其有形以著其無形者，拘其可數者[48]。以此言道之亦宜以類相應，猶其形也，以數相中也[49]。

【注　釋】❶天德施六句　此處言天地人與萬物各自的定位。人在天地之間，人高於萬物。萬物隨著春夏秋冬周而復始地出生長養，肅殺收藏。天德施，指天的德性是雲行雨施。〈離合根〉篇云：「天高其位而下其施，藏其形而見其光。高其位，所以為尊也；下其施，所以為仁也；藏其形，所以為神；見其光，所以為明。」地德化，指地的德性是交易變化。《藝文類聚》引《元命苞》云：「地者，易也。言萬物懷任，交易變化，含吐應節。」人德義，指人的德性是仁義。〈為人者天〉篇云：「人之德行，化天理而義。」天氣上三句，意謂天地人皆由氣組成，天氣在上，地氣在下，人氣在天地之間。《淮南子・天文訓》：「道始於虛廓，虛廓生宇宙，宇宙生氣。氣有涯垠，清陽者薄靡而為天，重濁者凝滯而為地。」❷莫精於氣　指世上存在沒有比氣更精細的了。精，《說文》：「擇也。从米青聲。」指精舂過的上白米，引申為一切事物之精細而純淨者。❸莫富於地　指地厚載萬物，故云其富。❹莫神於天　指天無形，所以為神。〈立元神〉篇云：「神者，不可得而視也，不可得而聽也，視而不見其形，聽而不聞其聲。」❺天地之精所以生物者二句　萬物為天地之精氣聚散而成。《淮南子・天文訓》：「天地之襲精為陰陽，陰陽之專精為四時，四時之散精為萬物。」而萬物中則以人為最貴，故董仲舒在〈服制象〉篇云：「天地之生萬物以養人，故其可適者以養身體，其可威者以為容服，禮之所為興也。」❻人受命乎天也二句　指人受命於天，超然卓立於萬物之上，因為有上天可以倚靠。倚，倚靠。❼物疢疾莫能為仁義二句　指物皆有缺陷，故不能為仁為義，所以除了人以外，這是任何他物所不能具備的品性。疢，指熱病。仁者愛人，義者正我。《易・說卦》：「立人之道，仁與義。」。❽物疢疾莫能偶天地二句　意謂百物皆有缺陷，故不能與天地相匹配。唯有人才能與天地相匹配。偶，匹配，指與天地相配比。❾人有三百六十節二句　指人有三百六十骨節，與一年三百六十天之數相配偶。下文作三百六十六。《淮南子・天文訓》：「天有四時，以制十二月；人亦有四肢，以使十二節。天有十二月，以制三百六十日；人亦有十二肢，以使三百六十節。」❿形體骨肉二句　指人之形體有骨有肉，以骨肉配地之厚載。《黃帝內經》有「人以九九制會」之說，即以人之九竅與地之九州相配。九竅為人之耳、目、口、鼻七竅及尿道與肛門。⓫上有耳目聰明二句　此處以人之耳目聰明，比於天之日月。《淮南子・精神訓》：「是故耳目者，日月也。」⓬體有空竅理脉二句　以人體之空竅理脈比大地之山川河谷。空竅，指人之九竅。理脉，指人之經絡和血脈。脉即「脈」字。⓭心有哀樂喜怒二句　指天地陰陽四季之間的變化，以人內心感情的喜怒哀樂以比天地之間生生不息的變化。⓮觀人之體一三句　意謂從整體上觀察，可以看到人的品位遠遠要高於萬物，何其類似於上天。體一，指人的整體。⓯物旁折取天之陰陽以生活耳二句　此處意謂萬物只是從旁摘取上天陰陽變化而生活，而人則燦燦然有其紋理。旁折，指從旁摘取。爛然，光輝燦爛。文理，紋理。⑯伏從旁折天地而行　指走獸在天地之間只能俯伏於地傍側而行。伏從，俯伏順從。蘇輿認為「天地」二字疑衍。⑰人猶題直立端尚指人能昂首直立端正而行。蘇輿本中「猶」作「獨」字。盧文弨認為「端尚」應是「端向」。題，通「頭」。⑱正正當之　指人能堂堂正正行於天地之間。⑲是故所取天地少者五句　意謂走獸等動物所取於天地者少，故只能俯伏傍地而行，而人所取於天地者多，故能堂堂正正以當之。由此可以見到人區別於一般的動物而能與天地相參合。絕，不續；區別。⑳是故人之身三句　古人認為天圓地方，此處以為人首似天之容貌。《淮南子・精神訓》：「頭之圓象天。」凌曙云：「《春秋元命苞》：『㚵頭者，人所居，上圓象天，氣之府也。歲必十二，故人頭長一尺二寸。』」㚵，俞樾云：「㚵讀為頒。」《說文》頁部：「頒，大頭也。」《詩經・魚藻》：「有頒其首。」《毛傳》曰：「頒，大首貌。」並合㚵員之義。」員，通「圓」。天容，指天之容貌。㉑髮象星辰也六句　此處指人的頭髮象徵天上的星辰，人的耳目象徵天上的日月，人鼻口呼吸的氣息象徵天空中風雲往來與流動。《論衡・祀義》：「日月猶人之有目，星辰猶人之有髮。」戾，背乖。戾戾，指兩耳與兩目皆雙雙相背。㉒胸中達知四句　指人胸中所包含的通達的智慧，是上天神明的象徵。腹部用來填實虛空的肚子是象徵世上的百物。〈服制象〉篇云：「天地生萬物以養人，故其可適者以養身體。」㉓百物者最近地十一句　全句意在說明人高於一般的走獸動物。凌曙本引《春秋元命苞》云：「腰而上者為天，尊高，陽之狀。腰而下者為地，豐厚，陰之象。數合於四，故腰周四尺。」百物，泛指一般的走獸等動物。以要為帶，指以直立的人的腰部為分界線。要，即「腰」。頸以上者二句，頸當為「腰」字之誤，指直立的人在其腰部以上，有思想和精神，故高於一般動物，其狀況與天同類。頸而下者二句，此頸亦為「腰」字之誤。頸而下者，指其高度為人腰部以下的走獸動物，其形體豐厚低矮卑下，與泥土相鄰。㉔足布而方二句　古人認為天圓地方，人首圓形象天，人足長方形象地。凌曙本引《孝經援神契》云：「足方象地。」《淮南子・精神訓》：「足之方也象地。」㉕是故禮　謂依照禮制。㉖帶置紳必直其頸　帶，指古人穿禮服時所束之腰帶。頸，當為腰之訛。紳，古人縛於腰部的大帶甚長，束於腰間，其剩餘部分垂下，與腰帶成垂直的關係。㉗帶而上者盡為陽二句　指以腰帶為分界線，人的心臟在人身的上半部分，顯示人身有上下之分，故人身腰帶以上的部分屬陽，腰帶以下的部分屬陰。㉘各其分　意謂人身上下二部分各有其尊卑關係的名分。㉙陽天氣也四句　上半身屬於陽，為天氣；下半身屬陰，為地氣。迄今鄉間老人仍有區分人上半身與下半身用品的習俗，二者有尊卑之分，不能混用。㉚人足病二句　若足部受寒，引發足部的疾病，有時亦會引起咽喉部的病變。喉痺，是指咽喉部的疾病。痺，閉塞不通之意，其症狀是咽部紅腫灼熱，吞嚥不便。㉛地氣上為雲雨二句　指地氣上升，天象亦會得到反應。董仲舒在〈五行對〉篇云：「地出雲為雨，起氣為風。風雨者，地之所為。地不敢有其功名，必上之於天。命若從天氣者，故曰天風天雨也，莫曰地風地雨也。」㉜天地之符三句　意謂天氣地氣之間若有符信，表現為陰陽二氣的運行，好似也設置在人的身體上。《呂氏春秋・有始覽・有始》：「天地萬物，一人之身也，此之謂大同。」此處董仲舒以「人足病，喉痺起」為例說明這種互動的關係。足病是地氣，也就是陰動的表現。喉痺起，是頭部的病症，是天象反應之表現。陰陽之間有互動的關係。㉝身猶天也五句　此處言人身與天相對應，天一歲之數與人身之數互相參合，以此言天命使人與天相連。下文具體言天數與人身之數字之間的對應關係。㉞故小節三百六十六二句　指人體小的骨節，有三百六十六，與一歲三百六十六日相對應。㉟大節十二分二句　指四肢之大關節有十二，以與一年十二月相對應。㊱內有五藏二句　五藏，即五臟，指心、肝、脾、肺、腎。古人以五臟配比五行，如心屬火，肺屬金，脾屬土，肝屬木，腎屬水。中醫理論運用五行生剋來說明五臟之間相互聯繫和相互制約的關係。中醫還將脈、皮、筋、肉、骨和色、毛、爪、髮、唇等，分別和五臟相配合。因此，中醫認為從體表的變化可以知道內臟的病變，而內臟的變化亦可以影響體表的狀況，中醫臨床上對此叫作以內知外，以外測內。㊲外有四肢二句　四肢，指雙手與雙足，以與春夏秋冬四時配比。如此把天之數與人之數配比，在戰國至秦漢是一種流行的觀念，若《淮南子・精神訓》云：「天有四時、五行、九解、三百六十六日，人亦有四肢、五臟、九竅、三百六十六節。」《黃帝內經・生氣通天論》云：「天地之間，六合之內，其氣九州，九竅、五臟、十二節皆通乎天氣。」然各自的配比在細節上又互有出入。㊳乍視乍瞑二句　指人白天視事與晚間睡眠的變化，與天地之間晝夜變化相比配。乍，「作」的古字。瞑，他本多作「瞑」。瞑與眠同。㊴乍剛乍柔二句　指以人之剛柔配天之冬夏。㊵乍哀乍樂二句　指人以哀配陰，以樂配陽。㊶心有計慮二句　人之思慮也是為了計量和更好地配比上天運行變化的天數。心有計慮，心之官則思，亦即是計慮。度數，計量天數。㊷行有倫理二句　指人的行為離不開君臣、父子、夫婦之間的尊卑關係，以與天尊地卑相配比。㊸暗膚著身　意謂如皮膚一般暗暗附著在人身上。㊹比而偶之弇合　此處指天人二者如此深深地吻合。弇，深。㊺于其可數也副數　指一年之四時、五行、十二月、三百六十六與人之四肢、五臟、十二大骨節、三百六十六小骨節，天人之間便是在數上相配比。㊻不可數者副類　指無法以數計算的，則以類相配比，若視瞑、剛柔、哀樂、計慮、倫理，皆無法計數，故以類相副。㊼皆當同而副天一也　指不論副數與副類，都同為人與天相副。一也，意謂天人一也。㊽是故陳其有形以著其無形者二句　有形與可數者相對應，無形與不可數者相對應。有形，指小節、大節、五臟、四肢之屬。著，顯示。無形，指視瞑、剛柔、哀樂、計慮、倫理。盧文弨云：「舊本脫『以著其不可數』六字，今訂補。」盧說為是，此句應為「拘其可數以著其不可數者」。㊾以此言道之亦宜以類相應三句　道，指天道與王道，由天人合一推論天道與王道之間亦應對應，有的是以類相應，而有形者亦可以與天數相符，若董仲舒在〈官制象天〉篇中解釋官制「三公、九卿、二十七大夫、八十一元士凡百二十人」，亦是與天數「三起而成，四轉而終」相配比。地與天相配，三月為一時，四選而止，儀於四時而終。十二臣為一條，與十二月相應。

【語　譯】天的德性是施與，地的德性是化育，人的德性是仁義。天氣在上面，地氣在下面，人氣在天地之間。春天時萬物萌生，夏天時長養，秋天時肅殺，冬天收聚，萬物因此而貯藏。在天地宇宙間，沒有比氣更純美而細緻，沒有比地更加豐富，沒有比天更加神靈了。天地的精氣造就萬物，沒有比人更加珍貴的了。人從上天那裡接受賦命，所以能超然卓立於萬物之上。萬物都有缺陷，不能行使仁義，唯獨人能行使仁義；萬物因為存在各種缺陷，所以不能與天地相配偶，只有人能與天地相配偶。人體有三百六十（六）處骨節，那是與一歲的天數相配比；人的形體的骨肉，與大地的厚重相耦合。人的首部有耳目的聰明，那是上天日月的象徵；人的身體有空穴和經絡血脈，那是山川河谷的象徵；人的心情有哀樂喜怒，與上天的神氣相類似。若從整體上觀察人的身體，何等地比萬物高貴！完全可以說是與上天同類。大萬物中的獸類，只是摘取天地之間陰陽的餘氣而生活的，而人則是那樣光彩奪目，紋理井然而有序。大凡物中走獸的形狀，都是俯伏側身於地面而在天地之間行走，只有人才是昂首直立端正的狀態，堂堂正正地面對著天地。走獸吸取天地靈氣少，只能依傍俯伏在地面上走；人吸取天地的靈氣多，所以能堂堂正正地面對天地。由此可以見到人超過萬物而能與天地相參合。所以人的身體頭大而圓，象徵著上天的容貌；頭髮好似天上的星辰；人的耳目雙雙互相對應，象徵著天上的日月；鼻子和口的呼吸，象徵著上天的風雲湧動往來；胸中充塞著通達的智慧，象徵著上天的神明；填滿腹腔空虛的臟腑，是大地孳生百物的象徵。走獸百物，都最靠近於地面，所以腰以下這部分的性質屬地。天地的象徵，以腰部為分界線。

頸（腰）以上的，精神威嚴而端莊，表明其與天相類的狀態；頸（腰）以下的，表現為豐厚而卑下，表明它與土地相類似，足底平而呈方形，是大地形狀的象徵。所以，按照禮制上的規定，人們禮服的腰帶下垂的紳必須與頸（腰）垂直，以和上面心臟的部位相區別。腰帶以上的各個部位都屬於陽，腰帶以下的各個部位都屬於陰，它們各有其名分。陽，指的是天氣；陰，指的是地氣。所以陰氣和陽氣的運動在相互之間都有影響，人的足底有病，也可以使人的喉頭發生疾病，那就是地氣上升為雲雨，表現為與之相應的天象。天地之間來往的符信，與陰陽二氣的互動相契合，而這一切又都會在人身上反映出來。人的身子就好似上天一般，天數與人數互相參合，是因為有天命使二者相連在一起。上天在一年之間相關的天數，同樣也會出現在人的身上。故所以人有小的骨節三百六十六，它便與一年的日數相配比；人有十二個大骨節，與一年有十二月的月數相配比；人體內部有五臟，與五行的數目相配比；人在外有四肢的運動，與一年有四時相配比。人們睜開眼睛看，閉上眼睛睡眠，正好與白天和黑夜相配比；人們有時表現為剛強，有時表現為柔順，正好與四時的冬季和夏季相配比；人們有時悲哀，有時歡樂，正好與陰陽相配比；人的心志有思慮和籌劃，是為了與上天運行的度數相配比；人的倫常中有尊卑之間的區分，正好與天尊地卑相配比。這一切同時都暗暗地附著在人的身上，它是人們與生俱來的，深深地互相對應而耦合在一起，有的能用數字來計算的，便在數目上符合；有的無法用數目來計算的，可以在類別上相符合。兩者都能與上天相配比，天人是合一的。所以可以通過有形的東西以彰明無形而以類相配比的東西，其有形可以計數的則根據其數來互相配比，其無形而不能計數的同樣也能互相配比。由此可以說明，天道與王道之間，是以類相應的，正如有形的東西，在數目上互相配比那樣。

【研　析】天人之際是戰國後期至秦漢時期，思想界中反覆議論的一個非常時髦的話題。天人合一的觀念，源遠流長，可以上溯到《易經》中的論述，如《易・象傳》乾卦有「天行健，君子以自強不息。」坤卦有「地勢坤，君子以厚德載物。」這裡所論述的也就是天地人三者之間的關係。又如呂不韋在《呂氏春秋・序意》闡述其著述的原則時，說：「上揆之天，下驗之地，中審之人，若此則是非可不可無所遁矣。」

劉安在《淮南子・要略》概述自己著述的目的時，他說：「夫作為書論者，所以紀綱道德，經緯人事，上考之天，下揆之地，中通諸理。」說到底還是天地人三者的關係。

這一類例子還可以舉出不少。怎樣來論證天人之際的關係？《呂氏春秋・序意》還說到：「天曰順，順維生；地曰固，固維寧；人曰信，信維聽。三者咸當，無為而行。行也者，行其理也。行數，循其理，平其私。」陶維慶認為依上下文，「行數」當是「行其數」，數與理是相通的。數就是天數，理也就是天理。劉安所說的「中通諸理」，這個理既是天理，也是天數。天數在哪裡呢？那就是歲時之數，由人合天數來論證天人合一，那就成為最便捷的方法了。將人體器官的數字與歲時數字配比起來，也就成了當時的時髦理論了。董仲舒把小骨節三百六十六副日數，大骨節十二副月數，五臟副五行數，四肢副四時數。這種做法並不限於董仲舒一人，其他思想家也都如此。《呂氏春秋》、《淮南子》、《白虎通義》、《論衡》等著作都有這方面的論述，緯書中這一類論述就更多了。

這樣的類比，在今人看來比較牽強附會，然而把人看作大自然的一部分，從人個體的結構去窺視宇宙的奧祕這一點上，也有其合理的成分。同時，它又把歲時之數，作為天數，使之成為具有神祕的力量和象徵天意的作用，這一點也不容忽視。法天，也就往往變成取法於天數，所以董仲舒在〈官制象天〉中把官職的員數與天數相配比，這樣也就產生三公、九卿、二十七大夫、八十一元士百二十人以配比歲時的「三起而成，四轉而終」為十二月，這樣便能「備天數以參事」。董仲舒倡導以奉行天道而謹於治國，固然是一種形式化的生硬的配比，但在帝王的冠服禮儀上可以找到許多例證。如君王郊祀祭天時，《禮記・郊特牲》說：「王被袞以象天，戴冕璪十有二旒，則天數也。乘素車，貴其質也。旂十有二旒，龍章而設日月，以象天也。天垂象，聖人則之，郊所以明天道也。」這裡的「十二」就是天數，因為一年有十二月。在今人看來，人法天數，有些是偶然的巧合，如四肢與四時，有些是無可無不可，有些是牽強附會而近乎荒唐，但在那個時代，人們是非常認真並鄭重其事地去執行的。否則的話，那就是違背天數或天理，那可是大逆不道的事。須知在那個年代，人對天只能順其道而行，容不得有半點執拗和違抗。

同類相動 第五十七

【題解】篇名〈同類相動〉，繼續闡述天人合一的觀念。董仲舒從兩個方面論證天人相應，一是以數相副，一是以類相副。上一篇〈人副天數〉主要論證以數相副，本篇的主旨是以類相召，同類相應。董仲舒認為天有陰陽，人亦有陰陽，天人之間可以互相感應，而且美惡皆有從來，美事召來美類，惡事召來惡類，並舉出周之將興，天降禎祥作為例證。

今平地注水，去燥就濕；均薪施火，去濕就燥❶。百物其去所與異，而從其所與同。故氣同則會，聲比則應，其驗皦然也❷。試調琴瑟而錯之，鼓其宮則他宮應之，鼓其商而他商應之，五音比而自鳴，非有神，其數然也❸。美事召美類，惡事召惡類，類之相應而起也❹。如馬鳴則馬應之❺。帝王之將興也，其美祥亦先見；其將亡也，妖孽亦先見❻。物故以類相召也，故以龍致雨，以扇逐暑，軍之所處以棘楚。美惡皆有從來，以為命，莫知其處所❼。天將陰雨，人之病故為之先動，是陰相應而起也。天將欲陰雨，又使人欲睡臥者，陰氣也❽。有憂亦使人臥者，是陰相求也；有喜者，使人不欲臥者，是陽相索也❾。水得夜益長數分❿，東風而酒湛溢⓫，病者至夜而疾益甚，雞至幾明，皆鳴而相薄⓬。其氣益精⓭，故陽益陽而陰益陰⑭，陽陰之氣，固可以類相益損也⑮。天有陰陽，人亦有陰陽。天地之陰氣起，而人之陰氣應之而起；人之陰氣起，而天之陰氣亦宜應之而起，其道一也⑯。明於此者，欲致雨則動陰以起陰，欲止雨則動陽以起陽⑰，故致雨非神也⑱。而疑於神者，其理微妙也⑲。非獨陰陽之氣可以類進退也，雖不祥禍福所從生，亦由是也。無非己先起之，而物以類應之而動者也⑳。故聰明聖神，內視反聽㉑，言為明聖，內視反聽㉒，故獨明聖者知其本心皆在此耳㉓。故琴瑟報彈其宮，他宮自鳴而應之，此物之以類動者也。其動以聲而無形，人不見其動之形，則謂之自鳴也。又相動無形，則謂之自然，其實非自然也，有使之然者矣。物固有實使之，其使之無形。《尚書傳》㉔言：「周將興之時，有大赤烏銜穀之種，而集王屋之上者，武王喜，諸大夫皆喜。周公曰：『茂哉！茂哉！天之見此以勸之也㉕。』恐恃之㉖。」

【注釋】❶平地注水四句　水火與燥濕之以類相從，為戰國秦漢間思想家所普遍運用作為物以類聚的例證。如《易·文言》：「水流濕，火就燥，雲從龍，風從虎。聖人作而萬物覩。本乎天者親上，本乎地者親下。則各從其類也。」《荀子·大略》：「均薪施火，火就燥；平地注水，水流濕。夫類之相從也，如此之著也。」❷故氣同則會三句　此處以氣息相同的可以合在一起，聲波頻率相同會引起共鳴的例子來說明百物趨同去異的現象。《呂氏春秋·有始覽·應同》亦云：「類固相召，氣同則合，聲比則應，鼓宮而宮動，鼓角而角動。」聲比則應，指絃樂器振動時，聲波頻率相同的會引起共振共鳴的現象。比，同。驗，應驗。皦然，清晰而明白。❸試調琴瑟而錯之六句　全句意為演奏和調試琴瑟二種樂器時，撥動宮音時，其他宮音亦會共鳴，撥動商音時，其他商音也會共振。五音都能相比而引起共鳴，那是因為各自的數相同。古代琴瑟調音時，運用了這種共振的現象。《莊子・徐无鬼》：「於是為之調瑟，廢（置）一於堂，廢（置）一於室，鼓宮宮動，鼓角角動，音律同矣。」琴瑟，琴和瑟是古代的兩種撥絃樂器。琴一般是七絃琴，俗稱古琴，琴身為狹長形木質音箱。瑟形狀似琴，通常有二十五絃，每絃一柱。傳說是神農作琴，伏羲作瑟。錯，同「措」。五音，指宮、商、角、徵、羽五個音階。比而自鳴，指相並而共鳴。❹美事召美類三句　指人之為事，亦以類相聚，做了好事，自會有好名聲聚集在你的身上；做了壞事，自會有許多惡名聲加於你身上。《呂氏春秋・有始覽・應同》：「堯為善而眾善至，桀為非而眾非來。」❺馬鳴則馬應之　盧文弨、蘇輿皆認為其下脫「牛鳴則牛應之」一句。《韓詩外傳》：「馬鳴而馬應之，牛鳴而牛應之，非知也，其勢然也。」正與此處相應。❻帝王之將興也四句　指祥瑞皆應王者之德而至。《白虎通義・封禪》：「德至天，則斗極明，日月光，甘露降。德至地，則嘉禾生，蓂莢起，秬鬯出，太平感。德至文表，則景星見，五緯順軌。德至草木，則朱草生，木連理。」妖孽，指草木蟲獸中的怪異現象。《呂氏春秋・季夏紀・明理》舉了不少妖孽的現象若「馬有生角，雄雞生五足，有豕生而彌，雞卵多假，有社遷處，有豕生狗。」彌，嬰兒的語聲，此處指豬一生下來就發出嬰兒的聲音。《禮記・中庸》亦云：「至誠之道，可以前知。國家將興，必有禎祥；國家將亡，必有妖孽。」❼物故以類相召也七句　《呂氏春秋・有始覽・應同》亦有類似的說法，云：「故以龍致雲，以形逐影，師之所處，必生棘楚。禍福之所自來，眾人以為命，安知其所。」以龍致雨，傳說中龍能致雨。《論衡・感虛》：「龍多登雲。雲龍相應，龍乘雲而行。物類相致，非有為也。」以扇逐暑，指扇風以降低暑氣。軍之所處以棘楚，指戰爭經過的地方，叢生多刺的灌木叢。棘，多刺的草木。楚，叢生木，也稱荊。以為命二句，指由於不知美惡所以來的原由，所以認為是命中注定。「物故以類相召」的「故」，蘇輿認為當作「固」。❽天將陰雨六句　此處意謂陰雨天時，人的舊病往往復發。那是陰氣在天人之間對應的結果。在陰雨天易使人睏乏思睡，也是上天陰氣對人的影響。病故，當為故病，指舊病、宿疾。❾有憂亦使人臥者五句　此處指人若心中憂慮，情緒不佳，則往往使人昏昏欲睡；人逢喜事則精神爽，往往使人處於興奮狀態而無法入睡。董仲舒認為這是由於前者為陰氣相求，後者為陽氣相索。故《黃帝內經・陰陽離合論》云：「陰陽之變，其在人者，亦數之可數。」❿水得夜益長數分　河水在晚上可以上升數分，那是月亮引力而造成潮汐現象。董仲舒認為水與夜都屬於陰，同類相動，故水增益數分。⓫東風而酒湛溢　意謂春風起來時，酒的濃度和香醇度也增加了。東風起來後，氣候轉暖了，酒麴發酵的作用增加了，所以酒的濃度也增加了。而董仲舒則認為東風與酒都屬於陽，是同類相益的結果。東風，春風。湛溢，指酒更加濃厚香醇。⓬病者至夜而疾益甚三句　指病者的許多疾病往往在半夜加重而發作，那是因為晝夜之間氣候轉換的關係；公雞在天亮前後往往爭相啼鳴。幾明，將天明的時分。相薄，指相互之間互相觸動。依照陰陽之說，病與夜都屬陰氣，而雞鳴與天之微明皆屬陽之端倪，故亦作為同類相益的例證。⓭其氣益精　氣有精有粗，也能精益求精。⓮陽益陽而陰益陰　指陽氣與陰氣更加精純。⓯陰陽之氣二句　此處指陰陽二氣本來就可以各以其類相益。損，指陽能損陰，陰能損陽。《黃帝內經・陰陽應象大論》：「岐伯曰：東方陽也，陽者其精並于上。並于上，則上明而下虛，故使耳目聰明，而手足不便也。西方陰也，陰者其精並于下。並于下，則下盛而上虛。故其耳目不聰明，而手足便也。」⓰天有陰陽七句　此處意謂人與天地之間，以陰陽二氣互相感應。若從人與自然的相互關係上講，自有其合理的一面。諸如上文所言之天將陰雨，人之舊病先動，可謂屢試不爽。唐朝章懷太子李賢有一子名守禮，此人有一特長，能預言陰晴。「雖積陰累日，守禮白於諸王曰：『欲晴。』果晴。衍陽涉旬，守禮曰：『即雨。』果連澍。岐王等奏之，云：『邠哥有術。』守禮曰：『臣無術也。則天時以章懷遷謫，臣幽閉宮中十餘年，每歲被敕杖數頓，見瘢痕甚厚。欲雨臣脊上即沉悶，欲晴即輕健，臣以此知之，非有術也。』涕泗霑襟。玄宗亦憫然。」（《舊唐書・章懷太子附子李守禮傳》）天人之間的感應，從人體的感覺上固然可以預言天象的變化，若以人間之善惡是非亦能感應天地陰陽的變化，那就虛而不實了。《論衡・感虛》篇曾舉出幾個例子，若「杞梁氏之妻嚮城而哭，城為之崩。」「鄒衍無罪，見拘於燕，當夏五月，仰天而嘆，天為隕霜。」「師曠奏〈白雪〉之曲，而神物下降，風雨暴至。」這些都是虛言傳說。⓱明於此者三句　此處依照陰陽之說，闡述如何求雨與止雨的原則。其具體方法分別見於本書之〈求雨〉與〈止雨〉二篇，止雨的原則是開陽而閉陰，求雨的原則為開陰而閉陽。董仲舒在〈精華〉篇曾云：「大雩者何？旱祭也。難者曰：大旱雩祭而請雨，大水鳴鼓而攻社，天地之所為，陰陽之所起也。或請焉，或怒焉者何？曰：大旱者，陽滅陰也。陽滅陰者，尊厭卑也，固其義也。雖大甚，拜請之而已，敢有加也。大水者，陰滅陽也。陰滅陽者，卑勝尊也，日食亦然，皆下犯上。以賤傷貴者，逆節也，故鳴鼓而攻之，朱絲而脅之，為其不義也。」董仲舒這套方術，在漢代曾付諸實施，如「漢成帝五年（西元前二八年）六月，始命諸官止雨，朱繩反縈社，擊鼓攻之。干寶注曰：『朱絲縈社。社太陰也。朱，火色也。絲屬離。天子伐鼓於社，責群陰也；諸侯用幣於社，請上公也；伐鼓於朝，退自責也。此聖人厭勝之術。』」

《通典・吉禮二》⑱故致雨非神也　意謂止雨與求雨的方法並不神奇。⑲而疑於神者二句　此處指有人所以懷疑有神者，是因為其中的道理實在太微妙了。⑳非獨陰陽之氣可以類進退也五句　此處言陰陽之氣既然可以同類相益、異類相損以進退，人雖然不明白禍福如何產生，但人的禍福亦是以同類相召，其原由都起於自己的所作所為。《呂氏春秋・恃君覽・召類》：「禍福之所自來，眾人以為命，焉不知其所由。故國亂非獨亂，有必召寇，獨亂未必亡也，召寇則無以存焉。」〈應同〉云：「夫覆巢毀卵，則鳳凰不至；刳獸食胎，則麒麟不來；乾澤涸漁，則龜龍不往。物之從同，不可為記。子不遮乎親，臣不遮乎君，君同則來，異則去。故君雖尊，以白為黑，臣不能聽；父雖親，以黑為白，子不能從。黃帝曰：『芒芒昧昧，因天之威，與元同氣。』」故禍福皆由己所召。祥，通「詳」。不祥，即不詳。㉑故聰明聖神二句　意謂只有內省修身才能達到聰明聖神的境地。內視，反思自己的內心。反聽，指要善於聽取相反的意見。《史記・商君列傳》載趙良謂商君曰：「反聽之謂聰，內視之謂明，自勝之謂強。」㉒言為明聖二句　意謂要明聖必須內視反聽。㉓故獨明聖者知其本心皆在此耳　此處意謂明聖者，只能通過內視反聽才能知其本心修省的狀況，而且只有聖心才能通天地，善惡禍福才能應類而動。如《呂氏春秋》在〈季夏紀・制樂〉篇中記載了成湯、文王、宋景公三個歷史人物，在災異面前，都能主動承擔罪錯，更加注重自身的修養，樂於為治，從而使災異化為吉祥。在〈先己〉篇稱：「昔者先聖王，成其身而天下成，治其身而天下治。」反身為善則福至，反身為惡則禍至。㉔尚書傳　脫一大字，當作《尚書大傳》，是闡釋《尚書》的書，舊題西漢伏生撰，但可能是伏生弟子張生、歐陽生或更後者雜錄所聞而成。漢時諸書都有引錄。㉕周將興之時九句　盧文弨云：「赤烏事，漢時〈泰誓〉有之。武王喜以下，又見《大傳》。」王屋，王所居屋。鄭玄曰：「《書說》云烏有孝名。武王繼承父大業，故烏瑞臻。赤者，周之正色。」武王，姓姬名發，繼承文王的事業，完成了滅殷的大業，建立了周王朝。周公，名旦，武王之弟，因采邑在周，故名周公，曾助武王滅商。武王死後，成王年幼，曾由其攝政。茂哉，勉力向前的意思。《史記・周本紀》亦記武王伐殷時的祥瑞，與此類似，云：「武王渡河，中流，白魚躍入王舟中，武王俯取以祭。既渡，有火自上復於下，至於王屋，流為烏，其色赤，其聲魄云。」㉖恐恃之　謂誡惶誡恐以恃之。

【語　譯】如今在平地上注水的話，水會避開乾燥的地方而流向潮濕的地方；在均勻平鋪的柴薪上點火，那麼火焰會避開潮濕的地方而趨向乾燥的處所。百物都趨向避開與其特性相異的事物，而力求接近與其性質相同的事物。所以氣相同的東西會合在一起，聲音相並的會引起共鳴，這種應驗是非常清晰而明白的。在調試琴瑟的絃發音時，如果撥動宮音的絃時，則其他宮音的絃也會起而響應；如果撥動商音的絃，那麼其他商音的絃也會發出音響。宮、商、角、徵、羽都會引發共鳴的聲響。這並非有什麼神靈在操縱，而是因為它們的數相同。好事會召引來好事，惡事會召引來惡事，這是類別相同的事自相感應的結果。如果有一匹馬在嘶鳴，其他馬匹也會起鳴而響應。(如果有一頭牛鳴叫時，其他牛也會起鳴而響應了。）帝王即將興起時，總可以先看到美好的禎祥；帝王將要敗亡時，也會先看到各種災異和妖孽的現象。世上的各種事物都是以同類相召的，所以要以龍來召致雨水，用扇子來驅逐暑氣，在發生過戰爭的地方，總會遍地都生荊棘。好事與壞事都有來歷，人們所以會認為這是命中注定的，那是因為不知道它的原由。天將要陰雨時，人們身上的舊病總會先動起來，那就是陰氣相應而興起的緣故。天將要陰雨時，往往會使人昏昏欲睡想上床，那是因為陰氣相感應的原因啊！一個人如果心有憂慮，往往會使人疲乏而想睡覺，那是陰氣在相求索。反之，人們逢到喜事時，就興奮而不想睡了。這便是陽氣之間的互相求索。河水到了晚上會上升幾分，春風起來以後，酒的味道會變得更加濃醇，有病的人到了晚間有病情加重的感覺，雞到天亮前後，會互相啼鳴，激盪而相互呼應。氣會愈來愈精粹，陽氣會使陽氣更加精粹，陰氣也會使陰氣更加精粹，陰陽二氣本來就能在其同類中互相增益或者相減損。上天有陰陽的區分，人身上也有陰陽的區分。天地之間如果有陰氣興起，在人身上也會有陰氣與其相感應，反之，人的陰氣興起時，而天地之間的陰氣也隨之興起，其中的道理是相同的。懂得了這個道理，若要招致雨水，就應啟動人間的陰氣以推動上天的陰氣興起；如果要止雨，那就要啟動人間的陽氣來推動上天的陽氣興起。所以說要招致雨水的事，並不需要勞煩上天的神靈。所以會有人懷疑其中有神在起作用，那是因為其中的道理太奧妙了。不僅僅陰陽二氣可以以類來招致和擯退，即使是沒有弄清楚人們的禍福是怎樣產生的，其實也就是同類相召的緣故。無非是自己先如何啓動，然後各類事物依照以類相召的原則，而與之對應地一併啟動。所以要做到聰明而神聖，一定要內心反省自己，並傾聽不同的意見，所謂聰明而神聖，也就是能做到內視自己心中的過失，並能傾聽不同的意見，所以真正聰明神聖的君子，就是能夠省察自己本心，加強自身修養而已。所以琴瑟彈奏宮音時，其他宮絃也會自動發出聲響而與之響應，這就是事物之間以類別相同而互動的例子。這種以聲音的感應而共鳴的現象，看不到任何形跡，人們看不到它運動的形跡，就認為這是它自動地鳴響。如果互相感動而沒有形跡可尋，便認為它是自然如此。其實這並非是自然如此，有使它所以如此的原因在呢。事物本來有實實在在的東西使它們感應，只不過是不流露任何形跡罷了。《尚書大傳》說：「周朝將要興起的時候，有赤色的烏鴉銜著穀種會集在王屋的上面，武王看了很高興，各位大夫也非常高興。周公說：『要努力啊，好好努力啊！這是上天呈現的祥兆來勸勉我們啊！』」為此大家都保持著誠惶誠恐的極其謙遜的態度。

【研 析】董仲舒論證天人相應主要有兩個方面：一是以數相副，一是以類相副，即上篇之末所云：「于其可數也，副數；不可數者，副類。皆當同而副天，一也。」上一篇主要論證以數相副，本篇的主旨是以類相副，同類相應。

對事物進行分類，是人類對客觀事物認知發展過程中的一個重要階段。在兒童思維發展的過程中，他們在很小的時候，就能把很多對象根據它們類似的特性分成若干小堆。四、五歲的兒童便能把各種剪裁的不同圖形，諸如圓形、方形、三角形，把它們分門別類地放在一起。到了七、八歲的兒童，就能不僅根據簡單的圖形，同時考慮多種因素進行分類。當然這樣的分類不可能是精確的，只能是非常粗略而有許多不妥當的地方。在分類的基礎上，再往前一步就要考慮各個類別之間如何排列的問題，它們之間又存在哪些相互關係，從人具體的認知過程上看，分類在認知上包括抽取事物特徵和判別兩個步驟。如何去抽取事物的特徵呢？那又受到人們認知客觀事物手段的限制。在兒童時期，只能憑其直觀的感覺，那樣獲得的事物的特徵往往是非常粗疏的，那麼建立在這個基礎上的分類，所能達到的認識水準也就可想而知了。至於如何判別其類別呢？它又帶有很大的主觀成分。它總是依照認知主體的目標及其用途和處理方法。

認識與敘述兒童時期的某些認知特徵，能幫助我們認識古代人們認識史上早期所表現的那些特徵。在二者之間有著非常相似的地方。類的概念，在戰國到秦漢的人們已有一定程度的發展，那已經不是對身邊具體事物如何分類的問題，而是對天地宇宙之間一切事物如何從整體上進行分類的問題。《易・文言》：「本乎天者親上，本乎地者親下。各從其類也。」這便是以天地來區分事物的屬性，天屬陽，地屬陰，也就是以陰陽的屬性來區別事物的類型。在〈人副天數〉中，把人體腰以上象天，腰以下象地，便是仿照天地以區分人各個部位的屬性，所以才有「首妢而員，象天容也；髮，象星辰也；耳目戾戾，象日月也；鼻口呼吸，象風氣也。」上半身象天的屬性，盡為陽；下半身如「足布而方，地形之象也。」象地的屬性，盡陰也。這就是原始的就人身部位的分類。

如果就天地萬物進行分類，那就要複雜一些了。《易・繫辭下》：「古者包犧氏之王天下也，仰則觀象於天，俯則觀法於地，觀鳥獸之文與地之宜，近取諸身，遠取諸物，於是始作八卦，以通神明之德，以類萬物之情。」所謂八卦，便是把天地之間，鳥獸、草木、人類生活中各種事物進行分類，乾、坤、震、巽、坎、離、艮、兌這八卦也就是區分事物的八大類，用八卦以象事物，便包含有分析事物的性質和其類別的意義。由天地、陰陽、四時到八卦，進一步演化到《周易》的六十四卦，實際上反映了古人在認知客觀世界時如何認知事物的屬性，如何判別其類別的能力。這也僅僅是一種分類的模式，還有其他的分類模式，五行便是與之並行的另一種分類的模式。本篇強調「美事召美類，惡事召惡類」、「物故以類相召」所表述的也就是「物以類聚」的觀念。

在分類的基礎上，就要研究思考同類事之間聚合過程中所發生的變化，異類事物相交過程中所產生的影響，也就是事物運動過程中類與類之間的相互關係。《易・繫辭上》：「方以類聚，物以群分，吉凶生矣。」高亨認為方當作人，人有異類，各以其類相聚。物有異群，各以其群相分。異類異群之間矛盾對立，於是吉凶產生。本篇所言之「其氣益精，故陽益陽而陰益陰，陽陰之氣，固可以類相益損也。」

這裡的所謂益與損，即同類取而相益，異類相交而受損，便是類與類之間相聚相交所引起的事物之吉凶變化。此處所言之「今平地注水，去燥就濕，均薪施火，去濕就燥」、調試琴瑟時，「鼓其宮則他宮應之，鼓其商則他商應之」、「馬鳴則馬鳴之，牛鳴則牛應之」、「天將陰雨，人之病故為之先動」、「水得夜益長數分，東風而酒湛溢，病者至夜而疾益甚，雞至幾明，皆鳴而相薄」種種案例，在經驗上都能得到相應的應驗，而其中內在的原由則是另一回事。真要弄清楚其中的因果關係，還有待於嚴密的邏輯思維的發展，有賴於系統的科學實驗的發展。

本篇在結尾提出要達到「聰明聖神」，還得依靠「內視反聽」，要能夠容納不同的意見，傾聽相反的見解，不斷地反省自己內心世界，才能達到內聖的境界。從董仲舒的用意來看，這一點屬於良好的願望。這實際上也就是要求執政者把「正心誠意修身」的功夫放在第一位，這樣才能以美事召美類，才能如「周將興之時，有大赤烏銜穀之種，而集王屋之上者」的祥瑞出現。但即使如此，周的君臣仍還得誠惶誠恐地繼續努力，絲毫不得鬆懈。當然，這一切僅僅是董仲舒善良的主觀願望而已，客觀的社會現實生活往往會無情而殘酷地粉碎了這種天真的夢想。

五行相生　第五十八

【題　解】篇名〈五行相生〉，主旨為通過五行相生的關係，來闡述五官即司農、司馬、司營、大理司徒、司寇五種官職的職能與操守，指出五官必須具備仁、智、信、義、禮這五種德行，並分別列舉召公、周公、姜太公、伍子胥、孔子五位歷史人物作為典範，從正面對國家機構中的各類官員提出了操守上的要求。

在《四庫全書》本中，本篇被列為第五十九篇，篇目次序在〈五行相勝〉之後。清代學者盧文弨指出，根據文義，本篇應在〈五行相勝〉之前。盧說為是。今依盧說，將兩篇在篇目次序上作了調整。

天地之氣，合而為一，分為陰陽，判為四時，列為五行❶。行者，行也，其行不同，故謂之五行❷。五行者，五官也❸，比相生而間相勝也❹。故謂治，逆之則亂，順之則法❺。

東方者木，農之本❻。司農❼尚仁❽，進經術之士❾，道之以帝王之路❿，將順其美，匡救其惡⓫。執規而生，至溫潤下⓬，知地形肥磽美惡，立事生則，因地之宜，召公是也⓭。親入南畝之中⓮，觀民墾草發淄，耕種五穀⓯，積蓄有餘，家給人足，倉庫充實⓰。司馬食穀⓱。司馬，本朝也。本朝者火⓲也，故曰木生火⓳。

南方者火也，本朝⓴。司馬尚智㉑，進賢聖之士㉒，上知天文，其形兆未見，其萌芽未生，昭然獨見存亡之機，得失之要，治亂之源，豫禁未然之前，執矩而長[23]，至忠厚仁，輔翼其君，周公是也[24]。成王幼弱，周公相，誅管叔、蔡叔，以定天下。天下既寧，以安君[25]。官者，司營。司營者土也[26]，故曰火生土[27]。

中央者土，君官也[28]。司營尚信[29]，卑身賤體，夙興夜寐，稱述往古，以厲主意。明見成敗，微諫納善，防滅其惡，絕原塞隙[30]。執繩而制四方[31]。至忠厚信，以事其君，據義割恩，太公是也[32]。應天因時之化[33]，威武強禦[34]以成。大理者，司徒也[35]。司徒者金也，故曰土生金[36]。

西方者金，大理司徒也[37]。司徒尚義[38]，臣死君而眾人死父[39]。親有尊卑，位有上下，各死其事，事不踰矩[40]，執權而伐[41]。兵不苟克，取不苟得，義而後行，至廉而威，質直剛毅，子胥是也[42]。伐有罪，討不義，是以百姓附親，邊境安寧，寇賊不發，邑無獄訟，則親安[43]。執法者，司寇也[44]。司寇者，水也。故曰金生水[45]。

北方者水，執法司寇也[46]。司寇尚禮[47]，君臣有位，長幼有序，朝廷有爵，鄉黨以齒[48]，升降揖讓，般伏拜謁，折旋中矩，立而罄折，拱則抱鼓[49]，執衡[50]而藏[51]，至清廉平，賂遺不受，請謁不聽，據法聽訟，無有所阿，孔子是也[52]。為魯司寇，斷獄屯屯，與眾共之，不敢自專[53]。是死者不恨，生者不怨[54]，百工維時，以成器械。器械既成，以給司農55。司農者，田官也56。田官者木，故曰水生木57。

【注　釋】❶天地之氣五句　此處言天地宇宙的起源、演化和其基本的要素。天地二者合起來皆起源於氣，分開來便構成陰陽，轉化為天的四時。《淮南子・天文訓》稱：「氣有涯垠，清陽者薄靡而為天，重濁者凝滯而為地。」然後「天地之襲精為陰陽，陰陽之專精為四時，四時之散精為萬物。」《禮記・禮運》云：「故人者，其天地之德，陰陽之交，鬼神之會，五行之秀氣也。故天秉陽，垂日星，地秉陰，竅於山川，播五行於四時。」❷行者行也四句　此處行是指人們的德行。人們的德行有種種區別，概括起來有五種不同的德行，即下文所言之仁、義、智、信、禮。〈五行之義〉篇云：「五行之為言也，猶五行與！」所言與本篇之義相通。本篇是講五類官員職能所應有的行為方式。❸五行者二句　五官，五種官職，即司農、司馬、司營、司徒、司寇。作者以木、火、土、金、水五行配這五種官職。而五行是指仁、義、智、信、禮為這五種職官正向的規範的行為方式。❹比相生而間相勝也　比相生，指按五行之間依順序而相生，即木生火，火生土，土生金，金生水，水生木；這裡是指五種職官行為方式之間也有相生的關係，這就是本篇的主題。間相勝，指依五行的順序而中間間隔一位則為相勝或相剋。即木勝土，火勝金，土勝水，金勝木，水勝火。此處是指五官行為方式中的負向行為。間相勝，即間隔而相制約，它強調五種官職之間在職能上互相制約的關係。❺故調治三句　此處指國家立法的治亂，與五行的順逆有關。國家為五官所訂立的法制，如果是順沿著五行相生相勝的關係，國家便能得到治理；背逆這種關係，便會給國家帶來極大的混亂。「故調治」應是「故為法」，「調治」乃「為法」之訛。「順之則法」，應是「順之則治」之訛。❻東方者木二句　五行有時間和空間的界定。木在空間上為東方，故曰「東方者木」；在時間上則木主春氣。〈五行之義〉云：「是故木居東方而主春氣。」春主生，是萬物生長的季節。《白虎通義・五行》：「東方者，陽氣始動，萬物始生。」故為農之本。❼司農　主持農業的官司機構。《左傳》魯昭公十七年記載：傳說時代的農官，是少昊氏，由九扈為九農正，以九種時鳥的名稱來稱呼農官。《尚書・舜典》記載：堯舜時以后稷為農官，主農耕播種之事。《周官》設有司稼，職掌是巡邦野之稼。漢之農官為大司農，它的前身稱治粟內史。❽尚仁　春主生，故應以仁政為尚。《禮記・月令》規定孟春的政令中有「禁止伐木，毋覆巢，毋殺孩蟲，胎天飛鳥，毋麛毋卵，毋聚大眾，毋置城郭，掩骼埋胔。是月也，不可以稱兵，稱兵必有天殃。」❾進經術之士　指進用精通六藝及孔子之術的士子以獨尊儒術，即董仲舒在〈賢良對策〉中所建議的「諸不在六藝之科、孔子之術者，皆絕其道，勿使並進。」❿道之以帝王之路　即要求「為人君者，正心以正朝廷，正朝廷以正百官，正百官以正萬民，正萬民以正四方。」道，通「導」。⓫將順其美二句　指發揚君王的美德，匡救其過失。⓬執規而生二句　規者，正圓之器，天道圜，故以規象徵天道。天道仁愛，此處指君王執天道行仁愛之政。至溫潤下，指以溫暖和關愛來潤澤百姓。《淮南子・天文訓》云：「執規而治春。」張晏曰：「春為仁，仁者生，生者圜，故為規。」〈煖燠孰多〉篇云：「天之道，出陽為暖以生之。」⓭知地形肥饒美惡四句　此處言召公能因地制宜，根據土地的地形和肥瘠美惡，立下農事的法則。肥饒美惡，指土地的肥瘠美惡。饒，通「磽」。土地堅硬而瘠薄。召公，周文王之庶子，名奭，在周成王時，召公為三公，自陝以西，召公主之，自陝以東，周公主之。《史記・燕召公世家》：「召公之治西方，甚得兆民和。召公巡行鄉邑，有棠樹，決獄政事其下，自侯伯至庶人各得其所，無失職者。召公卒，而民人思召公之政，懷棠樹不敢伐，歌詠之，作〈甘棠〉之詩。」⓮親入南畝之中　此處言司農的職責。指田官要親入南畝，以督察農事。《詩經》中的〈七月流火〉及〈甫田〉二篇，皆有「饁彼南畝，田畯至喜」語。田畯便是田官，農婦為丈夫送飯到南畝，田官看了很高興。南是朝向，畝是壟，田畝的東南朝向，陽光充足，作物茂盛，反之西北朝向則作物凋零。故《詩經・小雅・信南山》：「我理我疆，東南其畝。」⓯墾草發淄二句　古代地廣人稀，農業上實行輪作制，故春耕時要墾草來開發休耕的土地。開發休耕的土地後，要播種五穀。淄，通「菑」。是不耕墾以休閒長草的土地。五穀，鄭玄《周禮》注：「麻、黍、稷、麥、豆。」趙岐《孟子・滕文公上》注：「五穀謂稻、黍、稷、麥、菽。」《詩經・小雅・大田》：「大田多稼，既種既戒，既備乃事。以我覃耜，俶載南畝。播厥百穀，既庭且碩，曾孫是若。」此詩反映了大田耕作的狀況，要選種籽，準備好農具，開始耕作和播下黍稷等各種作物。⓰積蓄有餘三句　此處指司農之官在行政上所要達到的目標。即既要使百姓家給人足，也要使國家的倉庫充實，使公私雙方都能積蓄有餘。《詩經・小雅・甫田》的第四章描述了這種豐收的景象，云：「曾孫之稼，如茨如梁，曾孫之庾，如坻如京，乃求千斯倉，乃求萬斯箱。黍稷稻粱，農夫之慶，報以介福，萬壽無疆。」⓱司馬食穀　司馬，官名。漢武帝時設大司馬之職，用來冠將軍之號，用以表示尊寵。由於司馬是軍職，軍隊要有糧食供給的後勤保障，故曰食穀。《尚書・周官》：「司馬掌邦政，統六師，平邦國。」《周禮・夏官》有「大司馬之職，掌建邦國之九法，以佐王平邦國。」⓲本朝者火　此本朝是指周朝。五行終始中，周朝屬火。《文選・魏都賦》李善注引《七略》：「鄒子有終始五德，從所不勝。土德後，木德繼之，金德次之，火德次之，水德次之。」《文選・故安陸昭王碑文》李善注引《鄒子》：「五德從所不勝：虞土，夏木，殷金，周火。」⓳木生火謂五行次序中，木之次為火，故云「木生火」。又《五行大義》引《白虎通義》云：「木生火者，木性溫暖伏其中，鑽灼而出，故生火。」⓴南方者火也二句　火在空間上屬南方，在時間上主夏氣，〈五行之義〉云：「火居南方而主夏氣。」《白虎通義・五行》云：「火在南方，南方者，陽在上，萬物垂枝。火之為言委隨也。言萬物布施。火之為言化也。陽氣用事，萬物變化也。」本朝指周朝。㉑司馬尚智　智，指預知萬事萬物之變化的趨勢。〈必仁且知〉：「智者見禍福遠，其知利害蚤，物動而知其化，事興而知其歸，見始而知其終，言之而無敢譁，立之而不可廢，取之而不可舍，前後不相悖。終始有類，思之而有復，及之而不可厭。」智必須與仁相連接，司農尚仁，故司馬要尚智。㉒進賢聖之士　指能進用賢聖之士。何謂聖臣？《說苑・臣術》：「萌芽未動，形兆未見，昭然獨見存亡之機，得失之要，預禁乎未然之前，使主超然立乎顯榮之處，天下稱孝焉，如此者聖臣也。」何謂賢臣？「子貢問孔子曰：『今之人臣孰為賢？』孔子曰：『吾未識也。往者齊有鮑叔，鄭有子皮，賢者也。』子貢曰：『然則齊無管仲，鄭無子產乎？』子曰：『賜，汝徒知其一，不知其二。汝聞進賢為賢耶，用力為賢耶？』子貢曰：『進賢為賢。』子曰：『然。』」此處指出能推薦賢臣的人便是賢臣。㉓執矩而長　此矩字有誤。《淮南子・天文訓》有「執衡而治夏」，意謂掌握和權衡存亡之機，得失之要以長養萬物。㉔至忠厚仁三句　周公，姓姬，名旦，周文王之子，周武王之弟。《史記・魯周公世家》：「自文王在時，旦為子孝，篤仁，異於群子。及武王即位，旦常輔翼武王，用事居多。武王九年，東伐至盟津，周公輔行。十一年，伐紂，至牧野，周公佐武王，作〈牧誓〉。破殷，入商宮。已殺紂，周公把大鉞，召公把小鉞，以夾武王，釁社，告紂之罪于天及殷民，釋箕子之囚。封紂子武庚、祿父，使管叔、蔡叔傅之，以續殷祀。徧封功臣同姓戚者。」㉕成王幼弱六句　成王，姓姬，名誦，武王之子。武王克殷後三年，便病故，成王即王位。管叔，姓姬，名鮮。蔡叔，姓姬，名度，皆為周文王之子，武王之同母弟。武王同母兄弟十人，長兄為伯邑考，次為武王發，次為管叔鮮，次為周公旦，次為蔡叔度。《史記・周本紀》：「成王少，周初定天下，周公恐諸侯畔周，公乃攝行政當國。管叔、蔡叔群弟疑周公，與武庚作亂，畔周。周公奉成王命，伐誅武庚、管叔，放蔡叔。」「初管、蔡畔周，周公討之，三年而畢定。」「周公行政七年，成王長，周公反政成王，北面就群臣之位。」㉖司營者土也　司營，即司空。《左傳》昭公十七年：「少昊以鳴鳩氏為司空。」《尚書・舜典》：「舜命禹：汝作司空，平水土，惟時懋哉！」孔安國注曰：「司空主空土以居人。」《尚書・周官》：「司空掌邦土，居四民，時地利。」司空在五行中屬土，與其職掌相符。㉗故曰火生土　依五行的次序，火之次為土，故云火生土。又，《五行大義》引《白虎通義》云：「火生土者，火熱故能焚木，木焚而成灰，灰即土也，故火生土。」㉘中央者土二句　司空屬土官，其職務相當於宰相，雖然沒有具體的職務，但又無所不統，故名之為君官。土在空間的位置在中央。董仲舒在〈五行對〉云：「土者，五行最貴者也，其義不可以加矣。」〈五行之義〉云：「土居中央，為天之潤。土者，天之股肱也。其德茂美，不可名以一時之事，故五行而四時者，土兼之矣。」「是故聖人之行，莫貴於忠，土德之謂也。人官之大者，不名所職，相其是矣。天官之大者，不名所生，土是矣。」㉙司營尚信　以仁義禮智信配五行，各家在配比上亦略有不同。鄭玄注《禮記・中庸》「天命之謂性」時說：「天命謂天所命生人者也，是謂性命，木神則仁，金神則義，火神則禮，水神則信，土神則智。」董仲舒在配比上與此不同，以木配仁，以火配智，以土配信，以水配禮，以金配義。故云司營尚信，以配中央土。信在倫理觀念中占有重要地位。孔子在《論語・為政》中說：「人而無信，不知其可也。」言而無信，那就缺乏在社會中生存的起碼條件，它是任何社會群體中所必然要求個體遵行的普遍的道德法規。作為統治者、治人的官尤其如此。《禮記・中庸》：「上焉者，雖善無徵，無徵不信，不信民弗從。下焉者，雖善不尊，不尊不信，不信民弗從。」無論君臣、君民之間，上下二者有一個互信的問題，沒有互相間的信任則整個社會無法有效運行。信與忠是緊密結合在一起的。《論語・學而》：「曾子曰：吾日三省吾身：為人謀而不忠乎？與朋友交而不信乎？傳不習乎？」《論語・述而》：「子以四教：文、行、忠、信。」忠發自內心，而信則行之於外。從倫理行為上看，忠信二者不可分。故董仲舒以為土德既尚信，又尚忠。〈五行對〉云：「下事上如地事天也，可謂大忠矣。」「忠臣之義，孝子之行，取之土。」㉚卑身賤體八句　此處言為臣事君在品德和職掌上的要求。〈五行之義〉：「事君，若土之敬天也。可謂有行人矣。」卑身賤體，此處是指為下以事上的態度。以厲主意，以恭敬誠懇的態度來勉勵君主奮發進取之意。厲，勵之本字，勉勵。絕原塞隟，此處指杜絕一切禍害的根源，堵塞一切罪惡的巢穴。原同「源」，隟同「巢」。類似的說法，亦見於《說苑・臣術》：「二曰虛心白意，進善通道，勉主以禮誼，諭主以長策，將順其美，匡救其惡，功成事立，歸善於君，不敢獨伐其勞，如此者良臣也。三曰卑身賤體，夙興夜寐，進賢不懈，數稱於往古之德；行事以厲主意，庶幾有益，以安國家社稷、宗廟。如此者忠臣也。」㉛執繩而制四方　指由司營執掌繩墨而管理四方。《淮南子・天文訓》：「中央，土也。其帝黃帝，其佐后土，執繩而治四方。」張晏曰：「土為信，信者誠，誠者直，故為繩。」㉜至忠厚信四句　太公，姓姜，名望。其先祖虞夏之際封於呂，從其封姓，故稱呂尚。太公以忠信事周文王。《史記・齊太公世家》稱：「周西伯拘羑里，散宜生、閎夭素知而召呂尚。呂尚亦曰：『吾聞西伯賢，又善養老，盍往焉。』三人者為西伯求美女奇物，獻之於紂，以贖西伯。西伯得以出，反國。言呂尚所以事周雖異，然要之為文武師。」但太公曾棄商紂王以事周文王，《史記・齊太公世家》稱「太公博聞，嘗事紂。紂無道，去之。游說諸侯，無所遇，而卒西歸周西伯。」故云「據義割恩」。㉝應天因時之化　指呂尚助周武王伐紂滅商。《史記》言：「武王將伐紂，卜龜兆，不吉，風雨暴至。群公盡懼，唯太公彊之勸武王，武王於是遂行。誓於牧野，伐商紂。紂師敗績。紂反走，登鹿臺，遂追斬紂。」「遷九鼎，脩周政，與天下更始。師尚父謀居多。」㉞威武強禦　指呂尚掌兵權與多奇計，故《史記》言：「詩人稱西伯受命曰文王。伐崇、密須、大夷、大作豐邑。天下三分，其二歸周者，太公之謀計居多。」㉟大理者二句　大理，是察理刑獄的官職。《史記・天官書》：「斗魁四星，貴人之牢，曰大理。」《尚書・舜典》：「帝曰：咎繇，汝作士，五刑有服。」士，即理官，咎繇即皋陶，故《史記・五帝本紀》云：「皋陶為大理，平民各伏得其實。」夏曰大理，周曰大司寇。秦為廷尉，漢景帝時更名為大理。司徒，《左傳》魯昭公十七年載：「昔少昊氏以鳥名官，祝鳩氏為司徒。」《尚書・舜典》：「舜命契曰：『百姓不親，五品不遜，汝作司徒。』」《尚書・牧誓》：「御事，司徒、司空、司馬。」《尚書・周官》：「司徒掌邦教，敷五典，擾兆民。」司徒是治民之官，與大理的職能相通。㊱司徒者金也二句　在五官中，司徒屬金，故曰「司徒者金也」。從五行相生的次序上，金在土之次，故曰「土生金」。《五行大義》引《白虎通義》曰：「土生金者，金居石依山，津潤而生，聚土成山，山必生石，故土生金。」㊲西方者金二句　金在空間上屬西方，故曰「西方者金」，四時上屬秋，金主秋氣，屬少陰，陰氣始起。《南齊書・五行志》引《五行傳》：「金者，西方，萬物既成，殺氣之始也。」《白虎通義・五行》：「金在西方。西方者，陰始起，萬物禁止。」《說文・金部》：「金者，禁也。陰氣始起，萬物始起。」大理，刑獄之官，禁止也。司徒，治民之官，故在五官中皆屬金。㊳司徒尚義　董仲舒以義與金相對應，義者治我。合我於誼，是約束自己的行為。㊴臣死君而眾人死父　指為臣者盡忠而死於君難，為子者盡孝而死於父難。死，盡也，人盡曰死。㊵事不踰矩　指為臣為子者事親事尊，不踰規矩。矩，曲尺，古代畫方的工具。《周髀算經》：「圓出於規，方出於矩。」引申為法度。㊶執權而伐　指司徒大理執權以討伐一切踰越規矩者。權，權力。《淮南子・天文訓》：「西方，金也。其帝少昊，其佐蓐收，執矩而治秋。」㊷兵不苟克六句　子胥，即伍子胥。伍子胥，名員，楚人，其父伍奢、兄伍尚皆為楚平王所殺，伍子胥逃亡在外，奔吳，助吳王闔廬討伐楚國。《春秋公羊傳》魯定公四年（西元前五〇六年）載其事：「伍子胥父誅乎楚，挾弓而去楚，以干闔廬。闔廬曰：『士之甚，勇之甚！』將為之興師而復讎於楚。伍子胥復曰：『諸侯不為匹夫興師，且臣聞之，事君猶事父也，虧君之義，復父之讎，臣不為也。』

於是止。蔡昭公朝於楚，有美裘焉，囊瓦求之，昭公不與。為是拘昭公于南郢，數年然後歸之。于其歸焉，用事乎河，曰：『天下諸侯苟有能伐楚者，寡人請為之前列。』楚人聞之，怒，為是興師，使囊瓦將而伐蔡。蔡請救於吳。伍子胥復曰：『蔡非有罪也，楚人為無道，君如有憂中國之心，則若時可矣。』於是興師救蔡。曰：『事君猶事父也，此其為以復讎奈何？』曰：『父不受誅，子復讎可也。父受誅，子復讎，推刃之道也。復讎不除害，朋友相衛而不相迿，古之道也。』」伍子胥在吳王闔廬第一次要為他復仇起兵時，沒有接受，體現了「兵不苟克，取不苟得」的精神，因為諸侯不能為匹夫的舊仇起兵。第二次因蔡國而起兵伐楚，是「義而後行，至廉而威，質直剛毅」精神的體現。㊸伐有罪七句　此處指用刑用兵是討伐有罪與不義者，目的是達到百姓親附，邊境安寧。《尚書・大禹謨》：「帝曰：『皋陶，汝作士，明于五刑，以弼五教。期于予治，刑期于無刑，民協于中，時乃功懋哉。』」《尚書・皋陶謨》：「天討有罪，五刑五用哉！政事懋哉懋哉！」故《孟子・梁惠王下》記載孟子曰：「賊仁者，謂之賊；賊義者，謂之殘。殘賊之人，謂之一夫。聞誅一夫紂矣，未聞弒君也。」又曰：「《書》曰：『湯一征，自葛始，天下信之，東面而征，西夷怨；南面而征，北狄怨。曰：「奚為後我。」』民望之，若大旱之望雲霓也。歸市者不止，耕者不變。誅其君而弔其民，若時雨降。民大悅；《書》曰：『徯我后，后來其蘇。』」附親，蘇輿本作「親附」，以蘇輿本為是。㊹執法者二句　司寇，依《周禮》，周代設秋官司寇，掌刑獄糾察等事，置大司寇卿一人，小司寇中大夫二人。後世因以大司寇為刑部尚書之別稱，刑部侍郎別稱小司寇。《國語・周語上》：「司寇協姦。」韋昭注：「司寇，刑官，掌合姦民，以知死刑之數。」鄭國另有野司寇，司寇掌都城之內，野司寇掌郊外。㊺司寇者三句　在五官的屬性上，司寇屬水。依五行之次序，水在金之次，故云金生水。《五行大義》引《白虎通義》云：「金生水者，少陰之氣，溫潤流澤，銷金亦為水，所以山雲而從潤，故金生水。」㊻北方者水二句　水在空間上屬北方，時序上主冬氣。〈五行之義〉：「水居北方而主冬氣。」《白虎通義・五行》：「北方其臭朽者，北方水，萬物所幽藏也。又水者受垢濁，故臭腐朽也。」《五行大義》：「朽者，水之氣也，若有若無，言氣微也。亦云水者受垢濁，故臭朽腐也。」司寇執法，也就是搜集和處理人間之汙垢。㊼司寇尚禮　董仲舒以禮配五行之水。禮為孟子所言之仁義禮智四端之一，《孟子・公孫丑上》云：「辭讓之心，禮之端也。」「禮自外作」，禮是社會對個體成員具有外在約束的行為規範。儒家在闡述禮的內涵時，孟子使禮與人之四端聯繫起來，便使禮與人的本能聯繫起來，成為人的一種本性，成為人的良知、良能。這樣便使禮建立在人的本能所具有的心理情感基礎之上。㊽君臣有位四句　此處言禮的內涵為確立尊卑貴賤之間的等級次序。《荀子・禮論》：「故禮者，養也。君子既得其養，又好其別。曷謂別？曰：貴賤有等，長幼有序，貧富輕重皆有稱者也。」「有爵」，當為「以爵」。爵，號也。周爵五等，即公、侯、伯、子、男，此處指諸侯與群臣在朝廷上的排列以其爵位的高低為序。鄉黨，周制以五百家為黨，一萬二千五百家為鄉，後世因此以鄉黨泛指鄉里。《論語・鄉黨》：「孔子於鄉黨，恂恂如也，似不能言者。其在宗廟朝廷，便便言，唯謹爾。」這些陳述都是表示孔子在鄉里和朝廷都表現出謙遜恭順有禮的態度。以齒，指依年齒次序就座。《禮記・鄉飲酒義》：「鄉飲酒之禮，六十者坐，五十者立侍，以聽政役，所以明尊長也。六十者三豆，七十者四豆，八十者五豆，九十者六豆，所以明養老也。民知尊長養老而後能入孝弟；民入孝弟，出尊長養老，而後成教；成教而後國可安也。」豆，盛菜肴的器皿。此處指飲食待遇隨年齡增長而提高。

㊾升降揖讓五句　此處言以揖讓行禮的程式及行禮者在行禮時的姿勢和態度。古人行禮要經過學習和訓練，行禮的宗旨則以謙讓為主，藉以陶冶人們的情操。《禮記・曲禮上》云：「禮者，不可不學也。夫禮者，自卑而尊人。雖負敗者，必有尊也，而況富貴乎？富貴而知好禮，則不驕不淫；貧賤而知好禮，則志不懾。」升降揖讓，揖是拱手為禮，揖讓是古代賓主相見的禮，指主人迎客時拱手相迎，讓客先行。升降，指主客出入門戶時升降階阼的次序。《禮記・曲禮上》：「凡與客入者，每門讓於客。」入門以後，「主人入門而右，客入門而左，主人就東階，客就西階，客若降等，則就主人之階。主人固辭，然後客復就西階。主人與客讓登，主人先登，客從之，拾級聚足，連步以上。上於東階則先右足，上於西階則先左足。」登階時連先舉左足還是右足都有講究。般伏拜謁，指拜會進謁尊者時的禮節。般伏，猶盤伏，屈身向下，一種行禮的動作，即拜見時的姿勢。折旋中矩，指行禮時，進退轉折都要符合禮儀的規矩。立而罄折，罄，古樂器，形微屈。罄折，指罄彎曲的狀態，意謂人立而行禮時，立的姿勢要微微彎曲，以表示謙遜恭敬的狀態。拱則抱鼓，指拱手作揖時，雙手要形若抱鼓。

㊿執衡　指執秤以衡量。《白虎通義・五行》：「水在北方。北方者陰氣，在黃泉之下，任養萬物。水之為言準也。養物平均，有準則也。」《荀子・禮論》：「衡者，平之至。」權衡的目的是使「貧富輕重皆有稱者也。」也就是尊卑長幼貴賤之間的行為皆由禮儀來規範。罪與非罪的區分則由法來衡量和制裁。禮制與刑法兩者並重而互補。《漢書・刑法志》：「愛待敬而不敗，德須威而久立，故制禮以崇敬，作刑以明威也。」《書》云『天秩有禮』、『天討有罪』，故聖人因天秩而制五禮，因天討而作五刑。」《淮南子・天文訓》：「其帝顓頊，其佐玄冥，執權而治冬。」權是秤錘之意，此處指權衡輕重是非。權與衡二者相通。

(51)藏　指冬主藏，萬物在冬季皆幽而藏也。

(52)至清廉平六句　孔子，儒家的創始人，名丘，字仲尼。魯國陬邑（今山東曲阜東南）人。孔丘先世是宋國的貴族，少時貧且賤，曾經為季氏當過小吏。相傳他曾問禮於老聃，聚徒講學，魯定公曾以孔子為中都宰。一年，四方則之，由中都宰升為司空，由司空升為大司寇。後又周遊宋、衛、陳、蔡、齊、楚等國，前後達十四年。六十八歲返魯，晚年致力於講學和整理《詩》、《書》等文獻，刪削魯國的《春秋》，相傳有弟子三千餘人，有著錄的七十餘人。由於孔子曾任大司寇，故董仲舒以孔子為司法的楷範。至清廉平，指司法人員的操守要廉潔而公正。賂遺不受，指不受案件當事人財物的贈送。請謁不聽，指不受當事人的請謁求情。據法聽訟二句，謂審案時不偏不倚，不徇私情，依法斷案。(53)為魯司寇四句　此言孔子為魯司寇時斷案的狀況。屯屯，與「諄諄」同，此處指斷獄時抱著認真勤懇的態度。與眾共之二句，指斷獄時，聽取方方面面的反映，反覆調查案情，盡可能接納更多人的意見，不敢個人自行專斷。《說苑・至公》：「孔子為魯司寇，聽獄必司斷，敦敦然皆立。然後君子進曰：某子以為若何，某子以為云云。又曰：某子以為何若，某子曰云云，辯矣。然後君子幾當從某子云云乎？以君子之知，豈必待某子之云云，然後知所以斷獄哉？君子之敬讓也。文辭有可與人共之者，君子不獨有也。」(54)是死者不恨二句　指對斷案結果的要求，能使被判有罪者無怨無恨，即便是被判死刑也不怨恨，被判囚禁服刑的能表示認罪服判。《舊唐書・唐臨傳》載一案例稱：「高宗嘗親錄死囚，前卿所斷者號叫稱冤，臨所入者獨無言。帝怪問狀，囚曰：『罪實自犯，唐卿所斷，既非冤濫，所以絕意耳。』帝嘆息良久，曰：『為獄者不當如此耶！』」唐臨時任大理卿。唐高宗初年曾有張文瓘曾任大理卿，「至官旬日，決遣疑事四百餘條，無不允當。自是人有抵罪者，皆無怨言。文瓘嘗有疾，繫囚相與齋禱，願其視事。當時咸稱其執法平恕，以比戴冑。上元二年（西元六七五年）拜侍中，兼太子賓客。大理諸囚聞文瓘改官，一時慟哭，其感人心如此。」（《舊唐書・張文瓘傳》）此二例有粉飾的成分在內，但反映了古人對司法審案的理想境界。此處強調的是以德性來感化囚犯。(55)百工維時四句　古代有罪判刑者，其家屬往往沒入為官奴婢，在官府服役作工。百工，即指服役的官奴婢。維時，官奴婢在官府服役，有的長輪其作，即長年在官府服役，有的分番服役，如一年三番，即每年三次，每次一個月，故其每年在官府服役的季節和期限，都有具體規定。器械，指在官府服役的百工所製作的農具、兵器以及其他器械，農具則轉給司農，以保障農耕的需要。(56)司農者二句　指司農機構中的許多官員，都是田官。《詩經・小雅》中的〈甫田〉、〈大田〉二詩，都曾提到「田畯至喜」，這田畯便是田官，是在農田上監督農耕的官員。(57)田官者木二句　指五官中田官的屬性為五行之木，在五行的次序上木次於水，故云水生木。《五行大義》引《白虎通義》云：「水生木者，因水潤而能生，故水生木。」

【語　譯】天與地的氣，二者合而成一體，又分成陰氣和陽氣，再剖判為春夏秋冬四季，排列成木火土金水五行。所謂行，也指人的行為方式，由於行為方式不同，可以概括為五種德行。這五種德行，也與五種官職相配比，而五行之間又有相近的相生，相間隔的相剋這兩種關係。因而治理天下時，違背這一法則就會導致天下混亂，遵守和順從這一法則，天下就能得到治理。

東方屬木，木是農業的根本。司農的德行是崇尚仁愛。要推薦和引進精通六藝和儒術的士子，由他們來引導君主走王道的正路，順勢引導君主擴展固有的美德，糾正君主的一切惡習。要依照和執行相關的規則來促使百物生長，要極溫和地對百姓廣施恩澤，要善於知道地形的好壞、土地的肥沃和瘠薄，使農事得以因地制宜，依照法則來進行，召公就是這樣做的典範。他親自到田間觀察百姓的農事，為開發休耕的土地除草、耕墾和播種五穀，使得國家和社會都能做到糧食積蓄而有餘，農戶能家給人足，倉庫也都能充滿糧食。司馬是主管軍隊的長官，軍隊因此而有充足的糧食貯備和供應。五官之一的司馬是本朝的官職。本朝在五行中屬火，所以說木生火。

南方屬火，也是本朝的屬性。司馬的德行是崇尚智慧，必須推薦和進用稱得上是聖賢的士子，因為他們能上知天文，在事物的徵兆尚未出現，它的萌芽尚未發生時，就能清楚地預知其中所孕含的國家存亡的先機，得失的關鍵，其所以治與亂的源頭。預先禁止亂源於尚未形成之前，執持權衡和掌握好各種規矩，以促進百物的長養。它忠厚而仁愛，細心地輔翼他的君主，周公就是這樣的典範。成王幼弱時，周公幫助他，誅滅管叔和蔡叔，使天下得以安寧。天下安寧後，君王也就安定了。五官中有稱為司營的，司營屬土，所以說火生出土。

中央屬土，土在五官中屬君官。司營的德行要崇尚誠信，謙卑而彬彬有禮，起早摸黑地辛勤工作，不斷地講述往古聖賢治理國家的事跡，以激勵君主奮發有為。能夠明察事物的成敗得失，能用微妙而含蓄的語言來勸阻犯錯誤的君主，虛心接納一切好的建議和意見，預防和消滅一切君主可能有的過失，並且要從根源上去斷絕它的出現，並堵塞一切可能有的漏洞。司營的職掌是事事要定好規矩，以此來制約四方。他為人處世，要能赤誠、忠心、厚道、信實而可靠地對待和侍奉自己的君王，要能根據道義割捨個人的一切恩怨，太公呂尚便是這樣的典範，他能上應天道，根據時機的變化，用威嚴和武力來制服強暴的敵人。五官之一的大理，也就是司徒。司徒屬金，所以說土生金。

西方屬金，在五官中屬大理也就是司徒。司徒的德行要崇尚道義，為臣下的要對君王盡忠，百姓們要為自己的父親盡孝。親屬之間有尊卑的區分，職位上有上下的區分，各自遵守自己的職責，做事不能越出自己的職責範圍，不踰越各種規矩的限定，他能以手中執掌的權力來討伐敵人和罪犯。用兵時決不苟且地謀求僥倖的勝利，決不苟且地去謀求個人得到財物，而是一切都要遵從道義來行事，立身廉潔而威嚴，性格質樸正直而剛毅，伍子胥就是這樣的典範。他討伐有罪和不義的人，能得到百姓的親附，邊境得到安寧，境內沒有寇賊發生，縣邑裡沒有獄訟之事，百姓們都能過著親密而安祥的生活。負責執行刑法的長官是司寇。司寇屬水，所以說金生水。

北方屬水，五官中執掌刑法的長官叫司寇。司寇在五行中崇尚禮儀。君臣見面時各有位次；鄉里相聚時，長幼之間排列有序；朝堂上諸侯百官能依爵位高低來排列次序；鄉黨聚會時，按照年齒的高低來排列；會客時，升降階阼都要作揖謙讓；拜謁尊長時要俯伏有禮；行走時轉折要符合規矩；站立時要微微彎腰；拱手行禮時要如雙手抱鼓那樣。司寇的職掌是執持法度和權衡，並收藏百物。斷案時要非常清正廉潔，而又公平行事，不接受任何人的賄賂和贈送，不接受任何人的請謁和求情，根據刑律的規定來聽取訴訟，沒有任何偏私，孔子就是這樣的典範。他在擔任魯國的司寇時，斷案非常認真而勤懇，能廣泛地聽取眾人的議論，不敢獨斷專行，被判處死刑的人感到自己罪有應得，死而無憾；活著服刑的人也沒有人發出怨恨的聲音，在監所服刑的百工能按時輪番服役，製作各種器械。這些器械製成以後，供給司農發給屬下使用。司農也就是田官。田官屬木，所以說水生木。

【研　析】本篇的篇目次序曾有爭議。盧文弨云：「舊本〈五行相勝〉之後作第五十九。案文義當在前，今互易之。」所言為是。《四庫》本依據舊本定篇目次序，有誤。今依盧說，將本篇與〈五行相勝〉互換其次序。

本篇的主旨是借助五行相生的關係闡述五官即司農、司馬、司營、大理司徒、司寇五類官職的職能。五行，即仁、智、信、義、禮這五種德行，以此作為五官的官員所必需具備的操守，並分別以召公、周公、太公、伍子胥、孔子作為榜樣。〈官制象天〉只講了官制機構的設置如何與天數相對應，而本篇則依其功能把它分為五類，在機構的職能和官員的操守上從正面提出明確的要求，而下一篇〈五行相勝〉則從負面提出各類機構之間互相制約的關係。

董仲舒在《春秋繁露》中，以五行為題的篇目，一共有九篇，本篇之前的〈五行對〉與〈五行之義〉二篇是論證倫理觀念中的孝與忠，都能得到上天五行之氣的驗證。從本篇起以五行為題的七篇，則是借助五行來論證政事。政事的職能是管理國家，它包括三個方面的功能：一是管理國家行政部門中各個機構如何發揮它們各自的功能；二是君王頒布的政令如何符合四時的變化，保障社會生活的穩定和正常的社會秩序；三是君王在處理人和事時，在心態上要具備哪些條件，應達到怎樣的要求。這七篇以五行為題的文章，反映了作者企圖以上天五行之氣的形式，來規範政事的方方面面，也就是以五行這樣的認知模式，論證君王在行政上必須遵循的規範，從而在天人合一的大前提下，闡述董仲舒自己的政治主張。所以我們要弄懂董仲舒的思維方式，才能弄清楚五行相生與五行相勝究竟是怎麼回事。董仲舒為什麼要這樣轉彎抹角地表述其政治主張呢？古人在其他方面又是如何運用這套認知模式的呢？其效果究竟如何？這些問題不可不弄清楚。因為這是中國古代流行很久的思維方式，而且曾經在各個領域中被運用得非常廣泛，所以很難迴避它的存在。

五行相生是木、火、土、金、水五行之間相互關係的一種說法。在《春秋繁露》的各篇中，五行之間的相互關係，包括四個方面：一是五行之間的序列，也就是天次之序，在〈五行之義〉中說：「天有五行，一曰木，二曰火，三曰土，四曰金，五曰水。木，五行之始也；水，五行之終也；土，五行之中也。此其天次之序。」這個序列與《尚書・洪範》不同。〈洪範〉中的五行次序是水、火、木、金、土，這一序列比較混亂，既非五行相生，又非五行相勝。《尚書・大禹謨》中的五行次序就與〈洪範〉中不同，依次為水、火、金、木、土，根據的是五行相勝說。參照鄒衍的五德終始說，可見五行相勝說的起源要早於五行相生說。二是五行之間的空間關係：「木居左，金居右，火居前，水居後，土居中央。」（〈五行之義〉）或者是木居東方，金居西方，火居南方，水居北方，土居中央（〈五行之義〉）。三是五行之間相生的關係，即本篇所說的「比相生」。例如木生火，火生土，土生金，金生水，水生木。四是五行之間相勝或相剋的關係，亦即本篇所云之「間相勝」。這是指間隔相勝，如金隔水勝木，水隔木勝火，木隔火勝土，火隔土勝金，土隔金勝水。這五行相勝相剋的關係，使五行的運行可以在五者之間不斷地往復循環不已。古人正是通過這四種相互關係的模式來幫助人們在事物之間錯綜複雜的關係中尋找事物內部的因果關係。

在人類認知發展過程中，提出這樣的認知模式，不能不說是一個巨大的進步。陰陽只是正負二個方面相互關係的延伸，五行則由五方面的相互關係觀察事物內外的因果關係，拓寬了人們思索的方向。用陰陽來區分事類的屬性是一種方法，用五行來區分事物的屬性也是一種方法。從方法論上講，二者都有一定的價值。這時的五行，已不再是五類原始的物質存在的形態，而是區分事物五種不同屬性的符號。在五行說的廣泛影響下，方方面面的事物都以五行來區劃和分類。本篇應用在職官上便是司農、司馬、司營、司徒或大理、司寇五類，應用在倫理上便是仁、義、禮、智、信，有的分為仁、義、禮、智、聖。這樣一種對事物分類的方法，不期而然地推廣到各個方面，如顏色的分類，便是青、赤、黃、白、黑五色；味覺的分類，是酸、苦、甘、辛、鹹五味；從氣味上分類，是臊、焦、香、腥、腐五類；聲音的分類是角、徵、宮、商、羽五音；對動物的分類有鱗、羽、蟲、毛、介五類；牲畜的分類便有雞、羊、牛、馬、彘五畜；五穀的分類是麥、黍、稷、稻、豆五穀；中醫臟腑的分類有肝、心、脾、肺、腎；應用在天文上便是對天空作五官的區劃。《史記・天官書》著錄的恆星有五百多顆，模擬朝廷的組織，分別給以帝王、百官、人物以及器物和動植物的名稱，同時把星空劃分為五個區域，即五官。北極附近的星屬於中官，東西南北四官分別叫作蒼龍、朱雀、咸池（即白虎）、玄武四官，各七宿，共二十八宿。把星官劃分為五官，顯然與五行說有密切的聯繫。對於行星，則凸顯五大行星，即金星、木星、火星、土星、水星，由於它們都很亮，在空間的位置發生周而復始的變化。在先秦時，它們的名稱為歲星（木星），熒惑（火星），鎮星或填星（土星），太白（金星），辰星（水星）。木星自西向東在恆星間移動，十二年一周天，當時把一周天分為十二次，正好一年行一次，用以紀歲，故稱為歲星。而火星的亮度變化大，運行的形態比較複雜，足以惑人，古人用以預測人間的災祥，故稱之為熒惑。延伸到祭祀上，對上天的祭祀便有五帝。《漢書・郊祀志》講劉邦「東擊項羽而還入關，問：『故秦時，上帝祠何帝也？』對曰：『四帝，有白、青、黃、赤帝之祠。』高祖曰：『吾聞天有五帝，而四，何也？』莫知其說。於是高祖曰：『吾知之矣，乃待我而具五也。』乃立黑帝祠，名曰北畤。」這五帝各有名稱，各有祭祀的時令，立春時祭青帝威靈仰，立夏祭赤帝赤熛怒，季夏祭黃帝含樞紐，立秋祭白帝白招拒，立冬祭黑帝協光紀。這是天神。同時，又以人間五帝配祭，那就是春以太皞，夏以炎帝，季夏以黃帝，秋以少昊，冬以顓頊。祭祀時，禮神之玉也要各以方位定顏色。《周禮・大宗伯》云：「青珪禮東方，赤璋禮南方，黃琮禮地則中央也，白琥禮西方，玄璜禮北方。」祭祀用的牲犢和幣帛也要各按方位定顏色。這種用五行對事物進行區劃和分類的方式，儘管具有粗疏而牽強附會的地方，但畢竟有其合理的成分在內，是當時人們對已知的經驗和知識進行整理、概括的結果。它具有組織結構，並構成為一個系統，反映了當時人們認知世界事物的水平。一旦當它進入神道設教的領域，那就帶有很濃厚的神祕主義色彩。

在戰國末至秦漢時期，五行之說成為最時髦、最流行的思想流派，那些當局的執政者都對它趨之若鶩。所以如此，那還得歸因於鄒衍的「五德終始」之說。《尚書・大禹謨》中記載夏禹對群臣的訓諭曰：「德惟善政，政在養民，水、火、金、木、土。」鄒衍依照這一五行相勝的順序，把王朝的興替更迭與五德轉移聯繫起來，因而關係到國運未來的預測，大受各國君主的歡迎和擁護。《史記・孟荀列傳》稱：

「王公大人初見其術，懼然顧化。」「是以騶子重於齊，適梁，惠王郊迎，執賓主之禮。適趙，平原君側行撇席。如燕，昭王擁彗先驅，請列弟子之座而受業，築碣石宮，身親往師之。作〈主運〉。其游諸侯見尊禮如此，豈與仲尼菜色陳蔡，孟軻困於齊梁同乎哉！」難怪漢高祖劉邦可以百般嘲弄儒生，酈食其要去見劉邦，劉邦身邊的騎士對他說：「沛公不喜儒，諸客冠儒冠來者，沛公輒解其冠，溺其中，與人言，常大罵。」（《漢書・酈食其傳》）然而在討論郊祀天帝時，劉邦立即套近乎，立黑帝，向五行說靠攏。秦漢時，宗廟的祭祀都有樂舞相伴，漢時有〈文始〉、〈五行〉、〈四時〉諸舞。〈五行〉本為周舞，稱〈大武〉，秦始皇更名為〈五行〉，為漢所沿用，可見五行說之所以風靡一時，是由於統治者的迷信和倡導。

漢武帝便是一個非常迷信五行說的帝王。《史記・日者列傳》末褚少孫講到武帝對那麼多占卜家中，最看重的還是五行家，當各占家眾說紛紜時稱：「制曰：『避諸死忌，以五行為主。』人取於五行者也。」董仲舒自命為聖之時者，怎麼能不使自己的《春秋公羊》說不向五行說靠近呢？《漢書・五行志》稱：「漢興，承秦滅學之後，景武之世，董仲舒治《公羊春秋》，始推陰陽，為儒者宗。」董仲舒是以陰陽去推演五行，並與《公羊春秋》結合起來，所以一部《春秋繁露》可以分成兩部分，前半部是以《公羊春秋》為主體，後半部以陰陽五行為主體，貫穿於兩者之間的思想觀念則是儒家最基本的倫理觀念，同時又為儒家思想披上一件神學外衣。

理論、思想、觀念固然對政治起著先導作用，同時執政者的倡導和意願，也塑造著理論、思想、觀念的形態。當然，這二者之間的相互作用，也因時因地而異。在各個不同的時代，它會呈現出極其不同的色彩。在統一帝國的專制主義的條件下，觀念形態及其體現者即知識分子中的思想家，要保持其相對獨立性也難，因為他們擺脫不了當局的制約。相比較而言，在春秋戰國時期，諸子百家雖然也爭相攀附各國的執政者，但如孔夫子那樣至少還能周遊列國，不受某個君主的羈束。秦統一以後，知識分子連選擇主子的權利也沒有了，只能唯上之所好是從，即使是《春秋》大義也只能轉彎抹角地微言了。講話得視主子的臉色，這是中國知識分子二千年來特有的悲哀。這種境況，在古代是如此，在近代大體上也是如此。相比較而言，上個世紀之初至三十年代，思想界比較活躍一些，因為沒有強大的政治權威壓制著。五十年代以後，情況就變了，原來在思想界比較活躍的學者也都鴉雀無聲了。要說話也只能投其所好去阿諛奉承，或者如董仲舒那樣以主子所好之五行思想來緣飾自己的見解。這並不是人們不會思考問題，不會用自己的嘴巴講話，而是大環境不允許，而且也沒有你獨立思考問題的條件，沒有你講話的場所，即使是親朋好友之間的私房話也只能說些歌功頌德的違心之言，而不允許坦率地說出自己的真實思想，否則便會招惹到飛來橫禍。無論哪一個人違背了這個大環境，莫不是碰得頭破血流，慘不忍睹。在這種萬馬齊喑的局面中，思想文化處於停滯不前的狀態，自不待言。

五行相勝　第五十九

【題　解】篇名〈五行相勝〉，與上一篇〈五行相生〉為姊妹篇。上篇以五行相生從正面闡述五官在職能上的要求，本篇則藉五行相勝從負面論述五官在職能上的變性，並通過五行相勝來闡述各種機構和職官之間互相監督和制約的關係。

在《四庫全書》本中，本篇被列為第五十八篇，篇目次序在〈五行相生〉之前。清代學者盧文弨指出，本篇根據文義，應在〈五行相生〉之後。此言甚是。故依盧說在篇目次序上作了調整。

木者，司農也。司農為姦，朋黨比周，以蔽主明，退匿賢士，絕滅公卿❶，教民奢侈❷，賓客交通，不勸田事❸，博戲鬬雞❹，走狗弄馬❺，長幼無禮，大小相虜，並為寇賊，橫恣絕理❻。司徒誅之，齊桓是也❼。行霸任兵❽，侵蔡，蔡潰，遂伐楚，楚人降伏，以安中國❾。木者，君之官也。夫木者農也，農者民也，不順如叛，則命司徒誅其率正矣❿。故曰金勝木。

火者，司馬也⓫。司馬為讒，反言易辭以譖愬人，內離骨肉之親，外疎忠臣，賢聖旋亡，讒邪日昌⓬，魯上大夫季孫⓭是也。專權擅勢，薄國威德⓮，反以怠惡，譖愬其群臣，劫惑其君⓯。孔子為魯司寇⓰，據義行法⓱，季孫自消，墮費郈城，兵甲有差[18]。夫火者，大朝[19]，有讒邪熒惑其君，執法誅之[20]。執法者水也，故曰水勝火[21]。

土者，君之官也[22]。其相司營[23]。司營為神[24]，主所為皆曰可，主所言皆曰善，諂順主指，聽從為比。進主所善，以快主意，陷主以邪，導主不義[25]。大為宮室，多為臺榭[26]，雕文刻鏤[27]，五色成光[28]。賦斂無度，以奪民財[29]；多發徭役，以奪民時[30]；作事無極，以奪民力[31]。百姓愁苦，叛去其國，楚靈王[32]是也。作乾谿之臺，三年不成，百姓罷弊而叛，及其身弒[33]。夫土者，君之官也，君太奢侈，過土失禮[34]，民叛矣。其民叛，其君窮矣。故曰木勝土[35]。

金者，司徒也[36]。司徒為賊，內得於君[37]，外驕軍士[38]，專權擅勢，誅殺無罪[39]，侵伐暴虐，攻戰妄取[40]，令不行，禁不止，將率不親，士卒不使，兵弱地削，令君有恥[41]，則司馬誅之，楚殺其司徒得臣是也[42]。得臣數戰破敵，內得於君，驕蹇不卹其下，卒不為使，當敵而弱，以危楚國，司馬誅之。金者，司徒，司徒弱，不能使士眾，則司馬誅之，故曰火勝金[43]。

水者，司寇也[44]。司寇為亂，足恭小謹[45]，巧言令色[46]，聽謁受賂[47]，阿黨不平[48]，慢令急誅，誅殺無罪[49]，則司營誅之，營蕩[50]是也。為齊司寇。太公封於齊[51]，問為以治國之要52，營蕩對曰：「任仁義而已。」太公曰：「任仁義奈何？」營蕩對曰：「仁者愛人，義者尊老。」太公曰：「愛人尊老奈何？」營蕩對曰：「愛人者，有子不食其力；尊老者，妻長而夫拜之。」太公曰：「寡人欲以仁義治齊，今子以仁義亂齊，寡人立而誅之，以定齊國。」夫水者，執法司寇53也。執法附黨不平54，依法刑人55，則司營誅之，故曰土勝水56。

【注釋】❶司農為姦五句　朋黨比周二句，言大臣之間，朋比為奸，一手遮天，以屏蔽君主的耳目，使君主無法察知他們的實情。《韓非子・孤憤》：「大臣挾愚汙之人，上與之欺主，下與之收利侵漁，朋黨比周，相與一口，惑主敗法，以亂士民，使國家危削，主上勞辱，此大罪也。」比，並也。周，合也。退匿賢士二句，指擅權之重臣，以奸計弄權排斥異己之賢士與公卿。《韓非子・孤憤》：「重人也者，無令而擅為，虧法以利私，耗國以便家，力能得其君，此所為重人也。」「故其可以功伐借者，以官爵貴之；其可借以美名者，以外權重之。是以弊主上而趨於私門者，不顯於官爵，必重於外權矣。」劉向《說苑・臣術》云：「中實頗險，外容貌小謹，巧言令色，又心嫉賢，所欲退則明其過而匿其美，使主妄行過任，賞罰不當，號令不行，如此者姦臣也。」❷教民奢侈　漢武帝時諸侯王及貴戚勳臣奢侈之風盛行，如梁孝王「築東苑，方三百餘里，廣睢陽城七十里，大治宮室，為複道，自宮連屬於平臺三十餘里。」《漢書・梁孝王傳》諸侯王的氣派如此之大，都趕得上皇室了，連漢文帝都不敢如此奢侈呢！又如貴戚武安侯田蚡，「治宅甲諸第，田園極膏腴，市買郡縣器物相屬於道。前堂羅鐘鼓，立曲旃，後房婦女以百數。諸珍物狗馬玩好，不可勝數。」《漢書・田蚡傳》賈誼在〈治安策〉中也講到了當時的社會風氣之奢靡，「今民賣僮者，為之繡衣絲履偏諸緣，內之閑中，是古天子后服，所以廟而不宴者也，而庶人得以衣婢妾。白縠之表，薄紈之裡，緁以偏諸，美者黼繡，是古天子之服，今富人大賈嘉會召客者以被牆。」❸賓客交通二句　自戰國至秦漢，權臣貴戚皆交通賓客以自重。戰國末年四公子如齊之孟嘗君、趙之平原君、魏之信陵君、楚之春申君，皆好交通賓客。《史記・孟嘗君列傳》：「孟嘗君在薛，招致諸侯賓客及亡人有罪者，皆歸孟嘗君。孟嘗君舍業厚遇之，以故傾天下之士，食客數千人。」該傳末尾「太史公曰：『吾嘗過薛，其俗閭里多暴桀子弟，與鄒、魯殊。』問其故曰：『孟嘗君招致天下任俠，姦人入薛中蓋六萬餘家矣。』世之傳孟嘗君好客自喜，名不虛矣。」這大群賓客，用現代大陸劃階級成分的辦法來看，大體上都屬於城市遊民，或云流氓無產階級，當然不會安於農事。故賓客多的地方，田事亦必荒蕪，故云不勸田事，延及至漢初，此風仍烈。漢初之諸侯王，亦好交通賓客，如梁孝王劉武便「招延四方豪傑，齊人羊勝、公孫詭、鄒陽之屬。」（《漢書・梁孝王傳》）淮南王劉安，史稱其「招致賓客方術之士數千人，作為《內書》二十一篇，《外書》其眾，又有《中篇》八卷，言神仙黃白之術，亦二十餘萬言。」（《漢書・淮南衡山濟北王傳》）《內書》、《外書》即今所傳之《淮南子》，此書亦是眾賓客的集體創作，有如呂不韋之編撰《呂氏春秋》。漢初，不僅在外的諸侯王廣交賓客，在朝的達官貴人，亦廣泛招致賓客以自重，如竇嬰、田蚡、灌夫等都好廣交賓客。竇嬰史稱其「封為魏其侯，游士賓客爭歸之」，田蚡則稱其「新用事，卑下賓客，進名士，家居者貴之，欲以傾諸將相。上所填撫，都蚡賓客計策」，灌夫則稱其「不好文學喜任俠，已然諾。諸所與交通，無非豪傑大猾。家累數千萬，食客日數十百人。陂池田園，宗族賓客為權利，橫潁川」（見《漢書》竇嬰、田蚡、灌夫的本傳）。❹博戲鬪雞　博戲，指以博弈為遊戲，又稱局戲。古代的博戲，共十二棋，六黑六白，兩人相博，每人六棋，故又名六博。博時先擲采，後行棋。局分十二道，當中名為「水」，放魚二枚，行棋至水，則食魚，得二籌。得籌多者勝。本書〈王道〉篇講到宋閔公與宋萬因君臣相對而博，二人發生口角而導致宋閔公被殺。漢初的吳楚七國之亂，其起因亦與博弈有關，史稱：「孝文時，吳太子入見，得侍皇太子飲博。吳太子師傅皆楚人，輕悍，又素驕，博爭道，不恭，皇太子引博局提吳太子，殺之。於是遣其喪歸葬吳。吳王慍曰：『天下一宗，死長安即葬長安，何必來葬！』復遣喪之長安葬。吳王由是怨望。」（《漢書》本傳）皇太子即位為景帝，吳王便不安於位。故董仲舒以博戲易玩物喪志為戒。鬪雞，以雞相鬥的一種遊戲，古代在齊魯地區有以鬥雞為遊戲的習俗。《國策・齊策一》：「臨淄甚富而實，其民無不吹竽鼓瑟，擊筑彈琴，鬪雞走狗。」魯國有季氏與郈氏因鬥雞而鬧出大事，魯昭公在二十五年（西元前五一七年）為此而出奔。史稱：「季氏與郈氏鬪雞，季氏芥雞羽，郈氏金距。季平子怒而侵郈氏，郈昭伯亦怒平子。臧昭伯之弟會偽讒臧氏，匿季氏，臧昭伯囚季氏人。季平子怒，囚臧氏老，臧、郈氏以難告昭公，昭公九月戊戌伐季氏，遂入。平子登臺請曰：『君以讒不察臣罪，誅之，請遷沂上。』弗許。請囚於鄪，弗許。請以五乘亡，弗許。子家駒曰：『君其許之。政自季氏久矣。為徒者眾，眾將合謀。』弗聽。郈氏曰：『必殺之。』

叔孫氏之臣戾謂其眾曰：『無季氏與有，孰利？』皆曰：『無季氏是無叔孫氏。』戾曰：『然，救季氏。』遂敗公師。」《史記・魯周公世家》魯昭公奔死於外。❺走狗弄馬　此處言君主與權貴們喜好餵養的狗馬玩好。若田蚡便有「狗馬玩好，不可勝數」。走狗，指獵犬。古人好騎馬驅狗出獵。《韓非子・八姦》：「人主樂美宮室臺池，好飾子女狗馬以娛其心，此人主之殃也。為人臣者盡民力以美宮室臺池，重賦斂以飾子女狗馬，以娛其主而亂其心，縱其所慾，而樹私利其間，此謂養殃也。」西晉傅玄有〈走狗賦〉：「蓋輕迅者莫如鷹，猛疾者莫如虎，惟良犬之稟性，兼二儁之勁武。」（《初學記》卷二九）❻長幼無禮四句　此處言帝室與諸侯王家族內部與姻親之間亂倫違禮，小大相侵，蠻橫放縱，不講道理的行為，與寇賊無以相異。班固在《漢書・景十三王傳》的贊語稱：「漢興，至于孝平，諸侯王以百數，率多驕淫失道。何則？沉溺放恣之中，居勢使然也。」「故古人以宴安為鴆毒，亡德而富貴，謂之不幸。」董仲舒曾任江都易王劉非之相，其太子劉建乃漢武帝的親侄子，史傳稱：「易王薨未葬，建居服舍，召易王所愛美人淖姬等凡十人與姦。建女弟徵臣為蓋侯子婦，以易王喪來歸，建復與姦。」「建游章臺宮，令四女子乘小船，建以足蹈覆其船，四人皆溺，二人死。後游雷波，天大風，建使郎二人乘小船入波中。船覆，兩郎溺，攀船，乍見乍沒。建臨觀大笑，令皆死。」（《漢書》本傳）這類情況由來已久。《春秋》三傳多有記載。如魯桓公之死，是因為「齊襄公通桓公夫人。公怒夫人，夫人以告齊侯。夏四月丙子，齊襄公饗公，公醉，使公子彭生抱魯桓公，因命彭生摺其脅，公死于車。」《史記・魯周公世家》又若齊懿公之被弒，亦由其大小相擄，橫恣絕理所造成，史稱：「懿公為公子時，與丙戎之父獵，爭獲不勝，及即位，斷丙戎父足，而使丙戎僕。庸職之妻好，公內之宮，使庸職驂乘。五月，懿公游於申池，二人浴，戲。職曰：『斷足子！』戎曰：『奪妻者！』二人俱病此言，乃怨。謀與公游竹中，二人弒懿公車上，棄竹中而亡去。」（《史記・齊太公世家》）❼司徒誅之二句　依五行之說，司徒屬金，司農屬木，金勝木，故司農發生非理性行為需由司徒誅殺。齊桓公，齊國國君，名小白，襄公之弟。襄公被弒後，回國取得政權，任用管仲，尊王攘夷，曾九合諸侯，一匡天下，為春秋五霸之第一人。此處意謂對付達官貴人及諸侯王中那些恣意妄為、滅絕理性者，得由齊桓公那樣的霸主行司徒之責，以法誅討之。❽行霸任兵　指齊桓公任兵以行霸主之政。桓公曾自稱：「寡人南伐至召陵，望熊山；北伐山戎、離枝、孤竹；西伐大夏，涉流沙；束馬懸車登太行，至卑耳山而還。諸侯莫違寡人。寡人兵車之會三，乘車之會六，九合諸侯，一匡天下。」（《史記・齊太公世家》）其南伐、北伐、西征為任兵，九合諸侯為行霸。❾侵蔡五句　侵蔡之事，《春秋》繫於魯僖公四年（西元前六五六年）。當時桓公會合魯、宋、陳、衛、鄭、許、曹諸國之兵侵蔡，蔡國潰敗。《史記・管蔡世家》言其事之經過為「(蔡)繆侯以其女弟為齊桓公夫人。十八年，齊桓公與蔡女戲船中，夫人蕩舟，桓公止之，不止，公怒，歸蔡女而不絕也。蔡侯怒，嫁其弟。齊桓公怒伐蔡；蔡潰，遂虜繆侯，南至楚邵陵。已而諸侯為蔡謝齊，齊侯歸蔡侯。」伐楚一事，指齊桓公打敗蔡國後，以諸侯之師臨楚國，至昭陵(今河南偃城東)，與楚屈完盟。此次會盟以齊桓公為主，減輕了楚國對中原地區的威脅。故《公羊傳》讚其事云：「南夷與北狄交，中國不絕若線。桓公救中國而攘夷狄，卒怗荊，以此為王者之事也。」(《公羊傳》僖公四年)董仲舒以此例言對付轡橫放縱的諸侯王們，要如齊桓公以行兵伐蔡、伐楚之事以安中國。❿夫木者農也四句　前面言君主與臣子及諸侯王之間的關係，此處言君民之間的關係。不順如叛二句，意謂對民眾中的叛亂反逆之事，則由司徒誅伐其首惡，如此則君民關係便能擺正了。不順如叛，指百姓若有不順從王者之治而行叛逆之事者。誅其率，即今之所謂首惡必辦，脅從不問。率，首領。⓫火者司馬也　司馬屬火。《周禮》中稱大司馬為夏官，屬陽，「掌建邦國之九法」。九法為「制畿封國，以正邦國；設儀辨位，以等邦國；進賢興功，以作邦國；建牧立監，以維邦國；制軍詰禁，以糾邦國；施貢分職，以任邦國；簡稽鄉民，以用邦國；均守平則，以安邦國；比小事大，以和邦國。」以「九伐之法正邦國」，九伐中有「賊賢害民則伐之」等規定。⓬司馬為讒六句　類似的文字亦見於《說苑・臣術》：「智足以飾非，辯足以行說，反言易辭而成文章，內離骨肉之親，外妒亂朝廷，如此者讒臣也。」讒，指以惡言中傷忠良的言論。反言，指與事實相反的言說。易辭，違背事實的說辭。譖，讒言。愬人，驚懼或傷害他人。內離骨肉之親，骨肉，指父子兄弟之間的親情。《漢書・鼂錯傳》稱錯之父曾「謂錯曰：『上初即位，公為政用事，侵削諸侯，疏人骨肉，口讓多怨，公何為也！』錯曰：『固也。不如此，天子不尊，宗廟不安。』父曰：『劉氏安矣，而鼂氏危，吾去公歸矣！』遂飲藥死，曰：『吾不忍見禍逮身。』」外疏忠臣，指君主因聽信讒言疏離其忠臣。疏，指疏離。鼂錯為御史大夫，吳楚七國反，爰盎因竇嬰求見景帝，「竟言吳所以反，獨急斬錯以謝吳，吳可罷。上拜盎為泰常，及鼂錯已誅。」(《漢書・爰盎傳》)盎以泰常使吳，吳楚仍反，鼂錯白白送了一命，此即外疏忠臣之一例。賢聖旋亡，指賢聖旋即遠離君主而亡去。⓭魯上大夫季孫　指魯之世卿季氏之後，上大夫即上卿。⓮專權擅勢二句　指季氏世代執掌魯國的大權，在魯國唯知有季氏，不知有國君。《史記・魯周公世家》載晉史蔡默言：「季友有大功於魯，受鄪為上卿，至于文子、武子，世增其業。魯文公卒，東門遂殺適立庶，魯君於是失國政。政在季氏，於今四君矣。民不知其君，何以得國！」⓯反以怠惡三句　指誘導其君怠忽於政事，以讒言傷害賢臣，使君王陷於邪惡和不義。《史記・孔子世家》載齊人懼孔子在魯執政而霸，「黎鉏曰：『請先嘗沮之；沮之而不可則致地，庸遲乎！』於是選齊國中女子好者八十人，皆衣文衣而舞康樂，文馬三十駟，遺魯君。陳女樂文馬於魯城南高門外。季桓子微服往觀再三，將受，乃語魯君為周道游，往觀終日，怠於政事。子路曰：『夫子可以行矣。』孔子曰：『魯今且郊，如致膰乎大夫，則吾猶可以止。』桓子卒受女樂，三日不聽政；郊，又不致膰俎於大夫。孔子遂行。」⓰孔子為魯司寇　孔子在魯定公時，由中都宰升為司空，由司空升為大司寇。司寇，依《周禮》，周代設秋官司寇，掌刑獄糾察等事，置大司寇卿一人。⓱據義行法　指孔子以魯之大司寇執法行義。《春秋公羊傳》魯定公十一年（西元前四九九年）載：「孔子行乎季孫，三月不違。」何休《春秋公羊傳解詁》：「孔子仕魯，政事行乎季孫，三月之中不見違過。」⓲季孫自消三句　指孔子在魯國執政時，季氏自動墮毀費及郈二食邑的城牆，消毀一部分兵甲。費，季氏之食邑。郈，叔孫氏之食邑。《公羊傳》在魯定公十二年（西元前四九八年）言其事：「曷為帥師墮郈，帥師墮費？孔子行乎季孫，三月不違，曰：『家不藏甲，邑無百雉之城。』於是帥師墮郈，帥師墮費。」何休《春秋公羊傳解詁》：「二大夫宰吏數叛，患之，以問孔子。孔子曰：『陪臣執國命，采長數叛者，坐邑有城池之固，家有甲兵之藏故也。』季氏悅其言而墮之。」《史記・孔子世家》稱：孔子使仲由為季氏宰，將墮三都，叔孫氏之郈，因馬正侯犯，去歲據城而叛，故叔孫氏對墮郈城首先響應。由於侯犯之亂已平，故墮城比較順利。費則因費宰公山不狃為陽虎之黨羽。陽虎曾囚季孫氏，故季孫贊成墮費，但遭到公山不狃的反抗，伐之才墮成功。然而孟孫的城邑則由於孟孫氏的反對而未墮成。⓳夫火者大朝　大朝，盧文弨云：「疑當作本朝。」上一篇有「南方者火也，本朝。」火屬陽。本朝，指周朝。⓴有讒邪熒惑其君二句　此處指有邪讒之臣迷惑其君主，應執法以誅讒邪之臣。熒惑，迷惑；炫惑；以是為非；以非為是。㉑執法者水也二句　司寇在五官中屬水，五行相間而勝，依照五行的次序，水間木為火，故曰水勝火，所以舉孔子為魯之司寇時，據義行法以墮郈、費為例證。㉒土者君之官也　土在方位上屬中央，五官中為統率諸官之官，故稱其為君之官。㉓司營　即司空。其職務相當於宰相。司營雖然沒有具體職務，但又無所不統，為百官之率。㉔神　神在此處為貶義詞。俞樾云：「宣三年《左傳》：『使神知民姦』，是神與姦同類。上云『司農為姦』，此云『司營為神』，則神亦為不美之名。故與司馬為讒，司徒為賊，司寇為亂一律。」㉕主所為皆曰可八句　此處指佞臣傾身阿諛以逢迎其君主。《說苑・臣術》亦有相似之文字，云：「主所言皆曰善，主所為皆曰可，隱而求主之所好，即進之以快主耳目，偷合苟容，與主為樂，不顧其後害，如此者諛臣也。」漢武帝時，公孫弘實為諛臣之典型，史稱其「每朝會議，開陳其端，使人主自擇，不肯面折庭爭。」「嘗與公卿約議，至上前，皆背其約以順上旨。汲黯庭詰弘曰：『齊人多詐而無情，始與臣等建此議，今皆背之，不忠。』上問弘，弘謝曰：『夫知臣者以臣為忠，不知臣者以臣為不忠。』上然弘言。」「然其性意忌，外寬內深。諸常與弘有隙，無近遠，雖陽與善，後竟報其過。殺主父偃，徙董仲舒膠西，皆弘力也。」（《漢書・公孫弘傳》）故此處董仲舒所言當有所指。比，朋比為奸。謟，《說文》：「諛也。古之諂字。」指，同「旨」。聽從為比，指在君主面前百般順從，阿諛奉承。「陷主以邪，導主不義」，蘇輿本作「導主以邪，陷主不義」，似應以蘇輿本為是。㉖大為宮室二句　宮室，《爾雅・釋宮》：「宮謂之室，室謂之宮。」此處專指帝王之宮殿。臺榭，堆土積高謂之臺，登高以遠望；臺上的敞屋稱榭，為帝王苑囿內的建築。《爾雅・器》：「無室曰榭，四方曰高而臺。」大為宮室，多為臺榭為歷代帝王諸侯的通病。《尚書・泰誓》上便斥責殷紂王「惟宮室、臺榭、陂池、侈服，以殘害爾萬姓。」又如蕭何在長安為劉邦「治未央宮，立東闕、北闕、前殿、武庫、太倉。上見其壯麗。甚怒，謂何曰：『天下匈匈，勞苦數歲，成敗未可知，是何治宮室過度也！』何曰：『天下方未定，故可因以就宮室。且夫天子以四海為家，非令壯麗之以重威，且亡令後世有以加也。』上說」（《漢書・高帝紀》），劉邦雖然裝腔作勢地發了一通脾氣，其實對在戰亂中廣築宮殿還是心中很高興的，其後世廣築宮殿園苑的衝動，則又有過之而無不及，僅只是長樂宮和未央宮兩處的占地面積便為長安全城的二分之一。長安如此，諸侯王府所在的城市，情況大致相似。在長安除了未央、長樂二宮之外，見於《漢書》的尚有長門宮、鼓簧宮、承光宮、池陽宮、宜春宮、延壽宮、集靈宮、望仙宮、長平宮、黃山宮、祈年宮、沛宮、通于宮、林光宮、甘泉宮、龍泉宮、首山宮、交門宮、明光宮、五柞宮、萬歲宮、竹宮、壽宮、建章宮、太工宮、恩子宮等。殿，據《三典輔圖》所載未央宮中的殿名便有金華殿等三十座。臺，僅就漢武帝在甘泉宮所築之通天臺，高三十丈，去長安三百里，能遠望長安城，望雲雨悉在其下。㉗雕文刻鏤　雕文，指對玉石或其他器物雕刻出各種花紋。刻鏤，對器物加工。《爾雅・器》：「玉謂之雕，金謂之鏤，木謂之刻。」㉘五色成光　指器物經過雕、刻、鏤和描繪的加工，使之光彩奪目。㉙賦斂無度二句　指沒有限度地向農民徵集賦稅，以掠奪百姓財富。賦斂，指對農民徵收的賦稅。漢代的賦斂情況：田租，即土地稅為十五稅一；算賦，即人頭稅，依丁口年十五以上至五十六，每人百二十錢為一算。董仲舒稱秦漢之「田租口賦，鹽鐵之利，二十倍於古。」（《漢書・食貨志》）「（貢）禹以為古無賦算口錢，起自武帝，征伐四夷，重賦於民，民產子三歲則出口錢，故民重困，至於生子輒殺，甚可悲痛。」（《漢書・貢禹傳》）㉚多發繇役二句　指令百姓戍守邊疆或服勞役的制度，影響了農民按時耕作。繇役，古代役使百姓戍守邊疆或服勞役的制度。《漢書・食貨志》載董仲舒言漢時

「月為更卒，已復為正，一歲屯戍，一歲力役，三十倍於古。」漢法，二十始傅，已復為正是指年滿二十三為正卒。繇自始傅為更卒歲一月，正卒為衛士一歲，材官、騎士一歲。更卒在郡縣服役，正卒則是一歲服兵役，一歲服力役。一個月役可以折錢僱人服役，故漢有卒更、踐更、過更之分。一年輪值一個月，稱卒更。無力服役則出錢僱工代役，一個月出錢二千，稱為踐更。戍值邊疆，天下每人每年三天，不行者出錢三百稱過更。故繇役的負擔重於口賦和田租，如無力出錢，自己前往服役，便影響農民按時耕作。賈誼稱：「今農夫五口之家，其服役者不下二人。」（《漢書・食貨志》）

㉛作事無極二句　作事，指因重大工程臨時性召集農民服役。無極，指工程一樁接著一樁，沒有節制。以奪民力，意謂無償地掠奪農民的勞動力。如漢初修長安城，「（惠帝）三年（西元前一九二年）春，發長安六百里內男女十四萬六千人，城長安，三十日罷。」（《漢書・惠帝紀》）這次修長安城，前後斷斷續續用了五年時間。漢初長安城內外那麼多宮殿和官府衙門的建築，都是依靠徵集民伕來完成的。㉜楚靈王　羋姓，名圍。在位十二年，楚共王之子，楚康王之弟，未即位前稱公子圍。康王卒後四年，公子圍殺康王子楚王郟敖，自立為王。㉝作乾谿之臺四句　乾谿，楚國地名，在今安徽潁上縣東南。楚靈王長期逗留在乾谿尋歡作樂。《公羊傳》在魯昭公十三年（西元前五二九年）載：「靈王為無道，作乾谿之臺，三年不成。楚公子棄疾，脅比而立之，然後令于乾谿之役曰：『比已立矣，後歸者不得復其田里。』眾罷而去之，靈王經而死。」《史記・楚世家》稱：「楚靈王樂乾谿，不能去也。國人苦役。」「楚眾皆潰，去靈王而歸。」楚靈王獨自徬徨於山中，無所得食，三日不食，最終餓死於山中。董仲舒借楚靈王之死以為好大喜功，大興土木，濫用民力，奢侈過度者之戒。㉞過土失禮　土字誤，應為「度」字。此句就是「過度失禮」。㉟故曰木勝土　依五行之次序，木間火為土，故曰木勝土。㊱金者司徒也　五官中司徒屬金。㊲內得於君　指其有求於君，而得君王之授權。自「司徒為賊」起十五句，以楚之大夫子玉得臣為將時之所作所為為例，說明為將者之邪惡的作風。子玉得臣為楚之驕蹇悍將，在城濮之戰中與晉文公對峙，因戰敗而被迫自盡。城濮之戰前，楚成王並不主張與晉軍作戰，而子玉固請，楚成王不得已而授兵與他，對晉作戰。《左傳》魯僖公二十八年（西元前六三二年）載楚成王下命令給子玉說：「無從晉師。」要子玉撤離宋國，不要同晉軍交戰。但是子玉固執己見，不從君命。「子玉使伯棼請戰，曰：『非敢必有功也，願以間執讒慝之口。』王怒，少與之師，唯西廣、東宮與若敖之六卒實從之。」子玉表示要以勝仗來堵住那些讒言者（指不同意他與晉軍作戰的人）之口，矛頭對準楚成王。楚成王很不高興，只給他少量的軍隊，即右軍，東宮的衛隊與子玉的親兵六百人。㊳外驕軍士　指以傲慢的態度對待士兵。㊴專權擅勢二句　指將帥管理軍隊時專權獨

行，任意殺戮無罪之士卒。《左傳》魯僖公二十七年（西元前六三三年）記載子玉練兵時專橫的狀況及蔿賈對其評價：「楚之將圍宋，使子文治兵于睽，終朝而畢，不戮一人。子玉復治兵於蔿，終日而畢，鞭七人，貫三人耳。」以顯示其軍威，暴虐士卒，濫刑無辜。子玉由子文的推薦為楚之令尹。時「國老皆賀子文，子文飲之酒。蔿賈尚幼，後至，不賀。子文問之，對曰：『不知所賀。子之傳政於子玉，曰：以靖國也。靖諸內而敗諸外，所獲幾何？子玉之敗，子之舉也，舉以敗國，將何賀焉？子玉剛而無禮，不可以治民，過三百乘，其不能以入矣。苟入而賀，何後之有？』」㊵侵伐暴虐二句　此處言子玉對外妄自侵伐，居功自傲。《左傳》魯僖公二十三年（西元前六三七年），秋「楚成得臣帥師伐陳，討其貳於宋也。遂取焦、夷，城頓而還。子文以為之功，使為令尹。叔伯曰：『子若國何？』對曰：『吾以靖國也，夫有大功而無貴仕，其人能靖者與有幾？』」子文所以推舉子玉為令尹，也由於子玉對外作戰有功，不給予尊崇的官位，國家便不得安寧。從這一事例中可以看到子玉對外好戰，居功自重的性格。㊶兵弱地削二句　此處言將領好戰而兵敗的結果，是軍隊被削弱，土地喪失，君王受恥辱。例如城濮之戰楚國失敗以後，子玉所帶給楚國的結局就是如此。㊷楚殺其司徒得臣是也　城濮之戰中子玉兵敗之後，《史記・楚世家》稱：「成王怒誅子玉。」而〈晉世家〉則說：「楚成王怒其不用言，貪與晉戰，讓責子玉，子玉自殺。」《左傳》文公十年（西元前六一七年），則言：「城濮之役，王思之，故使止子玉曰：『毋死。』不及。」可見楚殺其大夫子玉前後一波三折。楚成王開始對子玉非常惱火，命令他不要與晉軍作戰，他卻不聽，堅持要作戰，結果遭致兵敗，喪師辱國，所以派人責備子玉，逼使子玉自殺。但仔細思量，將材難得，故派人勸子玉不要死，但已來不及阻止了，但不管怎麼說，城濮之戰中楚兵的失敗，子玉要負主要責任。㊸金者六句　董仲舒藉五行間相勝，以楚子玉得臣在城濮之戰兵敗為例，言統兵將領作風邪惡者，亦當誅之。火間土為金，故火勝金。五官中，司徒屬金，司馬屬火，故言司馬誅司徒。㊹水者司寇也　五官中，司寇屬水。㊺足恭小謹　過份的恭敬、小心、謹慎。㊻巧言令色　巧言是花其言語，令色是笑臉相迎，目的是為了揣摩對方心意，阿諛奉承，討好於人。孔子說過：「巧言令色，鮮矣仁！」（《論語・學而》）㊼聽謁受賂　接受他人的請託和賄贈的財物。㊽阿黨不平　指司寇審案時，偏袒一方，結黨阿私，判案不公。《呂氏春秋・孟冬紀・孟冬》：「於是察阿上亂法者，則罪之，無有揜蔽。」㊾慢令急誅二句　指既怠慢於法令，又急於誅戮，結果是枉法而濫殺無辜。㊿營蕩　人名，傳說中的古代齊國司寇，為政違背綱常倫理，枉法行事。(51)太公封於齊　太公，呂尚，姜姓，其先夏商時封於呂，名尚，從其封姓，故稱呂尚。後文王得之渭濱，云「吾先君望子久矣」，故號太公望。牙為其字，故亦稱姜子牙。周武王平商以後，封呂尚於齊。52 問為以治國之要　這一段二十句營蕩與太公的對話，是董仲舒創作的寓言，並非實有其事，且不見於此前之其他著作。寓言的主旨是維護父子、夫婦之間的綱常倫理。此處強調司寇作為執法的官員，居然發表違背綱常倫理的言論，理應受到最嚴厲的懲處。《韓非子・外儲說右上》亦有類似的寓言：「太公望東封於齊，齊東海上有居士，曰狂矞、華士，昆弟二人者立議曰：『吾不臣天子，不友諸侯，耕作而食之，掘井而飲之，吾無求於人也。無上之名，無君之祿，不事仕而事力。』太公望至於營丘，使吏執殺之，以為首誅。」這個寓言強調的也是要以嚴厲的刑罰來維護君臣之間上下尊卑的等級關係。太公雖封於齊，但與西周初年分封周公、康叔、唐叔等同姓諸侯都有殷商舊族相隨不同，太公是靠自己在齊地開拓基業的。《史記・齊太公世家》：「武王已平商而王天下，封師尚父於齊營丘。」「太公至國，脩政，因其俗，簡其禮，通商工之業，使魚鹽之利，而人民多歸齊。齊為大國。」問為以治國之要，「為」當作「焉」字，他本皆不同於《四庫》本，《四庫》本誤。53 執法司寇　指司寇的本職為執法。54 執法附黨不平　指執法時偏袒於一方，斷案便不能公正。盧文弨云：「附，疑阿字，與上文同。」55 依法刑人　「依」之前或脫一「不」字。此處意謂不依法刑罰，或開脫有罪者，或濫罰無辜。56 司營誅之二句　指司寇執法不公，則由司營在五官中屬土，司寇屬水，土間金為水，五行相間而勝，故云土勝水，所以需由司營來處置司寇的違法行為。

【語　譯】木，在五官中指的是司農。司農如果作奸犯科，就會在大臣之間結成朋黨，蒙蔽君王，排斥賢明的士大夫，隔絕公卿與君主的溝通，並唆使百姓大興奢侈的風氣，自己則廣泛交結賓客，使人們不務農事正業，熱衷於博弈和戲耍，使民間鬥雞、玩狗、弄馬的風氣盛行。長幼之間不講禮貌，大小之間互相爭奪，甚至淪落為盜賊，人與人之間相處都變成蠻橫而不講道理。那麼便應該由司徒來懲罰他，就像齊桓公那樣通過征伐來推行他的霸業。他起兵征討蔡國，蔡國就崩潰了，討伐楚國，楚國就只能表示降服。只有這樣，中原才能安寧。木官是分管農事的官員，從事農耕的都是百姓。如果百姓不能順服而起來叛亂的話，那就應該命令司徒去懲罰他們中為首的，那其他的人都會改邪歸正，所以說五行中是金勝木。

火，在五官中指的是司馬。司馬如果行為讒邪，便表現為造謠生事，顛倒黑白，喜歡無中生有，故意在背後中傷他人。對內離間君王骨肉之間的親情，對外則疏離忠臣賢士，使得聖賢們不得不逃亡，而讒邪之輩卻日益昌盛，魯國的上大夫季孫氏便屬於這樣讒邪小人。他在魯國專擅國家的權勢，削弱魯國的威望，對政事消極怠慢，玩忽職守，誣陷賢明的大臣，迷惑君主。孔子在魯國擔任司寇時，依據道義來推行法治。季孫便只能自動消退自己的勢力，墮毀費城與郈城的城牆，按等級規定銷毀一部分兵甲。所以說，火是本朝五官之一，如果其中有以邪惡和讒言來蠱惑君王的，那就應該依法懲處他。懲罰司馬的官員在五官中就有屬水的司寇，因為水能剋火。

土，在五官中屬首席執政官，相當於丞相，也就是司營。司營如果邪僻不正，裝神弄鬼，便表現為凡是君主所做的事他都讚揚稱頌，凡是君主所說的話他都拍手叫好，順從逢迎君主的一切旨意，君主喜歡什麼，他就進奉什麼，只求君主一時的快意，時時以邪念誘導君主作惡，使君主陷於不義的境地。唆使君主大造宮殿，到處修築樓臺亭榭，雕紋刻鏤製作各種五光十色的器物。他對百姓毫無節制地橫徵暴斂，想盡各種辦法搜刮財富，不斷地徵發勞役，因而貽誤百姓的農時，沒有止境地興辦各種大規模的工程，盡情地掠奪百姓的勞動力。百姓愁苦得無法維持生活，便紛紛逃離國境，楚靈王便是這樣的君王。他在乾谿這個地方修築樓臺，修築了三年還沒完工，百姓疲憊不堪而不得不叛離他去，結果連自己也被人所弒。土，是眾官中的為首者，由於引導君王們極度奢侈揮霍，絲毫不顧禮制上的規定，使百姓們都背叛君王而離去。既然百姓們都已背叛君主，君主也只能陷於窮途末路，所以說木剋土。

金，在五官中指的是司徒。司徒如果變成殘賊之徒，在內他會凌駕於君王之上，在外他對士卒驕橫而又暴虐，濫用權勢，任意地誅殺無辜，對外肆意地侵伐鄰國，他所到的地方暴虐而又殘酷，攻戰時又妄取財物，軍紀敗壞，號令無法執行，該禁止的又禁止不住，將領們都對他離心離德，士卒們也不聽使喚，對國家而言，既削弱了兵力，又喪失了土地，使君王為他而蒙受恥辱，對於這樣的司徒就應該由司馬對他實施懲罰。楚王所殺的得臣就屬於壞司徒的一類。得臣曾經在戰爭中數次打敗敵軍，在國內凌駕於君王之上，對士兵則驕橫而不顧恤下屬的苦衷，所以士兵都不願聽從他的指揮，在敵人面前變得軟弱無能，因而使楚國遭受危難。應當由司馬來懲處並誅滅他。在五官中，司徒屬金，如果司徒變得軟弱而不能指揮士兵，便由司馬來執行處罰，所以說火能剋金。

水，在五官中指的是司寇。如果司寇為亂，便表現為過份的恭敬，過份的謹小慎微，用和顏悅色、花言巧語來謀求君王的青睞，在審判案子時則接受別人的請託和賄賂，斷案時偏袒一方，玩忽國家的政令，又急於殺人滅口，任意地傷害無辜百姓，那就應該由司營去懲處他。齊國的司寇營蕩便是屬於這一類人。當初太公封於齊時，曾向營蕩詢問治國的要略是什麼？營蕩回答說：「要以仁義治國。」太公又進一步問：「怎樣以仁義來治國呢？」營蕩回答說：「仁的意思是要愛人，義的意思是要尊老。」太公又進一步追問：「怎樣來愛人和尊老呢？」營蕩回答說：「愛人的意思是有了兒子不要靠他來贍養和孝敬；尊敬老人是如果妻子年齒長於丈夫，丈夫也應該叩拜妻子。」太公說：「寡人要以仁義來治理齊國，今天你說的是以仁義在齊國搗亂，寡人現在決定要砍你的腦袋，只有這樣才能使齊國得以安定。」所謂水，在五官中是指執法的司寇，而司寇在執法時偏袒自己的私黨，執行法律時不能一律待人平等，不根據法律來執行刑罰，那麼屬土的司營便應該出來誅罰他，所以說土能剋水。

【研　析】本篇與上一篇互為姊妹篇。上一篇的主旨以五行相生從正面來闡述五官的職能，本篇則藉五行相勝從負面論述五官在職能上的變性，以五行相勝來闡述各個機構和職官之間互相監督和制約的關係。

五行相生和五行相勝的說法，早在春秋時就已有了。古人把五行分別與天干地支相配，十天干在五行中的分配為：甲、乙屬木，丙、丁屬火，戊、己屬土，庚、辛屬金，壬、癸屬水；十二地支與五行的配比，則為寅、卯、辰屬木，巳、午、未屬火，辰、未、戌、丑屬土，申、酉、戌屬金，亥、子、丑屬水。王引之在《經義述聞．春秋名字解詁》講到春秋時，人的名和字常常包含有五行相生的內容。若「秦白丙字乙。丙，火也，剛日也；乙，木也，柔日也。名丙字乙者，取火生於木，又剛柔相濟。」這個白乙丙便是秦穆公派去討伐晉國的三將領之一，是秦國的大夫，白是姓，乙是字，丙是名。其事見於《左傳》魯僖公三十二年（西元前六二八年）。類似的案例還可以舉出幾個，這些案例反映五行相生的觀念在春秋時已很流行。

在《左傳》中同樣也能找到五行相勝的觀念，如《左傳》魯文公七年（西元前六二〇年）晉國的郤缺對趙宣子講到《夏書》提到的九歌，即是對九功之德的歌詠，「六府、三事謂之九功。水、火、金、木、土、穀，謂之六府。正德、利用、厚生謂之三事。」這六府中前面五行的排列次序，正好是五行相勝的次序。魯昭公三十一年（西元前五二年）記載在十二月初一那天，發生了日食，那天晚上趙簡子做了一個夢，夢中有一個小孩子赤裸著身子踏著歌聲跳舞，醒來以後要史墨為他占夢。史墨對曰：「六年及此月也，吳入其郢乎！終亦弗克。入郢，必以庚辰，日月在辰尾。庚午之日，日始有謫，火勝金，故弗克。」這段話的意思是預言六年以後的這個月，吳國要入楚國的郢都，最終還是不能勝利。進入郢都是在庚辰那天，日月在蒼龍之尾，庚午那天太陽開始有災，火能剋金，所以吳國不能勝利。這是五行家預言吉凶的一種說辭，它建立在五行相勝的觀念之上。庚辰那一天，庚屬金，辰屬木，金勝木，故吳國進入郢都，蒼龍亦屬木。至於庚午之日，庚屬金，午屬火，火勝金，所以吳國最終仍不能勝利。可見五行相勝是五行家占卜吉凶的一種模式。這當然不可能真是史墨對趙簡子所講的原話，但它的確是春秋時在五行家間流行的傳說，被左丘明摘引在《左傳》中。

再舉一例。魯哀公九年（西元前四八六年），宋國打敗了鄭國，晉國的趙鞅，心中想攻打齊國，但對究竟是出兵攻打齊國，還是出兵攻打宋國以救鄭國，這兩種方案中選哪一種？趙鞅舉棋不定，於是求助於占卜，遇到水流向火的卦象，於是請了占家史趙、史墨、史龜三個人來解釋。史龜說：「是謂沈陽，可以興兵，利以伐姜，不利子商，伐齊則可，敵宋不吉。」沈陽，是指陽氣下沉，指水流向火，是陽氣下沉，認為可以出兵伐齊，齊為姜姓，伐宋不利，子商是指宋，宋人是子姓，商人之後。史墨進一步解釋說：「盈，水名也。子，水位也。名位敵，不可干也。炎帝為火師，姜姓其後也。水勝火，伐姜則可。」地支的子屬水位，如果伐宋，便是以水敵水，而姜姓為炎帝之後，在五帝中炎帝屬火，水勝火，所以可以伐齊。趙鞅所以想伐齊，是因為在南方可以與吳國互相配合以夾擊齊國，有機可乘。史墨與史龜的解釋實際上是順著趙鞅的觀念藉著五行相勝的模式，為其提供一個根據。

用五行相生取名，五行相勝來預測吉凶，都只是為占家們提供說辭的一個工具。它說明五行相勝與五行相生春秋時在占家那兒它已與卜筮合流在一起，在社會上廣泛流傳了。戰國時，鄒衍把五行相勝說推演為五德終始，王朝的更迭是五德各以所勝為行。這就把五行相勝應用到王朝更迭上去了，目的是為了投帝王之所好。他寫了一本書叫〈主運〉。《史記・封禪書》集解引如淳曰：「今其書有〈主運〉，五行相次轉用事，隨方面為服。」秦始皇就曾採用五德終始之說。因為依照五德終始說，黃帝是土氣勝，夏禹是以木氣勝，殷商是以金氣勝，周是以火氣勝，代火者為水，戰國末期有齊、楚、秦三強都在角逐周天子的寶座。秦滅了六國，取代了周天子的地位，便依照五德終始之說，認為黃帝得土德，夏禹得木德，殷商得金德，周得火德，而秦屬於水德，所以它能取代火德的周，故而提出「昔秦文公出獵，獲黑龍，此其水德之瑞。於是秦更命河曰『德水』，以冬十月為年首，色上黑，度以六為名，音上大呂，事統上法。」《史記・封禪書》五行中水屬陰，四時中冬屬陰，五色中黑色屬陰，數字上九屬陽，六屬陰，冬尚刑殺，屬陰，故秦重視嚴刑峻法，所有這一切都與陰陽五行相聯繫。有了秦始皇這樣一位顯赫的信徒，五行家們在社會上的地位就大大地提高了。劉邦起事以後，他也以黑帝自居。五帝是白、青、黃、赤、黑，取代赤帝的應是黑帝，從心態上講，他與秦始皇是相通的。他們都信奉五德終始的說法。在占卜吉凶的方面，陰陽五行在社會上流行了二千多年，命相術士們迄今尚在應用陰陽五行的模式為人們預測吉凶，仍還有人信它，二〇〇三年的一月二十三日，上海的《文匯報》刊登了一條消息，在上世紀末，一九九七年的十一月，瀋陽中等法院的院長們，為了啟用新審判綜合樓時，居然由領導班子討論決定，專程赴澳門請風水先生來選一個良辰吉日，開支帳單中記載：送風水先生一萬元為酬金，二萬元是風水先生的吃住開銷。這大樓啟用了一年多，院長受賄賂的事東窗事發，被判處無期徒刑，幾個副院長也都被判了刑。說這一些並不是要全盤否定五行相生和五行相勝的說法，拿五行說來預卜吉凶，只是其在應用上所表現出來的消極方面，若是僅從這個方面看，那也難怪梁任公要指斥其「為二千年來迷信之大本營」（梁啟超〈陰陽五行說之來歷〉)。

在中國古代應用陰陽五行認知模式最多的，還得推中醫的傳統理論。它對中醫學的發展產生過重大的影響。二千多年來一直延續至今，目前仍在實踐中被廣泛地應用著。中醫理論概念的表述，最早見於《左傳》魯昭公元年(西元前五四一年)。晉平公有病，向秦國求醫。秦景公派了醫和為他看病。醫和在與晉平公對話時，就平公好女色事結合中醫理論發了一大通議論。他說：「天有六氣，降生五味，發為五色，徵為五聲，淫生六疾。六氣曰：陰、陽、風、雨、晦、明也。分為四時，序為五節。過則為災，陰淫寒疾，陽淫熱疾，風淫末疾，雨淫腹疾，晦淫惑疾，明淫心疾。女，陽物而晦時，淫則生內熱惑蠱之疾。今君不節不時，能無及乎此乎？」他是說天有陰、陽、風、雨、晦、明六氣，降在人身上，表現為酸、苦、甘、辛、鹹五味，發為青、赤、黃、白、黑五色，角、徵、宮、商、羽五聲。分為春、夏、秋、冬四個季節，依次有木、火、土、金、水五節，過份了也就是淫，在人身上就表現為疾病。陰太盛生寒病，陽太盛生熱病，風太盛則四肢有病，雨過盛則是腹部有病，夜生活沒有節制患蠱惑病，白天思慮過份則生心病。喜好女色，是在夜間行陽事，過份了就會內熱而患蠱惑的病。這一套中醫理論，便是以陰陽五行作為其認知框架的。六氣是指人的外部環境，它的反常會引起人的疾病。它在後世是風、寒、暑、濕、燥、火「六淫病源」說的基礎。房事不節是致病的內在原因。可見在春秋時，中醫理論已與陰陽五行結下了不解之緣。到了戰國及秦漢時期，兩者之間幾乎處於難分難解的狀態了。《黃帝內經》是我國現存最早的全面整理先秦至秦漢時期中醫學理論基礎的經典著作，其中既有戰國時代的作品，也有秦漢時代的作品，從思想觀念上看，它反映了那個時代的社會思潮。它把陰陽五行作為基本理論，貫穿於全書，如〈陰陽應象大論〉篇便是在分析人與天地自然關係中，使人們導致疾病的內外因素及其相互關係。它把這些因素分類比象於陰陽五行，使之成為中醫理論內在的不可分割的思想構架。它把五行相勝的學說結合陰陽關係來論證人的疾病，在觀察人的疾症時，它說：「陰勝則陽病，陽勝則陰病，陽勝則熱，陰勝則寒。重寒則熱，重熱則寒。」人體的陰陽是相對平衡的，無論陰氣還是陽氣，若是偏勝的話，都會導致疾病。在提出治病方案時，它說：「審其陰陽，以別柔剛，陽病治陰，陰病治陽，定其血氣，各守其鄉；血實宜決之，氣虛宜掣之。」故中醫治病時，首先得判斷患者是陰勝還是陽勝，它關係到以後的治療和用藥。從五行上講，在地，即木、火、土、金、水；在天，即風、熱、燥、寒、濕五氣。五行並與五音、五味及人之五臟相配比。它說：「風勝則動，熱勝則腫，燥勝則乾，寒勝則浮，濕勝則濡瀉。」它的意思是風邪過份了，表現為痙攣和抽筋；火氣過份了，表現為紅腫；燥氣過份了，表現為乾枯；寒氣過份了，表現為浮腫；濕氣過份了，表現為濡瀉。醫和在《左傳》中說的六淫，在這裡表現為五勝。天的寒、暑、燥、濕、風過份了是人致病的外因，還有內因，它說：「人有五臟化五氣，以生喜、怒、悲、憂、恐。」喜怒悲憂恐為五志，過份了就是人致病的內因。在喜、怒、悲、憂、恐之間又有相勝的關係，如悲勝怒、恐勝喜、喜勝憂等。自然的變化，若陰陽四時，反映在人體上是陰陽、內外、表裡，若是五行反映在人身上，便是五臟、五體、五志，它們構成為中醫學的基本概念。故唯有陰陽與五行的結合才構成中醫理論的整體，至今中醫的辨診施治，就要求醫生有中醫理論為基礎，如果只剩下經驗性的方藥，那便成了跑江湖的草頭郎中了，那樣就丟棄了中醫藥的精華。

命相術與中醫學理論同樣應用陰陽五行，但效果截然不同，所以不能簡單地把陰陽五行歸之於迷信。從陰陽五行本身來看，作為一種認知的模式，它不同於客觀的邏輯推理，而是類比聯想思維的系統化。類比聯想，通過直觀感性，借助於想像通過理解進入悟性的飛躍。它借助於形象思維，雖然模糊，但能準確地捕捉客觀事物內在的因果關係。它是多元的和多向的。同樣一個故事，主體對它的感悟往往因人而異，所以不能依靠單向的邏輯思維去論證。它既是直觀的，又具有豐富的想像餘地；它既具有哲學的深邃，又具有詩人的浪漫氣質。人們往往感覺到它的存在，而又苦於一時無法完整把它表述清楚。《易・繫辭上》：「子曰：『聖人立象以盡其意，設卦以盡情偽，繫辭焉以盡其言，變而通之以盡其利，鼓之舞之以盡其神。』」古時代，人們抽象思維不發達，其抽象的涵義只能借助形象來把握，文字無法完全表達語言，語言無法完全表達意念，只有通過形象來表達其意念，而這個形象又是動態的，變化無窮。在這個無窮變化中表現其複雜的利害關係，在無窮變化中表現其出神入化的智慧。這樣一種思維和表達方式，一直延續至今，人們往往用寓言、歷史故事來表達一種觀念，讓聽者去體悟其中的涵義，這種體念在說者與聽者之間雖然有特定的指向，但包含著許多可能，許多不確定性，為後人留下了無窮無盡的想像。這正是中國傳統思維方式的魅力所在。

當然，它也容易走火入魔，走入旁門，淪為神道設教的附庸。從起源上講，它又與占卜巫術很難分得清界線。中國傳統的神道設教，二千年來始終與之難分難解，並為它們提供了神祕主義的理論外衣。這一切也正是它最大的弱點，故而它很難理直氣壯地進入理性王國的殿堂。如果先跳出陰陽五行的應用，把它作為一種思維方法，並且不拘泥於「五」這個數字，把它理解為「多」，當人們把握和思索問題時，必須注意各個方面互相促進、互相制約的相互關係，如何完整地去把握它內外的各種因素，表裡不同的各種徵狀，區分其過程的不同階段，判斷其目前的發展趨勢，以及為了一定的目的如何去利用或扭轉這個趨勢，以及人的努力所能達到的極限，這也就是度。

這是一種思維方法，而陰陽五行只是把這種思維方法形象化，或者符號化。從積極方面看，它方便人們如何從整體上去排列和組合內外各種因素之間的正反兩方面相互關係；從消極方面看，它會使一種思維方法套路化、格式化。那麼，作為一種思維模式，它在應用上，應該有非常廣闊的場所。正因為如此，在中國古代處處都可以看到陰陽五行說的影子。《黃帝內經》的精髓便是以陰陽五行的相生相勝來探索人體內外各種因素之間互相聯繫互相平衡協調的整體關係，同時還以五行相乘相侮，說明事物在失調和不平衡狀態下所產生的影響和結果，藉以分析人的生理和病理現象，並尋找其取得平衡和協調的方法和途徑。相生是五種互相促進的因素，相勝是五種互相制約的因素，相乘相侮是五種因素太過或不及的現象。超越正常的限度，臟腑之間便會出現反常的病理現象，正如《內經》所說：「亢則害，承乃制，制則生化；外列盛衰，害則敗亂，生化大病。」陰陽五行在這裡只是提供了一種思維和說明問題的比較形象的認知模式而已。應用得好還是不好則只能由學科本身性質及其發展水平，以及思考者本人認知水平來決定的，不能怪罪於作為工具的認知模式本身。

命相術士也應用它，但與中醫理論不同，它只是為其披上一件玄祕的外衣藉以眩惑人們罷了。董仲舒講陰陽五行，也不是著力去分析其內涵的機理，卻急於為它披上神祕的天命論外衣，從而擴大它應用的範圍，藉以論述自己的倫理觀念和政治主張。

〈五行相生〉與〈五行相勝〉這二篇都是圍繞五官來展開論述的。五官的概念亦由來已久。《左傳》魯昭公二十九年（西元前五一三年）秋，魏獻子與蔡默之間有一段對話，討論是由魏獻子先祖范氏的官職引發的，講到「有五行之官，是謂五官，實列受氏姓，封為上公，祀為貴神。社稷五祀，是尊是奉。木正曰句芒，火正曰祝融，金正曰蓐收，水正曰玄冥，土正曰后土。」魏獻子還問到：「社稷五祀，誰氏之五官也？」對曰：「少皞氏有四叔，曰重、曰該、曰修、曰熙，實能金、木及水。使重為句芒，該為蓐收，修及熙為玄冥。世不失職，遂濟窮桑，此其三祀也。顓頊氏有子曰犁，為祝融，共工氏有子曰句龍，為后土，此其二祀也。后土為社，稷，田正也。有烈山氏之子曰柱為稷，自夏以上祀之。周棄亦為稷，自商以來祀之。」這是把傳說中的官職與五行相配以形成對「五官」最早的表述。

官，只是一種職能，所以荀子在〈天論〉篇把人的耳、目、鼻、口、形列為五官，「各有接不相能也，夫是之謂天官。心居中虛以治五官夫是之謂天君。」所強調的也是各個器官各有不同的功能，相互間不能替代。《禮記．曲禮》也講到「天子之五官，曰司徒、司馬、司空、司士、司寇典司五眾」，這可能是由《尚書．周官》的六卿演化而來，所以董仲舒講的五行之官：司農、司馬、司營、司徒、司寇這五者既有所本，亦有所變。〈五行相生〉對五官職能和操守作正向的表述，則出於官司機構職能上的要求。〈五行相勝〉則是對官司機構在現實中實際存在的種種弊端的概括和描述。諸司機構之間如何通過互相制約的關係，以制衡職官行為可能的失控狀態，這一點才是董仲舒頗有新意的創造。任何權力機構如果沒有對它制衡和約束的機制，必然走向自身的反面。在五官中，司農可以由司徒來制約它，司馬可以由司寇來制約它，司徒可以由司馬來約束它，司寇可以由司營來約束它。唯獨司營作為五官中的「君之官」，卻以民叛君窮作為制約的方式，這大概也是古代自下而上地制衡君王倒行逆施的唯一有效的方法。中國歷史上的職官制度有關監察的制度，歷來只有自上而下的監察，在各個機構之間又有極其複雜的相互牽制關係。這些監察與制約，只有一個目的，便是保障帝王至高無上的權力之不可侵犯，缺少的卻是自下而上的監督和檢查，特別是對最高權力實施有序的監督和制衡，民眾沒有舉手投票表示自身意願的權利。只有通過暴力和反叛，才能顯示自己的意志和力量。中國民主化進程之艱鉅，正與缺乏這種由民眾行使權力的傳統有關。

五行逆順 第六十

【題解】篇名〈五行逆順〉，是據《四庫全書》本所定。在其他版本中，篇名多有作〈五行順逆〉者。從文義看，似宜以其他版本為是。

本篇緊接在〈五行相生〉與〈五行相勝〉之後，前二篇的主旨為以五行說五官，目的是通過五行說這一認知模式來闡述官僚機構的職能及如何在其內部的各機構之間建立制約關係，具體規範和約束臣下的行為。本篇論述的主旨則是君王政令與五行之間順與逆的關係，以及通過政令對五行的順逆所產生的不同結果來表現天人之間的感應關係，從而為通過災異以推演出君王在政令上的得失，據此對君王進行勸諫。它可以說是後世以五行說災異的濫觴。

木者春，生之性，農之本也❶。勸農事❷，無奪民時❸，使民，歲不過三日❹，行什一之稅❺，進經術之士❻。誕羣禁❼，出輕繫，去稽留❽，除桎梏❾，開閉闔❿，通障塞⓫。恩及草木，則樹木華美，而朱草生⓬；恩及鱗蟲⓭，則魚大為⓮，鱣鯨不見⓯，羣龍下⓰。如人君出入不時，走狗試馬，馳騁不反宮室⓱，好婬樂⓲，飲酒沈湎⓳，縱恣，不顧政治⓴，事多發役，以奪民時，作謀增稅，以奪民財㉑，民病疥搔，溫體，足胻痛㉒。咎及於木，則茂木枯槁㉓，工匠之輪多傷敗㉔。毒水渰羣，漉陂如魚㉕，咎及鱗蟲，則魚不為，羣龍深藏，鯨出見㉖。

火者夏，成長，本朝也[27]。舉良賢，進茂才，官得其能，任得其力[28]，賞有功，封有德[29]，出貨財，振困乏[30]，正封疆[31]，使四方[32]。恩及於人，則火順人而甘露降[33]；恩及羽蟲，則飛鳥大為，黃鵠出見，鳳凰翔[34]。如人君惑於讒邪[35]，內離骨肉，外疎忠臣，至殺世子[36]，誅殺不辜，逐忠臣，以妾為妻，棄法令，婦妾為政，賜予不當，則民病血壅腫，目不明[37]。咎及於火，則大旱，必有火災[38]；摘巢探鷇，咎及羽蟲，則飛鳥不為[39]，冬應不來，梟鴟羣鳴，鳳凰高翔[40]。

土者夏中，成熟百種，君之官[41]。循宮室之制，謹夫婦之別，加親戚之恩。恩及土，則五穀成，而嘉禾興[42]。恩及倮蟲[43]，則百姓親附，城郭充實[44]，賢聖皆遷[45]，仙人降[46]。如人君好婬佚[47]，妻妾過度，犯親戚，侮父兄，欺罔百姓[48]，大為臺榭[49]，五色成光[50]，雕文刻鏤[51]，則民病心腹宛黃，舌爛痛[52]。咎及於土，則五穀不成[53]；暴虐妄誅，咎及倮蟲，倮蟲不為，百姓叛去，賢聖放亡[54]。

金者秋，殺氣之始也[55]。建立旗鼓[56]，杖把旄鉞[57]，以誅賊殘，禁暴虐，安集[58]，故動眾興師，必應義理，出則祠兵，入則振旅，以閑習之，因於彼狩[59]。存不忘亡，安不忘危[60]。修城郭[61]，繕墻垣[62]，審羣禁[63]，飭兵甲[64]，警百官[65]，誅不法[66]。恩及於金石，則涼風出[67]；恩及於毛蟲，則走獸大為，麒麟至[68]。如人君好戰，侵陵諸侯，貪城邑之賂，輕百姓之命(69)，則民病喉欬嗽，筋攣，鼻仇塞(70)。咎及於金，則鑄化凝滯，凍堅不成(71)；四面張網，焚林而獵(72)，咎及毛蟲，則走獸不為，白虎妄搏，麒麟遠去(73)。

水者冬，藏至陰也(74)。宗廟祭祀之始(75)，敬四時之祭(76)，禘祫昭穆之序(77)。天子祭天，諸侯祭土(78)。閉門閭，大搜索(79)，斷刑罰，執當罪(80)，飭關梁，禁外徙(81)。恩及於水，則醴泉出(82)；恩及介蟲，則黿鼉大為，靈龜出(83)。如人君簡宗廟，不禱祀，廢祭祀，執法不順，逆天時(84)，則病流腫，水張，痿痺，孔竅不通(85)。咎及於水，霧氣冥冥，必有大水，水為民害(86)；咎及介蟲，則龜深藏，黿鼉呴(87)。

【注釋】❶木者春三句　以五行配比四時，木屬春，春暖以生，故春之性為生。春耕播種正是一歲農時之根本，故云「農之本」。❷勸農事　指君王在春季要勸勉農民從事耕耘。若《呂氏春秋》的〈十二紀〉，在孟春即正月規定君主要率領三公九卿諸侯大夫躬耕籍田，君王要頒布有關農事的政令：「命田舍東郊，皆修封疆，審端徑術，善相丘陵阪險原隰，土地所宜，五穀所殖，以教導民，必躬親之。」❸無奪民時　指在春耕時節不能大規模地徵發勞役，以免貽誤農事的季節。《呂氏春秋》在孟春的政令中規定了「無聚大眾，無置城郭」、「不可以稱兵」。❹使民歲不過三日　指在一歲之內徵發的力役，不能超過三天。《禮記・王制》：「用民之力，歲不過三日。」❺行什一之稅　指對農民徵收的稅賦只能占到農民收入的十分之一。《公羊傳》宣公十五年：「什一者，天下之中正也。什一行而頌聲作矣。」董仲舒在〈王道〉篇也強調「什一而稅」、「不奪民時，使民歲不過三日」，以此作為王者德政的一個重要方面。❻進經術之士　董仲舒在這裡是指君主應當進用精通六藝及孔子之術的士子進入仕途，用此以獨尊儒術。《呂氏春秋・十二紀》中季春即三月的政令規定君王要「勉諸侯，聘名士，禮賢者」。❼誕羣禁　意謂放寬各種禁令。「誕」為「梃」字之誤。盧文弨云：「案〈月令〉云：『梃重囚。』」《淮南子》亦作梃。《後漢書・臧宮傳》：『宜小梃緩』，梃皆訓寬。」故誕當改為梃。❽出輕繫二句　指釋放因輕罪而繫於監獄的犯人。去，釋放。稽留，為監獄的名稱。張華《博物志》：「夏曰念室，殷曰動止，周曰稽留，三代之異名也。又狴犴者亦獄別名。」❾除桎梏　指除去囚犯的腳鐐手銬。《周禮・秋官司寇・掌囚》：「中罪桎梏。」鄭玄注：「在手曰梏，在足曰桎。」《禮記・月令》記仲春之月的政令亦有「命有司省囹圄，去桎梏，毋肆掠，止獄訟」之政令。❿開閉闔　闔，是門扇，以木製曰闔，以竹製曰扇。冬季寒冷，故要關閉門闔。春季氣候轉暖，蟄伏的蟲類由戶而出，故要打開門闔。凌曙本作「開門闔」。《淮南子・天文訓》作「開闔扇」。《禮記・月令》作「修闔扇」。⓫通障塞　指渠道有弊敗阻塞者則開通之，以利水流和灌溉。障，壅也。塞，絕也。⓬恩及草木三句　指君王政令之恩德順遂於五行之木，草木得灌溉以滋潤，則樹木便能茂盛而豐美。朱草，《三禮義宗》：「朱草者，赤草也。可以染絳為服，以別尊卑。王者施德有常，則應德而生。」⓭鱗蟲　指魚類和有鱗的爬行類動物。⓮大為　指豐盛，由於水渠的通暢，魚類繁盛而獲得豐收。⓯鱣鯨不見　古人意謂大魚吃小魚，看不到江海中的大魚，有利於小魚的生長和繁殖。鱣，《爾雅・釋魚》郭璞注：「鱣，大魚，似鱏而短鼻，口在頷下，體有邪行甲，無鱗，肉黃。大者二三丈，今江東呼為黃魚。」李時珍以為即鱘鰉魚。鯨，水棲的哺乳動物，形似魚，體型龐大，為海上的大魚。⓰羣龍下　龍是傳說中吉祥的動物，古人把龍的出現作為祥瑞。《白虎通義・封禪》：「德至淵泉，則黃龍見。」⓱出入不時三句　指人君田獵無度，不依時令出入宮廷，帶著獵狗，騎著駿馬，任意盡情地在田野上馳騁和狩獵。自「出入不時」以下七句謂此處言人君違逆五行順序，春天屬木，主生，而人君的所作所為與政令卻與此相反。《漢書・五行志》概括為「若乃田獵馳騁不反宮室，飲食沈湎不顧法度。」⓲好婬樂　指人君在宮殿內喜好淫蕩的鄭衛之音和桑間濮上之樂。婬，同「淫」。⓳飲酒沈湎　指沉溺於飲酒作樂。⓴縱恣不顧政治　謂放縱自己的貪欲，不理朝政。㉑事多發役四句　意謂多興徵發繇役之事端，影響農事的季節，策劃增加稅賦的奸謀，以掠奪百姓的財富。《漢書・五行志》概括為「妄興繇役以奪民時，作為姦詐以傷民財。」㉒民病疥搔三句　指君主違逆五行時序中春天屬木之政令，在民眾身上所應驗的病變。疥搔，因疥瘡引起的搔癢。溫體，身體發熱。足胻痛，胻是腳脛。此處意謂人的腳脛要痠痛。㉓咎及於木二句　指君王政令失當，殃及於五行之木。茂盛的樹木也會變得枯槁。㉔工匠之輪多傷敗　木曰曲直，指木之性可揉而曲，曲而為輪，可矯而直，直而為矢。君王的行為傷害了五行之木，木變為怪，是以木不曲直，故工匠製作輪、矢時多傷敗。㉕毒水滰羣二句　此處意謂水旱成災。毒水，指大水為害。滰羣，滰，通「淹」，謂淹沒百姓之田舍。漉陂，指溪池乾涸。如魚，如，通「而」。魚，通「漁」，謂乾旱成災，小的溪池皆已乾涸，就像漁民戽乾了水捉魚那樣。㉖咎及鱗蟲四句　此處意謂災害及於鱗蟲，那麼魚的產量便不能豐盛，群龍深藏於水，而鱣鯨之類大魚，則出沒江海逞威。據上文，「鯨」上當有「鱣」字。㉗火者夏三句　依五行的次序，木生火，火主夏，夏為作物成長的時期。本朝，指周朝。在五行終始中，周朝屬火。《漢書・五行志》：「說曰：火，南方，揚光輝為明者也。其於王者，南面鄉明而治。」㉘舉良賢四句　指郡國能薦舉賢良、茂才於朝廷，通過薦舉，使能者得其官，任職者皆得其力。舉良賢即舉賢良。文帝時曾詔令執政和諸侯王公郡守要選舉賢良能直言極諫者。茂才，即秀才。避光武帝諱改茂才。《禮記・月令》在孟夏的政令有「命太尉贊桀俊，遂賢良，舉長大，行爵出祿，必當其位。」自「舉良賢」以下十句謂君王能推行順遂於火性之政令。㉙賞有功二句　指有功者得賞賜，有德者受封爵。㉚出貨財二句　指散倉粟以賑濟窮困乏食者。《禮記・月令》有「天子布德行惠，命有司發倉廩，賜貧窮振乏絕，開府庫，出幣帛」之政令。㉛正封疆　指劃定諸侯郡國之間的疆界。封，指封土為臺。疆，指疆界。㉜使四方　指天子派出使者以巡視四方。㉝恩及於人二句　謂君主夏季政令恩德及於百姓，天人合一，也就是順應於五行之火，天亦順人而降甘露，以示祥兆。甘露是祥瑞。《太平御覽》引《援神契》云：「王者德至於天，則斗極明，日月光，甘露降。」㉞恩及羽蟲四句　謂君王政令之恩德及於鳥類，飛鳥便會興旺，黃鵠與鳳凰那樣的瑞鳥也會出現。羽蟲，指鳥類。古代對動物總稱為蟲，有五蟲，或稱五大類，即羽、毛、甲、鱗、倮。此為古人對動物的分類方法。黃鵠，顯示吉祥的鳥。賈誼〈惜誓〉：「黃鵠之一舉兮，知山川之紆曲。」《說文通訓定聲・孚部》：「形似鶴，色蒼黃，亦有白者，其翔極高，一名天鵝。」凡經史言鴻鵠者，皆謂黃鵠。鳳凰，傳說中的瑞鳥。《白虎通義・封禪》：「德至鳥獸，則鳳凰翔，鸞鳥舞。」《論衡・講瑞》：「鳳凰，鳥之聖者也。」㉟惑於讒邪　指君王賢佞不分，惑於讒言，信用奸邪。自「惑於讒邪」以下十句為描述君王政令違逆五行之火的各種表現及其所產生的後果。《漢書・五行志》則概括為「若乃信道不篤，或燿虛偽，讒夫昌，邪勝正，則火失其性矣。」「傳曰：『棄法律，逐功臣，殺太子，以妾為妻，則火不炎上。』」㊱世子　嫡長子。《白虎通義・爵》：「父在稱世子何？繫於君也。」「所以名之為世子何？言欲其世世不絕也。」㊲民病血壅腫二句　指君王政令逆五行之火，在百姓身上的病理應驗為氣血運行被壅塞而引起的浮腫病和視力下降。㊳咎及於火三句　此處言君王政令殃及於五行之火，在上天的反應是引起大旱與火災。反過來也可以借火災與乾旱推演君王政令之過失。㊴摘巢採鷇三句　謂人們若採摘鳥巢，捕捉幼鳥，殃及鳥類，那麼鳥類便會大量減少。鷇，幼鳥。㊵冬應不來三句　謂冬天南下的雁不再飛回來，而梟鴟一類不祥之鳥卻成群地在低空飛翔鳴叫，而鳳凰之類的瑞鳥則高翔而去。應，當為雁字之訛。梟鴟，凌曙本作「梟鴟」，皆為不祥之鳥。梟，不孝之鳥，食其母。鴟，亦稱貓頭鷹。㊶土者夏中三句　土，〈五行對〉繫於季夏，位居於中央，為百官之君，而季夏正是百物成熟的季節。㊷循宮室之制六句　恩及土，據上文當為「恩及於土」。《漢書・五行志》：「說曰：土，中央，生萬物者也。其於王者，為內事。宮室、夫婦、親屬亦相生者也。古者天子諸侯，宮廟大小高卑有制，后夫人媵妾多少進退有度，九族親疏長幼有序。孔子曰：『禮，與其奢也，寧儉。』故禹卑宮室，文王刑于寡妻，此聖人之所以昭教化也。如此則土得其性矣。」五穀，鄭玄注《周禮》：「五穀，麻、黍、稷、麥、豆也。」嘉禾，《白虎通義・封禪》：「嘉禾者，大禾也。成王之時，有三苗異畝而生，同為一穗，大幾盈車，長幾充箱，民有得而上之者，成王召周公而問之。公曰：『三苗為穗，天下當和為一乎。』後果有越裳氏重九譯而來矣。」此典故亦見於《尚書大傳》與《韓詩外傳》。㊸倮蟲　孫希旦《月令集解》：「凡物之無羽、毛、鱗、介，若鼃（蛙）螾（蚓）之屬，皆倮蟲也；而人則倮蟲之最靈者。」《大戴禮記・易本命》將動物分為五類：羽蟲，鳳凰最長；毛蟲，麒麟為長；鱗蟲，龍為長；介蟲，龜為長；倮蟲，聖人為長。㊹城郭充實　指居住在城郭內的國人都饒有資財，家境殷實。㊺賢聖皆遷　謂聖賢皆遷升到與其品德能力相適應的職位。㊻仙人降　漢武帝好神仙說，《漢書・郊祀志》載有李少君、公孫卿等人為武帝說神仙之道，故董仲舒把仙人降亦列為祥瑞之一。㊼婬佚　縱慾放蕩。婬，同「淫」。㊽欺罔百姓　欺騙和迷惑百姓。㊾臺榭　積土為臺，所以為觀望，臺上修敞屋稱榭。《尚書・泰誓上》：「惟宮室、臺榭、陂池、侈服以殘害爾百姓。」此為周武王討伐紂王時指責紂王的罪狀之一。㊿五色成光　形容宮室臺榭之色澤鮮豔。(51)雕文刻鏤　形容建築和器物在雕刻上的花紋繁多。(52)民病心腹宛黃二句　此處言由於人君在季夏之政令違逆五行之理，在百姓病理上的應驗。心腹宛黃，指百姓心腹有病，臉色黑黃。宛，通「黦」。黑黃色。舌爛痛，口腔潰瘍。《黃帝內經・陰陽應象大論》：「中央生濕，濕生土，在體為肉，在臟為脾，在色為黃，在變動為噦，在竅為口。」故病變表現在心腹和口腔。(53)咎及於土二句　指君王政令錯失，殃及於五行之土，會使五穀不能成熟。《漢書・五行志》：「若乃奢淫驕慢，則土失其性。亡水旱之災而草木百穀不熟，是為稼穡不成。」(54)暴虐妄誅五句　此處指君王為政暴虐，妄誅忠良，故殃及倮蟲，倮蟲滅損，百姓叛匿，聖賢亦被流放或四散逃亡。(55)金者秋二句　金在時令上屬秋，方位上屬西方，秋天萬物成熟，肅殺之氣始起。《漢書・五行志》：「金，西方，萬物既成，殺氣之始也。故立秋而鷹隼擊，秋分而微霜降。」《禮記・月令》：「孟秋之月，涼風至，白露降，寒蟬鳴，鷹乃祭鳥，用始行戮。」[56]建立旗鼓　指將軍要建立旗鼓來編制訓練軍隊和指揮作戰。旗，是編制軍隊的標誌。《周官・司常》：「司常掌九旗之物名。」其中「熊虎為旗」，指旗繪熊虎之象，象其猛如熊虎。鼓，是訓練和指揮軍隊的樂器，同時亦用以激勵軍隊的士氣。《周禮・鼓人》：「鼓人掌教六鼓四金之聲音，以節聲樂，以和軍旅。」[57]杖把旄鉞　杖，指兵仗。旄，指旄節，以旄牛尾為飾的旗幟，作為指揮權的信物。鉞，古代的兵器，亦稱斧鉞，古代軍法用以殺人的斧子。授予和執持杖把旄鉞是君王向將軍授權的標誌。《通典・軍禮一》：「魏故事，遣將出征，符節郎授節鉞，跪而推轂。北齊命將出征，則太卜詣廟，灼龜，授鼓旗於廟，皇帝陣法駕，服袞冕，至廟，拜於太祖。編告訖，降就中階，引上將，操鉞授柯，曰：『從此上至天，將軍制之。』又操斧授柯，曰：『從此下至泉，將軍制之。』將軍既受斧鉞，對曰：『國不可從外理，軍不可從中制。臣既受命，有鼓旗斧鉞之威，願假一言之命於臣。』帝曰：『苟利社稷，將軍裁之。』將軍就車，載斧鉞而出，皇帝推轂度閫曰：『從此以外，將軍制之。』」[58]以誅賊殘三句　《漢書・五行志》：「其於王事，出軍行師，把旄杖鉞，誓士眾，抗威武，所以征畔逆止暴亂也。」安集，盧文弨云：「下疑脫二字。」或為「百姓」二字。[59]故動眾興師六句　此處言平日要加強軍隊的訓練，興師動眾以出征，則必須以義理為先。祠兵，《左傳》、《穀梁傳》作「治兵」。《春秋》在魯莊公八年（西元前六八六年）記載：「甲午，祠兵。」《公羊傳》對此評論曰：「出曰祠兵，入曰振旅，其禮一也，皆習戰也。」何休《春秋公羊傳解詁》：「禮，兵不徒使，將出兵，必祠於近郊，陳兵習戰，殺牲饗士卒。」振旅，整頓軍隊。《尚書・大禹謨》：「班師振旅。」孔傳：「兵入曰振旅，言整眾。」何休《春秋公羊傳解詁》：「祠兵壯者在前，難在前；振旅，壯者在後，復長幼，且衛後也。」閑習，熟習。閑，通「嫻」。因於彼狩，淩曙本彼字作「搜」。謂以田獵為軍隊作戰訓練的一種方式。《禮記・月令》季秋之政令有「天子乃教於田獵，以習五戎，班馬政。」[60]存不忘亡二句　居安思危，是儒家的一種傳統觀念。《易・繫辭下》：「子曰：危者，安其位者也。亡者，保其存者也。亂者，有其治者也。是故君子安而不忘危，存而不忘亡，治而不忘亂，是以身安而國家可保也。」[61]修城郭　古代的城池有內外兩重之別，內為城，外為郭。《管子・度地》：「內為之城，城外為之郭。」《孟子・公孫丑下》：「三里之城，七里之郭。」《戰國策・齊策》有貂勃之語：「安平君以惴惴即墨，三里之城，五里之郭。」而田單則曰：「臣以五里之城，七里之郭。」城郭大小之比例，各地不一。[62]繕墻垣　修繕城郭與牆垣。為加強城市防衛的措施。《釋名》：「牆，障也，所以自障蔽也。垣，援也，人所依阻，以為援衛也。」從高度上看，垣矮於牆。[63]審

罼禁　指嚴格檢查與執行各種禁令。《管子．四時》秋天的政令有「禁博塞，圉小辯，鬬譯忌。」博塞是古代的賭博和遊戲。小辯，指利口巧辯，也在禁止之列。鬬譯忌，指鄰里之間因言語傳遞而引起的口角亦在禁止之列。(64)飭兵甲　指整飭兵甲。(65)警百官　指百官要加強警戒。(66)誅不法　指秋天時要加強對一切不法行為的懲處。《禮記．月令》孟秋中與之相似的政令中有「命有司，修法制，繕囹圄，具桎梏，禁止姦，慎罪邪，務博執。」(67)恩及於金石二句　秋天在五行屬金，君王政令符合金的屬性，順遂於時令故秋風至。(68)恩及於毛蟲三句　謂秋天時政令順遂五行，走獸也會繁盛，麒麟也會到來。毛蟲，羽、毛、甲、鱗、倮五蟲之一，具體是指皮上有毛的走獸。麒麟，傳說中的祥獸，為毛蟲之長。(69)如人君好戰四句　此處言君王違逆五行之政令，在秋天表現為君王好侵伐征戰，不顧百姓性命。《漢書．五行志》：「傳曰：好戰攻，輕百姓，飾城郭，侵邊境，則金不從革。」「說曰：若乃貪欲恣睢，務立威勝，不重民命，則金失其性。」(70)則民病喉欬漱三句　此處言君王違逆五行之政令，百姓在病變上便表現咽喉發炎、咳嗽、抽筋、鼻子堵塞。《黃帝內經．陰陽應象大論》認為秋季西方生燥，燥生金，「在變動為咳，在竅為鼻」，故秋季政令與五行相逆時會出現上述現象。(71)咎及於金三句　指君王政令之災害殃及於五行之金，則金屬的鑄造便不能凝固成型。《漢書．五行志》：「蓋工冶鑄金鐵，金鐵冰滯涸堅，不成者眾，及為變怪，是為金不從革。」(72)四面張網二句　古代狩獵有規則，春曰蒐，夏曰苗，秋曰獮，冬曰狩。《說苑．修文》：「苗者奈何？曰：苗者毛也。取之不圍澤，不掩群，取禽不麛卵，不殺孕重者，春蒐者不殺小麛及孕重者，冬狩皆取之。百姓皆出，不失其馳，不抵禽，不詭遇，逐不出防。此苗、獮、蒐、狩之義也。」而四面張網，焚燒林地，驅趕禽獸而圍獵，為狩獵中最野蠻而具有毀滅性的行為，可謂失德於禽獸。與之相反的情況，見於《史記．殷本紀》：「湯出，見野張網四面，祝曰：『自天下四方皆入吾網。』湯曰：『嘻！盡之矣，乃去其三面。』祝曰：『欲左，左。欲右，右。不用命，乃入吾網。』諸侯聞之，曰：『湯德至矣，及禽獸。』」(73)咎及毛蟲四句　指君王之政令殃及毛蟲，走獸減少了，連白虎也被妄自捕殺，麒麟由此而遠去。(74)水者冬二句　五行之水，在時令上屬冬，主閉藏。《禮記．月令》仲冬之政令有「塗闕廷門閭，筑囹圄，此以助天地之閉藏也。」在陰陽上，冬為太陰，故云至陰。(75)宗廟祭祀之始　指冬季是為來年祭祀開始準備的季節。《禮記．月令》季冬要「命太史次諸侯之列，賦之犧牲，以共皇天上帝社稷之饗，乃命同姓之邦，共寢廟之芻豢。」宗廟，《白虎通義．宗廟》：「王者所以立宗廟何？曰：生死殊路，故敬鬼神而遠之。緣生以事死，敬亡若事存，故欲立宗廟而祭之。此孝子之心所以追養繼孝也。宗者，尊也，廟者，貌也。象先祖之尊貌也。」(76)敬四時之祭　指以四時所產的時新蔬果穀物，恭敬祭其先祖，春曰祠，夏曰礿，秋曰嘗，冬曰烝。[77]禘祫昭穆之序　禘和祫皆為古代在宗廟祭享祖先的名稱。禘是古代天子每五年舉行一次的盛祭，或三年喪畢舉行的一次盛祭。祫是每三年把遠近祖先的神主集合在一起舉行的一次大祭。一般情況下是每三年一祫，五年一禘。昭穆，指在宗廟舉行祭祀時，神主排列的次序，始祖居中，以下父子遞為昭穆，父為昭，子為穆，在位置上則始祖神主之左為昭，右為穆。《白虎通義・宗廟》：「祭宗廟所以禘祫何？尊人君，貴功德，廣孝道也。位尊德盛，所及彌遠。謂之禘祫何？禘之為言諦也。序昭穆，諦父子也。祫者，合也。毀廟之主，皆合食於太祖也。」《漢書・五行志》：「其於人道，命終而形臧，精神放越，聖人為之宗廟以收魂氣，春秋祭祀，以終孝道。」[78]天子祭天二句　天子祭天，《大戴禮記・禮三本》：「王者天太祖，諸侯不敢禳。」意謂只有天子能以太祖配天行郊祀之禮，諸侯不僅不敢這樣做，連想也不敢這樣想。諸侯祭土，指諸侯只能祭土神。土神，即社。《援神契》云：「社者土地之神，能生五穀。」《禮記・郊特牲》：「社所以神地之道。」《禮記・王制》：「天子祭天地，諸侯祭社稷。」《漢書・五行志》：「王者即位，必郊祀天地，禱祈神祇，望秩山川，懷柔百神，亡不宗事。」[79]閉門閭二句　門是指城門，閭是指里門。古代以二十五家為閭，泛稱鄉里。到了冬天，要關閉門閭，挨家搜索，查清被隱匿的外來戶口。《禮記・月令》孟冬之政令亦有：「坏城郭，戒門閭，脩鍵閉，慎管籥。」[80]斷刑罰二句　《管子・四時》言冬季的政令有：「斷刑致罰，無赦有罪，以符陰氣。」冬為太陰，以陰氣主殺，故把冬季作斷刑致罰的時節。[81]飭關梁二句　整肅關門和橋梁，禁止人戶外徙。徒當是徙字之訛。《管子・四時》：「修禁徙民，令靜止地乃不泄。」[82]恩及於水二句　指君王冬季政令之恩德順遂於五行之水，地上會湧出醴酒。澧，通「醴」，為稻米酒。《援神契》云：「德至深泉，則黃龍見，醴泉湧。」[83]恩及介蟲三句　謂君王冬季政令之恩德及於五蟲之介蟲，黿與鼉便大量繁殖，非常豐盛，靈龜也大量出現。介蟲，即甲蟲，有甲殼的動物。《大戴禮記・易本命》：「有甲之蟲三百六十，而神龜為之長。」黿，《說文》：「大鱉也。」鼉，《說文》：「水蟲，似蜥蜴，長丈所，皮可為鼓。」當是今之鱷魚。靈龜，亦稱神龜，占卜用的龜。《史記・龜策列傳》：「神龜出於江水中，廬江郡常歲時生龜長尺二寸者二十枚，輸太卜官。」這是漢代的事。譙周《異物志》：「涪陵多大龜，其甲可以卜，其緣中似玳瑁，俗名曰靈。」[84]如人君簡宗廟五句　此處指君王怠慢宗廟的祭祀，不能按時獻祭，重大事件不能去宗廟禱告，執法不能順遂冬季的政令，因而違逆天時。簡，怠慢。《漢書・五行志》：「傳曰：『簡宗廟，不禱祠，廢祭祀，逆天時，則水不潤下。』」[85]則病流腫四句　此言君王政令違逆五行之水性，從而給民眾所帶來的病變，其特徵皆表現為水不潤下。流腫，指全身性水腫，或先足跗腫而上，或先眼窠腫而水，或面目足跗一時並腫，暫至於胸腹，甚者外腫而內脹。水張，淩曙本「張」作「脹」。腹部水脹謂之脹。痿痺，因氣血閉阻不通而四肢萎弱無力，屬風濕性關節炎之類病變。孔竅不通，或指心竅閉塞，不省人事，或指便道閉結。86 咎及於水四句　此處言政令違逆水性，水必成災。《漢書・五行志》：「若乃不敬鬼神，致政令逆時，則水失其性。霧水暴出，百川逆溢，壞鄉邑，溺人民，及淫雨傷稼穡，是為水不潤下。」87 咎及介蟲三句　此處言君王政令逆時，殃及於介蟲，則靈龜逃往深水躲藏，而黿與鼉則只能在乾涸的泥潭中相呴以濕，相濡以沫，苟且圖存。

【語譯】木在時令上是春季，春暖促進萬物的生長，所以是農耕的根本。君王在春季要勸勉百姓勤於農事，使用民力時，不能影響農耕的時令，一年役使百姓服役的時間不能超過三天，租稅不能超過收成的十分之一，要進用精通儒家經術的士子。這時要放寬各種禁令，釋放罪行較輕的囚犯，在獄的犯人也要去掉手銬和腳鐐，打開關閉的門扇，開通阻塞的渠道。君王政令的恩德及於五行之木，樹木的生長便會茂盛而華美，那樣便會誕生象徵祥瑞的朱草。恩德布施到有鱗的動物身上，那麼魚便會繁盛起來，如鱣鯨這樣凶惡的大魚便不會出現，群龍也會下到江海中來。如果君王的出入不依照時令，任意地驅犬逐兔，縱馬追獸，馳騁圍獵而不按時返還宮室，並且愛好那種放蕩的靡靡之音，沉湎於酒色而不能自拔，恣意地放縱自己的奢欲，不顧問國家大事，又無事而徵發百姓服徭役，耽誤百姓的農時，而且想方設法增加稅收，掠奪百姓的財產。如果那樣胡作非為的話，在百姓身上便會表現出渾身患疥瘡，搔癢不止，身體發熱，足脛時時酸痛。災害會殃及於樹木，茂盛的樹木會枯槁而死，連工匠製作輪子時，也都會傷敗不成，洪水會淹沒人群，池塘和小溪都會乾涸得如同漁民戽乾了水捉魚時那樣。所以災殃及於有鱗的動物，則魚類生長便不會旺盛，群龍也會深深地躲藏起來，(鱣)鯨這樣的大魚反而會出來逞凶。

火在時令上屬夏季，是作物成長的時期，在五行終始中本朝屬火。君王在夏季應該舉用賢良，引進茂才，依照他們各自的能力授予官職，對有功之臣要予以賞賜，對德行好的要給予官爵，要拿出庫房的錢財來賑濟窮困貧乏的百姓，在郡國之間要劃定疆界，派出使者去巡視四方。如果君王的政令，能順遂於五行的火，上天便會降下甘露。如果君王行政的恩德降臨到有羽毛的鳥類，那麼天上的飛鳥便會繁盛，天空中會出現黃鵠，鳳凰也會四處飛翔。如果君王聽信讒言，為奸邪所迷惑，內宮骨肉乖離，外朝疏遠忠臣，甚至殘殺自己的世子，在外任意地誅殺無辜的百姓，在朝堂上驅逐有功的臣子，在內廷以媵妾為正妻，任意地更改丟棄法令，由妾婦來干預和影響朝政，對臣僚的賞賜不恰當。這樣的話，百姓便會病於氣血臃腫，眼目昏花不明。如此施政，災禍殃及於五行的火，那麼上天會降臨大旱，人間會有火災，人們如果任意地去摘取鳥巢，捕捉幼鳥，勢必讓災禍殃及於有羽毛的鳥類，那麼飛鳥也不會繁盛，冬天時，大雁也不會飛回來，而作為凶兆的梟和鴟卻會成群地在上空鳴叫，而鳳凰則高翔而去。

土在時令上屬於季夏，正是百物成熟的季節，處於諸官的君位。君王在季夏的政令，應是遵循宮室尊卑大小的制度，要謹慎地處理好夫婦之間的關係，加恩於親戚時要區分親疏長幼。君王的政令能順遂於五行之土，那麼五穀都能成熟，嘉禾也興旺地成長。君王的恩德及於倮蟲，那麼百姓便會親附君主，城郭的居民財富殷實，聖賢都能升遷到相應的職位，仙人也會從天上降臨人間。反之，如果君王喜好荒淫驕佚，娶妻納妾超過限度，侵犯自己親戚的利益，甚至欺侮父兄，不尊敬長輩，蒙騙百姓，大肆構築樓臺亭榭，而且雕梁畫棟，到處都裝飾得五光十色，器物都要雕鏤並刻出各種花紋，那麼應驗在百姓身上便表現為臉色黑黃，心腹有病，舌頭也會爛痛。災禍殃及於五行的土，那麼五穀都不能好好生長。如果君王暴虐濫殺，災禍殃及倮蟲，倮蟲不能繁衍生息，百姓會背叛離去，聖賢也被流放或者逃亡。

金的時令屬於秋季，肅殺之氣從此開始，那時君王要樹起旗幟，建立大鼓，讓將軍們執掌旌節和斧鉞，誅殺殘賊之寇盜，禁止一切暴虐的行為，藉以安集百姓。所以，君王興師動眾時，必須符合義理，出兵時，要先在郊野陳兵習戰，班師時則要整頓軍容。軍隊要在閒時習戰陣，在國家興旺的時候不要忘記可能會導致亡國的威脅，在安全的時候，不要忘記可能會遭遇各種的危險，要修理城郭，繕補牆垣。要仔細審視各種禁令是否得到嚴格執行，要整飭好兵器和鎧甲，各級官員都要始終保持警戒的狀態，要嚴厲地懲處一切不法之徒。君王的政令能順遂五行金的屬性，那麼涼風也會習習而來。君王的恩德及於毛蟲，那麼走獸便會大量繁殖，麒麟也會隨之而出現。反之，如果君王好戰成性，侵略和欺凌周邊的諸侯國，貪圖他們的城邑和財貨，不顧百姓的身家性命，那麼在百姓身上反映的病變，便表現為咽喉發炎、咳嗽、手腳抽筋，鼻子堵塞。如果災殃涉及到金，那麼金屬在熔化和凝固時都會出現問題，器物鑄造上便不能成型。在狩獵時，君王如果四面張網，並焚燒山林驅趕走獸，那麼災禍也會殃及獸類，使走獸無法繁殖，連吉獸白虎也被捕殺，那麼麒麟也只能遠離而去。

水的時令屬於冬季，那是萬物閉藏和太陰到來的時刻。君王在這時要開始安排祭祀，為一年四時祭祀作好充分準備，在安排禘祭和祫祭時，祖先的神主要昭穆有序，那時天子要祭上天，諸侯則祭祀土神，此時要關閉好城門和里門，在城邑內進行戶口和安全的大搜查，以防奸細混進來，要依法並及時判決在押的囚犯，並執行對他們的刑罰，要整飭交通要道的關卡和橋梁，禁止一切人口向外徙移。君王的政令順遂於五行中水的屬性，那麼地上便會湧現出甘泉；恩德的布施及於介甲類的動物，那麼龜鱉一類動物便會繁殖興盛，而且靈龜也會隨之出現。反之，如果君王對祭祀的事情表現出怠慢，不積極向鬼神祭禱，荒廢了祭祀這樣的大事，在執法時又不能公平和公正，違背天時，那麼百姓身上便會出現浮腫的病變，充血水腫，四肢的關節也會痿僵，各孔竅氣血不通。災禍殃及於五行的水，會使大霧籠罩大地，天地陰暗無光，而且必定會出現大水，洪水成災為害於百姓。災禍殃及於介蟲，那麼靈龜也會深藏不出，而黿鼉也只能在乾涸的泥潭中相濡以沫。

【研　析】〈五行逆順〉篇的主旨是講述君王如何「務時而寄政」(《管子・四時》)，也就是政令必須順應於四時五行的次序。因為順之者則昌，逆之者則亡。司馬遷記述其父司馬談〈論六家要指〉時，曾說：「夫陰陽、四時、八位、十二度、二十四節各有教令，順之者昌，逆之者不死則亡，未必然也。故曰：使人拘而多畏。夫春生、夏長、秋收、冬藏，此天道之大經也，弗順則無以為天下綱紀。故曰：四時之大順不可失也。」(《史記・太史公自序》) 可見司馬談對四時五行教令順逆是有保留的，認為未必事事皆得應驗，然大體的方向仍需遵循。這從當時農耕社會的情況看，還應該說是一種比較客觀和實事求是的態度。

本篇接〈五行相生〉與〈五行相勝〉之後，前二篇都是以五行講五官。〈相生〉篇著重講五官正向的職能，〈相勝〉篇是講五官負向的行為及如何在五官之間建立互相制約的關係。這是以五行認知模式來闡述官僚機構的職能及如何在其內部相互之間建立制約關係，目標是為了具體規範和約束為臣者的行為。而本篇論述的主題是君王政令與五行之間順與逆的關係，以及通過政令對五行的順逆所產生的不同結果來表現天人之間的感應關係。從而為通過災異以逆向推演君王在政令上的得失提供依據，成為後人以五行說災異之濫觴。

務時而寄政，以四時五行來規範政令，從思想淵源上看，它在戰國時期已是比較流行的觀念，其作品主要集中在《管子》之中，如〈幼官〉、〈四時〉、〈五行〉、〈禁藏〉，以及〈七臣七主〉諸篇，而〈牧民〉作為《管子》的首篇，其第一句話便是「凡有地牧民者，務在四時」，這是如何設計四時五行之教令的總綱。在《管子》的各篇中，就內容來看，有的只是就四時而言政令，如〈禁藏〉篇在闡述四時教令時，不僅講了與農業生產相關的政策措施，而且講了依照四時進行賞賜和刑罰的措施，規定政令要符合春仁、夏忠、秋急、冬閉的原則，以順於天時，但沒有講到五行。在〈七臣七主〉篇中講了四禁，如春無殺伐，夏無遏水，秋毋赦過，冬無賦爵賞祿，它也沒有涉及五行的內容。但是，在〈四時〉、〈五行〉這二篇中，四時教令便與五行摻合在一起了。在〈四時〉篇則是依五行的次序來闡述政令，不僅從正面講述如何務時而寄政，而且還講了政令違逆時令所帶來的負面影響，若「春行冬政則雕（凋），行秋政則霜，行夏政則欲。」而〈五行〉篇中，則打破了四時的界限，依五行來等分一年的三百六十日，各七十二天，天子如何依照五行配合天時運行，分別發出教令，用以治國安民，同時又從禁止的角度，講述如果天子實施違逆五行之政令可能帶來的災害，因而便為以災異議論政令開了先河。

然而，在《管子》各篇之間還缺乏嚴密的結構關係，而董仲舒則不同。他在《春秋繁露》中，從〈五行相生〉、〈五行相勝〉、〈五行逆順〉至後面的〈治水五行〉與〈治亂五行〉之間，建立了相互之間的結構關係，與《春秋公羊傳》相結合，構成為一個完整的系統，從而可以結合五行以災異來推演政令的得失。《洪範五行傳》便是在這個基礎上發展起來的。

《洪範五行傳》不是一部獨立而完整的專著，現在已查不出最初究竟是何人撰著。它是漢代當時的一種流行思潮。自董仲舒始推陰陽，為儒者宗以來，各家都在利用《尚書·洪範》所言，大倡五行之說以預言吉凶，夏侯始昌、夏侯勝便是此中翹楚。據《漢書》記載：「自董仲舒、韓嬰死後，武帝得始昌，甚重之。始昌明於陰陽，先言柏梁臺災日，至期日果災。」這一下預言災異應驗，深得武帝賞識，因此被任為昌邑王的太傅，後壽終於家。夏侯勝是夏侯始昌的族子，「少孤，好學，從始昌受《尚書》及《洪範五行傳》說災異」，後又轉師多人，被朝廷徵為博士光祿大夫。當時漢昭帝崩駕，昌邑王嗣立，經常外出遊蕩。夏侯勝「諫曰：『天久陰而不雨，臣下有謀上者。陛下出欲何之？』王怒，謂勝為妖言，縛以屬吏。」當時大將軍霍光與驃騎將軍張安世密謀廢昌邑王嗣帝位，霍光懷疑張安世洩言，詰責張安世，但張安世實未洩言，因此張安世審問夏侯勝，哪裡來的消息？「勝對言：『在《洪範傳》曰：「皇之不極，厥罰常陰，時則下人有伐上者。」惡察察言，故云臣下有謀。』光、安世大驚，以此益重經術之士。」（《漢書·眭兩夏侯京翼李傳》）後十餘日，霍光、張安世奏太后，廢昌邑王，立漢宣帝。夏侯勝出獄，名聲大噪。漢宣帝即位後，下詔要為漢武帝立廟以歌頌武帝的開疆拓土與文治武功。這時，夏侯勝獨持反對意見，理由是漢武帝窮兵黷武，勞民傷財，反對宣帝為武帝立廟的詔書，坐大不敬罪，結果被繫獄中，丞相長史黃霸因庇護夏侯勝而一起入獄。黃霸在獄中向夏侯勝學《尚書》，夏侯勝以待死之因為辭推託，黃霸說是「朝聞道夕死可矣」，夏侯勝很感動，就收了他為徒，授《尚書》。後來關東四十九郡發生地震、山崩，朝廷徵用能預言災異的經術之士，夏侯勝被大赦出獄，任諫大夫給侍中，名重一時，任為太子太傅。年九十壽終，皇太后賜錢二百萬為喪葬費，太子為夏侯勝之死素服五日，可謂極一時之哀榮。這樣一來，通過《洪範五行傳》來言說災異之風大盛。到了東漢時期，大量緯書出現，此風越演越烈。

董仲舒的貢獻是使古代樸素的五行思想更加系統化了，構成一定的規則，便於後人利用災異來論述時政之得失。在古代的專制主義條件下，要議論時政，便不能不借助於天，借助於五行中神祕主義觀念，以此來模糊人們的視線，為自己的政治建議塗上一層保護色。劉向可以說是用《洪範五行傳》說災異的集大成者。從《漢書・五行志》起，歷代正史的〈五行志〉便是這種觀念的產物。《漢書・五行志》是以《尚書・洪範》中五行與五事二段文字為經，而「傳曰」、「說曰」便是由歸納五行順逆之政令而來，它與本書相關的論述有著緊密的聯繫，對後世也有著深遠的影響。北宋時的政治改革家王安石曾著有《洪範傳》來論述其哲學思想，其中的重點仍是圍繞五行與五事這兩點內容展開的。五行在中國傳統思想中的地位，於此可見一斑。

治水五行 第六十一

【題解】篇名〈治水五行〉，但內容與治水毫不相干，故疑是千百年來傳抄過程中有誤，以訛傳訛，延續至今。若將本篇與其前後兩篇綜合考察，此三篇應是一組文章，主題為闡述君主應使其政令順遂五行之順序，方能國泰民安，天下大治。前一篇〈五行逆順〉是總敘，從順逆兩個方面敘其表現及其造成的後果。本篇與下一篇〈治亂五行〉是分敘，各自分別從順或逆來言其措施。本篇著重講順以致治，而下一篇則著重講逆以致亂。故本篇題目似應改為〈治順五行〉方較妥貼。

日冬至❶，七十二日木用事❷，其氣燥濁而清❸。七十二日火用事❹，其氣慘陽而赤❺。七十二日土用事❻，其氣濕濁而黃❼。七十二日金用事❽，其氣慘淡而白❾。七十二日水用事❿，其氣清寒而黑⓫。七十二日復得木⓬。

木用事，則行柔惠⓭，誕羣禁⓮。至於立春⓯，出輕繫，去稽留⓰，除桎梏⓱，開門闔⓲，通障塞⓳，存幼孤，矜寡獨⓴，無伐木㉑。

火用事，則正封疆，循田疇㉒。至于立夏㉓，舉賢良㉔，封有德，賞有功㉕，出使四方㉖，無縱火㉗。

土用事，則養長老，存幼孤，矜寡獨㉘，賜孝悌，施恩澤㉙，無興土功㉚。

金用事㉛，則修城郭，繕牆垣㉜，審群禁㉝，飭甲兵㉞，警百官，誅不法㉟，存長老㊱，無焚金石㊲。

水用事㊳，則閉門閭，大搜索㊴，斷刑罰，執當罪㊵，飭梁關，禁外徙㊶，無決池隄㊷。

【注釋】❶日冬至　指冬至日。冬至是二十四節氣之一，在每年陽曆十二月二十二日前後。此時太陽直射南回歸線，北半球白晝最短。❷七十二日木用事　七十二日是指冬至後的七十二日，此是以一歲為三百六十日計。五分之，則七十二日為一節，每一節以五行之一用其事。冬至以後的七十二日為五行的木用事的日子。《管子・五行》作「日至，睹甲子木行御，七十二日而畢。」❸其氣燥濁而清　氣，指運行於天地之間的氣。燥，指乾燥。《淮南子・天文訓》：「陽氣為火，陰氣為水，水勝故夏至濕，火勝故冬至燥，燥故炭輕，濕故炭重。」燥濁是指冬至後七十二日木氣的性質。《淮南子・天文訓》亦云：「甲子氣燥濁。」清，蘇輿本作「青」，似應以蘇輿本為是。青，指炭火煙氣的顏色。《淮南子・天文訓》云：「木用事，火煙青。」在作者看來，炭火的煙色亦隨季節有不同而變化，故拿煙火的顏色代表各季所主的顏色。❹七十二日火用事　指冬至後第二個七十二日，屬於五行中火用事之日，在時令上屬夏。《管子・五行》為「睹丙子火行御，七十二日而畢。」❺其氣慘陽而赤　此處意謂炭火的煙氣因太陽而呈現赤紅色。慘，毒。《淮南子・天文訓》：「七十二日丙子受制，火用事，火煙赤。」「丙子氣燥陽。」❻七十二日土用事　指冬至後第三個七十二日，屬於五行中土用事之日，在時令上屬季夏。《管子・五行》為「睹戊子土行御，七十二日而畢。」❼其氣濕濁而黃　濕濁，夏至在此七十二日之內，夏至後為陰勝陽，屬水勝，故其氣為濕濁，不同於冬至後第一個七十二日為陽勝陰，屬火勝。其煙色為黃色。《淮南子・天文訓》：「七十二日戊子受制，土用事，火煙黃。」「戊子氣濕濁。」❽七十二日金用事　指冬至後第四個七十二日，屬於五行中金用事。《管子・五行》：「睹庚子金行御，七十二日而畢。」❾其氣慘淡而白　慘淡，指此時少陰之氣的特徵，時令上屬秋，秋天肅殺。白，為炭火的煙氣在秋天屬少陰而呈白色。《淮南子・天文訓》：「七十二日庚子受制，金用事，火煙白。」「庚子氣燥寒。」❿七十二日水用事　此為冬至日後第五個七十二日，也就是一年三百六十日等分後的最終一個七十二日，屬於五行中水用事之日，在時令上屬於冬季。《管子・五行》：「睹壬子水行御，七十二日而畢。」⓫其氣清寒而黑　清寒，為冬季太陰之氣的特徵。黑，為炭火在冬季的煙氣呈黑色。《淮南子・天文訓》：「七十二日壬子受制，水用事，火煙黑。」「壬子氣清寒。」⓬七十二日復得木　指「七十二日水用事」後之七十二日，復以五行之木用事。故五行在一歲之內，便是如此週期性地往復相輪而行事。⓭木用事二句　指木用事之七十二日，屬春季，按照「務時而寄政」（《管子・四時》）的原則，春氣暖者，天之所以愛而生之，故施柔惠百姓之政令。《淮南子・天文訓》：「甲子受制，則行柔惠，梃群禁，開闔扇，通障塞，毋伐木。」⓮誕羣禁　指放寬各種禁令。誕，當改為「梃」。《淮南子・天文訓》作「梃」。⓯立春　二十四節氣之一，我國習慣作為春季開始的節氣。立春後，氣溫回升，在農時上正是準備春耕的時節，故那時在政令上都要圍繞和適應春耕的需要。⓰出輕繫二句　指釋放因輕罪而繫於獄的犯人。稽留，周代監獄的名稱。⓱除桎梏　指開脫囚犯的腳鐐和手銬。桎，腳鐐。梏，手銬。⓲開門闔　〈五行逆順〉作「開閉闔」。闔，門扇，指打開門扇。春天轉暖，蟄伏之蟲類由戶而出，故要打開冬季閉闔的門戶，便於人們出入從事春耕生產。⓳通障塞　指渠道有弊敗阻塞者，則疏通之，以利水流和灌溉。⓴存幼孤二句　指官府要採取存恤和寬慰孤寡幼弱諸弱勢群體的措施。㉑無伐木　春季是林木生長的季節，故在木用事的日子，要禁止伐木。《管子・五行》亦有「禁民斬木，所以愛草木也」的規定。如果不這樣做，則必有災禍降臨。《管子・五行》：「甲子木行御，天子不賦，不賜賞而大斬伐傷，君危。不殺，太子危，家人夫人死，不然則長子死。」㉒火用事三句　指火用事的七十二天，屬夏季，要劃定諸侯與郡國田土的疆界，派遣使者循行田間，以督察田地耕作的情況。田疇，指已耕而有疆界的田地。《淮南子・天文訓》：「丙子受制，則舉賢良，賞有功，立封侯，出貨財。」㉓立夏　二十四節氣之一，我國習慣作為夏季開始的節氣，也是農作物生長旺盛的季節。正因為這是農事忙碌的時候，故在政令上要圍繞和適應農忙的需要。㉔舉賢良　賢良是明於古今王事者。舉是指郡國要薦舉賢良於朝廷，如漢文帝詔令諸侯、王公、郡守，薦舉賢良能直言極諫之士。㉕封有德二句　指此時君王要使有德者受封爵，有功者受賞賜。㉖出使四方　指君王要派出使節以巡視四方。㉗無縱火　指禁止縱火。㉘土用事四句　指土用事之七十二日，時令處於夏秋之際，萬物生長，為農事最忙的季節。故在政令上強調存養年長的老人，撫恤孤兒、幼弱，幫助鰥夫、寡婦等獨居者以保障農事之順遂。《管子・五行》在戊子土行御的七十二日政令中，強調「農事為敬，大揚惠言。」《淮南子・天文訓》：「戊子受制，則養老鰥寡，行粰鬻，施恩澤。」㉙賜孝悌二句　此處言對百姓要廣施恩澤，賞賜百姓中能孝悌力田者，以安撫民眾。董仲舒在〈為人者天〉云：「百姓不安，則力其孝弟。孝弟者，所以安百姓也。力者，勉行之，身以化之。」在漢惠帝時，百姓被舉為孝悌力田者可免其勞役。漢文帝曾遣謁者「勞賜三老、孝者帛人五匹，悌者、力田二匹。」並規定在地方上「以戶口（為）率置三老、孝悌、力田常員。」㉚無興土功　土功，指土木建築工程，意謂在農忙季節，不能徵發民眾從事土木建築，以免貽誤農事。在土主事時，不能動土，《管子・五行》「戊子土行御」，規定如果「天子修宮室，築臺榭，君危，外築城郭，臣死。」㉛金用事　指金用事之七十二日，時令正處於秋季，萬物由成熟而趨於肅殺，正處於農事收穫的季節。亦即是秋氣清者，天之所以嚴而成之。故在政令上需圍繞保障全年的收成而嚴加防備。《淮南子・天文訓》：「庚子受制，則繕牆垣，修城郭，審群禁，飾兵甲，儆百官，誅不法。」㉜修城郭二句　古代的城池有內外二重之分，內為城，外為郭。城郭大小的比例各地不一。修繕城郭的牆垣成了秋季加強防備的重要政務。㉝審羣禁　指嚴格執行各種禁令。㉞飭甲兵　指整治兵甲，以為兵事作準備。㉟警百官二句　指百官要加強警戒，懲處一切違法的行為。《管子・五行》「庚子金行御」的政令有「天子出令，命左右司馬衍組甲厲兵，合什為伍，以修於四境之內，諛然告民有事，所以待天地之殺斂也。」㊱存長老　指對老人和年長者要存恤優撫。㊲無焚金石　時屬金秋，不得焚燒金石違者被視為將受殃，《管子・五行》在「金行御」時，有「天子攻山擊石，有兵作戰而敗，士死，喪執政」的說法。㊳水用事　指水用事之七十二日，時令上屬於冬季，是閉藏的季節。㊴閉門閭二句　門指城門。閭，指閭里之門。此處謂在冬季要闔閉城門和閭門，以助天地之閉藏，大規模地搜索城內的一切違法分子。㊵斷刑罰二句　由於冬屬太陰，陰氣主殺，冬季成為斷刑罰的季節。㊶飭梁關二句　意謂整肅關卡和橋梁，禁止人口外徙。陡，當是「徙」字之訛。㊷無決池隄　冬主閉藏，又是水主事，故不能開決池塘的堤岸。《管子・五行》規定「壬子水行御」七十二日內，如果「天子決塞動大水，王后夫人薨，不然，則羽卵者段，毛胎者殰，孕婦銷棄，草木根本不美。」《淮南子・天文訓》：「壬子受制，則閉門閭，大搜客，斷刑罰，殺當罪，息關梁，禁外徙。」

【語　譯】太陽運行到冬至點後，有七十二天，是五行的木用事的日子，那時的木氣是乾燥重濁而呈青色。依次的七十二天是火用事的日子，那時火氣是旺盛的陽氣而呈赤色。依次的七十二天是土用事的日子，那時土氣是濕潤而重濁呈黃色。依次的七十二天是金用事的日子，那時金氣是少陰清淡而呈白色。依次的七十二天是水用事的日子，那時的水氣是清淡寒涼而呈黑色。然後的七十二天，又是木氣當令的時節。

在木用事的時候，君王對百姓要施行柔惠的政令，要寬緩各種禁令，在立春以後，要釋放只有輕罪的犯人，讓他們離開牢獄，對於在押的囚犯也要除去手銬和腳鐐。要打開門扇，疏通各種通道的障礙，要存恤幼小的孤兒，關心和幫助鰥夫寡婦，不能砍伐樹木。

在火用事的日子，要劃定田土的疆界，並派遣使者巡行於田間，到了立夏的時候，要薦舉賢良，對有德的人要授予封爵，對有功的人要給予賞賜，要派遣使節到四方去巡視，在火主事的日子不能縱火。

在土用事的日子，要注意贍養年長的老人，撫恤幼弱的孤兒，關心和幫助鰥寡獨居的家庭，對孝悌的人給予賞賜，對百姓們廣施恩澤。在土主事日子不能大規模地興舉土土工程。

在金用事的日子，應該修繕城郭的牆垣，要嚴格執行各種禁令，要整治兵器和鎧甲，要儆戒百官，懲處不法行為，優撫長老，不能焚燒金石。

在水主事的日子，要關閉好城池和閭里的大門，要搜索一切違法分子，決斷和執行刑罰，要整肅關卡和橋梁，禁止人口的外徙，不能開決池塘和堤壩。

【研　析】篇題〈治水五行〉，從上下二篇銜接及內容看，似有訛，題名似應改為〈治順五行〉。本篇之上一篇題為〈五行逆順〉，下一篇題為〈治亂五行〉，從內容看，本篇的主旨是闡述君王之政令措施，能順遂於五行的次序，國家便能治理好，而下一篇則講述君王之政令違逆五行所產生的惡果，這二篇分別從順與逆二方面講述治理國家的政令，如何才是順五行而得治，逆五行而得亂。故與〈五行逆順〉聯繫起來，這三篇文章能合成一組，構成一個主題，即君王之政令順五行，則國家得以治理；逆五行便會出現亂世。從內容上看，本篇的主旨與「水」無關，故改為〈治順五行〉比較符合作者在本篇所闡述的內容。

以五行配四時，在《管子·四時》是把土德居於火與金之間，「土德實輔四時出入」，然土並未占有具體的時間。《呂氏春秋》的〈十二紀〉，及《禮記·月令》在季夏未另列中央土，也不占有具體的時間。

《管子・五行》把一歲時間依照五行等分之，以七十二日為一節，每節以五行之一主其事。以冬至日作為起點。古代以干支紀日，如以甲子為起點，隔七十二日為丙子，依次分別為戊子、庚子、壬子，接下來又是甲子，故〈五行〉篇云：「日至，睹甲子木行御，七十二日畢。」「睹丙子火行御，七十二日而畢。」「睹戊子土行御，七十二日而畢。」「睹庚子金行御，七十二日而畢。」「睹壬子水行御，七十二日而畢。」這大概是本篇開首那段文字的來歷。以五行分割一歲，各七十二日，「木行御」，便是木主事。《漢書・藝文志》《易》十三家中有「《古五子》十八篇」，顏師古注：「自甲子至壬子，說《易》陰陽。」古五子也許就是《管子》所言之五子。那麼把五子主事的日子加起來不過三百六十日；但一年有三百六十五日，就不能始終保持以冬至作五子起始之日，也不能與四時之時令相符合。《淮南子・天文訓》提出：「冬至加三日，則夏至之日也，歲遷六日，終而復始。」即冬至日前加三天，由冬至到夏至日，而夏至日到當年的冬至日，日子便要移動六天，這樣便可以一年一循環。干支紀日六十日為一組，每一組包含「五子」，依次是甲子、丙子、戊子、庚子、壬子。以木、火、土、金、水與之相對應。但每子為十二日，以五子來劃分年，則每個組合為七十二日，在冬至前，夏至後各加三，則一歲遷移六日，那麼一歲正好是三百六十五天。古人將它與五行之氣和五行四季聯繫起來，用五行之氣來「行御」或「受制」以主宰四季氣候、節令的變化，並依次來調整政令的變化，從而達到「聖王務時而寄政」的理想目標。

卷第十四

治亂五行　第六十二

【題解】篇名〈治亂五行〉，主旨為論述君主的政令違逆五行次序所帶來的種種災害。本篇與上一篇是姊妹篇。上一篇講君主之政令如何順遂五行之次序，本篇則講政令違逆五行次序所帶來的各種災異，從而為以災異推論政令得失開了先河。

火干木❶，蟄蟲蚤出❷，雷蚤行❸。土干木❹，胎夭卵毈，鳥蟲多傷❺。金干木，有兵❻。水干木，春下霜❼。

土干火，則多雷❽。金干火，草木夷❾。水干火，夏雹❿。木干火，則地動⓫。

金干土，則五穀傷，有殃⓬。水干土，夏寒雨霜⓭。木干土，倮蟲不為⓮。火干土，則大旱⓯。

水干金，則魚不為⓰。木干金，則草木再生⓱。火干金，則草木秋榮⓲。土干金，五穀不成⑲。

木干水，冬蟄不藏⑳。土干水，則蟄蟲冬出㉑。火干水，則星墜㉒。金干水，則冬大寒㉓。

【注釋】❶火干木　謂火氣干犯木氣，因而引起氣候反常，使早春的天氣如同夏初。干，干犯；沖犯。❷蟄蟲蚤出　蟄蟲是指潛伏在泥土或洞穴中過冬的蟲豸。蚤，通「早」。《禮記・月令》：孟春之月，「東風解凍，蟄蟲始振。」意謂由於火干木，使潛伏在泥土或洞穴中的蟲豸提前出土或出洞。❸雷蚤行　據《禮記・月令》，春雷應行於仲春之月，其文云：「雷乃發聲，始電，蟄蟲咸動，啓戶始出。」今由於火干木，雷電之出早於仲春之月，提前發動。《淮南子・天文訓》：「丙子干甲子，蟄蟲早出，故雷早行。」❹土干木　指土氣干犯了木氣。❺胎夭卵毈二句　謂獸胎會夭折腹中，鳥卵不能孵化成鳥。高誘注：「胎不成獸曰贕，卵不成鳥曰毈。」蟲，此處乃獸類之泛稱，如古代稱虎曰大蟲，稱蛇曰長蟲。《淮南子・天文訓》：「戊子干甲子，胎夭卵毈，鳥蟲多傷。」❻金干木二句　指金氣干犯木氣，則有兵事。《淮南子・天文訓》：「庚子干甲子，有兵。」❼水干木二句　指水氣干犯木氣，則春天會出現霜凍。《淮南子・天文訓》：「壬子干甲子，春為霜。」❽土干火二句　指土氣干犯火氣時，則多雷轟電閃。《淮南子・天文訓》：「戊子干丙子，霆。」❾金干火二句　指金氣干犯火氣，草木都要受到傷害。《淮南子・天文訓》：「庚子干丙子，夷。」❿水干火二句　此處指水氣干犯火氣，夏天會有冰雹。《淮南子・天文訓》：「壬子干丙子，雹。」⓫木干火二句　此處意謂木氣干犯火氣，大地會因此而震動。《淮南子・天文訓》：「甲子干丙子，地動。」⓬金干土三句　此處意謂金氣干犯土氣，五穀受傷害而有災殃。五穀，《周禮》鄭玄注：「五穀，麻、黍、稷、麥、豆也。」《淮南子・天文訓》：「庚子干戊子，五穀有殃。」⓭水干土二句　謂水氣干犯土氣，夏天會變得寒冷，上天會降下霜雪。《淮南子・天文訓》：「壬子干戊子，夏寒雨霜。」⓮木干土二句　倮蟲，指無鱗、毛、羽、介之屬，若蛙、蚓之類，而人則為倮蟲之最靈者。此處意謂木氣干犯了土氣，倮蟲之屬不能繁殖昌盛。又，據鍾肇鵬本，倮蟲當作「介蟲」。介蟲，龜鱉之類。《淮南子・天文訓》：「甲子干戊子，介蟲不為。」⓯火干土二句　此處意謂火氣沖犯了土氣，則天氣會大旱。《淮南子・

天文訓》：「丙子干戊子，大旱，苽封熯。」⑯水干金二句　此處意謂水氣沖犯了金氣，那麼魚便不能豐盈。《淮南子・天文訓》：「壬子干庚子，大剛，魚不為。」⑰木干金二句　此處指木氣干犯了金氣，草木在枯萎後又重新再生。《淮南子・天文訓》：「甲子干庚子，草木再死再生。」⑱火干金二句　此處指火氣干犯了金氣，草木在秋天應枯萎時反而變得茂盛起來。《淮南子・天文訓》：「丙子干庚子，草木復榮。」⑲土干金二句　此處意謂土氣沖犯了金氣，那麼秋天時五穀不得收成。《淮南子・天文訓》：「戊子干庚子，歲或存或亡。」⑳木干水二句　此處指木氣干犯水氣，水屬冬，故蟄蟲不再閉藏。《淮南子・天文訓》：「甲子干壬子，冬乃不藏。」㉑土干水二句　此處意謂土氣干犯了水氣，蟄蟲冬天四出活動。《淮南子・天文訓》：「戊子干壬子，蟄蟲冬出其鄉。」㉒火干水二句　此處指火氣干犯水氣，會出現流星墜落的現象。《淮南子・天文訓》：「丙子干壬子，星墜。」㉓金干水二句　此處指金氣干犯水氣，冬天要出現大寒。《淮南子・天文訓》：「庚子干壬子，冬雷其鄉。」

【語　譯】如果火氣干犯了木氣，蟄藏在泥土中冬眠的蟲子就會提早出現在地面上，雷電也會提前出現。如果土氣干犯了木氣，野獸們懷胎會在腹中夭折，鳥卵便會無法孵出幼雛，鳥類和獸類都會受到傷害。如果金氣干犯了木氣，那就會有戰事爆發。如果水氣干犯了木氣，那就會在春天出現降霜的現象。

如果土氣干犯了火氣，那麼雷電的現象就會增多。如果金氣干犯了火氣，草木也會受到傷害。如果水氣干犯了火氣，那麼夏天也會出現冰雹。如果木氣干犯了火氣，那就會出現大地震動的現象。

如果金氣干犯了土氣，那麼五穀要遭受災殃。如果水氣干犯了土氣，夏天會變得寒冷而降霜。如果木氣干犯了土氣，倮蟲便不能繁盛。如果火氣干犯了土氣，那就會出現大旱的現象。

如果水氣干犯了金氣，那麼魚類就不能繁盛。如果木氣干犯了金氣，那麼草木會在秋天再生。如果火氣干犯了金氣，那麼草木在秋天變得不枯反榮。如果土氣干犯了金氣，那麼五穀都不能成熟。

如果木氣干犯水氣，那麼冬天蟲類不再冬眠而閉藏。如果土氣干犯了水氣，那麼冬眠的蟲類在冬天就出洞了。如果火氣干犯了水氣，那就會出現流星墜落的現象。如果金氣干犯了水氣，那麼冬天會出現酷寒的現象。

【研　析】本篇的主旨是論述君王的政令，如果背逆五行的次序，它可能帶來的自然與社會的災害。「治」，是指國家的政令符合五行的次序；「亂」，是指政令背逆了五行次序的結果。本篇與上一篇互為姊妹篇，上一篇是講君王之政令如何順遂五行之次序，而本篇則言政令背逆五行的各種情況，及其可能帶來的各種不同的後果，為以災異推論政令得失提供根據，從而為下一篇〈五行變救〉埋下伏筆，即在出現災異時，如何調整政令，以變救政令之失。可見這三篇是一個完整的組合。

本篇的內容與《淮南子·天文訓》相關的部分基本一致，〈天文訓〉是講「五子」相干的情況，而本篇則直言五行相干所以致亂的情況。若再往前推溯，可以在《呂氏春秋·十二紀》與《管子·四時》中找到其淵源。〈十二紀〉每紀之末都講了政令違時所可能導致的災害，而《管子·四時》在闡明四時之五政之前，都闡述了政令錯失時令時可能帶來的災害，它的結論是：「故春凋秋榮，冬雷夏有霜雪，此皆氣之賊也。刑德易節失次，則賊氣遬至，賊氣遬至，則國多菑殃，是故聖王務時而寄政。」

最後，必須特別提出《禮記·月令》篇。〈月令〉篇中特別強調每月之政令與政事措施，規定具體細緻，涉及各個方面。如果政令違時，則必帶來各種災害。如孟春之月（正月）記載：「孟春行夏令，則雨水不時，草木蚤落，國時有恐。行秋令，則其民大疫，猋風暴雨總至，藜莠蓬蒿並興。行冬令，則水潦為敗，雪霜大摯，首種不入。」可見這種「務時而寄政」的思想，早在戰國時期已成為儒家思想的一個重要組成部分。董仲舒既然「始推陰陽，為儒者宗」，自然要對「務時而寄政」作一番整理並加以發揮，而用以整理的工具便是五行之說，於是才有〈治亂五行〉這樣一篇著作的出現，為後世以災異推論政事得失開了先河。

五行變救　第六十三

【題　解】篇名〈五行變救〉，主旨是闡述君王的政令違逆五行之氣並遭致災害時，應當救之以德，即調整政令以符合五行之次序從而救治災害。本篇列舉木、火、土、金、水五行在不同時段變異所顯示的災異及其不同的救治方法。這種通過調整和改變政令以救治災異的觀念，為歷代王朝調整與改變政策提供了天命上的依據。

五行變至❶，當救之以德❷，施之天下，則咎除❸。不救以德❹，不出三年，天當雨石❺。

木有變❻，春凋秋榮❼。秋木冰❽，春多雨❾。此繇役眾，賦斂重，百姓貧窮叛去，道多饑人❿。救者，省繇役，薄賦斂，出倉穀，賑困窮矣⓫。

火有變，冬溫夏寒⓬。此王者不明，善者不賞，惡者不絀，不肖在位，賢者伏匿，則寒暑失序，而民疾疫。救之者，舉賢良，賞有功，封有德⓭。

土有變，大風至，五穀傷⓮。此不信仁賢，不敬父兄，淫泆無度，宮室榮⓯。救之者，省宮室，去雕文，舉孝悌，恤黎元⓰。

金有變，畢昴為回，三覆有武，多兵，多盜寇⓱。此棄義貪財，輕民命，重貨賂，百姓趣利，多姦軌。救之者，舉廉潔，立正直，隱武行文，束甲械⑱。

水有變，冬濕多霧，春夏雨雹⑲。此法令緩，刑罰不行⑳。救之者，憂囹圄，案姦宄，誅有罪，蓃五日㉑。

【注釋】❶五行變至　指由於出現〈治亂五行〉言之五行相干而至的災害。❷當救之以德　指五行相干的原因是君王政令違逆五行之次序，糾正的辦法是順遂五行之次序以施行德政。❸施之天下二句　即以德政施柔惠於天下百姓，那一切災殃皆能除去。❹不救以德　指如果君王不以德政糾正錯亂的政令。❺不出三年二句　雨石是星隕如雨，即流星雨。意謂如果三年不糾正錯亂的政令，那麼天當雨隕石以示儆戒。作者在〈必仁且知〉篇云：「國家之失乃始萌芽，而天出災害以譴告之；譴告之而不知變，乃見怪異以驚駭之；驚駭之尚不知畏恐，其殃咎乃至。」故在古人心目中，自災異至咎殃的降臨，有一個時間過程。關於星隕如雨在災異上的意義，漢代谷永的解釋是：「日月星辰燭臨下土，其有食隕之異，則遐邇幽隱靡不咸睹。星辰附離於天，猶庶民附離於王者也。王者失道，綱紀廢頓，下將叛去，故星叛天而隕，以見其象。《春秋》記異，星隕最大。」（《漢書・五行志》）❻木有變　木氣屬春，為作物萌生的季節。變是指氣候的季節反常。❼春凋秋榮　指違反了春榮秋凋的常規。❽秋木冰　指在春天出現類似於在秋季才出現的凝霜封樹的現象。《春秋》魯成公十六年（西元前五七五年）正月，曾記載「雨木冰。」《公羊傳》對此評論曰：「雨木冰者何？雨而木冰也。何以書？記異也。」它是作為災異而被記載下來的。❾春多雨　指春季多雨，亦作為氣候反常的現象，以顯示木有變異。若《漢書・五行志》稱：「隱公九年（西元前七一四年），『三月，癸酉，大雨，震電；庚辰，大雨雪。』大雨，大降雨水；震，雷也。劉歆以為三月癸酉，於曆數春分後一日，始震電之時也，當雨，而不當大雨。大雨，常雨之罰也。於始震電八日之間而大雨雪，常寒之罰也。劉向以為周三月，今正月也。當雨水，雪雜雨，雷電未可以發也。既已發也，則雪不當復降，皆失節，故謂之異。」❿此繇役眾四句　此處言導致木有變的原因是在政令上有失誤。繇役，指君王對百姓力役的徵發。《禮記・王制》：「用民之力，歲不過三日。」賦斂，指君王對百姓課徵的稅賦。《漢書・刑法志》：「有稅有賦，稅以足食，賦以足兵。」此處意謂由於徭役太多，賦斂過重，是使百姓饑餓貧窮而背叛逃亡的原因，由於政令違背了木行柔惠的原則，故而導致木有變，出現氣候反常的現象。⓫救者五句　此處意謂糾正木有變、春季氣候反常的辦法，即減省繇役和賦斂，並以倉儲賑濟窮困者，存恤孤幼，憐恤鰥寡，依木之性用事，施柔惠之政於百姓。「救者」，蘇輿本作「救之者」，聯繫下文，應以蘇輿本為妥。⓬火有變二句　火氣屬夏。夏季氣候反常便表現為冬天溫暖，而夏季顯得寒冷，寒暑失序。⓭此王者不明十一句　此處言王者政令錯失，所以導致火失其性、寒暑失序的原因，以及如何糾正火有變的各項政令措施。王者不明，指王者不明善惡，惡者在位，賢者伏匿是導致寒暑失序的原因。《漢書・五行志》：「火，南方，揚光輝為明者也。其於王者，南面鄉明而治。」何以為明？「賢佞分別，官人有序，帥由舊章，敬重功勳，殊別嫡庶，如此則火得其性矣。」何以為不明？「讒夫昌，邪勝正，則火失其性矣。」故糾正寒暑失序、火失其性的措施，是君王能舉用賢良，賞賜有功，封爵給有德者。⓮土有變三句　土為季夏，如果季夏行春令，依五行說，會有大風到來。《管子・四時》：「夏行春政，則風。」《禮記・月令》：「季夏行春令，則穀實解落，國多風欬，民乃遷徙。」春屬木，多風暴，季夏行春令，穀實就會尚未成熟而脫落，百姓也因遭受風寒而喘咳。⓯此不信仁賢四句　此處言季夏時，王者政令失誤，導致土失其性。董仲舒所言是當時的流行看法。《漢書・五行志》：「傳曰：治宮室，飾臺榭，內淫亂，犯親戚，侮父兄，則稼穡不成。」《荀子・大略》：「湯旱而禱曰：政不節與？使民疾與？何以不雨至斯極也。宮室榮與？婦謁盛與？何以不雨至斯極也。苞苴行與？讒夫興與？何以不雨致斯極也。」宮室榮，指治飾宮室榮盛。淫泆無度，指君王宮庭生活放蕩不受拘束。泆，放蕩。⓰救之者五句　此處為董仲舒所言糾正土失其性之政令，亦與《漢書・五行志》所言土之政令相似。《漢書・五行志》云：「說云：土，中央，生萬物者也。其於王者，為內事。宮室、夫婦、親屬，亦相生者也。古者天子諸侯，官廟大小高卑有制，後夫人媵妾多少進退有度，九族親疏長幼有序。孔子曰：『禮，與其奢也，寧儉。』如此則土得其性矣。」舉孝悌，指薦舉孝悌力田者。漢初孝惠時，曾令民舉孝悌力田者復其身。恤黎元，指存恤黎民百姓。恤，振濟貧弱。⓱金有變五句　金有變，金氣屬秋，方位上為西方，時屬萬物既成，殺氣之始。君王好攻戰則金失其性。畢與昴皆屬天文西官白虎七宿。畢宿在黃道之南，昴宿在黃道之北，二宿之間正是日月五星經過的要道，故稱天街。畢宿有八星，其形狀如叉。畢星象旗插在車上，故稱罕車。其大星為畢宿五，是紅色一等星，其旁有一顆五等小星，稱附耳。《史記・天官書》：「畢曰罕車，為邊兵，主弋獵。其大星旁為小星附耳。附耳搖動，有讒亂臣出。」《晉書・天文志》：「畢八星，主邊兵，主弋獵。其大星曰天高，一曰邊將，主四夷之尉也。星明大，則遠夷來貢，天下安；失色，則邊兵亂。

附耳一星，在畢下，主聽得失，伺愆邪，察不祥。星盛，則中國微，有盜賊，邊候驚，外國反；移動，佞讒行。月入畢，多雨。」昴宿，從肉眼可以看到七星，因而又叫七姊妹團，形狀若髦頭，以其奇異無常，故又稱之為胡星，又因其形狀如白氣之狀，故形容其為白衣會。故《史記・天官書》云：「昴曰髦頭，胡星也，為白衣會。」《晉書・天文志》：「昴七星，天之耳目也，主西方，主獄事。又為髦頭，胡星也。昴、畢間為天街，天子出，旄頭罕畢以前驅，此其義也。黃道之所經也。昴明，則天下牢獄平。昴六星皆明，與大星等，大水。七星皆黃，兵大起。一星亡，為兵喪；搖動，有大臣下獄，及有白衣之會。大而數盡動若跳躍者，胡兵大起。」古人把畢昴二宿星象的變化作為兵事的象徵，從地面看星象，由於日月及五大行星經過畢、昴二宿之間，以及雲氣的影響，多會使肉眼見到二宿的星象有某些變化。為回，迴轉的意思，指諸星亮度閃爍，由亮轉暗的變化。三覆是指月亮與五大行星經過天街時，覆蓋諸星的狀況，都作為將起兵事的徵兆。星占的案例，見於《晉書・天文志》，若魏明帝青龍四年（西元二三六年）五月壬寅，太白犯畢左股第一星，占曰：畢為邊兵，又主刑罰。九月，涼州塞外胡阿畢師便侵犯諸國，西域校尉張就討之，斬首捕虜萬計。少帝正始元年（西元二四〇年）十月庚寅，月又犯昴北斗四星，占曰：月犯昴，胡不安。二年六月，鮮卑阿妙兒寇西方，敦煌太守王延破之，斬二萬餘級。三年，又斬鮮卑大帥及千餘級。⑱此棄義貪財十句　此處言君王政令上好戰圖利，是導致金有變的原因，並言及如何糾正挽救失誤的政令措施是隱武行文。《管子・五行》：「睹庚子金行御，天子攻山擊石，有兵作戰而敗，士死，喪執政。」《漢書・五行志》：「傳曰：好戰攻，輕百姓，飾城郭，侵邊境，則金不從革。」重貨賂，指過於看重珍寶財富。多姦軌，多犯法作亂的人。⑲水有變三句　水有變，水氣屬冬，方位上屬北方，是萬物閉藏的時候。若君王冬季政令逆時，則水失其性。《漢書・五行志》稱其表現為「霧水暴出，百川逆溢，壞鄉邑，溺人民，及淫雨傷稼穡，是為水不潤下。」⑳此法令緩二句　此處言君王在冬季的政令上不能斷刑罰，執有罪者，故水失其性，水不潤下。㉑救之者五句　糾正與救失的辦法是案誅違法之姦宄及刑罰有罪者。憂囹圄，意謂為在押之囚犯不能及時審訊斷案而擔憂。囹圄即監獄。蒐五日，指要搜索檢查一切可疑的罪嫌和可能的犯罪場所五日。蒐，通「搜」。

【語　譯】每當五行的變異發生以後，便應該用德政去救治它，施恩惠於天下的百姓，那麼一切災殃都會自動消除。如果不是採取德政來救治它，那麼不到三年，上天當會如下雨那樣降下隕石來儆戒君王。

如果木發生變異的時候，那麼在春天會出現草木凋零而秋天反而繁盛，在秋天時，樹木上會結冰，春天雨水過多等反常的現象。這是由於君王向百姓徵發的徭役過多，賦斂過重，百姓們由於貧困窮乏而紛紛逃亡而背鄉離井，道路上都是饑餓的人群。救治的辦法是減少徭役，減輕賦斂，從倉庫拿出穀物來賑濟那些處於窮困的百姓。

如果火發生變異的時候，在氣候上便會出現冬天溫暖夏天寒冷的反常情況。這是由於王者用人時不能明察善惡，善人得不到賞賜，惡人不被絀退，讓不肖者占據著職位，而賢人只能隱匿起來。氣候便因此會變得寒暑失調，冷熱顛倒，而百姓們會遭受瘟疫。救治的辦法是舉薦賢慧有才能的人才，賞賜有功勞的人，並分封爵位給有德行的人。

如果土發生變異的時候，在氣候上便會出現大風，五穀會因此受到傷害。這是由於君王不能信任仁人賢士、不敬重自己父兄，在生活上放縱淫欲，廣修宮室臺榭。救治的辦法是節省對宮室的營造和裝修，去掉一切過份繁冗的花紋雕琢，薦舉能孝悌有德行的人才，多撫恤黎民百姓。

如果金發生變異的時候，在天象上畢宿和昴宿就會迴轉變得暗淡無光或為其他星辰的光芒所覆蓋，那就顯示將有戰事興起，軍隊多了，盜賊也多起來了。這是由於君王不講仁義，貪圖財寶，輕視百姓的性命，過於看重貨賄，結果百姓也趨向於謀奪財利，各種違法作亂的事也多起來了。救治的辦法是要薦舉和啟用那些廉潔奉公的人，表彰和任用那些正直無私的人，裁兵減員，減少軍備的費用，加強文治，把兵甲器械捆紮起來，以約束兵事的發生。

如果水發生變異的時候，那麼冬天就會變得潮濕而多霧，在春天和夏天雨水會夾帶著冰雹。這是由於法令過於寬緩，刑罰不能及時執行，救治的辦法是關心監獄中未結的案子，審訊一切違法作亂的壞人，懲處犯罪的人，花五天時間，在國內大規模地搜索一切有犯罪嫌疑的人和場所。

【研析】〈五行變救〉的主旨是闡述當君王的政令違逆上天五行之氣，並遭致災害時，當救之以德，也就是調整君王的政令，使之符合五行之次序，以救治災害。全篇分別列舉了木、火、土、金、水五行不同時段變異所顯示的災異，及其不同的救治方法。這種用調整和改變政令的辦法來救治災異的觀念，為王朝調整政策提供了天命上的依據。

以災異來闡述天人之間的感應，以及以政令的調整來救治災異的觀念，早在戰國時已經產生。《春秋》有很多災異的記載，但也僅僅是災和異的記述，還沒有把災異和人事上的得失直接對應起來，在觀念上也沒有把災異與政令上的錯失對應起來。在《管子・四時》篇中也還只是提出了君王政令違逆時令時所可能帶來的災難，若「春行冬政則凋，行秋政則霜，行夏政則欲。」以後在《呂氏春秋・十二紀》中，也可以看到相類似的表述，在內容上較《管子》所言更加具體一些，從四時變成十二月的政令錯失。若「孟春行夏令，則風雨不時，草木早槁，國乃有恐。行秋令，則民大疫，疾風暴雨數至，藜莠蓬蒿並興。行冬令則水潦為敗，霜雪大摯，首種不入。」以後在《禮記・月令》中也作了同樣的表述。然而這只是抽象的理論觀念的表述，不是歷史實例的記載，實際生活中不可能出現如此政令錯失與災異出現的具體對應關係。同時這裡還缺少如何改變政令，以救治災異的觀念和做法。

關於君王如何救治災異，我們可以在《呂氏春秋・制樂》篇中讀到多例。如成湯時，庭中長出一個異常的大禾，而湯則修德，「於是早朝晏退，問疾弔喪，務鎮撫百姓，三日而穀亡。」再如周文王時有地震，本寢疾，「於是謹其禮秩皮革，以交諸侯；飭其辭令幣帛，以禮豪士；頒其爵列等級田疇，以賞群臣，無幾何，疾乃止。」然而這些都是故事和寓言，並非實際發生的案例。它只是說明君王可以通過調整自己的政策來救治災異的思想觀念。

在秦始皇在位的年代，我們可以在《史記・秦始皇本紀》中看到一些有關災異的記載，但並沒有為救治災異而調整政策的有關記載。如秦始皇二年有大饑，五年有冬雷，七年彗星見東方，見北方，五月見西方。九年四月有寒凍，彗星見西方，又見北方，從斗以南八十日。這一段時間是呂不韋執政的時期，秦國並未發生因災異而調整其政令的措施。秦始皇執政以後，同樣有災異的記載，如十三年彗星見東方，十五年見地動，二十一年大雨雪，深二尺五寸。但是，《史記》上也並未對此有何議論，也沒有因這些災異而調整政令的記載。

秦始皇二十六年（西元前二二一年），秦併天下、統一六國。在此以後仍陸續有關於災異的記載，但秦始皇不肯反省和調整自己的政策，而是以傲慢的態度作出所謂與天神對抗的舉動。如二十八年秦始皇「浮江，至湘山祠。逢大風，幾不得渡。上問博士曰：『湘君何神？』博士對曰：『聞之，堯女，舜之妻，而葬此。』於是始皇大怒，使刑徒三千人皆伐湘山樹，赭其山。」又如三十二年盧生「奏錄圖書，曰：『亡秦者胡也。』始皇乃使將軍蒙恬發兵三十萬人北擊胡，略取河南地。」三十六年，「熒惑守心。有墜星下東郡，至地為石，黔首或刻其石曰：『始皇死而地分。』始皇聞之，遣御史逐問，莫服，盡取石旁居人誅之，因燔銷其石。」從秦始皇對災異的態度看，可以說他信奉的不是天命而是巫術，更沒有看到災異之中隱伏著民意，隕石上的刻字即是一例。所以他沒有對災異抱誠惶誠恐的態度，反而自居為大巫師，盲目地認為自己既然是人間的帝皇，當然有足夠的力量去克服災異的降臨，這說明他對自己的統治充滿了自信。秦始皇不肯反省和調整政令的後果，是「始皇死而地分」的讖言得到了應驗。

漢初關於災異的記載，在高帝、惠帝與高后後執政時期，亦屢見不鮮，但也僅僅局限於對災異的記錄，並沒有把它與政令的得失聯繫起來。到漢文帝時，這一點便有了新的變化。在漢文帝二年（西元前一七八年）十一月癸卯晦，日有食之。文帝在詔令中說：「朕聞之，天生民，為之置君以養治之。人主不德，布政不均，則天示之災以誡不治。乃十一月晦，日有食之，適見於天，災孰大焉！朕獲保宗廟，以微眇之身託於士民君王之上，天下治亂，在予一人，唯二三執政猶吾股肱也。朕下不能治育群生，上以累三光之明，其不德大矣。令至，其悉思朕之過失，及知見之所不及，匄以啟告朕。及舉賢良方正能直言極諫者，以匡朕之不逮。因各敕以職任，務省繇費以便民。朕既不能遠德，故憪然念外人之有非，是以設備未息。今縱不能罷邊屯戍，又飭兵厚衛，其罷衛將軍軍。太僕見馬遺財足，餘皆給傳置。」《漢書·文帝紀》以往也有日食的記載，但這次日蝕與這篇詔令便與以往有所不同。它把日蝕與君王政令上的過失聯繫起來了，並表示要改變政令上的錯失，在措施上有二條：一條是開放言路，要求各地薦舉賢良方正能直言極諫者，而且要求他們能匡救政令上的錯失，這就為以後調整政策提供了言論上的準備。二是邊防上改為採取以防禦為主的政策。省徭役以便民，在戰後能與民休息，此後文帝還須布了一系列以農為本的政策。這裡需要弄清楚的問題是那時漢文帝即位不久，調整政策的願望是從何而來的呢？是來自災異，還是當時政局的實際需要與可能，看來顯然是後者而不是前者。然而這條詔令，為士子以災異論時政之得失開了口子，這也就成了漢初士子們議論朝政的一個基本模式。董仲舒關於天人感應及災異的論述便是在這樣一種歷史背景下形成的。董仲舒的作用是把這些觀念加以系統化，運用陰陽五行對《春秋》及《公羊傳》中有關災異的記載，與人事對應起來，從而構成《洪範五行傳》的基本框架，並借助於它來論述當代發生的災異所蘊含的社會意義。

漢武帝建元六年（西元前一三五年），遼東高廟及高園便殿火災時，董仲舒即是比照《春秋》所舉案例來論述這二次災異的原因，並為此提出了救治災變的政策建議。它當時還只是一份在家中所擬的草稿，尚未上送給漢武帝，即被主父偃竊取而上奏，仲舒因此被下獄，幸而被武帝所赦免。故災異說只是為士子議論時政提供一個口子，時政的得失還是另有其內在的原因，事實上不是災異左右王朝的政策，而是政策的調整得看當時的條件與可能。漢武帝晚年，其「窮奢極欲，繁刑重斂，內侈宮室，外事四夷，信惑神怪，巡遊無度，使百姓疲敝，起為盜賊，其所異於秦始皇者無幾矣。」（《資治通鑑》）對於當時的形勢和緊迫的社會危機，武帝在世時，他自己也已有所察覺，故其在征和四年（西元前八九年）因桑弘羊建議在輪臺屯田，武帝不僅沒有同意，而且須布了〈罪己詔〉，封田千秋為富民侯，表示要與民休息，思富養民。這次調整政策的意圖不是由災異而引起的，然而真要比較全面的調整政策，要等到漢武帝去世以後才有可能。在昭帝元始六年（西元前八一年）召開了鹽鐵會議，宣帝時桓寬據此整理出《鹽鐵論》，從中可以看到，這次會議就是全面地檢討武帝時期鹽鐵專賣政策的利弊得失，而武帝的「外事四夷，內侈宮室」正是依靠鹽鐵專賣為其提供財政支援的。《鹽鐵論》中便有一篇專論災異，以桑弘羊為代表的大夫們是反對災異說的，而以文學為代表的儒生們便直接援引江都相董仲舒有關災異的議論，以災異說來反對桑弘羊的鹽鐵專賣政策，但次年也只是撤銷了榷酤酒及關內鐵的專賣政策。而政策的真正調整，那是要等到再下一年即元鳳三年（西元前八〇年）九月，霍光殺了上官桀與桑弘羊以後才能付諸實施。在專制主義的帝王制度下，災異說只能為士子議論時政提供一個口實而已，政策調整的真實原因只能從社會政治經濟內在的因素中去尋找。

任何政權，要穩定自己的統治，必須不斷隨著形勢發展而不斷調整自己的政策，也只有與政令相關的各個利益集團內部力量對比發生變化時才能順利地進行，所以新老皇帝的更迭，實際執政者的變化可以為這種政令的調整提供機會。然而在既定政治體制下，政令的調整和實施受到既定的利益關係所限制，所以帶有根本性的政策調整，除非原來政權體制被推翻，出現改朝換代的情況，才能得到順利地實施。這在古代是如此，在近現代的政治生活中，也還是如此。如徹底否定文化大革命，也只能在毛澤東去世，國家領導人結構發生根本變化以後才有可能實現。然而，二十四史中〈五行志〉關於災異的紀錄決不可以輕易地斥為迷信而全盤否定，它為我們留下了歷代有關天文氣候、物候變化的資料，至今仍然是有科學價值的記載。同時還應當看到，災異與人事之對應關係的觀念，在一定程度上仍影響甚至左右著人們的思維方式。一九七六年在吉林上空墜落的巨大隕星和唐山大地震，包括毛澤東自己，在他與身旁護士的閒聊中，也可以感覺到他有不祥的預感，由此可見災異說這種天人感應的傳統思維方式在國人思想中植根之深，遠非一朝一夕可以根除。因此，民主與科學至今仍是中國社會面臨的兩大艱鉅任務。

五行五事 第六十四

【題 解】篇名〈五行五事〉，強調王者應通過貌、言、視、聽、思五事的修養，使政令符合時令順遂五行的次序，使五行能各得其性，以達到聖王務時而寄政的理想境界。

本篇可分為三章。第一章闡述王者在貌、言、視、聽、思五事上若有缺失，必將使五行之氣發生變異，出現天氣異常的現象。第二章闡述王者五事的名稱、內涵與其所要達到的目標。第三章強調王者五事必須順應四時之氣，在政令上順遂五行之性，方能達到天人合一的境界。如果政令違時或失誤，上天會通過災異以儆戒君王。董仲舒把五行、五官、四時教令、五事在天人之際構建成一個網絡型的系統，為王者從貌、言、視、聽、思五事到四時之政令，再到五官的建置和職能，完整地為王者提供從思想到行為的規範。

第一章

王者與臣無禮，貌不肅敬，則木不曲直，而夏多暴風❶。風者，木之氣也，其音角也，故應之以暴風❷。王者言不從❸，則金不從革❹，而秋多霹靂❺。霹靂者，金氣也❻，其音商也❼，故應之以霹靂❽。王者視不明❾，則火不炎上❿，而秋多電⓫。電者，火氣也，其音徵也，故應之以電⓬。王者聽不聰⓭，則水不潤下，而春夏多暴雨⓮。雨者，水氣也，其音羽也，故應之以暴雨⓯。王者心不能容⓰，則稼穡不成⑰，而秋多雷⑱。雷者，土之氣也，其音宮也，故應之以雷⑲。

【章　旨】本章闡述天人之際的感應關係。王者在「貌、言、視、聽、思」五事上若有缺失，必將使五行之氣發生變異，出現天氣異常的現象。

【注　釋】❶王者與臣無禮四句　此處以王者之五事，對應於五行。五事是指君臣相接時，君王自身所要注意的五項事務。五事之第一項事務，便是待臣以禮貌，君王在形態上必須恭敬肅穆。與之相對應的五行之首為木。此處言王者如果不能待臣以禮，容貌不能恭敬而肅穆，那麼木的曲直不成規制，曲不能作輪，直不能為梁，意謂木不能用來製作器具。木氣變異，在夏天便會多發風暴。《漢書・五行志》中對災異的解釋稍異，云：「貌之不恭，是謂不肅。肅，敬也。內曰恭，外曰敬。人君行己，體貌不恭，怠慢驕蹇，則不能敬萬事，失在狂易，故其咎狂也。上嫚下暴，則陰氣勝，故其罰常雨也。水傷百穀，衣食不足，則姦軌並作，故其極惡。」❷風者四句　五行是上天行氣的名稱，五行是指木火土金水，而行是指上天行氣的意思。《釋名・釋天》：「五行者，五氣也。於其各方絕氣也。」《管子・四時》云：「其時曰春，其氣曰風，風生木與骨。」故風為木行之氣，木為變怪，既表現為木不曲直，由於木盛，也表現在夏季引起風暴。其音角，角是五音之一，五音包括宮、商、角、徵、羽，以五音與五行相配，那便是以角配木，在方位上屬東。角的音響類似物被氣觸動時發出聲音。《白虎通義・五行》：「其音角者，氣動躍也。」《漢書・律曆志》：「協之五行，則角為木，五常為仁，五事為貌。」❸言不從　此處言王者之言不順義理。《漢書・五行志中之上》：「『言之不從』，從，順也。『是謂不乂』，乂，治也。孔子曰：『君子居其室，出其言不善，則千里之外違之，況其邇者虖！』《詩》云：『如蜩如螗，如沸如羹。』言上號令不順民心，虛譁憒亂，則不能治海內，失在過差，故其咎僭，僭，差也。」❹則金不從革　指金熔鑄時不成其器，金失其性。以此喻國不得其治。「蓋工冶鑄金鐵，金鐵冰滯涸堅，不成者眾，及為變怪，是謂金不從革。」（《漢書・五行志上》）「《史記》周威烈王二十三年（西元前四〇三年），九鼎震。金震，木動之也。是時周室衰微，刑重而虐，號令不從，以亂金氣。鼎者，宗廟之寶器也。宗廟將廢，寶鼎將遷，故震動也。是歲晉三卿韓、魏、趙簒晉君而分其地，威烈王命以為諸侯。」（《漢書・五行志中之上》）❺而秋多霹靂　指秋天多閃電雷鳴。❻霹靂者二句　秋天多霹靂。秋屬金氣，故云霹靂為金氣之行焉。❼其音商也　商，五音之一。《漢書・

律曆志》：「商之為言章也，物成，孰可章度也。」「商為金為義為言。」《白虎通義·五行》：「商者，強也。」❽故應之以霹靂　此處言王之言不順，人皆不從，故天以霹靂應之，以儆戒君王。《漢書·五行志下之上》：「『僖公十五年（西元前六四五年），九月己卯晦，震夷伯之廟。』劉向以為晦，暝也；震，雷也。夷伯，世大夫。正晝雷，其廟獨暝。天戒若曰：勿使大夫世官，將專事暝晦。明年，公子季友卒，果世官，政在季氏。」❾王者視不明　指王者賢佞不分。《漢書·五行志中之下》：「『視之不明，是謂不悊。』悊，知也。言上不明，暗昧蔽惑，則不能知善惡，親近習，長同類，亡功者受賞，有罪者不殺，百官廢亂，失在舒緩，故其咎舒也。」❿火不炎上　指火失其性。《漢書·五行志上》：「若乃通道不篤，或耀虛偽，讒夫昌，邪勝正，則火失其性矣。自上而降，其濫炎妄起，災宗廟，燒宮館，雖興師眾，弗能救也，是為火不炎上。」⓫而秋多電　火屬夏，火失其性，則表現為在秋天多雷電。⓬電者四句　電，董仲舒認為雷電是陰陽二氣相擊的產物。他在〈雹雨對〉中答鮑敞問時說：陰陽二氣「運動抑揚，更相動薄，則薰蒿歊蒸而風、雨、雲、霧、電、雷、雪、雹生焉。雷其相擊之聲也，電其相擊之光也。」（《古文苑》卷十一）雷電盛於夏，故屬火氣。古人以雷電盛為災異的徵兆。《詩經·小雅·十月之交》：「爗爗震電，不寧不令。百川沸騰，山冢崒崩。」鄭玄箋注稱：「雷電過常，天下不安，政教不善之徵。」「崒者崔嵬百川沸出相乘陵者，由貴小人焉。山頂崔嵬者崩，君道壞也。」故王者視不明，以雷電相應。徵，五音之一。在五行中屬火，方位上屬南，故與夏相應。《漢書·律曆志》：「徵為火為禮為視。」⓭王者聽不聰　指王者偏聽偏信，下情阻隔，不得上達。《漢書·五行志中之下》：「『聽之不聰，是謂不謀。』言上偏聽不聰，下情隔塞，則不能謀慮利害，失在嚴急，故其咎急也。」「凡聽傷者，病水氣，水氣病則火沴之。」⓮水不潤下二句　《漢書·五行志上》：「霧水暴出，百川逆溢，壞鄉邑，溺人民，及淫雨傷稼穡，是為水不潤下。」故以春夏多暴雨為水失其性的徵兆。⓯雨者四句　此處言雨為五行水氣之表現，水性變異，應之以暴雨。羽，為五音之一，與五行之水相配比，水在時令上屬冬，方位上屬北方。《白虎通義·五行》：「時為冬，冬之為言終也。其位在北方。其音羽。羽之為言舒，萬物始孳。」《漢書·律曆志》：「羽，宇也。物聚藏，宇覆之也。」「羽為水為智為聽。」⓰王者心不能容　王者五事中的第五事為思，思曰睿。睿要寬容。王者心不能容，便是思心不睿。《漢書·五行志下之上》：「『思心之不睿，是謂不聖。』思心者，心思慮也；睿，寬也。孔子曰：『居上不寬，吾何以觀之哉！』言上不寬大包容臣下，則不能居聖位。貌言視聽，以心為主，四者皆失，則區霿無識，故其咎霿也。」區霿，愚昧無知。⓱稼穡不成　思屬土，土爰稼穡。王者心不能容，則土失其性。《漢書·五行志上》：

「若乃奢淫驕慢，則土失其性。亡水旱之災而草木百穀不熟，是為稼穡不成。」⑱而秋多雷　土在時令上屬季夏，土失其性，在災異的徵兆上表現為秋天多雷，為君王政教昏暗不善之徵。⑲雷者四句　土之時令為季夏，季夏多雷，故以雷為土氣之象徵。《易・震卦・象傳》：「洊雷，〈震〉。君子以恐懼脩省。」本卦為二震相重，震為雷。二雷相重，即雷相繼而作。君子觀此卦象及卦名，從而恐懼，修其德，省其身，以戒其心志。故王者心不能容，應之以雷。宮，五音之一。《漢書・律曆志》：「宮，中也，居中央，暢四方，唱始施生，為四聲綱也。」「宮為土為信為思，以君臣民事物言之，則宮為君，商為臣，角為民，徵為事，羽為物。唱和有象，故言君臣位事之體也。」《禮記・樂記》：「宮亂則荒，其君驕。」

【語　譯】如果王者對臣下不講禮制，在儀表上便不能肅穆而恭敬，那麼木的曲直便不能成規制，在夏天便會增加風暴的出現。風是木之氣的表現，木在五音的配比中是角，所以有暴風與它相應驗。如果王者所說的話不能使臣下遵從去做，那麼金性就不能順利地變革它的形狀，那樣的話在秋天便會增加霹靂的次數。霹靂是金氣的表現，金在五音的配比中是商，所以有霹靂與它相應驗。王者的眼光不尖銳的話，那麼火性的焰頭就不會向上，那麼在秋天便會增加閃電的出現。電是火氣的特徵，火在五音的配比中屬徵，所以有閃電來與之相對應。王者聽取意見時不能擇善而從的話，水性便不會向下潤濕，那麼春夏時便會增加暴雨的降臨。雨是水氣的表現，水在五音的配比中屬羽，所以有暴雨來與之相對應。王者的心志不能寬容的話，那麼田間的莊稼就不會有收成，而秋天便會增加雷鳴。雷聲便是土氣的表現，土在五音的配比中屬宮，所以用雷聲來對應。

【研　析】本書從第五十八篇〈五行相生〉至本篇即第六十四篇〈五行五事〉共七篇都是關於五行的論述。它有完整的結構，〈五行相生〉、〈五行相勝〉二篇是以五行的視角從正、反及五官互相制約三方面論述五官的行為及其結果。〈五行逆順〉、〈治水五行〉、〈治亂五行〉與〈五行變救〉四篇也是以五行的視角從正、反，及其變救三方面論述君王正負兩方面政令所可能帶來不同的結果。而最後這篇〈五行五事〉則是以五行為視角論述與君王自身行事與修養相關的五事，即貌、言、視、聽、思五個方面所可能產生的正面和負面的影響。

在這七篇文字中，有一個共同的中心，就是天人之際的對應關係，其一端是講五行，是講天行之氣，也就是木、火、土、金、水之氣，其另一端是講人事。無論是論述五官正面和負面的表現，及五官之間互相制約的方法，君王政令的正面和負面的表現及其變救，以及表現君王自身修養的五事及其在正負兩方面的表現都是屬於人事的一端，而人事一端的種種表現會在另一端即上天的五行之氣引起各種對應的變化。從五官的職能，君王的政令，最終到君王在五事上的修養，從觀念上講也是層層推進，演繹的結果是天下之命懸於天子一人，「一人有慶，萬民賴之。」(《尚書・呂刑》)

從觀念的內容上講，這三層內容又是緊密相聯的。在專制主義帝王制度下的國家管理，總要建立一套比較完整的行政機構，司農、司馬、司營、司徒、司寇五官，也只是行政機構的一種象徵，這五官須要有相應的官員去實施國家的管理職能。這樣的職能往往會因人而異，因此就需要評估它所起的作用屬於正向還是負向，在這些機構之間如何建立互相牽制的關係，如何去糾正這些負面的影響，這是作為行使國家管理職能必須具備的要素。這就是前面二篇所闡述的核心內容。有了這樣一套完整的管理機構去實施國家管理時，那麼它管理什麼呢？令是為了行，禁是為了止。接著就是政令是否違時的問題。中國古代社會是以農牧業為主體的農耕社會。中原地區屬於寒溫帶，四時之間季節變化顯著，對作物播種、成長、收穫的影響顯著，故一切政令的制訂和實施也或多或少地受到季節的限制。因而一切政令必須順遂四時變化，政令順時，會帶來正面的效果；政令違時，會帶負面的影響。若出現負面影響時，又如何糾正其錯失，這是本書有關五行這七篇的第二層次的內容。制訂政令的權力屬於君王，君王如何來制訂政令以處理國家大事，君王管理的對象是臣屬和百姓，如何處理好君臣民之間的關係，那就需要端正君王處理一切政事時所必須具備的心態，從而使君王作出比較正確的決斷，這就是董仲舒在本篇所想要回答的問題。

本章便是從王者心態上的五種錯失展開論述，即貌不肅、言不從、視不明、聽不聰、心不能容在五行上所可能帶來的逆向感應，因為王者在政事的決斷上離不開在心態上這五個方面的基本修養。董仲舒之所以要藉五行來給王者的心態說教，因為只有上天的五行之氣才能儆戒和約束王者的心態，只有藉上天以為王者立法，作為言者的董仲舒才有講話的機會和可能，才能避免因觸犯龍顏而遭罪譴。故在本章，董仲舒藉著五行轉彎抹角地談論王者之五事，亦自有其難言之苦衷。這是在個人人格不能完全獨立的時代，人們發表言論的特有方式。發言時要言必有據，據聖人而立言，據經典而立言，據天而立言。這可以說是漢代儒者所具有的獨特的時代風貌。

第二章

五事❶，一曰貌，二曰言，三曰視，四曰聽，五曰思。何謂也？夫五事者，人之所受命於天也，而王者所修而治民也❷。故王者為民，治則不可以不明，準繩不可以不正❸。王者貌曰恭，恭者敬也❹。言曰從，從者可從❺。視曰明，明者知賢不肖者，分明黑白也❻。聽曰聰，聰者能聞事而審其意也❼。思曰容，容者言無不容❽。恭作肅，從作乂，明作哲，聰作謀，容作聖。何謂也❾？恭作肅，言王誠能內有恭敬之姿，而天下莫不肅矣❿。從作乂，言王者言可從，明正從行而天下治矣⓫。明作哲，哲者知也，王者明則賢者進，不肖者退，天下知善而勸之，知惡而恥之矣⓬。聰作謀，謀者謀事也，王者聰則聞事與臣下謀之，故事無失謀矣⑬。容作聖，聖者設也。王者心寬大無不容，則聖能施設，事各得其宜也⑭。

【章旨】本章闡述王者五事的名稱、內涵與其所要達到的目標。董仲舒認為王者應具有聖人的境界，心胸寬大，無所不容，使事各得其宜，人各盡其用。

【注釋】❶五事　指王者之事，君王如何治理臣民之事有五，故稱五事。五事出於《尚書・洪範》。貌，指儀容態度。言，指口所出之言語。視，指目所見。聽，指耳所聞。思，指心之所慮。任何人在處理各種事務時，都離不開這五項必經之事，屬於人之本能，故下文云：「人之所受命於天也。」❷王者所修而治民也　指此五事亦是王者必須修省而用以治民所必備的手段。〈洪範〉言「敬用五事」，強調王者所具有的五種處理事務的能力，使用時必須抱恭敬的態度。〈洪範〉以五事配五行，即以貌配木，以言配金，以視配火，以聽配水，以思配土。❸故王者為民三句　此處言王者應如何使用五事，也就是如何發揮上天所賦予人們處理日常事務的五種本能之作用。因為這是王者為百姓而治理國家不可以不弄明白的道理。這也正如木工製作器具那樣，準繩不可以不先擺正。❹王者貌曰恭二句　指王者待人接物時必須始終保持恭敬、認真不懈的態度，唯其如此才能客觀正確地處理各種事務。❺言曰從二句　指王者的言論，必須為臣民所願意聽從，也就是臣民可以聽從並能付諸實施的。孔子強調非禮勿言，可見王者之言必須遵奉禮制的規範。❻視曰明三句　視為對人和事物的觀察。王者對人要能區分善惡與賢不肖，對事物要能區分是非黑白。不能對邪惡的行為熟視無睹，視而勿見，還應當做到非禮勿視，即使看的時候也要受禮制上的約束。蘇輿認為「賢不肖者」中的「者」字是衍文。❼聽曰聰二句　聰，靈敏。聽別人講話，要專心，「目不能兩視而明，耳不能兩聽而聰。」（《荀子・勸學》）反應要靈敏，要善於辨明他人言語的要點和用意，能從微細處辨別是非。而且，應當做到非禮勿聽，即使聽也要受禮制的約束，不能亂聽讒言。❽思曰容二句　思者，以心思慮也。容，寬容。思屬土，土居中央，乃生萬物者，以能容為大。此處言君王在思慮時若不能心胸寬大、包容臣下，則何以治天下，故為天子者要有無所不容的氣概，聽取與容納各種不同的見解，使臣下能各得其所，各用其長。❾恭作肅六句　語見〈洪範〉之五事，此處言王者運用五事所要達到的效果或境界。全句意謂詢問肅、乂、哲、謀、聖的內涵究竟是什麼？下文為逐事分別作答。❿恭作肅三句　此處言王者在對人對事的容貌儀態上能恭敬而肅穆，那麼天下臣民莫不以王者為表率，都能做到肅穆而莊嚴以處事。肅，指人們處事時能莊重而嚴肅。《漢書・五行志上》：「其於王事，威儀容貌亦可觀者也。故行步有佩玉之度，登車有和鸞之節，田狩有三驅之制，飲食有享獻之禮，出入有名，使民以時，務在勸農桑，謀在安百姓。」王，蘇輿本作「王者」，從上下文看，當以蘇輿本為是。⓫從作乂三句　從，指王者之言順乎禮義，故臣民可從。乂，治也。指天下由此而大治。明正，俞樾云：「明正，乃則臣二字之誤。當作『王者言可從，則臣從行而天下治矣。』」所言為是。《易・繫辭上》：「子曰：『君子居其室，出其言善，則千里之外應之，況其邇者乎；居其室，出其言不善，則千里之外違之，況其邇者乎。言出乎身，加乎民。行發乎邇，見乎遠。言行，君子之樞機。樞機之發，榮辱之主也。言行，君子之所以動天地也，可不慎乎。』」「子曰：『亂之所生也，則言語以為階。君不密則失臣，臣不密則失身，幾事不密則害成。是以君子慎密而不出也。』」⓬明作哲六句　此處言王者通過觀察，在對人對事分辨時，要做到明而有智，能知人之賢與不肖，進用賢者，絀退不肖者，能知事之善惡，勸善而恥惡。《論語・顏淵》：「子張問明。子曰：『浸潤之譖，膚受之愬，不行焉，可謂明也已矣。浸潤之譖，膚受之愬，不行焉，可謂遠也已矣。』」浸潤之譖，指譖者之言，如水之漸漬，初若不覺，久自潤濕。膚受之愬，指誣告者所言如膚之親受，易於輕信，二者不行，視自明矣。⓭聽作謀四句　謀，《說文》：「慮難曰謀。」《左傳》魯襄公四年（西元前五六九年）載叔孫豹之言曰：「訪問於善為咨，咨親為詢，咨禮為度，咨事為諏，咨難為謀。」王者聰，遇疑難之事，則能善與臣下謀。《尚書・洪範》之七稽疑中，其一為「謀及卿士」，即為與臣下謀。故《漢書・五行志》載：「聽之不聰，是謂不謀。言上偏聽不聰，下情隔塞，則不能謀慮利害。」同書又稱：「《史記》魯襄公二十三年（西元前五五〇年），穀、洛水鬭將毀王宮。劉向以為近火沴水也。周靈王將擁之，有司諫曰：『不可。長民者不崇藪，不墮山，不防川，不竇澤。今吾執政毋乃有所辟，而滑夫二川之神，使至於爭明，以防王宮室，王而飾之，毋乃不可乎！懼及子孫，王室愈卑。』王卒擁之。……是時世卿專權，儋括將有篡弒之謀，如靈王覺悟，匡其失政，懼以承戒，則災禍除矣。不聽諫謀，簡嫚大異，任其私心，塞埤擁下，以逆水勢而害鬼神。」故云王者不聽，則失其謀。⓮容作聖五句　此處言王者唯容才能達到聖的境界，故容是為聖者所設置的要求。寬，《尚書・大禹謨》：「皋陶曰：『臨下以簡，御眾以寬。』」惟寬大舒緩，才能無所不容。《論語・陽貨》載孔子曰：「恭、寬、信、敏、惠，恭則不侮，寬則得眾，信則人任焉，敏則有功，惠則足以施人。」故聖人要任賢而容眾，才能臨事井井有條，各項設施皆能得其所宜，而人又皆盡其所用。《禮記・中庸》：「唯天下至聖，為能聰明而睿知，足以有臨也。寬裕溫柔足以有容也。」

【語　譯】五件事：一是儀表，二是言語，三是眼光，四是耳聞，五是心思，這是什麼意思呢？這五件事是上天賦予人們的五種本能，而君王則要修養和提高這五種能力，並用以治理好百姓。君王的設置是為了民眾，而要治理好民眾就不能不明白提高這五方面修養的重要性，不可以不擺正這些方面的準繩。王者在容貌和儀表上必須恭敬和端正，恭敬和端正也就是敬重和認真的意思；講話要使別人能夠聽從，聽從就是讓別人可以依此去遵照執行；眼光要做到明察秋毫，對人要能辨別賢還是不肖，對事能區分黑還是白，善還是惡；耳聞要聰敏，聰敏也就是能從聽到的話語中能辨別其用意；心思要能夠寬容，寬容則要做到無所不能容納。恭敬能使人肅穆，言語能讓人聽從會使國家得到治理，明察能得到智慧，聰敏能有謀略，寬容能成為聖人，這又是什麼意思呢？所謂恭敬能使人肅穆，是指君王能真正出自內心地顯示出自己事事恭敬的態度，那麼天下便沒有人不臨事而肅穆了。王者的言語能讓人聽從，會使國家得以治理，指的是王者的旨意出自義理，可以奉行，臣子們便能依此遵照執行，那麼天下也就可以治理好了。明察能得到智慧的意思，是指王者能明察是非，那麼賢人會被擢用，不肖的人會被絀退，天下人便可勸而為善，並以作惡為可恥了。耳聞聰敏者，就能有謀略，它的意思是指王者能敏於聞事，能與臣下一起商討謀劃，王者遇到疑難問題能與臣下商討，謀劃時便不會失策了。只有能寬容者才能成為聖人，所以要為聖人設定這樣的條件，它的意思是指王者的心胸要寬廣，沒有他不能容納的人和事，使賢人與愚人各盡其能，面臨各種政事時，就能提出與之相對應的設施，從而使事皆得其宜，人皆盡其用。

【研　析】王者的五事，確實是王者處理政務時，必須具備的基本要素。在待人上要恭敬而有禮貌，處事時應認真而嚴肅，這是如何待人接物的前提，也就是先要擺正自己的態度。在具體處理事務的過程中，首要的條件是弄清事情的客觀情況，那就要親自去觀察，或者聆聽下屬的報告，那就是視要明，聽要聰，這是思考和決斷的前提。在看的過程中，既要觀察人，分清人的賢與不肖，又要考察事，明辨事的是與非。在聽的過程中，要求能弄清對方講話的內涵，也就是聞事而審其意，耐心聽取臣下的謀略，然後才是王者用自己的頭腦去思索，進行綜合推理和判斷。王者在這個過程中要善於容納各種意見，設想各種方案，使人盡其用，事盡其宜。最後才是言，也就是發號施令。所謂「可從」包括兩個方面：一是人們都接納這樣的決策和方針；一是這些決策和方針是可行的，並能收到最大的效果。這五個方面的素養和要求也確實是王者在國家管理上如何制訂決策和行政過程中必須具備的基本條件。它的目標是使王者達到聖人的境界。

董仲舒在以陰陽命題的諸篇中，以陰陽與四時和王者感情上的喜怒哀樂相對應，而五行諸篇則以五行與王者之五事相對應。王者的情感世界與其待人接物處世行事上的心態二者之間又是緊密相聯的，董仲舒在這二方面的闡述，都是為了使王者能進入天人合一的聖人境界。

本章對五事的表述，分成三個層次。先是五事的名稱，然後是五事的內涵，最後是五事所要達到的目標。它也就是《尚書・洪範》對五事表述的層次，但它比〈洪範〉表述得更加清晰明確。所不同的是〈洪範〉並沒有把五行與五事直接對應起來，而董仲舒在上一章則是從負面把二者直接對應起來，並把災異說引入了五事，以顯示王者在五事上的錯失與上天五行之際有直接的感應關係。而王者在五事上負面的事例在《春秋公羊傳》的記載上是大量的，如王者待臣無禮，有晉靈公處臺上彈群臣，肢解宰人而棄之的事例；王者視不明，有楚平王行無道，殺伍子胥父兄的事例；王者聽不聰，有晉厲公偏聽偏信，一朝而殺大臣三人的事例；王者心不能容，容不得逆耳的忠言，甚至容不得賢明的世子，如晉獻公殺世子申生，公子重耳被迫逃亡等；至於王者言不從，做不到令行禁止，那更是觸目皆是，不勝枚舉。另一方面災異的記載，《春秋》二百四十二年間，便記載有日蝕三十六次，地震五次，山陵崩阤二次，彗星三見，火災十四次，晝冥晦，雨木冰，七月降霜，大雨雹，水、旱以及饑、蝝、螽、螟並起等更是不可勝數。至於前後弒君三十六，亡國五十二，諸侯奔走，不得保其社稷者比比皆是，都作為災異應驗的例證。這就為諫者向君王進說提供了機會，把五事與災異以及五行捏合在一起，便打開了藉〈洪範〉說五行陰陽休咎之驗的通途。

〈洪範〉這篇文章的題目名稱就是大法的意思，它是箕子向周武王依據〈洛書〉闡述九種大法的內容。依據孔安國的序文，〈洪範〉應是西周初年的作品，雖然後人依據其行文的特徵，認為可能成文於戰國年間。但漢代並沒有人對它產生任何懷疑。董仲舒以後，以〈洪範〉說災變成了一門非常時髦的學問。在武帝末年及昭、宣之間，有兩個人值得注意，一個是眭孟，另一個是夏侯勝。眭孟名弘，自命是師承董仲舒的傳人。昭帝時，上林苑中有大柳樹斷枯臥地自起，生枝葉，有蟲食其葉，有文字曰「公孫病已立」，眭孟推演《春秋》之意，認為有從匹夫起而為天子者，故廢之家公孫氏當復興，結果被霍光認為妖言惑眾、大逆不道而遭殺害。宣帝即位後，認為眭孟所言公孫病已立是指自己的遭遇，因為宣帝幼年時因其祖父戾太子事曾繫獄，其後流落民間為普通百姓。他的即位，正符合故廢之家公孫，從匹夫為天子之說，於是給眭孟平反，「徵孟子為郎」（據《漢書・眭弘傳》）。至於夏侯勝，《漢書》本傳稱其「從始昌受《尚書》及《洪範五行傳》，說災異。」始昌，即夏侯始昌，略晚於董仲舒，也為漢武帝所看重，其先人夏侯都尉從濟南張生受《尚書》，傳族子始昌，始昌傳族子夏侯勝，而張生則受《尚書》於伏生。而夏侯勝以《洪範五行傳》說災異，在五行、五事之外，又增加了「皇之不極，是謂不建」，指君王的權力和法則不能建立的話，即人君的貌、言、視、聽、思五事皆失而不得其中，不能立萬事，其罰常為陰，下強盛而蔽君。最凸出的事例是諫昌邑王，「昌邑王嗣立，勝當乘輿前諫曰：『天久陰而不雨，臣下有謀上者，陛下出欲何之？』王怒，謂勝為妖言，縛以屬吏。吏白大將軍霍光，光不舉法。是時光與車騎將軍張安世謀欲廢昌邑王。光讓安世洩語，安世實不言。乃召問勝，勝對言：『在《洪範傳》曰：「皇之不極，厥罰常陰，時則下人有伐上者。」惡察察言，故云臣下有謀。』光、安世大驚，以此益重經術之士。」漢成帝時有劉向，奉詔校五經祕書，「向見《尚書・洪範》，箕子為武王陳五行陰陽休咎之應。向乃集合上古以來歷春秋、六國至秦漢符瑞災異之記，推跡行事，連傳禍福，著其占驗，比類相從，各有條目，凡十一篇，號曰《洪範五行傳論》，奏之。天子心知向忠精，故為鳳兄弟起此論也，然終不能奪王氏權。」（《漢書》本傳）劉向整理《洪範五行傳》是因外戚王鳳專權，故要那樣轉彎抹角地向成帝進諫。《漢書・

五行志》稱：「董仲舒治《公羊春秋》，始推陰陽，為儒者宗。宣元之後，劉向治《穀梁春秋》，數其禍福，傳以〈洪範〉，與仲舒錯。至向子歆治《左氏傳》，其《春秋》意亦已乖矣，言《五行傳》，又頗不同。是以攬仲舒、別向、歆，傳載眭孟、夏侯勝、京房、谷永、李尋之徒所陳行事，訖于王莽，舉十二世，以傅《春秋》，著於篇。」故《漢書》的一部〈五行志〉其實是各個版本的《洪範五行傳》及以《易》論災異的彙編，而董仲舒則為始作俑者，按其本意應是一部諫書，陰陽五行與災異之說只不過是其託辭而已。這固然反映了當時諫議時政之難，但它給後人印象最深的卻只是那些迷信的外殼，其背後的政治內涵反而被沖淡和掩蓋了。

第三章

王者能敬，則春氣得❶，故肅❷，肅者主春。春陽氣微❸，萬物柔易，移弱可化❹，於時陰氣為賊❺，故王者欽❻。欽不以議陰事❼，然後萬物遂生，而木可曲直也❽。春行秋政，則草木彫；行冬政，則雪；行夏政，則殺❾。春失政則❿。

王者能治則義立⓫，義立則秋氣得⓬，故義者主秋⓭。秋氣始殺，王者行小刑罰，民不犯則禮義成⓮。於時陽氣為賊⓯，故王者輔以官牧之事⓰，然後萬物成熟⓱。秋草木不榮華⓲，金從革也⓳。秋行春政，則華；行夏政，則喬；行冬政，則落⓴。秋失政，則春大風不解，雷不發㉑。

王者能知，則知善惡㉒，知善惡則夏氣得，故哲者主夏㉓。夏陽氣始盛，萬物兆長㉔，王者不揜明，則道不退塞㉕。而夏至之後，大暑隆，萬物茂育懷任，王者恐明不知賢不肖，分明白黑㉖。於時寒為賊㉗，故王者輔以賞賜之事㉘，然後夏草木不霜㉙，火炎上也㉚。夏行春政，則風；行秋政，則水；行冬政，則落㉛。夏失政，則冬不凍冰，五穀不藏，大寒不解㉜。

王者無失謀，然後冬氣得，故謀者主冬㉝。冬陰氣始盛㉞，草木必死㉟，王者能聞事，審謀慮之，則不侵伐㊱。不侵伐且殺㊲，則死者不恨，生者不怨㊳。冬日至㊴之後，大寒㊵降，萬物藏於下㊶。於時暑為賊㊷，故王者輔之以急，斷之以事㊸，水潤下也㊹。冬行春政，則蒸；行夏政，則雷；行秋政，則旱㊺。冬失政，則夏草木不實。霜，五穀疾枯㊻。

【章　旨】本章強調王者在貌、言、視、聽上必須順應四時之氣，在政令上順遂木、火、金、水之性，才能達到天人合一的境界。如果政令違時或失誤，上天會通過災異以儆戒君王。

【注　釋】❶王者能敬二句　指王者貌能恭敬，貌屬木，其時為春，故稱得春氣。❷故肅　肅，即恭敬而戰戰兢兢，君王貌恭敬而臣亦肅穆有禮。❸春陽氣微　春屬少陽，陽氣微弱。❹萬物柔易二句　此句疑為「萬物柔弱，易移可化」，意謂春天為萬物萌芽開始生長的季節，故云萬物此時柔弱，而易於移轉和變化。❺於時陰氣為賊　此處言春季陰氣由強而轉弱，陽氣由弱而轉強，此時若陰氣轉盛，則萬物萌生易於受到摧殘，故云陰氣為賊。❻故王者欽　欽為恭敬的意思，指王者必須恭敬處事。❼欽不以議陰事　春行陽事，以德為主，此處意謂王者不能在春天議論刑事，使萬物得以順遂其生長的節奏。陰事指刑罰。❽木可曲直也　指五行之木得其性。《漢書・五行志上》：「木，東方也。於《易》地上之木為『觀』。其於王事，威儀容貌亦可觀者也。故行步有佩玉之度，登車有和鸞之節，田狩有三驅之制，飲食有享獻之禮，出入有名，使民以時，務在勸農桑，謀安百姓，如此，則木得其性矣。」❾春行秋政六句　此處指政令違時所可能帶來的災異。春天推行秋天的政令，會在春天出現草木凋落的現象；推行冬天的政令，那麼春天會多雪；推行夏天的政令，春天便出現肅殺的景象。《管子・四時》云：「春行冬政則雕（凋），行秋政則霜，行夏政則欲。」彫，同「凋」。❿春失政則　此處有闕文，應為「春失政，則木失其性。」《漢書・五行志上》：「若乃田獵馳騁不反宮室，飲食沉湎不顧法度，妄興傜役以奪民時，作為姦詐以傷民財，則木失其性矣。」下之闕文不詳，參照下文，當為秋季出現氣候異常的現象。如《淮南子・時則訓》：「正月失政，七月涼風不至；二月失政，八月雷不藏；三月失政，九月不下霜。」⓫王者能治則義立　指王者能管理好國家的事務，則義立。義指政事之誼，實謂君王之統治得以確立，即上章所言王者之言可從，臣從君王之言而行其職能則天下得治，王權得以鞏固和穩定。⓬義立則秋氣得　此處言王者統治鞏固時，標誌著王者得四時之秋氣，秋氣屬陰，在五行中屬金，為肅殺之氣。《漢書・五行志上》：「金，西方，萬物既成，殺氣之始也。故主秋而鷹隼擊，秋分而微霜降。其於王事，出軍行師，把旄杖鉞，誓士眾，抗威武，所以征畔逆止暴亂也。」⓭故義者主秋　此處指王者政事之誼，建立在專政的基礎之上，也就是建立在軍師之威武的基礎之上。⓮秋氣始殺三句　此處指秋氣是以肅殺開始，故王者要實施少量的刑罰，使民不敢觸犯禮義。如《呂氏春秋・孟秋紀・孟秋》之政令有「立秋之日，天子親率三公九卿諸侯大夫迎秋於西郊。還，乃賞軍率武人於朝。天子乃命將帥，選士厲兵，簡練桀儁；專任有功，以征不義；詰誅暴慢，以明好惡，巡彼遠方。是月也，命有司，修法制，繕囹圄，具桎梏，禁止姦，慎罪邪，務博執。命理，瞻傷察創，視折審斷；決獄訟，必正平；戮有罪，嚴斷刑。天地始肅，不可以贏。」⓯於時陽氣為賊　秋屬少陰，肅殺之始，以刑為主，故以陽氣為賊。⓰王者輔以官牧之事　官牧之事，指官府牧民之事。此處指王者除了兵刑之外，又以官府牧民之事為輔。⓱然後萬物成熟　指民眾得以順利地收穫秋熟的作物。《管子・四時》關於秋季的政令云：「其事號令，毋使民淫暴，順旅聚收。量民資畜聚，賞彼群幹。聚彼群材，百物乃收，使民毋怠。所惡其察，所欲必得。」⓲秋草木不榮華　指得秋氣，草木肅殺，不再如春夏那樣茂盛而繁榮。⓳金從革也　指五行之金得其性，工匠冶鑄金鐵能從其變革而成其器，也就是王者的軍隊和兵旅能對一切叛逆和暴亂保持著足夠的威懾作用。⓴秋行春政六句　此處意謂秋天行春天的政令，會在秋天出現草木茂盛榮華；推行夏天的政令則作物瘋長高大而不結果實；推行冬天的政令則作物提前枯落。《管子・四時》：「秋行春政則榮，行夏政則水，行冬政則耗。」《呂氏春秋・孟秋紀・孟秋》云：「孟秋行冬令，則陰氣大勝，介蟲敗穀，戎兵乃來。行春令，則其國乃旱，陽氣復還，五穀不實。行夏令，則多火災，寒熱不節，民多瘧疾。」㉑秋失政三句　此處指秋失政，則金失其性，則會在來年春季引起氣候異常，出現大風不解、雷不發聲的景象。據《漢書・五行志上》云：「若乃貪欲恣睢，務立威勝，不重民命，則金失其性。」「春天風不解，雷不發」在蘇輿本中作「春大風不解，雷不發聲」，似應以蘇輿本為是。㉒王者能知二句　指王者在五事中能視而明，明則能區分賢與不肖，能分辨是非黑白。㉓知善惡則夏氣得二句　視而明，在五行中屬火，在四時中屬夏，故明善惡能得夏氣，以遂火之性。《漢書・五行志上》：「賢佞分別，官人有序，帥由舊章，敬重功勳，殊別適庶，如此則火得其性矣。」因火能揚光輝以明是非善惡。哲，《尚書・皋陶謨》：「知人則哲。」知人是明辨人之善惡，故以哲者主夏之政。㉔夏陽氣始盛二句　夏屬太陽，故云「陽氣始盛」。兆長，繁茂地生長，夏季正是萬物生長茂盛的時節。㉕王者不揜明二句　此處指王者不遮掩自己的視線，能視而明，則道義便不會後退而趨於閉塞。揜，掩蓋。㉖而夏至之後五句　此處意謂在夏至以後，大暑到來的時節，正是萬物茂盛孕育的時期，火屬夏，五事中屬視，視要明。《漢書・五行志上》：「火，南方，揚光輝為明者也。其於王者，南面鄉明而治。」故云王者最害怕的是其明不能知賢與不肖，不能分辨事情的是非黑白。夏至，二十四節氣之一。每年陽曆六月二十二日，太陽直射北回歸線，為北半球白晝最長的一天。大暑，二十四節氣之一，陽曆的七月下旬，這時正是中伏前後，中原地區氣候最為炎熱的時期。懷任，即萬物孕育的時期。任，通「妊」。㉗寒為賊　夏在四時上屬太陽，正是炎熱的季節，故以陰寒為賊。㉘王者輔以賞賜之事　指夏季政令以德為主，故王者需以賞賜輔助萬物的孕育成長。《管子・四時》：「其時曰夏，其氣曰陽，陽生火與氣，其德施捨修樂，其事號令，賞賜賦爵，受祿順鄉。」㉙然後夏草木不霜　指由於王者輔以賞賜，這樣草木才不會遭受寒潮霜降之害。㉚火炎上也　指能順遂五行中火之焰向上的本性。㉛夏行春政六句　此處指政令違時，在夏天推行春天的政令，會帶來大風，因春氣起而風動；推行秋天的政令則有大水；推行冬天的政令則農作物會凋落。《呂氏春秋・孟夏紀・孟夏》：「孟夏行秋令，則苦雨數來，五穀不滋，四鄙入保。行冬令，則草木早枯，後乃大水，敗其城郭。行春令，則蟲蝗為敗，暴風來格，秀草不實。」㉜夏失政四句　夏失政，指火失其性，不炎上。《漢書・五行志上》：「若乃通道不篤，或耀虛偽，讒夫昌，邪勝正，則火失其性矣。」在氣候上的災異表現為冬天不結冰凍，穀物不能閉藏，或天氣大寒不能解凍。㉝王者無失謀三句　王者無失謀，指王者在五事中聽而能聰，聽則聞事能與臣下謀，故事無失謀。聽與五行中之水、四時中之冬相對應。冬氣得，指謀無失著，才能得冬氣。《管子・四時》：「其時曰冬，其氣曰寒，寒生水與血。」「其事號令，修禁徙民，令靜止，地乃不泄。斷刑致罰，無赦有罪。以符陰氣，大寒乃至，甲兵乃強，五穀乃熟，國家乃昌，四方乃備。」㉞冬陰氣始盛　冬屬太陰，故冬為陰氣始盛之時。㉟草木必死　指冬天是草木凋落的時節，故云「草木必死」。㊱王者能聞事三句　指王者能深謀遠慮，防患於未然，故不起兵征伐，四方也都能防備周密，叛逆與暴亂得不到起事的機會，故云「不侵伐」。㊲不侵伐且殺　指不是通過討伐而是通過斷刑致罰，殺有罪者，這樣可以免除因征伐而傷及無辜。㊳死者不恨二句　指被遭受刑罰的有罪者，由於處罰的公正和恰當，故而死者不恨，生者不怨。㊴冬日至　即北半球白晝最短之日，二十四節氣之一。每年陽曆的十二月二十二日前後為冬至日。此日太陽直射南回歸線，此時氣溫下降。㊵大寒　二十四節氣之一，在冬至之後，夏曆的十二月中旬，我國大部分地區最寒冷的時節。㊶萬物藏於下　指在寒冬時節，萬里冰封，故云「萬物藏於下」，而冬季的政令以收藏為中心。㊷暑為賊　指冬季其氣為寒，故以暑為賊。㊸王者輔之以急斷之以事　指王者在冬季要急於斷刑致罰，無赦有罪之人。㊹水潤下也　指王者在冬季推行適時的政令，使五行之水順遂其本性而潤下。在蘇輿本中，「水潤下也」前有一「以」字。㊺冬行春政六句　此處言在冬季政令違時所可能帶來的災異。冬季行春天的政令會促使收藏不密，陽氣提前發洩；行夏天的政令會使雷雹盛行；行秋天的政令會使乾旱提前到來。《呂氏春秋・孟冬紀・孟冬》：「孟冬行春令，則凍閉不密，地氣發洩，民多流亡。行夏令，則國多暴風，方冬不寒，蟄蟲復出。行秋令，則雪霜不時，小兵時起，土地侵削。」㊻冬失政四句　冬失政，指冬季政令有失。《漢書・五行志上》：「若乃不敬鬼神，政令逆時，則水失其性。」在災異上表現為夏季草木不結實，有霜雹，五穀有疾而枯萎。

【語　譯】君王能夠恭敬，就會肅穆，肅穆就能得春氣，肅穆是主持春天的。春天時陽氣微弱，萬物正在生長而且處於柔嫩弱小的境地，容易產生變化，所以這時陰氣會帶來傷害，故而王者處事必須保持欽敬謙恭的態度。王者保持欽敬謙恭的態度，在春天就不能議論有關刑罰的陰事，那樣萬物才能順遂其生生不息之意，木會順其性而可以曲直。在春天如果推行秋天的政令，草木便會枯凋；推行冬天的政令，就會多雪；推行夏天的政令，就會殺傷作物而妨礙其生長，如果春天施政有失誤的話……

君王能治理好國家，那麼萬物都能得其義，一切都得其義了，也就能得到秋氣，秋天的主要事務便是萬物各得其義。秋氣是殺伐的開始，王者要行使小的刑罰，讓百姓不犯禁忌而養成禮義。這時陽氣盛的話會帶來傷害，所以王者要依靠百官的輔助治理好百姓，然後萬物才能成熟。那樣的話，秋天才不會出現草木茂盛繁榮的情況。金得其性則工匠冶金鑄鐵會變革其形狀而成其器。如果秋天施行春天的政令，作物的枝葉在秋天會如春天那樣繁盛；施行夏天的政令，作物會瘋長而不結果實；推行冬天的政令，作物會提前枯落。如果秋天君王施政有錯失的話，在來年春天到來時，大風不止，雷發不出聲響。

君王能夠有智慧的話，就能區分善惡，能區分善惡就能得夏氣，所以應當由明智的哲者來主持夏天的事務。夏天時陽氣開始興盛壯大，而萬物也能茁壯成長，王者若能始終不遮蔽自己的聰明和智慧，那麼王道便不會退縮和被阻塞。而在夏至以後，氣候進入大暑炎熱的階段，萬物在這個時候都在孕育和成長，最使王者害怕擔心的是自己分不清賢與不肖，分不清事情的是非與黑白。寒氣在這個時候會帶來傷害，所以王者在此時要輔以賞賜恩德方面的事務，然後草木才不會受霜寒的傷害。火能順遂其煙焰向上的本性。如果夏天推行春天的政令，那會帶來大風；推行秋天的政令，則會帶來大水的災害；推行冬天的政令，則草木會提前枯落。如果在夏季君王施政有失誤的話，那冬天便不會冰凍，五穀不得收藏，或者天氣連續大寒而不能及時解凍。

君王能傾聽他人意見便能變得聰明起來，做到謀無失策，這樣便能得到冬氣？所以應當由謀士來主持冬天的事務。冬天是陰氣盛行的時候，草木必然要枯死，如果王者能審慎而慮謀周密，那麼在冬天也可以不起兵征伐，不起兵征伐而通過審判誅殺有罪者，那樣就可以做到死者不恨，生者不怨。冬至之後，大寒會降臨，萬物都會閉藏於下，這時暑熱會帶來傷害。所以王者要輔助以刑獄方面的事務，那水便會順遂其本性而潤下。如果冬天推行春天的政令，那麼地氣會被蒸洩；推行夏天的政令，則會出現雷鳴的現象；推行秋天的政令，則會出現乾旱。如果在冬季君王施政有失誤的話，那麼在夏天就會出現草木不結籽實，五穀有疾病而枯萎。

【研　析】作者在本章以五事與四時之教令相配比，藉以闡述天人之際的感應關係。王者在貌、言、視、聽上必須順應四時之氣，在政令上則要順遂木、火、金、水之性，才能到達天人一致的境界。如果政令違時，或者政令失誤，上天都會通過災異以儆戒君王。從結構上看，本章似缺一節。尚少五事中的「思曰容」，五行中的土，四時中的季夏。從內容上看，作者力圖把《尚書·洪範》關於五事的論述與《管子·四時》中關於「聖王務時而寄政」的思想結合起來。它所闡述的觀念，仍然是王者之刑德要依從於四時的變化，如果逆時而行，也就是政令違時，必然是「作事不成，必有大殃」。所以這裡所謂的天，不僅是四時自然的變化，也是能操縱自然變化顯示自己意志以儆戒君王的神。

從整體上看，董仲舒把五行、五官、四時教令、五事在天人之際建構成一個網絡型的互動系統，從而為王者從貌、言、視、聽、思五事，到四時之政令，再到五官的建置和職能，提供一個從思想到行為的規範，而上天則是通過五行、四時的變化與災異來顯示自己的威嚴和意志。故在漢代人們的心目中，「究天人之際」，所推究的是人與天——百神之君的關係，而天又是借助於自然來顯示自己的威嚴和懲罰。價值取向的主體則是當時的政治倫理規範。所以不能簡單地把漢代天人合一的思想歸結為人與自然如何和諧相處的問題。正因為在董仲舒心目中，天既是自然力量的表現，也是全能的至上神——百神之君的化身，所以他會把〈郊語〉緊接在五行諸篇之後。郊禮是把天作為神來進行祭祀活動的，〈郊語〉的中心思想是闡述祭天的必要性。說到底，祭祀畢竟是當時人與鬼神交往的一種主要方式。

郊語第六十五

【題解】篇名〈郊語〉，主旨為闡述君王郊祀上天是國家政治和生活中最為重要的大事。本篇立論圍繞「君子有三畏：畏天命，畏大人，畏聖人之言」這一段取自《論語》的引文來展開，董仲舒把孔子所說的天命看作是有意志的能影響人間吉凶禍福並主宰一切的至上神。

本篇與〈郊義〉、〈郊祭〉、〈四祭〉、〈郊禮〉這五篇文章是一個整體，皆言君主祭天之禮儀及其意義。五篇之間或有錯簡，各家對此說法不一，本篇保留了《四庫全書》本的原貌。

人之言❶：醞去烟❷，鴟羽去眯❸，慈石取鐵❹，頸金取火❺，蠶珥絲於室，而絃絕于堂❻，禾實于野，而粟缺于倉❼，蕪荑生于燕，橘枳死于荊❽，此十物者，皆奇而可怪，非人所意也❾。夫非人所意而然，既已有之矣，或者吉凶禍福、利不利之所從生，無有奇怪，非人所意，如是者乎！此等可畏也❿。孔子曰：「君子有三畏：畏天命，畏大人，畏聖人之言。」⓫彼豈無傷害於人⓬，如孔子徒畏之哉⓭！以此見天之不可不畏敬，猶主上之不可不謹事。不謹事主，其禍來至顯；不畏敬天，其殃來至闇。闇者不見其端，若自然也。故曰：堂堂如天，殃言不必立校，默而無聲，潛而無形也。由是觀之，天殃與上罰所以別者，闇與顯耳⓮。

不然，其來逮人，殆無以異⑮。孔子同之，俱言可畏也⑯。天地神明之心，與人事成敗之真，固莫之能見也，惟聖人能見之。聖人者，見人之所不見者也，故聖人之言亦可畏也⑰。奈何而廢郊禮⑱？郊禮者，人所最甚重也。廢聖人所最甚重，而吉凶利害在於冥冥不可得見之中，雖已多受其病，何從知之⑲？故曰：問聖人者，問其所為而無問其所以為也。問其所以為，終弗能見，不如勿問。問為而為之，所不為而勿為，是與聖人同實也，何過之有？《詩》云⑳：「不愆不忘，率由舊章㉑。」舊章者，先聖人㉒之故文章也。率由，各有修從㉓之也。此言先聖人之故文章㉔者，雖不能深見而詳知其則，猶不知其美譽之功矣㉕。今郊事天之義，此聖人故云云㉖。

【注釋】❶人之言　指人們的傳說。❷醞去烟　醞指釀酒，但無以去煙。孫詒讓云：「醞，當作醯。《墨子・備穴》：『益持醯，客即熏以救目。』醯可御煙，故以救熏穴也。」醯為醋，穴中受煙熏時，醋氣能御煙，故熏以明目。❸鴟羽去昧　此處意謂指鴟鷹的羽毛能刮去眼中的沙粒。鴟，即鴟鷹。《莊子・秋水》：「鴟得腐鼠。」或為野雞的一種。昧，當為「眯」，灰沙入目為眯。❹慈石取鐵　指吸鐵石能吸取地上的鐵屑。慈，通「磁」。❺頸金取火　頸金，即陽燧，為有凹面可以聚光的銅鏡，古人用以在日光下取火。《周禮・秋官司寇・司烜氏》：「掌以夫遂取明火於日。」鄭玄注：「夫遂，陽遂（燧）也。」❻蠶珥絲於室二句　謂蠶吐新絲於蠶室時，以往年舊絲所作之絃脆絕於堂上。珥，一作「咡」。《淮南子・覽冥訓》：「蠶咡絲而商絃絕。」高誘注：「新絲出，故絲脆。商於五音最細而急，故商絃絕也。」❼禾實于野二句　指新穀成熟於郊野時，倉中貯存的陳穀便會虧缺變質受損。❽蕪夷生于燕二句　蕪夷，即蕪姑，其氣臭，性殺蟲，置物中能避蛀。其產地在東北，故稱其生於燕。橘長在江南稱橘，長在江北稱枳，若移植於荊地即湖北，則不能生長。❾此十物者三句　指上述十件事物與現象皆屬稀奇古怪之事，而非人所能意料或理解的。❿夫非人所意而然八句　董仲舒在上文以十種自然現象來顯示天命之不可抗拒，非人之意志所能決定。此處指上述十物非人之意念所決定的，也就是由天意所決定的。既然是天意所決定之事物，對人而言，無論其對人所產生的結果是吉凶、禍福，對人有利還是不利，那就沒有什麼可以令人因此而奇異可怪的了。正由於它不是人的意念所能決定，故而這一類事物對人而言只能聽任其自然演化，而這也正是令人們對之無可奈何而產生畏懼的原由。⓫孔子曰五句　引語見《論語・季氏》，全文為「孔子曰：『君子有三畏：畏天命，畏大人，畏聖人之言。小人不知天命而不畏也，狎大人，侮聖人之言。』」君子是與小人對比，一褒一貶。畏，是敬畏之「畏」，指恭敬而存畏懼之心，是一種宗教情懷。天命，指至高無上之神的意志，它可以決定一切，不是任何人間的力量所能挽回的。在各種宗教觀念中，都存在有不同的天命觀念。中國古代的天命觀，由來久遠，君權神授的天命觀自殷周以來一脈相承。儒家的天命觀憑借自然秩序以顯示天命之不可抗拒。「子曰：『天何言哉？四時行焉，萬物生焉，天何言哉？』」（《論語・陽貨》）孟子也說：「天不言，以行與事示之而已矣。」（《孟子・萬章上》）大人，指在位的天子、諸侯，君權神授，天子代表上天行使其權力，故而子民必須對其懷抱敬畏的心理。聖人之言，聖人之言揭示天命之意志，故而也要對它抱敬畏的態度，否則的話，那就是不懂天命之小人。⓬彼豈無傷害於人　指違反了三畏原則之小人，畢竟還要受到上天的懲罰。⓭如孔子徒畏之哉　指孔子之徒所以對天命、大人、聖人之言抱敬畏態度的原因。⓮故曰八句　此處言違逆天命者，其災殃雖不是即刻得到效驗，然而災殃的到來往往是默默無聲並潛伏而無形地逐漸顯現其存在，上天降臨災殃與君主懲罰的禍害之間的區別只是幽暗與明顯之區別，本質上是一回事。此處言拒絕敬畏上天與敬畏君主所能帶來的禍害之異同。堂堂，盛大的意思。殃，災殃。校，效驗。闇，通「暗」。⓯不然三句　不然，作疑問式。意謂不如此的話，那又為什麼抗拒敬畏天命與君主之小人所得到的禍害，幾乎沒有任何差別呢？⓰孔子同之二句　指大人受命於天，故孔子把天命與大人看作相同的事，所以兩者皆須敬畏也。⓱天地神明之心七句　此處言聖人之言，何以可畏。因聖人能知天命之所在，而人事得失成敗之真相，又非常人之所能見到的，所以聖人言論中所傳達的上天之旨意和人間人事得失的真相，同樣也值得人們去敬畏。⓲奈何而廢郊禮　指怎麼能廢棄郊禮呢？郊禮，指君王在郊外祭祀上天的禮儀。《漢書・郊祀志》：「郊祀社稷，所從來尚矣。」意謂郊祀社稷，其由來長久而悠遠。《尚書・舜典》：「肆類于上帝。」，意謂於是便以事類舉行祭天的儀式，即舜向上天稟告繼承帝位之事。類為祭名，通「禷」。《爾雅・釋天》：「祭天曰燔柴。」指祭天時積柴於壇上，加牲、玉於柴上，點火燎之。《禮記・祭法》：「有虞氏禘黃帝而郊嚳。」禘是大祭，傳說舜祭天時，以黃帝配祀。郊祀時則以帝嚳配祀。西周時，周公制禮作樂，郊祀天帝時，以后稷配天。《周禮・春官宗伯・大司樂》：冬至日祀天於地上之圜丘。⑲郊禮者六句　郊禮在祭祀中為歷代聖人最重視的大事。廢郊禮便是廢棄古代聖人們最為看重的大事。而郊祀祭天禮儀上的吉凶利害皆在冥冥之中，為人們所不可得見。由於廢郊禮，所受的禍害，常人又能從哪裡去知曉呢？蘇輿認為：「郊禮者，人所最甚得也」句「人」字上疑脫聖字。⑳詩云　引詩見《詩經・大雅・假樂》。此詩是周王宴會群臣時，臣下對他歌功頌德的詩。此處引《詩經》而作解釋。㉑不愆不忘二句　指不犯過錯不忘本，遵循舊制國家太平。意謂遵照先聖人之令德，不犯過失不忘本，一切遵照當年周公所訂禮法之舊章。率，備也；循也。㉒先聖人　指文王、武王、周公。㉓修從　指修而遵循先聖之舊章。㉔先聖人之故文章　指古聖王祭天禮儀及其所含之意義。㉕雖不能深見而詳知其則二句　指雖不知先聖王在祭天儀式中的細則，也可以在祭祀的禮儀中獲得美好的功德。即上文「問其所為而無問其所以為也。問其所以為，終弗能見，不如弗問」的意思，只要後人循其舊章，依樣畫葫蘆，不必一再問其所以如此的緣由，若要問其緣由，那還是無法弄清楚的，還是不問的好。㉖今郊事天之義二句　此處言郊事祭天之意義，曾為聖人所如此這般地說過。錢塘云：「〈郊祭〉篇中『故古之聖王文章最重者也』起，當接此處。」凌曙本與蘇輿本皆依錢塘說。本篇仍保留《四庫》本之原狀，不作移動，其於文義亦通暢。〈郊語〉、〈郊義〉、〈郊祭〉、〈四祭〉、〈郊禮〉實為一整體，皆言君王郊祀祭天之禮儀及其意義，五篇之間似有錯簡，惟各家說法不一，閱讀時自可留意。

【語　譯】人們傳說：醋能除去煙霧，鴟鷹的羽毛能幫助人們除去眼中的砂子，磁石能吸引鐵屑，陽燧能取火，蠶在室內吐絲時，琴弦在堂上會斷裂，稻禾在田野結籽實時，倉儲中的粟米會缺損，蕪荑只能生長在燕地，而橘子和柑枳在楚地卻會枯萎而死。這十種奇蹟都會使人感到奇異而可怪，因為這都不是依照人們意願產生的。既然不是人們所能揣度預測而出現的，是禍還是福，是有利還是不利，它究竟又是怎樣產生的，已經沒有人去奇怪了，因為它不是人意所能決定的，事情就是那麼神祕，這些現象才真是令人們不得不對此感到敬畏啊！孔子說：「君子有三個方面必須保持敬畏的態度：那就是敬畏天命，敬畏大人，敬畏聖人講過的話。」那些奇蹟難道對人們不會產生傷害嗎？否則孔子之徒怎麼會敬畏它呢！從這裡可以見到上天之不可以不敬畏呀，猶如對君主不能不謹慎地侍奉是同一個道理。如果不能謹慎地侍奉君主，它對你的禍害會非常明顯；而不敬畏上天，它所帶來的災害看起來非常幽暗。那些幽暗的跡象，往往看不到它的端倪，好像一切都自然而然地發生的。所以說：堂堂如上天那樣，它所給人們帶來的災殃，不一定立即可以得到效驗，它往往是默默無聲，潛伏在那裡而無影無蹤。從這裡可以知道，上天給你的災殃和君主給你的懲罰，二者之間的區別在於前者那麼幽隱而不見蹤跡，後者是那麼明白而顯著。如果不懂得這一點的話，那麼它們對人的影響，幾乎是沒有什麼區別的了！孔子看到二者的相同之處，所以說它們都是應該敬畏的。天地神明的心思，與人事上成敗得失的真相，當然不是一般人所能見到的，只有聖人才能看得到。聖人的意思，就是它能見常人之所無法見到的。所以聖人講的話，也值得人們去敬畏。怎麼能廢棄祭天的郊禮呢？郊禮祭天是聖人最為看重的。廢棄聖人最為看重的祭天的禮儀，而與之相關的吉凶利害都在一般人們所看不到的冥冥之中，人們雖然已經受到它的損害，又能從哪裡去知曉它呢？所以說，向聖人請教的話只要問應該怎麼做，不要去問為什麼要這樣做。如果你去詢問為什麼要這樣做，終究是弄不清楚的，還不如不問的好。問清該怎麼做而努力去做，什麼是不能做的而不去做，那就能與聖人同步，那還會有什麼過失呢？《詩經》上說：「不發生過錯不忘本，一切遵從過去的舊章。」所謂「舊章」的意思是指古代聖人所製作的典章制度，「率由」是大家都能遵循的意思。這是說先代聖人遵行的典章制度，雖然不能深刻地了解和詳細地知道它的各種細則，也就是說，雖然還沒有徹底弄懂，但還是能得到它美好的功德。如今郊祀祭天的意義，也僅僅是聖人曾經如此這般說過的啊。

【研　析】關於十物，董仲舒是作為上天十項奇蹟來表述的。這十項所謂自然界的奇蹟，在我們今天看來，根本算不上自然界的什麼奇蹟，都能在自然界中找到它本質的因果關係。但在那時人們還無法解釋它的因果關係時，好似這一切都是超乎人們常識的範圍，因而它們才成為奇蹟，成為駕臨在自然界之上的天，也就是神靈顯示自己力量的證據。所以董仲舒所表述的這個天就不僅僅是自然界的天，而是具有神性的天。它既具有超乎人們意志的力量，又具有不可知的神祕主義特徵。人們既無法知道和了解它，而它又是能通過自然來影響人們生活並預兆吉凶禍福，因而這才是人們不得不敬畏和懼怕的對象。

各種宗教的有神論者，都是把奇蹟的存在顯示神的萬能，乃至神存在的證明。董仲舒在這個問題上也是如此來論證天命的。本章的主旨是闡述君王郊祀上天是國家政治和宗教生活中最為重大的事件。董仲舒所有的立論都是圍繞《論語・季氏》所載的「孔子曰：『君子有三畏：畏天命，畏大人，畏聖人之言。』」這一引文來展開的。他把孔子所說的天命，看作有意志的能影響人間吉凶禍福的並主宰一切的至上神。然而，孔子關於天道的觀念是雙重的：一方面他繼承了三代以來中國傳統的天命觀念，承認天作為至高無上的神，主宰著自然和人間的一切。孔子在《論語・泰伯》中說：「大哉堯之為君也！巍巍乎唯天為大，唯堯則之。」在《論語・堯曰》：「堯曰：咨，爾舜！天之歷數在爾躬，允執其中。」這裡的「歷數」，也就是天命，這裡的天，就是授給君王天命以治理天下之百姓，也就是後世君權神授的意思。董仲舒也正是從這個視角來闡釋天之可畏在於它主宰人間吉凶利害是在冥冥不可得見之中，是在神祕主義氛氛之下實現的。另一方面孔子對神道設教同時又謹慎地保持著一段距離。如《論語・述而》：「子不語怪、力、亂、神。」《論語・先進》：「季路問事鬼神。子曰：『未能事人，焉能事鬼？』曰：『敢問死？』曰：『未知生，焉知死。』」《論語・雍也》：「樊遲問知。子曰：『務民之義，敬鬼神而遠之，可謂知矣。』」孔子在《論語》中，言「天命」僅三見，「天道」一見，「命」字十三見，而言「仁」字達一百零五見，從這個統計數字可以看到在孔子的言論中，既為作為主宰人間禍福吉凶的至上神的天保留一定的地位，又把談論的重點放在以仁為中心的倫理道德上，著重人事，而不是著重對鬼神的祭祀和祈禱。

《論語》中唯一講到「天道」的是「子貢曰：『夫子之文章，可得而聞也；夫子之言性與天道，不可得而聞也。』」（〈公冶長〉篇）可見在子貢看來，孔子是不講天道的。錢大昕在《十駕齋養新錄》講到「古書言天道，皆主吉凶禍福而言。」孔子確實是不講占卜吉凶的，同樣孔子絲毫也不熱衷於對鬼神的祈禱。《論語・述而》載：「子疾病，子路祈禱。子曰：『有諸？』子路曰：『有之。』誄曰：『禱爾於上下神祇。』子曰：『丘禱之久矣。』」看來孔子對祈禱鬼神以祛除疾病災禍並不太感興趣。

如果換成漢武帝，情況便不大相同了。《漢書・郊祀志》載：「天子病鼎湖甚，巫醫無所不致。」「及病，使人問神君，神君言曰：『天子無憂病，病少瘉，強與我會甘泉。』於是上病瘉，遂起，幸甘泉，病良已。大赦，置壽宮神君。」又，《論語》中關於「天命」的三見，實際上只有二條。一條是「君子有三畏：畏天命，畏大人，畏聖人之言。小人不知天命而不畏也，狎大人，侮聖人之言。」（《論語・季氏》）這裡就天命二見了，以君子與小人之間知與不知天命相對比。另一處是在《論語・為政》：「子曰：吾十有五而志於學，三十而立，四十而不惑，五十而知天命，六十而耳順，七十而從心所欲，不逾矩。」這裡的「知天命」是講人們如何在觀念上正確地對待人力無法左右的外部世界，盡人事而聽天命，盡自己最大的努力，對於不是自己努力所能改變的遭遇，也能安天樂命，在自身心理狀態上謀求一個平衡。「不逾矩」也就是在心理上再沒有超越客觀可能的任何期望。

《孟子・盡心上》在如何知天知命的問題上，也有過一些很精闢的論述。「孟子曰：盡其心者，知其性也，知其性則知天矣。存其心養其性所以事天也，殀壽不貳，修身以俟之，所以立命也。」「孟子曰：莫非命也，順受其正，是故知命者，不立乎巖牆之下。盡其道而死者，正命也。桎梏死者，非正命也。」人們只要把握好自己，安身立命於道，不管有什麼不幸的遭際也能做到「不怨天、不尤人」，照樣能心安理得地生活。順著這樣的思路發展，那就能把天看作一種自然的現象，看作事物運行的客觀規律。荀子在《天論》所言：「天行有常，不為堯存，不為桀亡，應之以治則吉，應之以亂則凶。」也就是吉凶由人而非由天，所以他強調「唯聖人為不求知天」。

董仲舒則不然。他順著另一條思路發展，把儒學沿著神學宗教化的方向推進，把天作為主宰人間一切吉凶禍福的至上神來看待。這與他所處的時代有關。《漢書・郊祀志》講到「武帝初即位，尤敬鬼神之祀。」武帝嚮往儒術，是期望有一個以神道設教為緣飾的儒術。《論語・子罕》載「子曰：鳳凰不至，河不出圖，吾已也夫！」這是對時勢發展的趨勢無可奈何的悲歎而已。孔子認為自己是沒有辦法再挽回這種頹勢罷了。然而在漢武帝給賢良文學策問的詔文中，把河出圖、洛出書的說法，當成實有其事來追問，詢問這些「天命之符，廢興何如？」（《漢書・公孫弘傳》）董仲舒的《春秋繁露》順應漢武帝的需要，把儒學沿著神學宗教化的方向推演，把陰陽五行和《公羊春秋》揉合在一起，以儒家的倫理觀念為核心，借助於天人感應，使儒學神學化、宗教化。所以董仲舒會把郊祀天帝的禮儀視為「聖人最甚重」的事件。

卷第十五

郊義第六十六

【題解】篇名〈郊義〉，與〈郊語〉、〈郊祭〉、〈郊祀〉諸篇合起來原是一篇文章，在傳抄過程中被抄錄者割裂成為四篇文章，後人則分別冠以今篇名。〈郊義〉可能是原來長篇文章的篇名。這四篇文章的文字，各種版本本頗有相異之處。今以《四庫全書》本為準。

本篇重在闡述郊祀之義，強調天為百神之君，而郊祀則為一歲中的頭等大事，乃各種祭祀中最重要的祭祀，故易歲更紀時，郊祀因其尊貴而必須首先進行，此乃尊天之道，不容違逆。

郊義❶：《春秋》之法❷，王者歲一祭天于郊❸，四祭于宗廟❹。宗廟因于四時之易❺，郊因于新歲之初❻。聖人有以起之，其以祭不可不親也。天者，百神之君也，王者之所最尊也❼。以最尊天之故，故易始歲更紀，即以其初郊❽。郊必以正月上辛者，言以所最尊，首一歲之事❾。每更紀者以郊，郊祭首之，先貴之義，尊天之道也❿。

【注釋】❶郊義　篇名，古文的篇名與本文不分行，放在篇首，或置於篇末，篇名與正文之間空一字，此可能是本篇的原篇名。本篇與〈郊語〉、〈郊祭〉、〈郊祀〉諸篇實為同一篇文章，抄錄者將其分割成數篇。而〈郊語〉、〈郊祭〉、〈郊祀〉等篇名則為後人所加。本篇篇名的題義為闡述郊祀之意義。❷春秋之法　指《春秋》關於祭祀之規定。《春秋》關於郊祀的記載如魯僖公三十一年（西元前六二九年）「夏四月，四卜郊。」卜郊是祭天之禮，古時唯天子能行祭天之禮，魯的先祖是周公，有大功於周，特許魯國行郊祭天之禮，但非常禮，故須卜日，限於三卜。郊祭要在春天進行。《春秋》記此以示魯四月郊祭違反了祭天之古法。❸王者歲一祭天于郊　王者指天子，郊指南郊。每年在京師之南郊舉行一次祭天的儀式。❹四祭于宗廟　宗廟是天子祭祀先祖的場所。《禮記・中庸》：「宗廟之禮，所以祀乎其先也。」四祭指依四時而祭。四時之祭名，春為禴，夏為禘，秋為嘗，冬為烝。❺宗廟因于四時之易　此處意謂天子在宗廟對祖先的祭祀，起於春夏秋冬四時的變易。孝子感而思親，故在宗廟薦新於先祖，以申孝敬之誠心。祭日皆取四時之孟月，擇日而卜，得吉日而祭。❻郊因于新歲之初　此處意謂天子郊祀的日子皆選在新歲初始之日，即每年的正月。郊祀和四時宗廟之祭祀，皆是祭祀之大典，故天子必須親臨祭祀。❼天者三句　此處指天為至高無上的大神，神靈世界眾神的君主，故為天子所最尊敬。《尚書・舜典》：「肆類于上帝，禋于六宗，望于山川，遍于群神。輯五瑞，既月，乃日覲四岳群牧，班瑞于群后。」上帝，指天。六宗就是日、月、星、風雨、司申、司命。望于山川，即望祭於全國主要的山川。從這裡的表述來看，上帝、六宗、山川、群神已經為神靈構成等級秩序，而上帝是至上神，是萬神之君主，緊接著便把祭祀上帝群神的宗教儀式與君王與其下屬，即群牧群后的施行權威聯繫起來。神聖世界的等級次序，實為世俗間君主專制體制下等級制度的反映。❽以最尊天之故三句　郊，即郊祀祭天，意謂郊祭的日期所以選在易歲更紀之初，是由於王者最尊貴者為天神的緣故。蘇輿云：「始字疑衍。」易、始二字的字義相重。❾郊必正月上辛者三句　正月上辛，指正月上旬之第一個辛日。《春秋》在魯成公十七年記載：「九月辛丑，用郊。」《公羊傳》對此評論曰：「用者何？用者不宜用也。九月非所用郊。然則郊曷用？郊用正月上辛。」此處強調郊祀必須在正月上辛，九月郊祀即是違反了祭祀之禮。郊祀所以一定要選在正月上辛這一天，是為了把祭祀天帝之事列為一年之初始，乃最為重大的事件。⑩每更紀者以郊四句　此處意謂年歲更易之初，便把郊祭列為頭等大事，是為了以先為貴，故郊祭是君王為顯示其首先尊敬上天的表示。更紀，指年歲更易之時。郊祭首之，指各種祭祀中，郊祭祭天是第一位的。

【語　譯】郊祭的意義：根據《春秋》大法，王者每年必須祭祀一次上天，地點在京師的南郊，而王者在宗廟祭祀祖先則每年要舉行四次。宗廟所以要祭祀先祖四次，是根據每年有四時季節的變化，而郊祀只能在新的一年開始的時候舉行。聖人所以要如此規定祭祀的制度，有著充分的理由，所以君王必須親自主持郊祀上天和四時對先祖的祭奠。上天是百神的君主，是諸神中的至上神，這就是王者所以尊敬上天的原由。每當年歲更迭，一年初始的日子，都要舉行郊祀的儀式。郊祀的日期必定選在每年正月上辛的日子，而所以選擇這樣的日子，是為了表示對上天的尊敬，是為了把它作為一歲之中處於第一位的大事。王者每當年歲變更的時候，首先祭祀上天於南郊，是為了表示把尊貴的事情放在前面，也是為了藉此顯示君王虔誠地奉行尊敬上天之道。

【研　析】在中國古代的神靈世界中，把天作為至高無上之神，應該說起始於周人。天命的觀念初始時也只是周人的觀念。天最初也只是由自然現象而演化為神祇並成為人們崇拜的對象。天神的崇拜具有地域性的特徵，主要在西部陝甘地區黃土高原上的部落人群間流行，屬於周人固有的信仰。

殷人的神祇崇拜與周人不同。殷人奉祀的神祇中有風雨河嶽之屬的自然神，有先公先王的祖先神，天帝也作為氏族神來崇拜，它是圖騰崇拜的遺跡。殷人與周人之間的衝突，在神話傳說中也可以表現為神靈世界的矛盾衝突。《史記・殷本紀》講到「帝武乙無道，為偶人，謂之天神，與之博，令人為行。天神不勝，乃僇辱之，為革囊盛血，仰而射之，命曰射天。」在〈宋世家〉亦有宋人射天的故事傳說。這說明在殷人的神靈世界中，並不把天作為至上神來對待，所以才可能有射天的傳說。

在周人心目中就完全不同了。天便是至上神，是上帝。《詩經・大雅・皇矣》：「皇矣上帝，臨下有赫。監觀四方，求民之莫。維此上國（指殷商），其政不獲。維彼四國，爰究爰度。上帝耆之，憎其式廓。

乃眷西顧，此維與宅。」詩中作為上帝的天，是高高監臨四方的至上神，力求解除民間疾苦，使人民生活安定。但殷商之政不得民心，訪求四方各諸侯國，結果是眷顧於西方的周國。此詩強調上帝看中了周國，要讓周人來統治天下。《詩經・大雅・大明》：「有命自天，命此文王，于周于京。纘女維莘，長子維行，篤生武王。保佑命爾，燮伐大商。」此處言周文王受命於天，莘國以其長女來嫁，生下了周武王，保佑他一生成功，並且賦與他以討伐殷商的使命。

從以上兩處記載的比較，可見對天的觀念，周人與殷人有很大不同。在殷人那裡，天可以成為被攻擊的對象；而在周人那裡，天是至高無上、監臨四方的天神之王，是保佑周人君臨天下的至上神。周人的這些觀念同樣也集中反映於《尚書・周書》之中，若《尚書・泰誓》敘述周武王討伐殷紂王的理由便是天命：「今商王紂，弗敬上天，降災下民。」「皇天震怒，命我文考，肅將天威，大勳未集」，武王只是「受命文考，類于上帝，宜于冢土。以爾有衆，厎天之罰。」這樣一來，成湯革夏，周革殷，夏商周三代的更迭都是天命轉移的結果，而且「惟命不于常」（《尚書・康誥》），天命不是固定不變的，「皇天無親，惟德是『輔』。」（《左傳僖公五年引《周書》）所以在中國歷史上歷代王朝的更迭，都要標榜自己是「奉天承運」，才取得管理這個國家的權力。郊祀便是把這種宗教觀念通過相應的宗教儀式和祭祀活動，使之鞏固下來並且一代一代地傳承下去，因而郊祀祭天也就成了歷代君王政治生活中的頭等大事。即使如袁世凱這樣短命的末代皇帝，也要想方設法來演繹此等鬧劇，可見其影響之久遠。

關於郊祀的時間和地點，儒家歷來有不同的說法。除了董仲舒秉《春秋公羊》學提出以郊必於正月上辛日的說法外，《周禮・春官宗伯・大司樂》：「冬日至，於地上之圜丘奏之。」《禮記・郊特牲》：「郊之祭也，迎長日之至也，大報天而主日也。兆於南郊，就陽位也。」長日至，指冬至日。在這一天祭天於圜丘，亦即京師之南郊。今北京之天壇，即明清二代祭天的圜丘。〈郊特牲〉又云：「郊之用辛也？周之始郊日以至。」指周代開始郊祀的日子，適逢冬至日為上辛日，故以正月上辛日為郊祀祭天的日期。因周曆的正月，相當於夏曆十一月，故冬至日可能為正月上辛日。東漢末鄭康成認為圜丘之祀與郊祀為二，曹魏的王肅認為郊祭與圜丘之祀為一。《白虎通義・郊祀》則認為五帝三王祭天，一律俱用夏正；《韓詩外傳》則認為「三王各正其郊」，即夏用建寅之月郊，殷用建丑之月郊，周用建子之月郊。故後儒對郊祀的時間與地點歷來是眾說紛紜，莫衷一是。至於古代郊祀的實際狀況，則又是一回事了，留在下一篇的研析再作解釋。

郊祭 第六十七

【題解】篇名〈郊祭〉，可能由傳抄者從原〈郊義〉文中割裂而成。本篇強調昊天上帝高於祖宗神及其他任何神靈，故郊祀上天的祭典高於宗廟之祭與其他鬼神之祭，而天子則應親自參加郊祀以盡子禮。董仲舒以秦荒廢郊祀為口實，對當時的漢承秦制表示不滿，希望漢武帝能恢復周代每歲正月上辛日由天子親行郊祀的舊制。

《春秋》之義，國有大喪者，止宗廟之祭，而不止郊祭，不敢以父母之喪，廢事天地之禮也❶。父母之喪，至哀痛悲苦也，尚不敢廢郊也，孰足以廢郊者？故其在禮，亦曰：「喪者不祭，惟祭天為越喪而行事❷。」夫古之畏敬天而重天郊，如此甚也。今羣臣學士不探察❸，曰：「萬民多貧，或頗饑寒，足郊乎？」是何言之誤❹！天子父母事天，而子孫畜萬民。民未徧飽，無用祭天者，是猶子孫未得食，無用食父母也。言莫逆於是，是其去禮遠也。先貴而後賤，孰貴于天子？天子號天之子也。奈何受為天子之號，而無天子之禮？天子不可不祭天也，無異人之不可以不食父。故古之聖王，文章之最重者也。前世王莫不從重栗精奉之以事上天❺。至於秦而獨闕然廢之，一何不率由舊章之大甚也❻。天者，百神之大君也。事天不備，雖百神猶無益也❼。何以言其然也？祭而地神者，《春秋》譏之❽。孔子曰：「獲罪於天，無所禱也。」是其法也❾。故未見秦國致天福如周國也。《詩》曰：「唯此文王，小心翼翼，昭事上帝，允懷多福。」多福者，非謂人也，事功也，謂天之所福也❿。傳曰：「周國子多賢，蕃殖至于駢孕男者四，四產而得八男，皆君子俊雄也。今此天之所以興周國也，非周國之所能為也⓫。」今秦與周俱得為天子，而所以事天者異于周。以郊為百神始，始入歲首，必以正月上辛日，先享天乃敢于地，先貴之義也。夫歲先之與歲弗行也相去遠矣，天下福若無可怪者⓬。然所以久弗行者，非灼灼見其當而故弗行也。典禮之官常嫌疑，莫能昭昭明其當也。今切以為其當與不當，可內返於心而定也⓭。堯謂舜曰：「天之歷數在爾躬。」言察身以知天也。今身有子，孰不欲其有子禮也⓮。聖人正名，名不虛生。天子者，則天之子也。以身度天，獨何為不欲其子之有子禮也。今為其天子而闕然無祭于天，天何必善之？所聞曰：天下和平，則災害不生。今災害生，見天下未和平也。天下所未和平者，天子之教化不行也。《詩》曰：「有覺德行，四國順之。」⓯覺者著也。王者有明著之德行于世，則四方莫不響應。風化善于彼⓰矣。故曰：悅有慶賞，嚴于刑罰，疾于法令⓱。

【注釋】❶春秋之義六句　喪為凶事，祭為吉禮，吉凶異道，不得相干，故國有大喪，三年不祭於宗廟。但不得中止郊祀祭天的禮儀活動，原因是天至尊，家事為卑，不敢以卑廢尊。魯宣公二年（西元前六〇七年）周天子崩，次年正月卜郊，因郊牛之口傷，改卜牛，牛死乃不郊。猶舉望祭山川之禮，可見春秋時，國有大喪，並不影響郊祀上天的禮儀。大喪，指國君或國君之父母喪亡。宗廟，《白虎通義・宗廟》：「王者所以立宗廟何？曰：生死殊路，故敬鬼神而遠之。緣生以事死，敬亡若事存，故欲立宗廟而祭之。此孝子之心所以追養繼孝也。宗者，尊也。廟者，貌也。象先祖之尊貌也。」《禮記・王制》：「喪三年不祭，唯祭天地社稷。」「廢事天地之禮也」之「地」為衍字。董仲舒言郊祀只指祭天，不兼指祭地。❷喪者不祭二句　《白虎通義・爵》：天子大殮之後，「不可曠年無君，故踰年乃即位改元。元以名年，年以紀事，君統事見矣。」「王者改元，即事天地。諸侯改元，即事社稷。」故王者祭天可越喪而行事。❸探察　俞樾云：「探，乃深之誤。」❹萬民多貧四句　《管子・牧民》：「倉廩實，則知禮節；衣食足，則知榮辱。」《白虎通義・禮樂》：「夫禮樂所以防奢淫，天下人民飢寒，何樂之乎？」漢初，賈誼欲興禮樂，受大臣周勃、灌嬰的反對而未成。武帝即位，議立明堂，制禮樂，為竇太后所反對。故董仲舒預立此議，以堵反對者之口。況且武帝初即位時，年景確實不好，汲黯過河內，「河內貧人傷水旱萬餘家，或父子相食，臣謹以便宜，持節發河內倉粟以振貧民」（《漢書・汲黯傳》）。《禮記・王制》：「喪祭：用不足曰暴，有餘曰浩。祭：豐年不奢，凶年不儉。」祭祀不因凶年而停輟，故董仲舒斥群臣學士之言為極端錯誤之言論。❺故古之聖王三句　全句意謂古代的聖王，都把郊祀祭天看作各項禮儀活動中最為重大的事件，故前代的聖王們沒有不真誠而戰戰兢兢地奉行與祭祀上天相關的一切禮儀活動。文章，指禮儀程式。文，花紋，青赤二色相交謂文。章，標記。重栗精奉，指真誠而戰戰兢兢地奉行。栗，通「慄」。戰慄；謹慎。精，誠懇。❻至於秦而獨闕然廢之二句　董仲舒在此處言秦廢郊祀，不遵循周代每歲歲首郊祀之舊章。事實上秦並未全廢郊祀。《史記・封禪書》：「三年一郊，秦以冬十月為歲首，故常以十月上宿郊見，通權火，拜於咸陽之旁，而衣上白，其用如經祠云。西畤、畦畤，祠如其故，上不親往。」《漢書・郊祀志》與此同。可見秦不同於周之處在於不在每歲歲首舉行郊祀，而是三年一郊，天子不親祀，時間不是正月上辛日，因秦以十月為歲首。據《漢書・郊祀志》漢初郊祀亦承襲秦制。高祖二年（西元前二〇五年）「問：『故秦時上帝祠何帝也？』對曰：『四帝，有白、青、黃、赤帝之祠。』高祖曰：『吾聞天有五帝，而四，何也？』莫知其說。於是高祖曰：『吾知之矣，乃待我而具五也。』乃立黑帝祠，名曰北畤。有司進祠，上不親往。悉召故秦祀官，復置太祝、太宰如其故儀禮。」至漢文帝時，以「有司皆曰：『古者天子夏親郊祀上帝於郊，故曰郊。』於是夏四月，文帝始幸雍郊見五畤，祠衣皆上赤」。至漢武帝元光後，「常三歲一郊」。可見董仲舒此論不只是非議秦之郊祀不率舊章，而是希望武帝能恢復古代郊祀的舊制。❼天者四句　當時武帝敬鬼神之祀，為求神仙，曾親祠灶，祠泰一，認為天神貴者為泰一，五帝只是泰一之佐，在甘泉宮畫天地泰一諸鬼神，故董仲舒言雖祠百神猶無益也，此言當有所指。❽祭而地神者二句　指《春秋》譏不郊天而祭祀地祇者。《春秋》在魯僖公三十一年（西元前六二九年），記載：「四卜郊，不從，乃免牲，猶三望。」這裡說的是郊祭進行四次占卜，都不吉，就免去用牲，也就是不舉行郊祭了，但還舉行三望，即祭泰山、河、海，也就是祭地祇。《公羊傳》對此事評論曰：「何以書？譏不郊而望祭也。」從禮的角度看，望祭是郊祭的附帶之禮。郊祭既已停止，亦不當猶行望祭，去祭泰山、河、海等其他神祇。❾孔子曰四句　語見《論語・八佾》：「王孫賈問曰：『與其媚於奧，寧媚於灶，何謂也？』子曰：『不然，獲罪於天，無所禱也。』」王孫賈是衛的執政大夫。奧是指室內西南隅，為尊者居處。灶是飲食之所。所問即俗語所謂不怕官，只怕管，奧是尊者所在，灶是管飲食的，掌實權的。孔子的回答是不贊同這種觀念。他以天喻君，獲罪於天，指得罪於君王。祈禱於眾神，喻求助於眾臣，這樣做是不可能收效的。全章主旨並非言祭祀，只是比喻而已。董仲舒藉此說祭祀中最重要的是對至上神——天的祭祀。如果敬鬼神之祀而忽視郊祀上天的祭祀，反而會獲罪於天。❿故未見秦國致天福如周國也十句　引詩見《詩經・大雅・大明》。此詩共八章，所引為詩之第三章。其內容為：「就是這個文王，小心翼翼，明白怎樣事奉上帝，上帝對他賜予多福。」董仲舒藉此說明多福是上帝所賜予的，不是依靠人的努力和事功所能取得的，秦國正因為不能依循舊章去歲歲郊祀上天，故秦國二世而亡，不能如周那樣地致多福於上天。⓫傳曰七句　此處言周族之宗室子孫繁衍，且多賢能而俊雄之人，意謂此乃天之賜福於周，非人力之所能為也。駢孕，雙胞胎。周有八男，見於《論語・微子》：「周有八士，伯達、伯適、仲突、仲忽、叔夜、叔夏、季隨、季騧。」《國語・晉語四》記載胥臣對答晉文公的話中，講到文王即位以後詢於八虞，咨於二虢，韋昭注八虞即周之八士。八虞即是八個虞國的兄弟。虞國原是太王之子太伯、仲雍之國，八虞是太伯、仲雍之子孫。二虢，是文王之弟虢仲、虢叔。文王執政時，其宗室貴族都是賢能之士。⓬今秦與周俱得為天子九句　此處言周與秦在禮儀上事天之差異。周以每歲正月上辛日天子親享天，然後方能祭地上之百神，凸出地體現天為諸神之君，藉以顯示天為至上神的地位；秦郊天為三年一郊，君王不親祀，秦以十月為歲首，由祠官在十月上旬宿郊祭祀雍之四畤，沒有能凸出地體現天為諸神中至上神的地位。董仲舒認為每歲君主先郊祀上天，與每歲君主弗行郊祀之禮兩者相去甚遠。故天降福於周及其子孫，而秦只能二世而亡。這樣一比較，就沒有什麼可以值得人們奇怪了。⑬然所以久弗行者六句　此處暗指漢承秦制，亦為三年一郊祀。所以久久沒有推行周代郊祀上天的禮儀，並非是由於清楚地認識應該如何郊祀而故意弗行，而是因為典禮之官疑惑不決，不能清楚地闡明應當如何地祭祀上天。現在如果要弄明白在祭天的問題上什麼該做與什麼不該做，只要反問一下自己的內心便可以弄明白。灼灼，明察。昭昭，清楚明白。嫌疑，懷疑不決。⑭堯謂舜曰五句　引語見《論語・堯曰》。原意是堯禪位於舜時，對舜說，天命在你的身上。天之歷數，指天命。爾躬，在你身上。董仲舒引用此語，目的為指明天數就在你身上，從自己身上也可以察見天意，如果你有兒子，難道不希望兒子對自己執行為子之禮嗎？同樣的道理，天子是天之子，故也要對天盡為子之禮。每歲親自行郊祀之禮，也就是對上天行為子之禮。⑮詩曰三句　此處言王者之德行若能著明於世，則四方皆能受其教化。引詩見《詩經・大雅・抑》。全詩八章，每章八句。引文見於第二章。⑯彼　指四方。⑰悅有慶賞三句　慶賞為德政教化，意謂德行教化的作用比刑罰還要嚴而有效，它傳布的速度比法令還要快捷。

【語譯】《春秋》的大義是國家有重大的喪事可以暫時中止對宗廟的祭祀，而不能中止對上天的郊祀。那是因為不敢因為父母的死亡，而荒廢事奉上天的禮儀。父母的喪亡是最令人傷痛和悲哀的事，尚且不敢荒廢郊祀，那麼還有什麼理由可以使君主荒廢郊祀呢？所以古代有關禮制的典籍也說：「如果有喪事，可以暫停宗廟的祭祀，只有郊祀上天可以超越父母的喪事而照常履行祭天大禮。」古人是那麼敬畏天，對天的郊祀是如此地看重啊。如今朝堂上的群臣學士沒有經過深入研究便說：「現在百姓們是多麼貧困，有的人還在飽受饑寒之苦，怎麼能夠進行郊祀呢？」這樣的話是何等地錯誤啊！天子侍奉上天猶如自己的父母，像蓄養子孫那樣地蓄養萬民。如果認為萬民還沒有普遍地吃飽穿暖，便可以不再祭祀上天，這等於說子孫沒有吃飽便可以不再供養父母。再沒有什麼話比這種話更違反道理了，它離開古禮太遠了。禮是要把尊貴者放在前面，卑賤者放在後面，人世間有什麼比天子更為尊貴呢？天子這個稱號便是表示天子是上天的兒子。怎麼能接受天子的稱號，而不履行作為上天之子的禮儀呢？所以天子不能不祭天，與為人子者不能不供養自己父親的道理是相同的。因此古代聖王把郊祀看作典章制度中最重大的事情，前代的帝王都莫不重視郊祀，並且戰戰兢兢地精心事奉上天。但到了秦代獨獨荒廢了郊祀的禮儀，這是多麼嚴重違背了古代聖王所制定的典章制度啊！上天是衆神的君主。如果不能周備地侍奉上天，雖然你祭祀其他的衆神，也還是沒有益處的。為什麼這樣說呢？《春秋》便諷刺過不舉行郊祀而望祭地祇的行為。孔子曾說過：「如果得罪了上天，去禱告其他的神都不會有好結果的。」這就是孔聖人所立下的法度。所以看不到秦國能像周朝那樣獲得上天的賜福。《詩經》說：「就是那個文王，小心翼翼地侍奉上天，祈求上天賜予更多的福祉。」人的福祉，不能依靠人在事功上的努力去求得它，只有上天才可以賜予他。古書上說：「周國的子孫是多麼賢能，子孫的繁衍過程中懷了四胎雙胞胎，得到八個男孩，而且都是君子中的俊傑英雄，這就是上天所以使周國興旺，而不是周人自己所能做到的啊。」秦與周同樣是天子，而秦國在事奉上天時卻與周國完全不同。周以郊祀上天作為祭祀衆神的開始，時間為進入新的一歲的初始，必定在正月上辛日，並且天子親自去享祀上天，然後才敢祭祀地上的衆神，這是把尊貴的放在前面的意思。所以說每年先行祭天的禮儀活動，與在一年中根本不祭祀上天，兩者之間相去是何等遙遠啊。因此，上天對秦與周所賜予的福祉有那麼大的差別，這也就沒有什麼可以奇怪的了。然而郊祀上天的禮儀所以長期沒有付諸實施，並不是人們清楚地看到應該如何郊祀上天而故意不去做，而是由於主持禮儀的官員經常疑惑不決，不懂得應該怎樣對待郊祀上的禮儀。如今要弄清什麼是應當做的，什麼是不應當做的，只要返而求諸自己的內心便可以弄明白了。堯對舜說：「上天的歷數就落在你的身上了。」這是講只要認真地體察自身便可以知道上天了。如今你自己有兒子，哪有不希望他對自己盡為子的禮儀呢。聖人所以要正名，是為了使名與實相對稱，名稱不應是憑空而來的。天子的意思是上天的兒子，從自身出發，哪有不希望兒子對父親行子禮的。如今既為天子，而對上天卻空著不去祭祀，那麼上天又何必善待他呢？曾經聽說：如果天下和平，那麼災害就不會發生。如今天下所以未能和平，是因為天子的教化尚未能普遍推行。《詩經》說：「君王有明白和顯著的德行，四方的國家都會來歸順。」覺的意思是顯著，王者如果有明白而又顯著的德行推行於世間，那麼四方沒有不來響應的，教化便會風行於四方。所以說，慶賞那樣的德政可以使人們歡悅，它的影響比刑罰還厲害，它推行的速度比法令還要快捷。

【研　析】我國傳統的神靈崇拜有三個方面，即尊天，敬祖，拜鬼神。在這三者背後分別反映了人們對國家或帝王權力，對宗法制度，以及對自然力量的屈從。在觀念上便表現為這三方面的崇拜，以強化這三種力量。這三方面的崇拜又要通過一定的祭祀儀式才能體現其威嚴和影響，故而在被祭祀的神靈上，也可以區分為天地、祖先、鬼神之類。在封建等級制的背景下，神靈們也會區分成不同的等級，故而作為帝王至高無上權力象徵的天神，在衆多神祇的神靈世界中，也勢必處於至高無上的地位。帝王受命上天，成為天之子，所以必須在祭祀上凸出地體現昊天上帝至高無上的地位，實際上也就是在現實生活中凸出地體現君王至高無上的權力。二者之間看上去雖為二事，實為一也。

本篇的主旨是闡述昊天上帝在神靈世界中是至高無上的神靈，是百神之君，高於祖宗神，故而在祭祀神靈的各項典禮中，郊祀上天的禮儀必須高於其他的祭禮。在每歲祭祀的時間次序上，也應放在每年初始的時刻——正月上旬的辛日，而且每年都要舉行這樣的祭典。董仲舒在本篇提供了三條論據：一是從傳統的禮儀上，國有大喪，為君王者可以暫時中止在宗廟對祖先的祭祀，卻不能荒廢郊祀大禮。《禮記・王制》便有「喪三年不祭，唯祭天地社稷」。二是認為不能以民病於飢寒為理由而不祭天，正如人子不能以貧病為理由而不供養其父。三是舉例指出周因勤於郊祀而天佑周朝子孫興旺，秦始皇則荒廢郊祀，而上天使秦二世而亡。董仲舒的論述實際上針對漢初承襲秦代荒廢郊祀的舊制而發的，希望漢武帝能採納他的建議，實施每歲上辛日郊祀上天的儀式，所以張湯奉漢武帝命以郊事徵詢於董仲舒，其間對答的情況，見於第七十一篇〈郊事對〉。

根據《史記・封禪書》及《漢書・郊祀志》的記載，秦始皇是三年一郊。漢代高祖時沒有親自舉行過郊祀的儀式。漢文帝在位十六年，只親自郊祀二次。景帝只親自郊祀一次。武帝在位五十多年，前後郊祀十一次，元光年間以後，也只是三歲一郊。故董仲舒這番議論是有所指而發的。

那麼董仲舒所主張的天子在每歲正月上辛日親自舉行郊祀的儀式，在儒家傳統的經典和歷史事實上有沒有根據呢？首先在儒家的經典上，也有許多不同的說法。在《詩經》和《尚書》中，並沒有君王在每歲正月上辛日舉行郊祀的具體記載。在《春秋》經文上也沒有周天子行郊祀的記載，但對魯國與郊祀相關的記載一共有九次。魯國為什麼能舉行郊祀呢？《史記・魯周公世家》記載了成王因周公有功，命魯得以郊祀，所以魯作為諸侯國而具有天子的禮樂。《左傳》在魯桓公五年（西元前七〇七年）曾經記載：「凡祀，啟蟄而郊。」在魯襄公七年（西元前五六六年）引魯之大夫孟獻子之言：「夫郊，祀后稷以祈農事也。是故啟蟄而郊，郊而後耕。」春秋時的啟蟄，至漢代因避景帝諱改稱驚蟄，其時間本來在農曆二十四節氣中的雨水之前，漢以後才改為在雨水之後。春秋時的啟蟄都在夏曆的正月，但不一定是上辛日。也許這是經古文家的說法，與經今文家不同。今文家的說法見於魯成公十七年（西元前五七二年）《公羊傳》：「郊用正月上辛。」董仲舒所堅持的是《公羊》家的說法。

在《周禮》中已與《禮記》有不同的說法。《周禮・春官宗伯・大司樂》云：「冬日至，於地上之圜丘奏之，若樂六變，則天神皆降，可得而禮矣。」「夏日至，於澤中之方丘奏之，若樂八變，則地祇皆出，可得而禮矣。」那麼是在冬至日於圜丘祭天，在夏至日於方丘祭地。在《禮記・郊特牲》中也有一個說法，云：「郊之祭也，迎長日之至也，大報天而主日也。兆於南郊，就陽位也，掃地而祭。」「於郊，故謂之郊。」「郊之用辛也，周之始郊，日以至。」這就是說郊祀日應是在冬至日。長日之至，也就是冬至日。那麼為什麼又要說是上辛日呢？〈郊特牲〉解釋是周代開始郊祀時，冬至那一天正巧是正月的上辛日。周曆的正月是夏曆的十一月，故上辛日可以與冬至日相重。這二者之間就這樣地折衷調和起來。但漢武帝時，採用太初曆，用夏正，以寅為正月，那麼冬至與正月上辛便不可能重合在一起了。而郊祀的日期本來就沒有定說，所以杜佑在編《通典》時，也只能講：「郊丘之說，互有不同。歷代諸儒，各執所見。」所以董仲舒的講法，只是其中的一說而已。而漢初郊祀的日子則又是選在夏四月。《漢書・郊祀志》稱文帝時，「有司皆曰：『古者天子夏親郊祀上帝於郊，故曰郊。』於是夏四月，文帝始幸雍，郊見五時。」再說《春秋》經文上所記魯九次卜郊，其中有五次在夏四月，一次在九月，一次在五月，二次在正月。可見四月是多數。這幾次都是卜而不從，所以此後歷代修禮時，往往對諸說採取兼收並蓄的辦法，如《通典》講唐代郊祀上天的禮儀上包括冬至祀昊天上帝於圓丘，正月上辛祈穀祀昊天上帝於圓丘，孟夏雩祀昊天上帝於圓丘。

四祭 第六十八

【題解】篇名〈四祭〉，著重闡述一年四時之祭祀為祠、礿、嘗、烝，強調這是為人子者盡孝道的基本要求。在《四庫全書》本中，本篇與下一篇〈順命〉有錯簡之處。今依盧文弨說，將〈順命〉篇中「地之菜茹瓜果」以下六十三字移入本篇，而將《四庫全書》本中本篇與〈郊祀〉篇中相重之文字刪去，以免重複。

古者歲四祭。四祭者，因四時之所生熟，而祭其先祖父母也❶。故春曰祠，夏曰礿，秋曰嘗，冬曰蒸。此言不失其時，以奉祭先祖也❷。過時不祭，則失為天子之道也。祠者，以正月始食韭也❸；礿者，以四月食麥也❹；嘗者，以七月嘗黍稷也❺；烝者，以十月進初稻也❻。此天之經也，地之義也❼。孝子孝婦，緣天之時，因地之利❽。地之菜茹瓜果，藝之稻麥黍稷，菜生穀熟，永思吉日，供其祭物❾，齋戒沐浴，潔清致敬❿，祀其先祖父母。孝子孝婦不使時過，己處之以愛敬，行之以恭讓，亦殆免于罪矣⓫。

【注釋】❶因四時之所生熟二句　指根據不同農作物在不同季節生長成熟的時鮮果蔬穀物來祭祀其先祖父母。四時，指春夏秋冬四時之季節。❷故春曰祠六句　祠、礿、嘗、烝乃天子與諸侯四時在宗廟祭祀先祖時的不同祭名。蒸，同

「烝」。《春秋》在魯桓公八年（西元前七〇四年）記載：「正月己卯，烝。」《公羊傳》對此解釋曰：「春曰祠，夏曰礿，秋曰嘗，冬曰烝。」《禮記・王制》則謂：「天子諸侯宗廟之祭，春曰礿，夏曰禘，秋曰嘗，冬曰烝。」二者祭名有所不同，鄭玄以為《禮記》所言為夏殷之祭名，《公羊傳》所言是周制。❸祠者以正月始食韭也　周代春季宗廟祭祀叫祠。《爾雅・釋天》：「春祭曰祠。」郭璞注：「祠之言食（音飼）。」意謂向先君進食以祭。韭，《說文》：「韭，菜名，一種而久者，故謂之韭。象形。在一之上。一，地也。」《禮記・王制》「春薦韭」、「韭以卵」，此處指以韭與卵一起祭祀先祖。❹礿者以四月食麥也　周代夏季宗廟的祭祀叫礿。《爾雅・釋天》：「夏祭曰礿。」郭璞注：「新菜可汋。」汋意為煮，與煮同音。四、五月時麥剛成熟，可煮以食，故以新麥薦先祖。作為祭名，則稱「礿」。《禮記・王制》「夏薦麥」、「麥以魚」，指以麥與魚一起祭祀先祖。❺嘗者以七月嘗黍稷也　周代秋季祭祀宗廟叫嘗。《爾雅・釋天》：「秋祭曰嘗。」郭璞注：「嘗新穀。」黍稷，指粟米，我國北方的糧食作物。《禮記・王制》「秋薦黍」、「黍以豚」，指秋天祭宗廟時，要以新穀與豬肉一起祭祀祖先。❻烝者以十月進初稻也　周代冬季祭祀宗廟叫烝。《爾雅・釋天》：「冬祭曰烝。」郭璞注：「進品物也。」烝有衆多的意思。何休《春秋公羊傳解詁》：「冬萬物畢成，所薦衆多，芬芳備具，故曰烝。」《禮記・王制》「冬薦稻」、「稻以雁」，指冬天祭祀時要以稻與雁一起祭祀先祖。❼此天之經也二句　此處喻四時祭祀之禮為不可變易的道理。經，常也。義，宜也。《左傳》魯昭公二十五年：「子產曰：『夫禮，天之經也，地之義也，民之行也。天地之經，而民實則之。』」❽孝子孝婦三句　百姓中的孝子孝婦也懂得因天之四時，緣地之產，為四時之祭禮。又，盧文弨云：「此下當有脫文。『已受命而王』云云，與下篇文多相同，不與此處承接。〈順命〉篇中『地之菜茹瓜果』以下六十三字，或當在此。」其說可從，今已依此調整。❾地之菜茹瓜果五句　此處意謂地上生長的蔬菜瓜果，種植的稻麥黍稷，每當它們生長成熟的時候，孝子孝婦們便想著選一個吉祥的日子，把它們作為祭物供獻給先祖父母享用。菜茹，蔬菜的總稱。稻麥黍稷，粟米穀物的總稱。藝，種植。❿齋戒沐浴二句　古人祭祀祖先或神鬼時須先沐浴清心潔身，在淨屋內戒其嗜欲，以表示自己對禮儀莊嚴恭敬的心態。這種心態包括恐懼、崇拜、敬仰種種心理感情。齋戒，祭主依照祭祀的等級，有散齋、致齋、清齋之別，齋戒的時間亦有長短的不同，長的七日，短的一日。《禮記・祭義》：「致齋於內，散齋於外。齋之日，思其居處，思其笑語，思其志意，思其所樂，思其所嗜。齋三日，乃見其所為齋者。祭之日，入室僾然必有見乎其位，周還出戶，肅然必有聞乎其容聲；出戶而聽，愾然必有聞乎其嘆息之聲。」故齋戒的日子，是祭主通過靜思默想，回憶被祭祀的先祖父母，要達到神志恍惚，近乎癡迷的狀態。⓫孝子孝婦不使時過四句　此處指孝子孝婦能使四時之祭不錯過時令，在祭祀之時抱著敬愛的心情，在行禮時能顯示恭敬和謙遜的樣子，也只僅僅是免於罪過罷了。不使時過，指四時之祭不能超過時令。愛敬，指祭祀時祭主內心所抱的態度。恭讓，指行為上要顯示恭敬和謙讓的態度。殆，僅。

【語　譯】古人每年在宗廟舉行四次祭祀。所謂四祭，是根據農作物在四時生長與成熟的節奏而進行祭祀其祖先和父母的活動。所以春天的祭祀叫祠，夏天的祭祀叫礿，秋天的祭祀叫嘗，冬天的祭祀叫烝。這是說不能錯失供奉和祭祀祖先的時令，如錯過時令而不能及時祭祀的話，那就喪失為人之子的道理。所謂祠的意思，那是在春天起始時，便供奉韭菜；礿則是指在四月間供奉新麥；嘗的意思是在七月間進奉新熟的粟米；烝的意思是在十月間進奉當年的新稻。四時的祭祀是天的常道，地的義理，孝子孝婦就是根據上天四時的變化，各地的出產來奉獻祖先的。只要是大地上生長的蔬菜瓜果，自己種植的稻麥黍稷，在蔬菜生長稻穀成熟的時候，便要思念選擇吉祥的日子，準備好祭祀的供品，齋戒沐浴，使身心潔淨，以恭敬的心情，祭祀自己的祖先和父母。孝子孝婦不能錯失四祭的時令，在祭祀時要使自己抱著敬愛的心情，在行禮時保持恭敬和謙讓的姿態，那也僅僅是免於不孝的罪過罷了。

【研　析】本篇旨在闡述一年四時之祭祀為祠、礿、嘗、烝，認為這是為人子者盡孝道的表現，是天經地義之大事。每當穀物與蔬菜瓜果生長成熟的季節，為人子者便應選擇吉日，齋戒沐浴，恭敬莊重地祭祀其先祖父母。《四庫全書》本中本篇之第二段的文字，自「己受命而王」起開始，其內容與篇題不合，且與〈郊祀〉篇中之文字多有相重之處，故予以刪除。〈順命〉篇中「地之菜茹瓜果」以下六十三字與該篇上下文不合，而與本篇文義相合，顯屬錯簡，盧文弨最早提出此疑問，並為蘇輿所贊同。今依盧說調整。

四祭，亦稱時享，是四時以時新果蔬穀物在宗廟享祭先祖父母的禮儀活動，屬於古老的祖先崇拜。從歷史發展的角度看，祖先的崇拜和鬼神的崇拜要早於對上天的崇拜。天命的觀念，是一個抽象的神，要晚於祖宗神和自然神。天命觀念在西周初年才取得重要的地位，在商人的卜辭中，就奉祀的對象而言，有風、雨、河、嶽的自然神，有一大批先王先公的祖靈。天神在《史記》的〈殷本紀〉和〈宋世家〉中都作為地域之神，故有「射天」的神話傳說。那時天還不是至上神。

四祭是在宗廟中舉行的禮儀活動。「宗者，尊也。廟者，貌也。」（《白虎通義・宗廟》）古代的宗廟，是前廟後寢，以象人間之居。為了表示事死如事生，在廟內藏有神主，接受四時之祭享；寢有衣冠几杖，用以象徵君王生前之飲食起居。漢高祖去世以後，他的衣冠每月還要出遊於高廟，這項禮儀活動一直保留到宣帝時。

古代關於四祭的記載，除了注文中提到的《春秋公羊傳》和《禮記・王制》二處外，較早的記載尚見於《詩經・小雅・天保》：「吉蠲為饎，是用孝享。禴、祠、嘗、烝，于公先王。君曰卜爾，萬壽無疆。」它反映了西周時宗廟四祭的狀況。祠、禴、嘗、烝是四祭的名稱，意謂用清新的酒食，孝敬祖先們來享用。公是先公，指后稷以下至公叔祖類，公叔祖類是古公亶父的父親。先王，指太王以下。太王即古公亶父，是周文王的祖父。君是指附於尸主身上的祖先的神靈。古代祭祀祖先時，用活人打扮成神像，叫做尸，鬼神由無形轉化為有形，人神之間可以形象地互相對應。故在祭祀時，尸可以代表神講話，傳達鬼神的意願。卜爾，卜是賜、給予；爾是你，也就是尸代表神鬼賞賜你們萬壽無疆。這樣的禮儀活動，實際上是由原始巫術演化而來，儒家只是把祭奠祖先的巫術活動加以規範化而已。另一處記載見於《周禮・春官宗伯・大宗伯》：「以肆獻祼得享先王，以饋食享先王，以祠春享先王，以禴夏享先王，以嘗秋享先王，以烝冬享先王。」此處指宗廟之祭有六享，為祫享、禘享、四時之享。

在宗廟舉行獻祭時要行九獻之禮。《通典・禮・時享》具體描述了九獻的繁瑣過程。在祭祀前，要齋戒沐浴，清心潔身，抱著恭敬謙遜的心態，對先祖父母的思念要做到「色不忘乎目，聲不絕於耳，心志嗜慾不望乎心，致愛則存，致慤則著，著存不忘乎心，夫安得不敬乎」，專心一致可以達到一種似癡似迷的境界。「以其恍惚以與神明交，庶或饗之，庶或饗之。孝子之志也。孝子之祭也，盡其慤而慤焉，盡其信而信焉，盡其敬而敬焉，盡其禮而不過失焉，進退必敬，如親聽命。」（《禮記・祭義》）這實際上是通過一種具有象徵性的儀式，以及內心的專注嚮往，以達到人與神鬼在心靈上的交往。在這樣一種特定的情境下，會使禮儀的實踐者借助於某些景物感悟到神靈的附體，從而產生與神會合的宗教幻覺。它是一種神祕主義的宗教體驗。

然而，在祖先的祭奠上要達到這樣的境界，也僅僅是儒生們帶有理想化的設計。帝王們在祭祀過程的形式上可以做到莊嚴肅穆，但在實際的心理活動上會有很大的差異。在祭祀活動中，帝王們如此投入地思念先王先帝，在歷史上並不多見，許多記載都是文人粉飾之詞，至於因思念自己曾經心愛過的女人而達到神志恍惚的狀態，倒是有案可稽。漢武帝曾百般寵愛李夫人。武帝在李夫人病重時，想看望李夫人。但李夫人拒絕與漢武帝見面。她對家人說：女子以色事人，我病得如此嚴重，喪失了當日的嬌媚容貌，皇上見後會感到失望，我死後會不再思念我，對家人也不再會眷顧，因此相見不如不見。結果漢武帝始終未獲一見。李夫人卒後，武帝思念不已，有方士「齊人少翁言能致其神，乃夜張燈燭，設帷帳，陳酒肉，而令上居他帳，遙望見好女，如李夫人之貌，還幄坐而步，又不得就視，上愈益相思悲感。為作詩曰：『是邪，非邪？立而望之，偏何姍姍其來遲！』令樂府諸音家弦歌之。」《漢書．外戚．李夫人傳》對祖先的思念是表演給外界看的，崇敬是能夠到位的，但思念能發自內心的在帝王中畢竟居於少數。對寵愛的女色就不同了，思念發自內心，出於本性，在天平秤上的砝碼可要比祖先重得多了。

郊祀 第六十九

【題解】篇名〈郊祀〉，乃傳抄者由原〈郊義〉文中割裂而成。本篇強調郊祀在各種祭祀中為重中之重，大於宗廟之祭與百神之祭，故天子必須首重郊祀祭天。《春秋繁露》的《四庫》本中，本篇文字有脫漏舛誤之處，今已作訂補。

本篇可分為三章。第一章以周文王受命後先郊乃敢興師伐崇為例，強調天子須首重郊祭以享天。第二章以周宣王求神祈雨為例，指出君王祭祀，當首重郊祀祭天。若臨渴掘井，遍求諸神，則必徒勞無功，且違逆禮制，不遵尊卑次序，《春秋》譏之。第三章以郊禮須卜吉凶而百神之祭不卜為論據，指出郊祀在諸祭中最大。同時還介紹了古代郊祀時的祝辭。

第一章

為人子而不事父者，天下莫能以為可。今為天之子而不事天，何以異是？是故天子每至歲首，必先郊祭以享天❶，乃敢為地行子禮也❷。每將興師，必先郊祭以告天，乃敢征伐行子道也❸。文王受天命而王天下，先郊乃敢行事而興師伐崇❹，其《詩》曰❺：「芃芃棫樸❻，薪之槱之❼。濟濟辟王❽，左右趨之❾。濟濟辟王，左右奉璋❿。奉璋峩峩⓫，髦士攸宜⓬。」此郊辭也⓭。其下⓮曰：「淠彼涇舟⓯，烝徒檝之⓰。周王于邁⓱，六師及之⓲。」此伐辭也⓳。其下曰：「文王受命，有此武功。既伐于崇，作邑于豐。」以此辭者，見文王受命則郊，郊乃伐崇⑳。伐崇之時，民何處央乎㉑？

【章旨】本章以文王受命後先郊乃敢興師伐崇為例，強調天子必須首重郊祭以享天。

【注釋】❶為人子而不事父者六句　《白虎通義・爵》：「天子者，爵稱也。爵所以稱天子何？王者父天母地，為天之子也。」故以子事父之禮不可缺失喻天子事天之禮也不可或缺，故必於歲首正月上辛日郊祀祭享於天。❷為地行子禮也　指為地祇以及社稷和地上諸神舉行祭祀。《周禮・春官宗伯・大司樂》：「夏日至，禮地祇於澤中之方丘。」每年天子要在夏至日為地祇之神行子禮，它遲於郊天之日。《春秋》在魯僖公三十一年（西元前六二九年）記載：「夏四月，四卜郊，不從，乃免牲，猶三望。」《公羊傳》對此評論曰：「何以書？不郊而望祭也。」由於卜郊不順，故不舉行郊祀，但仍進行望祭。望祭是祭祀山川之禮，屬於為地行禮。《公羊傳》認為既然不舉行郊祀，就不應該單獨舉行望祭。故《春秋》譏之。何休《春秋公羊傳解詁》：「譏尊者不食而卑者獨食。」故在所有祭禮中，天子的郊祭是最重要的。❸每將興師三句　國之大事，唯祀與戎。周制天子每興師征伐，必先郊祭告天，替天行罰，亦為天子對上天行子道的禮儀。武王起兵伐紂時，《尚書・泰誓》稱：「予小子夙夜祇懼，受命文考，類於上帝，宜於冢土，以爾有眾，厎天之罰。」這是武王奉文王的遺命，先祭告於天，即類於上天，也就是以討伐之事類祭告於天，藉此區別於歲初之郊祀。宜於冢土，指祭於地祇社稷。古人祭社稱宜。《爾雅・釋天》：「起大事，動大眾，必先有事乎社。而後出，謂之宜。」這也就是大社，祭祀的對象包括土神和穀神。❹文王受天命而王天下二句　文王，姓姬，名昌，商紂時為西伯，亦稱伯昌。崇，國名，殷紂王所封的諸侯國，殷專其國君為崇侯虎，崇址在今河南嵩縣之北。此言文王受命六年，先郊祀天，然後才興師討伐崇。下引《詩》之文字，皆述此事。❺詩曰　引詩見《詩經・大雅・棫樸》。全詩共五章，每章四句，此為首章。❻芃芃棫樸　芃芃，茂盛的樣子。棫、樸，二種叢生的灌木。❼薪之槱之　薪之，指砍伐棫樸作薪柴。槱之，堆積在一起，焚燒以祭祀上天。❽濟濟辟王　濟濟，莊嚴恭敬的樣子。辟王，指君王，謂周文王。❾左右趣之　左右，指君王左右的群臣。趣之，《詩》作「趨之」，兩者相通，謂疾走追隨於文王之後。❿左右奉璋　指君王左右的群臣手捧著祭祀的禮器。奉，捧。璋，指璋瓚，是一種玉器，頂端作斜銳角形，毛亨注：「半珪曰璋。」⓫奉璋峩峩　指群臣捧著玉璋高高而矗起。⓬髦士攸宜　髦士，指助祭的諸侯和卿士都很英俊。髦，毛中之長者，此處是指士之俊秀者。攸宜，意謂所以非常適宜。⓭此郊辭也　董仲舒認為此章詩句是對文王郊祀盛況的描述。⓮其下　此為〈棫樸〉之第二章。⓯淠彼涇舟　淠，船行貌。涇是水名，渭河的支流，今在陝西中部。古代涇河上尚能行船。⓰烝徒檝之　烝徒，指眾多服役的船夫。檝之，緊張地划著船槳。⓱周王于邁　此處指文王帶領著軍隊急速地行進。周王，指周文王。于，往。邁，前行。⓲六師及之　古代天子有六軍，皆緊緊追隨於文王之後。⓳此伐辭也　董仲舒認為此章是周文王討伐崇侯虎情況的描述。⓴其下曰八句　引詩並非出於前詩之同篇，而是出於《詩經・大雅・文王有聲》。此是歌頌文王、武王遷都豐、鎬的詩。全詩共八章，每章五句。前四章言文王作邑於豐之事，後四章言武王遷都鎬京之舉。引文為詩之第二章。詩之豐邑，在今陝西西安之北，灃水西，文王由岐遷都於此。本章讚揚文王伐崇之後，在豐作城邑的功績。董仲舒引此詩證明文王受命之後，郊祀於天，郊後才伐崇，說明郊祀的重大意義。㉑伐崇之時二句　此處指伐崇之時，崇國的百姓正處在崇侯虎的暴虐統治之下，百姓怎麼不遭殃呢？央，通「殃」。又，「文王受天命而王」至「乃郊伐崇」共一〇二字與〈四祭〉之末的文字相同，惟其下尚有「崇國之民，方困於暴亂之君，未得被聖人德澤，而文王已郊矣，安在德澤未洽者不可以郊乎？」共三十六字。此似以文王郊而伐崇，駁斥群臣學士中主張「德澤未洽者不可以郊」的議論。二者文義相同，似以〈四祭〉末尾之文字更為通順和完整。

【語　譯】為人家的兒子，又不以禮事奉父親的話，那他就不可能為天下人所認可。如今身為天子，而又不事奉上天，這與前者之間又有什麼不同呢？所以說，天子每逢一年的歲初，首先要舉行郊祀的儀式以獻禮於上天，然後才敢對地上諸神奉行為子之禮。天子每次興師討伐時，也必定要先郊祭以告訴上天，然後才敢行征伐之事，這也是為了奉行天道啊！文王接受天命而統治天下，也要先進行郊祀，稟告上帝，然後才敢進行討伐之事。文王起兵討伐崇的事，《詩經》上說：「蓬蓬勃勃的棫樸，砍伐下來堆積在神座前方；恭敬而又肅穆的周王，左右群臣侍在兩旁。周王是那麼恭敬而又肅穆，在左右的群臣都手捧著璋瓚；捧著璋瓚的群臣儀容端莊，顯示那些精英賢士是何等地有氣度。」這是對文王郊祀盛況的描述。下面的詩便接著說：「在涇水上行進的船舶的水聲嘩嘩作響，眾人齊心合力地划著船槳。文王將要統率大軍前去遠征，大軍雲集威名遠揚。」這是周文王討伐崇侯虎情況的描述。再往下的詩中說：「文王受命封西伯，立下武功真輝煌。舉兵討伐崇侯虎，遷都豐邑好地方。」從這裡可以看到文王先接受天命，然後舉行郊祀，郊祀以後再討伐崇國。那時崇國的百姓在暴君崇侯虎統治之下困苦不堪，還沒有受到聖人的恩澤。（那時崇國的百姓怎能說不處於災殃之中）而文王此時已先進行郊祀，所以怎麼能說君王的德澤尚未普及天下，而不能進行郊祀呢？

【研　析】本章的主旨是藉《詩經・大雅・棫樸》之言，舉出文王在受命後，先郊祭告天，才興師伐崇的案例，用以說明王者每將興師，必先郊祀的禮制。在古代，「國之大事，惟祀與戎」，祭祀的禮儀與軍事征伐是上古君王所主持的關係國家生死存亡的兩件大事，而征伐之前，還先要向鬼神祭禱，以求神明的福佑。後來儒生們逐漸使之成為禮儀上的定制。

成書於漢文帝時的《禮記・王制》云：「天子將出征，類乎上帝，宜乎社，造乎禰，禡於所征之地，受命於祖，受成於學，出征執有罪，反釋奠於學，以訊馘告。」這一記載略早於董仲舒，內容也比他完整一些。類為祭名。類乎上帝是天子將出征之事以類祭的形式告於上天。宜亦為祭名，祭告於社稷稱宜，請求給以便宜以行事。造，至也，祭名。禰是親廟，指在宗廟告祭先祖父母，以顯示自己出征是受命於祖，軍隊行時車載神主而行。禡，為師祭。《說文》：「師行所止，恐有慢其神，下而祀之，曰禡。」禡祭是軍隊到達所征之地，祭黃帝、蚩尤之神。受成於學，指在學宮之前成其進軍之謀略，故出征執有罪返師仍要釋奠於學宮之前。以訊馘告，即訊問所截獲敵軍俘虜左耳的數字，以告其斬獲之數。雖然漢儒在禮制上有如此完整的設計，但漢王朝對此並沒有認真付諸實施。至於出師以前舉行祭天的儀式，只有在元鼎五年（西元前一一二年）夏，南越王相呂嘉反，秋，派伏波將軍路博德出征南越。《漢書・郊祀志》：「為伐南越，告禱泰一，以牡荊畫幡日月北斗登龍，以象太一三星，為泰一縫（旗），命曰『靈旗』。為兵禱，則太史奉以指所伐國。」從這裡可以看到漢武帝對上天的獻祭與儒生們所言是另一套路子。比較起來，膠東濟陰的方士們的影響要超過儒生，以泰一為天神便是根據方士謬忌的建議而來。

戰爭的勝負講究的是天時、地利、人和，靠的是冷靜清醒地對敵我力量對比作分析，正確地制定戰略和策略，選擇和捕捉適當的戰機，採用有效的戰術。但是從古迄今所有戰爭中，總還要受到許多可變因素和不可知因素的影響，戰爭的當事人總還有許多不安定的心態，所以戰爭過程中神靈的神祕主義影響亦還影響人們的心理，何況隆重的祭祀儀式在特定的歷史條件下，還能起著動員士兵和民眾穩定軍心的作用。董仲舒的「王者每興師必先郊祀」，正是適應了這樣的心理需求。

但是，如果一切聽憑神靈來指揮，依靠占卜和祈禱行事，那又是很難取勝的了。路博德在南越的軍事勝利，歸根到底，靠的是當時的漢朝在人力、財力和物力上的優勢。這裡可以舉出另一個例子來作比較。隋煬帝大業七年（西元六一一年）為討伐高麗，在出兵遼東前，「煬帝遣諸將，於薊城桑乾河上，築社稷二壇，設方壝，行宜社禮。」「又於宮南類上帝，積柴燎壇，設高祖位於東方。」「又於薊城北設壇，祭馬祖於其上，亦有燎。」（《隋書・禮儀志三》）而且祭祀時，皇帝及諸陪祭近侍官諸軍將皆齋一宿，態度不可謂不虔誠，但這一仗的結果卻是煬帝大敗而告終。隋王朝覆滅的禍端實啟於此役。

第二章

周宣王❶時，天下旱，歲惡甚，王憂之❷。其《詩》曰❸：「倬彼雲漢，昭回于天。王曰嗚呼！何辜今之人？天降喪亂，飢饉薦臻❹。靡神不舉❺，靡愛斯牲❻，圭璧既卒❼，寧莫我聽❽。旱既太甚，蘊隆蟲蟲❾。不殄禋祀❿，自郊徂宮⓫。上下奠瘞⓬，靡神不宗⓭。后稷不克⓮，上帝不臨⓯。耗射下土⓰，寧丁我躬⓱。」宣王自以為不能乎后稷，不中乎上帝⑱，故有此災。有此災，愈恐懼而謹事天⑲。天若不予是家，是家者安得立為天子？立為天子者，天予是家。天予是家者，天使是家。天使是家者，是家天之所予也，天之所使也。天已予之，天已使之，其間不可以接天何哉⑳？故《春秋》凡譏郊，未嘗譏君德不成于郊也。及不郊而祭山川，失祭之敘，逆于禮，故必譏之。以此觀之，不祭天者，乃不可祭小神也㉑。

【章旨】本章以周宣王求神祈雨為例，指出君王祭祀，當首重郊祀祭天，若臨渴掘井，遍祈眾神，不遵尊卑次序，則必定徒勞無功，且違逆禮制，《春秋》譏之。

【注釋】❶周宣王　姬靜，周厲王之太子。共和十四年（西元前八二八年），厲王死，召公、周公共立姬靜為宣王，在位四十六年。❷天下旱三句　此處言宣王為天久久不雨，年歲不好而憂慮。宣王遭旱，經傳無其文，皇甫謐以為宣王元年不籍千畝，虢文公諫而不聽，天下大旱，二年不雨，至六年乃雨。❸其詩曰　引詩見《詩經．大雅．雲漢》，全詩共八章，每章十句，所引之文字為該詩之第一和第二章。這是周宣王求神祈雨的詩，舊說作者是大夫仍叔，但也有人懷疑此說。毛亨解釋全詩的主旨為：「宣王承厲王之烈，內有撥亂之志，遇災而懼，側身修行，欲銷去之。天下喜於王化復行，百姓見憂，故作是詩也。」❹倬彼雲漢六句　這幾句是顯示那時旱災已很嚴重，周宣王憂念全國的災情，夜間仰望天空，期望能見到雨候，但看到的只是星空中浩瀚的銀河，星星依然閃爍著亮光，沒有絲毫下雨的徵兆。於是宣王仰天歎息：嗚呼！百姓們犯了什麼罪過呀！上天為什麼接連降下喪亂的災禍，使饑荒災難接連發生。倬彼，倬倬；浩瀚。雲漢，銀河。昭回，銀河明亮的星光在迴轉。何辜，有何罪過。薦臻，屢次降臨。❺靡神不舉　指沒有哪位神靈不被祭祀。❻靡斯愛牲　指祭祀時沒有吝惜過牛、羊、豬三牲。❼圭璧既卒　此處言祭神將所有的圭璧已經用盡了。古人祭天時堆柴燒玉，祭地時在地裡埋玉，祭水神時則沉玉，祭人鬼時則藏玉。圭璧，指祭祀時獻給神靈的玉器。卒，盡。❽寧莫我聽　訴說眾神怎麼沒有傾聽我們的禱告和祈求。❾蘊隆蟲蟲　蘊隆，指旱氣是那麼隆盛。蘊，通「熅」。悶熱。隆，盛。蟲蟲，指暑氣薰蒸的樣子。❿不殄禋祀　指不間斷地舉行各種祭祀的儀式。不殄，不間斷。禋祀，升煙以祭祀神鬼。古人祭祀上天時，先燒柴升煙，再加牲體和玉帛在柴上焚燒。⓫自郊徂宮　指自己從南郊祭天到宗廟祭祖。徂，往。⓬上下奠瘞　上指天，下指地，奠指陳列祭品，瘞指祭祀後把祭品埋葬在地下。⓭靡神不宗　指自己已沒有對哪一位神靈不表示敬重。宗，敬重。⓮后稷不克　后稷，傳說中周之始祖，名棄，其母有邰氏，履巨人跡而孕，生而棄之，有飛鳥以其翼護之，其母遂收而養之。因名曰棄，堯時為農師，封於邰，姓姬氏，周人奉為始祖。不克，指后稷不能終止災情。⓯上帝不臨　指上帝不肯降臨，以其聖威終止災害。⓰秏射下土　秏是厭惡，射指敗壞，意謂神靈因厭惡而降臨災害以敗壞下土。⓱寧丁我躬　意謂難道這些災禍都是由於我的緣故。丁，當。躬，親身。⓲不能乎后稷二句　此處意謂難道是由於我沒有順從始祖后稷嗎？難道是由於我不符合上帝的意願嗎？此處意謂所以有這一切災禍的原由或許都在於我一人身上。能，順從。中，符合。⓳有此災二句　此處指周宣王遇上了如此嚴重的旱災，由於恐懼而更加謹慎地事奉上天。⓴天若不予是家十二句　全句為疑問句，有見於周宣王遭遇大旱，殷勤於祭祀，但得不到上天的回應而提出的疑問。既然天上把天下給予周家，又指令其管理天下國家，為什麼在求雨的雩祭中，得不到上天的回應呢？予。給予。家，此是指天子之家，亦稱天家。蔡邕《獨斷》：「天家，百官小吏之所稱。天子無外，以天下為家，故稱天家。」具體地說是指周宣王家。使，指令。是，此。接，連結；接合。此處指上天與天子之間的交接。㉑故春秋凡譏郊九句　此句是回答上一句的疑問。《春秋》在魯僖公三十一年（西元前六二九年）記載：「夏四月，四卜郊，不從，乃免牲，猶三望。」《公羊傳》對此評論曰：「何以書？譏不郊而望祭也。」三望，指祭泰山與河、海。不郊，指魯僖公是年四卜郊祀之日，不吉，故免牲，也就是不舉行郊祀之禮，但仍舊進行望祭。《春秋》書此事是為譏刺魯君祭祀的次序不當，因為不祭天不可以祭山川小神，藉以說明周宣王所以得不到上天回應是由於沒有把郊祀放在歲首之初始，違反了祭神的次序，故而雖廣泛祈求諸神，仍得不到上天的回應。

【語　譯】周宣王的時候，天下大旱，年成變得很糟，宣王為此而非常憂慮。《詩經》上記載說：「浩渺的銀河橫亙在天空，燦爛的星光在天空迴轉。國王仰天歎息道：啊，今天的百姓有什麼罪過呀？上天要降下那麼多的喪亡和禍亂，饑荒和災害要那麼接連不斷地發生。沒有一位神靈不被祭祀過，沒有一次祭祀我曾經吝惜過犧牲，祭神的圭璧都已經用盡，為什麼上天不傾聽我在祭祀中的祈禱！旱情已經那樣嚴重，酷暑所造成的悶熱卻越來越難忍，不斷地祭祀懇求上天降下雨露，從南郊祀天到寢廟的祭奠，上祭天神，下祀地靈，對每一個神靈都恭敬地尊奉。始祖后稷不來終止災情，上帝也不肯降臨人間拯救百姓，天下的田地遍遭災害，深重的災難都降落到了我的身上。」周宣王認為自己不能感動始祖后稷，不符合上帝的心願，所以才會遭受如此深重的災害。受災如此之深，宣王更加誠惶誠恐，謹慎小心地事奉上天。如果不是上天把天下給予他家，他家怎能被立為天子？所以被立為天子，是上天把天下給予他家。上天把天下給予他家，也就是上天指令他家來管理這天下國家。上天指令他管理這個國家，是上天把天下和國家給予他家。上天把天下給予他家，又指令他來管理天下國家的大事。上天既然已經把天下給予他了，既然指令他來管理這個國家了，那為什麼他不能與上天相溝通呢？這究竟是為什麼呀！所以《春秋》凡是譏刺諸侯郊祭時，從未譏刺過君王的德行不夠好而不配祭祀上天，只是譏刺過不郊祀上天而去祭祀山川之神，因為這是顛倒了祭祀的次序，違背了禮制上的規定，所以要譏刺他。由此可以知道，沒有祭祀過上天，就不能祭祀其他小神。

【研析】《周禮・地官司徒・大司徒》職掌中有荒政十二條，其中第「十有一曰：索鬼神」，其內容為在災凶之年，搜索鬼神而祭禱之。所引《詩經・大雅・雲漢》中「靡神不舉」，「靡神不宗」，即是宣王在大旱時，搜索鬼神，「自郊至宮」。上下左右，不斷地祭祀，正是表現了在搜索鬼神之後不斷祭祀以祈求上天降雨以減輕災情的宗教活動。

董仲舒在本章所闡述的觀念則與此不同。他認為有了災害，再去搜索所有的鬼神，不分主次先後地去祈求和祭禱，臨渴掘井，急來抱佛腳，是不可能得到上天感應的。董仲舒對這樣的做法，引《春秋》譏郊作根據，指出它違反了祭祀所必須遵循的尊卑次序，這是周宣王得不到上天回應的原因。本章與上章的主旨是一致的。上一章是凸出地體現君王有重大的軍事舉措之前，必須先郊而後伐；本章則是為了凸出地體現王者在歲初郊祀上天的重要意義。兩者都是強調必須把郊祀放在首位。

當人們在自然災害面前顯得無能為力時，便為神靈留出了巨大的活動空間。整個〈雲漢〉的八章，所表達的都是圍繞這樣一個主題：周宣王因遭遇乾旱，向昊天上帝祈求雨水而流露出了那種自怨自責而又自卑的心情。乾旱在中國北方是一種經常出現的災難。雩為求雨的祭祀，在古代這是每年必須舉行的禮儀活動。《禮記．月令》在仲夏之月，「大雩帝，用盛樂」，不僅天子要在南郊舉行雩祭以祭祀昊天上帝，而且命「百縣雩祀」，即全國各地在四五月間都要舉行雩祭。《周禮．春官宗伯．司巫》：「司巫掌群巫之政令，若國大旱，則帥巫而舞雩。」而且女巫的職掌規定「旱暵則舞雩」。《左傳》在魯僖公二十一年（西元前六三九年）講到：「夏大旱，公欲焚巫尪。」這個巫便是主持祈禱求雨的女巫，求雨不靈，魯僖公要燒死她，由於茂文仲的勸諫才倖免於難。《公羊傳》在魯桓公五年（西元前七〇七年），也講到：「大雩者何？旱祭也。然則何以不言旱？言雩，則旱見；言旱，則雩不見。何以書？記災也。」何休《春秋公羊傳解詁》：「君親之南郊，以六事謝過自責。曰：『政不一焉？民失職與？宮室崇與？婦謁盛與？苞苴行與？讒夫昌與？』使童男女各八人舞而呼雩，故謂之雩。」緯書《春秋漢含孳》載雩祭禱辭曰：「萬國今大旱，野無生稼，寡人當死，百姓何謗？不敢煩民請民，願撫百姓，以身塞無狀。」這些禱辭與〈雲漢〉一詩，在觀念上是一脈相承的，或許〈雲漢〉在古代便是雩祭時所唱的歌辭。《通典．禮．吉禮二》：東晉永和年間，「有司議，制雩壇於國南郊之旁，依郊壇近遠，祈上帝百辟。旱則祈雨，大雩社稷、山林、川澤。舞僮八佾六十四人，皆玄服，持羽翳，而歌〈雲漢〉之詩章。」東晉雩祭時歌〈雲漢〉當有所據。《左傳》桓公五年（西元前七〇七年）有「龍見而雩」，「龍見」是夏曆四月，角亢二宿見於東方之黃昏，是古代舉行雩祭的時間。董仲舒在〈求雨〉篇講到求雨時，為大蒼龍一，小龍七，由小童八人，服青衣而舞之。古代民俗以龍舞求雨。《晉書．禮志上》載雩祭時要「興土龍，立土人」，此風俗在民間至今不衰。

第三章

郊因先卜，不吉不敢郊。百神之祭不卜，而郊獨卜，郊祭最大也❶。《春秋》譏喪祭，不譏喪郊。郊不辟喪，喪尚不辟，況他物❷。

郊祀曰：「皇皇上天，照臨下土。集地之靈，降甘風雨。庶物羣生，各得其所。靡今靡古，維予一人某敬拜皇天之祜。言而已矣。」❸夫不自為言，而為庶物羣生言，以人心庶天無尤焉。天無尤焉而辭恭順，宜可喜也❹。右郊祀九句。九句者，陽數也❺。

【章旨】本章以郊祀須先卜吉凶而百神之祭不卜為論據，指出郊祀在諸祭中最大，且郊不避喪，尤足見其地位之重要。同時，介紹了古代郊祀中郊辭的內容，強調其為庶物群生言而辭恭順。

【注釋】❶郊因先卜五句　董仲舒以此說明郊祀要先卜，而百神之祭不卜，故郊祭大於對諸神之祭。郊，指祭天的禮儀活動。卜，《白虎通義・蓍龜》：「卜，赴也，爆見兆也。」也就是說，卜是燒灼龜甲，使之爆裂而呈現裂紋，作為兆象用以判斷所問事之吉凶。郊為天子祭天的禮儀。《禮記・王制》：「天子祭天地，諸侯祭社稷。」諸侯唯魯得郊祀，乃「成王命魯得郊祭文王，魯有天子禮樂者，以褒周公之德也。」（《史記・魯周公世家》）《春秋》記載魯非常祀之郊祭，若魯僖公三十一年（西元前六二九年），「夏四月，四卜郊，不從，乃免牲，仍三望。」四卜郊，即四次卜郊。郊是祭天之禮，古唯天子方可舉行。魯因始祖周公有大功於周，成王特許魯國也可舉行郊祭。但魯國的郊祭不是常禮，要經過占卜。卜得吉，才舉行；不吉，則不舉行。不從，即不吉。免牲，即免除郊祀。仍三望，指仍舉行對泰山、海、川諸神之祭祀。郊祀不舉行，猶進行望祭，這是違禮，故《春秋》譏之。類似的例子尚見於《春秋》在魯宣公三年（西元前六〇六年）記載：「春王正月，郊牛之口傷，改卜牛，牛死，乃不郊，猶三望。」這裡指祭天用的牛要在滌宮中專門飼養，全身不可有傷。有傷須另換其他在滌宮中飼養的牛，但要經過占卜，卜得吉方可用為犧牲，但另一頭牛又死去。滌宮中只養二頭牛，其他的牛未經過滌宮中專門飼養。所以只得不舉行郊祭了，但仍然進行望祭。就是不遵尊卑次序，故《春秋》譏之。❷春秋譏喪祭五句　此處言郊祀既不避開喪事，又何況其他事物呢，藉此以凸出地體現郊祀在一切祭祀活動中居首位。《禮記・王制》：「喪三年不祭，唯祭天地社稷。」喪是凶事，祭為吉事，吉凶異道，不得相干，故三年不祭於宗廟。天地社稷為尊，家事為卑，不敢以卑廢尊，故越喪而祭天。《春秋》譏喪祭，《春秋》在魯閔公二年（西元前六六〇年）記載：「夏五月乙酉，吉禘於莊公。」《公羊傳》對此評論曰：「吉禘於莊公何以書？譏。何譏爾？譏始不三年。」莊公去世於三十二年八月，至閔公二年五月，凡二十月，未滿三年，於禮而言，喪服三年為二十五月，尚少四月。禘祭是終喪以後的祭奠，為吉禮。未滿三年而行禘祭，故為《春秋》所譏。不譏喪郊，《春秋》在魯定公十五年（西元前四九五年）記載：「五月壬申，公薨于高寢。」次年，魯哀公元年（西元前四九四年），「夏四月，辛巳郊。」魯哀公郊祀，離定公死去不到一年，《春秋》不譏。辟，通「避」。即摒除、避免。❸郊祀曰七句　此為郊祀的祝辭，出於《大戴禮記・公冠》。此處引文有脫訛。盧文弨指出：在「庶物羣生」之下，有「各得其所。靡今靡古，維予一人某敬拜皇天之祜」十九字，此是據《大戴禮記・公冠》及《博物志》之文所訂補。盧說甚是。今據以補入。「言而已矣」四字當刪。皇皇，美好的樣子。降甘風雨，指上天降下和風細雨。庶物羣生，指世上眾多的物種皆賴以生長。靡今靡古，無論古今，上天對萬物的賜予都是公平的。維，作語助詞。予一人，古代君王自稱。某，帝王名字的代稱。敬拜皇天之祜，恭敬拜謝皇天所賞賜的福祉。❹夫不自為言五句　這裡是對君王祝辭的讚揚。不自為言，指君王不為自己向上天有所祈求。以人心庶天無尤，指以眾人之心願去期望上天不要有所責備。庶，期望。尤，責備。辭恭順，指祝辭之言語恭敬而順從。❺右郊祀九句三句　這三句是祝辭後的注文，傳抄時誤入正文。陽數，指單數。因祝辭是九句，單數，故其為陽數也。

【語　譯】君王在舉行郊祀前要先進行占卜，如果占卜不吉利，就不敢進行郊祀。但在祭祀地上諸神時，便用不到在事先進行占卜，只有郊祭是需要單獨進行占卜的，這就說明郊祭是所有祭祀中最為重大的祭典。《春秋》譏刺喪家在喪期內到宗廟進行祭奠，而不譏刺郊祀，因為郊祀不必迴避喪事，既然連喪事都不用迴避，又何況其他的事物呢。

郊祀的祝辭說：「輝煌而又美好的上天，如太陽那樣照耀著四方的大地。聚集著地上的一切靈氣，把甘甜的雨露與和風降臨到人世間，使萬物賴以生長，一切都得到適合它們生長的場所。無論現在還是過去，上帝的賜予是最普遍而又公平的，我一人某某恭敬地拜謝上帝所賜人間的一切幸福。」在祝辭中，君王沒有為自己祈求幸福，而為萬物眾生訴說他們的願望，而眾人的心願也只是期望上天對人世間不要有任何責怪。上天如果不責備，君王的祝辭又那樣地恭敬而又順從，應當是值得人們高興的喜事。上面郊祭的祝辭一共有九句，因為是九句，所以屬於陽數。

【研析】董仲舒把卜郊作為郊祀在諸祀中最尊貴的最重要根據。卜的方法是用火灼龜甲取兆，據以推測吉凶。《周禮．春官宗伯》中設有專司卜事的官員——太卜，其職掌中有「以邦事作龜之八命」，即邦國大事有八類要向龜詢問命辭。這八類大事包括出征、天象、起事、謀議、事功、行程、雨情、疾病等，凡國家有重大活動，如冊立君王、封建諸侯，重大祭祀的日期都會占卜以問其吉凶。

《春秋》經文上，與卜郊相關的記載便有九條。如果把卜郊具體到操作層面，那又是一個繁雜而眾說紛紜的問題。首先是卜郊究竟問什麼，卜問郊祀的日期，如果日期固定在正月上辛，那還有問卜的需要嗎？《春秋》在魯襄公七年（西元前五六六年）記載：「夏四月，三卜郊，不從，乃免牲。」《左傳》上引了魯大夫孟獻子的一段話：「吾乃今而後知有卜筮。夫郊，祀后稷以祈農事也。是故啟蟄而郊，郊而後耕。今既耕而卜郊，宜其不從也。」啟蟄是古代節氣的名稱。啟是驚蟄，蟄是入蟄。既然是啟蟄而郊，就沒有必要卜郊祀的日期，但過了時間，那就有必要再卜郊祀的日期。《春秋》在魯哀公元年（西元前四九四年）云：「四月辛巳，郊。」《穀梁傳》則認為「郊三卜，禮也。四卜，非禮也。五卜，強也。」「郊自正月至于三月，郊之時也。」夏四月郊，不時也。「我以十二月下辛卜正月上辛；如不從，則以正月下辛卜二月上辛；如不從，則以二月下辛卜三月上辛；如不從，則不郊矣。」故「四月辛巳，郊」是四卜，非禮也。所以孔子記載四月郊而不記載三月郊。《春秋》在魯定公十五年（西元前四九五年）記載：

「夏五月，辛亥郊。」《公羊傳》對此評論曰：「曷為夏五月郊？三卜之運也。」何休《春秋公羊傳解詁》解釋云：「運，轉也。已卜春三正不吉，復轉卜夏。」即三月下旬卜四月上辛，不從，在四月下辛再卜，所以在五月辛亥郊。從經文卜郊的九條記載看，大都與卜牲牛有關。獻祭是用供品與神相接，以祈求神靈的護佑和恩賜。牛既然作為犧牲用以上供祭祀上天，牛便需要特殊對待。郊祀祭天用的牲牛，須先在滌宮即特殊的牛圈中養九十天，毛色要純淨，不能有捶扑損傷的疤痕，有病要換，故所用的牛是否吉祥，要卜問，卜得吉方可用為犧牲。如果牛受損，改換牛時要卜問，如果牛死了，就要中止郊祀。魯宣公三年（西元前六〇六年），「春王正月，郊牛之口傷，改卜牛，牛死，乃不郊，猶三望。」《公羊傳》解釋云：「曷為不復卜？養牲養二卜，帝牲不吉，則扳稷牲而卜之。帝牲在於滌三月，於稷者，唯具是視。」魯國郊祀時用二頭牛，一頭祭上帝，稱帝牲，一頭祭配祭的始祖后稷，稱稷牲。帝牲與稷牲都要在滌宮即一種特設的牛棚內飼養三個月，取滌蕩清潔之意。如果卜問時帝牲不吉，便以稷牲遞補，而祭稷之牛則臨時取別牛用之。這一次是郊牛之口受傷了，於是更改已卜之牛，結果此牛死了，那就不能按期舉行郊祀了。這是因為滌宮中只養二頭牛，這二頭牛不能用，改用他牛，按規定得在滌宮內養三個月，在時間上就來不及了。類似的情況如《春秋》在魯成公七年（西元前五八四年）記載：「春，王正月。鼷鼠食郊牛角，改卜牛，鼷鼠又食其角，乃免牛。」那就是二隻郊祭用的牛都被老鼠咬傷了牛角，牛不能用了，郊祀也因此而中止。具體卜郊的過程，《禮記・郊特牲》稱：「卜郊，受命于祖廟，作龜於禰宮，尊祖親考之義也。卜之日，王立於澤，親聽誓命，受教諫之義也。」這裡說的是卜郊時，要先告於祖廟，用龜則在禰宮，以表示對先祖父母的尊敬。占卜的那一天，君王要立在澤宮，親自聆聽眾執事行事前的誓戒。於是舉行命龜的儀式，稱「假爾泰龜有常」。然後是燒灼龜甲，占卜郊祀日期及郊牛的吉凶。占卜日期則先卜正月上旬的日子，不吉的話依次順延，一般以三次為準。若吉，稱「某日從」，最後撤龜。這一卜郊儀式方告完成。

順命第七十

【題解】篇名〈順命〉，主題為強調對天命必須絕對遵循與服從。全篇從人間的稱號說起，強調尊者得尊號，卑者得卑號，尊卑次序不容混淆。天子受命於天，諸侯受命於天子，子受命於父，臣受命於君，妻受命於夫，卑者受命於尊者，皆為受命於天。故君子有三畏：畏天命，畏大人，畏聖人之言，而三畏中以畏天命最為根本。

《四庫全書》本中，本篇在「雖闇且愚，莫不昭然」後有一段衍文，自「地之菜茹瓜果」至「殆免於罪矣」共六十三字，與上下文不合，今依盧文弨之說，已移至〈四祭〉篇。

本篇可分為二章。第一章闡釋天為萬物之祖，天子為皇天佑而子之，位號最尊。其下有五等爵，以國邑為號。再往下有州邑人氏，甚者不得繫國邑。最下者無名姓號氏。人不奉行天道，天絕之；人不奉行尊者之言，人絕之。第二章舉例闡釋「畏天命，畏大人，畏聖人之言」，強調「三畏」中以「畏天命」最為根本，而大人若不畏天命、不畏聖人之言，也無好結局。

第一章

父者，子之天也；天者，父之天也。無天而生，未之有也❶。天者，萬物之祖，萬物非天不生。獨陰不生，獨陽不生，陰陽與天地參然後生❷。故曰：父之子也可尊，母之子也可卑❸，尊者取尊號，卑者取卑號❹。故德侔天地者，皇天右而子之，號稱天子[5]。其次有五等之爵[6]以尊之，皆以國邑為號[7]。其無德於天地之間者[8]，州國人民[9]，甚者不得繫國邑。皆絕骨肉之屬，離人倫，謂之閽盜而已。無名姓號氏於天地之間，至賤乎賤者也[10]。其尊至德[11]，巍巍[12]乎不可以加矣；其卑至賤，冥冥[13]其無下矣。《春秋》列序位卑尊之陳，累累乎可得而觀也。雖闇且愚，莫不昭然[14]。公子慶父，罪亦不當繫于國，以親之故為之諱，而諸母之國齊之仲孫[15]，去其公子之親也。故有大罪，不奉其天命者，皆棄其天倫[16]。

人于天也，以道受命[17]；其于人，以言受命[18]。不若于道者，天絕之[19]；不若于言者，人絕之[20]。臣子大受命于君，辭而出疆，唯有社稷國家之危，猶得發辭而專安之，公子結及齊侯宋公盟是也[21]。天子受命于天，諸侯受命于天子，子受命于父，臣妾受命于君，妻受命于夫。諸所受命者，其尊皆天也，雖謂受命于天亦可。不天亦可[22]。天子不能奉天之命，則廢而稱公，王者之後是也[23]。公侯不能奉天子之命，則名絕而不得就位，衛侯朔是也[24]。子不奉父命，則有伯討之罪，衛世子蒯聵是也[25]。臣不奉君命，雖善以叛，言晉趙鞅入于晉陽以叛是也[26]。妾不奉君之命，則媵女先至者是也[27]。妻不奉夫之命，則絕，夫不言及是也[28]。曰：不奉順於天者，其罪如此[29]。

【章　旨】本章闡釋天為萬物之祖，人間則以天子位號最尊，其下有五等爵，以國邑為號。等而下之，有州邑人氏，甚者不得繫國邑。最下者為闇盜，無名姓號氏。人對天，以道受命；卑對尊，以言受命。不奉天道，天絕之；不奉尊者之言，人絕之。

【注　釋】❶父者六句　天者父之天也，俞樾云：「當作『祖者父之天也』，故下文云『天者萬物之祖』。」以天地為萬物之本，先祖之所從出，為董仲舒一貫之思想。他在〈觀德〉、〈為人者天〉等篇及對策中都作了這樣的闡述。《周易・乾卦・彖傳》：「大哉乾元，萬物資始，乃統天。」❷獨陰不生三句　董仲舒在〈陰陽義〉篇云：「天地之常，一陰一陽。」萬物與天地陰陽共生。《穀梁傳》在魯莊公三年（西元前六九一年）云：「獨陰不生，獨陽不生，獨天不生，三合然後生。」❸父之子也可尊二句　蘇輿認為：「父，當作天。」何休《春秋公羊傳解詁》：「王者尊，稱天子；眾人卑，稱母子。」❹尊者取尊號二句　稱號用以區別人們身分之尊卑貴賤。天之子，即天子，處於至尊的地位，故取尊號。母之子，即衆人之子，處於卑賤的地位，故取卑賤之名號，以區別兩者身分之貴賤。❺故德侔天地者三句　此處意謂君王道德與天地齊，故皇天保佑而以其為子，號稱天子。侔，齊等。右，通「佑」。保佑。此語亦見於〈三代改制〉：「天佑而子之，號稱天子，故聖王生則稱天子。」❻五等之爵　天子以下，以公、侯、伯、子、男為五等之爵。在稱號上，天子之三公稱公，王者之後稱公，其餘大國稱侯。❼國邑為號　指有五等封爵者，皆以所封之國或封邑為其名號。如周公封於魯，姬姓，便以魯為其號；微子，封於宋，子姓，便以宋為其號。又如春秋時，魯之國君姬息姑稱魯隱公，宋之國君茲父稱宋襄公，其所以稱公而不稱侯者，魯隱公元年（西元前七二二年）《公羊傳》何休注：「魯稱公者，臣子心欲尊號其君父。公者，五等之爵最尊，王者探臣子心，欲尊其君父，便得稱公。故《春秋》以臣子書葬者皆稱公。」魯隱公三年（西元前七二〇年）「宋公和卒」，《穀梁傳》范寧注亦云：「至於既葬，雖邾、許子男之君皆稱諡而言公。各順其臣子之辭。」❽其無德於天地之間者　指沒有德行不能獲取尊號的人們。❾州國人民　「民」字有誤。凌曙云：「民，當作名。」俞樾云：「當作氏。」州、國、人、氏或名，皆為對五等爵之外諸附庸小國及蠻夷之邦的稱呼。《春秋》在魯莊公十年（西元前六八四年）記載：「秋九月，荊敗蔡師於莘。」《公羊傳》對此解釋云：「荊者何？州名也。州不若國，國不若氏，氏不若人，人不若名，名不若字，字不若子。」共分七個等級。荊是州名，楚是國名，州不若國即言荊不如言楚。國不若氏，這是指所以為氏，或氏其官，或氏其事，或氏其王父氏，以明其子孫之所出也。故徐彥疏：「言楚不如言潞氏、甲氏。」氏不若人，徐彥疏：「言潞氏不如言楚人。」人不若名，徐彥疏：「言楚人不如言介葛盧。」❿甚者不得繫國邑六句　這些沒有姓名與氏號的人們，與刑餘之人一般，是天地之間地位最低賤的人。甚者，指最低賤者。不得繫國邑，指稱呼上連國邑之地望也沒有。「絕骨肉」、「離人倫」指不知其家世之所從出，不知其父母之姓氏，離絕人倫骨肉之一切聯繫。閽盜，指受刑之賤人。⓫其尊至德　指惟至德才能至尊。⓬巍巍　高大貌。⓭冥冥　昏暗狀。⓮春秋列序位卑尊之陳四句　此處言在《春秋》的表述中關於尊卑貴賤位列之次序，自至尊至至賤，皆重重疊疊，隨處可見，即使昏庸而又愚蠢者，也沒有不明白的。累累，重疊狀。又，《四庫》本中此下有「地之菜茹瓜果」至「殆免於罪矣」共六十三字，依盧文弨之說，已移至〈四祭〉篇。⓯公子慶父四句　公子慶父，為魯桓公之子，魯莊公之弟，其母為齊文姜，齊僖公之女。魯莊公薨，慶父唆使他人刺殺世子子般，另立莊公之子啟方（《史記．魯周公世家》作開）為國君，是為湣公。二年後，慶父又再次借刀殺人，弒殺湣公，欲自立為君，為魯人所反對，被迫奔於齊國。季友返魯後，而慶父又於此時返魯。《春秋》魯湣公元年（西元前六六一年）記此事云：「冬齊仲孫來。」《公羊傳》對此解釋云：「齊仲孫者何？公子慶父也。公子慶父曷為謂之齊仲孫？繫之齊也。曷為繫之齊？外之也。曷為外之？《春秋》為尊者諱，為親者諱，為賢者諱。」此是為親者諱。公子慶父為魯莊公之弟，有弒君之罪，故不當繫於魯國，而繫諸於母國齊，故稱齊仲孫。⓰去其公子之親也四句　弒君為大罪，不奉君臣兄弟之誼，違反了天命之倫常，故棄其天倫，黜於外家。⓱人于天也二句　指君之事天，臣之事君，子之事父，妻之事夫，皆以尊奉天道人倫為受命。⓲其于人二句　指人子之事君父，以教令受命。⓳不若于道者二句　指臣事君，子事父，妻事夫不依人倫之道，則天絕之。如魯桓公夫人文姜因私通齊襄公，導致桓公被弒，文姜遂奔齊，《春秋》於魯莊公元年（西元前六九三年）稱：「夫人孫于齊。」《公羊傳》對此評論云：「夫人何以不稱姜氏？貶。曷為貶？與弒公也。」魯桓公夫人文姜與其同父兄齊襄公私通，並參與弒其夫魯桓公之謀，故《春秋》對其貶稱。不言氏姓，即所謂天絕之也。⓴不若于言者二句　指臣子不受君父之教命，君父當絕之。㉑臣子大受命于君五句　指臣子受命於君王，必須順從於君王，特別是奉命出使時，更不能滋生他事，但在境外有可以安國家、利社稷的大事，那麼大夫可以代替君王發表言辭而專斷行事。事見魯莊公十九年（西元前六七五年），魯莊公之庶弟公子結送魯國隨嫁之女到衛國，以便與衛國嫁到陳國為嫡夫人的衛女會合。當到達衛國的鄄地時，正巧碰上齊桓公與宋桓公結盟，故公子結代表魯國一起參與盟約。為此《公羊傳》發議論稱：「大夫無遂事，此其言遂何？聘禮，大夫受命不受辭。出竟有可以安社稷、利國家者，專之可也。」此處指大夫奉命出使，不能因此而滋生他事。這次出使既然是聘禮，那麼大夫連與向對方致答辭的權也沒有，而《春秋》為什麼又記載這一次是節外生枝的事？理由是大夫在境外有可以安國家、利社稷的大事，那麼大夫可以代替君王發表言辭而專斷行事，公子結與齊桓公、宋桓公結盟就是這樣的例子。安之，蘇輿認為其下有脫文，疑是「公子結及齊侯宋公」八字。董仲舒在〈精華〉篇稱：「公子結受命往媵陳人之婦，於鄄，道生事，從齊桓盟，《春秋》弗非，以為救莊公之危。」原因是這次結盟，消除了齊、宋二國密謀伐魯的行動，保存了魯國的社稷，使百姓免遭兵燹之禍。㉒不天亦可　盧文弨指出：「舊本下有『不天亦可』四字，係衍文。」盧說為是，故「不天亦可」四字當刪。㉓天子不能奉天之命三句　指改朝換代以後，後朝封前朝之後代為公。例如周封殷後為宋公。《春秋》在魯隱公三年（西元前七二〇年）記載：「八月庚辰，宋公何卒。」何休《春秋公羊傳解詁》：「宋稱公者殷後也。王者封二王後，地方百里，爵稱公。客禮之而不臣也。」㉔公侯不能奉天子之命三句　衛侯朔，即衛惠公，名朔。《春秋》魯桓公十六年（西元前六九六年）云：「十一月，衛侯朔出奔齊。」《公羊傳》對此解釋云：「衛侯朔何以名？絕。曷為絕之？得罪于天子也。」指天子要徵發衛國民眾服勞役，衛侯朔不能奉天子之命，拒絕執行，遭受國內敵對方向周天子告狀，並率徒眾逐走衛侯朔。故《春秋》稱其名而絕其爵位，故而他只能逃亡到齊國去了。㉕子不奉父命三句　蒯聵是衛靈公的太子。衛靈公寵夫人南子，蒯聵欲殺南子，未遂而奔宋，因而為衛靈公所廢，故云其為子不奉父命者。伯討，指蒯聵有罪，為方伯所宜聲討。具體過程是靈公薨，蒯聵欲回衛國，至戚地。《春秋》魯哀公三年（西元前四九二年）云：「春，齊國夏、衛石曼姑帥師圍戚。」《公羊傳》對此評論曰：「齊國夏曷為與衛石曼姑帥師圍戚？伯討也。此其為伯討奈何？曼姑受命乎靈公而立輒，以曼姑之義，為固可以距之也。」這是指齊國的國夏與衛國的石曼姑率軍抵拒蒯聵是理由充足的，因衛國君位之爭，牽涉到祖孫三代的關係，衛靈公逐蒯聵而立蒯聵之子輒，衛靈公薨，立輒，輒拒蒯聵而立，《公羊傳》稱其「不以父命辭王父命，以王父命辭父命」，「不以家事辭王事，以王事辭家事。」故以其是方伯之討。㉖臣不奉君命三句　趙鞅，也稱趙簡子，或稱趙孟，晉國六卿之一。晉陽，今山西太原。在魯定公時，晉室六卿強，公室弱。魯定公十年（西元前五〇〇年），趙鞅圍攻衛國，衛國私下送給趙鞅五百戶貢戶。趙鞅將他們安置在邯鄲，後來趙鞅欲將這五百貢戶移置晉陽，讓邯鄲大夫趙午去辦此事。趙午引誘齊國來攻打邯鄲，趙鞅認為趙午不聽命於他，便殺了趙午，於是趙午之子趙稷聯合與趙鞅有仇的范、荀兩家攻打趙氏。趙鞅只能逃到自己的封邑晉陽。由於趙鞅未奉君命而殺趙午，後又為范、荀兩家所攻，故《春秋》在定公十三年（西元前四九七年）記此事稱：「晉趙鞅入於晉陽以叛。」後來趙鞅與魏、韓二家聯合起來，打敗了范、荀二氏，趙也返於晉室。這一場戰爭實際上是晉國六卿之間的一場兼併戰爭。以趙、韓、魏三家取勝為結局。《公羊傳》認定這場戰爭雖為善事，但趙鞅殺趙午，敗范、荀二家的聯軍，並未奉君命，故仍加以叛名。㉗妾不奉君之命二句　事見《春秋》魯僖公八年（西元前五八三年）云：「秋七月，禘於太廟，用致夫人。」此為魯僖公以齊之哀姜為夫人祭告於太廟。《公羊傳》對此評論云：「用者何？用者不宜用也。致者何？致者不宜致也。禘用致夫人，非禮也。夫人何以不稱姜氏，貶。曷為貶？譏以妾為妻也。其以妾為妻奈何？蓋脅於齊媵女之先至者也。」古代嫁女，必以侄娣從，謂之媵，即陪嫁女。至於諸侯的婚嫁，蘇輿云：「禮，諸侯娶一國，到二國往媵之。嫡先至，國君冕而親迎；媵後至，俟迎於城下。」魯僖公原聘楚女為嫡，齊女為媵，故齊國的姜氏，原為媵。但哀姜依仗齊之勢力，搶先至魯。僖公仰仗齊國的支持而即位，迫於齊國的強大，承認其為夫人。故《春秋》貶之，不稱姜氏，而僅稱夫人，原因就為她不奉君命，搶先進入魯國。㉘妻不奉夫之命三句　事見《春秋》魯桓公十八年（西元前六九四年）的記載：春正月，「公夫人姜氏遂如齊。」公指魯桓公，是夫；妻指文姜。在公與夫人之間缺少一個「及」字。《公羊傳》對此評論曰：「公何以不言及夫人？夫人外也。」意謂齊文姜已為桓公所絕，齊文姜不守婦道，與其兄齊襄公私通。《春秋》不加「及」字，是貶辭，是表示齊文姜已為桓公所絕。《史記．齊太公世家》記其事云：「齊襄公故嘗私通魯夫人。魯夫人者，襄公女弟也。自釐公時嫁為魯桓公婦。及桓公來而襄公復通焉。魯桓公知之，怒夫人，夫人以告齊襄公。齊襄公與魯君飲，醉之，使力士彭生，抱上魯君車，因拉殺魯桓公。桓公下車則死矣。」㉙不奉順於天者二句　指上文所言天子不奉天命，公侯不奉天子之命，臣妾不奉君命，妻不奉夫命，皆為不奉順於天者，故《春秋》皆貶之。

【語　譯】父親，是兒子的上天；祖父，是父親的上天。沒有上天而能誕生到世上，那是從未有過的事。上天，是世上萬物的始祖，萬物沒有上天便不可能降臨到這世上。如果只有陰，那是不可能誕生任何事物的；只有陽，同樣也不可能誕生任何事物。只有陰陽與天地相參合，才能生生不息。所以說上天的兒子要居於尊位，大地的兒子要居於卑位。居於尊者地位的，要有尊貴的名號；居於卑者地位的，則取卑賤的名號。因此，他的品德與上天相齊的話，皇天便會保佑他，並以他為自己的兒子，他的名號便稱作天子。天子以下，依次有五等爵位來表示其他尊貴者的地位，他們都以封國所在地為其名號。而那些德行在天地之間不出色的人則用州、國、人、氏來稱呼他們，至於那些缺德而有罪的人甚至不能以國家城邑的地名來顯示他的出身，斷絕他們的家世，隔斷他們與父母的天倫關係，只能稱他們為強盜或者刑餘之人。一個人在天地之間，如果連姓氏和名號也沒有，那就是賤者中最低賤的人了。有最高尚德行的人，也就有最尊貴的名號，地位崇高到無以復加的程度；而最卑賤的，則可以下賤到不能再下賤的程度。《春秋》對人的尊卑貴賤次序的排列一提再提，說了又說，隨處可見，即使是昏庸而愚蠢的人，對此也沒有不明白的。魯國的公子慶父，他的罪狀已經足以使他的名字不能與他的國家相聯繫了，但是為了替親者隱諱，便稱他為齊國的仲孫，隱去他是魯國公子的這層關係。所以說，一個人如果犯有大罪，不能奉行天命，那就要摒絕和拋棄他原有的親情和天倫之間的聯繫。

人對於天，是通過他的行為符合道義來受命於天的；人對於自己所尊敬的長者，是通過言辭來接受他們命令的。凡是背逆天道的人，上天會割斷與他的關係。不聽從尊者命令的人，尊者也會與他斷絕關係。為人臣子的接受君王的命令，出使於疆域之外，唯有碰到危及國家社稷的事，才能自行專斷處理，從而使國家安定。公子結與齊桓公、宋桓公在鄄地結盟，就是這樣的例子。所以說天子受命於上天，諸侯受命於天子，兒子受命於父親，妻子受命於丈夫。所有接受命令的人，發令的尊者就是他們的上天。如果天子不能奉行天命，就要廢除天子之位而稱公，那也僅只是為了表示他們是王者的後代。公侯不能奉行天子之命，那麼就要絕止其諸侯名號而不得就位，如衛侯朔便是如此。兒子不能奉行父親之命，那就會受霸主的討伐，如衛世子蒯聵便是如此。為人之臣子而不能奉行君王之命令者，即使是善事，也會被稱為叛逆，如晉國的大夫趙鞅逃歸晉陽而被稱為叛。為媵妾的不奉行君主之命，如齊國媵女姜氏搶先到魯國為夫人，在《春秋》中就為此受貶。妻子不奉丈夫之命，那也要與之斷絕關係，如齊文姜與魯桓公一起赴齊國，《春秋》不在桓公與夫人之間寫「及」字。所以說，不順從在上的人，其罪行就如上所述。

【研　析】何謂順命？順的意思是遵循、服從。命即天命。順命是遵循天命，服從命令。全篇從人間的稱號說起，以《春秋》對稱號之位列尊卑的次序，說明尊者得尊號，卑者取卑號。故稱號是德行的標誌。天子是表示他德侔天地。君王以下各級人等的稱號皆為相應德行的標誌。沒有德行的人便喪失其地望籍貫甚至沒有姓氏名號，故而不顯示其身世、姓氏和父母，只留下以盜賊和刑餘之人作為稱呼。

既然有德行的人才有稱號，反之，是否有稱號的人便有德行呢？這又是另一回事了。在實際生活中，有稱號的人，其德行並不與之相配。再從受命的角度看，天子受命於天，諸侯受命於天子，子受命於父，臣受命於君，妻受命於夫，卑者受命於尊者，皆為受命於天。它強調的是單方面的服從。在人與天之間，是「以道受命」，人與人之間，則是「以言受命」。前者是抽象的，後者是具體的。前者難以考查，後者則是非分明。在受命於天與受命於人的關係上，它與《禮記・表記》的說法不同。〈表記〉云：「天子受命於天，士受命於君，故君命順，則臣有順命；君命逆，臣有逆命。」可見在〈表記〉中，臣子服從君王的命令是相對的。君王如果逆於天命，則為臣者也可以逆天子之命。但在董仲舒那裡，臣子服從君王就變成絕對的了。臣子對君父，只能順從，不能違逆。君父違逆天命，只有上天才能廢之，而為臣子者則沒有任何違逆君父的理由。

對於「不奉其天命者，皆棄其天倫」，所謂天倫，也就是父母與子女及夫婦之間的骨肉親情。故對於有犯上作亂不奉君父之命者，則必須與之決絕。用現代話講，就是必須與其劃清界線。即使是自己的親生父母、兄弟、朋友、子女的骨肉親情，也必須割斷一切關係以顯示其立場的堅定。董仲舒的這些觀念，在近幾十年大陸的社會生活中仍然在起著不小的作用。多少家庭的悲歡離合皆由此而來，如今卻在文藝作品中，成為人們呼喚人性與親情的說不完的傷心故事。

第二章

孔子曰：「畏天命，畏大人，畏聖人之言。」❶其祭社稷、宗廟、山川、鬼神，不以其道，無災無害❷。至於祭天不享，其卜不從❸，使其牛口傷❹，鼷鼠食其角❺。或言食牛，或言食而死，或食而生，或不食而自死，或改卜而牛死，或卜而食其角。過有深淺薄厚，而災有簡甚，不可不察也❻。猶郊之變，因其災而之變，應而無為也。見百事之變之所不知而自然者，勝言與？以此見其可畏❼。專誅絕者其唯天乎❽？臣殺君，子殺父，三十有餘❾，諸其賤者則損❿。以此觀之，可畏者其唯天命、大人乎⓫？亡國五十有餘⓬，皆不事畏者⓭也。況不畏大人，專誅之。君之滅者，何日之有哉⓮？魯宣⓯違聖人⓰之言，變古易常⓱，而災立至⓲。聖人之言可不慎？此三畏⓳者，異指而同致⓴，故聖人同之，俱言其可畏也。

【章旨】本章舉例闡釋「畏天命，畏大人，畏聖人之言」的命題，強調「三畏」中以「畏天命」最為根本，而大人如果不畏天命、不畏聖人之言，最終必定會自取滅亡。

【注釋】❶孔子曰四句　語見《論語．季氏》。畏，是指恭敬而存畏懼之心，是一種宗教情懷。天命，指上天的意志，也就是至高無上之神的不可抗拒的意志。大人，指在位的天子、諸侯、大夫等統治者，皆受命於天，子民必須對他們存有敬畏的心理狀態。聖人之言，指聖人之言揭示天命的意志，故而也要對其抱敬畏的態度。對大人與聖人之言的畏懼，最終都是為了表示對天命的服從，因為天命是不可抗拒的。❷其祭社稷宗廟山川鬼神三句　此處意謂對社稷、宗廟、山川、鬼神的祭祀，如果不小心而違反了祭祀的規矩，它還不至於引起各種災害。社稷，土神與穀神的象徵。《白虎通義．社稷》：「人非土不立，非穀不食。土地廣博，不可偏敬也；五穀眾多，不可一一祭也。故封土立社，示有土也。稷，五穀之長，故立稷而祭之也。」君王在一年中的仲春與仲秋二次祭奠於社稷。宗廟，古代帝王、諸侯祭奠祖宗的場所。《白虎通義・宗廟》：「宗者，尊也。廟者，貌也。象先祖之尊貌也。」據《漢書・韋玄成傳》載，至漢宣帝時，全國有宗廟一百六十七所，此外還在陵旁立廟，陵園各有寢殿和便殿。對宗廟的祭奠，則日祭於寢，月祭於廟，時祭於便殿，每月還遊衣冠一次。每三年要把祖先神主合在一起祭稱祫祭，每五年合祭一次稱禘祭。山川，指對山川之神的祭奠，意謂天子對境內名山大川的祭奠，後來定格為對五嶽、四瀆、四海的祭奠。鬼神，指萬物的精靈轉化為鬼或神，故鬼神的名目眾多。在祭祀中，除了天地、社稷、先祖、山川之外的祭祀對象皆屬鬼神之列。從古代祭祀的對象來看，諸如日、月、星辰、先蠶、司申、司命、司人、司祿、風伯、雨師、靈星、山林、川澤、司寒、馬祖先牧、馬步、馬祀之類，其品目不勝枚舉。❸祭天不享二句　祭天稱郊。其卜，指古代郊祭時的卜日、卜牲。占卜的結果吉為從，不吉為不從。祭天用的牲口是牛。郊祀祭天時要以始祖配祭，故周以后稷配祭。郊祭時要用二頭牛，一頭牛祭天帝，一頭牛祭稷。祭祀用的牛要經過占卜，卜得吉方可用為犧牲。祭天帝的牛稱帝牲，祭稷的牛稱稷牲。祭天帝的牛必須經過挑選，並在滌宮中飼養三個月，取其滌蕩清潔之意。《禮記・祭義》：「古者天子諸侯，必有養獸之官，及歲時，齋戒沐浴而躬朝之，犧牲祭牲必於是取之，敬之至也。君召牛，納而視之，擇其毛而卜之，吉，然後養之。」據《穀梁傳》魯哀公元年載：「郊自正月至于三月，郊之時也。我以十二月下辛卜正月上辛；如不從，則以正月下辛卜二月上辛；如不從，則以二月下辛卜三月上辛；如不從，則不郊矣。」這也就是說，不再舉行郊祀了。這是作為常祀，故《春秋》不記常祀。夏四月郊，是表示祭天不時，故《春秋》誌之。圈養祭祀上天用的犧牲，則更要提前二個月，故魯以十月上甲繫牲，十二月下辛卜日，帝牲與稷牲都在滌宮飼養，如果卜牲時帝牲不吉，便以稷牲替補上去，稱之為扳，因而必須換一頭在滌宮飼養的牛，此時對稷牛只是檢查牠的全身沒有病傷便可以了。如果再卜不從，便把牛免了，稱免牲，也就是免除郊祭了。由於那時已沒有在滌宮的牛來事奉上帝，故不再卜郊。魯之郊祀有四卜、五卜的例子，皆為違反禮制，故《春秋》誌之。而在滌宮飼養的牛，若受傷害，便成為災害的象徵，《春秋》誌之。❹牛口傷　為《春秋》對滌宮中的牛受傷害的紀錄。如《春秋》在魯宣公三年（西元前六〇六年）記載：「王正月，郊牛之口傷，改卜牛，牛死，乃不郊。」《公羊傳》對此解釋云：「養牲養二卜。帝牲不吉，則扳稷牲而卜之。」其過程即為原來帝牲之口受傷，改卜稷牲，結果稷牲又死，於是不再舉行郊祀。祭祀時用的牛稱牲，受傷則稱牛。這是由於牛受傷後不能再作祭祀用，故改稱牛。❺鼷鼠食其角　見《春秋》在魯成公七年（西元前五八四年）的記載：「春王正月，鼷鼠食郊牛角，改卜牛，鼷鼠又食其角，乃免牛。」鼷鼠，為鼠類中的一種小鼠。《本草綱目・獸部三》引陳藏器曰：「鼷鼠極細，卒不可見，食人及牛馬等皮膚成瘡。」❻或言食牛九句　見《春秋》在魯哀公元年（西元前四九四年）的記載：「鼷鼠食郊牛，改卜牛。夏四月辛巳郊。」或言食而死，或食而生等皆言牛受傷害的程度。只要仔細觀察，由此可以見到君王在滌宮飼養牲牛之過失的深淺厚薄，以見其災害之輕重。❼猶郊之變六句　此謂天命之可畏在於其不可預測，人在天命面前除了順命之外，完全無能為力。具體是指由上文所言郊祀之六種變故，都是由災異所引起的，而人又無法應對它。只能看著事態的各種演變，而不知道它為什麼會如此，類似的事例說得完嗎？這也正是天命可畏之處。猶，由；從。應，指災與變相對應。自然，指產生災變的原因。❽專誅絕者其唯天乎　指專有誅殺之大權者難道只有上天嗎？❾臣殺君三句　殺，當為「弒」字。《史記・太史公自序》：「《春秋》之中，弒君三十六。」「臣弒君，子弒父，非一旦一夕之故也，其漸久矣。」❿諸其賤者則損　賤者，指弒君有罪者。損，貶損。意謂聖人在《春秋》中貶損其名號。如《春秋》在魯隱公四年（西元前七一九年）記載：「衛州吁弒其君完。」《公羊傳》對此評論云：「曷為以國氏？當國也。」州吁是衛莊公庶子，身分是衛國的公子。本應稱他為公子，而此處貶為衛人，這是因為他是弒君的亂臣賊子。孔廣森《春秋公羊通義》：「隱、桓、莊之篇，外弒君者四，州吁、無知皆不言公子，督不言公孫，南宮萬不言氏。蓋弒君之賊，王法所誅，大夫去氏者，絕其位也；去公子、公孫者絕其屬也。」孔廣森認為從僖公以後，「亂臣賊子比踵而立」，就不復一一貶損了。⓫可畏者其唯天命大人乎　意謂可畏者難道僅僅是天命和大人嗎？言外之意，除了天命和大人之外，可畏者尚有聖人之言。⓬亡國五十有餘　《史記・太史公自序》云：「亡國五十有二，諸侯奔走不得保其社稷者不可勝數，察其所以，皆失其本已。」⓭不事畏者　指亡國之君主與諸侯皆為不知何為畏天命者，也就是司馬遷所言之「皆失其本已」。⓮況不畏大人四句　意謂如果不畏懼大人者，大人都能專殺之，那怎麼還會有君王被人們所滅亡呢？亡國五十二由何而來呢？況，何況。⓯魯宣　指魯宣公，姓姬名俀。他是魯文公的庶弟，魯僖公之子，在位十八年。⓰聖人　指孔子。⓱變古易常　指魯宣公十五年（西元前五九四年），實施初稅畝，改變了什一而稅的古法。⓲而災立至　指是年冬有蝗蝻出現和饑荒。《公羊傳》稱其：「上變古易常，應是而有天災，其諸則宜於此焉變矣。」⓳三畏　即畏天命、畏大人、畏聖人之言。⓴異指而同致　指三畏具體所指的內容雖有不同，但孔子則把它們歸為一類，並列在一起，三者皆可畏也。

【語　譯】孔子說：「敬畏天命，敬畏大人，敬畏聖人講過的話。」如果在祭祀社稷、宗廟、山川鬼神的問題上，不按規矩辦，還不至於直接引起災害。至於在祭天上，天神不來享祭，郊祀和郊牲的卜兆又不吉利，於是在《春秋》的記載中便出現牲牛的口受傷，鼷鼠嚙咬牠的角，或者說鼷鼠咬食了牛，或者說牛被嚙咬而死，或者說牛沒有被嚙咬死而還活著，或者改卜以後，牛又被咬嚙而死去了，或者占卜以後牛又被咬嚙其角。從滌宮飼養犧牲的過失來講，固然有深淺厚薄的區分，從災異上講，也有輕重的區別，這是人們不能仔細觀察的問題。從郊祭的變故，推究災害發生的原因，固然可以找到它們之間對應的關係，但人們對它畢竟無能為力。然而人們所看到的各種各樣變故，大多數還不知道它為什麼會如此，這樣的案例講得完嗎？然而人們卻可以由此看到天命的可畏。掌握誅殺大權的難道僅僅是上天嗎？《春秋》記載的大臣弒殺國君，兒子弒殺父親的事有三十多件，這些有罪行的賤人，在《春秋》的記載中都遭到貶損。由此也可以看到值得人們敬畏的便不僅僅是天命和大人。在《春秋》的記載中，亡國的有五十多起，這些都是不知何為敬畏的結果。如果不畏懼大人，大人就可以專權誅殺他，那麼怎麼還會有國君亡國呢？魯宣公違背了聖人的話，改變了自古以來常規的做法，災害便馬上降臨到他頭上，聖人講過的話能不慎重地對待嗎？這三件要人們敬畏的大事，各自具體所指的事情雖然不同，而孔聖人則把它們歸為一類，並列在一起，說明它們都是值得人們敬畏的對象。

【研　析】孔子的三畏實際上有虛實兩個側面：畏天命與畏聖人之言是虛的，畏大人則是實的。因為作為大人的君父、諸侯在實際上掌握著對臣子妻妾的生殺予奪的大權，而天命的力量則處於冥冥之中而不可得見，聖人之言同樣也不直接具有強制的作用。

正因如此，上一章表述的重點側重於敬畏大人，大人以言授命，為臣子妻妾如違逆君父之命，便是犯罪的行為，不僅會受到大人們的討伐，而且為聖人所貶責。而本章的表述重點側重於畏天命，畏聖人之言，闡述大人們若違逆於天命，違逆於聖人之言，同樣也會受到懲罰。如果大人們專誅的權力是無限的話，那麼，《春秋》之中「弒君三十六，亡國五十二，諸侯奔走不得保其社稷者不可勝數」又從何而來呢？作為大人而不知敬畏天命，敬畏聖人之言，同樣會受到上天的懲罰。魯宣公推行初稅畝，違逆聖人之言，變易古制，而災變便立即降臨到他的身上。但這畢竟還是虛的，僅僅是觀念上的影響。它不可能節制大人們手中的實際權力，而這一點也正是中國傳統的專制體制最致命的弱點。

郊事對 第七十一

【題　解】篇名〈郊事對〉，內容為張湯與董仲舒之間有關郊祭問題的對話紀錄。當時董仲舒已退休致仕在家，漢武帝命廷尉張湯就郊祭事徵詢他的意見。董仲舒對此一一作了回答。它是《春秋繁露》中唯一的一篇對話體紀錄。

本篇與本卷中的〈郊語〉、〈郊義〉、〈郊祭〉、〈郊祀〉四篇文章聯繫密切，在觀念上一脈相承，但著重點有所不同。〈郊語〉等四篇著重闡述郊祀的意義及其地位，而本篇則著重如何規範郊祀的儀式。董仲舒通過祭祀儀式上的議論，明確天子與諸侯之間的上下等級關係，在統治集團內部建立必須共同遵循的倫理與法律機制，並望漢武帝在祭祀上擺脫齊魯方士的影響，回到儒家經典上所記載的禮制軌道上來。

廷尉臣湯昧死言曰：「臣湯承制，以郊事問故膠西相仲舒。」❶臣仲舒對曰：「所聞古者天子之禮，莫重于郊。郊常以正月上辛者，所以先百神而最居前❷。禮，三年喪，不祭其先，而不敢廢郊。郊重於宗廟，天尊于人也❸。〈王制〉❹曰：『祭天地之牛繭栗，宗廟之牛握，賓客之牛尺。』此言德滋美而牲滋微也❺。《春秋》曰：『魯祭周公，用白牡。』❻色白貴純也。帝牲在滌三月，牲貴肥潔而不貪其大也❼。凡養牲之道，務在肥潔而已。駒犢未能勝芻豢之食，莫如令食其母便❽。」

臣謹問仲舒：「魯祀周公用白牲，非禮？」臣仲舒對曰：「禮也。」臣湯問曰：「周天子用騂剛，羣公不毛。周公，諸公也，何以得用純牲[9]？」臣仲舒對曰[10]：「武王崩，成王幼而在襁褓之中[11]，周公繼文武之業[12]，成二聖之功，德漸天地，澤被四海，故成王賢而貴之[13]。《詩》云：『無德不報。』[14]故成王使祭周公以白牲，上不得與天子同色，下有異于諸侯。仲舒愚以為報德之禮[15]。」

臣湯問仲舒：「天子祭天，諸侯祭土，魯何緣以祭郊？」[16]臣仲舒對曰：「周公傳成王，成王遂及聖，功莫大於此。周公，聖人也，有祭，故成王令魯郊也。」[17]

臣湯問仲舒：「魯祭周公用白牲，其郊何用？」臣仲舒對曰：「魯郊用純騂剛，周色上赤，魯以天子命郊，故以騂。」[18]

臣湯問仲舒：「祠宗廟或以鶩當鳧，鶩非鳧，可用否[19]？」仲舒對曰：「鶩非鳧，鳧非鶩也。臣聞孔子入太廟，每事問，慎之至也[20]。陛下祭躬親，齋戒沐浴，以承宗廟，甚敬謹[21]，奈何以鳧當鶩，鶩當鳧，名實不相應，以承太廟，不亦不稱乎？臣仲舒愚以為不可。臣犬馬[22]齒衰[23]，賜骸骨[24]，伏陋巷[25]。陛下乃幸使九卿問以朝廷之事[26]，臣愚陋。曾不足以承明詔，奉大對[27]。臣仲舒昧死以聞。

【注　釋】❶廷尉臣湯昧死言曰三句　即張湯奉命去董仲舒家問郊祀之事，本篇全文為張湯與董仲舒之間的問答。廷尉，職官名，為漢代執掌刑獄的最高司法官。湯，張湯，杜陵（今陝西西安）人，武帝時歷任廷尉、御史大夫等職。昧死言，秦漢時大臣向皇帝上書時用語，表示為臣者冒昧犯死罪而進言。承制，奉君王制命。制為國君的命令，若制書、制詔。此為張湯代表漢武帝向董仲舒詢問有關郊祀的問題，故董仲舒在本文末之答辭中直接稱陛下。故膠西相，公孫弘曾推薦董仲舒為膠西王相。膠西國在今山東高密一帶。膠西王，劉端，孝景帝之子。《漢書》本傳稱其「為人賊盭」。任膠西相者，殺傷甚眾。故董仲舒「恐久任獲罪，以病免家居。朝廷如有大議，遣使者就其家而問之」。❷所聞古者天子之禮四句　此為董仲舒之答辭。此處言古代天子之行禮，以郊祀祭天最為重大。故將郊祀的日期定為正月上旬之辛日，在百神的祭祀時間上，它列居於最前面。❸禮三年喪六句　喪為凶事，祭其先於宗廟為吉事。古人吉凶異道，不得相干，故國有大喪，三年不祭於宗廟，唯不廢郊祀祭天的禮儀。由此可見，郊祀重於宗廟的祭奠，尊天高於對鬼神的事奉。❹王制　《禮記》的一篇。據《史記・封禪書》載：它是漢文帝十六年（西元前一六四年），使博士諸生刺六經中有關古禮制的內容彙編而成，它對董仲舒的思想有很深的影響。❺祭天地之牛繭栗四句　祭天地之牛角繭栗，指祭祀天地用的牲牛之角的大小若蠶繭或板栗。宗廟之牛角握，指祭祀宗廟用的牲牛之角的長度為一手握，相當於四指並列的長度。一指為一寸，一握四指約四寸。賓客之牛角尺，指用來款待賓客的牛的牛角長度為一尺。這是因為款待賓客之用的牛，取其肥大之意。為什麼以角僅繭栗的牛犢最為珍貴？《禮記・郊特牲》云：「用犢，貴誠也。」故祭奠時，德行越是美好者，則所用的犧牲之牛角越是微小。❻春秋曰三句　此引《公羊傳》之語以為《春秋》。《公羊傳》魯文公十三年（西元前六一四年）云：「魯祭周公何以為牲？周公用白牲。」白牡為雄性白牲，即純白色的公牛犢。❼帝牲在滌三月二句　「帝牲在滌三月」語見《公羊傳》魯宣公三年。滌，為飼養犧牲用牛的棚舍，亦稱滌宮，在滌宮飼養的時間為三個月。其所以稱「滌」，取其蕩滌清潔之意。對所飼養之犧牲，以肥而潔淨為上，不求其大。❽駒犢未能勝芻豢之食二句　此處指對駒犢尚不能以草料餵養的，不如繼續用母乳餵養比較方便。駒犢，指幼小的馬駒與牛犢。芻豢，芻為餵牲口的草料。❾臣湯問曰六句　此處為張湯對董仲舒的問語。張湯是問周公與魯國的諸公同為公，為什麼祭奠周公時則要使用純白色的牛犢呢？而對魯國諸公的祭奠時卻可以用雜色的牛。周尚赤，周天子祭奠宗廟時用赤色的公牛。群公，指魯國的諸公。不毛，指宗廟祭奠時，用白赤以外的雜色牛。純牲，即是純白色的公牛犢。❿臣仲舒對曰　此處以下十三句為董仲舒對張湯所問之答辭，用以說明魯祭周公何以用白牡。⓫武王崩二句　武王，文王之子，周天子姬發，完成文王伐商之大業，滅商後二年即崩。武王崩後，太子姬誦繼立，是為成王。時成王年幼，尚在襁褓之中。襁褓，褓為小兒被，襁是布幅，用以背負小兒，此處意謂成王此時尚缺乏親政的條件。⑫周公繼文武之業　指此時周公恐天下因武王崩而亂，於是踐阼代成王攝政當國。漢武帝曾命畫周公負成王圖以賜霍光，以勉勵霍光扶立漢昭帝，可見漢初盛行此說。⑬成王賢而貴之　指成王聽政後，貴敬周公之功德，周公卒，成王葬周公於畢，以從文王，表明自己不敢以周公為臣。⑭詩云無德不報　引詩見《詩經・大雅・抑》。意謂有德者無有不被報答的。⑮上不得與天子同色三句　指祭周公用白牡，不同於周天子尚赤，用赤牡；但高於祭諸侯所用的不毛，即赤白二色以外雜色之牛。董仲舒稱此為報德之禮，即為報答周公功德的禮儀。⑯臣湯問仲舒四句　此處為張湯對董仲舒的問語。《禮記・王制》：「天子祭天地，諸侯祭社稷。」天子與諸侯之間，在祭祀的等級上有區別。祭郊是祭天之禮，魯為諸侯，為什麼可以如天子一般郊祀以祭天呢？⑰臣仲舒對曰八句　此處為董仲舒對張湯所問之答辭。魯郊，為成王報周公傳成王之德，不敢以周公為臣，「乃命魯得郊，祭文王。魯有天子禮樂者，以褒周公之德也。」（《史記・魯周公世家》）⑱臣湯問仲舒八句　此處為張湯與董仲舒之間就魯郊用牲之色澤問題的一問一答。純騂剛，純赤色的公牛。周尚赤色，魯以天子之禮郊祭上天，故用赤色。《詩經・魯頌・閟宮》：「白牡騂剛，犧尊將之。」毛亨解釋：「白牡，周公牲也。騂剛，魯公牲也。」故騂剛為魯公祭天所用之犧牲。⑲祠宗廟或以鶩當鳧三句　此是張湯問宗廟祭祀時能否以家鴨當野鴨。鶩，家鴨。鳧，野鴨。⑳臣聞孔子入太廟三句　見《論語・八佾》：「子入太廟，每事問。或曰：『孰謂鄹人之子知禮乎？入太廟，每事問。』子聞之，曰：『是禮也。』」此處所說的太廟，是魯之宗廟。每事問，是對禮持謹慎的態度。董仲舒以此推頌武帝所問與聖人同，是對祭禮抱謹慎嚴肅的態度。㉑陛下察躬親四句　此處所言為讚揚漢武帝在祭祀宗廟時齋戒沐浴，恭敬謹慎，親身主持祭事。陛下，漢代臣民對天子的尊稱。察，為祭之訛。齋戒沐浴，古人祭祀祖先時，先沐浴潔身更衣，戒其嗜欲，以示誠敬。㉒犬馬　古代大臣對君主自稱所用的謙稱。㉓齒衰　指年老，犬馬以齒代表年齡。㉔賜骸骨　指蒙恩退休致仕之臣子。㉕伏陋巷　指退休後伏居於陋僻的閭巷之中。㉖陛下乃幸使九卿問以朝廷之事　幸，指帝王駕臨。九卿，泛指朝廷大員。漢置九卿，張湯任廷尉，九卿之一，故泛稱使九卿。朝廷之事，泛指朝廷所議之國家大事。㉗曾不足以承明詔二句　董仲舒謙稱自己不足以承接君王的詔令，回答重大的問題。

【語　譯】廷尉臣湯冒著死罪奏聞聖上：「臣湯奉皇帝的制令，就郊祭一事詢問原膠西相董仲舒。」臣仲舒回答說：「聽說在古代的時候，天子的祭禮中，沒有比郊祀上天更為重要的了。郊祭通常是在正月上旬辛日舉行，所以如此，是為了使對上天的祭祀先於其他諸神的祭祀。禮制上規定天子在三年喪期內，不在宗廟祭祀其先祖，但是不能廢除或停止對上天的郊祭，因為郊祭比宗廟的祭祀更為重要，天比人要尊貴。〈王制〉上說：『祭祀天地的牛，牠的角只有絲繭和板栗這麼大；祭祀宗廟用的牛，牠的角有一握那麼長；宴請賓客用的牛，牠的角有一尺長。』這是說對德行越是美好的，祭祀用的犧牲越是要幼小。《春秋》說：『魯國祭祀周公用純白色的公牛。』所以用白色，是以牠的純潔顯示其珍貴。祭祀上帝用的犧牲，一定要先在滌宮飼養三個月，目的是使牠肥美而潔淨，並不是貪圖牠的體型龐大，所以在滌宮飼養的訣竅是使牠肥美潔淨罷了。在滌宮飼養的牛犢馬駒，往往還不能用草料來餵養，還不如讓牠吃母畜的乳更方便一些。」

臣湯恭敬地請問仲舒：「魯國祭祀周公用白色的公牛違反禮制嗎？」臣仲舒回答說：「這是符合禮制的。」臣湯繼續問道：「周天子祭天用赤色的公牛，而魯國的諸公則用雜色的公牛，而周公也是魯國的諸公之一，為什麼可以用純白色的犧牲呢？」臣仲舒回答說：「武王駕崩以後，成王年幼，尚在襁褓之中。周公繼承文王和武王開創的大業，完成了二位聖王的大功，他的德行感化了天地，恩澤遍及四海之內，成王為他的賢能而尊敬他。《詩經》曾經說：『施人恩德，沒有不被報答的。』所以成王決定對周公的祭奠採用純白色的公牛，上不與周天子用同樣顏色的犧牲，下則與對諸侯的祭奠有所區別。所以仲舒認為這是屬於報答德行的禮制。」

臣湯問仲舒：「天子祭祀上天，諸侯祭祀土神，而魯國為什麼又能祭祀上天呢？」臣仲舒回答說：「周公傅保成王，使成王能進入聖王的境界，這是極好的功德呢！因此周公也是聖人，也可祭天，所以成王讓魯國舉行郊祭。」

臣湯問仲舒：「魯國祭周公時用白色的公牛，那麼郊祭上天時用什麼樣的犧牲呢？」臣仲舒回答說：

「魯國郊祀上天時用純紅色的公牛，因為周代在五色上尚赤色。魯國奉天子的命令郊祀上天，所以也是赤色。」

臣湯問仲舒：「在祭奠宗廟時，有時以家鴨充當野鴨，但家鴨並不是野鴨，牠們之間可以通用嗎？」臣仲舒回答說：「家鴨不是野鴨，野鴨也不是家鴨。臣聽說孔子進入太廟時，每一件事都要細緻地詢問，而且態度是慎之又慎。陛下在祭祀宗廟時，親自齋戒沐浴，態度非常恭敬，怎麼能拿野鴨當家鴨，家鴨當野鴨呢？二者在名實上並不對應，用來應承太廟的祭祀，不是很不相稱嘛！臣仲舒雖然愚蠢，以為斷斷不可。臣作為陛下的犬馬，已經年老齒衰了，蒙皇上恩賜我退休致仕，伏居在陋巷之中，實在不足以承受皇上的明詔，實在不夠資格回答朝廷中的重大問題。臣仲舒冒死罪奏聞。」

【研　析】本篇的內容是董仲舒回答漢武帝委託張湯就郊祀禮儀所提出的種種問題。《漢書・董仲舒傳》亦講到：「仲舒在家，朝廷如有大議，使使者及廷尉張湯就其家而問之，其對皆有明法。」本篇是張湯與董仲舒之間的對話紀錄，故全文採用一問一答的形式，由張湯據實向漢武帝奏對。

董仲舒在本篇中先後回答了六個問題，所問的內容都是有關天子郊事用牲的內容。魯國為什麼也能舉行郊祀？祭奠周公為什麼用白牡？魯郊祀犧牲用什麼？以及宗廟祭奠時，鶩與鳧能不能通用？董仲舒對上述問題一一作了正面而又具體的答覆，其觀點與此前之〈郊語〉、〈郊義〉、〈郊祭〉、〈郊祀〉四篇是相通的。前面四篇的著眼點在於闡述郊祀的意義及其地位，本篇討論的重點則在於如何規範郊祀的儀式。雖然議論的問題只是魯國郊祀和宗廟用牲的問題，但討論這些問題的背景，卻是為了明確天子與諸侯之間的相互關係。祭奠的儀式，具有整合社會內部等級制度行為方式的作用，可藉以顯示天子至高無上的地位。魯國所以能郊祀與在宗廟祭奠文王周公的特例，是由於周公的德行，由於成王的授權，而漢代在郡國皆立宗廟。董仲舒這一番議論，正是為了顯示祭祀儀式上，天子與諸侯之間的上下等級關係。通過祭祀的儀式，在統治集團內部樹立一種大家必須共同遵循的倫理和法律機制。

《禮記・哀公問》云：「丘聞之，民之所由生，禮為大。非禮無以節事天地之神也，非禮無以辨君臣上下長幼之位也，非禮無以別男女父子兄弟之親，婚姻疏數之交也。」故人與神的關係，不過是人與人關係的投影，「節事天地之神」的宗教禮儀，不過是從強化人對神的崇拜，進而強化人間的倫理關係，鞏固現存的社會結構。宗教儀式的規範化正是為了社會統治秩序的規範化。

董仲舒之所以在《春秋繁露》中花那麼多的篇幅來討論郊祀的問題，這也與漢武帝迷信鬼神有關。當時的郊祀受齊魯方士的影響，離儒家經典上的說法甚遠，如漢初在雍郊祀五帝，武帝親祀竈，以後祀太一，在儒家經典中，都找不到直接的根據。董仲舒這些論述，是為了使漢天子郊祀的禮儀能依儒家經典上的規定加以規範化，甚至具體到祭祀中的某些細節，諸如宗廟祭奠時用鶩還是梟，董仲舒自己也難以完全說清楚，只能是要求謹慎認真而已。董仲舒把天子祭天作為祭祀禮儀中的頭等大事，一方面固然是「天人合一」說在禮儀形式上的落腳點，另一方面也是通過祭祀的儀式，凸出地體現君主在現實生活中至高無上的地位，維護君權的神聖不可侵犯。

董仲舒問答體的文章，除了本篇以外，尚有一篇為《春秋繁露》所未收，但為《古文苑》十一卷所收錄的，此文即〈雨雹對〉。元光元年（西元前一三四年）七月，由於京師下了冰雹，鮑敞為此向董仲舒作了詢問，仲舒也一一作了答覆。他用陰陽二氣的消長變化，解釋風、雨、霧、雷、電、雪、雹的形成，並把氣象的好壞與君王政治上的得失聯繫在一起。歸根到底，仍不脫「天人合一」的窠臼。

卷第十六

執贄第七十二

【題解】篇名〈執贄〉，內容為敘述天子、公侯、卿、大夫等各色人等在執贄時應按等級執不同的禮物，如天子用鬯，公侯用玉，卿用羔，大夫用雁等。各種不同的禮物各有其不同的象徵意義，藉此以表達對各色人等在品德修養上的不同要求，從而嚴格維護封建等級制度與社會秩序。

凡執贄，天子用暢，公侯用玉，卿用羔，大夫用鴈❶。

鴈乃有類於長者，長者在民上，必施然有先後之隨，必淑然有行列之治，故大夫以為贄❷。

羔乃有其類天者。天之道，任陽不任陰；王者之道，任德不任刑，順天也❸。羔有角而不任，設備而不用，類好仁者；執之不鳴，殺之不諦，類死義者；羔食於其母，必跪而受之，類知禮者；故羊之為言猶祥與！故卿以為贄❹。

玉有似君子❺。子曰：「人而不曰如之何、如之何者，吾未如之何也矣。」❻故匿病者不得良醫，羞問者聖人去之，以為遠功而近有災，是則不有❼。玉至清而不蔽其惡，內有瑕穢，必見之於外。故君子不隱其短❽，不知則問，不能則學，取之玉也。君子比之玉，玉潤而不污，是仁而至清潔也❾；廉而不殺，是義而不害也❿；堅而不硻⓫，過而不濡⓬；視之如庸，展之如石⓭；狀如石，搔而不可從燒⓮，潔白如素，而不受污⓯。玉類備者，故公侯以為贄⓰。

暢有似於聖人者⓱，純仁淳粹，而有知之貴也⓲，擇於身者盡為德音⓳，發於事者盡為潤澤⓴。積美陽芬香，以通之天㉑。暢亦取百香之心，獨永之，合之為一㉒，而達其臭，氣暢天子㉓。其淳粹無擇，與聖人一也，故天子以為贄㉔。

而各以事上㉕也。觀贄之意，可以見其事㉖。

【注釋】❶凡執贄五句　贄，指求見時所進獻的禮品，賓客藉以向主人表示敬意。賓客的身分不同，進獻的禮品亦各不相同。《白虎通義・瑞贄》：「臣見君有贄何？贄者，質也。質己之誠，致己之悃愊也。王者緣臣子之心以為之制，差其尊卑以副其意也。」暢，即鬯。《說苑・修文》：「天子以鬯為贄。鬯者，百草之本也，上暢於天，下暢於地，無所不暢，故天子以鬯為贄。」故天子祭祀降神時用鬯。《說文》：「鬯，以秬釀鬱草，芬芳攸服，以降神也。」玉，指公侯以玉石製作的圭或璧為贄。羔，即羔羊，卿以羔羊為贄。鴈，飛雁，大夫以雁為贄。語亦見於《禮記・曲禮下》：「凡摯，天子鬯，諸侯圭，卿羔，大夫雁，士雉，庶人之執匹。童子委摯而退，野外軍中無摯，以纓拾矢可也。」❷鴈

乃有類於長者五句　《說苑・修文》：「大夫以雁為贄，雁者，行列有長幼之序，故大夫以為贄。」《白虎通義・瑞贄》：「大夫以雁為贄者，取其飛成行，止成列也。大夫職在奉命適四方，動作當能自正以事君也。」長者，指有德行的人。施然，緩緩有序地前進。俶然，恭敬而慢慢行走的樣子。❸羔乃有其類天者六句　此處言卿以羔為贄，是因為羔有其與天相類似之處。羔可用以象徵天道之任陽不任陰，王道之任德不任刑，故以此表示為卿要順應王者以行天道與王道。此句為淩曙本之所缺，亦有以為此句係他篇錯簡至此。❹羔有角而不任十一句　何休《春秋公羊傳解詁》在注釋《春秋》在魯莊公二十四年（西元前六七〇年）記載宗婦贄見禮時說：「羔取其執之不鳴，殺之不號，乳必跪而受之，類死義知禮者也。」《說苑・修文》：「卿以羔為贄。羔者，羊也。羊群而不黨，故卿以為贄。」《白虎通義・瑞贄》：「羔者，取其群而不黨。卿職在盡忠率下，不阿黨也。」有角而不任，指羔羊有角而不以之牴觸人。諦，啼哭號叫。此處指羊被宰殺時也不啼哭號叫。羊之為言猶祥與，指羊是代表吉祥、善良、幸福的意思。❺玉有似君子　此處以玉石的品性喻君子之德行。《白虎通義・瑞贄》：「公侯以玉為贄者，玉取其燥不輕，濕不重，明公侯之德全也。」❻子曰四句　引語見《論語・衛靈公》，原文為「吾未知如之何也已矣」。此處漏一「已」字。此句意謂遇事須先問究竟是怎麼回事？該怎麼辦？若遇事不知反覆思量而審慮的人，即使聖人也拿他沒有辦法。❼故匿病者不得良醫四句　這是指患病者在醫生面前隱匿自己的病情，便不可能得到良醫的診治。學習者羞於提問，即使是聖人去教他也只能離他而去，對於這樣的人，結果只會是遠離成功而靠近災難和失敗，也不會有人去幫助他。蘇輿云：「有，與友同。言羞問者之病如此，故聖人不與相親友也。」❽玉至清而不蔽其惡四句　此處以玉之冰清潔淨喻君子不隱其短之品德。《禮記・聘義》：「君子比德於玉焉。」「瑕不揜瑜，瑜不揜瑕，忠也。」至清，潔淨明晰而不隱蔽其汙惡。何休《春秋公羊傳解詁》在注釋《春秋》在魯莊公二十四年的記載時說：「玉取其至清而不蔽其惡。」瑕穢，指玉上的斑點疵病。❾君子比之玉三句　此處以玉之溫潤光滑而又不玷汙人喻君子之品德。玉能令人與之親近而又清潔可愛。《禮記・聘義》：「君子比德於玉焉，溫潤而澤，仁也。」❿廉而不殺二句　此處謂玉之品質是既有棱角而又不傷害人，以此喻君子之德行，律己有義而又不傷害人。廉，有棱角。殺，傷害。《禮記・聘義》作「廉而不劌，義也。」劌，刺傷；割傷。⓫堅而不硻　堅強而不是頑固不化。硻，同「硜」。《論語・憲問》：「鄙者，硜硜乎！莫己知也，斯已而已矣。」何晏注：「此硜硜者，徒信己而已，言亦無益。」硜硜亦作硻硻。此為荷蕢而過孔子之門者對孔子的嘲笑，意謂可悲啊，那麼頑固不化，而又沒有人能理解他，只能由他去算了，因為即使給他說也沒有用處。⓬過而不濡　有過失而不是沾染不改。過，過失。濡，沾濕，引申為沾染。⑬視之如庸二句　一眼看上去很平常，仔細看如石那樣。庸，平常。展，仔細觀察。⑭搔而不可從燒　意謂有人搔擾於它，它亦不會纏繞不清。搔，抑，按摩也。燒，當作「繞」。纏繞。《史記・太史公自序》稱名家為「苛察繳繞」。⑮潔白如素二句　指玉之品狀能始終保持潔白的本色，而不受任何汙染。素，白色生絹，此處指保持事物的本色。⑯玉類備者二句　意謂玉是類似一切美好品德之最完備者，所以公侯以玉為贄。此處所言玉之品狀，其實是把玉擬人化，藉玉以描述對君子品德上的要求，以玉來象徵君子的品德。備，完備。何休《春秋公羊傳解詁》在注釋《春秋》在魯莊公二十四年的記載時稱玉為「有似乎備德之君子」。《禮記・聘義》：「子貢問於孔子曰：『敢問君子貴玉而賤碈者，何也？為玉之寡而碈之多與？』孔子曰：『非為碈之多，故賤之也，玉之寡故貴之也。夫昔者，君子比德於玉焉。溫潤而澤，仁也；縝密以栗，知也；廉而不劌，義也；垂之如隊，禮也；叩之其聲清越以長，其終詘然，樂也；瑕不揜瑜，瑜不揜瑕，忠也；孚尹旁達，信也；氣如白虹，天也；精神見於山川，地也；圭璋特達，德也；天下莫不貴者，道也。《詩》云：言念君子，溫其如玉。故君子貴之也。』」⑰暢有似於聖人者　暢即「鬯」，天子所執之贄。此處藉「暢」說出對聖王品德之期盼。俞樾云：「『聖人』下當疊聖人二字。下所說皆聖人之德也。」⑱純仁淳粹二句　指聖君有純淨的仁愛之心，而沒有任何私念混雜於其間，同時又具有智者那樣的聰明和才能，見始知終，遠禍避害。⑲擇於身者盡為德音　指聖君在自身修省上，則選擇一切美好的德音。⑳發於事者盡為潤澤　指聖王發於政事者則皆為施恩德以潤澤於百姓。㉑積美陽芬香二句　全句意謂積聚美好的鬯酒，使其芬芳的香氣上衝於天。陽，孫詒讓云：「陽，當作暢。」暢即「鬯」。鬯，由香草或者香料浸泡的酒，不是為了飲用，而是為了它所散發的香味。㉒暢亦取百香之心三句　此是表述香料的製作。全句意謂暢也是取各種香草的花心，磨成粉末，和合在一起，通過酒的浸泡以保存其香味。永，當為末字，蘇輿本作末。㉓而達其臭二句　全句意謂使其氣味得以暢通地揮發，能上達於天庭。臭，香味。《禮記・郊特牲》：「至敬不饗味而貴氣，臭也。」《白虎通義・考黜》：「鬯者，以百草之香鬱金而合釀之，成為鬯。」《周禮・春官宗伯・鬱人》講到國有大喪，以鬱鬯浴屍。「氣暢天子」當為「氣暢於天」之誤。㉔其淳粹無擇三句　指暢提煉純粹的程度，達到盡善盡美的地步，再沒有可以挑剔和選擇的餘地，與聖人的品德一樣，所以天子以此為贄。天子無客禮，所以用贄，是為了祭祀時使用。《白虎通義・考黜》：鬯，「陽達於牆屋，陰入於淵泉，所以灌地降神也。」所謂「灌用鬱鬯」（《禮記・禮器》）也就是把香精或者香料澆灌在地上，屋內充滿香味，而香水則浸沉至地下。天子至諸侯國之宗廟，便以鬱鬯裸灌於地，以祭祀其先祖。㉕各以事上　指天子以鬯事神，公侯用玉，卿用羔，大夫用雁，各事其上之尊者。㉖觀贄之意二句　指觀察暢、玉、羔、雁所象徵的用意，可以預見到他們相見時所從事的事宜。

【語　譯】大凡賓客會面時，手中所執持的禮品，天子用鬯酒，公侯用玉，卿用羔羊，大夫用鴻雁。

鴻雁類似於有德行的長者，長者的品格在民衆之上。鴻雁緩慢地前進時必定先後有次序地相隨，肅敬地排成整齊的行列，所以大夫用鴻雁作為賓客與主人相見時的禮品。

羔羊也有其相類似的品格，牠像上天那樣，天道任陽不任陰，所以王者之道也是任德不任刑，正是為了順應天道呢！羔羊頭上長著角，但並不使用它，備置了角而不使用它，類似於愛好仁德的君子；羔羊被人們執持時，牠不鳴不叫，殺牠時也不啼號，類似重義的君子視死如歸。羔羊吮食其母乳時，必定要跪著吮吸，好似懂得禮儀的君子，所以說稱其為羊的意思，是吉祥的象徵呀！因此卿用羔羊作為賓客相見主人時的禮品。

玉的品格更類似於君子。孔子曾經說過：「一個人如果不經常地詢問：『這是怎麼回事？這該怎麼辦？』那麼對於這樣的人，我真不知道該怎麼辦了。」所以說作為一個患病者，如果隱匿自己的病情，那就不可能得到良醫的診治。對為學而又羞於詢問的人，聖人便會離他而去，認為這樣的人離開成功實在遙遠，而與災難卻十分靠近，因此也不會有人去幫助他。玉石看上去潔淨而透明，不隱蔽自己缺陷，如果身內有瑕疵，必然讓人們從外面一望便可以看清楚。所以說，君子不隱匿其短處，自己不知道的地方，就不會以詢問為羞恥，自己還沒有會的，那就好好地學。君子的這些品格，便是取之於玉啊！如果把君子的品德與玉相比擬，玉是那麼圓潤而又不沾染任何汙穢，那麼仁愛而又潔身自好，稜角分明而又不會給人帶來傷害，自己講究道義而又不危害他人，堅韌不拔而又不是頑固不化，即使有過失，也不是沾染上惡習而不肯改正，乍看上去是那麼平常，仔細觀察它如石一般。不管你如何壓抑它、摩擦它，它也不會對你纏繞不清。它永遠是那麼潔白如其本來的面目，不接受任何外來的汙穢不實的言辭。所以玉的品格，可以說是君子德行中最為完備的。所以公侯們要以玉作為賓客與主人相見時的禮品。

鬯的品格與聖人的德行相似。聖人具有那種純粹的仁愛之心，而又具有最珍貴的聰明才智，在自身修養上，所選擇的都是最美好的德音，發於政事的，都是為了施恩德以潤澤於百姓。積聚美好的鬯汁，使其芳香能上達天庭。鬯是選取上百種香花的花心，把它研成粉末，與上好的酒料和合在一起，它的香味能散布四周，香氣直衝上天。鬯是那麼純粹而無可挑剔，與聖人一樣，所以天子用它來作禮品。

各類人都執持各自的贄品作為事奉尊上的禮物，從各種贄所象徵的涵義，我們便可以從中看到他們各自行事在品格上的標準。

【研　析】本篇介紹古人初次相見時所持之贄的象徵意義。由於人們各自所處的地位等級不同，他們晉見其尊上時所執持的禮品也各不相同。作者在本篇藉贄見所持之物以喻義，通過對暢、玉、羔、雁諸物在品格上的描述，闡述天子、公侯、卿、大夫在品格的自我修養上的具體要求；而下一篇〈山川頌〉也是藉物喻義，藉山川來闡述人們品格修養上的理想境界，故它們都是董仲舒倫理觀上的一個重要部分。它們與〈仁義法〉、〈必仁且知〉、〈身之養重於義〉、〈觀德〉諸篇緊密聯繫在一起，把個人在品格德行的踐履修養上的要求具體落實到各色人等的身上。

在古代原始社會末期，人們交往時，總是帶著獵獲的禽獸或自己馴養的牲畜作為見面時的禮物，這大概便是贄的起源吧。主人在招待賓客後，也要回贈一些財物給客人，這大概便是儐的起源。進入等級制度以後，人們見面的禮儀也打上了等級的烙印，因而士在行冠禮後，去見國君、大夫、卿，都要執贄行見面禮。士與士之間相見，士去見大夫、卿、國君，大夫與大夫之初次相見，大夫去見國君都有相應的贄見之禮儀。他們手持的贄，都與自己的身分相配合。如果卿、大夫奉命去見鄰國的君主，稱為聘；本國的卿、大夫去見國君稱朝，諸侯去見本國的國君稱覲，也都要執贄以相見，而所執的贄，則是反映了贄者的不同身分和等級，故鬯、玉、羔、雁都是執贄者身分的象徵。

《尚書・舜典》說：「修五禮，五玉、三帛、二生、一死，贄。」五玉是指桓圭、信圭、躬圭、穀璧、蒲璧；三帛是赤繒、黑繒、白繒；二生，即羔和雁二牲；一死是雉，為士所執。《周禮・春官宗伯・大宗伯》具體記載了各階層所用的贄：「以玉作六瑞，以等邦國：王執鎮圭，公執桓圭，侯執信圭，伯執躬圭，子執穀璧，男執蒲璧。以禽作六贄，以等諸臣：孤執皮帛，卿執羔，大夫執雁，士執雉，庶人執鶩，工商執鷄。」《禮記・曲禮下》則概括為「凡摯，天子鬯，諸侯圭，卿羔，大夫雁，士雉，庶人之摯匹，童子委摯而退。」「婦人之摯椇、榛、脯、脩、棗、栗。」

天子為什麼用鬯，是用來祭神，也用來接待貴賓。《禮記・郊特牲》：「諸侯為賓，灌用鬱鬯，灌用臭也。」可見從天子、諸侯、卿、大夫、士以至庶民、工商以至婦女各色人等都以所持之贄來顯示自己的身分。賓主相見時之禮儀，見於《儀禮・士相見禮》，是一套極其繁瑣的禮儀過程。《春秋》三傳講到的贄禮，如《春秋》在魯莊公二十四年載：「八月丁丑，夫人姜氏入，戊寅大夫宗婦覿用幣。」《公羊傳》認為宗室大夫之婦覿哀姜時所用不合禮制，婦女只能使用「棗栗云乎，腶脩云乎」。《左傳》認為「男女同贄，是無別也」，可見當時用贄在身分上有嚴格的限制。《左傳》魯定公八年還記載：「公會晉師於瓦。范獻子執羔，趙簡子、中行文子皆執雁，魯於是始尚羔。」可見卿與上大夫執羔，下大夫執雁。為什麼《左傳》要說魯至此時始尚羔呢？章炳麟認為「言魯始尚羔者，魯卿本不以羔為摯，而以麑鹿為摯，至此始尚羔者。」（《春秋左氏讀》卷九）。可能原來是用野生動物為贄，若士用雉，野生的動物有其難以覓得的一面，故以羔來替代。

卿、大夫、士與國君委贄相見時，還包含著委質為臣的意義。若《韓非子・有度》云：「賢者之為人臣，北面委質，無有二心。」這個委質的過程，就是君臣之間建立相互之間的從屬關係。在師生之間，則是弟子對老師表示請為弟子，若《史記・仲尼弟子列傳》：「孔子設禮，稍誘子路，子路後儒服委質，因門人而請為弟子。」學生給老師送束脩，也是贄見禮的運用。《孟子・滕文公上》：「傳曰：孔子三月無君，則惶惶如也，出疆必載質。」可見士大夫要出仕於君，必須對君上行委質之禮，又如《史記・儒林列傳》也講到魯諸儒投奔陳涉時，「負孔氏之禮器，往委質為臣哉何也？以秦焚其業，積怨而發憤於陳王也。」從這些記載中可以見到贄禮在古代是認真付諸實施的，同時也可以看到古代政治上的許多重要制度，往往貫穿在禮儀之中。董仲舒這一番關於贄的品格的論述，是藉助於贄而演繹出它的種種象徵意義，把它作為通過禮儀形式進行文化教養的一種道具，並藉以寄託其倫理教養上的理想境界，以維護等級制度下的社會秩序。

山川頌 第七十三

【題解】篇名〈山川頌〉，主題為通過對山川的歌頌，使之擬人化，喻指君子在品德修養上應達到的最高境界。

本篇可分為二章。第一章以山之高大險峻而又穩固安定的寧靜境界，來喻指君子品德上應如山那樣地具有仁者的品德。第二章以水具有多方面的品質，來喻指君子應如水那樣地具有智者的品德。

第一章

山則巃嵸㠑崔，嶊嵬㠑巍，久不崩弛，似夫仁人志士❶。孔子曰❷：「山川神祇❸立，寶藏殖❹，器用資❺，曲直合❻，大者可以為宮室臺榭❼，小者可以為舟輿浮灄❽。大者無不中❾，小者無不入❿，持斧則斫⓫，折鐮則艾⓬。生人立，禽獸伏，死人入⓭，多其功而不言⓮，是以君子取譬也⓯。」且積土成山，無損也；成其高，無害也；成其大，無虧也⓰。小其上，泰其下，久長安，後世無有去就，儼然獨處，惟山之意⓱。《詩》云⓲：「節彼南山⓳，惟石巖巖⓴。赫赫師尹㉑，民具爾瞻㉒。」此之謂也。

【章　旨】本章以山的高大險峻、奇峰疊起而又穩固安定、巍然不動的寧靜境界來喻指君子品德修養的最高境地，從而闡明「仁者樂山」的命題。

【注　釋】❶山則巃嵸嵓崔四句　此處以山勢之高大而又崎嶇不齊，久不崩塌來描述仁人志士之崇高品德。巃嵸，山勢峻峭貌。司馬相如〈上林賦〉：「崇山矗矗，巃嵸崔巍。」嵓崔，上下重疊而高大。崔嵬，崎嶇而高低不平。〈上林賦〉：「摧崣崛崎。」嵬巍，高大而險峻不齊。張衡〈西京賦〉：「岑以罍嵬。」崩弛，崩塌。弛，同「阤」。塌下。❷孔子曰　此處引文的出處不詳。❸神祇　古代對天神稱神，對地神稱祇，此處之神祇泛指神靈。山川神祇是泛指山川的神靈。❹寶藏殖　指草木寶藏皆生殖於山川。❺器用資　指器物之用皆資於山林之草木。❻曲直合　指樹木無論曲直皆能合其用。❼大者可以為宮室臺榭　大者，指大的圓木。可以營造宮殿和臺榭。積土四方而高曰臺，臺加木為榭。可以登高眺遠。❽小者可以為舟輿浮灄　指木料之小者，可以製作舟船、車輛和浮桄。❾大者無不中　指大者若圓木，沒有不中於用者。❿小者無不入　指樹木之小者也沒有不合適的用途。⓫持斧則斫　指大的圓木用斧去斫伐。⓬折鐮則艾　盧文弨云：「折，疑當作持。」艾，通「刈」。意謂對細小的茅草則用鐮刀去割。⓭生人立三句　指山林既是人們生活中的立足之地，也是禽獸竄伏之所，人死了以後又是葬殮入土的場所。⓮多其功而不言　指大山對人們有那麼多功蹟而不自言其功德。⓯是以君子取譬也　此處言君子皆取大山以喻人之仁德，故仁者樂山。⓰且積土成山六句　以積土成山喻君子的品德修養，須長期積累方能似山那樣高大，不能有絲毫虧損以傷害它。⓱小其上六句　此以大山之形勢喻君子品德修養。上小下大，山才能長久地安穩而不為人們所移動，在品德修養上也是從小事做起，樹立穩固的基礎，才能卓然獨處於眾人之上，此為以山之所以喻人之品德修養的用意。⓲詩云　引詩見《詩經・小雅・節南山》。〈節南山〉共十章，引文為首章之首段。引用此詩句，是為了以南山之高大峻峭來表述百姓對君子德行的期望。⓳節彼南山　節，高峻貌。南山，終南山，今陝西西安市之南，秦嶺主峰之一。⓴巖巖　積石貌。指南山之石，層層疊積而又峻急矗峭。㉑赫赫師尹　赫赫，顯貴盛大貌。師尹，指太師尹氏。尹氏為周的世襲貴族，官司空兼太師。故以赫赫形容其顯貴威嚴。㉒民具爾瞻　指百姓都注視著他的一言一行。

【語　譯】山勢是那麼峻峭，重疊而高大，崎嶇險峻而不齊，久遠而不崩塌，似仁人志士崇高的品德。孔子說：「山川是神祇們居住的場所，世上的寶藏都生長在那裡。人們的一切器用物品都依仗於它，那裡的樹木，無論彎曲還是筆直的，都各有其合適的用途。大的圓木可以營造宮室臺榭，小的樹木可以製作車輛舟船，以及划船的槳櫂。大的沒有不中用的，小的也沒有不合適的。樹木要拿著斧頭去砍伐，茅草則拿著鐮刀去割刈。人們活著要依仗山林，禽獸也潛伏在山林中，人死了也都埋在山裡。山林作了那麼多貢獻，從來不訴說自己的功德，所以君子用山來譬喻志士仁人的德行。」山是用泥土堆積起來的，它沒有任何損失；山之所以能堆得那麼高，對於人沒有任何傷害；山是那樣的廣大，那是因為沒有任何虧缺。山的形狀是上面小，下面大，所以它能長治久安，後世的人們無法去移動它，莊嚴而倬然地獨立在那裡，這就是山所象徵的德行。《詩經》上說：「那高而峻峭的終南山，層層疊疊的山巖，那威嚴顯赫的太師尹氏，民眾的眼睛都注視著他的言行。」說的也就是這個意思。

【研　析】《論語．雍也》載：「知者樂水，仁者樂山。知者動，仁者靜。知者樂，仁者壽。」孔子以山水來喻指人之品德，作為人們倫理修養的最高境界，為後人留下了永恆的話題。它既是自然的擬人化，也是人的自然化。它使人樂山樂水，回歸自然，擺脫人間的種種煩擾和失落，自不失為一種解脫和超越。

董仲舒把仁者樂山與知者樂水分為兩個篇章以分別論述。關於仁者樂山，在董仲舒的前後，都有人展開過論述，如《藝文類聚》十引《韓詩外傳》曰：「仁者何以樂山？山者萬物之所瞻仰也，草木生焉，萬物殖焉，飛鳥集焉，走獸休焉，哺生萬物而不私焉。出雲導風，天地以成，國家以寧，此仁者所以樂山。」劉向《說苑．雜言》云：「夫仁者何以樂山焉？曰：夫山巃嵸礧嶵，萬民之所觀仰，草木生焉，眾物立焉。飛禽萃焉，走獸休焉，寶藏殖焉，奇夫息焉。育群物而不倦焉，四方並取而不限焉。出雲通氣於天地之間，國家以成，是仁者所以樂山也。《詩》曰：『泰山巖巖，魯侯所瞻。』樂山之謂也。」

第二章

水則源泉混混沄沄，晝夜不竭，既似力者❶；盈科後行❷，既似持平者❸；循微❹赴下，不遺小間❺，既似察者❻；循溪谷不迷，或奏萬里而必至，既似知者❼；鄣防山而能清淨，既似知命者❽；不清而入，潔清而出，既似善化者❾；赴千仞之壑，石而不疑，既似勇者❿；物皆因於火，而水獨勝之，既似武者⓫；咸得之生，失之而死，既似有德者⓬。孔子在川上曰：「逝者如斯夫，不舍晝夜⓭。」此之謂也。

【章旨】本章以水具有多方面的優秀品質喻指君子在品德修養上應達到的境界，從而闡明「智者樂水」的命題。

【注釋】❶水則源泉混混沄沄三句　此處意謂水從源頭汩汩不斷地湧出，然後浩浩蕩蕩奔流而下，晝夜不停地流淌，其形象酷似一個強有力者。混混，水流湧出的樣子。沄沄，水流浩蕩的樣子。既，通「其」。❷盈科後行　指水要滿了坑坎才能外溢而行。科，通「窠」。坑坎。❸持平者　指其似今之水平儀，對一切都保持同一平準。❹微　指微小的空間。❺小間　指微小的空間。❻察者　指明察秋毫之人。❼循谿谷不迷三句　謂水雖循谿谷而行但不迷途，或走萬里而必至於海，其似頭腦充滿著智慧的人。谿谷，山谷，即兩山之間的夾谷。奏，通「走」。知，通「智」。❽鄣防山而能清淨二句　謂水行受山的阻遏和抵擋，便能停頓下來，使水清淨而見底，其似能安道樂命者。鄣，即阻隔。防，抵擋。❾不清而入三句　指混濁的水進入水塘或湖泊後，經過沉澱化為清水流出，其似人之善於教化者。❿赴千仞之壑三句　此處謂水流至千仞絕壁，似瀑布之飛流直瀉，故謂其行為似勇者，雖面臨萬丈深壑，仍一往直前而毫無怯弱之心。「石」乃「入」字之誤。仞，八尺為一仞。壑，聚水之潭谷。⓫物皆因於火三句　「因」當為「困」。萬物皆困於火，惟水能滅火。故云其似武藝高超之能人。⓬咸得之生三句　人的生命活動離不開水，故云得水而生，失水而死，以其喻人之德行。此處指水似人之有德行者。咸，都。⓭逝者如斯夫二句　引語見《論語・子罕》。孔子認為古往今來的人們生活，似水一般，晝夜不息地奔流向前，君子當法之而自強不息。

【語　譯】水的源頭似泉水那樣不斷地湧出地面，同時又浩浩蕩蕩地奔騰向前，不分晝夜，也不知道停歇，它真似一個堅強而有毅力的人；在任何低窪的地方總要注滿以後才繼續前進，好似它對任何人都是那麼公平無私；即使是微小的空隙，它也不遺忘一點點間隙，它真似一個明察秋毫的人；它循行於谿谷之間，從來不會迷途，即使跋涉萬里的長途，也必然會到達自己最終的目標，它真似一個充滿著智慧的智者；當被山嶺堤防阻遏時，它能清靜而淨化自己，一望而見底，真似能安天而樂命的聖人；夾帶著不潔之物的混水流進來後，可以變成清潔的水流出去，它似一個善於教化的長者；當它奔赴千仞壁立的深壑時，沒有任何畏懼和猶豫，它真似那一往直前的勇者；萬物都受困於火，獨它能戰勝火，它在火面前似一個武藝超群的強者；所有的東西得到它便能有生機，失去它便會死亡，它真似生活中有德行的長者。孔子曾站在河川之上，感歎地說：「歲月和時光就似它那樣流逝，不分晝夜地奔向前方。」聖人所說的也就是這個意思。

【研　析】以水之特性喻人之德行品性，在儒家典籍中，論者甚多，其義大體相似，文字亦大同小異。如《荀子・宥坐》云：「孔子觀於東流之水。子貢問於孔子曰：『君子之所以見大水必觀焉者，是何？』孔子曰：『夫水，大徧與諸生，而無為也，似德；其流也，埤下裾拘，必循其理，似義；其洸洸乎不淈盡，似道；若有決行之，其應佚若聲響，其赴百仞之谷不懼，似勇；主量必平，似法；盈不求概，似正；淖約微達，似察；以出以入，以就鮮絜，似善化；其萬折也必東，似志。』是故君子見大水必觀焉。」《說苑・雜言》則云：「夫智者何以樂水也？曰：泉源潰潰，不釋晝夜，其似力者；循理而行，不遺小間，其似持平者；動之而下，其似有禮者；赴千仞之壑而不疑，其似勇者；障防而清，其似知命者；不淑淑清以入，鮮潔而出，其似善化者；衆人取乎，品類以正，萬物得之則生，失之則死，其似有德者；淵淵，深不可測，其似聖者；通潤天地之間，國家以成，是知之所以樂水也。《詩》云：『思樂泮水，薄採其茆，魯侯戾止，在泮飲酒。』樂水之謂也。」此外，《韓詩外傳》亦有類似的論述。它們與本章的論述，大同小異，可見水被認為具有多方面的品德，已成為當時人們的共識。

求雨 第七十四

【題解】篇名〈求雨〉，內容為敘述春、夏、秋三季遇旱求雨的雩祭與季夏、冬季的助祭活動。董仲舒依照陰陽五行說的圖式，具體規定這些活動的實施範圍、內容與各種程式，加強了這些活動的神祕主義色彩。

本篇可分為三章。第一章敘述春旱求雨而舉行雩祭時的種種活動。第二章敘述夏季遇旱而舉行雩祭的種種活動與季夏助祭的過程。第三章敘述秋季遇旱求雨而舉行的雩祭及冬季的助祭活動。

第一章

春旱求雨❶。令縣邑❷以水日❸令民禱社❹，家祀戶❺。無伐名木，無斬山林❻。暴巫，聚蛇❼。八日❽。於邑東門之外為四通之壇，方八尺❾，植蒼繒八❿。其神共工⓫，祭之以生魚八，元酒⓬，具清酒⓭、膊脯⓮。擇巫之清潔辯言利辭者以祝⓯。祝齋三日，服蒼衣，先再拜，乃跪陳，陳已，復再拜，乃起⓰。祝曰：「昊天⓱生五穀⓲以養人，今五穀病旱，恐不成⓳，敬進清酒、膊脯，再拜請雨，雨幸大澍⓴。」奉牲禱以甲乙日㉑，為大蒼龍一，長八丈，居中央。為小龍七，各長四丈。於東方，皆東鄉，其間相去八尺。小童八人，皆齋三日，服青衣而舞之㉒。

田嗇夫亦齋三日，服青衣而立之㉓。諸里社通之於閭外之溝㉔，取五蝦蟇，錯置社中。池方八尺，深二尺，置水、蝦蟇焉㉕。具清酒、膊脯，祝齋三日，服蒼衣，拜跪，陳祝如初。取三歲雄雞、三歲猪，皆燔之於四通神宇㉖。令閭邑里南門，置水其外。開北門，具老猳猪一，置之于里北門之外。市中亦置一猳猪，聞鼓聲，皆燒猪尾㉗。取死人骨埋之，開山淵，積薪而燔之。決通道橋之壅塞不行者，決瀆之㉘。幸而得雨，以猪一，酒、鹽、黍財足㉙，以茅為席㉚，毋斷㉛。

【章　旨】本章敘述為春旱求雨而舉行雩祭時的種種活動。

【注　釋】❶春旱求雨　古代為求雨而祭祀的祭禮有兩種：一是孟夏四月舉行的雩祭，因為其時萬物萌生，亟需雨水而滋潤生長，這是常雩。《左傳》魯桓公五年：「龍見而雩。」龍見是指東方青龍之角、亢二宿於黃昏時見於東方，這時正是夏曆的四月，屬初夏的時間；另一種是遇旱而行雩祭，稱為大雩。此處所言之春旱求雨，屬於非常祀，由各地根據雨情來舉行的祭祀。❷令縣邑　指以縣為單位來舉行求雨的祭禮。《後漢書・禮儀中》：「自立春至立夏盡立秋，郡國上雨澤。若少，郡縣各掃除社稷；其旱也，公卿官長依次行雩禮求雨。」❸水日　按五行紀日中屬水的日子，如天干的壬日、癸日。❹令民禱社　《後漢書・禮儀志》注引董仲舒言作「令民禱社稷」，蘇輿本作「禱社稷山川」。社，可以包括社稷山川，因為社是五土之神。《周禮・地官司徒・大司徒》指出「五土」為一曰山林，二曰川澤，三曰丘陵，四曰墳衍，五曰原隰。《禮記・祭法》：「王為群姓立社曰大社，王自立社曰王社。諸侯為百姓立社曰國社，諸侯自為立社曰侯社。大夫以下成群立社曰置社。」各級都有社。《禮記・月令》：「有司為民祈祀山川百源，大雩帝用盛樂，乃命百縣雩祀。」古代天旱求雨時，不僅天子在京師舉行雩祭，地方以縣為單位也舉行雩祭。雩祭求雨時，民禱於社。❺家祀戶　家，指百姓。戶是戶神，主出入。《禮記・月令》在季春之月即三月記載：「其祀戶，祭先脾。」蔡邕《獨斷》曰：「戶，春為少陽，其氣始出生養，祀之於戶。」❻無伐名木二句　《禮記．月令》在仲春之月即二月亦有「無焚山林」的規定。此處謂春旱求雨祭祀的日子，不得砍伐名樹古木，不得砍伐山林。❼暴巫聚蛇　蛇，他本作「尪」。巫，《說文》：「巫，祝也。女能事無形，以舞降神者也。」尪，骨骼彎曲，駝背突胸者。古代用曬烤甚至焚燒巫尪來求雨。《左傳》僖公二十一年：「夏大旱，公欲焚巫尪。」《禮記．檀弓下》：「歲旱，穆公召縣子而問然。曰：『天久不雨，吾欲暴尪而奚若？』曰：『天久不雨而暴人之疾子，虐，毋乃不可與。』『然則吾欲暴巫而奚若？』曰：『天則不雨，而望之愚婦人，於以求之，毋乃已疏乎。』」❽八日　指暴巫聚尪的期限。❾於邑東門之外為四通之壇二句　漢制郡縣皆設社，社在城邑之外。社皆置方壇，四面皆有通道，無屋，有牆門而已。壇之大小皆有定制。《白虎通義．社稷》：「其壇大如何？《春秋文義》曰：『天子之社稷廣五丈，諸侯半之。』」此處為縣之社，春之數為八，故廣只八尺。《後漢書．祭祀志下》注引馬融《周禮》注曰：「王者五社，太社在中門之外，惟松；東社八里，惟柏；西社九里，惟栗；南社七里，惟梓；北社六里，惟槐。」此處為東門外的社壇。❿植蒼繒八　繒，為帛類的總稱，蒼為青色。指壇上掛青色之繒八條。⓫共工　相傳為帝堯時代的水官。因為他是水官，故下文云「祭之以生魚八條」。⓬元酒　即水，又稱玄酒。《禮記．禮運》之疏云：「玄酒，謂水也。以其色黑，謂之玄。而太古無酒，此水當酒所用，故謂之玄酒。」⓭清酒　古有三酒之說，一曰事酒，冬釀春成，有事而用之。二曰昔酒，久釀乃熟，故名以昔酒，其味較事酒為濃。三曰清酒，釀造時間比昔酒更長，冬釀夏熟，較昔酒之味厚且清。⓮膊脯　指肉乾。此處指祭祀時用以牲畜肩、胸做成的肉乾。⓯擇巫之清潔辯言利辭者以祝　選女巫中容貌清秀而又口齒伶俐者充當祝。祝，祭祀時的祭主。⓰祝齋三日七句　此處為描述巫祝祭奠求雨的程式。齋三日，指祝參加祭典前先沐浴潔身清心在齋室居住三日。蒼衣，指青色的祭服。跪陳，指跪著陳設祭品和陳述其祝辭。⓱昊天　指天之最高神。昊，廣大的意思。《周禮．春官宗伯．大宗伯》：「以禋祀，祀昊天上帝。」⓲五穀　指麻、黍、稷、麥、豆。⓳恐不成　蘇輿本「成」字下添一「實」字。指不結果實。⓴大澍　謂大雨如注。澍，通「注」。㉑奉牲禱以甲乙日　牲，即祭祀用的犧牲。漢代郡縣雩祭以少牢。《後漢書．禮儀志中》便講到求雨時，「禱賽以少牢如禮」。少牢用豕、羊各一。甲乙日，古人以天干記日，五行說把四時、十天干與五行相配，故春季屬木，十天干亦分為五類，甲、乙日屬木，故在春季求雨時，以甲、乙兩日為求雨而製作土龍。㉒為大蒼龍一十一句　古人以土龍求雨。《後漢書．禮儀志中》注引：「《山海經》曰：『大荒東北隅有山，名曰凶犁土丘，應龍處南極，殺蚩尤與夸父，不得復上，故下數旱。旱而為應龍之狀，乃得大雨。』郭璞曰：『今之土龍，本此氣應，自然冥感，非人所能為也。』」長八丈，指蒼龍的長度為八丈。春旱雩祭之壇，方八尺，植蒼繒八，祭生魚八，小龍之間相去八尺，舞龍之小童八人，皆以八為數。《禮記・月令》在春季的孟春、仲春、季春這三個月載：「其數八」。依陰陽五行說，奇數（一、三、五、七、九）屬天，偶數（二、四、六、八、十）屬地，依次與五行相配，與木相配的數為四與八，故大龍長八丈，小龍長四丈，大龍一與小龍七合為土龍八，此皆為取春之數為八。又以五色配五行，春屬木，主蒼色。《禮記・月令》載天子在春季要「駕蒼龍，載青旂，衣青衣，服青玉」。故春旱舉行雩祭時，土龍為蒼色，小童衣青衣。龍不僅是祭祀時的陳設，而且是舞具，七小龍，一大蒼龍，每龍以八小童舞之，祭禱的過程，也是舞龍比賽的過程。而舞龍的位置則在祭壇之前固定的區域。《論語・顏淵》講到「樊遲從遊於舞雩之下」，這個「舞雩」便是樊遲隨孔子遊逛的區域。雩祭的習俗遍及全國各個地區，因而舞龍也隨之成為中華民族歷史悠久的文化傳統。㉓田嗇夫亦齋三日二句　田嗇夫，為縣下面的鄉一級的行政長官。鄉，漢代基層的行政組織。《漢書・百官公卿表》：「大率十里一亭，亭有長；十亭一鄉，鄉有三老，有秩嗇夫。」漢代的縣，五百戶以上置鄉，三千戶以上置二鄉，五千戶以上置三鄉，一般是三鄉，萬戶以上則置四鄉。嗇，同「穡」。嗇夫原為農夫的別稱，故亦稱田嗇夫。嗇夫的職掌，「知民善惡，為役先後；知民貧富，為賦多少，平其差品」（《後漢書・百官志》）。郡縣求雨時，在鄉一級亦有相應的祭典，它由田嗇夫來主持其事。在祭典之前，嗇夫要齋戒三日，服青衣而立。㉔諸里社通之於閭外之溝　漢代基層行政組織，鄉以下有閭里，諸閭里皆有溝渠阡陌。田嗇夫要率領下屬諸閭里，打通相互之間的溝渠使之互相溝通。《後漢書・百官志》：「里有里魁，民有什伍，善惡以告。」本注曰：「里魁掌一里百家，什主十家，伍主五家，以相檢察。」㉕取五蝦蟇五句　此處言求雨時，在鄉的陳設和準備。里皆有社，社即土地廟，為里中聚會議事之所。《荊楚歲時記》云：「社日，四鄰並結宗為社，宰牲牢，為屋於樹下，先祭社，然後享其胙。」而里正則負責分配胙肉，漢初陳平曾為里宰。《史記・陳丞相世家》：「里中社，平為宰，分肉食甚均。父老曰：『善，陳孺子之為宰！』平曰：『嗟乎！使平得宰天下，亦如是肉矣。』」蝦蟇，即蛤蟆。青蛙與蟾蜍的通稱，蝦蟇雨後，會群聚而鳴叫，故每里取五隻蛤蟆，放在社壇前開挖的水池中，池方八尺，深二尺，也要放水和蛤蟆，以顯示求雨的意願。焦氏《易林》：「蝦蟇群聚，從天請雨，集聚，應時輒雨，得其所願。」㉖具清酒膊脯七句　此處言鄉為求雨而舉行的祭奠儀式。要備清酒、肉乾，致祝辭的巫婆要先齋戒三日，穿青色的祭服，行跪拜禮，宣讀祝辭。宰殺滿三年的雄雞和三歲的公豬，祭畢則焚燒於四面皆通達的神宇之前。㉗令閭邑里南門八句　此處言郡縣舉行求雨的祭禮時在里邑的活動。里為漢代農村的基層組織。《後漢書・百官志》：「一里百家，什主十家，伍主五家，以相檢察。民有善惡事，以告監官。」里民聚邑而居，邑有圍牆。東、西、南、北有門。在求雨時，里正要關閉邑的南門，南屬陽，旱為陽過盛，故閉南門，把水放在門外，以求雨水。北屬陰，故打開北門，以助陰。在北門外置老公豬一頭，在里邑中間設市，市中心也設置一頭公豬，聽到鼓聲，兩面都燒豬的尾巴，用焚燒豬尾巴代替焚燒整個豬。㉘開山淵四句　此處皆言里民應如何為水的通行準備各種條件。開山淵，是開通山水行走的通道。從陰陽說來看，開山淵為開陰，焚積薪則為閉陽。通道橋之壅塞不行者，是打通阻塞水道的橋梁和道路。蘇輿認為「決瀆之」當作「決瀆之不行者」。決瀆之不行者，是疏浚河流的水道。這些都是配合求雨為水的通行所作的準備，藉以顯示求雨的願望。《藝文類聚》卷一百，引《神農求雨書》：「如此不雨，潛處闔南門，置水其外，開北門，取人骨埋之。如此不雨，命巫祝而曝之。曝之不雨，神山積薪，擊鼓而燔之。」積薪而燔之，亦可能積薪而焚巫的一種象徵。後世亦有類似的故事，《初學記》卷二，引謝承《後漢書》曰：「戴封字平仲，遷西華令，其年大旱，禱請不獲，乃積薪坐其上以自焚，火起而大雨，遐邇嘆服。遷中山令。」范曄《後漢書》曰：「涼輔仕郡，為五官掾，時夏大旱，太守自祈請。輔曰：『若至日中不雨，以身塞無狀。』於是積薪聚艾茅以自環，構火將自焚。未及中時而天雲晦合，須臾澍雨。」㉙幸而得雨三句　指得雨以後，要回報於神靈，用一頭豬和適量而又足夠的酒、鹽、黍來祭奠神靈。財，通「纔」。㉚以茅為席　指以茅草織蓆作為祭壇。㉛毋斷　指不能割斷織蓆的茅草。毋，不要。

【語譯】在春天遇乾旱求雨時，要命令縣邑在水日這天祈禱於縣的社壇，每家每戶都要祭祀戶神。不能砍伐縣邑內的名樹古木，不能上山砍伐山林中的樹木。要曝曬女巫和聚集的尪人八天。在縣邑的東門之外，建一座四面皆暢通的祭壇，壇的長度和寬度都是八尺，壇上懸掛青色的繒帛八條，壇上供奉共工的神主，祭奠時陳列八條生魚，放上清水，同時陳列清酒、乾肉，挑選女巫中面目清秀又口齒伶俐的作為致祝辭的祝人，她先要齋戒三天，穿上青色的祭服，祭祀的過程先是一而再地跪拜神靈，然後跪著陳設祭品，陳述祝辭，然後再次跪拜而起立。祝辭是說：「昊天上帝生成五穀是為了養育天下的百姓，現在五穀遭受乾旱，恐怕不能成熟結實了，所以恭敬地進奉清酒和乾肉，再次拜請神靈降下雨露，若是有幸，希望上天能及時地降下大雨。」為此有供奉祭奠用的犧牲和衷心的祈禱，在甲乙日還要製作一條大青龍，龍的長度是八丈，放在中央。另外製作小龍七條，各自的長度為四丈，都陳列在東面向東的方向，每條龍之間的距離是八尺。每條龍有八個童子操持，事先他們都要沐浴齋戒三天，穿著青色衣服，踏著舞步舞龍。

在鄉一級基層政權有田嗇夫主持求雨的祭祀，他也要在祭祀前沐浴齋戒三天。穿上青衣，立在祭壇的前面。各個里社的阡陌溝渠都要溝通到閭門之外的溝渠，取五隻蛤蟆，錯置在社壇的前面，在壇前鑿池，池要八尺見方，深二尺，池中放水和蛤蟆，同時具備清酒和乾肉，致祝辭的女巫也要先沐浴齋戒三天，穿青色的祭服，拜跪和陳述祝辭也如前面所述，另外還要取三歲的雄雞和三歲的公豬各一，焚燒在四面通達的神宇之前，同時還命令各個里邑要關閉里邑的南門，把水放置門外，打開里邑的北門，把一頭老公豬放在北門之外，里邑有市的，在市中也設置公豬一頭，聽到鼓聲，便焚燒豬的尾巴，在里邑還要掩埋好暴露在野外的死人骸骨。開闢山淵，堆積柴火去焚燒它，要開通壅塞水路的道路和橋樑，要開通不通暢的河道。幸而上天降下大雨，那就要用一頭豬，適量的清酒、鹽、黍來酬謝神靈才成禮。用茅草來製作祭奠時陳設祭品的草薦，還不能把茅草弄斷。

【研　析】求雨本來是農業民族一種非常古老的帶有迷信色彩的民俗活動。這是因為以農業經濟為主體的社會，雨水的多寡和是否及時，與農業的收成息息相關。《春秋》經文中，關於不下雨的記載不少，如魯莊公三十一年（西元前六六三年）冬不雨，僖公二年（西元前六五八年）冬不雨，三年春正月不雨，夏四月不雨。《左傳》則稱其「自十月不雨至於五月」，所以稱「不雨」，因其尚未傷害穀物的收成。但從這些記載也可以看到當時人們對雨情的關注。而春夏之交雨水是否充沛，則直接關係到全年的農業收成。《左傳》魯桓公五年言「龍見而雩」，即在每年夏曆四月，不管雨情如何，都要舉行雩祭。它是常祀。由於它作為歲之常事，故《春秋》反而不書，其所記載的雩，則是因旱而臨時為求雨而舉行的祭禮。如魯桓公五年（西元前七〇七年）大雩便是在秋天，並非常祀。魯僖公十一年（西元前六四九年）秋八月大雩，十三年（西元前六四七年）秋九月大雩；襄公五年（西元前五六八年）秋大雩，八年（西元前五六五年）九月大雩，二十八年（西元前五四五年）秋八月大雩；昭公三年（西元前五三九年）八月大雩，六年（西元前五三六年）秋九月大雩。凡此等等，可見在《春秋》經文中對非常祀的大雩祭禮的記載很多。這都是夏四月常雩以外的遇旱而祭禱求雨的記載。

此外還有不少關於乾旱的記載，如僖公二十一年（西元前六三九年）夏大旱，宣公七年（西元前六○二年）秋大旱，所以有時稱雩，有時稱旱。《穀梁傳》認為是雩得雨曰雩，不得雨曰旱。

從季節上看，冬季沒有雩祭，但有乾旱的記載。《漢舊儀》亦有立秋以後，「雖旱，不得禱求雨」的記載，故本篇對冬季稱助祭。《後漢書．禮儀志中》：「自立春至立夏盡立秋，郡國上雨澤。若少，郡縣各埽除社稷；其旱也，公卿官長以次行雩禮求雨。」在漢代，冬天也是排除在雩祭之外的。

在雩祭中用龍，用豬，與古老的神話傳說有關。《易．說卦》講到「震為龍」，「坎為豕」。〈震卦〉為雷，雷動於雲中，雲從龍，故藉龍以致雨。豬喜歡在有水的窪坑之中打滾，故以猳豬求雨。《山海經》有「應龍處南極，殺蚩尤與夸父，不得復上，故下數旱，而為應龍之狀，乃得大雨。」《初學記》二引許慎《淮南子》注：「湯遭旱，作土龍以象龍，雲從龍，故致雨也。」在神話中封豨是豬形的雨神。《淮南子》有羿擒封豨的傳說，屈原在〈天問〉中稱：「馮珧利決，封豨是射。」高誘《淮南子》注：「封豨，大豕，楚人謂豕為豨也。」《史記．天官書》亦云：「奎曰封豕，為溝瀆。」故「羿擒封豨」是擒淫雨之神。《詩經．小雅．漸漸之石》：「有豕白蹢，烝涉波也。月離於畢，俾滂沱矣。」講的也是豬跑到泥塘去了，月亮靠近畢星，很快就要有滂沱大雨來了。燒豬的尾巴，也就是催促大雨的降臨。

整個祭祀的過程是神人之間的溝通。由人向神呼籲祈求人間的願望，而溝通人神的仲介是巫。在古代，君與巫是合一的。君王既是國家的統治者，也是溝通人神的巫。若《山海經．海外西經》：「大樂之野，夏后啟於此舞九代，乘兩龍。」九代是巫舞。夏啟既是君王又是巫。《呂氏春秋．季秋紀．順民》：「天大旱，五年不收，湯乃以身禱於桑林，曰：『余一人有罪，無及萬夫，萬夫有罪，在余一人。無以一人之不敏，使上帝鬼神傷民之命。』於是翦其髮，酈其手，以身為犧牲，用祈福於上帝，民乃甚說，雨乃大至。則湯達乎鬼神之化，人事之傳也。」湯既是殷商的國君，又是祭祀求雨的巫，溝通於人神之間，它的祝辭也就是向神表達人間的願望。在一般的祭祀過程中，也正是通過舞以降神，通過祝辭，或者咒語來表達人間的祈求。《說文》：「𩆜，𩆜巫也，以王事神，从王。」故𩆜、靈、𩆷三字為同字異體，在《字彙補・雨部》有以𩆷為其異體字，故𩆜字所表達的是巫或者王以玉事神以求雨者。由於王權逐漸凌駕於神權之上，而執行巫的職能者之地位便逐漸下降，以至淪為民間的巫婆與神漢。在《漢書・禮儀志中》講到郡縣行雩禮時，是公卿長官依次行禮。

本章講到在鄉一級基層政權，則是由田嗇夫、司空嗇夫領銜雩祭，具體宣讀祝辭的是女巫，而跳舞步的則是持土龍的童子。整個雩祭的過程，實際上是一次以求雨為主題的巫術活動。而巫術活動與一般的宗教祭祀活動又有所不同。宗教信仰是信徒們通過對神的祈求、獻祭等卑躬屈膝的方式，乞求神靈的恩寵；而巫術則採取頤指氣使的態度，使用巫術作為手段，控制超人間的神鬼的力量為自己所用。達到目的後，會進行犒賞。達不到目的，還會對神靈表示自己的憤怒，甚至採用逼迫和懲罰的手段來對付溝通人神之間的巫師。前面講到《春秋》經文上記載的雩禮，得雨稱雩，不得雨稱大旱，兩者語氣便完全不同。本章末尾講到「幸而得雨，以猪一，酒、鹽、黍財足，以茅為席，毋斷」，那是達到目的後對神靈表示犒賞，在祭禮過程中，要曝巫尪八日，燒豬的尾巴，便是為了逼迫上天降雨。這種以暴曬致雨的故事，《晏子春秋》載：「齊景公時旱，欲祀靈山。晏子曰：『山固以石為身，草木為髮。天苟不雨，髮焦身熱，久旱獨不欲雨乎？君避殿暴露，其當雨。』公出野暴露，天果大雨。」用曝曬於烈日之下這種苦肉計的人，原來由君王自己充當，後來才逐漸演變為巫。《左傳》魯僖公二十一年：「夏大旱。公欲焚巫尪。臧文仲曰：『非旱備也。修城郭、貶食、省用、務穡、勸分，此其務也。巫尪何為？天欲殺之，則如勿生；若能為旱，焚之滋甚。』公從之。」焚巫尪比暴曬巫尪在威逼上則更進一步了。這些都顯示在雩祭上濃重的巫術特徵。

如果沒有旱情，每年孟夏的雩祭，實際上成了民間一次娛樂活動的機會。《論語・先進》曾載曾皙對孔子言其志云：「曰：『暮春者，春服既成，冠者五六人，童子六七人，浴乎沂，風乎舞雩，詠而歸。』夫子喟然嘆曰：『吾與點也！』」魯設雩祭於沂水之上，暮春是指四月。冠者，指參加祭祀的官員。童子是舞龍的少年。祭祀完畢時，迎風而舞龍，祭祀結束，大家唱著歌謠回家，神情是那麼悠閑自得，所以孔子說我要與曾皙一起去參加吧。這裡並沒有那種莊嚴肅穆的狀態。董仲舒所規制的雩祭的狀況，只是在原始的民俗神話傳統基礎上，套上陰陽五行的世界圖式，使之具有更加濃重的神祕主義色彩。按照董仲舒所敘述的這種自縣至鄉至里閭三級同時舉行雩祭的操作過程，在祭祀之前要有一系列的準備活動。首先是選擇祭祀的日期和地點，參加祭祀的成員要齋戒沐浴，對神靈表示自己的虔誠，布置祭器和獻祭的犧牲、酒食和玉帛。而這些準備往往也都與祭祀的求雨主題相關，並藉以顯示祭祀者強烈的願望。同時處處又刻著陰陽五行說的印跡。如日期的選擇，由於是求雨，那就必須選在依五行紀日中屬水的日子；由於是春旱求雨，依五行說在方向上與之對應的是東方，故在縣邑東門之處築壇；涉及數量的，則依照五行說，其數為八，故皆取八，所以壇與池皆方八尺；涉及用色上，則依五行說，東方為蒼色，故懸掛的繒帛為蒼色，祭祀者的服色為蒼色，土龍的著色也是蒼色。在祭祀中用生魚，用蝦蟇，以及開山淵，鑿通溝渠水道等等，一方面處處顯示了求雨的強烈願望，另一方面又附會於閉陽開陰的陰陽之說。《漢書・五行志上》說董仲舒「始推陰陽，為儒者宗」，這的確是中肯的評價。

第二章

夏求雨。令❶邑以水日❷，家人祀竈❸。無舉土功❹，更大浚井❺。暴釜於壇❻，臼杵於術❼，七日❽。為四通之壇於邑南門外❾，方七尺，植赤繒七。其神蚩尤，祭之以赤雄雞七[10]，元酒[11]，具清酒[12]、膊脯[13]。祝[14]齋三日，服赤衣[15]，拜跪陳祝如春辭[16]。以丙丁日[17]為大赤龍一，長七丈，居中央。又為小龍六，長各三丈五尺，於南方，皆南鄉，其間相去七尺。壯者七人，皆齋三日，服赤衣而舞之[18]。司空嗇夫[19]亦齋三日，服赤衣而立之。鑿而通之閭外之溝，取五蝦蟆，錯置里社之中，池方七尺，深一尺[20]，酒脯，祝齋，衣赤衣，拜跪陳祝如初。取三歲雄雞、猳猪，燔之四通神宇。開陰閉陽如春[21]。

季夏禱山陵以助之[22]。今縣邑壹徙市，於邑南門之外。五日禁男子無得行入市[23]。家人祠中霤[24]。無興土功[25]，聚巫市傍，為之結蓋[26]。為四通之壇於中央，植黃繒五[27]。其神后稷[28]，祭之以母飴五[29]，元酒，具清酒、膊脯。今名為祝齋三日，衣黃，皆如春祠[30]。以戊己日為大黃龍一，長五丈，居中央。又為小龍四，各長二丈五尺，於南方，皆南鄉，其間相去五尺。丈夫五人，齋三日，服黃衣而舞之[31]。五人[32]亦齋三日，衣黃衣而立之。亦通社中於閭外溝[33]，取蝦蟇池方五尺，深一尺[34]。他皆如前[35]。《神農求雨》第十九曰：「戊己不雨，命為黃龍，又為大龍，社者舞之，季立之。」又曰：「東方小僮舞之，南方壯者，西方沾人，北方人舞之[36]。」

【章　旨】本章敘述夏季天旱為求雨而舉行雩祭的種種活動，同時還敘述了季夏助祭的過程。

【注　釋】❶令　令之下脫一「縣」字。❷水日　為天干的壬日與癸日。其下脫一「禱」字。❸竈　主司飲食之神。《禮記・祭法》：「士庶人立一祠，或立戶，或立竈。」鄭玄注曰：「夏日其祀竈，祭先胏。」蔡邕《獨斷》曰：「夏為太陽，其氣長養，祀之於竈。」又，俗以竈神為祝融，故《說文》稱：「周禮以竈祀祝融。」而《淮南子》則稱：「炎帝作火官，死為竈神。」❹無舉土功　指不要興舉土木工程，建築宮室房屋。《禮記・月令》在孟夏之月，亦有「毋起土功，毋發大眾，毋伐大樹」的禁令。❺更大浚井　此處意謂疏浚井底，以更換井水，保持水井的潔淨，為積貯雨水準備。大，他本作「火」字。蘇輿認為當作「水」字。❻暴釜於壇　釜，鐵鍋。在祭壇上曝曬鍋釜，表示有雨水才能煮食。❼臼杵於術　臼，舂米用的石臼，中間下凹。杵，舂米的圓形木棰。術，指縣邑中的道路。此處意謂把臼杵曝曬於道路中央，是為了向上天表示沒有雨水，便沒有糧食了。❽七日　指上述活動的期限，所以取七日，因為《禮記・月令》載孟夏之月，「其數七」。依陰陽五行說，夏屬火，其數為地二與天七，此處取其七。❾為四通之壇於邑南門外　依五行說，四時與方位相對應，春配東，夏配南。夏旱求雨時，祭祀的方位應在南，故在縣邑南門之外築祭壇。❿方七尺四句　由於夏之數為七，故壇方七尺，五方配五色，南方為赤色，故在祭壇上懸掛赤色之繒七條，祭祀用的七隻雄雞亦染成赤色。蚩尤，古代傳說中為南方九黎族的首領，能呼風喚雨，曾在南方作亂，打敗過炎帝，後在涿鹿為黃帝所敗。⓫元酒　即清水。⓬清酒　味厚且清醇之酒。⓭膊脯　乾肉。元酒、清酒、膊脯三者皆為祭品。⓮祝　指為祝之巫女。在祭祀前需齋戒三日。⓯服赤衣　指穿赤色的祭服。⓰拜跪陳祝如春辭　指其跪拜及陳述祝辭的儀式如春旱求雨時一般。⓱丙丁日　指十天干紀日，丙丁日屬火。故旱之時，要在丙丁之日為求雨的祭禱。⓲為大赤龍一十一句　赤龍，指赤色的土龍。赤為南方之色，土龍是為了借龍以求雨。龍的長度與數量及其距離和舞龍的人數皆為七，是為了對應夏之數為七。舞龍的人春用童，此用壯。⓳司空嗇夫　鄉官之一，掌鄉里之工程建築。⓴亦齋三日七句　此處謂鄉里夏天求雨的祭祀，由司空嗇夫來主持，穿赤色的祭服立在祭壇前，事前要鑿通諸里社之阡陌溝渠通到閭門之外，以打通水道，即所謂開陰而閉陽。壇前鑿池，池方七尺，深一尺，把五隻蛤蟆錯置於池中，作為求雨的表示。㉑開陰閉陽如春　指上章所言閉南門，開北門，開山淵，通道橋之壅塞不行者皆為春旱求雨中開陰閉陽之各項措施。㉒季夏禱山陵以助之　季夏之月，依五行說屬土。《管子・四時》：「中央曰土，土德實輔四時入出。」「此謂歲德」，「歲掌和，和為雨。」故另為祭法，禱於山陵以助四時因旱而求雨的祭祀。㉓令縣邑壹徙市三句　「縣邑」下漏「十日」二字。徙市是為了表示因民憂戚乾旱若喪，故為之逢十日那天徙市於縣邑南門之外，若行喪君之禮以自責。《禮記・檀弓下》魯穆公因歲旱問於縣子，「徙市則奚若？曰：『天子崩，巷市七日，諸侯薨，巷市三日，為之徙市不亦可乎。』」故徙市亦成為要挾上天下雨的一種方式。五日禁男子無得行入市，此處意謂禁止男子每逢五日那一天不得進入集市，即閉陽以抵抗旱情。又，《通典・禮三・六雩》：「武帝元封六年（西元前一〇五年），旱，女子及巫不入市。」可見禁止一部分人進入集市也是古代人們抗旱的一種方式。所以十日一徙市，五日禁入市，因季夏為土，土之天數為五，地數為十。㉔中霤　主堂室居處。《禮記・月令》：「中央曰其祀中霤，祭先心。」蔡邕《獨斷》曰：「中霤，季夏之月，土氣始盛，其祀中霤。霤神在室，設主於牖下也。」㉕無興土功　指季夏祭祀時亦不得舉行土木建築。㉖聚巫市傍二句　指祭之日，把巫師聚集於市場，其上有蓋遮掩陽光，姑免其曝曬之苦。㉗為四通之壇於中央二句　其下當有「方五尺」，五色與中央相對應的為黃色，故懸掛黃色的繒帛五條。㉘后稷　名棄，周室的先祖。相傳帝堯曾以棄為農師，相地之宜，教民稼穡，後封棄於邰，號后稷，姓姬氏，後世祀為農神穀神。㉙母飽五　母，即淳母，是用黍米和肉醬製成的食品。飽，用米飯與油做成的食品。因后稷是農神，故祭以母飽各五。㉚令名為祝齋三日三句　名為各之訛。此處意謂令主持祭祀之老者及致祝辭的女巫都要在祭祀之前齋戒三日，穿黃色的祭服，其他祭祀的禮儀陳設皆如春旱求雨時的格式。㉛以戊己日為大黃龍一十一句　季夏在五行中屬土，戊己日在十天干中屬土日，土的五色為黃，土之天數為五，故以戊己日製大黃龍，長五丈，居中央，左右各小黃龍二，間距為五尺，各龍的舉龍之丈夫為五人，穿黃衣而舞，皆立足於五行說。㉜五人　五人前應有「老者」二字。㉝亦通社中於閭外溝　指鑿社中阡陌之溝渠於閭外之溝，開陰以閉陽，為水的通行作準備。㉞蝦蟆池方五尺二句　指社前鑿池方五尺，深一尺。置五蛤蟆於其中。㉟他皆如前　指酒脯及祝齋和祭祀跪拜的程式皆如春旱求雨既定的格式。㊱神農求雨第十九曰十一句　《神農求雨》當作《神農求雨書》。《藝文類聚》一百及《太平御覽》三十五並引用此書，當是隋以前的古書。全文分二句，自「戊己」至「立之」為一句。自「東方」至句末為另一句。可能皆摘引自本文，中間有錯脫遺漏。戊己，為季夏天干記日屬土的日子。不雨，指天旱。此處以社者舞之，社者為壯者之誤，本文則以「丈夫」舞之。「季立之」，本文則為老者衣黃衣而立之。東方以小僮舞之，南方以壯者舞之，與本文同，西方之沾人，本文則作「鰥者」，北方本文以老者舞之，原注疑所脫之字，為「老」字。盧文弨認為此四十八字，為後人羼入之二段文字，非董仲舒之本文，故語譯不錄。

【語 譯】夏天遇旱而求雨，便命令縣邑在水日這一天舉行祭祀和祈禱。百姓在家裡祭祀各自的竈神，不要興舉土木建築工程，要疏浚水井，更換井水，把鍋釜放在祭壇上曝曬，把臼杵放在街道中間，要經歷七天。在城邑的南門之外，修築四面都能通達的祭壇，祭壇長寬各七尺，懸掛赤色的繒帛七條。被祭祀的神是蚩尤，祭祀前要準備七隻赤色的雄雞，祭壇放上清水，陳列清酒和乾肉。參與祭祀的巫祝，事先要沐浴齋戒三天，穿上赤色的祭服，她拜跪和陳述祝辭的程式與春天遇旱求雨的祭祀一樣。在丙丁日製作大赤龍一條，長七丈，放在中央，又製作小龍六條，其長度各為三丈五尺，都放在南面，頭都朝向南方。每條龍之間保持的距離都是七尺，有壯年七人持龍，每人在事前都要齋戒三日，穿上赤色的衣服在壇前舞蹈。司空嗇夫也要在事前齋戒三日，穿著赤色的祭服站立在祭壇之前。開鑿縣邑內阡陌的溝渠與閭門外的水渠。要蛤蟆五隻錯雜地放在里社前面的池塘中，池塘要七尺見方，深一尺，在祭壇上放上清水、酒和肉乾。巫祝事先也要齋戒三日，穿上赤色的祭服。她在祭祀過程中，拜跪的程式及陳述祝辭的過程與前面春旱求雨的祭祀相同。所不同的是夏季求雨時，要取三歲的赤色雄雞與公豬在祭壇前焚燒，而四面通達的神宇，在如何開陰閉陽的各項措施上則與前面春旱求雨所述的情況相同。

季夏時抗旱求雨的祭祀，則還需在山陵前面舉行祭祀和祈禱來相助，縣令每逢十日那天，要把集市搬遷到縣邑的南門之外，逢五的那天要禁止男子不得進入集市進行交易。每家每戶的百姓都要在家中祭祀中霤之神，不要興舉土木建築，要巫婆和神漢都聚集起來，站立在市集的一旁，但可以在他們頭上有帳蓋，在中央也要設置四面暢通的祭壇，在中央懸掛黃色的繒帛五條，在季夏祭祀的神主是后稷，祭品要陳設五份用黍米做成的母與飽，在祭壇上陳設清水、酒、乾肉。命令參加祭祀的巫祝和老者，在祭祀之前也都要先齋戒三日，穿上黃色的衣服。一切都要遵照春天乾旱求雨時的格式。在戊己那一天要為祭祀製作大黃龍一條，長要五丈，位置放在中央，還要製作小的黃龍四條，各自的長度都是二丈五尺，都安置在南方，龍頭都是向南，其間間隔的距離都是五尺，由五個成年男子來執持土龍，事先要沐浴齋戒三日，穿上黃色的衣服在壇前舞蹈。五位老人，也要在事前齋戒三日。穿上黃色的衣服，立在一傍，要把縣邑內阡陌間的溝渠必須與閭門外的溝渠相通，要取五隻蛤蟆，錯雜地放在祭壇前的池塘中，池塘的長寬都是五尺，深一尺，其他方面的陳設和禮儀格式都如前面春旱求雨那樣。

【研　析】本章的內容包括兩個段落：一是敘述夏季天旱，為求雨而舉行雩祭的過程；二是敘述季夏助祭的過程。其程式與春旱雩祭基本相同。其變化的部分是依照陰陽五行所構建的世界圖式，隨著時令的變化而作相應的調整。夏令屬火，方位在南，日子在丙丁，家人的祭祀為五祀中的竈祀。祭壇上所祀的神為蚩尤，其數由八改為七，其色為赤。舞龍者由小僮變為壯者。季夏則屬土，方位居中央，日子在戊己，家人改祀中霤，祭壇上所祀的神為后稷，其數為五，其色改為黃，舞龍者則為丈夫。

為什麼要依照時令的變化來調整雩祭的格局呢？董仲舒在〈五行相生〉說：「天地之氣，合而為一，分為陰陽，判為四時，列為五行。」天地、陰陽、四時、五行為最基本的要素，從時間上說是春、夏、秋、冬四季，從空間的方位上講是東、西、南、北。為了與五行配列，時間上在夏秋之際增列季夏，在方位上則增列中央。這樣春在東方屬木，夏在南方屬火，季夏在中央屬土，秋在西方屬金，冬在北方屬水。

這樣的配置或許是從我國的地理氣候條件派生出來的。春季風從東方來，萬木蔥蘢，其色為蒼，即青色。夏季炎熱，風從南方來，萬物生長，其色赤。秋季多西風，萬木凋落，一派肅殺，其色白。冬季多北風，滴水成冰，水性寒，其色玄，即黑色。中央為黃土高原，其色黃。此外，在數字上，奇數屬天為陽，偶數屬地為陰，由一至十，分別與五行相配置，因而春天其數為八，夏天其數為七，季夏其數為五，秋天其數為九，冬天其數為六。所祀之神，亦與五行相配，家人的五神分別為戶、竈、中霤、門、井。祭壇上所祭祀的神主則分別為共工、蚩尤、后稷、少昊、玄冥，以五行配列也就是按照五行的原則分類，把同類的事物組合在一起。

為什麼要這樣做呢？董仲舒在〈同類相動〉稱：「氣同則會，聲比則應。」「物故以類相召也，故以龍致雨，以扇逐暑。」故在不同的時令求雨，便有不同的組合。設置土龍、蛤蟆、猳猪也是為了同類相應。以五行說來配比組合整個求雨的祭祀活動，也許就是董仲舒對古老的傳統的求雨活動的發展和創造。

第三章

秋暴巫至九日❶，無舉火事，煎金器❷，家人祀門❸。為四通之壇於邑西門之外，九尺❹，植白繒九❺。其神太昊❻，祭之桐木魚❼九，元酒❽，具清酒❾、膊脯❿。衣白衣。他如春⓫。以庚辛日為大白龍一，長九丈，居中央。為小龍八，各長四丈五尺，於西方，皆西向，其間相去九尺。鰥者九人，皆齋三日，服白衣而舞之⓬。司馬⓭亦齋三日，衣白衣而立之。蝦蟇池方九尺，深一尺⓮。他皆如前⓯。

冬舞龍六日⓰，禱於名山以助⓱之。家人祀井⓲。無壅水⓳。為四通之壇於邑北門之外，方六尺，植黑繒六。其神元冥，祭之以黑狗子六⓴，元酒，具清酒、膊脯。祝齋三日，衣黑衣，祝禮如春㉑。以壬癸日為大黑龍一，長六丈，居中央。為小龍，各長三丈，於北方，皆北鄉，其間相去六尺。老者六人，皆齋三日，衣黑衣而舞之㉒。尉亦齋三日，服黑衣而立之㉓。蝦蟇池如春㉔。

四時皆以水，為龍，必取潔土為之。結蓋，龍成而發之㉕。四時皆以庚子之日，令吏民夫婦皆偶處㉖。凡求雨之大體，丈夫欲藏匿，女子欲和而樂㉗。《神書》㉘又曰：「開神山神淵㉙，積薪，夜擊鼓，譟而燔之，為其旱也㉚。」

【章　旨】本章敘述秋季求雨的雩祭及冬季的助祭活動。

【注　釋】❶秋暴巫至九日　秋，指秋旱求雨。暴巫，指曝曬巫師於烈日之下。秋季之數為九，故曝曬九日。❷無舉火事二句　指不許升火，目的是為了抑陽以助陰。無煎金器是指不要冶煉金屬的器皿。❸門　指門神，主出入。《禮記·月令》載孟秋之月，「其數九」，「其祀門，祭先肝」。蔡邕《獨斷》曰：「門，秋為少陰，其氣收成，祀之於門。」❹為四通之壇於邑西門之外九尺　九尺，秋之數為九，故在縣邑西門外築長寬各九尺、四面皆通達的祭壇。❺植白繒九　指懸掛白色的繒帛九條。❻太昊　他本作少昊，皆為傳說時代的首領。《左傳》魯昭公十七年載剡子曰：「大皞氏以龍紀，故為龍師而龍名，我高祖少皞摯之立也，鳳鳥適至，故紀於鳥，為鳥師而鳥名。」❼桐木魚　祭品。❽元酒　即清水。❾清酒　味厚且清醇之酒。❿膊脯　乾肉。⓫衣白衣二句　指秋季色尚白，巫祝衣白色之祭服，齋戒三日，其祭祀的程式及祝辭皆如春旱求雨。⓬以庚辛日為大白龍一十一句　秋屬金，庚、辛在五行屬金，故在庚辛兩日為秋旱求雨而製作土龍。秋之數為九，故製土龍九，大龍一，小龍八，大龍長九丈，小龍半之，兩龍之間距為九尺，陳於壇之西方，龍皆向西，由鰥夫齋戒三日後，穿白衣持而舞之。鰥者，無妻或喪妻的男人。⓭司馬　指執掌軍兵之事，這裡是指鄉官的游徼。《漢書·百官公卿表》：「鄉有三老、有秩嗇夫、游徼。」「游徼徼循，禁盜賊。」《後漢書·百官志》亦稱：「游徼掌徼循，禁司姦盜。」秋旱求雨時，由游徼主持祭祀。⓮蝦蟇池方九尺二句　在祭壇前有池塘方九尺，深一尺，置水，聚蛤蟆五，錯置社中。⓯他皆如前　諸如閉縣邑之南門，開北門，具老猳猪一，置於北門外，開山淵，積薪而焚等措施皆如春旱求雨。⓰冬儛龍六日　六日，冬之數為六，故舞龍六日。⓱助　冬稱助祭。《春秋》在冬季只有「不雨」，沒有雩祭的記載。因為冬季的乾旱，尚不會對穀物的收成構成直接的危害，故把冬季祭禱稱作助。⓲家人祀井　井，指井神。此處意謂百姓在家祀井神，井神不是五祀之一，冬季五祀之神為行。《禮記·月令》：冬季「其祀行，祭先腎。」蔡邕《獨斷》：「行，冬為太陰，盛寒為水，祀之於行在廟門外之西。」冬季求雨，故改行為井。⑲無壅水　指不要堵塞水道。⑳為四通之壇於邑北門之外五句　指在縣邑北門之外，築四面通達之祭壇。長寬皆六尺，懸掛黑色的繒帛六條。祭壇上祭祀的神為玄冥，玄冥是傳說中的水正。鄭玄注〈月令〉：「玄冥，少皞氏之子，曰修，曰熙，為水正。」黑狗子是祭品，祭壇上陳設六個黑狗子以祭奠玄冥。㉑祝齋三日三句　祝，指巫祝。參加祭禮前要齋戒三日，穿上黑色的祭服，巫祝參與祭祀的禮儀和念的祝辭與春旱求雨的祭儀相同。㉒壬癸日為大黑龍一十一句　壬癸，在以五行紀日中屬水日。「為小龍」下脫一「五」字。此處意謂在壬癸日，製作黑色的大土龍一，長六丈，立在中央，為小龍五，長度各為三丈，土龍皆立在祭壇的北方，並面向北方，相隔的距離為六尺，由老者六人，齋戒三日後，穿黑色的衣服來舞土龍。㉓尉亦齋三日二句　冬季求雨，在鄉里由尉穿黑色祭服來主持祭祀。尉，鄉官之一。㉔蝦蟇池如春　指取五蝦蟇錯置池中，池是六尺見方，一尺深，其他與求雨相關的措施皆與春季相同。㉕四時皆以水五句　「水」下脫一「日」字。此處意謂四時因旱求雨時，都是在水日製作土龍，要求潔淨之土製作它，搭棚遮蓋於上，待土龍凝結後才啓而陳設於祭壇之前。㉖四時皆以庚子之日二句　指四時因旱求雨時，在庚子那一天，官吏與百姓，夫婦都要成雙作對地在一起。㉗凡求雨之大體三句　指四時求雨的日子，男的要藏匿在暗處，女的則要和睦而歡樂，依陰陽說，男是陽，女是陰，這也是為了表示抑陽以開陰。它與開山淵，打通道橋之壅塞不行者的涵義相同，都是為了借助陰陽說來表示求雨的願望。㉘神書　指《神農求雨書》，已佚。《藝文類聚》與《太平御覽》曾引用此書。㉙開神山神淵　即前文所言開山淵之開陰閉陽的措施。㉚積薪四句　即前文所言聞鼓聲，燒豭豬尾巴，積薪而燔之，都是依陰陽說，驅陽而求陰雨。

【語　譯】秋天求雨時，要在烈日下曝曬巫師九天，不能升火冶煉金屬器皿，每家每戶都要祭祀門神。在縣城西門外，修築四面通達的壇，壇的長度都是九尺，在壇上要懸掛白色的繒帛九條，被祭祀的神靈是太昊，用桐木魚九條作為祭品，以及清水，此外還有清酒及乾肉。參與祭祀的成員都要穿白色的衣服，其他方面的配置都與春天求雨時一樣。在庚辛的日子製作大的白龍一條，龍的長度九丈，放在中間。小龍八條，它的長度各是四丈五尺，都放在祭壇的西邊，面向西面。諸土龍的間距都是九尺，有鰥夫九人，都要齋戒三日，穿白色的衣服，在祭祀的日子舉龍而舞蹈。鄉官司馬也齋戒三天，然後穿白色的祭服，參加祭祀。在祭壇前挖池塘，九尺見方，深一尺，放置蛤蟆五隻在池中，其他方面的配置和措施都與春旱求雨時一樣。

冬旱求雨時，也要舞龍六天，在名山之前舉行祭禱以幫助求雨。每家每戶都要祭祀家門口的井神。不要堵塞水流的通道，在縣城北門之外，修築祭壇，壇是六尺見方，壇上懸掛黑色的繒帛六條，被祭祀的神靈是玄冥，在祭品中，有黑狗子六條，以及清水、清酒、乾肉。參與祭祀的的巫祝要先齋戒三日，穿黑色的祭服，其祭奠的程式與春天求雨的格式相同。在壬癸的日子，製作大黑龍一條，龍的長度是六丈，放在中央。製作小龍五條，各自的長度都為三丈，都放在祭壇的北方，並面向北方，諸土龍的間距都是六尺，由六名老者，事先齋戒三天，穿黑色的衣服，舉龍而舞蹈，鄉里的尉官，也齋戒三天，穿黑色的祭服，參加祭祀，此外在壇前挖池塘以及放置蛤蟆等措施，都與春旱求雨的祭祀一樣。

四時求雨都是在水日，製作土龍時，都必須採取潔淨的泥土，製作它時，事先搭好遮蓋的棚子，待龍凝固後才把棚蓋打開，陳設於祭壇之前。四季求雨時，都要在庚子日，命令百姓都要夫婦同居在一起。在求雨的日子，則男子都要躲藏起來，女子要和睦而歡樂。《神農求雨書》也曾經說：「要開神山、神淵，要堆積薪柴，夜間要擊鼓而呼譟，以及燔燒祭品，這一切都是為了乾旱的緣故。」

【研析】本章的主旨是描述秋季求雨的雩祭及冬季的助祭活動，它們都是依照陰陽五行說來排列和組合的。董仲舒在任江都王相時，曾上書言求雨之方法。它保留在《後漢書・禮儀志中》劉昭的注文中，云：「求雨之方，損陽益陰。願大王無收廣陵女子為人祝者一月租，賜諸巫者；諸巫毋大小皆相聚於郭門，為小壇，以脯酒祭；女獨擇寬大便處移市，市使無內丈夫，丈夫無得相從飲食；令吏妻各往視其夫，皆到即起。雨注而已。」與本篇所闡釋求雨的說法是一致的。要說有什麼不同，本篇偏重於五行說，而給江都王的奏文則偏重於陰陽說。它與《神農求雨書》的觀念更為接近一些。

漢人求雨活動的實際情況，《續漢志補注》引《漢舊儀》云：「求雨，太常禱天地、宗廟、社稷、山川以賽，各如其常牢，禮也。四月立夏旱，乃求雨禱雨而已；後旱，復重禱而已；迄立秋，雖旱不得求雨也。」還講到：「武帝元封日到七月畢賽之，秋冬春不求雨。」故董仲舒所言求雨之術，漢王朝曾下令施行，但漢人在具體實行時仍略有出入。

止雨第七十五

【題解】篇名〈止雨〉，內容為敘述止雨之法及其必須遵循的原則，依據陰陽之說，強調開陽閉陰。

本篇可分為二章。第一章敘述止雨祭祀活動的過程及其必須遵循的閉陰開陽的原則。第二章為董仲舒任江都相時要求江都內史、中尉在江都境內開展止雨祭祀活動的文告。

第一章

雨太多，令縣邑以土日，塞水瀆，絕道，蓋井，禁婦人不得行入市❶。令縣鄉里皆掃社下❷。縣邑若丞、令、吏嗇夫❸三人以上，祝❹一人；鄉嗇夫❺若吏三人以上，祝一人；里正父老❻三人以上，祝一人，皆齋❼三日，各衣時衣❽。具豚一，黍鹽美酒財足，祭社。擊鼓三日，而祝。先再拜，乃跪陳，陳已，復再拜，乃起❾。祝曰：「諾！天生五穀以養人，今淫雨太多，五穀不和。敬進肥牲清酒，以請社靈，幸為止雨，除民所苦，無使陰滅陽。陰滅陽，不順於天。天之常意，在於利人，人願止雨，敢告于社。」鼓而無歌，至罷乃止❿。凡止雨之大禮，女子欲其藏而匿也，丈夫欲其和而樂也⓫。開陽而閉陰，闔水而開火。以朱絲縈社十周⑫，衣朱衣赤幘。言罷⑬。

【章　旨】本章敘述止雨祭祀活動的過程及其必須遵循的開陽閉陰的原則。

【注　釋】❶雨太多六句　雨太多，屬陰抑陽，止雨的措施是在土日堵陰開陽，堵塞水流的通道，蓋上井，都是為堵陰。婦人屬陰，故雨多之日，禁止婦人入市。土日，按五行紀日屬土的日子，如戊日與己日。❷令縣鄉里皆掃社下　止雨的活動在縣、鄉、里三級同時舉行。社，指土地神。《禮記・祭法》：「大夫以下成群立社，曰置社。」古代百家以上共立社，故縣、鄉、里皆有社，即土地廟。止雨活動的地點設在土地廟之前，故需把廟前的場地打掃乾淨。❸丞令吏嗇夫　漢代縣一級的長官有稱令或長，萬戶以上為令，萬戶以下為長。丞，是縣令的佐官，兼主刑獄囚徒，一般是一個縣一個丞，大的縣亦有設左右丞二人者。嗇夫，縣的屬吏中有嗇夫，見於雲夢秦簡的有廏嗇夫、庫嗇夫。❹祝　指以巫師充祝者。❺鄉嗇夫　《漢書・百官公卿表》說：「鄉有三老，有秩嗇夫、游徼。」實際主持日常事務的是嗇夫。鄉一級由嗇夫等三人以上主持止雨的活動。❻里正父老　漢代地方行政機構是以縣統鄉，以鄉統里，里設里正與父老。在里一級舉行止雨活動時由里正與父老主持。❼齋　指祭祀活動前參加祭祀活動的成員要沐浴齋戒清心以表示恭敬和誠意。❽時衣　指依四時之時令穿著不同顏色的祭衣。❾具豚一十句　此為敘述祭祀的陳設及過程。社神是土地之主，屬陰，水是由土地神管轄的，故一方面以祭祀表示恭敬，一方面鳴鼓而攻之，以表示憤怒。祭祀的禮儀過程是由巫祝先行跪拜之禮，然後跪陳祝辭，陳畢便再拜而起。豚，小豬。財，通「纔」。少也。此處指以適量的黍、鹽、美酒及一頭小豬作為祭品。擊鼓三日，因雨水太多，是陰滅陽，屬卑勝尊，下犯上，故需鳴鼓三日而攻之。❿鼓而無歌二句　指祭祀時，只是擊鼓而沒有讚美的歌聲，而且鼓聲要雨停了才能中止，但最長不超過三日。⓫凡止雨之大禮三句　「禮」為「體」字之誤。女子屬陰，丈夫屬陽，止雨屬開陽而閉陰，故女子要藏匿，丈夫則和而歡樂，與求雨時恰正相反。⓬以朱絲縈社十周　指以朱絲在社樹上繞十周，借此表示助陽以抑陰。《續漢志補注》曾引《漢舊儀》云：「成帝三年六月，始命諸官止雨，朱繩反縈社，擊鼓攻之。」朱絲，紅色的絲帶，紅色屬陽。社，太陰也。⓭衣朱衣赤幘二句　指行止雨之禮時，執事者穿赤色的衣服，頭戴赤幘。幘，包頭巾。《獨斷》：「幘者，古之卑賤執事不冠者之所服也。」言，孫詒讓云：「言當作『三日』二字。」孫說為是。

【語　譯】雨水太多時，要命令相關的縣邑在土日堵塞水溝以斷絕水的通道，在井上加蓋，要禁止婦女進入市集。命令縣、鄉、里三級都要把各自社廟門前打掃乾淨，在縣邑要有縣令、丞、嗇夫三個人以及巫祝一人共同主持祭禮；在鄉一級則由嗇夫等鄉吏三人和巫祝一人；在里一級里正及父老三人和巫祝一人，都要在祭禮之前齋戒三日，分別穿與時令相匹配的衣服，同時準備小豬一頭以及適量的黍米、鹽、美酒，用來祭祀社神。在祭祀的日子，要擊鼓三天，祝先要兩次跪拜，然後跪在神主前陳述祝辭，陳述完畢，再次跪拜然後起來。祝辭說：「唉！上天生長五穀是為了供養百姓，現在雨水下得太多，五穀不能和順地生長。如今我們恭敬地獻上肥美的犧牲、清酒，請求社神顯示自己的靈驗，希望為百姓停止下雨，解除百姓的苦惱，不再使陰氣滅了陽氣。如果長期讓陰氣滅了陽氣，便不能順遂上天的心意了。上天的心意在於有利於百姓，現在百姓的希望便是迅速停止下雨，為此冒昧祭告於社神。」祭祀的三天之內，只是擊鼓而不唱讚美的歌辭，直到雨停才中止鼓聲。大凡止雨的禮儀是女子要躲藏起來，男子要和順而快樂。為了開放陽氣，閉合陰氣，要關閉水路而開放火路，用紅色的絲帶繞社樹十匝，執事的人都要穿紅色的衣服，帶上紅色的頭巾，前後要連續三天的時間才能結束。

【研　析】本篇與上篇的內容互相對應。上篇是講求雨的祭禮儀式，本篇是講止雨的祭禮儀式。兩者都遵循著陰陽五行的觀念。董仲舒在〈同類相動〉篇說：「天有陰陽，人亦有陰陽。天地之陰氣起，而人之陰氣應之而起；人之陰氣起，而天之陰氣亦宜應之而起，其道一也。明於此者，欲致雨則動陰以起陰，欲止雨則動陽以起陽，故致雨非神也。」乾旱是由於陽盛陰衰而陽滅陰所造成的，故求雨時貫穿於各項活動的原則是開陰以閉陽，故〈求雨〉篇說：「求雨之大體，丈夫欲藏匿，女子欲和樂。」雨水過多，是由於陰盛陽衰而陰滅陽的緣故，所以各項活動必須遵循開陽閉陰的原則，故本章言：「止雨之大體，女子欲其藏而匿也，丈夫欲其和而樂也。」

第二章

二十一年❶八月庚申，朔❷。丙午❸，江都相仲舒❹告內史❺中尉❻：陰雨太久，恐傷五穀，趣❼止雨。止雨之禮，廢陰起陽。書❽十七縣，八十離鄉❾，及都官吏千石以下❿，夫婦在官者，咸遣婦，女子不得至市⓫，市無諸井，蓋之，勿令泄⓬。鼓用牲於社⓭，祝之曰：「雨以太多，五穀不和，敬進肥牲，以請社靈。社靈幸為止雨，除民所苦，無使陰滅陽。陰滅陽，不順於天。天意常在於利民，願止雨。敢告。」鼓用牲于社，皆壹以辛亥之日⓮，書到即起⓯，縣社令長，若丞尉官長，各城邑社嗇夫，里吏正里人皆出，至於社下⓰，餔而罷⓱。三日而止⓲。未至三日，天大星亦止⓳。

【章　旨】本章內容是董仲舒任江都相時，告江都內史、中尉開展止雨祭祀活動的文告。

【注　釋】❶二十一年　是江都易王劉非二十一年，是年為武帝元光二年（西元前一三三年），江都易王劉非為武帝之兄，在位二十七年。❷八月庚申朔　指此年之八月初一日。庚申，他本作「甲申」日，以他本為是。❸丙午　應為「丙戌」日，即初三日。❹江都相仲舒　當時董仲舒任江都相。《漢書》本傳稱：「既對畢，天子以仲舒為江都相，事易王。」相為王國官員，漢天子為諸侯王國置相，相的職掌是總綱紀，輔王。故本傳稱「仲舒以禮誼匡正，王敬重焉。」❺內史　王國之官員。《漢書．百官公卿表》說：「內史治國民。」《漢舊儀》說：「漢置內史一人，秩二千石，治國如郡太守、都職事。」❻中尉　王國之官員。其職掌〈百官公卿表〉說是「掌武職。」《漢舊儀》說：「相、中尉、傅不得與國政，輔王而已。當有為，移書告內史。」故王國官員中，內史是實職，相要有所作為，必須移書告內史，才能付諸施行。董仲舒因王國轄區久陰雨，要行止雨的祭典，故移書於王國之內史和中尉。❼趣　急速。❽書　指發給文書。❾十七縣八十離鄉　指江都王所屬有十七縣八十個互相分離而又並立的鄉。漢制，一縣大體上為四至五鄉，八十離鄉是江都王國所屬鄉之約數。江都王封地是故吳王劉濞治地，吳王屬下有丹陽、會稽、豫章三郡，江都王轄丹陽郡。《漢書・地理志》稱丹陽郡轄縣十七，治所在宛陵，舊址在今皖南之宣城。❿都官吏千石以下　漢制，縣令秩千石至六百石。此處意謂文書告知的對象是各縣屬下秩千石以下之諸官吏。⓫夫婦在官者三句　在官者，指現任在職之官員。此處意謂在官者都要遣送家中婦女歸家，並不得至市集。⓬市無諸井三句　諸，當作「詣」。在市之人皆不得詣井打水。井皆設蓋，勿令陰氣外洩。⓭鼓用牲於社　擊鼓，用牲獻祭於社之神靈。⓮皷用牲于社二句　指擊鼓用牲於社神，都一律在辛亥日。辛亥當為辛卯，即八月初八日。⓯書到即起　文書到達之日付諸實施。⓰縣社令長五句　指縣之社，則縣令或縣長及縣丞、縣尉諸官長皆需集合於社前參加祭禮。城邑之社，指鄉里之社，則嗇夫、里正以及鄉里的官吏及里人皆要集合於社下參加祭禮。⓱餔而罷　指每天集合參加祭禮的人，要到申時才能作罷。餔，古人稱申時吃食為餔。申時為下午三至五點鐘。⓲三日而止　指集合參加祭禮的成員要連續參加三天才能結束。⓳天大星亦止　大星，指晚間夜空見星，天空放晴。即使未滿三日，縣、鄉、里之各級官吏及里人亦可中止參加止雨的祭禮。

【語　譯】（江都易王）二十一年八月甲申，此日為初一朔日。丙戌日，江都國相董仲舒告訴內史與中尉：境內陰雨的日子太久了，恐怕要損傷五穀的生長，因此必須盡快止住雨情。止雨祭禮的原則是廢損陰氣而興起陽氣。建議向所屬十七個縣、八十餘鄉下發文書，下達的對象包括秩千石以下的各級官吏。規定丈夫在官職者，都要把自己妻女遣送回家，並告知她們不得到市集上去，市集上的人們不能去井上打水，井都要加蓋，不要讓陰氣洩漏，要在社廟鳴鼓以示警告，同時用犧牲祭獻社神。祭告的祝辭要這樣說：「雨水已經下得太多了，五穀不能和順地生長，現恭敬地進獻肥碩的犧牲，為此請求於社神，希望社神能為此而止住雨水，解除百姓的苦惱。不要長期使陰氣損滅陽氣。陰氣損滅陽氣的現象，並不順遂天意。天意經常想的是如何有利於百姓，因此願意盡快制止雨水，為此大膽地祭告神靈。」在社廟前獻祭犧牲和鳴鼓一律定於辛亥那一天，文書到達的那一天起開始準備。在縣邑的社廟，縣令或縣長，以及縣丞、縣尉諸官長都要參加祭禮。在鄉里的社廟，則嗇夫、里正以及里人都要出席祭禮。大家一起聚集於社廟之前，要待到申時才能罷散，如此連續三天才能停止。如果不到三天，天已放晴，那也可以中止止雨的祭禮。

【研 析】本篇是董仲舒任江都相時，告江都內史及中尉關於開展止雨祭祀活動的文告。江都易王劉非是在漢景帝擊敗吳楚七國之亂後徙王江都的。原先吳王濞的封國有豫章、丹陽、會稽三個郡，景帝時削其豫章及會稽二郡，結果吳王濞起兵作亂。吳王失敗後，以易王劉非徙吳之故地丹陽郡，為江都王。漢代諸侯王的傅與相都是由天子直接任命的，在名義上相的職權是總王國之綱紀，統眾官，實際則局限於輔導諸侯王，地方行政的管轄由內史執掌。《漢舊儀》說：「中尉、傅不得與國政，輔王而已。當有為，移書告內史，內史見傅、相、中尉禮，如都尉、太守。」故董仲舒要在境內實施止雨的祭祀活動時，不能給縣以下直接下達文書，而必須告內史、中尉，由內史向境內各縣下達文書。

除了這篇文告之外，董仲舒還曾上書江都易王劉非，言求雨之法，已引述於上篇第三章之研析。這二篇文告所言求雨、止雨的方法與《春秋繁露》中的〈求雨〉、〈止雨〉這二篇文章所言的內容在觀念上是一致的。從這二篇文告，亦可以知道董仲舒所定的求雨、止雨的方法，在漢代曾在一定範圍內付諸實施。《漢舊儀》曾載：「儒術奏施行董仲舒請雨事，始令丞相以下求雨雪，曝城南，舞女童禱天神。」

祭義第七十六

【題解】篇名〈祭義〉，主旨為闡明祭祀的意義。本篇通過對宗廟四時之祭中所用祭器、祭品的不同，強調時新穀蔬皆上天所賜，應先享祭於宗廟。君子在祭祀時，必盡其中心之誠，盡敬潔之道。只有正直為善的賢者，才能溝通人與鬼神之間，並得到鬼神所賜的福祉。

本篇可分為二章。第一章闡釋宗廟四祭時不同的祭器和祭品，時新穀蔬皆上天所賜，應先享祭祖先，方符合尊天敬祖的要求。第二章闡明祭祀為人與鬼神之間的溝通，只有正直而行善的賢者才能擔當這一使命，並獲得鬼神的賜福，從而把宗教信仰與世俗的倫理教化融為一體。

第一章

五穀❶，食物之性也，天之所以為賜人也❷。宗廟上四時之所成❸，受賜而薦之宗廟❹，敬之性❺也，於祭之而宜矣❻。宗廟之祭，物之厚無上❼也。春上豆實❽，夏上尊實❾，秋上機實❿，冬上敦實⓫。豆實韭也⓬，春之始所生也。尊實麷也⓭，夏之所受初也。機實黍也⓮，秋之所先成也。敦實稻也⓯，冬之所畢熟也。始生故曰祠⓰，善其司也；夏約故曰礿⓱，貴所初礿也；先成故曰嘗⓲，嘗言甘也；畢熟故曰蒸⓳，蒸言眾也。奉四時所受於天者而上之，為上祭，貴天賜，且尊宗廟也⓴。

孔子受君賜則以祭，況受天賜乎㉑。一年之中，天賜四至，至則上之，此宗廟所以歲四祭也。故君子未嘗不食新，新天賜至，必先薦之，乃取食之，尊天，敬宗廟之心也。尊天，美義也；敬宗廟，大禮也。聖人之所謹也。不多而欲潔清，不貪數而欲恭敬㉒。君子之祭也，恭親之㉓，致其中心之誠㉔，盡敬潔之道㉕，以接至尊，故鬼享之。享之如此，乃可謂之能祭㉖。

【章旨】本章闡釋四時享祭時不同的祭器和祭品。五穀依時令的成熟，都是上天對人們的恩德和賞賜；而依照時令把上天的賞賜獻祭給祖先享用，則顯示了人們尊天敬祖的美德。

【注釋】❶五穀 有二說，鄭玄注《周禮‧天官》謂五穀是麻、黍、稷、麥、豆。趙岐注《孟子‧滕文公上》謂五穀是稻、黍、稷、麥、菽。❷食物之性也二句 此處謂五穀的生長為人之食物，是上天所賜予人的。性，通「生」。❸宗廟上四時之所成 指在宗廟供獻四時收成之穀物。❹受賜而薦之宗廟 指受上天所賜，所以進奉於宗廟。❺性 盧文弨云：「性，疑當作至。」❻於祭之而宜矣 意謂四時之廟祭，是人們對祖先表示恭敬最恰當的辦法。於，疑為衍字。❼物之厚無上 指以四時新收成的五穀作為祭品，那就是無與倫比地豐厚了。❽豆實 指春祭以豆盛放祭品，豆為盛放祭品的木製祭器，狀如高足的盤，或有蓋。❾尊實 尊為酒器，無法盛放祭品。錢大昕云：「尊當為籩。」以錢說為是。此處指夏祭當以籩盛放祭品。籩為盛放祭品的竹製祭器，形狀似豆。《周禮‧天官》有籩人，「掌四籩之實。」❿機實 機當為机。《說文》：「机，古簋字。」簋為古代的祭器，原是殷周時的食器，圓口，圓足，無耳，陶製的祭器。此處意謂秋祭以机盛放祭品。⓫敦實 敦為古代的祭器，蓋和器身都作半圓球形，各有圈足，上下合為圓形。此處意謂冬祭以敦盛放祭品。⓬豆實韭也 韭，《說文》：「韭，菜也，一種久而生者也，故謂之韭。象形。在一之上，一地也。」指以始生之菜以實豆，祭祀先祖。⓭尊實麷也 麷，當是麥。四、五月間，麥剛熟，可煮以食，故以新麥實籩薦先祖。⓮機實黍也 黍為粟米，七月新穀剛熟。機為机，即簋，指以新成熟的黍稷實簋以祭祀先祖。⓯敦實稻

也　冬十月，新稻剛熟，指以當年的新稻實敦以祭祀先祖。⑯始生故曰祠　祠與飼同音，進食也。始生之韭可以進食，祭之先祖，故春祭名祠。⑰夏約故曰礿　約，當為「汋」。汋為煮食的意思。礿與汋同音，故稱夏祭為礿。⑱先成故曰嘗　秋祭稱嘗，即嘗最先成熟的穀物，甘者美也，此時嘗新穀，其味最美。⑲畢熟故曰蒸　何休《春秋公羊傳解詁》：「冬萬物畢成，所薦眾多，芬芳俱備，故曰烝。」蒸，同「烝」。⑳奉四時所受於天者而上之四句　此處言四時之祭，是為了看重天賜和尊敬宗廟。上之，祭獻於祖先。上祭，當為四祭。㉑孔子受君賜則以祭二句　見於《論語・鄉黨》：「君賜食，必正席先嘗之。君賜腥，必熟而薦之。」意謂孔子受君王之賜，尚且先薦於祖，何況受天之賜，則更要先薦於宗廟了。㉒不多而欲潔清二句　指在宗廟祭獻的供品不在乎多，而力求清潔；宗廟祭祀的次數不在乎多，而在乎祭祀的人在祭祀時態度的恭敬而端莊。不貪數，《禮記・祭義》：「祭不欲數，數則煩，煩則不敬。祭不欲怠，怠則忘。」四時之祭是恰到好處。董仲舒此言有所指，因為漢代宗廟祭祀的次數很多，供品也很多。《漢舊儀補遺》云：「宗廟一歲十二祠。五月嘗麥。六月、七月、三伏、立秋貙婁，又嘗粢。八月先餐饋飧，皆一太牢，酎祭用九太牢。十月嘗稻，又飲蒸，二太牢。十一月嘗，十二月臘，又每月一太牢，如閏加一祠，與上十二為二十五祠。」《漢書・韋玄成傳》講到漢宣帝時，漢在京師和郡國有宗廟百六十七所。一歲上食二萬四千四百五十五，用衛士四萬五千一百二十九人，可見耗費之巨。㉓恭親之　此處指君子逢祭祀當躬親其事。蘇輿本「恭」作「躬」，蘇說為是。㉔致其中心之誠　此處意謂宗廟祭祀時要達到的精神境界。指祭祀者的內心要能真心實意地對先祖表示恭敬。誠，真實無妄。㉕盡敬潔之道　指藉潔淨的祭品和身心以盡敬仰之道。㉖以接至尊四句　謂以最尊敬的態度來祭祀先祖，鬼神才能享受他的祭祀，才能達到祭神如神在的境界。只有達到如此的境界，才稱得上能祭。

【語　譯】五穀作為人們的食物，它的生長是上天的恩賜。人們所以在宗廟奉獻四時成長的穀物，正是為了顯示他們所受上天的恩賜。這也體現了人們孝敬祖先的本性，故用四時新收成的穀物來祭獻祖先是最為適宜的了。這樣的祭品可以說是無與倫比地豐厚。春天的祭祀用木製的豆來盛放祭品，夏天的祭祀用竹製的籩來盛放祭品，秋天的祭祀用簋來盛放祭品，冬天的祭祀用敦來盛放祭品。豆裡盛放的祭品是韭菜，它是春天裡剛剛生長出來的；籩裡盛放的祭品是新麥，它是夏天剛成熟的；簋裡盛放的祭品是黍，它是秋天最先成熟的；敦裡盛放的祭品是稻子，在冬天所有的作物都已成熟了。用剛剛生長成熟的作物做祭品，春祭所以叫祠，其好處是恰好可口；用剛成熟的麥子做祭品，故夏祭叫作礿，它可貴的地方是可以煮了吃；用最先成熟的黍做祭品，所以秋祭叫作嘗，是嘗新穀的意思，嘗是表示此時其味最為甘美；用稻子作為祭品，由於所有的穀物都已成熟了，所以冬祭叫烝，烝是表示可供祭獻的作物最為眾多。依照四時的次序，分別把所受到上天賞賜的穀物，作為對宗廟的祭品，既是為了看重上天的恩賜，也是對宗廟先祖表示尊敬。孔子受到君王的賞賜時，便要先用來祭祀，何況是上天的賞賜呢！一年之中，上天的賞賜，依照四時的次序到達人間，到達的時候，便要先祭享於宗廟。所以宗廟每年有四次享新的祭祀。古代的君子並非不吃時新的食物，而是每當新的上天恩賜到達時，必定要先薦享於宗廟，然後才敢自己去享用它。這是為了表示自己尊重上天、敬仰宗廟的用心啊！尊重上天，具有非常美好的意義。敬仰宗廟，是祭祀的大禮。這是聖人經常非常小心謹慎地處理的事情。祭品的數量並不在乎多，而要求乾淨清潔。祭祀的次數也不在乎多，而在乎參加祭祀的人能保持恭敬的態度。古代的君子們，在祭祀時，都要親自來參加，藉以表達他內心的真心誠意。在祭品上則盡量依照恭敬而又清潔的要求去做。這樣才能以最敬愛的態度與神靈交接，鬼神才會來享用他們的祭祀。祭享只有到達如此的程度，才可以稱之為擅長祭祀。

【研　析】本書有關宗廟四時祭享的內容，共有二篇：一是第六十八篇的〈四祭〉，介紹何謂春祠、夏礿、秋嘗、冬烝四時宗廟的祭享，它對於孝子孝婦而言，那是天經地義的大事；一是本篇〈祭義〉，主旨是在論述四時享祭宗廟的意義，共分為二章。本章在說明四時享祭時，通過不同的祭器和祭品，說明五穀依時令生長和成熟，都是上天對人們的恩德和賞賜；而依照時令把上天的賞賜先在宗廟獻祭給祖先享用，則顯示了人們尊天敬祖的美德。第二章強調人們在祭祀時必須心誠意敬，才能在祭祀過程中達到人與鬼神相接的境界。而且神靈最為公正無私，只有為人善良正直而有德者才能得到神靈的佑助，並賜予良好的祝福。從而把人們祈禱求福，祭祀祖先的活動與倫理教養緊扣在一起。

作者在本章提出，君子在躬親祭祀祖先的神靈時，要做到「致其中心之誠，盡敬潔之道」，也就是只有建立在誠的基礎上，才能達到恭敬潔淨之道。所謂誠，《禮記・中庸下》云：「誠者，天之道也，誠之者人之道也。誠者不勉而中，不思而得，從容中道，聖人也。誠之者，擇善而固執之者也。」所謂誠，便是把天道的仁愛、善良、正直轉化為人的本性，這樣才能達到不勉而中，不思而得，在行為上從容而符合天道。這就是聖人在修養上達到的境界，如何去達到誠的這種境界呢？那就是終身固執不斷地為善。這也就是在宗廟四時祭祀祖先的意義之所在。

第二章

祭者，察也，以善逮鬼神之謂也。善乃逮不可聞見者，故謂之察❶。吾以名之所享，故祭之不虛❷，安所可察哉！祭之為言際也與❸？察也，祭然後能見不見，見不見之見者，然後知天命鬼神。知天命鬼神，然後明祭之意。明祭之意，乃知重祭事。孔子曰：「吾不與祭，祭神如神在。」❹重祭事，如事生。故聖人於鬼神也，畏之而不敢欺也，信之而不獨任，事之而不專恃。恃其公，報有德也；幸其不私，與人福也。其見於《詩》曰❺：「嗟爾君子，毋恒安息❻。靜共爾位❼，好是正直❽。神之聽之❾，介爾景福❿。」正直者得福也，不正者不得福，此其法也。以《詩》為天下法矣，何謂不法哉？其辭直而重，有再歎之，欲人省其意也。

而人尚不省，何其忘哉⑪！孔子曰：「書之重，辭之復。嗚呼！不可不察也，其中必有美者焉。」⑫此之謂也。

【章旨】本章闡明祭祀的意義是人與鬼神之間的交接與溝通，而只有為人正直與行善的賢者才能與鬼神溝通並獲得賜福，從而把宗教信仰與世俗的倫理教化融為一體，以宗教信仰來強化倫理教化。

【注釋】❶祭者五句　祭，《說文》：「祭，籀文从宀。」那就是「察」字。還說：「祭，祭祀也，从示。以手持肉。」示是神事，故祭是以手持肉事神。不可聞見者，指鬼神。〈立元神〉篇云：「神者，不可得而視也，不可得而聽也，視而不見其形，聽而不聞其聲。」逮，及也，人在祭祀的過程如何才能與鬼神相交接呢？那就是善，唯品行善良者才能與神交接。為什麼把祭說成察。察，《說文》：「察，覆審也。」段玉裁注：「取祭必詳察之意。」那麼祭祀時，要詳察什麼？在作者看來主要是詳察自己的品行。要依靠祭祀者在品行上的善良，不斷地行善才能使人們及於不可見聞之鬼神。這也就是「察」的涵義。作者通過文字訓詁把祈神求福的祭祀引向個人品行上對善良的追求。❷吾以名之所享二句　名，指君臣父子夫婦之名分。意謂必須依照相應的名分享祭先祖之神靈，唯有這樣的祭祀才是真實而不虛妄的。否則便是淫祀。《禮記．曲禮下》：「非其所祭而祭之，名曰淫祀，淫祀無福。」❸祭之為言際也與　意為祭的涵義難道不就是人與鬼神之間的交接和相會嗎？際，交會；相接。❹孔子曰三句　引語出自《論語．八佾》。原文為：「祭如在，祭神如神在。子曰：『吾不與祭，如不祭。』」全句的重點在「如」字，強調的是祭祀者內心對神靈表示誠敬的感受。《禮記．祭義》：「文王之祭也，事死如事生，思死者如不欲生，忌日必哀，稱諱如見親。祀之忠也，如見親之所愛，如欲色然，其文王與！」這一連串「如」字，所表述的都是祭者內心對亡故者的心理感受。它不是致力於鬼神的是否存在，只是借助於事死如事生的禮儀，激發起祭祀者內心對亡人的思念。❺詩曰　引詩見《詩經．小雅．小明》。〈小明〉共五章，引文為該詩之末章。《左傳》魯襄公七年（西元前五六六年）載無忌向晉侯推薦其弟韓起時，曾引此《詩》「靖共爾位，好是正直，神之聽之，介爾景福。」並稱：「恤民為德，正直為正，正曲為直，參和為仁。如是，則神聽之，介福降之。立之，不亦可乎！」說的是君子為人必須直道行事。杜預注：「德、正、直三者備，乃為仁。」

「言起有此三德，故可立。」董仲舒引此詩的用意與韓無忌相似，意謂唯正直者能得神靈之佑助，能得神靈賞賜之洪福，並以此為天下之大法，從而把祭祀的用意引向個人的倫理修養。❻毋恒安息　指為人沒有可以恆常安息的處所。❼靜共爾位　意謂認真恭敬地對待自己所處的位置。靜，當作「靖」。認真；慎重。共，同「恭」。恭謹。爾位，你所處的位置。❽好是正直　正，為正己之心。直，其意為正曲為直，也就是舉直錯諸枉，使枉者為直。❾神之聽之　對於正直的人，神明會聽而佑之。❿介爾景福　介，給予。景福，洪大的福份。⓫其辭直而重五句　指所引《詩經．小雅．小明》之第五章，與第四章在用辭上直接而明白，而二章在文字上又是重疊的。稱其所以再歎，是為了使人明白其深刻的用意。董仲舒為人們的健忘，而又不省察詩人之用意而感慨。⓬孔子曰六句　董仲舒所引孔子語，亦見於《公羊傳》魯僖公四年（西元前六五六年）何休的注文。那一年齊桓公與楚國的屈完「盟於師，盟於召陵。」《公羊傳》：「其言盟於師，盟于召陵何？師在召陵也。師在召陵，則曷為再言盟？喜服楚也。」何休《春秋公羊傳解詁》：「書之重，辭之復，嗚呼！不可不察其中必有美者焉。」這個「美」字，是指喜齊之服楚也。董仲舒引孔子語則是為了加強引《詩》之深意。

【語　譯】祭的意思就是反覆地審察自己，是否以善良的品行來交接鬼神。因為只有品行善良的人才可能接交眼耳無法聞見的鬼神，所以稱祭為察。我以我的名分來享祭鬼神，所以我的祭祀不是虛妄的。那又怎麼與先人的鬼魂相交接呢？祭祀的過程就是人們與先人的鬼神相交會，人們也只有通過祭祀才能見到平時無法見到的鬼神，只有見到平時無法見到的鬼神，才能真正懂得天命和鬼神。只有知道天命和鬼神，才能明白祭祀的意思。只有明白祭祀的意思，才懂得為什麼要看重祭祀這件大事。孔子說：「我沒有參加祭祀。祭神的時候，就如神在那樣。」要看重祭事，也就是要如先人活著那樣去事奉他們。所以聖人在與鬼神相接交的事上，由於畏懼而不敢欺騙他們，相信他們而又不是完全聽任他們，事奉他們而又不是完全依賴他們。但要信賴他們的公正，能夠報償有功德的人；希望他們沒有私心，能給人們帶來福祉。這樣的說法也見於《詩經》：「唉呀，你們這些正人君子，要知道世上沒有什麼可以恆常安息的場所，要認真恭順地對待自己目前所處的位置，為人一定要公正而直道行事。神明也就會傾聽而佑助你們，給予你們洪大的福祉。」所以只有正直的人才能得到福祉，不正直的人是不可能有福祉的。這就是神靈立下的法度。用《詩經》作為天下的法度，怎麼可以說沒有法度呢？《詩經》在這裡用辭直白而又重疊，一唱再三的意思，是為了使人們深深地省察其中的涵義。而人們往往不去認真地省察它，這該是多麼的疏忽大意呀！孔子說：「凡是重複的記載，重複用同樣文辭的地方，不可不仔細地審察，其中必定有美好的道理啊！」要說的也就是這個意思。

【研析】漢初，叔孫通不僅為劉邦制定了朝儀，在惠帝時也為漢代制訂了宗廟祭祀的儀法。《漢書・叔孫通傳》：「高帝崩，孝惠即位，乃謂通曰：『先帝園陵寢廟，群臣莫習。』徙通為奉常，定宗廟儀法。」漢代四時之獻祭，或許亦源自叔孫通。「惠帝常出游離宮，通曰：『古者有春嘗菓，方今櫻桃孰，可獻，願陛下出，因取櫻桃獻宗廟。』上許之。諸菓獻由此興。」（同上）

宗廟儀法，只是規範獻祭的儀式，它畢竟是祭禮的形式，在形式背後還有它的內涵，也就是通過祭祀所要表達的意義和目的。本篇以〈祭義〉為題，即表明全篇所闡述的主旨是祭祀所包含的意義。

祭是人與鬼神之間的交接和溝通。《禮記・祭義》：「文王之祭也，事死如事生。」《論語・先進》：「季路問事鬼神。子曰：『未能事人，焉能事鬼？』」要能與鬼神交接溝通，首先要懂得如何事人，如何事奉尊長，也就是董仲舒所言：「祭者，察也，以善逮鬼神之謂也。」故只有為善之賢者，才能在祭祀過程中逮於鬼神，與鬼神相溝通，唯有為人正直者，神靈才會傾聽他的訴求，才能賜與福祉，這樣宗廟祭祀便成了人世間人倫教化的工具。故《禮記・祭統》：「祭者，教之本也已。」同時，也只有正直者能得福，不正者不得福，而這個福也不是一般意義上獲取個人利益的所謂福。故《禮記・祭統》復云：「賢者之祭也，必受其福，非世所謂福也。福者，備也。備者為順之名也。無所不順者謂備。言內盡於己，而外順於道也。忠臣以事其君，孝子以事其親，其本一也。上則順於鬼神，外則順於君長，內則以孝於親，如此之謂備，唯賢者能備，能備然後能祭。」故〈祭義〉的主旨就是把宗教信仰與世俗的倫理教化融為一體，以宗教信仰來強化倫理教化。

循天之道 第七十七

【題解】篇名〈循天之道〉，主旨為闡述養生之道必須循天之道，從各方面力求達到中和的理想境界，方能安享天年。在生活中，諸如男女、飲食、居處、勞佚、動靜以及感情上的喜怒哀樂好惡等，皆須適得其中而不宜過度。若有憂懼、忿怒等過度之處，必須迅速回復到中和的境地上來。同時，強調養生首重養氣，而養氣則必須加強道德倫理修養，從而將人的養生與道德倫理修養這兩者結合起來，以求得生理與心理上的調適。

本篇可分為七章。第一章是全篇的綱領，強調中和為天道之要，只有循此而行，方能達到天下大治與頤養天年的目的。第二章闡述男女婚嫁交媾必須效法陰陽之道，方能符合養生要旨，並有利於後代。第三章闡述陰陽的運行，起於中而止於和。人體疾病的發生，是由於不循中和之道，以致陰陽失調，而治療之法為回歸到中和的境地上來。第四章闡述養生之法在於調養內氣，通過吐納與導引，使體內氣血動而不滯，遠離極端，保持中和的狀態。第五章表述男女房事須順應天地陰陽的運行，盛年方可論婚嫁，時間應在霜降後冰融前。男女房事宜秋冬而不宜春夏，並規定了男子按年齡段進行房事的次數。第六章闡述養生之道宜重養氣，並將養氣與個人加強倫理修養結合起來。第七章是全篇的總結，概括養生之道在於從各方面保持中和的狀態，諸如男女、飲食、居處、勞佚、動靜及喜怒哀樂好惡等，俱應適中，不得過度。同時，強調人的壽命決定於先天的體質與後天的生活方式，而且兩者互為影響。

在《四庫全書》本中，本篇末章與其他篇有錯簡之處，而其他版本的處理與調整，也未必見得妥當。今參酌各種版本，對本篇文字作了調整。《四庫》本第六章之後有「故天下之君」五字，實為衍文，當刪。此後自「此物獨死」下至「大可見矣」九十七字移入下篇〈天地之行〉中。當否？請讀者自己鑑別。

第一章

循天之道，以養其身，謂之道也。天有兩和以成二中，歲立其中，用之無窮❶。是北方之中用合陰，而物始動於下；南方之中用合陽，而養始美於上❷。其動於下者，不得東方之和不能生，中春是也。其養於上者，不得西方之和不能成，中秋是也❸。然則天地之美惡，在兩和之處❹，二中之所來歸而遂其為也❺。是故和東方生而西方成，東方和生北方之所起前，而西方和成南方之所養長❻。起之不至於和之所不能生❼，養長之不至於和之所不能成❽。成於和，生必和也❾；始於中，止必中也❿。中者，天下之所終始也；而和者，天地之所生成也。夫德莫大於和，而道莫正於中⓫。中者，天地之美達理也，聖人之所保守也⓬。《詩》云：「不剛不柔，布政優優。」此非中和之謂歟⓭？是故能以中和理天下者，其德大盛；能以中和養其身者，其壽極命⓮。

【章　旨】本章為全篇的綱領，闡述天道的基本原則即「中和」二字。只有遵循這一原則，才能達到天下大治與頤養天年的目的。

【注　釋】❶循天之道六句　此處意謂養身之道，必須遵循和順應陰陽二氣在四時的變化。所謂天之道，〈四時之副〉篇稱：「天之道，春暖以生，夏暑以養，秋清以殺，冬寒以藏。暖暑清寒，異氣而同功，皆天之所以成歲也。」兩和，指春分和秋分。春分為東方之和，秋分為西方之和。春分在夏曆的二月，秋分在夏曆的八月。兩中，指冬至和夏至。冬至為北方之中，夏至為南方之中。冬至在夏曆的十一月，夏至在夏曆的五月。歲立其中，指以一年為週期，陰陽兩氣反覆運行其中，而二中與二和則始終是陰陽二氣必經的節點。而人的養身必須順應陰陽二氣在這四點之間的運行，由於它是周而復始，故能使人用之無窮。❷是北方之中用合陰四句　董仲舒在本書中，為陰陽二氣構建了一個以一年為週期，在時間和空間中運行的模型，他在〈陰陽位〉中規定：「陽以南方為位，以北方為休；陰以北方為位，以南方為休。」北方之中，指冬至日，那時陰氣極盛，在上方，而陽在北方休伏於下。此時陰陽二氣一上一下相合於北方，故云「用合陰」。冬至日起，陽氣開始轉盛，陰氣由盛而衰，物種開始在地下萌動，故云「物始動於下」。南方之中，為夏至日，那時陽氣極盛而在上，陰氣則伏於下，從夏至日起，陽氣由盛而轉衰，陰氣由衰而盛，二氣在南方相合，故云「用合陽」。夏暑以養，使物美於上，故云「養始美於上」。❸其動於下者六句　描述陰陽二氣在四時運行中方位的變化。〈陰陽位〉云：「陽氣始出東北而南行，就其位也，西轉而北入，藏其休也。陰氣始出東南而北行，亦就其位也，西轉而南入，屏其伏也。」中春為春分日，陽氣由北而東，動於地下之物種得生長出土。「發而中節謂之和」（《禮記·中庸》），故只有到了仲春二月，陽氣到了東方，天氣轉暖，物種才能符合萌芽出土而生長的節奏，這就是所謂「東方之和」。中秋，即仲秋秋分之日。方位在西方，天氣轉涼，為物種成熟的季節。故云「不得西方之和不能成」。❹然則天地之美惡二句　指天地之間要取得一年最美好的收穫的關鍵在春分與秋分，那時一年收成的好壞已見分曉。❺二中之所來歸而遂其為也　二中謂冬至與夏至，既是陰陽二氣在一年之內運行的起點，也是終點。既是兩和的起點，也是兩和的歸宿。二中作為終點，以完成陰陽二氣一年運行的最終的美好目標。❻是故和東方生而西方成三句　此句中的「前」字為衍文，應刪。全句的意思應為中春之和萬物生於東方；中秋之和，則萬物長成於西方。東方之和起於北方，而西方之和則成於南方。❼起之不至於和之所不能生　指萬物的生長，冬至以後萌動於下，不到春分不能生長。此句中「和之所」指仲春的春分。起與至為冬至和夏至。陽氣起於冬至，經過一年的運行，又止於冬至；陰氣起於夏至，經一年的運行又至於夏至。❽養長之不至於和之所不能成　指夏至後萬物的長養，不到仲秋便不可能成熟。此句中「和之所」指仲秋的秋分。❾成於和二句　此處意謂秋分時的成熟必然依仗春分時的生長。❿始於中二句　此處意謂陰陽二氣周而復始的運行。冬至與夏至，既是他們運行的起點，也必然是他們運行的終點。⓫中者天下之所終始也六句　天下，蘇輿本作「天地」。中者，當作「中和者」。全句的主旨為詮釋「中和」二字之意義。意謂以年歲為週期，中既是天地運行的起點，也是它的終點，既是萬物生成的起點，也是萬物收藏的終結。而和則是萬物在天地之間生長和成熟的過程，故天地所藉以成萬物者和也。德者得也，得萬物以利於萬民。故云「德莫大於和」。道莫正於中，中既為一歲之起點，也是萬物萌動於下的起點，有善始才能善終。《說苑・建本》：「孔子曰：『君子務本，本立而道生。』夫本不正者末必倚，始不盛者終必衰。」故求道之正，莫正於始終之中。⓬中者天地之美達理也三句　這是對「中和」二字的讚詞。天地之美達理也，蘇輿云：「『美』下疑奪一字。」若奪一字，此字或為「妙」字。⓭詩云四句　引詩見《詩經・商頌・長發》之第四章，全詩為商人禘祭時歌頌先王先祖的詩文。全章七句，分二段，引文在下面半段四句的中間，下半段的全文為「不競不絿，不剛不柔，敷政優優，百祿是遒」。此言王者湯的政令的施行，既不爭競，更不急躁，既不是強硬的高壓，也不是柔弱無能，而是優優和美，恰到好處，結果是百樣的福祿堆積如山，故優優者，為和諧協調至美至妙的境界，這樣的境界就是中和所要達到的境界。⓮是故能以中和理天下者四句　此處言以中和治天下者，民受其大德；以中和養身者，身受其益，可藉以頤養天年。極命，盡其天年。指人的生命在生理上所能達到的生存上的極限。當然這個極限是隨著人生存的自然和社會環境、科學技術水平的變化而變化的。

【語　譯】能遵循天道來保養身體的人，才能被稱作為有道的人。上天有東西兩個「和」來成就南北兩個「中」，年復一年的週期便存在於其中，這可是人們在生活中循環往復而用之無窮的養身之道啊！冬至日是北方的「中」，就要用其合於陰的道理，那時萬物開始萌動於地下；夏至日是南方的「中」，要用合於陽的道理以養其身，使萬物能在地上得到美好的成長。凡是萌動於地下的，如果得不到東方的「和」便不能生長，這個東方的「和」也就是仲春的春分；凡是長養於地上的，如果得不到西方的「和」也就不能成熟，這個西方的「和」也就是仲秋的秋分。天地所以能如此美好的原因在哪裡？就在東方的和與西方的和那裡。由南北兩個「中」出發，經歷東西兩個「和」又回到兩個「中」，才完成它的過程。所以萬物在東方生長而在西方成熟。東方的「和」所以能促進萬物的生長，是起於北方萬物的萌動；西方的「和」促進萬物的成熟，其所以能促進萬物的成熟，是從南方萬物長養起始。萌動不到達東方之「和」便不能生長，養長不到達西方的「和」便不能趨於成熟，所以成熟於「和」的東西，必定是生長於「和」；起始於「中」的東西，也必定終止於中。所謂中的意思是它既是萬物運行的始點，它又是萬物運行的終點。和的意思，它既是萬物生長的節點，也是萬物成熟必經的節點。所有的德沒有比「和」更大了，所以說所有的道，沒有比擺正「中」即擺正起點和終點更重要的了。就中和二者而講，那是天地之間最為美妙而通達的道理，這也正是聖人所盡力要保持的。《詩經》曾說過，「既不是強硬的高壓，也不是柔弱而無能，政令的施行是那麼優美而和諧。」這不就是中和所要達到的境界嗎？所以能遵照中和的原則來治理天下的，對於萬民來說，那就是最盛大的德行；能以中和的原則來養身的人，那他一定能得到頤養而盡其天年。

【研　析】本篇的主旨是如何遵循天道來頤養人的身體，故人的養身之道與天道是一致的。本章為全篇的綱領，論述天道的基本原則也就是中和兩字。董仲舒強調人們必須遵循中和的原則才能達到頤養天年的目標。然而中和不僅是養身之道，也是君子藉以治國和修身的原則。

較早講「中和」的作品，若《禮記・中庸》稱：「喜怒哀樂之未發謂之中，發而皆中節，謂之和。中也者，天下之大本也；和也者，天下之達道也。致中和，天地位焉，萬物育焉。」這裡講的是人與事的關係，人之於事總還是有好惡，也就是有其喜怒哀樂。未發之謂中，是指事發之前，人的情緒在事發之前必須保持中性，也就是不偏不倚，沒有絲毫喜怒哀樂的主觀偏見，從而能使人對事情保持客觀而又公正的狀態。發而中節，指事情發生以後，人對事的喜怒哀樂皆能符合天地之間的根本道理。感情與理智之間必須和諧統一。中是人對事的起點，和是人處理事的終極，「致中和」能達到人與事、情與理的和諧統一。中是始點，中能正其本，是人們如何正確處理一切事務的前提，和是終點，是人們處理一切事務的終極目標。由於能保持情與理的統一，才能達到和合天地間的根本道理，說到底也就是在處理每一件事務的過程中，都要力求做到實事求是，爭取達到理想的境界。如果天下之君主在處理天下之事務時，事事都能達到中和的境界，便能使陰陽不錯其位，萬物都能得其養育而成長。

《中庸》在根本道理上與本章所言之中和之道是相通的，但也有不同。《中庸》的中和是講人與事的關係，本章講的是人與環境的關係，也就是人與天地運行以年為週期的節律之相互關係。中是講運行的起點和終點，和是講運行的過程。致中和，也就是使人養身時，一切行為都要符合一年四時運行的節奏和規律，使人的生理節奏與天地自然一年之內運行的節律達到高度和諧統一的境界，這樣人才能健康而長壽，達到頤養以盡天年的境界。這不僅僅是個人的養身之道，也是君王治國以平天下的大道理，故董仲舒所言之致中和與《禮記・中庸》所言之致中和二者是一脈相承而又互為補充的。

第二章

男女之法，法陰與陽❶。陽氣起於北方❷，至南方而盛，盛極而合乎陰❸。陰氣起乎中夏❹，至中冬而盛，盛極而合乎陽❺。不盛不合，是故十月而壹俱盛，終歲而乃再合。天地久節，以此為常❻，是故先法之內❼矣，養身以全，使男子不堅牡不家室❽，陰不極盛不相接❾。是故身精明，難衰而堅固❿，壽考無忒，此天地之道也⓫。天氣先盛牡而後施精，故其精固⓬；地氣盛牝而後化，故其化良⓭。是故陰陽之會，冬合北方而物動於下，夏合南方而物動於上。上下之大動，皆在日至之後⓮。為寒則凝冰裂地，為熱則焦沙爛石。氣之精至於是⓯。故天地之化，春氣生而百物皆出，夏氣養而百物皆長，秋氣殺而百物皆死，冬氣收而百物皆藏⓰。

是故惟天地之氣而精，出入無形，而物莫不應，實之至⑰。君子法乎其所貴。天地之陰陽當男女，人之男女當陰陽。陰陽亦可以謂男女，男女亦可以謂陰陽⑱。

【章　旨】本章強調男女之間必須效法陰陽，遵循陰陽之道去交媾、生育，方能符合養生要旨並有利於後代。

【注　釋】❶男女之法二句　此處言男女之間的行為規範，是效法陰與陽者的關係。法，規範；效法。❷陽氣起於北方　指冬至時，陽氣始出於北方，沿東北方向南行。董仲舒在〈陰陽位〉為陰陽二氣構建了一個以一年為週期，在時間和空間中運行的模型。自「陽氣起於北方」以下六句所言的陰陽二氣在一年內盛衰及其位移的軌跡，正是建立在這個模型的基礎上。❸至南方而盛二句　南方指夏至日，陽氣由東北行至南方極盛，於是陽氣由盛而衰，陰氣由衰而轉盛，故云「盛極而合乎陰」。合乎，指從屬於矛盾的主要方面。此時之陽氣從屬於陰氣，陰氣占主導地位。❹陰氣起乎中夏　中夏，指夏至日，此時陰氣由衰而轉盛，其方位在南方。❺至中冬而盛二句　中冬是冬至日，陰氣至冬至日為極盛並由盛而轉衰，而陽氣則由衰而轉盛，成為矛盾的主導方面，故陰氣由盛極而衰轉而從屬於陽，故云「盛極而合乎陽」。此時陰氣的位移是始於東南轉西而北行。❻不盛不合五句　此處謂陰陽二氣在一週年的運行過程中，盛與合是聯繫在一起的。陽氣由盛而轉為合於陰，陰氣同樣是由盛而轉為合於陽。在十個月之內，陰陽二氣各自都有一次盛，一年之內可以遇到二次合。此為陰陽二氣在天地之間運行的恆常節律。❼先法之內　指男女效法，出於內在自身的節律。「是故先法之內矣」以下八句以天地間陰陽之道言男女相交接之事。❽不堅牡不家室　指男性陽具不堅挺不能娶家室。牡，雄性。❾陰不極盛不相接　指女性沒有得到充分的發育不能接納男性的交媾。❿是故身精明二句　指發育成熟的男女之間婚配交媾，能達到身子精明堅固而不易衰竭。⓫壽考無忒二句　指男女雙方都能長壽而沒有錯失，唯如此才能符合天地陰陽之大道。忒，錯失。⓬天氣先盛牡而後施精二句　天氣，即陽氣。此處意謂陽氣先盛雄性而使其精力充沛而不易洩精。⓭地氣盛牝而後化二句　地氣，也就是陰氣。此處意謂陰氣使雌性發育完全而化生。化，化生；生育。女子得到充分的發育，則生育的子女亦體魄優良。⓮是故陰陽之會五句　此處以一年之內陰陽交會喻男女之間的交媾。日至，指冬至和夏至日。冬至之後，陰陽交會於北方，萬物萌生於下；夏至之後，陰陽交會於南方，萬物成長於上。故日至之後是萬物萌生和變化最大的時期。⓯為寒則凝冰裂地三句　冬至日，天氣寒冷時可以天凍地裂；夏至日，天氣炎熱時可以使沙石焦爛。此處以天氣的激烈變化比喻人的精力之強大以至於有如此之威力。⓰故天地之化五句　此處以陰陽二氣盈縮變化說明四時氣候變化和萬物之生養收藏的節律，以顯示天地化育的功能。人們男女之間的養生之道，同樣也要遵循二中二和，四時氣候變化的節律。要「和於陰陽，調於四時」（《素問・上古天真》）。⓱是故惟天地之氣而精四句　古人認為天地萬物皆源於氣。精，指氣之精華。《淮南子・天文訓》：「氣有涯垠，清陽者薄靡而為天，重濁者凝滯而為地。」「天地之襲精為陰陽，陰陽之專精為四時，四時之散精為萬物。」故天地萬物、陰陽變化都是由氣之精華轉化而來。氣的形狀虛廓無形，故云其出入無形，所至之處則萬物莫不應驗。形狀上氣為虛，功能上由於其能應驗於萬物，故又為實之至也。本句「實之至」下脫一「也」字，應增。⓲君子法乎其所貴五句　此句為全章之總結。全章起於男女之間必須效法於陰陽，結束於以陰陽當男女，男女當陰陽。意謂君子養生時所貴重者，是以陰陽之道來規範男女之間的關係。當，匹配。

【語譯】男女之間的法度，應效法陰氣和陽氣二者之間的關係。陽氣從北方興起，至南方而極盛，陽氣旺盛到極點就轉而合於陰氣；陰氣興起於夏至的時候，到冬至時處於極盛，陰氣旺盛到極點便轉而合於陽氣。不到極盛處就不能相合，所以在十個月的時間內，陰陽二氣都有一次極盛的經歷，在一年之內陰陽二氣間共有二次交會。天地之間陰陽二氣運行的節律，以此為恆常不變的法度。男女之間所以效法陰陽是出於其內在本性的需要，保養身體就是要保全人的本性。男子沒有發育健全，就不要娶妻成家；女子沒有發育成熟，就不能接納男人的交媾。這樣做了就能使人們的精氣不會輕易衰竭，身體得以精力充沛而不易衰竭，人們都能長壽而不會夭折。在養生的問題上，這就是天地之間的大道理。天氣先使男性旺盛才能施放出精子，所以精子比較穩固牢靠；地氣使女子身心旺盛才能化育，所以生育出的孩子體質優良。故而陰陽二氣會合的過程，冬天它們在北方會合，那時有物動於下面；夏天它們在南方會合，那時有物動於上面，上下兩面的大動，都是在日至之後。天氣寒冷時，可以使水凝成冰，土地被凍裂；天氣炎熱時，可以使沙子烤焦石頭炙爛，精氣的威力可以達到如此強烈的程度。所以天地對萬物的化育，春氣是滋生百物，百物因而萌芽出土；夏氣以暑熱使百物都得以成長；秋氣以清涼肅殺，使百物皆死；冬氣的收斂使百物都得以收藏。所以天地之間的氣是那麼精細，它的出入不留下絲毫形跡，而所到之處百物沒有不與之感應的，因此又沒有比它更實在的了。君子在養生時所效法的也就是他們最貴重的東西。這就是天地間的陰陽，相當於人間的男女；人間的男女也同樣對應於陰陽。說陰陽可以稱為男女，說男女也就是講陰陽。

【研析】本章依照天人之間相感應的觀念，通過陰陽二氣在一年內運行的過程，闡釋它們各有一次旺盛的階段，而各自又有兩次相會的過程。這種恆常不變的運行規律，感應到人們男女之間相互關係上，便是無論男還是女，只有各自發育完整和成熟，才能接納對方的交媾，只有這樣才能生育出優良的後代，才能使男女雙方都能長壽而不中途夭折。所以人們的一切活動，必須遵循陰陽二氣在春、夏、秋、冬四時運行的自然規律，才能健康而盡其天年。作者把這個功能歸之於天地之間的精氣，雖然從表象上觀察，它是那麼玄虛而不可捉摸，但又是那麼精細，它的運行可以不留下任何痕跡，但其所到之處，萬事萬物沒有不受它感應的，所以它的存在又是最實實在在的。人們絲毫也不能忽視它的存在，只有順應它才能達到人們養生的目的。說起來它可真有一點神祕主義氣息，其實它只是中國古代人們對自然與人的生活節奏對應關係借助於陰陽學說的一種解釋。這種解釋有其合乎客觀規律的一面，同時又具有自身邏輯演繹的結構關係，所以千百年來成為中華民族解釋人與自然之間相互關係的一種傳統觀念。

我們知道宇宙與自然的運行過程有其時間節律，生活在自然環境中的人，當然必須適應自然的時間節律，人只有順應這個節律才能取得養生的最佳狀態。簡單地講便是適者生存。同時人們生老病死的過程，也遵循著一個時間節律，不僅是人，所有生物的生命過程都有時間節律，這個節律可以是以晝夜為單位，也有以月為單位，以年之四時為單位，也有超過一年的節律。研究生物的時間節律，被稱作生物鐘，或稱作時間生物學。應用於研究如何治療人的疾病，那就是時間醫學。中國古代的傳統醫學便是順著這個觀念發展起來的。《內經・寶命全形》稱：「人生於地，懸命於天，天地合氣，命之曰人。」「人以天地之氣生，四時之法成。」這個天地合氣，也就是陰陽合氣。《內經》用很大的篇幅探討人體系統與自然界四時之間的自然聯繫，中國傳統醫學便是建立在自然的時間節律與人體的時間節律之間和諧共振的基礎之上。

第三章

天地之經❶，生至東方之中而所生大養❷，至西方之中而所養大成❸，一歲四起業，而必於中❹。中之所為，而必就於和，故曰和其要也❺。和者，天之正也，陰陽之平也❻，其氣最良，物之所生也。誠擇其和者，以為大得天地之奉也❼。天地之道雖有不和❽者，必歸之於和❾，而所為有功❿；雖有不中⓫者，必止之於中⓬，而所為不失⓭。是故陽之行，始於北方之中，而止於南方之中⓮；陰之行，始於南方之中，而止於北方之中⓯。陰陽之道不同，至於盛而皆止於中，其所始起皆必於中。中者，天地之大極也⓰，日月之所至而卻也⓱，長短之隆，不得過中，天地之制也⓲。兼和與不和，中與不中，而時用之，盡以為功。是故時無不時者，天地之道也⓳。順天之道，節者天之制也⓴，陽者天之寬也㉑，陰者天之急也㉒，中者天之用也㉓，和者天之功也㉔。舉天地之道，而美於和，是故物生，皆貴氣而迎養之㉕。孟子曰：「我善養吾浩然之氣者也。」謂行必終禮，而心目喜，常以陽得生其意也㉖。公孫之養氣曰㉗：「裏藏㉘泰實則氣不通，泰虛則氣不足㉙，熱勝則氣寒㉚，泰勞則氣不入，泰佚則氣宛至㉛，怒則氣高㉜，喜則氣散㉝，憂則氣狂㉞，懼則氣懾㉟。凡此十者㊱，氣之害也，而皆生於不中和㊲。故君子怒則反中而自說以和㊳，喜則反中而收之以正，憂則反中而舒之以意㊴，懼則反中而實之以精㊵。」夫中和之不可反如此㊶。

【章　旨】本章闡述陰陽在運行的過程中，起於中而成於和。運行中有時也會出現不中不和的狀態，但最終必返回到中和的境地。人體疾病的發生，是由於不能遵循中和的原則，致使陰陽失調，治療的原則仍還是恢復到「致中和」的境地。

【注　釋】❶天地之經　指天地之常道。經，常道。❷生至東方之中而所生大養　東方之中，即春分日。陽氣由北而東行，至春分日，因天氣轉暖而萬物得以生長。本句中「生至東方」中之「生」字衍。俞樾云：「即『至』字之誤衍，今據刪。」❸西方之中而所養大成　西方之中，即秋分日。陰氣西行而至秋分，天氣轉涼，萬物得以成熟。故云「所養大成」。❹一歲四起業二句　此指一年之際二中二和四次轉折，以成就萬物的生長和成熟。業，刻在木板上的如鋸齒鉏鋙相承的形狀。❺中之所為三句　指中作為萬物生長的起點，其成就在於和，在中與和二者之間，和是最重要的。❻和者三句　和為春分與秋分時段。《禮記・月令》以仲春、仲秋皆為「是月也，日夜分」，為陰陽二氣處於均衡狀態，故云「陰陽之平也」。盧文弨云：「『天』下當有地字。案：下文俱以天地並言。」據此，「天之正也」當作「天地之正也」。❼其氣最良四句　兩和是作物生長與成熟的季節。作物所以選擇和作為其生長的季節，是因為二和時段是作物大得天地供奉之時刻。❽不和　指晝夜不等，陰陽不均衡的時候。❾歸之於和　指天地間陰陽之不均衡的狀態，最終仍要回到它均衡的狀態。⑩所為有功　指天地之間陰陽的相互關係。由不和至和，又至不和周而復始往復循環的作為，有功於作物的生長、成熟和收穫。⑪不中　指一年中陰陽各自往復於起點和終點之間，即冬至和夏至以外的時段。⑫必止之於中　指陰陽二氣的運行最終又必然回到各自的終點也就是下一個循環的起點。⑬所為不失　指其往復運行的過程不失其恆常的軌跡。⑭是故陽之行三句　陽氣的運行始於冬至，極盛於夏至，然後合於陰。北方之中，指冬至日。南方之中，指夏至日。⑮陰之行三句　陰氣的運行起於夏至，極盛於冬至，然後合於陽。⑯中者天地之大極也　中為陰陽運行的始點和終點，故以中為天地之太極。大，通「太」。大極即太極。此處指天地之極端。⑰日月之所至而卻也　指晝夜的長短至夏至和冬至為其極點，當到達這一極點時，晝夜便由長而轉短，或由至短而轉長。日月，指晝夜。⑱長短之隆三句　指冬至與夏至為日短及日長的最高點，晝夜的長短不會再超過它了。這是天地運行不能逾越的規制。隆，高起。⑲兼和與不和六句　此處言和與不和，中與不中，由不時至時，都是天地為萬物之生長成熟所作之功，此即為天地之常道也。兼，包容；包含。時，指二中二和。不時，指不中與不和。《禮記・樂記》：「天地之道，寒暑不時則疾，風雨不節則饑。」⑳節者天之制也　四時二中二和之節，為陰陽運行之規制。㉑陽者天之寬也　陽者，主春夏二季，為萬物生長之季節，故云「天之寬也」。㉒陰者天之急也　陰者主秋冬二季，為萬物肅殺的季節，故云「天之急也」。㉓中者天之用也　中者，指天地開始作用於萬物，故云「天之用也」。㉔和者天之功也　和者，為萬物成功之季節，故云「天之功也」。㉕舉天地之道四句　古人認為天地之間陰陽四時運行的載體是氣，養生即養氣。貴氣，即尊貴天地陰陽四時之氣。迎養之，指萬物的生長，皆要順應陰陽四時之氣的運行，而人也要藉此以養己之身，以得天地之和。《內經・四氣調神》：「夫四時陰陽者，萬物之根本也。所以聖人春夏養陽，秋冬養陰，以從其根，故與萬物沉浮於生長之門。」「逆之則災害生，從之則苛疾不起，是謂得道。」蘇輿云：「『美』上疑有莫字。」㉖孟子曰五句　蘇輿云：「終禮，疑當作中禮。」又，目當為自。孟子，名軻，字子輿，鄒人，子思的門人，為儒家思孟學派的重要思想家。引文見於《孟子・公孫丑上》，其文為公孫丑「敢問夫子惡乎長？曰：『我知言，我善養吾浩然之氣。』」所謂知言，就是辨別言辭之是非善惡的能力。這個能力便來自孟子所養的浩然之氣，也就是道德修養達到一定高度的標誌。正因為有辨別是非善惡的能力，所以才能行必中禮，故而在心中能以此自喜。德者屬陽，故謂以養陽才得生其辨別是非善惡之意。㉗公孫之養氣曰　公孫，指公孫尼子，相傳為孔門七十子之弟子，約與子思同時，早於孟子。引文為《公孫尼子》之佚文。《漢書・藝文志》著錄有《公孫尼子》二十八篇，《隋書・經籍志》則著錄有《公孫尼子》一卷，今已散佚。曰，當是曰字。㉘裏藏　指人體的內臟。中醫理論依五行說，把內臟分為心、肝、脾、肺、腎五臟。它主要是指臟器的功能活動。五臟加上心包絡便構成六腑。㉙泰實則氣不通二句　泰，通「太」。氣，指臟腑運行的狀態，分成虛與實。虛，指正氣虛弱。實，指邪氣結聚而阻塞臟腑正常的運行。《內經・通評虛實論》：「何謂虛實？曰：邪氣盛則實，精氣奪則虛。」泰實則氣不通在病理上的症狀，即「所謂重實者，言大熱病，氣熱，脈滿，是謂重實」(同上)，指病人有高熱，脈象重實。泰虛則氣不足在病理上則表現為「脈氣上虛尺虛，是謂重虛。所謂氣虛者，言無常」(同上)，指病人氣息虛弱，言語時聲音低微，不能接續；尺虛是人行動時怯弱無力。㉚熱勝則氣寒　下脫五字當為「寒勝則氣熱」。《內經・陰陽應象大論》：「寒極生熱，熱極生寒。」「陽盛則外熱。」「陰盛則內寒。」從人的病理情況看，陰勝於陽，則表現為寒性的症狀；陽勝於陰，則表現為熱性症狀。寒到極點，會表現熱象；熱到極點，會表現寒象。物極則相反。馬蒔云：「吾人有寒，寒極則生而為熱，如今傷寒而反為熱症者，此其一端也；吾人有熱，熱極則生而為寒，如今內熱已極，而反生寒慄者，此其一端也。」例如瘧疾發冷發熱的症狀便是。在治療上，「治寒以熱，治熱以寒」(《內經・至真要大論》)。從四時氣候的變化看，冬至寒極，此後天氣逐漸轉暖；夏至極盛，此後天氣便逐漸轉冷。㉛泰勞則氣不入二句　泰勞，指勞累過度而引起血氣耗散。《內經・舉痛論》：「勞則喘汗出，外內皆趣，故氣耗矣。」泰佚，指過於安逸。宛至，鬱窒。宛，可作「鬱結」解《史記・扁鵲倉公列傳》：「寒溼氣宛篤不發，化為蟲。」至，讀為窒。指人過於懶散，單一姿勢的坐臥過久便會使氣血鬱積而不通暢。作者強調養生要動靜結合，既不能太勞累，也不能太散漫，二者過了度，皆不利於氣血的運營。㉜怒則氣高　《內經・舉痛論》作「怒則氣上」，指人的情緒在極度發怒的狀況下，會使肝氣上升，使人出現血壓升高、胸肋脹滿、目赤、頭痛、脈弦緊促等症狀。㉝喜則氣散　《內經・舉痛論》作「喜則氣緩」，指喜能使人精神興奮。但過度歡喜時反使人精神渙散，心氣弛緩，出現心悸、失眠，甚至神志失常的狀態。㉞憂則氣狂　《內經・舉痛論》作「驚作氣亂」，指由於憂慮驚嚇會引起心神不安，甚至精神錯亂的症狀。㉟懼則氣慴　《內經・舉痛論》作「恐作氣下。」慴，害怕。恐懼過度，會出現大小便失禁、遺精、滑洩等症狀，為精氣下洩不能上升，耗傷腎氣的表現。㊱十者　指上述十種有害的狀況。㊲皆生於不中和　指都是由於氣的運行違反中和的狀態所造成的。㊳君子怒則反中而自說以和　指發怒時則要自找喜悅以返還至中和的狀態。說，通「悅」。㊴憂則反中而舒之以意　指憂慮時則應寬舒自己的情緒。㊵懼則反中而實之以精　指恐懼時則要在思想上充實自己，加強信心，恢復對事態發展的信念。㊶夫中和之不可反如此　不可反，當作「不可不反」。意謂當人們在生活和情緒上偏離於中和而處於有害生命的狀態時，唯一的辦法是使自己的生活和情緒回歸到中和的狀態。

【語　譯】天地的常道告訴我們：萬物的萌生起於冬至而生長於東方，也就是春分，經夏至的養長至西方也就是秋分，所養才能成熟。一年之中要經歷四次轉折，起點總是在中，而從中出發的所作所為，其成就必然落腳於和，所以說和是最緊要的。和也就是天（地）之間的正氣，它處於陰陽二氣平衡的狀態，也就是氣處於最優良的境地，所以萬物生長過程都選擇和，因為那時它們能得到天地的供奉。天地之間氣的運行，雖然也會遇到各種不和諧的狀態，但最終還是要回到和諧而有序的狀態，它的作為才能收到實際功效；雖然有不中正的地方，然而它必然終止於中，這樣它的作為才不至於造成過失。所以陽氣的運行起始於北方的中，而終止於南方的中。陰氣的運行，開始於南方的中，而終止於北方的中。陰陽二氣所走的道路雖然不同，但都是在它極盛的時候終止於中，它們啓動的起點都必定起於中，所以中是天地間最高的境界即太極。太陽和月亮運行到中便往回走了，晝夜長短的極限不能超過中，這便是天地運行的法度。相和與不和，中與不中，根據時節的不同而運用它，才能取得完美的功效。所以一切運行的過程都符合時令的節奏，沒有什麼是不符時令的。這就是天地運行的大道。順應天體運行的大道，有節律有秩序，這就是上天的法則。陽氣是上天寬緩的表現，陰氣則是上天峻急的表現。中是天道的運用，和是天道的功效，舉天地之間的大道沒有比和更美好的了，所以萬物的生長都珍貴氣而迎接它以養育自己。孟子曾說：「我善於培養我的浩然之氣。」他講的是人的行為必須符合禮儀，它又必須是出自內心由衷的喜愛，而且不斷以陽氣生發自己好德為善的心意。公孫尼子在如何養氣的問題上，也曾經這樣說：「在內臟運行的過程，如果邪氣積聚而阻塞，那麼正氣便不能通暢了。正氣過於虛弱，便表現為中氣不足了。陽勝而過份發熱時會轉向陰盛寒冷的症狀，反之，陰氣寒冷過盛，也會轉向陽熱的症狀；人過份勞累時會感到氣息不足，反之過份安逸也會使人的氣血鬱積；人處於激怒時會使血壓升高，過份喜悅時也會使人精神渙散；過份憂慮時會使人的精神狂亂，過份恐懼時會使人垂頭喪氣。大凡這十種都是氣危害於人身的狀況，都產生於不中不和的境地。所以君子在發怒的時候，要自找歡悅的心情以恢復中和的狀態；過份喜悅和興奮時，要收斂自己的情緒，使自己的愛好達到中正的狀態；過份憂慮的時候要寬緩自己的心情，以回復到中和的狀態；恐懼的時候要在信念上充實自己，使自己達到平和的狀態。」所以說人們在出現偏激的狀況時，便不能不想方設法使自己返還到中和的狀態。

【研　析】本章的主旨是闡述陰陽二氣在天地四時的運行過程中，二中是它們起點，也是終點；二和是陰陽二氣平衡和諧的時段。中是天地陰陽啟動有作為的時候，和是它們最美妙的時刻，是萬物成長和收穫的季節。同時，還必須看到，中與不中，和與不和又是互相對應的。萬物生長的過程還包含著如何由不中到止於中，由不和到止於和，正是這種矛盾運動的過程，才使萬物得以發育成熟，所以萬物的孕育成長必須包容中與不中，和與不和這兩種互相矛盾的因素。因此天地運行過程中，無論它符合時令的節奏，還是有時背離時令的節奏，兩者都是生命得以演化不可或缺的條件。這就是天地之間，陰陽二氣恆常運行的軌道。人生活在天地之陰陽二氣運行過程的大環境中，必須順應這樣的軌道，如果出現不中的情況，便要設法使自己回到中，如果出現不和的情況，便要設法使自己回到和的美好的境界，這是人們頤養自身以盡天年必須遵循的法則。

董仲舒在文章中引用了兩個人的話，一個是孟子，一個是公孫尼子。他們分別講述了人們養身時二個不可或缺的方面。孟子講的是人們倫理道德上提高自己修養的問題，在處理人與人和人與事的相互關係上，如何明辨是非善惡，使自己的行為都能遵循禮儀規範，而且這一切還必須真正出於自己內心的喜愛，在自己身上培育上天的好生之德。人與人及人與事的關係處理好了，那麼人的一切喜怒哀樂便會使人的身心調節到最佳的精神狀態，有利於身心的發展。公孫尼子則是從生理和心理上如何調適自己，達到中與和的最佳狀態。所謂十種「氣之害也」，也就是十種不中不和的狀態。所謂「泰實則氣不通，泰虛則氣不足，熱勝則氣寒，寒勝則氣熱」，這四種狀態都是人體在病理上不中不和的表現。對這四種狀態，

《內經・素問》中都有具體描述，在治療上所遵循的原則也是如何使不中不和返還到中和的狀態。「泰勞則氣不入，泰佚則氣宛至」，則是人們如何處理自己日常生活中動與靜的關係，如何做到勞佚結合。偏重於任何一方面對人的健康都是有害的，糾正的辦法還是必須遵循中和的原則。至於「怒則氣高，喜則氣散，憂則氣狂，懼則氣懾」，講的是人在情緒和感情上的喜怒哀樂，無論哪一方面過了頭，都會在人體的病理上有所表現。這一點在《內經・素問》的相關篇目中都有非常精闢的論述，糾正的辦法便是使自己的心理回到中和的境界，穩定和平衡自己的情緒。從這一點來看，即使是現代的心理醫生也離不開「致中和」這個原則。

第四章

故君子道至❶，而華而上❷凡氣從心❸。心，氣之君也❹，何為而氣不隨也❺？是以天下之道者，皆言內心其本也❻。故仁人之所以多壽者，外無貪而內清淨，心平和而不失中正，取天地之美以養其身❼，是其且多且治❽。鶴之所以壽者，無宛氣於中，是故食冰❾。猿之所以壽者，好引其末，是故氣四越❿。天氣常下施於地⓫，是故道者亦引氣於足⓬；天之氣常動而不滯⓭，是故道者亦不宛氣⓮。苟不治，雖滿不虛⓯。是故君子養而和之，節而法之，去其羣泰，取其眾和⓰。高臺多陽，廣室多陰，遠天地之和也，故人勿為，適之而已矣⓱。法人八尺，四尺其中也⓲。宮者，中央之音也⓳；甘者，中央之味也⓴；四尺者，中央之制也。是故三王之禮㉑，味皆尚甘，聲皆尚和㉒。處其身所以常自漸於天地之道㉓，其道同類㉔，一氣之辨㉕也。法天者乃法人之辨㉖。

【章　旨】本章闡述養生之法，認為調養內氣之法有二：一為吐納之術，通過呼吸以控制內臟和氣血的運行，使心情平和，運行和諧；另一是導引之法，通過肢體屈伸，使氣血不鬱結於體內。天之氣常動而不滯，故道者也不應使體內氣血鬱結，而應遠離極端，保持中和的狀態。

【注　釋】❶故君子道至　此處意謂君子的修養能符合養生之道。道，指養生之道。❷而華而上　「而華而上」在蘇輿本中作「氣則華而上」，似應以蘇說為是。指君子體內的氣能昇華而向上。❸凡氣從心　指氣隨從心志而運行。❹心氣之君也　指人的心志是其內氣的統帥。君，統帥。❺何為而氣不隨也　疑問句。指哪裡會有心有所為而氣不相隨從的呢？心與氣的關係，《管子・心術》曾經說：「氣者，身之充也。」對於人來說是藉氣以實身，還說：「心之在體，君之位也。」心是體的統領，也是氣的主宰。❻是以天下之道者二句　此處意謂道無他愛，唯愛心之安靜，心緒平靜了，氣也就調理有序了，那他就能成為具備養身之道的人了。道者，指天下具備養身之道的人。內，內氣。心其本也，指內氣修養的根本在養其心志。《管子・內業》：「凡道無所，善心安愛，心靜氣理，道乃可止。」❼故仁人之所以多壽者四句　孔子在《論語・雍也》說：「知者樂水，仁者樂山。知者動，仁者靜。知者樂，仁者壽。」壽的意思是能盡其天年。樂山樂水是人與自然融為一體，知與仁的結合，也就是動靜結合。它給人們帶來的結果是快樂而長壽。達到這樣的境界，就是要做到外無貪欲而內心平和清靜。《管子・內業》稱：「其所以失之，必以憂樂喜怒欲利，能去憂樂喜怒欲利，心乃反濟，彼心之情，利安以寧，勿煩勿亂，和乃自成。」取天地之美以養其身，天地之間有美亦有醜，有利其身亦有害其身者。《呂氏春秋・季春紀・盡數》：「天生陰陽寒暑燥濕，四時之化，萬物之變，莫不為利，莫不為害。聖人察陰陽之宜，辨萬物之利以使生，故精神安乎形，而年壽得長焉。」❽是其且多且治　指其體內之氣既多而又調順。❾鶴之所以壽者三句　鶴，在古人心目中是一種吉祥而長壽的鳥類。《初學記》卷三十引《繁露》曰：「鶴知夜半，鶴所以壽者，無宛氣於中也。」引《相鶴經》曰：「(鶴)大喉以吐故，修頸以納新，故生大壽不可量。」無宛氣於中，此處指沒有鬱積之氣於體中。宛，鬱結。「是故食冰」之冰字上脫一「不」字。冰當作凝。應為食不凝。指吃東西不凝滯於腹。❿猿之所以壽者三句　指因其善於攀援故氣流轉而四散，為猿得以長壽的原因。猿，作猨或蝯。相傳亦為長壽的動物。《初學記》卷二九，引《繁露》曰：「蝯似猴，大而黑，長前臂，壽八百，好引其氣也。」好引其末，指以其長臂善於攀援。末，指四肢。越，散也。⓫天氣常下施於地　指天高其位因雲行雨而下施其地。⓬是故道者亦引氣於足　指從事導引修煉的人，模仿上天，引氣自上而下至足。這是一種通過深呼吸促進體內臟腑血脈運動的方法。《莊子・刻意》：「吹呴呼吸，吐故納新，熊經鳥申，為壽而已；此導引之士，養形之人，彭祖壽考者之所好也。」吹為呼氣，呴為吸氣，吐故氣，納新氣。熊經，指模仿熊攀樹時高舉前肢以引氣。鳥申，模仿鳥類升空時伸腳，把氣血一直伸展至腳踵。《莊子・大宗師》：「真人之息以踵。」意謂人之氣息自頭引至腳踵。⓭天之氣常動而不滯　人要通過身體和四肢的運動，模仿天地之間雲氣經常運動而使氣血不停滯。⓮是故道者亦不宛氣　指導引者要使自己的氣息不鬱積於體內。唐人王冰在《內經・異法方宜論》的注釋中說：「導引，謂動搖筋骨，動支節。」《後漢書・方術傳》載華陀對吳普說：「人體欲得勞動，但不當使極耳。動搖則穀氣得銷，血脈流通，病不得生，譬猶戶樞，終不朽也。是以古之仙者為導引之事，熊頸鴟顧，引輓腰體，動諸關節，以求難老。吾有一術，名五禽之戲：一曰虎，二曰鹿，三曰熊，四曰猿，五曰鳥。亦以除疾，兼利蹄足，以當導引。體有不快，起作一禽之戲，怡而汗出，因以著粉，身體輕便而欲食。」吳普照著做了，活到九十多歲，居然還耳目聰明，齒牙完好。⓯苟不治二句　句首缺一「氣」字，應是「氣苟不治」。不虛，當作「必虛」。此處意謂如若不對人之內氣通過導引使其運動，即便氣盛滿於周身，那人也是虛弱的。《呂氏春秋・季春紀・盡數》：「流水不腐，戶樞不螻，動也。形氣亦然，形不動則精不流，精不流則氣鬱。鬱處頭則為腫為風，處耳則為挶為聾，處目則為䁾為盲，處鼻則為鼽為窒，處腹則為張為府，處足則為痿為蹷。」⓰是故君子養而和之四句　此處意謂君子養氣要達到和順的境界，效法天氣的運行以調遣自己的內氣，在行為上要去除一切超過限度的狀況，情緒上喜怒憂懼的變化都使其達到和諧恰當的狀態。法，當為治字。羣泰，即上文之諸泰若泰虛、泰實、泰佚、泰勞。眾和，指使喜怒憂懼等過激的情緒皆能得到和諧。⓱高臺多陽五句　《呂氏春秋・孟春紀・重己》：「室大則多陰，臺高則多陽，多陰則蹷，多陽則痿，此陰陽不適之患也。是故先王不處大室，不為高臺。」臺高室大違背天地陰陽和諧的關係，故只能求其適中就可以了。〈重己〉篇又云：「昔先聖王之為苑囿園池也，足以觀望勞形而已矣；其為宮室臺榭也，足以辟燥濕而已矣。」「故人勿為」在蘇輿本中作「故聖人勿為」，「適之而已矣」在蘇輿本中作「適中而已矣」。二者皆以蘇說為是。⑱法人八尺二句　指人體的標準高度大體上是八尺，四尺是人的高度之一半。此處謂臺的高度以四尺為適中。高臺廣室是當時盛行的社會風氣，尤以武帝為甚。《漢書・郊祀志》稱武帝：「作建章宮，度為千門萬戶，前殿度高未央，其東則鳳闕，高二十餘丈，其西漸臺高二十餘丈，立神明臺、井幹樓，高五十丈。」《漢舊儀》稱：武帝在甘泉修「通天臺高三十丈，望雲雨悉在其下，去長安三百里，望見長安城。」董仲舒在此所言，是對當時之社會風氣的指責。⑲宮者中央之音也　五音為宮、商、角、徵、羽，宮在五音中居於中央。《漢書・律曆志》：「宮，中也，居中央，暢四方。唱始施生，為四聲綱也。」「四聲為宮紀也。」⑳甘者中央之味也　味有五，鹹、苦、酸、辛、甘，而五味中莫美於甘，在五味的排列上甘居五味之中央。《內經・金匱真言》稱：「中央，黃色。其味甘。」㉑三王之禮　指夏商周三代之禮儀。㉒和　依上文，當為「宮」。㉓處其身所以常自漸於天地之道　此處意謂人處於天地之間，常浸潤於天地之道。漸，浸潤。㉔其道同類　指人道與天地之道屬同類。㉕一氣之辨　所治理的都是天地間之同一類氣也。辨，治也。㉖法天者乃法人之辨　指效法天地之氣的中和，也就是效法人自身的適中而已。

【語　譯】君子修養有道，他體內的氣便會昇華而向上。大凡人的氣是隨從心調遣的，心是氣的主宰。如果心想有所作為，哪有氣不相隨從的呢？所以天下養身有道的人，都把內心修養作為養身的根本。仁人君子所以一般都能長壽，那是因為他們對外在物質生活上沒有貪慾，對內心能做到清靜無為，使自己的心境始終處於平和而不失中正的狀態，這樣便能擷取天地之間一切美好的事物以養育自己的身體，因而他體內的氣不僅多而充溢，而且是那麼有條理。鶴之所以能夠長壽，其原因是氣沒有鬱積於體內，故而牠飲食的東西不會凝滯於腹中。猿之所以能夠長壽，其原因是牠喜歡伸展自己的四肢，所以能夠通過四肢使氣得以發散。上天的氣常常下施於地，所以養身有道的人，常常把氣導引到足上。上天的氣是不斷地運動而決不凝滯在一處的，所以養身有道的人，也不會使氣鬱積在一處。如果不能使內氣在體內的運行調理好，那麼即便氣充滿於身體，也必定是虛弱的。所以君子在保養體內的氣使之和順，並且效法天氣運行以調遣自己的內氣時，要能去除一切超過限度的狀況，使一切都能達到和諧的狀態。臺修得高了，陽氣太多；宮室太寬廣便會陰氣太多，那都是遠離天地之氣和諧的狀況，所以聖人決不那樣做，只要適中便可以了。人的平均高度不過八尺，其中間是四尺。在五音中處於中央的是宮音，在五味中處於中央的是甘味，四尺也是人體在高度上的中央啊！自古以來三代聖王者的禮儀，在五味中崇尚甘味，在五聲中崇尚和諧，因為身處天地之間，浸潤於天地之道，在天人之間運行的是同一個道，對氣的治理也應該一樣呀。它的治理既是效法天也是效法人自身的自然的狀況。

【研析】本章的主旨是闡述如何養生的方法，也就是闡釋如何調養人之內氣的二種方法。所謂「導引之士」便是對這二種方法的概括。莊子在〈刻意〉說的「吹呴呼吸，吐故納新」，也就是通過深呼吸引導人體內臟和氣血的運行，使人的情緒和內臟肌體的運行能達到和諧的狀態。所謂「熊經鳥申」也就是模仿熊鳥的動作姿勢，引導四肢柔和而靈活地運動。華陀的五禽戲，以及種種拳術都屬於這個範疇。這二種運動的目的都是為了延長人的壽命。它在中國歷史上構成二個流派，故《抱朴子・微旨》概括說：「明吐納之道者則曰：唯行氣可以延年矣。知屈伸之法者則曰：唯導引可以難老矣。」

董仲舒在本章所言「天氣常下施於地，是故道者亦引氣於足。天之氣常動而不滯，是故道者亦不宛氣」便屬於氣功那一類。至於說鶴與猿，強調的則是牠們肢體的運動，它也是導引內氣的一種方法，基本上屬於肢體運動那一類。導引內氣運行的方法，是針對上一章氣之十害而言的，也就是為了使人之內氣不鬱不滯。從傳統的中醫理論講，氣滯是指人之內氣運行不暢，在某一部位產生阻滯的病理過程。

過勞過佚都不好，是因為它們有失中和的境界，例如坐臥站立的某一姿勢太久了，都會使人對那個部位有麻木的感覺。氣鬱是指人之內氣的鬱積，它與人的情緒有關。心是「氣之君」，氣隨心而行，心如果對人的情緒失控了，過度的喜怒哀樂憂懼都會使人的心志偏離中和的軌道。人的情緒一旦受到外界的刺激，本人對此又想不通，在臨床上稱作肝氣鬱積，它的症狀是胸悶肋痛，食欲不振，精神頹喪。肢體的運動是針對前一個氣滯的問題，氣功的調息則是使人的心情安靜而平和下來，不失中正。前者是「節而法之，去其羣泰」；後者是「取其眾和」。呂不韋在《呂氏春秋・恃君覽・達鬱》說：「水鬱則為汙，樹鬱則為蠹，草鬱則為蕢。」對人而言，「病之留，惡之生也，精氣鬱也」，所以「凡人三百六十節，九竅五臟六腑。肌膚欲其比也，血脈欲其通也，筋骨欲其固也，心志欲其和也，精氣欲其行也，若此則病無所居而惡無由生矣」。

第五章

天之道，嚮秋冬而陰來，嚮春夏而陰去❶。是故古之人霜降而迎女❷，冰泮而殺內❸，與陰俱近，與陽遠也❹。天地之氣，不致盛滿，不交陰陽❺。是故君子甚愛氣而游於房❻，以體天也。氣不傷於以盛通❼，而傷於不時、天并。不與陰陽俱往來，謂之不時；恣其欲而不顧天數，謂之天并❽。君子治身，不敢違天❾。是故新牡十日而一游於房❿，中年⓫者倍新牡，始衰⓬者倍中年，中衰⓭者倍始衰，大衰者以月當新牡之日⓮，而上與天地同節矣。此其大畧也，然而其要皆期於不極盛不相遇。疏春而曠夏⓯，謂不遠天地之數。

【章　旨】本章表述男女房事須順應天地陰陽的運行，至盛年方可論婚嫁，婚嫁應在霜降後冰融前進行，男女房事宜秋冬而不宜於春夏，同時還規定了男子按年齡段可進行房事的次數。

【注　釋】❶嚮秋冬而陰來二句　依陰陽說，天道秋冬時陰趨盛而陽趨衰，故云「陰來」；春夏時陽趨盛而陰趨衰，故云「陰去」。❷霜降而迎女　霜降，二十四節氣之一，農曆的九月中，季秋時節，陰趨盛，故古人定為迎女娶妻的時令。❸冰泮而殺內　冰泮，泮為溶解，指冰開始溶化的時候，每年春天的二月間，是陰由盛而衰，陽由衰轉盛。殺內，殺為停止的意思，內為內事，即中止婚娶之事。《荀子・大略》亦云：「霜降逆女，冰泮殺內，十日一御。」由於二月間是冰凍溶解的時節，正是春耕大忙開始的時候，故要減少男女之間的房事。❹與陰俱近二句　董仲舒把男女婚娶與房事看作陰事，故與陰之盛衰相近，與陽之盛衰相疏遠。❺天地之氣三句　此處為董仲舒以天地陰陽說男女之房事。指陰陽二氣，不到達盛極不相合，即陽盛極而合於陰，陰盛極而合於陽，以喻男女皆需盛極，也就是發育成熟才能婚娶交配。致，到達。古代男子通常二十而冠，三十而娶。女子是十五而笄，二十而嫁。《白虎通義・嫁娶》：「男三十筋骨堅強，任為人父。女二十肌膚充盈，任為人母。」❻君子甚愛氣而游於房　盧文弨云：「游」上當有「謹」字。愛氣，珍惜自身的內氣。游於房，指對男女房事抱著謹慎的態度。❼氣不傷於以盛通　指男女盛極而交通，不會對內氣構成傷害。❽傷於不時天并五句　天并，俞樾云：疑為作「天棄」。指男女之事恣其所欲而背遠天時，為上天所棄。這是因為男女之間，若放縱淫欲，交媾不時，勢必傷害年壽，故謂之天棄。棄者，棄其天年也。《抱朴子・釋滯》：「陰陽不交，則坐致壅閼之病，故幽閉怨曠，多病而不壽也。任情肆意，又損年命，唯有得其節宣之和，可以不損。」❾君子治身二句　此處謂男子在男女之間如何依照天地陰陽的運行來約束自己的性行為，其要點有二：一是依年齡段約束自己的性行為，一是以一年為週期，在不同的時令如何約束自己。❿新牡十日而一游於房　指三十歲新婚的男子房事需間隔十日。⓫中年　指四十歲的男子。⓬始衰　五十歲的男子。⓭中衰　六十歲的男子。⓮大衰者以月當新牡之日　即七十歲以上的男子房事的間隔需十個月。⓯疎春而曠夏　指春夏時，陽盛陰衰，男女交媾屬陰事，房事間隔的時間要曠而遠，次數要稀而疏。

【語　譯】天道的運行，趨向於秋冬兩季時，陰氣便開始旺盛；趨向於春夏二季時，陰氣便慢慢遠行而去。所以古人在霜降以後準備迎接新婦，在冰凍開始融化的季節，就停止內事，因為男女之事，與陰氣比較接近，與陽氣比較疏遠。天地間的陰陽二氣，不到達盛滿的時候，不互相交合。君子非常愛惜自己的精氣，所以在進行房事的時候也要體會天意而十分謹慎。人的精氣不會因盛滿的時候交接而受到損害，它只受損於不適時和悖逆天意的交接。所謂不適時是指不符合與陰氣之來陽氣之去相靠近，與陰氣之去陽氣之來相疏遠。所謂悖逆天意是指男女之間縱欲而不顧天數。故君子要保養好身體，決不敢違逆天道。

所以青年新婚男子要每隔十日才能進行一次房事，中年男子的房事間隔的日子則比新婚男子要長一倍，開始衰老的男子則比中年的男子在間隔的時間上要增加一倍，中等衰老的男子比開始衰老的男子在時間間隔上又要增加一倍，身體大衰的男子行房事間隔的時間，則用月數與新婚的青年間隔的日數相當，這也就是使男女的交合的節奏與天地的運行相當，這就是人們必須遵守的大概情況。所以這樣做的要領，也就是希望人的精氣沒有到達盛滿的時候，不要輕易交接。同時一年中在春天和夏天的時候，房事要稀疏和曠遠一些。人們如果都能那樣做的話，那麼他們離開天數也就不會太遙遠了。

【研　析】本章主旨是表述男女房事必須順應天地陰陽的運行，也就是要順應人們在生理上的自然節奏。古人歸納起來有四點：一是「不致盛滿，不交陰陽」，也就是男女婚配必須成年，身體發育成熟的時候。古人把男子婚娶的時間定在三十歲，女子出嫁的時間定在二十歲。二是把婚嫁迎娶的時間定在每年的霜降以後，冰凍融解之前。也就是秋收以後春耕之前，那是為了不誤農事。三是一年之內男女房事的節奏，也應放在秋冬的季節，春夏必須稀疏而曠遠。這實際上也是為了不誤農事。四是婚後的房事節奏，必須隨著年齡的增長而減少，因人在逐漸衰老，老年得子不利於後代的發育成長。

中國古代文化對於男女房中之事是比較關注的，因為它關係到子孫後代的延續和繁盛。《漢書・藝文志》著錄有房中一類，共八家，有一百八十六卷。班固云：「房中者，情性之極，至道之際，是以聖王制外樂以禁內情，而為之節文。傳曰：『先王之作樂，所以節百事也。』樂而有節，則和平壽考，及迷者弗顧，以生疾而隕性命。」這方面處理不當，會傷害人的身體，所以房中術也成為養生之道的一個方面。《內經・上古天真論》曾云：「今時之人，不然也；以酒為漿，以妄為常，醉以入房，以欲竭其精，以耗散其真，不知恃滿，不時御神，務快其心，逆於生樂，起居無節，故半百而衰也。」可見酒色二項，為傷身的禍害。古往今來之歷代統治者，都擺脫不了這二個災難。《左傳》魯昭公元年（西元前五四一年）載晉平公有病，派人去秦國找醫和來治病，診斷的結論是晉君「近女室，疾如蠱」，「惑以喪志」，此疾已不可為，醫和還就此講了一通大道理。他說：「六氣曰陰、陽、風、雨、晦、明也。分為四時，序為五節。過則為災，陰淫寒疾，陽淫熱疾，風淫末疾，雨淫腹疾，晦淫惑疾，明淫心疾。女，陽物而晦時，淫則生內熱惑蠱之疾。今君不節不時，能無及此乎？」意思是講晉平公對男女之事沒有節制，不分晝夜，能不發生內熱惑蠱之疾嗎？

第六章

民皆知愛其衣食，而不愛其天氣❶。天氣之於人，重於衣食❷。衣食盡，尚猶有間，氣而立終❸。故養生❹之大者，乃在愛氣❺。氣從神而成❻，神從意而出❼。心之所之謂意❽，意勞者神擾❾，神擾者氣少❿，氣少者難久矣⓫。故君子閑欲⓬止惡⓭以平意⓮，平意以靜神⓯，靜神以養氣⓰。氣多而治，則養身之大者得矣⓱。古之道士⓲有言曰：「將欲無陵⓳，固守一德⓴。」此言神無離形，則氣多內充㉑，而忍饑寒也㉒。知樂者㉓，生之外泰㉔也；精神者，生之內充㉕也。外泰不若內充㉖，而況外傷㉗乎？忿恤憂恨者㉘，生之傷也；和說勸善者，生之養也㉙。君子慎小物㉚而無大敗㉛也。行中正㉜，聲嚮榮㉝，氣意和平㉞，居處虞樂㉟，可謂養生矣㊱。凡養生者莫精於氣㊲。

【章旨】本章闡述養生之道首重養氣，並強調氣從神而成，神從意而出，將個人的養生與道德倫理修養結合起來。

【注釋】❶天氣　指天賦人之氣。❷天氣之於人二句　天氣對於人來說，比衣食更重要。❸衣食盡三句　此處意謂衣食盡，尚不至於立斃，離死亡猶尚有一段時間，可以設法救治；人氣盡則人的生命活動便立即終止。間，他本作「閒」。氣，錢塘云：「『氣』下當脫一『盡』字。」❹養生　維護和保養人的生命活力。❺愛氣　指珍惜和愛護人生命運行的活力。❻氣從神而成　神，是指人的心理和情緒，氣從心，心是氣之君，是講人生命活動受人情緒和心理狀態的影響。氣從神，是指人生命力運行的狀態受人精神狀態的制約。❼神從意而出　意，是人的思維活動和思維活動的結果。意念，也即人的思想活動和觀念。神，在這裡是指人的精神狀態，它的好與不好，與人的思想觀念息息相關，故一個人的思想狀態決定著一個人的精神狀態，最終它影響著一個人生命力的強弱。❽心之所之謂意　指意是人思維與心理活動的指向。❾意勞者神擾　指人的思維活動過於疲勞的話，也會影響他的精神狀態。❿神擾者氣少　指人正常的精神狀態受干擾的話，那麼它生命的活力便會減弱。⓫氣少者難久矣　指生命之活力處於減少和衰弱的狀態時，那他的生命也不能維持太久了。⓬閑欲　防止私欲的泛濫。⓭止惡　中止邪惡的意念。⓮平意　平息思維的過份活躍，不要胡思亂想。⓯靜神　使人的精神狀態處於平靜的狀態，沒有過激的喜、怒、哀、樂的情緒衝動。⓰養氣　涵養人的生命活力。⓱氣多而治二句　指人充滿活力，而又生活得有條有理。故養生的原則是恬淡虛靜以調整人的精神狀態，欲望與邪念沒有了，人的意念平和了，精神安靜了，身體的生命活力反而加強了。⓲道士　指有道之士。⓳無陵　指不受欺陵。陵，侮也；侵也。⓴一德　德，得也。指行為要守正有行，即下文之「行中正」。㉑神無離形二句　《淮南子・原道訓》：「夫形者生之舍也，氣者生之充也，神者生之制也，一失位則三者喪也。」形是生命之住舍，人的生命離不開他的形體。氣是生命的活力與動能，神是人的心態或者稱之為精神狀態。人的心態固守自己的形體，也就是人固守自己的情操，那麼體內便會充滿生命的活力。㉒而忍饑寒也　指人只要精神支撐著，那就能耐得住飢寒的逼迫與煎熬。如果一旦精神垮了，那麼生命就很難維持了。故神對人的生命具有統率和制約的作用。形與神的關係，《管子・心術下》云：「形不正者，德不來。中不精者，心不治。正形飾德，萬物畢得，翼然自來。」㉓知樂者　盧文弨云：「和，舊本作知，誤。」盧說為是，故「知樂」當作「和樂」。㉔外泰　指人外部生活環境的安泰和樂。㉕內充　指人內在精神生活的充實和豐富。㉖外泰不若內充　兩者相較，對人的生命而言，內充比外泰更為重要。㉗外傷　指對生命活動外加的傷害。㉘忿恤憂恨者　指人感情上的偏激情緒，若忿怒、悲哀、憂慮、仇恨，都能傷害人的身體。《內經・陰陽應象大論》：「人有五臟化五氣，以生喜怒悲憂恐。」這喜怒悲憂恐便是五志。還說：「暴怒傷陰，暴喜傷陽。厥氣上形，滿脈去形。」指氣的運行逆而不順，其結果是神氣浮越，離形體而去。㉙和說勸善者二句　說，通「悅」。和說勸善，指對人和氣而歡悅，待人能善意勸勉，並處處為他人設身處地地與人為善。《管子・內業》：「和於形容，見於膚色。善氣迎人，親於弟兄。惡氣迎人，害於戎兵。」故與人為善，自己不僅內心平靜，在人與人之相處上，也能得到一個和善的環境。《管子・內業》復云：「凡道無所，善心安愛，心靜氣理，道乃可止。」道即養生之道，它舍於善心，安於愛心，心境平靜，氣也就理順了，生命的活力便更加旺盛，人也就進入了養生之道的最高境界了。㉚慎小物　指謹慎對待事物的萌芽狀態。㉛無大敗　指不會有大的失敗。〈仁義法〉篇云：「然則觀物之動，而先覺其萌，絕亂塞害於將然而未形之時，《春秋》之志也，其明至矣。」㉜行中正　指君子的行為不違中正之誼。《管子・心術下》：「行者正之義也。」㉝聲嚮榮　指行為端正以後，說話的聲音也就響亮而宏大。嚮，同「響」。《正貫》篇云：「聲嚮盛化。」㉞氣意和平　指人的氣息和意念是那麼和諧而平靜。㉟居處虞樂　虞，安也。指居處只求安樂適中便可以了，不去追求高臺廣室那種遠天地之和的享受。㊱可謂養生矣　做到上述幾點便可以稱作懂得養生之道了。㊲莫精於氣　指養生之道的精粹，莫精於養氣。

【語譯】人們都知道愛惜自己的衣食，但卻不懂得如何愛惜上天賦予自己的生氣。生氣對於人的生命而言，比衣食重要得多。衣食用盡離死亡有一段間隙的時間，還可以有救治的辦法。人的氣消耗盡了，就立刻會死亡。所以人們養生時，最重要的是愛惜自己的生氣。人的氣息，也就是人的生命活動，是隨從人的心理和精神狀態進行的；所謂精神則是從思維和觀念中產生的。思維活動的過程，及其形成的觀念，就是意識，或稱之為意念。如果人思維過於緊張而疲勞時，往往會干擾人的精神狀態；人的精神狀態被干擾時，那麼他的生氣便會減少；如果生氣萎靡不振了，那麼他生命活動的時日也不會太久了。所以君子養生時，都注意防止自己私欲的泛濫，制止一切邪惡的意念，平靜地進行思維和意念的活動，意念活動平靜下來時，人的精神狀態也會趨於平和，精神狀態平和的時候，就能涵養人的生氣，人的生氣便會蓬蓬勃勃地增強，並且表現得有條有理。人們這樣做了也就能夠掌握養生之道的要領了。古代有道之士曾經說：「要想不受外邪的侵淩，必須牢牢地固守自己的德行。」這是說人的精神不能離開自己的形體，那麼體內便會充滿生氣，忍得住饑寒而不會畏懼了。身體的和諧快樂，是由於生命外在的舒適；精神的安靜是生命內在的充實。外在的安逸和舒適不如精神上的內在充實。何況從外界去傷害自己的生氣呢？忿怒、憂慮、悲哀、仇恨的情緒都是對生命的傷害啊，對人和氣而歡悅，勉勵自己和人們一起為善，那就是涵養自己的生氣。君子要謹慎地對待一切尚處於萌芽狀態的禍患，那就不會有大的失敗了。人的行為能夠中正，那他說話的聲音也能響亮而宏大，而他的氣息和意念也會和諧而平穩，在居處上也只求安樂而適中，這樣做的話可以說符合養生之道了。至於養生之道中最精粹的便是自己如何精於養氣啊！

【研　析】本章的主旨是闡述在養生問題上的要領是在於養氣，而要養好氣還必須處理好神與氣二者之間的相互關係。氣，原是個象形字，作「⺈」，即「气」，其本義為雲氣。《說文》：「气，雲氣也。」它既表現為一種巨大的力量，又形狀善變，變化多端，捉摸不定。從自然現象上講，它既能顯示巨大力量，又難以捉摸，故而稱之為氣。最早使用氣這個概念的記載見於《國語．周語》，書中記載西周末伯陽父講述地震的原因時說：「夫天地之氣，不失其序。若過其序，民亂之也。陽伏而不能出，陰迫而不能烝，於是有地震。」在伯陽父看來，陰陽都是氣，都是一種能量積聚。當能量關係失衡便出現地震。《左傳》魯昭公元年記載秦國的醫生伯和給晉平公看病時講的一番議論。他說：「天有六氣。六氣曰陰陽風雨晦明也。」這六氣都是自然間六種形狀不定、變化多端的力量。這些力量之間有一個平衡關係，一旦哪一種力量特別凸出了，自然界便會出現各種問題，影響人的健康和生活。

在觀察人的生命活動時，氣往往是生命現象中最直觀的一種表徵。古人觀察一個人是否還活著，最直接而簡捷的辦法便是觀察他還有沒有呼吸，觀察呼吸的辦法便是把一絲綿絮懸在口鼻之前，如果它不再隨呼吸而飄動時，也就是呼吸停止了，生命也就到盡頭了。所以氣息也就成了人生命活動的象徵，養生也就成了養氣，而養氣實際上就是涵養人生命的活力，氣也就是對人生命活力的抽象表述。

如果把氣引申到人的情感領域，如勇氣、氣概這一類；如果引申到人的道德境界或人的精神狀態，如一身正氣、孟子所說的浩然之氣。所以氣作為一個概念，它的內涵要看它使用在哪一個領域。氣作為一個概念在各個方面的運用，從歷史上看，它起於西周末年，推廣於春秋時期，泛濫於戰國期間。陰陽五行說盛行時，陰陽五行都是氣，用氣來解釋自然運行的規則，構成了氣的宇宙觀。用氣來解釋人的生理現象這種做法盛行於中醫領域之中，中醫理論便廣泛使用氣這個概念，並用氣來闡釋養生的道理。本章講的氣便屬於表述生命活力這個範疇。用氣來闡述人的道德修養，那就構成氣的人生觀。故氣這個字的內涵，在古文獻中，要看它使用在什麼場合，在不同的場合，不同的作者身上，其涵義往往有很大的差異，不能一概而論。單純從字義上去考析便很難求得準確的理解。

人的生命活動，不僅僅是人與自然之間的能量交換。人有思維的能力，故有思想和觀念。人的心理活動和思想觀念直接影響著人生命活動的過程。衣食飢寒是人與自然間的能量交換的狀況，而人的生命活動還受自身心態和意念的調節，故人的精神狀態調節著人追求生存的潛力，也就是董仲舒所說的：「氣從神而成，神從意而出。」物質生活條件的基本滿足，是人生存所必須的外部條件。良好的精神狀態是人生存的內部條件，而一個人的精神狀態並不是孤立的，它和人與人之間的相互關係緊密聯繫在一起。心地的善良，行為的端正，直接關係到一個人如何對待生活的精神狀態。孟子所說的浩然之氣是一個人在倫理修養上的最高境界。這是把養生的要領放在養氣上，而在如何養氣的問題上，把提高一個人的精神境界放在首要地位，所謂「仁者壽」（《論語・雍也》），也就是把個人倫理道德上的修養與養生過程中人與自然的和諧統一結合起來的結果。這樣做對個人和社會都是有益的，這是董仲舒養生觀念最精粹的地方。它對人在身心上的全面發展有好處。無論從現代生理學和心理學的角度看，他的這些觀念都是言之有據的。

第七章

是故男女體其盛[1]，臭味取其勝[2]，居處就其和[3]，勞佚居其中[4]，寒煖無失適[5]，饑飽無過平[6]，欲惡度理[7]，動靜順性命[8]，喜怒止於中[9]，憂懼反之正[10]，此中和常在乎其身[11]，謂之大得天地泰[12]。大得天地泰者，其壽引而長；不得天地泰者，其壽傷而短[13]。短長之質[14]，人之所由受於人也[15]。是故壽有短長，養有得失[16]，及至其末之[17]，大卒而必讎[18]，於此莫之得離[19]。故壽之為言，猶讎也[20]。天下之人雖眾，不得不各讎其所生，而壽夭與其所以日[21]。自行可久之道者，其壽讎於久[22]；自行不可久之道者，其壽亦讎於不久[23]。久與不久之情[24]，各讎其生平之所行[25]，今如後至[26]，不可得勝[27]，故曰：壽者讎也。然則人之所自行，乃與其壽夭相益損也。其自行佚而壽長者，命益之也；其行端而壽短者，命損之也。以天命之所損益，疑人之所得失，此大惑也[28]。是故天長之而人傷之者，其長損；天短之而人養之者，其短益。夫損夭者皆人[29]，人其天之繼歟[30]？出其質而人勿繼[31]，豈獨立哉[32]？

【章旨】本章是全篇的總結。它概括養生之道為各方面都應達到中和的境界，諸如男女、飲食、居處、勞佚、動靜以及喜怒哀樂等俱須適中，不得過度。同時，強調人的壽命由其先天體質的不同與後天的生活方式所決定，而且兩者互為影響。

【注　釋】❶男女體其盛　指男女之間，若陰陽二氣，皆須極盛方能相接交合。❷臭味取其勝　指人之飲食臭味需隨著四時的變化，而各有其勝。味有五味。《尚書・洪範》：「潤下作鹹，炎上作苦，曲直作酸，從革作辛，稼穡作甘。」即春天尚酸，夏天尚苦，季夏尚甘，秋天尚辛，冬天尚鹹。臭有五臭，即五種氣味。《禮記・月令》：「東方其臭羶，南方其臭焦，中央其臭香，西方其臭腥，北方其臭朽。」❸居處就其和　居處是指臺榭宮室，和謂天地之和，指臺之高度，室之廣闊，皆宜取其適中，不要搞高臺廣室。❹勞佚居其中　指勞逸要適中，太勞則氣不入，太逸則氣鬱塞，皆對健康有害。佚，即「逸」。❺寒煖無失適　指人的衣著也要適中，也要依四時的變化調整衣著的厚薄多少。❻饑飽無過平　指饑飽適宜，過飽過饑皆有害於人的健康。❼欲惡度理　指人的愛好與厭惡都必須依理而行。❽動靜順性命　指人的活動與安靜都要順應自然和人的本性。❾喜怒止於中　喜，指人歡樂的情緒。怒，指人憤怒的情緒。「怒則氣高，喜則氣散」，皆有害於人之內氣，故君子要控制情緒的波動和外露，要做到喜怒不形於外而止於中。❿憂懼反之正　「憂則氣狂，懼則氣懾」，即憂慮過度會使人發狂，恐懼過度會使人驚慌失措而陷於癱瘓，無法去應對危難。因此，憂懼時需使自己返回到正常的狀態，才能正確地應對所面臨的困境和危險。⓫此中和常在乎其身　中和指君子能做到上述諸點，在養身上便能達到中和的理想境界。⓬大得天地泰　泰，《易經・泰卦・象傳》：「天地交，泰。」指君子養生時若能進入中和的境界，也就能得到天地相交、萬物相通的局面。君子的事業將由小而大，由衰而盛，事事亨通。⓭大得天地泰者四句　全句意謂人養生得其法，能大得天地泰者，可以延長其壽命；養生不得其法，不得天地泰者，便損傷其生氣，縮短其壽命。引，引而伸之。⓮短長之質　指人之壽命長短。⓯人之所由受於人也　「受於人」在他本中作「受於天」，以他本為是。此處意謂人之壽命的長短是受命於上天所決定的。⓰是故壽有短長二句　此處意謂影響人之壽命長短有兩個因素，一是受命於天，二是養生之道是否得法。養生得其法可引而使長，養生不得其法，可傷而使其變短。⓱及至其末之　指人到壽命終結之時。末，終結。⓲大卒而必讎　大卒，孫詒讓云：「大卒，疑作大率，形近而誤。」讎，匹也。謂人最終壽命的長短，必與上述兩個因素相匹配。⓳於此莫之得離　於此，指人壽命之長短。指離不開上面所述之兩個因素。⓴故壽之為言二句　指一個人最終壽命的長短，與其得壽命於上天及其養生之道是否得法相匹配。㉑而壽夭與其所以日　日，當為「自行」二字。此處指其人之所以壽或夭，要看其何以自行其養生之道。

㉒自行可久之道者二句　指人若自行其可使其壽命延長的養生之道，那麼他的壽命也會與其行為相匹配。㉓自行不可久之道者二句　指此人若自行其使壽命夭折傷短之道者，則其壽命亦與之相匹配而不可久。㉔久與不久之情　指人之壽夭之情。㉕各讎其生平之所行　指與其生平所行之養生之道是否得法相匹配。㉖今如後至　指爾今以後，即從此以後。㉗不可得勝　指此法則都不可能被超越。㉘其自行佚而壽長者七句　此處意謂若人之行為渙散放縱，不注意養生之道，而壽命很長，是因為他命中註定長壽；行為端正，又注意養生之道，而壽命短夭，是因為天生短命的緣故。若是因天命影響人之壽命的長短，而懷疑人養生之道的得失，那可是極大的糊塗了。佚，指行為閒散、放縱。命，指天命。益，增長。端，指行為端正。㉙夫損夭者皆人　夭，當作益。指損益天命之壽限者皆人之自為。㉚人其天之繼歟　謂人之行為所增益的壽命只是對天賦才質的繼續和延伸。天，指上天賦與人之壽限。人，指人的努力。㉛出其質而人弗繼　指天既賦與人之才質，而人不繼續努力去延伸它。㉜豈獨立哉　蘇輿云：「當作豈不哀哉。」以蘇說為是。

【語　譯】男女之間的交合必須在其身體健壯的時候，人在飲食中的臭味則要隨著四時的變化而取其勝者，人居處之臺的高度和宮室的寬廣都要取法於天地之和，人的勞作和休閒要適中，人衣著要根據氣候的寒冷或暖和而求其適宜，在飲食的饑飽上不能過度，在欲望的追求和厭惡上要依理而行而不能任性，人的活動和安靜要順乎自然，在情感上的喜樂和憤怒都不能過度，在遇到憂慮和恐懼的時候，必須使自己的情緒恢復到正常的狀態，才能冷靜地去處理一切急難的問題。所以說一個人在養生問題上，能使中和之道經常保持在自己身上，那就能極大地獲得天地交合所帶來的安泰吉祥。如果能大得天地交合所帶來的安泰吉祥，那麼他的壽命也會因此而延長。如果在養生的問題上不能得到天地交合所帶來的安泰吉祥，那麼他的壽命也會因受到傷害而縮短。人生命長短在本質上決定於上天賦予人的資質。所以說人的壽命有短有長，人在養生上也有得有失，到人臨終時大體上都與上述兩個方面相匹配，沒有人能避開這二條原則。所以說從人的壽命長短來講，也就是與他的先天的天賦和後天的養生相匹配的。天地間的人雖然有那麼多，但每個人的壽命的長短都不能不與他天賦的資質相匹配，而他的所以長壽和中途夭折都是由人自身的行為所決定的。如果他實行使自己長壽的養生之道，那麼他的壽命便會變得更長；如果他奉行那種不能長壽的生活方式，那麼他的壽命便不會長。一個人長壽與不能長壽的情況，分別與他平時所奉行的生活方式相對應，無論在當今還是今後，這個法則是無法逾越的！所以說，一方面人的壽命是與人的天賦資質相對應，另一方面人所奉行的養生之道，或者他的生活方式，可以使天賦予人的壽命有所增益或者損傷。當然有些人在生活上放蕩不羈而壽命很長，那是他的天賦本質使他活得長啊！也有人行為非常端正，而他的壽命卻是那麼短促，那是因為他天賦的資質使他短命。如果因為天賦的資質影響人壽命的長短，而懷疑人在養生之道上的得失，那可就是天大的糊塗蟲啊！所以天賦予那人很長的壽命，而人卻自己去損傷它，那麼他的壽命長度便會因此而縮短。反之，天賦予那人很短的壽命，但他卻能夠懂得養生之道，那麼他的壽命卻會因之而延長。縮短或延長天賦予人的壽命，都在於人自身的努力。人之所作所為都是在天所賦予人的資質的基礎上作繼續的努力。天賦予人什麼樣的資質，而人卻不去繼續努力發揚它，那樣的人豈不是太可悲嗎？

【研析】本章是給全篇作總結。它包括二點：一是概括人們在日常生活方方面面中的養生之道，諸如男女、飲食、居處、勞逸、動靜以及情緒上的喜怒、憂懼、欲望上愛惡如何在生理和心理上調適自己以達到中和的境界，得天地泰而達到延長自己壽命的目標。二是闡述養生之道所可能達到的實際效果。

人的壽命之長短受兩個因素所決定。一是各人天賦的資質，也就是「人之所由受於天」，即各人先天的體質不同，直接影響著人壽命的長短。二是各人在後天的生活方式，即「養有得失」。得養生之道者，可以增益他的年歲；反之失養生之道者，則損減其年歲。故云「人其天之繼歟」。這裡的「天」是指自然，它為人的生命活動提供了基礎，人的努力只是它的繼續和延伸。儘管這些話是作者在二千多年前說的，迄今為止也還是科學而合理的。

類似的話，在董仲舒前有呂不韋在《呂氏春秋．孟春紀．本生》說：「始生之者，天也；養成之者，人也。」也就是這二個方面。始生是天賦人之資質，養成是指人在養生上的努力，目標是以「全天為故者也」，也就是保全上天賦予人之壽命上的極限。與董仲舒時代相近的作品，若《內經・上古天真論》所言：「上古之人，其知道者：法於陰陽，和於術數，食飲有節，起居有常，不妄作勞，故能形與神俱，而盡終其天年，度百歲乃去。今時之人，不然也。以酒為漿，以妄為常，醉以入房，以欲竭其精，以耗散其真，不知持滿，不時御神，務快其心，逆於生樂，起居無節，故半百而衰。」

百年是人的天年，養生得法能全其天年；養生不得法，半百而衰。這些連篇累牘關於養生的老生常談，在當時和後來都有它的針對性，因為他們是為王者而言的。從秦皇到漢武，歷代的帝王們，在如何養生上，所表現的問題也不離這二個方面。百歲，是天賦人生命的極限，他們中的不少人都追求過長生不老，到蓬萊去求仙，派人四處尋找金丹仙藥，他們中不少人還親自服食丹藥，結果反而斷送了許多帝王的性命。即使英明若唐太宗，也因此而死於非命。另一方面便是在日常生活上對飲食、男女、居處不知節制，為此也減損了多少帝王的壽命。

卷第十八

天地之行 第七十八

【題解】篇名〈天地之行〉，主旨在於論述董仲舒的天地觀。本篇通過天地四時的運行，闡釋天道如何施行於人間，從養生之道說起，然後講到君道取法於天，臣道取法於地，強化君為臣綱的觀念；最後則以人身的心與體的關係來喻指君臣關係，說明君臣之間相互依存，彼此影響，不可忽略其中任何一個方面。

本篇可分為四章。第一章強調人們應按照四時的變化，選擇不同的食物進食，方能符合養生之道。第二章強調君主治國當取象於天，天不可以不剛，主不可以不堅；為天者務剛其氣，為君者務堅其政。第三章強調為人臣者，其法取象於地，為地者務暴其形，為臣者務著其情，不得向君主有所隱瞞。第四章以人身之心與體的關係來喻指君臣之間相互依存，不可或缺其一。

《四庫》本《春秋繁露》中，本篇有錯簡，不可讀通。今參照各種版本，將〈循天之道〉篇中自「此物獨死」以下至「大可見矣」共九十七字移至本篇的第一章。《四庫》本本篇中「伏節死」以下至「況穢人乎」之文字，屬錯簡，應移入〈如天之行〉篇。《四庫》本本篇中自「而難不惜其命」以下至「為臣者務著其情」之文字應從本篇前半部分移入第三章，如此處理，從內容上看似較通順。

第一章

天地之行美也❶。是故春襲葛❷，夏居密陰❸，秋避殺風❹，冬避重漯❺，就其和也❻。衣欲常漂❼，食欲常饑❽，體欲常勞，而無長佚❾，居多❿也。凡天地之物，乘以其泰而生⓫，厭於其勝而死⓬，四時之變是也⓭。故冬之水氣，東加於春而木生，乘其泰也。春之生，西至金而死，厭於勝也。生於木者，至金而死；生於金者，至火而死。春之所生而不得過秋，秋之所生不得過夏，天之數也⓮。飲食臭味，每至一時，亦有所勝，有所不勝，之理不可不察也⓯。四時不同氣⓰，氣各有所宜⓱，宜之所在，其物代美⓲。視代美而代養之⓳，同時美者⓴雜食之㉑，是皆其所宜也。故薺以冬美㉒，而芥以夏成㉓，此可以見冬夏之所宜服㉔矣。冬，水氣也。薺，甘味也。乘於水氣而美者，甘勝寒也。薺之為言濟與？濟，大水也㉕。夏，火氣也。芥，苦味也。乘於火氣而成者，苦勝暑也㉖。天無所言，而意以物㉗。物不與羣物同時而生死者㉘，必深察之，是天所告人也㉙。故薺成告之甘，芥成告之苦也。君子察物而成告謹㉚。是以至薺不可食之時，而盡遠甘物，至芥成就也。天獨所代之成者，君子獨代之，是冬夏之所宜也㉛。春秋雜物其和，而冬夏代服其宜，則當得天地之美，四時和矣㉜。凡擇味之大體㉝，冬其時所之美㉞，而違天不遠㉟矣。是故當百物大生之時，羣物皆生㊱，而此物獨死㊲。可食者，告其味之便於人也㊳；其不食者，告殺穢除害之不待秋也㊴。當物之大枯之時，羣物皆死，如此物獨生。其可食者益食之，天為之利人，獨代生之；其不可食，益畜之㊵。天愍㊶州華之間㊷，故生宿麥㊸，中歲而熟之㊹。君子察物之異，以求天意，大可見矣㊺。

【章　旨】本章通過天地四時的變化，結合五行學說，說明不同農作物的生滅規律，從而強調人們應按照時令變化選擇不同食物進食，以達到滋養身體的目的。

【注　釋】❶天地之行美也　這是對天地運行的讚美。以下作者從人們可以感知的衣食起居如何適應天地四時之變化作為起點，來逐步展示天地運行的過程。❷春襲葛　此處指春天穿葛布製作的衣服。襲，穿。葛，蔓草，其纖維可以織布，細的稱絺，粗的稱綌。❸夏居密陰　指夏日應居於蔭密的處所，以避盛陽酷暑。❹秋避殺風　指秋氣肅殺而起西風，百物遇而皆死，故人需迴避它。❺冬避重漯　漯，水名，亦譌作濕水，即燥濕之濕。此處意謂冬季人在生活上應避免過度的潮濕，以免肌膚受寒。❻就其和也　指人以此來適應天地四時的變化而求其和美。❼衣欲常漂　指穿衣要經常保持幾分清涼。漂，清涼。「常漂」與後文「常饑」並言，意謂不宜穿得過暖、吃得過飽。又，鍾肇鵬本釋為漂洗。常漂指衣服要常洗。錄之以備一說。❽食欲常饑　指吃要常帶三分飢，不能過飽。❾體欲常勞二句　指身體要經常運動而不能貪圖安逸，躺臥不動。❿居多　蘇輿云：疑衍。⓫乘以其泰而生　泰，《易經・泰卦・象傳》：「天地交，泰。」指萬物皆乘天地相交之泰而生。⓬厭於其勝而死　厭，壓抑。勝，指五行相勝之勝，如木勝土，土勝水，水勝火，火勝金，金勝木。此以五行相生相剋來解釋四時的變化及萬物的生滅。⓭四時之變是也　指萬物在四時生滅的變化，皆受上述二種影響。《淮南子・地形訓》：「木勝土，土勝水，水勝火，火勝金，金勝木。故禾春生秋死，菽夏生冬死，麥秋生夏死，薺冬生中夏死。」即禾屬木在春天生長，到秋天屬金而衰死；麥屬金，秋天播種，到火氣旺盛的夏天衰死；屬水的薺菜在冬天旺盛而到屬土的季夏衰死。菽即豆類，屬火，在夏天生長到屬水的冬季便衰死。⓮故冬之水氣十三句　此處是以五行相生相剋的觀念來解釋農作物所以生滅的原由。由於冬屬水，春屬木，水生木，故冬之水氣向東與春相合，為乘天地交合之泰而使木生，即春季為萬物播種和生長的季節。春天生長的作物若水稻何以到秋季成熟而肅殺，作者以金勝木來解釋它，是金厭勝木的結果，故云「生於木者，至金而死」。而秋季播種的作物若小麥，何以過冬後至次年的夏季而成熟，是由於火勝金的結果，故云「生於金者，至火而死」。天之數也，指上述季節性農作物生長過程中，所無法超越的時間限度。春天播種的作物，存續的時間不能越過秋天；晚秋播種的作物，存續的時間不能超過夏天。⓯飲食臭味五句　臭，指氣味，即臊、焦、香、腥、腐五臭。味，指口味或滋味，即酸、苦、甘、辛、鹹五味。各時所尚之臭味，隨著四時的變化而變化。有所勝，指口味上有的時令尚五行所勝者，若冬屬水，土勝水，土味為甘，水味為鹹。有所勝，則為甘勝寒，故冬以甘味為佳。有所不勝，指不以五行所勝之味為佳，夏屬火，水勝火，但夏仍尚苦味，不尚鹹，因苦能消暑，若夏飲焦麥茶，以焦苦之味消暑，此即有所不勝。故四時對五味的選擇，有的選所勝，若冬尚甘，有的選擇所不勝，若夏尚苦味，二者皆在理。故云此理不可不明察也。之，此也。⓰四時不同氣　以四時與五行相配比，春為木氣，夏為火氣，季夏為土氣，秋為金氣，冬為水氣。⓱氣各有所宜　指四時各因其氣，而人在飲食的臭味上各有所宜。⓲宜之所在二句　指四時各有其所美之食物，隨著時令的變化而被替代。代，替代。⓳視代美而代養之　指隨著四時的變化，要不斷用替代前一時令的食物來養育人。⓴同時美者　指春秋二季，各種作物都在生長和成熟，故美而可食之物衆多。㉑雜食之　指對衆多美好的食物要能雜而食之。㉒薺以冬美　薺，草名，即薺菜。生長於冬天，至夏天枯萎，冬天以始生之薺菜為最美之食品。何以薺菜冬生夏枯？《西京雜記》載董仲舒在〈雨雹對〉中以陰陽之說來解釋，云：「陽家用事，陽氣之極耳。薺麥枯，由陰殺也。建亥之月為純陰，不容都無復陽也，但是陰家用事陰氣之極耳。薺麥始生，由陽生也。」麥，指冬小麥，亦即下文所言之宿麥。㉓芥以夏成　芥，當為「荼」字。下文與此同，今「茶」字，古作「荼」。荼為苦味，芥為辛味。夏尚苦味。《爾雅》：「荼，苦菜。」《詩經・邶風・谷風》：「誰謂荼苦，其甘如薺。」是荼與薺對稱，而非芥。㉔冬夏之所宜服　指冬宜服薺，夏宜服荼。㉕冬水氣也九句　此處解釋人們在冬季為何宜服薺。依五行說，冬屬水氣，土勝水，土味為甘，故云甘勝寒。薺味甘，在冬天生長，故云其為乘於水氣而美。薺與濟同音。濟，渡也，指薺能幫助人們渡過水氣盛行的冬天。㉖夏火氣也六句　芥當為荼，荼是苦菜，其味苦。苦能解暑，故云苦勝暑。夏屬火，火味尚苦。《白虎通義・五行》：「火味所以苦何？南方主長養，苦者所以長養也，猶五味須苦可以長養也。」荼，成熟於夏，故云其乘於火氣而成。㉗天無所言二句　此處指天不是以言語告訴其意，而是以物之生滅來告知其意。㉘物不與羣物同時而生死者　指薺之為物，萬物皆死於冬，唯薺生於冬；萬物皆長成於夏，而薺至夏獨死。㉙天所告人也　指天藉薺之生滅異於眾物，以告人冬尚甘味。㉚故薺成告之甘三句　此言天藉薺成告人以冬尚甘味，藉荼成告人以夏尚苦味。謂君子藉明察物之所成而謹慎地察知上天所告之天意。芥，當作「荼」。謹，慎也。蘇輿云：「成」字疑當在「而」上。㉛是以至薺不可食之時六句　芥，當是荼字。此處言薺與荼為上天所成以比作為互相取代之美物。冬天，尚薺為美物，至夏天薺不可食時，荼取代其為降暑之美物，而薺不可食時，也正是荼成為美物之時。此時人遠甘味而近苦味。君子察冬夏物之所宜以知天意。㉜春秋雜物其和四句　蘇輿云：「物，疑食之誤。」所言為是。此處言春秋可食之物眾，故雜食以求其和，而冬夏則輪流替代食其相宜者，若薺與荼。人在四時各食其美而相宜者，那就能得到天地在四時分別成就的美物，那麼人在四時皆能保持身體的平和。㉝釋味之大體　釋，他本作「擇」。意謂四時不同時令中如何選擇五味的要點。㉞冬其時所之美　冬，當是「各」之訛。此處意謂當選擇各時令中所宜食的作物。㉟違天不遠　指如此則離開天意不會太遠了。㊱當百物大生之時二句　指夏時，百物皆長。㊲此物獨死　此物指薺，薺至夏而死。又，自「此物獨死」以下至「大可見矣」共九十七字，由〈循天之道〉篇移至此。㊳可食者二句　此謂夏日大生之百物，分為二類：一類是人可以食的，若五穀及各種蔬菜，上天告人其味有利於人。告，指上天告訴人們。㊴其不食者二句　夏日大生之百物，分為二類：一類是人不可食者。殺穢，指以其香味幫助人們殺去其穢味，在草類中若蕙、蘭一類香草，薰後能除穢氣。除害，若艾蒿，其莖葉含有芳香油，可作調香之原料，亦可用來殺蟲和防除病蟲害，其葉能入藥，有鎮咳、祛痰、消炎的作用，夏日人們習慣以艾草樹門前以除蟲害。《詩經．王風．采葛》有「彼采艾兮」之句，可見采艾的習俗由來已久。不待秋，指采集蘭、蕙及艾草，皆是夏日莖葉生長豐盛的時候，故云其不待秋。㊵當物之大枯之時八句　益，蘇輿云：「益，疑作並。」此言冬季百物大枯之時，有的植物依然生長，為上天賜予人們以替代已枯萎的植物，其中有可食的，若薺菜這一類，有不可食的，若冬青類，上天一併畜養之。㊶愍　哀憐。㊷州華之間　指中州華山一帶，即中原地區。㊸宿麥　即冬小麥。㊹中歲而熟之　中歲，五、六月間，指冬小麥越冬而在五、六月間成熟。㊺君子察物之異三句　指君子要觀察宿麥之異於他物，以見天意。〈王道通三〉：「天，仁也。」仁者愛人，作者以宿麥為上天哀憐百姓，藉以解決口糧上青黃不接時困難的仁愛之心。

【語譯】天地的運行是多麼完美啊！所以人們在春天要穿葛布的衣服，夏天要居住在蔭密涼爽的地方，秋天要躲避肅殺的西風，冬天要避免過度的潮濕，就是為了要與四時的變化處於協調的狀態。穿衣服要保持適度清涼，吃東西要常帶幾分飢餓，身體要經常參加勞作，不能貪圖安逸而不活動。大凡天地之間的萬物，都是憑藉天地相交而生長，借助五行相勝而走向死亡，春夏秋冬四時的變化就是如此運行的啊！北方冬天的水氣向東方運行，由於水生木，故至春天便有木氣誕生，那是乘天地交合之泰而生的。在春天誕生的農作物，運行到西方而枯死於秋季，那是由於金勝木的結果。農作物生於木的，到金而枯死，生於金的由於火勝金，故到火時便枯死。所以春天所生的農作物，不會超過秋天，秋天出生的農作物，其枯死不會超過夏天，這都是天數所決定的。關於人們飲食中的臭和味，在每一個時令，也必定要依照五行，有的選擇其所勝的，有的選擇其所不勝的，其中的道理，也不能不仔細地考察。春夏秋冬四時的氣各不相同，所以萬物的生長，在不同的季節都各有其相宜的物種。凡是適宜於這種作物生長的季節，它便是那個季節最美好的物品，從而隨著季節的變化，在天地之間交替產生出各種最美好的物品。所以它是隨著季節的變化而變化的。因此人們總是選擇各個季節最美好的物品來滋養自己。如果在有的時令，同時有許多美好的作物，那就可以攙和在一起，先後為人們所食用，這樣做對人們養生是適宜的。所以薺菜在冬天是最美味的。而茶作為苦菜成熟於夏天，在夏天最為適宜，由此也可以看到人們在冬天和夏天各有其所適宜服食的物品。冬天水氣盛，薺菜的味道屬甘味，它憑藉水氣而生長得美好，那是因為屬土的甘味能勝屬水的寒冷。「薺」的意思不就是「濟」嗎？濟就是渡，就是幫助人們渡過水氣盛行的冬令季節。夏天屬火氣，茶在五味中屬於苦味，它憑藉火氣而生長成熟，那是因為苦味能解暑氣的酷熱。上天雖然沒有直接和人們對話，但通過各種作物依時令生長來表達它的用意。對於那些不與一般作物同時生死的作物，正是人們所必須深刻觀察的，因為那裡有著天意所要藉以告訴人們的內容。上天以薺菜成熟，告知人們冬季要多吃甘味；以茶菜的成熟，告知人們夏季要多吃苦味。君子們正是通過對這些作物生長過程的觀察，懂得了上天告諭之意。所以每當薺菜不能吃的時候，人們便應遠離屬於甘味的食品；

到茶成熟時，那就是上天告知人們該吃屬於苦味的東西了。君子們此時在飲食上也要以苦味來代替甘味了。人們只能隨著季節的變化而交替食用這些符合節令的食品，所以薺菜和茶是冬天和夏天分別適宜食用的食品。在春秋二季則可以混雜地食用那時生長成熟的各種作物，而求其調和，在冬季和夏季則各服食所適宜服用的食品，這樣做的話，就能得到天地運行的完美，與四時的變化相適應，從而使身體始終保持平和的狀態。大凡人們選擇食物滋味的要點，就是依照各個時令去選擇那時生長的適宜服用的食物。那樣做的話離開天意也就不會太遠了。至於在各種作物都大量生長的時候，儘管大多數作物都在生長，但唯獨這種作物反而枯死，並且它又是人們可以吃的，那就是上天告訴人們，它的滋味是有利於人的，至於與其同時生長的還有一些人們不能吃的，那是上天告訴人們，它們的莖、葉、花可以消除穢氣，殺滅害蟲，採拾它們的莖和葉，也用不到等到秋天。到了冬天各種作物處於枯萎的階段，而有幾種作物卻顯得生長旺盛，如果其中有可以吃的，那就多吃一點，那是上天為了有利於人們，藉此來替代其他作物的。其中也有不少是不可以吃的，上天也會一併畜養著它們。上天哀憐生活在中州華山一帶的人們，所以特地使冬小麥在夏天便成熟，君子們只要仔細觀察事物不平常的地方，便可以從中體察到上天仁意之所在。

【研　析】董仲舒在《春秋繁露》一書中，所闡述的宇宙觀，包括三個部分：一是講陰陽觀；二是講五行說；三是天地觀。這三者又緊密地聯繫在一起，幾乎難分彼此。從上卷之末篇〈循天之道〉起，包括本卷的〈天地之行〉、〈威德所生〉、〈如天之為〉、〈天地陰陽〉、〈天道施〉共六篇都同屬於一個部分，它們都是通過天地四時的運行，以闡釋天道如何施於人間，從循天之道以養生說起，一直講到如何通過君臣之間、君民之間以及天道與人間禮制和名號之間來說明天道如何與人事相溝通。在一切取法於天道的基礎上，為其天人合一的觀念架構起一個完整的思想體系。

本篇的主旨是借助於天地四時的運行以闡述人的養生之道，以及分別從天地關係及人之身心關係來論述如何為君與如何為臣之道。在闡述君臣關係上，把法天與法人統一起來。從而進一步強化君為臣綱的觀念，使之在人們心目中成為萬古不可移易的自然法則。本章通過天地四時的變化，結合五行相生相勝的觀念，說明不同農作物生滅的規律，以及人們如何隨順自然變化按照時令而飲食臭味，從而達到滋養身體的目的。冬宜甘性的薺菜，夏宜苦味的荼，亦即苦菜，而春秋二季則雜食那時紛至還來生長於大地的各種食品，使人的身體能得天地之美，四時之和，也就是達到人與自然之間和諧而統一的中和境界。他還強調上天在不同的季節，生長不同的作物以養人，正是體現了上天愛利人們的仁愛之心。

本章的文字，自「是故春襲葛」至「以求天意，大可見矣」，錢塘與張惠言認為主旨是談養生之道，與全篇不一致。凌曙本與蘇輿本均將其移至上一篇。《四庫全書》本是盧文弨校定的，從全書各篇的內容看，同一主旨，在不同的篇目多有反覆出現的情況，很難把穿插在各篇同一主題的文字集中在一起，所以認為還是基本保留原狀為好，只對少數由於錯簡致使前後文字難以銜接的地方，在前後次序上作少量調整，使其在文字和內容上能前後保持通順和協調一致。

第二章

是以天高其位而下其施❶，藏其形而見其光❷，序列星而近至精❸，考陰陽而降霜露❹。高其位所以為尊也❺，下其施所以為仁也❻，藏其形所以為神也❼，見其光所以為明也❽，序列星所以相承也❾，近至精所以為剛也❿，考陰陽所以成歲也⓫，降霜露所以生殺也⓬。為人君者，其法取象於天⓭。故貴爵而臣國，所以為仁也⓮；深居隱處，不見其體，所以為神也⓯；任賢使能，觀聽四方，所以為明也⑯；量能授官，賢愚有差，所以相承也⑰；引賢自近，以備股肱，所以為剛也⑱；考實事功，次序殿最⑲，所以成世也⑳；有功者進，無功者退，所以賞罰也㉑，是故天執其道為萬物主，君執其常為一國主。天不可以不剛，主不可以不堅㉒。天不剛則列星亂其行㉓，主不堅則邪臣亂其官㉔。星亂則亡其天，臣亂則亡其君。故為天者務剛其氣，為君者務堅其政，剛堅然後陽道制命㉕。

【章　旨】本章強調君主治國當取象於天，天不可以不剛，主不可以不堅，為天者務剛其氣，為君者務堅其政，剛堅然後陽道制命。

【注　釋】❶天高其位而下其施　指日月的光芒和風雷雲雨皆在高位而下施於萬物。自「是以天高其位而下其施」以下四句為對天象的描述，即天上日月風雷雲雨之象。❷藏其形而見其光　指人仰望頭頂上的蒼穹時，只能感覺到太陽和星辰的光芒和它們高懸在上而無邊無際，根本看不見它們的具體的形狀。❸序列星而近至精　列星，指日月星辰。精，指精氣，氣的精華，氣中細微優良者。日月星辰皆為精氣由上天依序列轉化而來。《淮南子．天文訓》：「天地之襲精為陰陽，陰陽之專精為四時，四時之散精為萬物。積陽之熱氣生火，火氣之精者為日；積陰之寒氣為水，水氣之精者為月；日月之淫為精者為星辰。天受日月星辰。」本書〈立元神〉則云：「天序日月星辰以自光。」❹考陰陽而降霜露　考，終也，指陰陽搏而最終化為霜露下降。《淮南子．天文訓》：「陰陽相薄，感而為雷，激而為霆，亂而為霧。陽氣勝則散而為雨露，陰氣勝則凝而為霜雪。」❺高其位所以為尊也　尊，高也，指天高居於萬物之上，居高以臨下，處於無比尊貴的地位。董仲舒藉此比喻人君高居君臨天下的地位，至高無上，至尊至貴。自「高其位所以為尊也」以下四句見〈離合根〉篇。❻下其施所以為仁也　指上天下施風雲雨露以養育和化生萬物，是為了仁愛於人。〈王道通三〉：「仁之美者在於天。天，仁也。天覆育萬物，既化而生之，有養而成之，事功無已，終而復始，凡舉歸之以奉人。察於天之意，無窮極之仁也。」❼藏其形所以為神也　指人們無法具體知曉上天的形狀，而在冥冥之中，又無處不感覺到上天的存在，這也就是在人們心目中所以奉上天為神靈的原因。❽見其光所以為明也　光，《說文・火部》：「光，明也。从火，在人上，光明意也。」在古代，光是神聖的象徵。神靈和聖者的頭上都有一個光圈，它的智慧和光芒能普照大地和人間的一切。明，《說文・月部》：「明，照也。」日月照臨四方的意思。明之至，昭昭也，即洞察一切。董仲舒在此藉以喻君王所處的境界，子民在下仰望聖上，只見其頭上的光環，無法窺見其所作所為的具體形狀，也就是所謂神龍見首不見尾。他的智慧既照耀著人間的一切，同時又能洞察一切，實際上則要使人們的一切生活皆在其控馭之下。❾序列星所以相承也　指上天序列日月星辰之光亮的等級，使其次序先後相承。❿近至精所以為剛也　指列星皆是精氣凝聚而成。剛，上天以剛強為其特徵。古人認為天體常動，支配地，故為剛；地體常靜，順承於天，故為柔。天動地靜，各有其常，以剛柔相濟，而天之所以剛是依靠積日月星辰之衆精才得以自剛。〈立元神〉篇云：「天所以剛者，非一精之力。」⓫考陰陽所以成歲也　歲，指春夏秋冬以成歲，而春夏秋冬則是由陰陽出入上下的結果。董仲舒在〈陰陽出入上下〉篇曾為陰陽二氣在一歲之內上下左右出入的運行設計過一個模型，云：「春出陽而入陰，秋出陰而入陽，夏右陽而左陰，冬右陰而左陽。陰出則陽入，陽出則陰入；陰右則陽左，陰左則陽右。」⓬降霜露所以生殺也　《淮南子・天文訓》：「陽氣勝則散而為雨露，陰氣勝則凝而為霜雪。」上天憑藉春夏暖暑之雨露以生養萬物，秋冬清寒之霜雪以肅殺萬物。⓭為人君者二句　此處指人君治國之道取法於天道。天道與君道一也，天人一也。這是董仲舒貫穿全書的一個基本觀念。⓮故貴爵而臣國二句　其間有脫文，此句應與上文「高其位所以為尊也，下其施所以為仁也」相對應，參照〈離合根〉：「任羣賢所以受成；乃不自勞於事，所以為尊也；汎愛羣生不以喜怒賞罰，所以為仁也。」因此，這段文字似應為「貴爵祿任羣賢，不自勞其事，所以為草也；汎愛羣生，救害恤遠，所以為仁也」。意謂君立貴重爵祿使羣賢各任其事，才能「不自操事，而知拙與巧。不自計慮，而知福與咎」《韓非子・主道》，從而使自己保持至尊而始終處於主動的地位，對禍患能豫為之備，救害於先，害無由起。汎愛群生，救害恤遠，所以為仁也，參見《說苑・君道》：「河間獻王曰：堯存心於天下，加志於群民，痛萬姓之罹罪，憂衆生之不遂也。有一民饑，則曰此吾饑之也。有一人寒，則曰此吾寒之也。一民有罪，則曰此吾陷之也。仁昭而義立。」⓯深居隱處三句　指君王要隱其居處行蹤，藏其喜怒不形於色，神龍見首不見其尾，從而使臣下無所因，也就是無法窺測。反之，「主上不神，下將有因」《韓非子・揚權》。《史記・秦始皇本紀》：「行所幸，有言其處者，罪死。始皇帝幸梁山宮，從山上見丞相車騎衆，弗善也。中人或告丞相，丞相後損車騎。始皇怒曰：『此中人洩吾語。』案問莫服。當是時，詔捕諸在傍者，皆殺之，自是後莫知行之所在。」因其行蹤詭祕莫測，才能顯示君主的威嚴無所不在；由於君王喜怒不形於色，才使君王之內心更顯得「大不可量，深不可測」（《韓非子・主道》），震懾臣民一切覬覦之心。

⑯任賢使能三句　《荀子・王制》：「請問為政？曰：賢能不待次而舉，罷不能不待須而廢。」「王者之論，無德不貴，無能不官，無功不賞，無罪不罰，朝無幸位，民無幸生，尚賢使能而等位不遺。」故任賢使能為王政的前提，如何才能任賢使能？為君者必須觀聽四方，才能辨別何者為能，何者為賢，才能明察秋毫，洞察無遺。故《荀子・君道》云：「兼聽齊明，則天下歸之。」⑰量能授官三句　此處指根據賢愚之等差，量能授官，使人盡其才，官成其事，若列星之所以相承也。這也就是在兼聽齊明的基礎上，做到「量能而授官，皆使其人載其事而各得其所宜。上賢使之為三公，次賢使之為諸侯，下賢使之為大夫」（《荀子・君道》）。⑱引賢自近三句　股肱，大腿和胳膊。此處以股肱喻賢臣為君王之股肱。《尚書・益稷》：「臣作朕股肱耳目。」《呂氏春秋・開春論・察賢》為君主者云：「要在得賢，魏文侯師卜子夏，友田子方，禮段干木，國治身逸。」當時秦國為了魏文侯禮段干木，「秦興兵欲攻魏，司馬唐諫秦君曰：『段干木賢者也，而魏禮之，天下莫不聞，無乃不可加兵乎！』秦君以為然，乃按兵輟不敢攻之。」（《呂氏春秋・開春論・期賢》）⑲考實事功二句　考，考核。本書〈考功名〉篇敘「考試之法，大者緩，小者急，貴者舒而賤者促。諸侯月試其國，州伯時試其部，四試而一考。天子歲試天下，三試而一考」。即根據官員任職的名目，考核其任事的實績。次序，指依事功的大小及等級排列其次序，上等的稱最，下等的稱殿。漢代丞相御史二府負責對朝廷官員在歲終考其殿最。二府各有側重。丞相負責歲終課殿最上聞。《漢書・丙吉傳》：「歲竟，丞相課其殿最，奏行賞罰。」御史大夫則負責按察虛實真僞之責。《漢書・宣帝紀》：黃龍元年（西元前四九年）詔云：「御史察計簿非實者按之，使真僞毋相亂。」

⑳所以成世也　世，父子相繼，世代相傳。此處指所以成代代相傳之規模也。㉑有功者進三句　《韓非子・主道》：「群臣陳其言，君以其言授其事，事以責其功。功當其事，事當其言則賞；功不當其事，事不當其言則誅。」在我國，天子以賞罰激勵和控馭群臣，至秦漢時已成為一種制度，即立考黜陟的上計制度。黜，是無功者退，即降級和黜退，也就是罰；陟，是有功者進，是官職的升遷和爵秩的晉級，也就是賞。㉒是故天執其道為萬物主四句　全句以天道喻君道。《易・繫辭》：「天尊地卑，乾坤定矣。卑高以陳，貴賤位矣。動靜有常，剛柔斷矣。」天體常動，支配地，為剛，故天道以剛強為萬物之主。而君主唯有執天道之常方能為一國之主。天道不可以不剛強，為君者也不可以不堅強有力地駕馭群臣。道，指天道。常，指天道之常。剛，強大而不可戰勝。《說文・刀部》：「剛，彊斷也，」段玉裁

注：「彊者，弓有力也。有力而斷者也。《周書》所謂剛剋，引申凡有力曰剛。」堅，堅毅而強有力。《說文・土部》：「堅，土剛也。从土。」㉓列星亂其行　指日月星辰的運行違反常軌。使天不成其為天。古人以天文星象說人事，《晉書・天文志》：「日月行有道之國則光明，人君吉昌，百姓安樂。」反之，「日中烏見，主不明，為政亂。日中有黑子，臣廢其主。日蝕，臣掩君之象，有亡國。月變色，將有殃。月晝明，君臣爭明。」《晉書・天文志》中還指出：五星，即木、火、土、金、水五星有色，大小不同，不失本色而應四時者，吉；色害其行，凶。㉔邪臣亂其官　邪臣即韓非子所謂重人，當道而擅事。他們「虧法以利私，耗國以便家，力能得其君，此所謂重人也」（《韓非子・孤憤》），他們「不課賢不肖，不論有功勞」，「財利多者賣官以為貴；有左右之交者，請謁以成重。功勞之臣不論，官職之遷失謬。是以吏偷官而外交，棄事而親財。是以賢者懈怠而不勸，有功者隳而簡其業，此亡國之風也」（《韓非子・八姦》）。君臣次序混亂的結果，君主不成其為君主，而反受制於臣了。東漢和帝時，竇憲擅權專政，丁鴻因日蝕上封事云：「臣聞日者陽精，守實不虧，君之象也。故日食者，臣乘君，下驕盈也。」「臣聞天不可以不剛，不剛則三光不明；王不可以不彊，不彊則牧宰縱橫。」（《後漢書》本傳）㉕剛堅然後陽道制命　剛，指為王者務剛其氣。堅，指為君務堅其政。陽道，指天道與君道。制命，指控制事物之命脈。君主何以堅其政？董仲舒在〈保位權〉篇云：「國之所以為國者德也，君之所以為君者威也，故德不可共，威不可分。德共則失恩，威分則失權。失權則君賤，失恩則民散。民散則國亂，君賤則臣叛。是故為人君者，固守其德，以附其民；固執其權，以正其臣。」至於固執其權以堅其政的方法，則為君主必須牢牢掌握好刑德賞罰之權，韓非子在〈喻老〉篇中說：「賞罰者，邦之利器也，在君則制臣，在臣則勝君。」

【語譯】天的位置高高在上而向下布施它的恩惠，把形體隱藏起來，人們只能看到它四射的光芒。它排列眾星的次序，積聚眾星的精氣，讓陰陽二氣相搏而降下霜雪和雨露。它的位置高高在上，是為了保持自己至尊至貴的地位；它向下布施恩澤，是為了施行仁愛；它所以隱藏自己的形體，是為了顯示它的神奇和不測；它發出光芒，是為了使人間明亮而洞照一切。排列眾星的次序，使它們之間互相承接；積聚精氣，是為了使天道顯得剛強；陰陽二氣的相搏，是為了使四時所以構成年歲；降下霜雪和雨露，是為了使萬物藉以生長和肅殺。作為國家的君主，治國之道也就是效法天道。君主所以貴重爵祿，是為了使群賢能各任其事，因而君主用不到自己去操勞具體的事務，從而使自己保持尊貴的地位。他要泛愛眾生，救治禍患於未然之時，從而使仁愛普施百姓；君主要隱祕自己的居處和行蹤，使人們看不見自己的活動，是為了在人們心目中顯得更加神奇而不可揣測；要善於任用賢明而有能力的人，同時自己還要觀聽四面八方，使自己能清楚地洞察一切；要按照臣子能力大小去授以官職，對賢明和愚笨的臣子各有差別，做到人盡其材，而且能互相接引；同時要接引賢明的人以靠近君主，作為君主的股肱，從而使君主變得更加剛強。要考察百官實際的事功和政績，從而排列他們次序，並使考察百官的方法世代相傳，形成規模和定制；對有功者加以升遷，無功者則加以黜退，從而做到賞罰分明。上天依靠執行天道而成為萬物之主，君主則唯有執行天道之常，才能使自己真正成為一國的君主。上天不可以不使自己剛強，君主不可以不使自己變得堅強。如果上天不能使自己剛強，那麼列星的運行便會出現紊亂；君主不能牢靠而堅強地掌握好自己的權力，那麼邪惡的大臣們便會使國家的管理出現混亂。星辰運行混亂的話，天就不成其為天了；大臣們搞亂了國家的管理，那麼君王也就不成其為君王了。所以天必須強化自己的氣勢顯得剛強，君主也必須強有力地掌握好自己的權力，只有做到剛強和堅固才能使屬於陽道的上天和君主具備控制一切命脈的可能。

【研析】本章的中心是「為人君者，其法取象於天」。君道必須取法於天道，所以全章的敘述先講天道，然後表述與天道相對應的君道。從認知過程看，恐怕是恰恰相反。不是君道取法於天道，而是天道取法於董仲舒心目中理想的君道，從而為君道增添一份神靈的光輝。

天，作為至上神，只是人想像中人格化的東西，是現實世界在觀念形態上的反映。在中國歷史上，天或者上帝作為至上神的出現，幾乎是和君主制國家的形成和發展同步的。在殷周之際，隨著君主專制體制的建立，天或者上帝作為至上神的地位開始確立。天命觀念的產生和發展，也幾乎是與之同步的。天作為百神之主的至上神，這是人間帝王至高無上的地位在觀念上的反映。一切關於君權神授的觀念，也就是有關天命的觀念，為君權增添了神聖的光環，為世俗的王權增強了合法性。這樣的神靈觀念一旦產生，它作為傳統觀念，世世代代為人們所傳襲。只要帝王制度不發生根本性變化，那麼這樣的把天作為至上神的觀念便始終有其存在的社會基礎。所以董仲舒關於天道的描述，只能立足於他對君道的了解和領悟。

關於君道，董仲舒在〈立元神〉篇有過比較明確的表述。他說：「君人者，國之元，發言動作，萬物之樞機。」君王的言行是國家機構如何運行的樞紐。他還說：「君人者，國之本也。」君王是國家的根本，也就是權力機構的中心。又說：「君人者，國之證也。」盧文弨云：「證，疑本徵字。」換句話說，君王是國家的象徵，沒有君王便不成其為國家了。那麼君王又如何體現其在國家管理上的職能呢？他說：「體國之道，在尊與神。尊者所以奉其政也，神者所以就其化也。故不尊不畏，不神不化。」所謂尊，也就是君王的定位必須建立在至高無上、至尊至貴的地位上；所謂神，也就是君王所必須保持神的形象，《易・繫辭上》：「陰陽不測之謂神。」王弼注：「神也者，變化之極，妙萬物而為言，不可以形詰者也。」他既是人們揣摩的對象，又是人們難以揣摩的對象，即所謂神龍見首不見尾。故它是神靈的化身，全知全能，超乎一般的普通人，成為眾人頂禮膜拜的對象。不具備這二個條件，他就不能成為真正的王者。要做到這二條，還有二個前提，即董仲舒所說的「夫欲為尊者在於任賢，欲為神者在於同心」，即是說靠王者一個人畢竟無法管理好整個國家，那就是要有一支官僚隊伍，其中要有一批賢者作為骨幹。所謂同心，就是要形成濃重的神祕主義的個人崇拜的氛圍。沒有這些條件，君王個人就無法建立專制主義的個人獨裁統治。這就是董仲舒所闡述的君道的核心內容。再回過頭來看他所描述的天象，就清楚地看到它只是君道的象徵而已。所謂至高其位下其施，序列星所以相承，都是為了確立至尊的定位，所謂藏其形所以為神，見其光所以明，都是為了使其具備神化的特徵。離開了人間君王至高無上的權力結構，那麼這二條天象的描述就毫無實際意義了。到了現代社會，藉助於上天的神道說教當然沒有實際意義了。然而藉助英雄主義的個人崇拜，神化個人的智能，同樣也能為專制主義的個人獨裁在觀念上營造濃重的社會氛圍。這樣的氛圍近百年來為中華民族帶來了很大的危害。

第三章

地卑其位❶而上其氣❷，暴其形❸而著其情❹，受其死❺而獻其生❻，成其事而歸其功❼。卑其位所以事天也❽，上其氣所以養陽也❾，暴其形所以為忠也❿，著其情所以為信也⓫，受其死所以藏終也⓬，獻其生所以助明也⓭，成其事所以助位也⓮，歸其功所以致義也⓯。為人臣者，其法取象於地⓰。故朝夕進退，奉職應對，所以事貴也⓱；供設飲食⓲，候視疢疾⓳，所以致養也⓴；委身致命，事無專制，所以為忠也㉑；竭愚寫情，不飾其過，所以為信也㉒；伏節死難，不惜其命，所以救窮也㉓；推進光榮，褒揚其善，所以明也㉔；受命宣恩，輔成君子，所以助化也㉕；功成事就，歸德於上，所以致義也㉖。是故地明其理為萬物母，臣明其職為一國宰。母不可以不信，宰不可以不忠㉗。母不信則草木傷其根，宰不忠則姦臣危其君。根傷則亡枝葉，君危則亡其國。故為地者務暴其形，為臣者務著其情。

【章　旨】本章強調為人臣者，其法取象於地，故為地者務暴其形，為臣者務著其情，一切都不得向主上隱瞞。

【注　釋】❶地卑其位　指與天相對而言，地須卑下其位。《易．繫辭上》：「天尊地卑，乾坤定矣。卑高以陳，貴賤位矣。」❷上其氣　指地上其氣為風雨。本書〈五行對〉篇云：「王曰：『願聞地之義？』對曰：『地出雲為雨，起氣為風。風雨者，地之所為。地不敢有其功名，必上之於天。命若從天氣者，故曰天風天雨也，莫曰地風地雨也。」❸暴其形　指地暴露其形狀。❹著其情　指地顯示其真情以示人。〈離合根〉篇云：「暴其形，出其情以示人，高下、險易、堅耎、剛柔、肥臞、美惡，累可就財也。」❺受其死　指萬物死而埋藏於地。❻獻其生　把地上生長的萬物貢獻於上天。❼成其事而歸其功　指勤勞在地，名卻全歸之於天。若地出雲起風，功名一歸於天。❽卑其位所以事天也　地之事天如下之事上，卑之事尊。《易・坤》：「彖曰：至哉坤元，萬物資生，乃順承天。」❾上其氣所以為養陽也　天為陽道，春夏屬陽，地出雲雨，資生萬物，以長養陽道。❿暴其形所以為忠也　指地暴其高下險易之形於天，一心以事奉於天，故謂之忠。⓫著其情所以為信也　指地貴信而悉著其美惡之情於天。⓬受其死所以藏終也　死，萬物之終，地容藏萬物之終。故〈說卦〉：「乾以君之，坤以藏之。」指天以君臨萬物，地以容藏萬物為其終點。又《易・坤》：「文言曰：地道無成而代有終也。」指地道卑柔，不敢先唱，成物必待陽始先唱而後代陽有終，以成其事。⓭獻其生所以助明也　《易・坤》：「彖曰：萬物資生，乃順承天。」意謂萬物資地而生，地獻其所生之萬物以助上天日月之光照。⓮成其事所以助位也　據下文，位當作化。《易・坤》「文言曰：含萬物而化光。」謂地道成上天之事，是為了含養萬物而使上天之德化光大。⓯歸其功所以致義也　《易・坤》：「文言：陰雖有美，『含』之以從王事，弗敢成也。」此處意謂事成而不敢有其功。地歸其功於天，臣歸其功於君，此即天地君臣之義。〈五行對〉篇云：「勤勞在地，名一歸於天，非至有義，其孰能行此？」⓰為人臣者二句　指為臣之道，效法於地道。《易・坤》：「文言：地道也，妻道也，臣道也。」地道即是臣道，地承順於天，臣承順於君。⓱故朝夕進退三句　此處意謂臣之事君，朝進而夕退，群臣各守其職，百官各有其常，群臣各言其職之所當言。此為賤之所以事貴，卑之所以事尊者之道。⓲供設飲食　指有專職的官員負責君王飲食的供給。《周禮》在天官太宰卿下設有膳夫、庖人掌王之飲食。秦漢時設太官令以供御食。揚雄的〈太官令箴〉云：「時惟膳夫，實司王饗；祁祁庶羞，口實是供，奉物百品，八珍清觴；以御賓客，以膳於王。」（《職官分紀・太官令》）⓳候視疢疾　疢，病。此處指探候君王的疾病。《周禮》在天官太宰卿屬下有醫師、食醫、疾醫。秦漢在朝廷設置的專職醫療機構是少府的屬官太醫令與其所屬的御醫。⓴所以致養也　飲食和醫療是王者養生不可或缺的二個重要內容。㉑委身致命三句　《四庫》本中「所以為忠」作「所以致養」，誤。今據蘇輿本校正。此處指為臣者委身事君王，盡力實現君王的命令，在外臨事決不專制擅行，才算是忠實於君王。即《公羊傳》所謂之「大夫無遂事」。《韓非子・有度》云：「賢者之為人臣，北面委質，無有二心，朝廷不敢辭賤，軍旅不敢辭難，順上之為，從主之法，虛心以待令而無是非也。故有口不以私言，有目不以私視，而上盡制之。」㉒竭愚寫情三句　《四庫》本中「為信」誤作「為忠」，今據蘇輿本校正。此處意謂為人臣者竭其愚忠，表述自己的真情，不掩飾自己的過失，以取信於君。〈離合根〉篇云：「為人臣者比地貴信，而悉見其情於主。」《管子・乘馬》：「君舉事，臣不敢誣其所不能。君知臣，臣亦知君知己也，故臣莫敢不竭力俱操其誠以來。」同書之〈君臣上〉云：「明君之舉其下也，盡知其短長，知其所不能益，若任之以事。賢人之臣其主也，盡知短長與身力之所不至，若量能而受官。」㉓伏節死難三句　《四庫》本原文「義待四時也」以下至「況織人乎」之文字，屬錯簡，應移入〈如天之為〉篇。自「難不惜其命」以下至「為臣者務著其情」之文字，依內容應從本篇前半部分移本章。應為「伏節死難，不惜其命」。節，符信。古人奉命臨事，有符節為憑。事若不濟，為臣者俯伏於節上，以死繼之，寧以個人之性命以救人事之窮困。若蘇武使匈奴，受脅，曾言：「屈節辱命，雖生，何面目以歸漢！」（《漢書・蘇建傳》）㉔推進光榮三句　指為臣者使君王立於超然光明榮耀之處，褒揚君王之善良，使君王能以明君之稱名揚天下。《管子・君臣上》：「雖有明君，百步之外，聽而不聞，閒以堵牆，窺而不見也。而名為明君者，君善用其臣，臣善納其忠也。信以繼信，善以傳善，是以四海之內，可得而治。」㉕受命宣恩三句　指為臣者，受命宣揚君王之恩德，輔助君王以德政教化天下。《論語・顏淵》：「季康子問政於孔子曰：『如殺無道，以就有道，何如？』孔子對曰：『子為政，焉用殺？子欲善而民善矣。君子之德風，小人之德草，草上之風，必偃。』」此即宣揚君王之善良，以明德教之化而已。㉖功成事就三句　此處言為臣者臨事接民，以成天下之治，歸功德於君王，藉以致為臣子之道義。《說苑・臣術》：「虛心白意，進善通道，勉主以禮誼，諭主以長策，將順其美，匡救其惡。功成事立，歸善於君，不敢獨伐其勞，如此者良臣也。」㉗是故地明其理為萬物母四句　萬物資地以生，故云地為萬物之母。宰，《說文・宀部》：「宰，辠人在屋下執事者，从宀，从辛，辛，辠也。」故宰之原義為在家內服役之罪人。殷商時，執掌王者家務和家奴的總管稱宰。殷太甲時伊尹為冢宰。西周沿置，掌王者內外家務。故宰的職務是為王者執事。母若不可信賴，子女何以賴其生。宰若不忠，王者何以成其事。故云母不可以不信，宰不可以不忠。

【語　譯】大地卑下自己的位置而讓地氣上升，暴露自己的形狀著明它的真情，接受萬物的遺體而獻出其生靈，成就上天的事業而又歸功於上天。降低自己的位置是為了事奉上天；上升地氣是為了更好地長養陽道。暴露自己的形狀是為了向上天顯示自己的忠心；著明自己的真情是為了表示自己值得信任；接受萬物的死屍，是為了埋藏與終結；貢獻出一切生靈是為了使上天更加明耀；成就上天的事業，是為了使上天的德化光大；把成就的事業歸功於上天，以顯示為地的道義。作為臣子的，要效法大地事奉上天之道。所以為臣子的從每天早晨上朝到晚間下朝，都能奉公守職，應對詢問時講其所該講的，要用虔誠的態度來事奉貴人；要為王者供設飲食，有病痛時要隨時問候和診視，以此來奉養君主；作為臣子要委身事奉君王，盡力實現君王給予的使命，遇事決不專制擅行，從而顯示對君王的忠誠；要竭盡自己的愚誠，表述自己的真情，決不掩飾自己的過失，以此來顯示自己是可以信任的；奉命受節處事臨難的時候，不惜犧牲自己的生命，寧可伏節死難，以挽救人事之窮困；要推進王者的事業，使君主立於超然光明榮耀之處，褒揚君主的一切善良，使君王的光輝更加明亮照耀；要接受君王的任命，宣揚君王的恩德，輔助君王以德政教化人民；當功成事就的時候，要把一切功德歸之於君王，顯示出為臣子的道義。大地由於懂得為地的道義，所以成為資生萬物的母親；為臣子的，懂得自己的職守，成為國家的宰執。大地作為萬物之母不可以不受信賴，宰執對自己的主人不可以不保持忠誠。作為母親的大地如果不可信賴，那麼草木的根就會受到傷害；作為宰執如果不忠誠，那麼奸臣們就會危害君王。草木的根部受到傷害，那麼它的枝葉便會枯死；君王受到危害，國家便會滅亡。所以作為大地，一定要對上天暴露其起初的狀況；作為臣子，則一定要對其君主著明自己的真情。

【研　析】本章的中心是「為人臣者，其法取象於地」，故為臣子者，其行為必須取法於地道。全章敘述的順序，是先描述何謂地道，然後表述與地道相對應的何以為臣子之道。藉地道以表述為臣子之道的根據，作者在〈離合根〉、〈五行對〉與〈陽尊陰卑〉三篇中都有過相類似的表述。所謂臣子之道，實際上是從君王的視角提出對臣子的要求，說到底是忠信二字。一是忠於職守，二是可以信賴。如何才能忠實而可以信賴呢？作者把焦點放在臣子要在君王面前顯示自己真實的狀況。故全章以「故為地者務暴其形，為臣者務著其情」作為結尾。

誠實是忠信的前提。作者在〈離合根〉的結尾說：「為人臣者比地貴信而悉其情於主，主亦得而財之，故王道威而不失。為人臣常竭情悉力而見其短長，使主上得而器使之，而猶地之竭竟其情也。故其形宜得而財也。」只有為臣子者才德的情況真實可靠，臣不蔽其過，君主才能明察臣子的賢愚，才能裁而用之，達到任賢使能的目的。如果為臣子者，朋黨比周，以蔽主明，賢愚混淆，白黑無別，是非無間，那麼君王勢必雙目失明，處於被架空的狀態，空有君主之名。《韓非子・揚權》云：「黃帝有言曰：『上下一日百戰。』」這上與下也就是君與臣之間，交戰的焦點在哪裡？「下匿其私，用試其上；上操度量，以割其下。故度量之立，主之寶也；黨與之具，臣之寶也。」韓非子所謂度量是指法制，依靠法制能不能真的裁斷臣子之賢愚是另一回事，然而臣子的黨與和君王如何保持自己的權位也確實處於對立的二個側面。因為君王只有固執其權，才能正其位，保持君臣之間的尊卑關係。故為臣子者暴其形、著其情，是君王對臣子的期望，朋黨比周以蔽主明則是臣子的本能。所以朋黨問題始終是困擾歷代專制王朝無法克服的矛盾。而且許多王朝也正是在朋黨紛爭中走向崩潰和瓦解的。

唐人李絳對唐憲宗講：「臣歷觀自古及今，帝王最惡是朋黨。」（《全唐文・李絳對憲宗論朋黨》）董仲舒不同於韓非的地方，在於董是借助於天地之道來分別規範君王和臣子之行為，而韓非則借助於法術來處理君臣之際在行為上的矛盾關係。前者看起來那麼有情有義，後者則顯得那麼刻薄寡恩，其實這二者在本質上是一致的。前者說的是君王所期望的理想狀態，後者說的是君王所面臨的現實的操作局面。而朋黨問題的背後，實際上是反映不同人群之間利益上的矛盾。它不可能被禁止，既禁而不絕，又沒有正確的途徑去處置它，更不可能把黨派的衝突納入正確的軌道，結果只能在無休止的爭鬥中導致整個王朝的崩潰。這是專制主義體制下各個王朝永遠無法擺脫的困境。

第四章

一國之君，其猶一體之心也❶。隱居深宮，若心之藏於胸；至貴無與敵，若心之神無與雙也❷。其官人❸上士❹，高清明而下重濁❺，若身之貴目而賤足也❻，任羣臣無所親，若四肢之各有職也❼；內有四輔，若心之有肝肺脾腎也❽；外有百官，若心之有形體孔竅也❾；親聖近賢，若神明皆聚於心也；上下相承順，若肢體相為使也❿；布恩施惠，若元氣之流皮毛腠理也；百姓皆得其所，若流血氣和平，形體無所苦也⓫；無為致太平，若神氣自通於淵也；致黃龍鳳凰，若神明之致玉女芝英也⓬。君明，臣蒙其功，若心之神，體得以全；臣賢，君蒙其恩，若形體之靜而心得以安。上亂下被其患，若耳目不聰明而手足為傷也；臣不忠而君滅亡，若形體妄動而心之喪。是故君臣之禮，若心之與體，心不可以不堅，君不可以不賢，體不可以不順，臣不可以不忠。心所以全者，體之力也；君所以安者，臣之功也。

【章　旨】本章以人的心志與形體的關係來論述君臣之間互為依存，君不可以不賢，臣不可以不忠，強調心所以全者，體之力也；君所以安者，臣之功也。

【注　釋】❶一國之君二句　此處以國喻人之體，以君喻人之心，心則指人的精神。上文云「君危則亡其國」，指的就是人的精神若處於喪魂落魄的狀態，此人也就喪失了獨立自主的人格。❷隱居深宮四句　此處以心藏於胸，以其神統率人之體，喻君王雖藏於深宮，而其地位在一國之內，至尊至貴，無人能與之匹敵。❸官人　指授官職於人。❹上士　上同「尚」。指崇尚士人。❺高清明而下重濁　指士人之才能有高下之分，品德有清濁之分，而官職亦有高下等級和清濁之區別。❻若身之貴目而賤足也　此處以身之貴目賤足，喻士子及官職之上下尊卑貴賤的等級關係。❼任羣臣無所親二句　群臣有賢愚之分。四肢，指手足，有貴賤高下之別。此處指君王對群臣不以親疏為標準，而是任賢使能，量能授官，賢愚有差，使群臣若四肢，各司其職。❽內有四輔二句　四輔，指左輔、右弼、前疑、後正，喻指在朝廷的官員。《大戴禮記．千乘》：「國有四輔，輔，卿也，卿設如四體。」四輔在君王周圍輔佐國君施行政事，就像人的股肱一般。中醫理論以心與肝、脾、肺、腎，為人之五臟，此處以心與肝肺脾腎的關係喻指君王與四輔的關係。因為心在五臟中屬於君主之官，統率肝、肺、脾、腎四臟的運行。❾外有百官二句　百官，泛指朝廷各級行政官員。故稱外有百官以與內有四輔相對稱。形體，指人之外形。孔竅，指人之眼，耳、鼻、口、前後陰九竅以及毛孔，〈人副天數〉云：「體有空竅理脈，川谷之象也，心有哀、樂、喜、怒，神氣之類也。觀人之體一，何高物之甚，而類於天也。」此以心與體的關係喻指君主與外朝百官的關係。❿親聖近賢四句　此處言國家機構內外的關係，君為出令者，令之可與不可，國家安危之所繫。君王在內親聖近賢，以昭然燭見存亡之機，得失之要，故云若神明皆聚於心。百官受令而行之，若人之有形體四肢，上下相承，視其能使之，若心與形體四肢內外相聯。⓫布恩施惠五句　此五句以人體氣血的正常運行，喻指百姓能受到君主政令之恩德。布恩施惠，是指君王的政令能施恩惠給百姓，如元氣周行於人體的皮毛肌理之間，如血氣在人體內平和地運行。百姓的安居樂業，正如人之形體不感到任何痛苦。元氣，中醫學名詞。指維持人體組織和器官運行的生命力。腠理，指人體肌膚之間的空隙和紋理，為氣血和津液流通的通道。血氣，亦作氣血，為中醫學的專門名詞。氣，指人體內流動著氣狀的營養物質。血，指人體內流動著液態的營養物質。氣、血二者相依為命。氣以生血，血以養氣，氣為血帥，血為氣母。血氣和平，是指氣血二者在人體內運行正常，人體沒有任何痛苦的感覺。⓬無為致太平四句　此處言王者無為而治，天下太平，若神氣自動從深淵中噴出，因太平治世而招致黃龍和鳳凰的出現，若神仙的招致玉女和芝英那樣的仙草。無為致太平，強調君王無為而治。〈離合根〉篇云：「故為人主者，以無為為道，以不私為寶。立無為之位而乘備具之官。」君主處事必須應自然，要善於憑藉配備齊全的百官，各司其職，從而治天下於太平，好似神氣自動從深淵噴發而上。黃龍、鳳凰都是天下太平時才會出現的吉祥之物，〈王道〉篇云：「王正則元氣和順，風雨時，景星見，黃龍下。」「鳳凰麒麟遊於郊。」玉女，傳說中的仙女。張衡〈思玄賦〉：「載太華之玉女兮，召洛甫之宓妃。」芝英，仙草。

【語　釋】一個國家的君主，正如人體的心臟那樣。君主隱居在深宮之中，正如心臟藏在人的胸膛之中那樣；君王的至貴而無可匹敵，正如心靈的神明沒有其他器官可以與它比擬一樣；君王授人官職時，看重才德崇高的士人，所以讓才德清明的人居於高位，讓才德重濁的人居於下位，正如人們貴重自己的眼睛，輕視自己的腳那樣；君王任用自己的群臣，沒有任何偏私，正如人的四肢各自有自己的職能那樣；朝堂內設置四輔來輔佐君王，正如心臟有肝、肺、脾、腎為其輔佐；君王在外朝設置百官，正如心臟有形體和孔竅那樣；君王在自己周圍親近聖賢，正如神明都聚集在心上那樣；上下各級官僚都能承順君王的號令，正如人的肢體能為人們所使喚那樣；君王通過仁政來布恩施惠，正如讓元氣流動於人的皮毛肌理；君王的政令能使百姓各得其所，正如人的血氣和諧平穩地周遊於全身，人身體的各個部位都沒有痛苦的感覺；君王施政用無為而治的辦法來導致天下太平，正如人的神氣自然從深淵中湧出那樣；君王的治績招致黃龍和鳳凰的降臨，正如神仙們招致玉女和芝英到來那樣。所以說君王聖明，為臣子的便能蒙受他的恩德，正如人的心神安定，身體便可以得到保全；為臣子的賢明，君王也能蒙受他們的恩惠，正如形體上安靜，心靈上也能得到安謐。反過來，如果君王的心思混亂，那麼下面的臣子要受其禍患，正如耳目的視聽不聰明，那麼手足必然會受到傷害；臣子對君王不忠誠，君王便會遭受亡國的災害，正如形體的妄動，心靈也會因而喪失神智。所以說君臣之間的禮節，正如一個人的心與體之間的關係，一個人的心志不可以不堅定，正如君王的為人不可以不賢明；一個人身體的各個部分不可以不順暢，正如為臣子的對君王不可以不忠誠。心靈所以能夠安寧，是依靠一個人形體的健壯；君王所以能安謐，還得依靠臣子的功績。

【研　析】本章的中心是藉人的心志與形體的關係來論述君臣之間的相互關係。雖然在方法上都是喻指，但與前兩章還是有所區別的。前面兩章是藉天地分別喻指君道和臣道。二者是各自分別論列君臣之舉止的。本章是借人體作為喻指的工具，重點則放在君臣之間相互依存的關係上。前者凸出的是君臣之間的綱目關係，天為地綱，君為臣綱；後者雖然也強調心志的至貴與無雙，最終還是闡述二者之間的互為依存。它強調唯有君明，臣才能蒙其功；臣忠，君才得以安。君臣之間的關係皆相對依存於另一方面的狀況。前二章偏重於理論上的闡述，本章則偏重於君臣之間實際存在的矛盾。二者並不完全一致，但它們分別在人們的倫理觀念上和實際操作過程上各自發揮著不同的作用，在不同的領域，都有它們存在的價值。

威德所生 第七十九

【題解】篇名〈威德所生〉，內容為論述君主的威德皆來源於上天，而君主要掌握好刑賞二柄，須注意其實施的前提。德即慶賞的前提是君主不能憑個人的喜怒好惡，論功行賞要注意使臣屬間有和睦的氛圍；威即刑罰的前提是公平和公正。君主能這樣做便是行天德，可以稱作聖人。

天有和❶有德❷，有平❸有威❹，有相受❺之意，有為政之理，不可不審❻也。春者，天之和也；夏者，天之德也；秋者，天之平也；冬者，天之威也❼。天之序，必先和然後發德，必先平然後發威❽。此可以見不和不可以發慶賞之德❾，不平不可以發刑罰之威❿。又可以見德生於和，威生於平也。不和無德，不平無威，天之道也，起者以此見之矣⓫。我雖有所愉而喜，必先和心以求其當，然後發慶賞以立其德⓬；雖有所忿而怒，必先平心以求其政，然後發刑罰以立其威⓭。能常若是者謂之天德，行天德者謂之聖人⓮。為人主者，居至德之位，操⓯殺生之勢⓰，以變化民⓱。民之從主也，如草木之應四時也⓲。喜怒當寒暑，威德當冬夏。冬夏者，威德之合也；寒暑者，喜怒之偶也。喜怒之有時而當發，寒暑亦有時而當出，其理一也⑲。當喜而不喜，猶當暑而不暑；當怒而不怒，猶當寒而不寒也；當德而不德，猶當夏而不夏也；當威而不威，猶當冬而不冬也。喜怒威德之不可以不直處而發也，如寒暑冬夏之不可不當其時而出也。故謹善惡之端，何以效其然也⑳？《春秋》采善不遺小，掇惡不遺大，諱而不隱，罪而不忽，以是非，正理以褒貶㉑。喜怒之發，威德之處，無不皆中其應，可以參寒暑冬夏之不失其時已。故曰聖人配天。

【注釋】❶和　和諧協調。❷德　指慶賞恩惠。❸平　平正安舒。❹威　指刑罰。❺相受　指互相承接。❻審　查察。❼春者八句　此處以天之春夏秋冬四時喻君王之慶賞刑罰政令。這是董仲舒一以貫之的思想。〈四時之副〉篇云：「慶賞罰刑與春夏秋冬，以類相應也，如合符。故曰：王者配天，謂其道。天有四時，王有四政，四政若四時，通類也，天人所同有也。」類似的闡述亦見於〈王道通三〉、〈陰陽義〉諸篇。❽天之序三句　此處言春夏秋冬為上天自然之先後次序，和德平威則為君王政令之先後次序。❾不和不可以發慶賞之德　指慶賞必須以和諧為起點和終結。慶賞的結果要做到皆大歡喜，否則達不到慶賞的目的。漢高祖劉邦即皇帝位，論功行封，群臣爭功，次年，「上已封大功臣二十餘人，其餘日夜爭功而不決，未得行封。上居洛陽南宮，從複道望見諸將，往往數人偶語。上曰：『此何語？』張良曰：『陛下不知乎？此謀反耳。』」（《漢書・張良傳》）如果沒有和諧的氛圍，慶賞也會出亂事。❿不平不可以發刑罰之威　指刑罰不能公平的話，也就起不到刑罰應有的威嚴。《荀子・正論》：「刑稱罪則治，不稱罪則亂。」「罰不當罪，不祥莫大焉。」故公平正確既是刑罰的前提，也是威武之所在。而德賞與威武二者又是相輔相成的。《漢書・刑法志》：「文德者，帝之利器；威武者，文德之輔助也。夫文之所加者深，武之所服者大；德之所施者博，則威之所施者廣。」⓫起者以此見之矣　「起」字有誤，錢塘據《永樂大典》改為達。達者，指通達事理者。此處意謂通達事理的人正是由此見到天道之所在。⓬我雖有所愉而喜三句　此處言論功行賞，亦不能以個人之喜好而定，必須以平和之心求其恰當，才能立德。若張良為劉邦破解論功行封的難題就是一個很好的例子：「良曰：『上平生所憎，群臣所共知，誰最甚者？』上曰：『雍齒與我有故怨，數窘辱我，我欲殺之。為功多，不忍。』良曰：『今急先封雍齒，以示群臣。群臣見雍齒先封，則人人自堅矣。』於是上置酒，封雍齒為什方侯，而急趣丞相御史定功行封。群臣罷酒，皆喜曰：『雍齒且侯，我屬無患矣。』」（《漢書・張良傳》）雍齒封侯，也就是劉邦排除個人的好惡，以求其當，論功行封的難題也就由此迎刃而解了。⓭雖有所忿而怒三句　此處意謂實施刑罰時，君王不能以一時之忿怒而輕施，必須平心靜氣，依照事實和法律來量刑定罪。漢文帝時，張釋之任廷尉，「上行出中渭橋，有一人從橋下走，乘輿馬驚。於是使騎捕之，屬廷尉。釋之治問。曰：『縣人來，聞蹕，匿橋下。久，以為行過，既出，見車騎，即走耳。』釋之奏當：『此人犯蹕，當罰金。』上怒曰：『此人親驚吾馬，馬賴和柔，令它馬，固不敗傷我乎？而廷尉乃當之罰金？』釋之曰：『法者天子所與天下公共也。今法如是，更重之，是法不信於民也。且方其時，上便使誅之則已。今已下廷尉，廷尉，天下之平也，壹傾，天下用法皆為之輕重，民安所錯其手足？唯陛下察之。』上良久曰：『廷尉當是也。』」（《漢書・張釋之傳》）⓮能常若是者謂之天德二句　天德，〈人副天數〉篇云：「天德施。」〈離合根〉篇云：「天高其位而下其施。」「下其施，所以為仁也。」天之德在於施雷霆風雨於萬物，促成萬物的生長，故稱其為仁。能若是者，指能以平和的心情對待慶賞刑罰者，也就具備了天德。慶賞若和風細雨，雷霆若刑罰，也就能促進人間萬物的生長。行天德者，即取仁於天而行仁者，故謂之聖人。⓯操　執掌。⓰殺生之勢　生是指慶賞，若和風細雨之養育萬物。殺是指刑罰，若雷霆霹靂，使人人為之震慴而生畏懼。勢，指威勢。⓱以變化民　指以刑德二柄之威勢導制其民，以移風易俗。⓲民之從主者二句　《論語・顏淵》：「孔子曰：『君子之德風，小人之德草，草上之風，必偃。』」四時，指刑德隨四時的變化而變化。使草民之習俗，隨君主威德的變化而或偃或仰。⓳喜怒當寒暑九句　喜怒指人的情緒，威德指君主之政令，冬夏為四時的名稱，寒暑為四時的氣溫，四者何以能以類相偶？這是因為皆以陰陽分類。以君主之喜怒與寒暑相比，見於〈王道通三〉：「人主以好惡喜怒變習俗，而天以暖清寒暑化草木。喜樂時而當則歲美，不時而妄則歲惡。」以君主之威德與四時相比，見〈四時之副〉：「慶賞罰刑與春夏秋冬，以類相應，如合符。」「天有四時，王有四政，四政若四時，通類也。」二者合在一起，則君主在情緒上的喜怒，政令上的威德，皆需當時而合其宜。⓴故謹善惡之端二句　疑問句。詢問如何才能懂得並謹慎地對待善惡的始端呢？㉑春秋采善不遺小六句　此處言以《春秋》為榜樣，便能使喜怒之發、威德之處皆適其時而中其宜。〈王道〉篇云：孔子修《春秋》，「刺惡譏微，不遺小大，善無細而不舉，惡無細而不去，進善誅惡，絕諸本而已矣。」諱而不隱，指《春秋》為尊者諱，為賢者諱，既有所諱，又微其辭而不隱其事。罪而不忽，指《春秋》記載弒逆之事，皆正其罪，以明其義，毫不忽略，「《春秋》之中，弒君三十六，亡國五十二，諸侯奔走不得保其社稷者不可勝數。」（《史記・太史公自序》）故董仲舒在〈楚莊王〉篇云：「是故於外，道而不顯，於內，諱而不隱。於尊亦然，於賢亦然。此其別內外，差賢不肖而等尊卑也。」「以是非」之上，似脫「明察」二字。掇，拾取。

【語譯】上天在運行過程中，具有和諧、恩德、平正、威嚴四種特性，它們之間又前後互相承接，其中包含著君王如何為政的道理，人們不能不加以仔細審察。春季，象徵著上天的溫情和諧；夏季，象徵著上天對萬物的恩德；秋季，象徵著上天對萬物的公平；冬季，則象徵著上天對萬物的威嚴。上天運行的次序，先布施恩情與和諧，然後才是恩德有加，先講究公平，然後才發出威嚴。由此可以見到沒有和諧協調的氛圍，就不可以發布慶賞的恩德；沒有公正和公平，就不可以發布刑罰以顯示威嚴。從這裡還可以看到，賞賜的恩德必須產生於和諧的氛圍之中，刑罰的威嚴只有公平才能產生力量。沒有和諧的氛圍，就無法進行論功慶賞；沒有公正和公平，那麼刑罰也沒有威力了，這就是天道呀。通達道理的人們，也正是從這些地方見到天道之所在。如果作為王者，雖然有所愉悅而喜歡，也一定先要以平和的心情考慮如何做才算恰當，然後再發布慶賞的命令，樹立德行的榜樣；有時雖然自己的心情是那麼激忿而憤怒，但也一定要先使自己的情緒平靜下來，講究為政的道理，然後才發布實施刑罰的命令以顯示威嚴。如果能經常這樣做的話，那可以說已具備上天的德行了。能這樣地推行天德的人，也就可以稱之為聖人了。

作為國家的君主，處於至高無上的地位，掌握著對民眾生殺的權勢，正可以藉以變化民眾的習俗。民眾的追隨君主，正如草木順應四時的變化那樣，人主的喜怒就好似氣候的暑熱和寒冷，刑罰的威嚴和慶賞的恩德就相當於四時的冬季和夏季。冬季和夏季，正是威嚴和恩德的互相配合；寒冷和暑熱是人主喜愛和憤怒之間的匹配，喜愛和憤怒要適時而發，寒冷與暑熱要依照時令而出現。這二者之間的道理是一致的。應該喜愛而不喜愛，正如天氣應該出現暑熱的時候不熱；應該發怒而不發怒，正如天氣應該出現寒冷的時候不冷；應該慶賞而不給予賞賜，正如時令應是夏天而氣候不像夏天；應該表現出刑罰威嚴的時候卻不威嚴，正如時令應是冬天而氣候卻不像冬天。所以君主的喜怒威德不可以不在恰到好處時發出它的力量，正如寒冷與暑熱，冬季與夏季不能不在恰當的時間顯示自己一樣。所以一定要謹慎地對待善惡的苗頭。怎樣才能真正做到這一點呢？要如《春秋》的記載，採集善行時，即便微小的善事它也不遺漏；掇拾惡行時，對重大的惡事則決不遺漏，雖然有所避諱，但決不隱瞞，對於一切重大的罪案，則決不疏忽，對是非要明察，褒貶則要符合正理。君主對於喜怒的表露、刑德的處置，若都能做到恰到好處，這就可以與上天使寒暑冬夏都不失其時宜相參照了，所以說聖人可以與上天相比配。

【研　析】篇名〈威德所生〉，威是講君主的刑罰威嚴，德是講慶賞賜予，為君王駕馭臣民的二個槓桿。所生，言君王所掌握的這二種權柄之來源，結論是來源於上天。前一篇〈天地之行〉是以天道言君道，地道言臣道，以人之心與體說明君王與臣民之間的依存關係；本篇是講君王保持自己權位與控馭臣民的法術在於掌握好刑賞二柄。

關於如何掌握好刑賞二柄的問題，作者在〈保位權〉篇已有所論述。在〈保位權〉中作者的論述側重在刑德要有一個度，過濫了便會適得其反。「所好多則作福，所惡過則作威。作威則君亡權，天下相怨；作福則君亡德，天下相賊。」本篇論述的側重點，在闡述刑賞二柄，皆有前提。德是慶賞賜予，帝王論功行賞時，在臣僚之間必須有一個和睦的氛圍；威是刑罰，刑罰要產生威懾作用，它的前提是公平和公正。離開了這二個前提，那就達不到實施慶賞和刑罰想要取得的效果。前面注釋中講的雍齒封侯的故事說明即使論功行賞那樣皆大歡喜的好事，由於處理不當，也會引起大亂的。刑罰的問題，如張釋之處置有人衝犯文帝輿駕的案例，如果處理不當，也就起不到威懾的作用。如武帝那樣重用酷吏，濫施刑罰，其結果是全國遍地哀鴻，言路不通，民變迭起，天下怨恨。漢武帝最終只能下〈罪己詔〉以平息民眾的怨憤。只有威德二者適時而有度，並且合理而是非分明，才能達到「民之從主也，如草木之應四時也」的境界。

如天之為 第八十

【題解】篇名〈如天之為〉，主旨為強調君主治國應天人之道，兼舉而執其中。君王的政令固然需要按時令來節制，然而君王的好惡喜怒與政令上的慶賞刑罰更要應事即時而發，無所鬱滯，做到求善之時，見惡而不釋；求惡之時，見善亦立行。

《四庫》本中，本篇與〈天地之行〉、〈天地陰陽〉等篇有錯簡。今參照各種版本，將「義待四時也」至「況穢人乎」的一百四十字從〈天地之行〉篇末尾移入本篇之末，而將原《四庫》本中本篇的「神明」以下至「天地之間蕩」移至下篇〈天地陰陽〉的末尾。

陰陽之氣，在上天，亦在人。在人者為好惡喜怒，在天者為暖清寒暑❶。出入上下、左右、前後，平行而不止，未嘗有所稽留滯鬱也。其在人者，亦宜行而無留，若四時之條條然也❷。夫喜怒哀樂之止動也，此天之所為人性命者❸。臨其時致上而欲發其應，亦天應也，與暖清寒暑之至其時而亦發無異❹。若留德而待春夏❺，留刑而待秋冬❻也。此有順四時之名❼，實逆於天地之經❽。在人者亦天也，奈何其久留天氣，使之鬱滯，不得以其正周行也❾。是故脫天行穀朽寅❿，而秋生麥⓫，告除穢而繼乏也⓬。所以成功繼乏⓭，以贍人也⓮。

天之生有大經也，而所周行者⑮。又有害功也⑯，除而殺殛者⑰，行急皆不待時也⑱，天之志也⑲，而聖人承之以治⑳。是故春修仁而求善，秋修義而求惡，冬修刑而致清，夏修德而致寬。此所以順天地，體陰陽㉑。然而方求善之時，見惡而不釋；方求惡之時，見善亦立行；方致清之時，見大善亦立舉之；方致寬之時，見大惡亦立去之。以效天地之方生之時有殺也，方殺之時有生也㉒。是故志意隨天地㉓，緩㉔急㉕倣陰陽㉖。然而人事之宜行者，無所鬱滯㉗，且恕於人，順於天，人之道兼舉㉘，此謂執其中㉙。天非以春生人，以秋殺人也。當生者曰生，當死者曰死，非殺物之義待四時也㉚。而人之所治也，安取久留當行之理，而必待四時也。此之謂壅，非其中也㉛。人有喜怒哀樂，猶天之有春秋冬夏也。喜怒哀樂之至其時而欲發也，若春秋冬夏之至其時而欲出也，皆天氣之然也。其宜直行而無鬱滯，一也。天終歲乃一徧此四者，而人主終日不知過此四之數，其理故不可以相待㉜。且天之欲利人，非直其欲利穀也。除穢不待時，況穢人乎㉝！

【注釋】❶陰陽之氣五句　董仲舒以上天陰陽之氣的變化解釋四時及氣溫的變化，春夏屬陽，秋冬屬陰，故在氣溫上暖暑屬陽，清寒屬陰，以與人在情緒上好惡喜怒的變化相對應。〈王道通三〉：「喜氣為暖而當春，怒氣為清而當秋，樂氣為太陽而當夏，哀氣為太陰而當冬。四氣者，天與人所同有也。」❷出入上下左右前後六句　董仲舒在〈陰陽出人上下〉篇為陰陽二氣在四時周而復始的運行過程中鉤勒了一個模型。他說：「春出陽而入陰，秋出陰而入陽，夏左陽而右陰，冬右陰而左陽。陰出則陽入，陽出則陰入；陰右則陽左，陰左則陽右。是故春俱南，秋俱北，而不同道；夏交於前，冬交於後，而不同理。並行而不相亂，澆滑而各持分，此之謂天意。」此處謂人之好惡喜怒也應似陰陽二氣那樣在四時中有條不紊地運行。稽留，停留。滯鬱，鬱結。條條，有條而不紊。❸夫喜怒哀樂之止動也二句　此處指人之喜怒哀樂的啟動與中止，為上天賦予人之天性。性命，天命所生於人者。❹臨其時致上而欲發其應三句　「致上」二字疑衍，似應刪。依上下文，「亦」當為「欲」。此處言天使人主之喜怒哀樂應事而發，若天之使暖清寒暑應春夏秋冬四時而發無異。《禮記・中庸》：「喜怒哀樂之未發，謂之中；發而皆中節，謂之和。中之者，天下之大本也；和也者，天下之達道也。致中和，天地位焉，萬物育焉。」❺留德而待春夏　德指慶賞。此處意謂秋冬時有事應該慶賞而留待春夏方施行。❻留刑而待秋冬　指春夏時，有事應該刑罰而留置秋冬方始行罰。❼有順四時之名　指上述的做法，名義上似乎是使刑德順四時之陰陽變化。❽實逆於天地之經　指這樣做實際上違逆於天地的根本道理。❾在人者亦天也四句　此處意謂人應事而生之喜怒哀樂，與天應時而至的暖清寒暑相同，事與時不一定同步，怎能因天時的牽制而鬱結人應事而發的喜怒哀樂之情，及因此而必須施行的刑德措施，使陰陽之氣不能正常地周轉運行。正周行，正常地周轉運行。❿穀朽寅　指穀物適宜生於春天。朽，通「巧」。便利。寅，屬木，在春季。⓫秋生麥　冬麥初生於秋季，越冬成熟於來年的初夏。⓬告除穢而繼乏也　告，指上天告訴。除穢，指夏天人們去除雜草用艾草殺蟲除穢。穢，蕪。繼乏，指初夏青黃不接之際，上天以越冬小麥的成熟以濟人之乏絕。又〈天地之行〉亦云：「不可食者，告殺穢除害之不待秋。」⓭所以成功繼乏　所以，為什麼。成功，指促進作物在秋季的成熟。繼乏，指夏麥的成熟以濟人們青黃不接時的不足。⓮以贍人也　指上天之目的是為了贍養人。⓯天之生有大經也二句　此處意謂天行有二，有經有權。經，指四時運行之常道。權，指非常之權變。⓰有害功也　指有害於此時即使時令不合，也須除去。⓱除而殺殛者　指若有為害於天功者，則需急速加以誅殺而除害。⓲行急皆不待時也　指需急行之而不待秋冬之時令。⓳天之志也　指此是上天之意志。⓴聖人承之以治　指聖人順承此意以治理天下。㉑是故春修仁而求善六句　春天陽始生，萬物生長，故君王在政令上修仁而求善；夏季陽氣轉盛而萬物長養，故政令上修德而致寬恕；秋季陰氣始生，萬物肅殺，故政令上修義而追查一切惡行；冬季陰氣轉盛，萬物閉藏，故在政令上嚴刑罰而致政治上之清明。此即君王在政令上所以順四時體陰陽之變化。㉒天地之方生之時有殺也二句　方生之時，指春天，萬物方生。有殺，指春末亦有肅殺之物。若薺菜生於冬而肅殺於春末。方殺之時，指秋季萬物肅殺。有生，指有物方生於秋季肅殺之時，若冬小麥生於秋季。作者藉以喻指冬季方修刑致清之時，遇大善亦立舉之而不待春夏，夏季方修德而致寬之時，遇大惡亦立去之。㉓志意隨天地　指君王行政之志意須隨天地四時之運行。㉔緩　指君王之政令，若四時依次有條不紊之運行。㉕急　即上文所言誅殺除害不待時令，若上天之除穢繼乏不待時。㉖倣陰陽　指陰陽的變化亦有緩有急。㉗然而人事之宜行者二句　指若依此而行的話，那麼人間的一切事務，適宜於人們去推行者，便不會有任何鬱積滯留了。㉘且恕於人三句　指以寬恕之心待人，即順應上天仁愛之心，使天道與君道並舉。「人之道」前漏一「天」字，應為「天人之道兼舉」。㉙執其中　中者，上下相通也。此處意謂若能如此施行政事者，便能溝通天人之際而執其中道矣。㉚天非以春生人五句　本篇與下篇之末尾的文字有錯簡，依內容原《四庫》本自「義待四時也」起至「況穢人乎」之一百四十字，當從〈天地之行〉之末移入本篇。原《四庫》本「神明」以下至「天地之間蕩」之文字移至下篇〈天地陰陽〉之尾部，前後之連接見下篇之注文。又，「義」，蘇輿認為乃「必」字之誤。意當為天非以生殺萬物之任必待四時而行也，以與「天非以春生人，以秋殺人也。當生者曰生，當死者曰死」之內容相銜接。㉛而人之所治也五句　此處意謂對國家的治理，怎麼會有長久地滯留應當付諸執行之事的道理，而必須等待四時的時令，這是壅塞政令，那就不是屬於中道了。安，怎能。壅，堵塞。㉜天終歲乃一徧此四者三句　謂君主日理萬機，一日所遇之事，喜怒哀樂，慶賞刑罰，皆隨事而應，一天之內要遠遠超過春夏秋冬四者終歲一周徧之數。徧，指周徧，一歲春夏秋冬一周徧。四之數，依上文，「四」下脫一「者」字。㉝天之欲利人四句　此處意謂天之利人，不僅除雜草不待時，以利五穀之生長，何況人中之蕪雜有害於國家和百姓的壞蛋呢。故誅殺除害行急不待時也。穢，蕪，田中雜草。

【語譯】陰氣和陽氣，既在上天，也在人間。陰陽二氣在人身上便表現為好惡喜怒情緒上的起伏和波動，在上天便表現為暖清寒暑這種氣溫的週期性變化。陰陽二氣在天地之間，此出彼入，此上彼下，此左彼右，此前彼後，二者平行而反向，它們都能通暢地周行而不停留，並且從未出現過停滯鬱積的現象。那麼陰陽二氣在人身上也應該通暢地運行而沒有絲毫滯留，就像春夏秋冬四時那麼有條不紊地流暢運行。喜怒哀樂在人身上或者深藏於內心，或者流露於外表，這都是上天賦予人們的本性。臨時遇事必定會發洩出來以感應外界的事物，它也是上天對事物的反應。這與暖清寒暑每到相應的時令必然要表現出來沒有差別。如果一定要把慶賞的德行滯留以等待春夏的季節，把刑罰滯留到秋冬才付諸施行，這從表面上看似乎是順應四時周行的名義，實際上是違逆了天地運行從不停留的根本道理。在人身上表現出來的喜怒哀樂也是上天的一個組成部分，怎麼能使天氣的運行長久地停留，使它鬱積而不能通暢運行呢。所以上天的運行在春天使五穀都得以生長，但是在秋天它也使小麥得以生長。上天還告訴我們，在春夏萬物生長的時候，還要去除穢草以救濟乏絕呢。所以促進作物生長成功和救濟乏絕，都是為了贍養人呀。

天地運行促進萬物的生長有它根本的道理，那就是毫不停留地周流運行。如果出現有害於秋季作物成熟的，那麼便要立即加以誅殺，急速地行動而不等到秋天的到來，這就是上天的旨意，聖人也正是依據這一點來治理天下的。所以一般地說，君主在春天施行顯示仁愛的政令，尋求一切善事來加以表彰，在秋季講究道義，查究一切惡事來加以懲處，在冬天修治刑罰來保證政治上的清明，在夏天修治德賞來顯示君王的寬大為懷，這一些政令措施都是順應天地運行，體現陰陽二氣周而復始的變化。然而當君主訪求善事時，看到有罪惡的行為也不會放手而不管；當君主查處一切惡行的時候，發現有應辦的善事，也會立即加以推行；當施行刑罰以保證政治上清明的時候，看到有大的善事，也要立即舉告而褒揚；當施行寬大的政令時，見到大的惡事也會立即加以懲處。這一切正是為了效法天地，在促進萬物生長的時候，也有殺伐的措施，在施行殺伐的時候，也有促進生長的措施。所以說人君的統治，在志意上要跟隨天地，在緩急上要依照陰陽。所以在人事的管理上，凡是適宜於施行的都不能有任何鬱積停滯不前的狀況，那才是對人民實行寬恕的治道，是順應上天的道理，天道與人道並舉，這就是把握天地的中道。上天並非只是在春天才活人，在秋天才殺人，應當活的就要讓它活下去，該死的就讓它死去。君主之所以能使天下得以治理，並不是生殺萬物都要等待春夏秋冬四時時令的變化才可施行，怎麼能滯留那些必須立刻付諸施行的政令以等待四時節令變化的道理呢？這樣做是壅塞陰陽二氣的運行，那豈不是違反中道了嗎？人有喜怒哀樂，正如上天有春夏秋冬的變化。人有喜怒哀樂到時候所以要迸發出來，正如上天使春夏秋冬的氣溫隨著時令的變化而到來，都是天氣自然的本性所造成的呀。它們只適宜秉直通行而沒有任何鬱積滯留，這在天人之間是同一個道理。上天在一年中使春夏秋冬四季運行一周，而君王在一天之內要處理與刑賞相關的事件不知要超過上述四者多少倍呢！所以其中的道理就是君王的政令不能完全等待四時的節令。而且上天的有利於人，不僅僅是有利於穀物的生長。為了穀物的生長而去除一切蕪穢尚且不等待時令，何況是除去惡人呢！

【研 析】作者曾在〈為人者天〉、〈陽尊陰卑〉、〈陰陽終始〉、〈陰陽出入上下〉、〈四時之副〉等篇中，為人們鉤勒了一個以陰陽二氣在天地之間變化和運行的模型來解釋天行春夏秋冬四時及氣候暖清寒暑的變化，並以此論證君主在感情上的喜怒哀樂，政令上慶賞刑罰與陰陽四時所必須保持的對應關係，但本篇與上述諸篇論述的重點略有不同。雖然季節與氣候的變化與人的心理狀態與情感上的變化不能說完全沒有聯繫，如春天人易喜悅，秋天人多愁情，冬天是老人死亡的季節，夏天人們多歡樂和興奮的情景，還可以找到一些由於氣候變化而在生理上引發的影響，但人們在情感上掀起的喜怒哀樂的波瀾，更多是由於人事關係上各種事件激起的，不可能完全受時令的限制。作為君王政令的慶賞刑罰更是因政事上的某種需要而採取的措施，故同樣也不能因時令而拖延不辦。

然而按時令來節制君王的政令，在農業社會也確實有其客觀上的需要，因為農事有季節性，誤了農事影響全年的收成。農業的收成是全社會最基本的生活來源，所以政事的安排在某些方面不能不打上季節的烙印。而本篇同樣借助於天氣的運行，但側重於君王之喜怒哀樂與政令之慶賞刑罰要應事即時而發，無所鬱滯，做到「求善之時，見惡而不釋」，「求惡之時，見善亦立行」。儘管前後的側重各有不同，但二者還是相輔相成、互為補充的，其中心仍是要使君主感情上的喜怒哀樂與政令上的慶賞刑罰如何符合道義上的要求，也就是「天人之道兼舉」而「執其中」。

天地陰陽 第八十一

【題解】篇名〈天地陰陽〉，主旨為論述天人之間的感應關係。董仲舒在本篇強調人下長萬物，上參天地，故人間的治亂可以影響天地之氣。世治而民和，志平而氣正，則天地之化精，而萬物之美起；世亂而民乖，志僻而氣逆，則天地之化傷，邪氣生，災害起。所以，為人主者，予奪生殺，各當其義，若四時；列官置吏，必以其能，若五行；好仁惡戾，任德遠刑，若陰陽。此之謂能配天。

本篇在《四庫》本中的文字，與〈如天之為〉、〈天道施〉等篇有錯簡，今參照各種版本，將《四庫》本〈如天之為〉篇中自「神明」起至「天地之間蕩」共四百十字移接於本篇中，而將《四庫》本本篇中「名者」以下至「道也」共二百二十一字，移入下篇〈天道施〉。

天、地、陰、陽、木、火、土、金、水，九，與人而十者，天之數畢也。故數者至十而止❶，書者❷以十為終❸，皆取之此❹。聖人何其貴者？起於天，至於人而畢❺。畢之外謂之物❻，物者投所貴之端，而不在其中。以此見人之超然萬物之上，而最為天下貴也❼。人，下長萬物❽，上參天地❾。故其治亂之故❿，動靜順逆之氣，乃損益陰陽之化⓫，而搖蕩四海之內⓬。物之難知者若神⓭，不可謂不然也⓮。今投地死傷而不騰相助⓯，投淖相動而近，投水相動而愈遠⓰。由此觀之，夫物愈淖而愈易變動搖蕩也⓱。今氣化之淖⓲，非直水也⓳。而人主以眾動之無已時[20]，是故常以治亂之氣，與天地之化相殽而不治也[21]。世治而民和[22]，志平而氣正[23]，則天地之化精[24]，而萬物之美起[25]。世亂而民乖[26]，志僻而氣逆[27]，則天地之化傷[28]，氣生災害起[29]。是故治世之德，潤草木，澤流四海，功過神明。亂世之所起亦博[30]。若是[31]，皆因天地之化，以成敗物[32]，乘陰陽之資，以任其所為[33]，故為惡愆人力而功傷[34]，名自過也[35]。

天地之間，有陰陽之氣，常漸人者，若水常漸魚也。所以異於水者，可見與不可見耳，其澹澹也[36]。然則人之居天地之間，其猶魚之離水，一也[37]。其無間若氣而淖於水。水之比於氣也，若泥之比於水也[38]。是天地之間，若虛而實，人常漸是澹澹之中，而以治亂之氣，與之流通相殽饌也[39]。故人氣調和，而天地之化美，殽於惡而味敗，此易之物也。推物之類，以易見難者，其情可得[40]。治亂之氣，邪正之風，是殽天地之化者也。生於化而及殽化，與運連也[41]。《春秋》舉世事之道[42]，夫有書天[43]，之盡與不盡，王者之任也[44]。《詩》云：「天難諶斯，不易維王。」此之謂也[45]。夫王者不可以不知天。知天，詩人之所難也。天意難見也，其道難理[46]。是故明陽陰、入出、實虛之處，所以觀天之志；辨五行之本末順逆、小大廣狹，所以觀天道也[47]。天志入，其道也義[48]。為人主者，予奪生殺，各當其義，若四時[49]；列官置吏，必以其能，若五行[50]；好仁惡戾，任德遠刑，若陰陽[51]。此之謂能配天。

天者其道長萬物，而王者長人[52]。人主之大，天地之參也；好惡之分，陰陽之理也；喜怒之發，寒暑之比也；官職之事，五行之義也。以此長天地之間，蕩四海之內，殺陰陽之氣，與天地相雜[53]。是故人言：既曰王者參天地矣，苟參天地，則是化矣，豈獨天地之精哉。王者亦參而殺之，治則以正氣殺天地之化，亂則以邪氣殺天地之化，亂則[54]同者相益，異者相損之數也，無可疑者矣。

【注釋】❶天地陰陽木火土金水五句　董仲舒把一到十這十個數字作為天數，而十則作為完美齊備的象徵，這個觀念貫穿於全書的許多篇目。關於十端的說法，亦見於〈官制象天〉：「天有十端，十端而止已。天為一端、地為一端、陰為一端、陽為一端、火為一端、金為一端、木為一端、水為一端、土為一端、人為一端，凡十端而畢，天之數也。」這十者可以分列為三組，天、地、人為一組，陰、陽為一組，木、火、土、金、水為一組。董仲舒的宇宙觀、歷史觀、人生觀都是圍繞著這三組概念分別展開論述的。❷書者　是指通過文字符號來表達數的概念。❸以十為終　指十是它的終點。〈陽尊陰卑〉云：「十者，天數之所止也。古之聖人，因天數之所止，以為數紀，十如更始。」❹皆取之此　指十所以成為天數之完畢，便出於自天至人的十個要素。❺聖人何其貴者三句　此處言聖人所珍貴者為自天至人這十個要素。人之所以貴，因其為天數十個數字的一端。❻畢之外謂之物　指上述十項以外的東西謂之物。❼物者投所貴之端四句　意謂萬物皆置於人這一端之下，不列在十端之中，由此足見人超然於萬物之上，為天下最尊貴者。投，有「向下跳」之意。如《漢書・揚雄傳贊》：「時雄校書天祿閣上，治獄使者來，欲收雄，雄恐不能自免，乃從閣上自投下，幾死。」又，習語亦有投河、投井等。處意為「置於……之下」。❽人下長萬物　指人高於萬物。〈人副天數〉：

「天地之精所以生物者，莫貴於人。人受命乎天也，故超然有以倚。」盧文弨云：倚，當作「高物」。人為什麼會高於萬物？〈人副天數〉解釋說：「物旁折取天之陰陽以生活耳，而人乃爛然有其文理。」即物只是從旁折取天地陰陽，人取天地陰陽者多於萬物，故人高於物。❾上參天地　指人能借助陰陽上參天地的運行。〈同類相動〉云：「天有陰陽，人亦有陰陽。天地之陰氣起，而人之陰氣應之而起；人之陰氣起，而天地之陰氣亦宜應之而起，其道一也。」因此人也能借助於陰陽的變化而參與天地的變化，如董仲舒所論止雨、求雨的祭祀活動便是人上參天地的一種方式。❿治亂之故　君王政令順五行之序則致治，背逆五行之序則致亂。⓫動靜順逆之氣二句　此處指人間陰陽二氣之動靜順逆，也會影響上天陰陽二氣的損益變化。動靜，指陰陽二氣之出入，出為動，入為靜。順逆，指陰陽二氣的運行順四時五行之序為順，反之則為逆。損益，指陰陽二氣在運行過程中，各有盛衰多少的變化，一多一少，二者處於既互相調和又互相適應的互補互濟狀態。⓬搖蕩四海之內　指君王政令促使陰陽二氣變化會影響搖蕩於四海之內。⓭物之難知者若神　指萬物受陰陽變化之影響而搖蕩，人們因難以知曉而以為若神，並非真有神。⓮不可謂不然也　指物所受的深遠影響不能說不是如此啊。⓯今投地死傷而不騰相助　指投物於地，則或死或傷，不能引起大地的搖蕩。不騰相助，孫詒讓云：「當作『不能相動』與下『相動而近』、『相動而遠』文正相對。」⓰投淖相動而近二句　淖，為泥潭狀，投物於泥潭，其波動的影響比較近；投物於水，其波動的影響就比較遠了。⓱由此觀之二句　由此可以知道愈是把物投向稀薄的地方，其波動搖蕩的面便愈是寬泛。⓲氣化之淖　指天地間陰陽二氣轉化如淖那樣。⓳非直水也　不僅僅似水那樣，因為它是氣，動能的傳遞更甚於水。⓴人主以眾動之無已時　指君主與百姓一起對天地陰陽之氣攪動不已，這樣的攪動有順有逆，順則為治，逆則為亂。㉑是故常以治亂之氣二句　治亂之氣，是指君主攪動的方式，或治或亂，變化不定。相殽，相混雜。不治也，指如果相殽的話，會引起社會與天地萬物之間秩序混亂而無法治理。㉒世治而民和　指天下得治，民眾皆能和睦相處。㉓志平而氣正　志，指人主之意志，平即平其意，摒除一切邪惡的意念。氣正，指人主之心氣要自然而端正。〈循天之道〉篇云：「故君子閑欲止惡以平意，平意以靜神，靜神以養氣。」㉔則天地之化精　精，指美好的東西，皆因天下之治而由天地之氣轉化而成。〈立元神〉云：「天積眾精以自剛。」㉕萬物之美起　指世間一切美好的事物皆由天下得治而起。㉖世亂而民乖　指世道混亂，民皆乖張。乖，背戾；不和諧。賈誼《新書・道術》：「剛柔得適謂之和，反和為乖。」㉗志癖而氣逆　指君主意志邪僻而心氣違逆。癖，據盧文弨校，當作「僻」。㉘則天地之化傷　指天地陰陽變化皆因此而受到傷害。㉙氣生災害起　氣之上脫一「邪」字。指邪氣由此而生，災害由此而起。㉚是故治世之德五句　此五句言君王使天下得治的恩德，如雨水一般潤及草木之生長繁榮，澤流於四海之內，對於萬物之功德超過神明。反之，若君主的政令錯亂，導致天下大亂的話，那麼，所引起的禍害，也非常廣泛。《四庫》本中「功過」以下之文字與上下篇間有錯簡，今將原文中「名者」以下至「道也」二百二十一字，移入下篇〈天道施〉。又，〈如天之為〉篇自「神明」起下至「天地之間蕩」，共四百十字移接於此。㉛若是　指治世與亂世對天地萬物的影響。㉜皆因天地之化二句　指萬物的成長與敗落，都是借助於天地之變化。㉝乘陰陽之資二句　指君主所作所為的影響，都是借助於陰陽二氣的出入損益以影響天地。㉞故為惡愆人力而功傷　意謂君主若作惡或犯過失都可能人為地傷害自然促成萬物生長的功能。愆，過失。功，指天地自然促成萬物自然生長的功能。㉟名自過也　名之為自作孽也。㊱天地之間七句　此七句意謂天地之間的陰陽二氣浸潤於人者，正如水之浸潤於魚。氣與水之不同，水可見其形狀，氣看不見它的形狀，但氣如水一樣，如果攪動它們，它也會波浪起伏，其影響更是無邊無際。漸，浸潤。澹澹，形容水波浪起伏的狀態，亦作廣漠無邊的狀態解釋。杜牧〈登樂遊原〉：「長空澹澹孤鳥沒。」㊲然則人之居天地之間三句　此處指人居於天地之間，附著於氣，正如魚之附著於水。二者的道理是一樣的。離，附著。《易經・離卦・彖辭》：「彖曰：離，麗也。日月麗乎天，百穀草木麗乎土。」㊳其無間若氣而淖於水三句　全句的用意為說明氣的狀態。以氣與水比，氣與氣之間幾乎無法間隔，故氣比水更為柔和。在柔和的狀態上，水與氣的區別，正如以泥與水相比那樣。淖，作柔和解。㊴是天地之間五句　此句指人類的生活浸潤於波瀾壯濶而又浩渺無際之陰陽二氣之中，而人類社會生活的治或亂、順或逆所產生的陰陽二氣，又與天地之間陰陽二氣的流通相混雜。這可以用人的食物之口味的如何調和作類比。蘇輿本脫「饌」字。殽，通「淆」。混雜；攪擾。饌，食物。殽饌，此處指飲食口味的調和。㊵故人氣調和七句　蘇輿認為味字疑誤。趙曦明與盧文弨云：「此『易』下疑當有『見』字。」此句的原文並未有誤。盧文弨所言為是。此句論述類比的方法可以幫助人們由易知難，故可以以食物的調味來比喻人氣之治亂與天地陰陽之氣調和而可能產生的不同結果。㊶治亂之氣五句　全句意謂人氣的治亂，社會上颳起的正義還是邪惡的風尚，是攪和天地間陰陽二氣變化的原因。人氣產生於天地陰陽二氣的變化，為什麼反過來它又攪和天地陰陽二氣的變化呢？這是與天地的氣運相聯繫的。「及」，他本作「反」字，為是。運，指氣運，即天氣內在的運動。㊷春秋舉世事之道　指《春秋》記載二百四十二年世事，以明三王之道。㊸夫有書天　「夫有書天」之下盧文弨云：「舊本此下空四字，然此處文亦疑有脫誤。」盧言為是。此四字似為「人之間，知」。天，作神祇解。書天，指《春秋》書災異，以見天人之際，也就是神人之間的資訊如何藉災異來溝通。〈二端〉云：「書日蝕、星隕、有蜮、山崩、地震、夏大雨水、冬大雨雹、隕霜不殺草，自正月不雨至於秋七月，有鸜鵒來巢。《春秋》異之，以此見悖亂之徵。」「《春秋》舉之以為一端者，亦欲其省天譴而畏天威。」㊹之盡與不盡二句　盡，完全。指《春秋》所記之各次災異所蘊含的意義，有的知道得完全，有的還不能完全知道，其中包含著王者應如何擔當起自己責任，它的具體內容見於《漢書・五行志》所載。董仲舒在〈五行志〉的記載中藉〈洪範〉之〈五行傳〉以言《春秋》所載之災異的涵義。㊺詩云四句　引詩見《詩經・大雅・大明》之首章第三、第四句。〈大明〉全詩共八章，這兩句摘自首章。意為天命是那麼難以捉摸，故為君王者是很不容易的啊！㊻夫王者不可以不知天五句　此句的主旨是王者不可以不知天，而上天的意志又是那樣難知難曉。那麼為什麼要說王者不可以不知天？知天是為了闡述君權神授；不知天，王者的權力就缺少根據了。漢武帝對董仲舒的策問中就有「三代受命，其符安在？災異之變，何緣而起？」（《漢書・董仲舒傳》）漢武帝給公孫弘的制文有「敢問子大夫：天人之道，何所本始？吉凶之效，安所期焉？」「屬統垂業，物鬼變化，天命之符，廢興如何？」（《漢書・公孫弘傳》）可見漢武帝所問的問題，就圍繞著何以知天，正因為難知難曉，所以一而再地詢問賢良文學之士。㊼是故明陽陰入出實虛之處四句　陰陽出入之處，〈陰陽位〉云：「陽氣始出東北而南行，就其位也；西轉而北入，藏其休也。陰氣始出東南而北行，亦就其位也；西轉而南入，屏其伏也。」陰陽實虛之處，〈陰陽位〉云：「陽出實入實，陰出空入空。」故明陰陽、入出、實虛之處，所以觀天之志。天之志在〈天辨在人〉中云：「天之志，常置陰空處，稍取以為助。故刑者德之輔，陰者陽之助也，陽者歲之主也。」故天之志意為任陽不任陰，好德不好刑，以刑輔德而非以德輔刑。五行之本末順逆、小大廣狹，五行指木火土金水，其次序是比相生。〈五行之義〉云：「木生火，火生土，土生金，金生水，水生木。此其父子也。」「諸授之者，皆其父也；受之者，皆其子也。」本、大、廣為父，末、小、狹為子。順逆，君主之政令順五行之次序為順，背五行之次序為逆。君王之政令順五行之次序，天下為治；逆五行之次序，天下為亂。㊽天志入二句　錢塘云：「入當是仁。蓋仁字誤作人，又轉誤作入也。」此處謂上天之志是仁，上天之道是義。㊾為人主者四句　君主之予奪生殺，即慶賞刑罰的王之四政。與四時相類。〈四時之副〉云：「慶賞罰刑與春夏秋冬，以類相應也，如合符。」各當其義，即各有其宜，指慶賞刑罰各有其所宜之處，不可以相干。㊿列官置吏三句　董仲舒為王者列置五官以與五行相配，木官司農尚仁，火官司馬尚智，土官司營尚信，金官司徒尚義，水官司寇尚禮。51好仁惡戾三句　〈陽尊陰卑〉云：「陽，天之德；陰，天之刑也。」「陽氣仁而陰氣戾。」上天近德而遠刑，故人主施行政事應好仁惡戾，任德遠刑，務德而不務刑，若上天之運行陰陽。[52]天者其道長萬物二句　〈王道通三〉：「天覆育萬物，既化而生之，有養而成之，事功無已，終而復始，凡舉之以奉人。」這就是天者，其道長萬物。〈王道〉：「王者，人之始也。」〈滅國上〉：「王者，民之所往。君者，不失其群者也。故能使萬民往之，而得天下群者，無敵於天下。」故云王者長於人。[53]人主之大十二句　「蕩」字上推至「神明」為上篇〈如天之為〉移入，《四庫》本「蕩」字之下有「原注闕」三字，今刪，直接與本篇末段「四海之內」相接。全句之主旨是闡述人主之所以能參與天地之間，搖蕩於四海之內的手段有三條，其一：〈陽尊陰卑〉云：「惡之屬盡為陰，善之屬盡為陽。」故君主劃清好惡之分，以順陰陽之理。其二：人主以喜怒哀樂當義而出，若寒暑暖清之必當其時而發。其三：王者置五官，司農、司馬、司營、司徒、司寇各司其職事，行仁、義、禮、智、信五行之義。藉以攪和陰陽之氣，而與天地相混雜。[54]亂則　二字為衍文，當刪。

【語　譯】天、地、陰、陽、木、火、土、金、水依次排列，其數字的順序是九，加上人一共是十，上天所制訂的數字完備了。數目到十為止，在書寫上，十是數的終結，就是從這裡來的。在聖人的心目中，什麼是最為尊貴的東西，那就是從天開始，到人為止的這十項要素。在人之外的東西便稱之為物了。物置身於人這一項要素之下，不列在十項要素之中，由此可以見到人超然於萬物之上，是天下最貴重的。人對下是萬物之長，對上而言可以參與天地的運行。所以人類社會的治理與混亂，它的動靜、順逆，都能影響到上天陰陽二氣的變化，從而搖蕩萬物於四海之內。故萬物所以如此變化的原因很難知道，好似有神明一般，不能說不是如此啊。如果把物投擲於地上，結果只能是或死或傷，它決不會引起大地的波動和搖蕩。把物投於泥潭，它會引起泥漿的波動，但影響的距離比較近。如果把物投於水中，那麼它波動的影響就比較遠了。由此可以知道愈是把物投向稀薄的地方，其波動搖蕩的面愈是寬泛。如今如果把氣比作淖，那它不僅僅如水，而且比水更容易引起動盪和搖晃。君主與百姓如果不停地動盪，社會或治或亂，若如使人的氣運無序地與天地之氣的變化相混雜的話，那麼天地與萬物的秩序也就無法治理了。如果天下得以治理，民眾都能和睦相處，人主的志意平穩，心氣端正，天地之間的氣都能轉化為精妙，萬物都因此而變得美好。社會混亂而民眾不得和睦相處，君主的意志乖僻而心氣違逆，那麼天地之間的陰陽變化因此而受到傷害，邪氣產生而災害也由此而起來了。所以治世的時候，君王的德教能夠滋潤草木，恩澤能流播於四海，君主的恩惠會遍布於天下，功績要超過神明。反之混亂的時代，所引起的禍害也會非常廣泛。要知道萬物的成長和衰落，都是由於天地的化育，而君主所作所為，都是依仗陰陽二氣的出入損益以影響於天地的。如果君主作惡或者有過失，都可能人為地使人力失調，傷害天地促進萬物生長的功能，這可以稱之為自作孽呀。

在天地之間有陰氣和陽氣，不斷地浸潤著人們，正如水不斷地浸潤著魚那樣。陰陽二氣與水二者之間不同的地方，在於一個看得見，一個看不見，但它們都是波浪起伏而又廣闊到無邊無際。人居住在天地之間，就像魚附著於水一樣。氣與氣之間幾乎沒有間隔，它比水更加稀薄而柔和，如果把水與氣相比，就如同把泥漿與水相比一般。氣在天地之間，看起來如虛空一般，實際上它又是實實在在地存在著。人浸潤於浩渺無際的陰陽二氣之中，而人類社會生活的治理和混亂又與陰陽二氣的流動相溝通，二者相混雜正如菜肴的調味一樣，所以人間之氣與大地之氣調和得好的話，天地的化育就顯得如此美妙。如果調和得不好，其味道就會變壞，這是人們很容易懂得的事情。因為通過對事物的類比，把難以看清楚的，對比容易看得清的，其中的實際情況就可以想得清楚了。人類社會的治亂所產生的氣，社會上颳起的是正義還是邪惡的風尚，是攪和天地二氣變化的原因。人之氣自天地二氣中產生，有時卻又反過來攪和天地二氣的變化，這是與天地之氣內在的運動相聯繫的。《春秋》通過記載世上的史事以表明王者之道。這裡面還書寫了天人之際的徵兆，有的很清楚，有的還不完全清楚。其中包含著王者所應該擔當的責任。《詩經》說：「上天是那麼難以捉摸，作為君王也實在不容易呀！」說的就是這個意思。作為君王不可以不知道天。但對詩人而言，知道天是一件很困難的事。天意很難看清楚，其中的道理也很難理解。所以要搞清楚陰陽虛實出入的場所，才能看到上天的意志；要辨別五行的本末、順逆、大小、廣狹，才能看到天道的所在。上天的意志是仁，上天的道就是義。所以作為人們的君主，在給予和剝奪、生人和殺人的問題上，要如上天的四時一樣，都要符合道義；設置官職任用官吏時，要根據他的才能和行為，要如五行一樣；君主要愛好仁義，厭惡暴戾，任用德教而遠離刑罰，如陰陽運行的軌道那樣。這樣做的話，便能與天道相配合。

天道促使萬物的生長，君王的責任是養育人民。君王的高大，可以與天地相參合。君主要區分好惡，以順從陰陽的道理。君王的喜怒，要如寒暑那樣當時而發。君王要任命官吏，各司其職，要推行仁義禮智信五行的道義。用這些措施來長養天地之間的百姓，動盪於四海之內，調和陰陽二氣，與天地相混雜。過去曾經有人說過：既然王者可以與天地相參，既然能參與天地，那就能與天地一起相變化，那豈獨是天地之間的一精呢？王者既然參與攪和天地之氣，天下大治的時候，便以正氣攪和天地的化育；天下大亂的時候，那就會以邪氣來攪亂天地間的變化，與天地之道相同的便互相增益，相異的則互相損傷，這就是天數，沒有什麼再可以懷疑的了。

【研析】本篇的主旨是論述天人之間的感應關係。在宇宙觀上董仲舒把人作為構成宇宙的十大要素之一，並認為天地之間以人為貴，人居於萬物之上。這十個要素可以分成三組，天地人是一組，陰陽是一組，五行是一組。

先說天地人這一組。在天地人之間，它包括著不同的層次：一是天地人三者都作為自然的存在，它們之間的相互關係，也就是人與天地的自然與環境的關係。它又包含兩個不同的子層次：一是人作為自然的一部分，它與自然環境在生理上的對應關係；二是人作為群體，人的活動是社會活動，通過社會活動，人的群體生活與自然之間的對應關係。人的活動參與天地間之演化，有個體的影響，那微乎其微，更主要是群體共同活動的影響，這個群體內部之社會生活的治與亂，給天地自然所帶來的影響的確很不相同。作者在本篇所表述的：「人，下長萬物，上參天地。故其治亂之故，動靜順逆之氣，乃損益陰陽之化，而搖蕩四海之內。」這裡的治亂，是指社會的治亂；動靜順逆是指五行的運行，順則治，逆則亂；

損益是指陰陽之氣，過則為災。但社會的治與亂，是人與人之間相互關係是否協調起著決定作用。在以農業生產為主體的自然經濟的條件下，建立在家族宗法制度基礎上的專制王朝的治與亂，君臣、父子、夫婦、兄弟、朋友之間相互關係是否協調起著重要作用，所以董仲舒有關天人之際的宇宙觀和社會歷史觀要溝通三個不同層面之間各自內部和相互之間的關係，一是天地宇宙自身運行的規則，二是人對天地在自然這一層面上的感應關係，三是人在社會生活中的相互關係的協調，及其治和亂在整體上與天地自然之間的相互關係。董仲舒在本篇要說明的重點是在第三個層面之上。這就是他所說的：「世治而民和，志平而氣正，則天地之化精，而萬物之美起。世亂而民乖，志癖而氣逆，則天地之化傷，氣生災害起。」

要溝通天人之間，那就必須找到能夠適應天地自然內部運行的規則、人體自身內部運行的規則、人類群體生活和社會活動中所顯現的運行規則、人與自然之間互動的運行規則。這四個不同方面的規則應該是有所不同的，但在古人心目中，它們都遵循著共同的規則。董仲舒在宇宙觀方面便力求為認識這四方面的運行規則而鉤勒出共同的認知模式，那就是宇宙十大要素中陰陽和五行這二組共七個要素建構起來的認知模型。

陰陽和五行在中國古代實際上是兩個不同的認知模式。陰陽是從正負兩個方面來認知事物內部對立面互相依存和鬥爭的規律，同時也是區分事類屬性的一種方法，簡而言之，陰陽只是正負兩方面相互關係的延伸。而五行則是由五個相關方面去觀察事物內外的因果關係，它比只從正負兩個方面去觀察事物要更廣泛一些。它促使人們從多方面去思考事物之間的相互關係。自戰國至秦漢，人們與自然的相互關係，人們對自身的觀察及疾病的治療，人們在社會共同生活中所面對的複雜的相互關係，在分析和認知事物的矛盾運動和發展趨勢時，自然而然地會把既存的這二種認知模式揉和在一起，去幫助人們思考和預測他們所面臨的困難問題。董仲舒在〈五行相生〉篇說：「天地之氣，合而為一，分為陰陽，判為四時，列為五行。」那就是把天地、陰陽、四時、五行這些要素耦合在一起，構成一個完整的思想體系。

在董仲舒心目中，人居於天地之間，人與天地陰陽四時五行的關係就像魚附麗於水一樣，須臾不能分離，所以對人而言要時刻關注和處理人所面臨的自然界運行變化的狀況，如春夏秋冬四時寒暑清暖的變化，當然也還要觀察和了解人自身生理上運行和變化的狀況，人類社會生活的運行變化的狀況，人通過共同的社會生活與天地自然之間的交互影響，所可能引起的各種變化。在人們遇到疑難不決的問題時，通過以上這些方面的考慮，去幫助人們去預測未來的吉凶。這正是董仲舒架構其思想體系所希望達到的目的。

自天至人這十個要素之間，如何建立起感應的關係，還應有一個媒介來傳遞他們之間的能量交換和資訊的變化，才能使這十個要素動態地、有機地組合成一個整體。在董仲舒心目中，這個媒介就是氣。從文字結構上看，氣是一個象形字，象天氣的形狀。《左傳》昭公元年載秦國的醫生和說：「天有六氣，六氣曰：陰、陽、風、雨、晦、明也。」這六氣便是天空展示在人們面前的六種不同狀態，被雲遮住是陰，沒有雲氣遮住稱陽，風、雨都是雲氣運行的狀態，晦是晚間，明是白天。醫生和還說：「過則為災。」所謂過，也就是打破了原來的平衡。雲氣運動的方式和其所攜帶的能量超過一定的限度，會對人構成災害。所謂災害就是打破了人們生活原有的平衡狀態。《管子・樞言》：「有氣則生，無氣則死，生者以其氣。」所以任何事物都可以其氣的變化來顯示其生命存在的資訊。人們在描述這十個要素的運動時，往往與氣聯繫在一起，通過氣來互相溝通，影響其周邊的事物。《呂氏春秋・孟春紀・孟春》：「是月也，天氣下降，地氣上騰，天地和同，草木繁動。」這裡描述了天地是通過各自的氣的互動來促進萬物的成長的圖景。在董仲舒陰陽運行的模式中，也是通過陰氣和陽氣的出入、上下、左右、虛實的變化來顯示其作用和影響的，五行也就是五氣。《呂氏春秋・有始覽・應同》描述五運終始時，也是以五氣各自的盛衰來顯示王朝的更迭。在鄒衍看來，黃帝的時代是「土氣勝」，夏朝是「木氣勝」，商朝是「金氣勝」，周朝是「火氣勝」。火氣的衰落是周朝的衰亡，取而代之的將是「水氣勝」。這是在預測哪一個王朝即將興起而取代周朝，所以各國的諸侯王對鄒衍奉之若神。

那麼氣又怎樣成為這十個要素之間互相溝通和感應的媒介呢？董仲舒就無法作直接的說明了，而是通過投物於地、投物於淖、投物於水所產生的波動和影響，作為類比來說明君主通過社會治亂的人氣來參與天地之間的演化。董仲舒甚至認為通過祭祀那種人為的方式損益陰陽的變化，也可以人為地求雨和止雨。這當然近乎荒誕，但從中也可以看到董仲舒確實把氣當作天人之間互相感應的介質。

人如何參與天地之間的演化，它的前提就是知天。如何可以知天，在董仲舒心目中包括二條途徑：一條是通過《春秋》以明王道，王道是與天道相對應的，這是正面。負面是通過《春秋》所記載的災異，以明天意。這在《春秋》是微言，所以董仲舒也說「天意難見，其道難理。」另一條途徑是通過「陽陰、入出、實虛之處，所以觀天之志。辨五行之本末順逆、小大廣狹，所以觀天道。」也就是通過陰陽五行的認知模式來了解天地運行的規則，並以此來規範君王慶賞刑罰的行為，使各當其時宜，從而「好仁惡戾，任德遠刑」，以達到至治的境界，使王者以正氣般天地之化。

本篇在闡述天人之間感應的過程中，也就為全書在歷史觀和宇宙觀方面作了一個簡明的總結。從全書的邏輯結構上，可以見到作者的精心安排：從《春秋》出發，通過對具體歷史事件的分析概括，逐步抽象出王道的基本觀念，然後抽象上升到天人之間一般的哲學命題，而在具體論述陰陽五行的各個篇章中，又往往涉及到人與自然相互關係的各個層面。在各個命題之間建立緊密的邏輯結構關係。從《春秋繁露》全書看，它的各個篇章，既有自己相對獨立的主題，而相互之間又表現為一個完整的結構。它既是一個整體，在整體的內部又有各個層次，在它們之間的上下左右都能找到互相對應的內在聯繫。這正是本書高明的地方。從思想觀念上講，本書與《管子》、《呂氏春秋》、《淮南子》之間可以找到不少互相承接的地方。因為它們都企圖把春秋時期以來諸子的思想融為一體。但從著作的組織結構上講，它們都沒有《春秋繁露》那麼嚴密、完整而有體系。這也許是由於前面三本書都是集體編撰的，唯獨《春秋繁露》是作者一個人獨立精心構製的。如果沒有長時期的積累和反覆的思考研究，是很難做到這一點的。

天道施 第八十二

【題解】篇名〈天道施〉，以闡述人道為主旨，強調義重於利，故曰：「天道施，地道化，人道義。」同時，強調正名以明義，堅守人道而勿失。

本篇可分為二章。第一章闡明利者盜之本，妄者亂之始，故情與欲均須受禮義的節制，王者與君子更應非禮而不言，非禮而不動。第二章強調正名以明義，通過正名以體現天道，堅守人道，明確人和人之際的等級關係，並通過正名明義以正確把握事物的本質特徵。

本篇與〈天地陰陽〉篇錯簡，今依張惠言之說，將《四庫》本〈天地陰陽〉篇中「功過」之下的二百二十一字移入本篇之末。

第一章

天道施，地道化，人道義❶。聖人見端而知本，精之至也❷；得一而應萬，類之治也❸。動其本者不知靜其末，受其始者不能辭其終❹。利者盜之本也❺，妄者亂之始也❻。夫受亂之始，動盜之本，而欲民之靜，不可得也❼。故君子非禮而不言，非禮而不動❽。好色而無禮則流，飲食而無禮則爭，流爭則亂❾。故禮，體情而防亂者也。民之情，不能制其欲，使之度禮❿。目視正色，耳聽正聲，口食正味，身行正道，非奪之情也，所以安其情也。變謂之情⓫，雖持異物⓬，性亦然者⓭，故曰內也⑭。變變之變，謂之外⑮。故雖以情⑯，然不為性說⑰。故曰：外物之動性，若神之不守也⑱。積習漸靡⑲，物之微者也⑳。其入人不知㉑，習忘乃為㉒，常然若性㉓，不可察也㉔。純知輕思則慮達㉕，節欲順行則倫得㉖，以諫爭僩靜為宅㉗，以禮義為道則文德㉘。是故至誠遺物而不與變㉙，躬寬無爭而不以與俗推㉚，眾強弗能入㉛。蜩蛻濁穢之中，含得命施之理，與萬物遷徙而不自失者，聖人之心也㉜。

【章　旨】本章強調利者盜之本，妄者亂之始，故情與欲必須受禮的節制。王者與君子應非禮而不言，非禮而不動，方能不為外物而動性，做到由內聖而外王，與萬物遷徙而不自失。

【注　釋】❶天道施三句　此處指天道的德性是天高其位而下其施，降風雨雷霆以滋潤萬物的生長；地道的德性是交易變化。《藝文類聚》引《元命苞》云：「地者，易也。言萬物懷任，交易變化，含吐應節。」人道的德性是仁義。〈為人者天〉篇云：「人之德行，化天理而義。」〈身之養重於義〉篇云：「義者心之養也，利者體之養也。體莫貴於心，故養莫重於義，義之養生人大於利。」❷聖人見端而知本二句　此處意謂聖人能見事物之始端而料知其終結，能掌握事物的根本從而控制其末端，能這樣做就是專精道義而至於極致。端，事物之起始。本，事物的根本。精，精粹。至，極致。《論語・學而》：「君子務本，本立而道生。」《禮記・大學》：「物有本末，事有終始。知所先後，則近道矣。」❸得一而應萬二句　一，指道。應萬，指由一可以應對千萬種變化。《荀子・儒效》：「以淺持博，以古持今，以一持萬。」類，類別。治，推斷。此處意謂通過類推的方式，只要你掌握了基本的道理，便能應對事物的千萬種變化。❹動其本者不知靜其末二句　此處意謂如果動搖事物之根本的話，那麼就無法使其末端安靜下來；既然接受事物的起始，那也就無法推辭掉其必然到來的終結。知，或係「能」字之訛。❺利者盜之本也　意謂追逐物質利益是產生偷盜的根源。《論語・里仁》：「子曰：『放於利而行，多怨。』」這是指只想為自己謀利，為利而與人爭，人與人之間必多怨恨。損人而利己是偷盜賴以產生的根源。❻妄者亂之始也　意謂對外物無所節制的追逐是禍亂的起始。妄，指一種無所節制的狂妄狀態。《荀子．禮論》：「人生而有欲。欲而不得，則不能無求；求而無度量分界，則不能不爭；爭則亂。」故虛妄的欲求是促使社會發生動亂的原因。《左傳》魯哀公二十五年：「彼好專利而妄。」這是強調專注於逐利近乎狂妄狀態的人，是社會動亂不寧的根源。❼夫受亂之始四句　指以利益來驅動人們的欲念，搖動使人們產生偷盜的念頭，那麼就不可能期望百姓擁有寧靜的生活，社會就會動亂不定。正如〈度制〉篇所云：「欲無所窮，而俗得自恣，其勢無極。大人病不足於上，而小民羸瘠於下，則富者愈貪利而不肯為義，貧者日犯禁而不可得止，是世之所以難治也。」❽故君子非禮而不言二句　此處意謂君子對不合禮制的話不說，不合禮制的行為不做，用禮制來規範自己的言行。此語出自《論語．顏淵》，原文為：「顏淵問仁。子曰：『克己復禮為仁。』」「顏淵曰：『請問其目？』子曰：『非禮勿視，非禮勿聽，非禮勿言，非禮勿動。』」遵守禮制必須約束自己的視聽言行，從不超越禮制的規範做起，也就是「為仁由己」。這個「由己」，也就是禮制所以成為人們行為的規範，必須從君子們的自我約束開始。這是因為禮是外在行為規範，而勿視、勿聽、勿言、勿動是建立在內在自我的約束的機制之上的。❾好色而無禮則流三句　意謂即使如飲食與女色這二者，作為人們初始之本能，如不受禮制的約束，同樣也會引起社會的動盪和混亂。流，放蕩而不受拘束。《禮記．樂記》：「樂勝則流。」「酒之流生禍也。」❿故禮五句　情，〈深察名號〉篇云：「天地之所生，謂之性情，性情相與為一瞑，情亦性也。」「身之有性情，若天之有陰陽也。」劉向解釋性是生而然者，在於身而不發；情是接於物而然者，出形於外。故性是陽，情是陰，情是作為人的本能應物而表露出來情緒和願望。所以就百姓的本性而言，依靠情是不能約束欲望的，唯有通過禮來約束它，同時也是為了更好地滿足他的需要。故云禮既能體察情的需求，又能防止由欲望無度量而引起的爭奪和混亂。《荀子．禮論》云：「先王惡其亂也，故制禮義以分之，以養人之欲，給人之求，使欲必不窮乎物，物必不屈於欲。兩者相持而長，是禮之所起也。」⓫變謂之情　指人的本性應物而產生的喜怒哀樂的變化，這個變化就是情。⓬雖持異物　指性轉化為情雖然須待異物而變。⓭性亦然者　指情的變化也是人本性天然具有的。⓮故曰內也　指性應物而變為情正是性的內在品質。⓯變變之變二句　指引起情發生變化的外物。變變之變，當作「變情之變」。⓰雖以情　「以」通「已」，指此時已變之情，雖然由原來的情變遷而來。⓱然不為性說　指此時的已變之情，已失去本性原來所具有的特徵。⓲外物之動性二句　指人為外物所變之情，已失去本然之性，就如神不守舍。此時的人，也就失去了人的自然的本質特性。⓳積習漸靡　指積習對人的影響是逐漸而又非常細微的漫長過程。靡，細微若無。⓴物之微者也　指外物對人影響最為微妙。㉑其入人不知　指其浸潤侵蝕於人在人之不知不覺中。㉒習忘乃為　當人習以為常了，便忘了此是外物所施加的影響。㉓常然若性　指習以為常之後，便認為這就是人的本性。㉔不可察也　「察」前漏「不」字，應為「不可不察也」。指對這種現象不能不仔細加以分辨。《荀子・儒效》：「居楚而楚，居越而越，居夏而夏，是非天性也，積靡使然也。故人知謹注錯，慎習俗，大積靡，則為君子矣。」《呂氏春秋・仲春紀・當染》：「墨子見染素絲者而嘆曰：『染於蒼則蒼，染於黃則黃，所以入者變，其色亦變，五入而以為五色矣。』故染不可不慎。」㉕純知輕思則慮達　純，指精緻完善。輕思，指當事物處於細微狀態時即能料知其今後的發展。〈必仁且知〉篇云：「其知利害蚤，物動而知其化，事興而知其歸，見始而知其終。」任何事物，「起始若秋毫，察其秋毫，則大物不過矣。」「孔子見之以細，觀化遠矣。」（《呂氏春秋・先識覽・察微》）慮達，指其思慮能周密地通達事物的方方面面。㉖節欲順行則倫得　指節制自己的欲望而順從仁義禮智信以行，那就能得到或者符合人倫之常了。㉗以諫爭僩靜為宅　諫諍，指君王接受臣工之直言規勸。僩靜，僩當是僴之訛，寬大而安靜。宅，居處。此處意謂君王應以寬大的胸懷、寧靜的心態接受臣工的的直言規勸。㉘以禮義為道則文德　此處意謂以禮義為自己行為的規則，從而使自己德性更加美好。文德，使德性美好。㉙至誠遺物而不與變　至誠，指忠實於道，忠實於人之本性。《禮記・中庸》：「誠者，天之道也。誠之者，人之道也。」「誠之者，擇善而固執之者也。」「唯天下至誠為能盡其性。」「故至誠如神。」遺物，指不受外物的影響。不與變，指不因外物的影響而隨波逐流地改變其本性。㉚躬寬無爭而不以與俗推　盧文弨云：「以字疑衍。」《論語・八佾》：「子曰：『君子無所爭。』」《管子・內業》：「是故聖人與時變而不化，從物而不移，能正能靜，然後能定，定在心中。」意謂君子既要躬自實行寬以待人與世無爭的原則，又要在時俗變化的過程中堅決不與惡習一起推移。㉛眾強弗能入　指不受外界惡習的影響。蘇輿云：「眾物雖強不撓聖人之心。」㉜蜩蛻濁穢之中四句　全句意謂為人當如蟬蛻變於汙穢之中，然口中含得天命施予之天理，在其生長的過程中，雖隨外物而四處遷徙，仍不失自己內在的本性，此即為聖人之心志。蜩，蟬。命施，天命之施。

【語　譯】天道是施予，地道是養育變化，人道是禮義。聖人看到事物的端倪，便能知道它的根本，這是專精道義而至於極致的結果。懂得了禮義的基本道理，便能應對事物的千變萬化。因為一切都可以依照類推的辦法去推斷它。任何事情只要根部發生了動搖，那麼末端也就無法安靜下來；只要你接受了事物的起端，那就不能避免它終點的到來。追逐物質利益是產生偷盜的根子，沒有節制的貪欲是禍亂的起點。

既然以利益啟動了人們的貪欲，那就是產生了動亂的源頭，同時也就埋下了出現偷盜的根子，那樣的話就再也不可能希望百姓繼續保持寧靜的生活了。所以君子一定要嚴格做到不說不合禮義的話，不做違背禮義的事。愛好女色而不遵守禮制必然會流於生活放蕩，飲食而不遵禮制也必然會引起紛爭，放蕩而又互相爭奪，結果只能是社會秩序大亂。所以說，禮制既能體現人們的需求和欲望，又能防止秩序的混亂。從百姓原始的感情上看，他們是無法自動節制自己欲望的，那就要用禮去規範它。眼睛要看純正的顏色，耳朵要聽純正的音樂，口中要吃純正的味道，身體力行的必須是正道，這並不是為了剝奪他在感情上的需要，而是為了使人的情緒更加安定。情是人的本性在應接物時所產生的反應，雖然這種反應要等待接觸到外物時才會產生，然而這種反應屬於人內在的本性。有的東西會改變人對物的正常反應，那就是外物了。這種已變之情雖是由情變遷而來，但它已背離了人的本性。所以說外物變動了人的本性，使人變得神不守舍了。積習對人的影響是逐漸而又非常細微的過程，這是外物對人影響最為微妙的現象，是在人們處於不知不覺的過程中浸漸而成。當人們習慣了也就忘了它是如何到來的了，以至於把它當作人的本性，對於這種現象我們不能不仔細地分辨和考察。所以只有精緻而完善地去思考那些還處於細微狀態的影響，人的思考才能周密地考慮到方方面面，節制自己的欲望，順理而行，那樣就能得到人倫之常了。君王要以寬大的胸懷和寧靜的心態接受大臣們的直言勸諫，並以禮義作為自己行為的準則，德行才會更加美好。要忠誠於天道和人的本性，人才可能不受外物的影響，不改變自己的本性，要身體力行做到寬厚以待人，不與人相爭，不隨流俗推移，那麼外物再強大也不足以影響人們的生活。要如蟬那樣雖然蛻變於穢濁之中，仍舊能口含天命所施予的理性，雖與萬物一起到處奔波遷移，也不喪失自己的本性，這就是聖人的心願啊！

【研　析】上一篇〈天地陰陽〉是以陰陽五行來講天地之化，及人間如何以治亂之氣與天地之化而相淆。本篇則以闡述人道為主旨。而本章則是闡述認識和處理世道何以治亂的原因和問題，故以「天道施，地道化，人道義」為開端，使兩篇的主旨相緊密呼應，由天道落實到人道。

本章講了兩個問題：一是圍繞社會的何以治，何以亂，研討政策的根本的價值取向，其中心是如何外王的問題；二是王者和士君子們的修養問題，也就是如何內聖的問題。文章圍繞著人的性與情、物與欲、利與義這些概念來展開。董仲舒在對策中說：「臣聞命者天之令也，性者生之質也，情者人之欲也。」還說：「天令之謂命，命非聖人不行；質樸之謂性，性非教化不成；人欲之謂情，情非度制不節。」《漢書·董仲舒傳》人群在這裡分成兩個層次：一個是聖人，包括士君子；一個是百姓，即民眾。這裡所謂情，也就是人的欲望。「利者盜之本也，妄者亂之始也。」利，是人對物的欲望；妄，指這種欲望已膨脹到近乎狂妄的狀態。社會混亂的起始，秩序動盪不定的根本原因都離不開對物欲沒有節制的追逐。食、色性也。「飲食男女，人之大欲存焉。」《禮記·禮運》即使人生存所賴的基本需求，沒有節制的話，社會照樣也會動盪而混亂。為了「體情而防亂」，即既要滿足人們生存最基本的需要，又要有所節制而不至於引起爭奪和混亂，所以提出了禮。荀子在〈禮論〉篇云：「禮起於何也？曰：人生而有欲，欲而不得，則不能無求；求而無度量分界，則不能不爭。爭則亂，亂則窮。先王惡其亂也，故制禮義以分之，以養人之欲，給人之求，使欲不窮乎物，物必不屈於欲，兩者相持而長，是禮之所起也。」董仲舒在對策中說：「萬民之從利也，如水之走下，不以教化隄防之，不能止也。」

董仲舒這樣提出問題，說到底是國家的政策究竟是以義還是以利來驅動百姓？董仲舒在〈身之養重於義〉篇強調必須是義大於利，養心重於養身。他在〈對膠西王越大夫不得為仁〉篇把這個觀念概括為「正其道不謀其利，修其道不急其功」。在《漢書·董仲舒傳》則概括為「正其誼不謀其利，明其道不計其功」。其著眼點是在人們的思想動機上的驅動力應是義大於利。而禮則是義在人與人之間相互關係上約束利益衝突在程式上的具體表現。作者在本章把利作為「盜之本」、「亂之始」，利益驅動所引起的動亂，不僅表現在於「萬民之從利，如水之走下」而泛濫成災，其更深遠的影響則在掌握國家權力的王者和士君子身上，因為他們對利益的追逐也是沒有止境的。正如〈度制〉篇所言「各從其欲，欲無所窮，而俗得自恣，其勢無極」。其結果是「大人病不足於上，而小民羸瘠於下，則富者愈貪利而不肯為義，貧者日犯禁而不可得止」。在現實生活中，就表現為官民之間對立，民眾群起反抗官府的橫徵暴斂。此外，它的影響還表現在王者與士君子之間的互相爭奪，從官府的角度講，利益也是多元的，在中央與地方之間，地方與地方之間，中央各個部門與部門之間，在利益上也是有差異的，不可能完全一致。如果各自把自己的利益放在首位，勢必政出多門，政令不能統一。沒有義和禮去平衡和約束利益的爭奪，那麼便會如孔子在《論語・里仁》中所說：「放於利而行，多怨。」故其結果只能是人與人之間沒有愛而只有怨恨和報復，那不就是天下大亂了嗎？故作者把利作為「盜之本」、「亂之始」確有其深刻的內涵。

要約束人們在利益上無休止的爭奪，必須強化國家的功能。要強化國家的功能，就要約束實際執掌國家權力的王者與士君子們的行為。那樣一來，勢必把王者和士君子們自身在思想和行為上的修養放在非常重要的地位。外王與內聖正是在義利這個節骨眼上結合起來。本章的後半部分便把論證的重點放在修養上了。「故君子非禮而不言，非禮而不動」，是明確針對君子而言的；「目視正色，耳聽正聲，口食正味，身行正道」，也是對君子行為上的要求。不僅僅是君子，就是對於君子中的為首者——王者，也要把自身的修省放在首位。董仲舒在對策中說：「故為人君者，正心以正朝廷，正朝廷以正百官，正百官以正萬民，正萬民以正四方。」（《漢書・董仲舒傳》）在〈立元神〉篇也提出「為人君者，謹本詳始，謹小慎微」。這都是對王者修養上的需求。當然，在如何修養的問題上，董仲舒的論述就沒有思孟學派的作品如《孟子》、〈大學〉、〈中庸〉那樣細緻和深入了。然而他還是抓住了一些帶有根本性的問題。如士君子在個人修養上要防止些什麼？強調了兩點：一是要防止「外物之動性，如神之不守也」。即要預防外界巨大的物質誘惑，如財富、美色和權力的誘惑會使士君子們神不守舍。二是防止積習陋規的侵襲。雖然是一些細節上的問題，「其入人不知，習忘乃為」，使人在習以為常的過程中同流合汙。故在修養上強調「純知輕思則慮達」，要完善自己和重視節制自己，即使是細小的影響也不能放過。所謂「節欲順行則倫得」，也就是節制自己的欲望，行為上嚴格遵守倫理的準則。對於王者則提出「以諫爭僩靜為宅」，也就是要以寧靜的心境、寬闊的胸懷來接受臣工們的直言規勸，從而使君王在修養上達到至誠於天道的境地，不受外物誘惑的影響。通過這種方式，就能達到內聖而外王，以致天下大治的目的。

第二章

名者，所以別物也[1]。親者重，疏者輕，尊者文，卑者質，近者詳，遠者略[2]，文辭不隱情，明情不遺文[3]，人心從之而不逆[4]，古今通貫而不亂[5]，名之義也[6]。男女猶道也[7]。人生別言禮義[8]，名號之由人事起也[9]。不順天道，謂之不義[10]。察天人之分[11]，觀道命之異[12]，可以知禮之說矣[13]。見善者不能無好，見不善者不能無惡，好惡去就，不能堅守，故有人道[14]。人道者，人之所由樂而不亂，服而不厭者[15]，萬物載名而所生[16]，聖人因其象以命之[17]。然而可易也，皆有義從也[18]，故正名以明義也[19]。物也者，洪名也，皆名也，而物有和名，此物也，非失物[20]。故曰萬物動而不形者，意也[21]；形而不易者，德也[22]；樂而不亂，復而不厭者，道也[23]。

【章　旨】本章強調正名以明義。名號由人事而起，故人生別言禮義；同時，萬物載名而生，聖人因其象而命之，故正名以明義是為了正確地把握事物的本質特徵。

【注釋】❶名者所以別物也　名是詞語，用此區別事物的屬性及其內涵和外延。名，由「銘」演化而來，《禮記・祭統》：「夫鼎有銘，銘者自名也。」《說文・口部》：「名，自命也，从口，夕者，冥也，冥不相見，故以口自名。」《管子・心術》：「物固有形，形固有名，名當謂之聖人。」「名者，聖人所以紀萬物也。」❷親者重六句　此處指以不同的名稱來區分和表述人與人之間在親屬關係上的親與疏，等級關係上的尊與卑，去世時間的近與遠。重，指端重，莊嚴的語詞。《論語・學而》：「君子不重則不威。」輕與重相對而言，指人的稱謂，在尊卑親疏之間的用詞，如死，「天子曰崩，諸侯曰薨，大夫曰卒，士曰不祿，庶人曰死。」（《禮記・曲禮下》）詳略，指《春秋》在書法上視時世、地域之遠近，詳近而略遠，屈遠而伸近。作者在〈楚莊王〉篇云：「屈伸之志，詳略之文，皆應之。吾以其近近而遠遠，親親而疏疏也，亦知其貴貴而賤賤，重重而輕輕也。有知其厚厚而薄薄，善善而惡惡也，有知其陽陽而陰陰，白白而黑黑也，百物皆有合偶，偶之合之，仇之匹之，善矣。《詩》云：『威儀抑抑，德音秩秩，無怨無惡，率由仇匹。』此之謂也。」❸文辭不隱情二句　此處意謂用以表達事件的文辭和語言不能隱瞞和掩飾事情的真相，在表明真情時又要不失文采。情，指事實的真實情況。文辭，用以表述事實的語言和文字。〈楚莊王〉篇講到通過《春秋》的文辭「觀其是非，可以得其正法。視其溫辭，可以知其塞怨。是故於外，道而不顯；於內，諱而不隱。」❹人心從之而不逆　指人們在觀念和行為上依照詞語所表現出來的人與人之間這種親疏、尊卑，遠近之間的名分關係，不去違逆它，也就是孔子所說的「正名」取得了效果。❺古今通貫而不亂　指使名所表達的人們相互關係上的名分，能貫通古今而不發生混亂。❻名之義也　意謂此即制名別物的意義。❼男女猶道也　指人們男女之間的相互關係包含著天地陰陽的大道理。❽人生別言禮義　指人類自誕生以後而懂得有所區別，是從講禮義開始的。《呂氏春秋・恃君覽・恃君》：「昔太古嘗無君矣，其民聚生群處，知母不知父，無親戚兄弟夫妻男女之別，無上下長幼之道。」父母兄弟、長幼、夫婦之間只有依靠禮義才能加以區分。❾名號之由人事起也　名號，《釋名・釋言語》：「名，明也，名實使分明也。號，呼也。以其善名之也。」故名號是表明一個人的名分及其功業，故言名號皆由人事而起。❿不順天道二句　此處意謂所起之名號，若不順應天道那就是不符合道義了。天道，在天為天地陰陽之道，在人則為尊卑貴賤長幼之道。⓫察天人之分　見《荀子・天論》：「明於天人之分，則可謂至人矣。不為而成，不求而得，夫是之謂天職。」所謂天，是指天地、陰陽、四時之運行，即「天行有常，不為堯存，不為桀亡。」（同上）人，是指人世間的治亂由人。⓬觀道命之異　道，指人道，亦即君王治國之道。命，指天命。《尚書・康誥》：「惟命不于常。」即天命無常，惟予治國有道並有德者。⓭可以知禮之說矣　指禮是國之所以治亂之分，故荀子曰：「在天者莫明於日月，在地者莫明於水火，在物者莫明於珠玉，在人者莫明於禮義。故日月不高，則光輝不赫；水火不積，則暉潤不博；珠玉不睹乎外，則王公不以為寶；禮義不加於國家，則功名不白。故人之命在天，國之命在禮。君人者，隆禮尊賢而王，重法愛民而霸，好利多詐而危，權謀傾覆幽險而盡亡矣。」（《荀子・天論》）⓮見善者不能無好五句　全句意謂見善不能好之，見不善又不能惡之，君子之好惡不能堅守以善與不善為去就的標準，所以要有禮義之道來節制和約束它。人道，指禮義之道。《管子・心術上》：「義者謂各處其宜也，禮者因人之情，緣義之理而為之節文者也。故禮者為有理也。」⓯人道者三句　此處意謂人道是人們所歡樂而不會引起混亂的，反覆行之而不會傾覆。因為「道之大原出於天，天不變道亦不變」。「服」當作「復」。此語亦見於對策，「冊曰：『三王之教，所祖不同，而皆有失，或謂久而不易者道也，意豈異哉？』臣聞夫樂而不亂，復而不厭者謂之道；道者萬世亡弊，弊者道之失也。」（《漢書・董仲舒傳》）復，反覆行之。厭，指傾覆。⓰萬物載名而所生　指萬物固有名。《管子・心術上》：「門者，謂耳目也。耳目者所以聞見也。物固有形，形固有名。」⓱聖人因其象以命之　聖人因物之形狀而為其取名。象，物之形狀。《管子・心術》：「以其形因為之名，此因之術也。」名者聖人之所以紀萬物也。」⓲然而可易也二句　指聖人為物所取之名皆不可以改易。因為在名的背後皆有義相從。蘇輿云：「或疑『可易』上當有不字。」所言為是。⓳故正名以明義也　指正名的目的是為了闡明萬物各自本然之義。正名最早是孔子提出來的，子路問孔子，為政最先要做什麼？孔子說：「必也正名乎！」子路責怪孔子太迂，孔子批評子路粗野，便接著說：「名不正，則言不順；言不順，則事不成；事不成，則禮樂不興；禮樂不興，則刑罰不中；刑罰不中，則民無措手足。故君子名之必可言，言之必可行也。」（《論語・子路》）可見，明義實際上是要指明禮義中人們各自的名分。⓴物也者六句　和，他本作「亂」。失，他本作「夫」。他本為是。《荀子・正名》云：「萬物雖眾，有時欲偏而舉之，故謂之物。物也者，大共名也。推而共之，共則有共，至於無共，然後止。有時而欲偏舉之，故謂之鳥獸。鳥獸也者，大別名也。推而有別，別則有別，至於無別，然後止。」洪名，即大共名，物之通名、大名。皆名，即大別名，類之總名。亂名，指個別事物獨有之名。此物也，非夫物，指同一物字的詞意由於二者所指稱的內涵不同，故此物已非那物。因作為大共名之物與作為大別名之物已非同一物義。《大戴禮記・曾子天圓》：「毛蟲之精者曰麟，羽蟲之精者曰鳳，介蟲之精者曰龜，鱗蟲之精者曰龍，倮蟲之精者曰聖人。」蟲可以說是大共名，即洪名。毛蟲、羽蟲、介蟲、鱗蟲、倮蟲之蟲是大別名，即皆名。鳳、龜是亂名。故一般意義上的蟲與毛蟲及鱗蟲，雖同是指動物，但三者詞義的範圍不同。㉑萬物動而不形者意也　此處謂人的心態和意念，應如事物在運動中的狀態那樣，不能抱持固定的成見，要因應於物的變化而變化。意，《說文》：「志也。」指人的心志和觀念。萬物動而不形者，指事物處於運動變化的狀態而尚未定型者。《管子．心術上》：「殊形異勢，不與萬物異理，故可以為天下始。」㉒形而不易者德也　形而不易者，指物形已定者，即物之性質。德，《管子．心術上》：「德者，得也。得也者，其謂所得以然也。」人為物定名的過程，就是「以其形因為之名」（同上），也就是為了表明事物的本質特徵。㉓樂而不亂三句　道，指認識事物的根本方法，也就是上文所言之不抱任何固定的成見，因物之形而掌握物之本質特徵，「以紀萬物」，區分萬物不同的性質，以為己所用。「是故，有道之君，其處也，若無知，其應物也，若偶之。靜因之道也。」這樣一種因應萬物的方法，可以使人們從中得到歡樂而不發生混亂，反覆用之而不會產生任何差失。這三句話概括起來就是人們在處理和認識各種事物的時候，必須堅持實事求是的精神，不固執任何既定好惡和成見，以好惡言，若「人迫於惡，則失其所好，怵於好，則忘其所惡。非道也。故曰：不怵乎好，不迫乎惡，惡不失其理，欲不過其情。」（同上）

【語　譯】名是用來區別事物的詞語，如在親屬關係中對親近的用重名，疏遠的可以用輕名，對尊貴的長者用文雅的稱呼，對卑者可以用質樸的稱呼，對離去時間近的稱謂要詳細，離去長遠的可以簡略一些。在修文遣辭上既不能隱瞞自己的真情實感，也不能為了表白真情而遺忘文辭上修飾。這是為了使人們在觀念和行為上依從名分而不去違背它，並且使它能貫通古今而不發生混亂。這就是我們所以要制名別物的道理。在男人與女人之間便包含天地之間的根本道理。人類誕生以後能有所區別，是從講禮義開始的，對人的名詞與稱號，都是由人們通過共同的活動所產生的。如果人的名與號不能順應天道，那就不符合道義了。要能觀察天人之間何以區分，人道和天命之間的差異，那他才有資格來講述什麼是禮了。人見到善良的事物便不能沒有愛好的表示，見到不好的事物也不能沒有厭惡的表示。由於人們對於事物的好惡不能堅持去惡就善的態度，所以人們就需要有人道來節制和約束它。為人的根本道理，就是要使人們不會因喜樂而引起淫亂，反覆行之而不會出現傾覆。萬物都是承載著名而出生並成長的，聖人根據萬物的形象而為它命名。然後這個名就不能改易了，因為在名的背後都包含著相應的意義，故所謂正名也就是確定它所包含的意義。凡是物的名稱有它的洪名，即總名；也有皆名，即類別的名稱；具體指稱的某一事物又都有自己的專用名。所以我們指稱某一事物的名目時，便不再是那另一個事物了。所以說人的心態和意念，要隨萬物處於變動的狀態那樣，不要有任何先入的成見。當你一旦接觸到某一已定型的事物，並為其性質定名後，就不能再隨意改易它了，這就是德。這樣你就能獲得對事物的客觀認識，這樣一種因應萬物的認識方法，可以使人們從中得到歡樂而不發生紊亂，即使你反覆地運用它也不會產生任何差失，這就是道。

【研　析】本章文字原在〈天地陰陽〉篇「功過」之下，張惠言云：「當在『聖人之心也』下為篇末。」所言為是。今從凌本移此，作全書之末。

本章的主旨是藉名學來講述認識論。要達到無論是內聖還是外王的境界，它的起點還是離不開人的認知能力。當然，這個認知能力不僅僅是指人對一般客觀事物如何認知的問題。「名者所以別物」，所要區別的不是一般客觀事物的自然屬性，而是區分人與人之間相互關係的等級屬性。在詞語的使用上所以要「親者重，疎者輕，尊者文，卑者質，近者詳，遠者略」，是為了區分和表述人際關係上的親疏、尊卑、遠近在身分上的等級次序。所謂「親親、尊尊、長長」這種等級關係，在文書上都要通過不同的語詞才能直接表現出來。同樣是對死亡的表述，若崩、薨、卒、不祿、死便顯示了死者不同的等級身分，從而凸顯人際的等級式的人身附屬關係。

漢字的這種特殊的文化詞語表現了特定的文化涵義。我們可以從秦漢的公文簡牘上看到這種體現上下等級次序的特種詞語。秦法，皇帝自稱朕，臣下稱皇帝為陛下，群臣上書曰昧死。漢承秦法，群臣上書皆言昧死言。臣子上書天子的格式有四：一曰章，二曰奏，三曰表，四曰駮議。無論章還是奏文，都有頭，稱稽首；如果是表文，可以不用頭，上言臣某言，下言臣某，誠惶誠恐，稽首、頓首、死罪死罪，左下方附曰某官臣某甲上。通過這個格式來體現君臣之間下對上的臣屬關係。《史記・三王世家》記載了武帝時霍去病上疏為皇子定位的奏文，其起首便是「大司馬臣去病昧死再拜上疏皇帝陛下：陛下過聽，使臣去病待罪行間。」末尾是「唯陛下幸察。臣去病昧死再拜以聞皇帝陛下。」〈郊事對〉的行文也是遵照當時通行的公文書牘格式，起首是「廷尉臣湯昧死言，臣湯承制，以郊事問故膠西相仲舒。」末尾是「臣犬馬齒衰，賜骸骨，伏陋巷。陛下乃幸使九卿問臣以朝廷之事，臣愚陋。曾不足以承明詔，奉大對。臣仲舒昧死以聞。」在文書格式和詞語上體現人與人之間的等級秩序，也只是等級秩序在文字表達上的凝固化而已，它更多地是體現在人與人交往過程中，通過禮儀程式來體現它們之間的相互關係。君臣之間通過文書的交往來傳達資訊，文書的詞語和格式要體現君臣之間的等級關係；然而君臣之間的直接交往，主要應是通過朝會來議論國家大事。劉邦打敗項羽，做了皇帝以後，在朝堂上「群臣飲爭功，醉而妄呼，拔劍擊柱」（《漢書·叔孫通傳》），君臣之間便不成體統了。叔孫通定朝儀，使君臣上下依禮行事，劉邦才感覺到為皇帝之可貴。不僅是君臣之間，而且各級官員之間的往來也有上下貴賤等級的區別。如〈執贄〉篇講的是人們相見禮中所執之贄。《禮記·曲禮下》：「凡贄，天子鬯，諸侯圭，卿羔，大夫雁，士雉，庶人之贄匹。」由不同的贄顯示人們不同的身分關係，而〈執贄〉篇的主旨則是藉各級人員所執之贄之象徵意義，闡述他們之間的相互關係。

每一個王朝興起以後，都要忙乎一陣制禮作樂的事，其實質也是通過禮儀和文書格式來規範君臣之間和社會生活中父子、兄弟之間的等級次序。《論語·子路》載子路問孔子如果衛國國君請您去主政，您先做哪一件事？孔子回答說：「必也正名乎！」這個「正名」也就是明確人與人之間的名分關係。這個「正名」變成具體的政策措施，也就是制禮作樂，通過「正名」把「君君臣臣父父子子」之間的名分關係變作人們的自覺的社會實踐，也就是董仲舒所言「人心從之而不逆，古今通貫而不亂，名之義也。」

名分通過禮儀以體現天道，堅守人道，除了人和人之際的等級關係外，還有要共同如何去認知和處理各項事務的問題。人和事還是有區別的。人與人之間在詞語上要體現名分上的等級秩序，在處理各種事務上，名就有一個如何正確地反映事物本質特徵的要求。一方面在為人事命名時，要正確地把握事件的本質特徵，對事件的全過程要始終保持客觀的態度，以應因事件的本來面貌，一旦掌握了事件的本質特徵，便要堅守不變易，這樣才能正確地處理各項具體的事務。董仲舒認為在方法論上這是使人們「樂而不亂，服而不厭」的根本大道。另一方面在具體處理各相關的事件時還必須循名以責實，故他在對策中說：「誅名而不察實，為善者不免，而犯惡者未必刑也。是以百官飾虛辭而不顧實，外有事君之禮，內有背上之心，造偽飾詐，趨利無恥。」（《漢書・董仲舒傳》）雖然董子所言是對著漢代當時官場的惡習，然循名失實的遺風流俗迄今未衰。「百官飾虛辭而不顧實」，「造偽飾詐，趨利無恥」之風，為善者難免，為惡者未必刑的狀況，在當今之官場，更是愈演愈烈。

附錄

一、天人三策

第一策

制曰：朕獲承至尊休德，傳之亡窮，而施之罔極，任大而守重，是以夙夜不皇康寧，永惟萬事之統，猶懼有闕。故廣延四方之豪儁，郡國諸侯公選賢良修絜博習之士，欲聞大道之要，至論之極。今子大夫褎然為舉首，朕甚嘉之。子大夫其精心致思，朕垂聽而問焉。

蓋聞五帝三王之道，改制作樂而天下洽和，百王同之。當虞氏之樂莫盛於〈韶〉，於周莫盛於〈勺〉。聖王已沒，鐘鼓筦絃之聲未衰，而大道微缺，陵夷至虖桀紂之行，王道大壞矣。夫五百年之間，守文之君，當塗之士，欲則先王之法以戴翼其世者甚眾，然猶不能反，日以仆滅，至後王而後止，豈其所持操或詩謬而失其統與？固天降命不可復反，必推之於大衰而後息與？烏虖？凡所為屑屑，夙興夜寐，務法上古者，又將無補與？三代受命，其符安在？災異之變，何緣而起？性命之情，或夭或壽，或仁或鄙，習聞其號，未燭厥理。伊欲風流而令行，刑輕而姦改，百姓和樂，政事宣昭。何脩何飭而膏露降，百穀登，德潤四海，澤臻屮木，三光全，寒暑平，受天之祜，享鬼神之靈，德澤洋溢，施乎方外，延及群生？

子大夫明先聖之業，習俗化之變，終始之序，講聞高誼之日久矣，其明以諭朕。科別其條，勿猥勿并，取之於術，慎其所出。乃其不正不直，不忠不極，枉于執事，書之不泄，興于朕躬，毋悼後害。子大夫其盡心，靡有所隱，朕將親覽焉。

仲舒對曰：

陛下發德音，下明詔，求天命與情性，皆非愚臣之所能及也。臣謹案《春秋》之中，視前世已行之事，以觀天人相與之際，甚可畏也。國家將有失道之敗，而天乃先出災害以譴告之；不知自省，又出怪異以警懼之；尚不知變，而傷敗乃至。以此見天心之仁愛人君而欲止其亂也。自非大亡道之世者，天盡欲扶持而全安之，事在彊勉而已矣。彊勉學問，則聞見博而知益明；彊勉行道，則德日起而大有功：此皆可使還至而立有效者也。《詩》曰「夙夜匪解」，《書》云「茂哉茂哉！」皆彊勉之謂也。

道者，所繇適於治之路也，仁義禮樂皆其具也。故聖王已沒，而子孫長久安寧數百歲，此皆禮樂教化之功也。王者未作樂之時，乃用先王之樂宜於世者，而以深入教化於民。教化之情不得，雅頌之樂不成，故王者功成作樂，樂其德也。樂者，所以變民風，化民俗也；其變民也易，其化人也著。故聲發於和而本於情，接於肌膚，臧於骨髓。故王道雖微缺，而筦絃之聲未衰也。夫虞氏之不為政久矣，然而樂頌遺風猶有存者，是以孔子在齊而聞〈韶〉也。夫人君莫不欲安存而惡危亡，然而政亂國危者甚眾，所任者非其人，而所繇者非其道，是以政日以仆滅也。夫周道衰於幽厲，非道亡也，幽厲不繇也。至於宣王，思昔先王之德，興滯補弊，明文武之功業，周道粲然復興，詩人美之而作，上天祐之，為生賢佐，後世稱誦，至今不絕。此夙夜不解行善之所致也。孔子曰「人能弘道，非道弘人」也。故治亂廢興在於己，非天降命不得可反，其所操持誖謬失其統也。

臣聞天之所大奉使之王者，必有非人力所能致而自至者，此受命之符也。天下之人同心歸之，若歸父母，故天瑞應誠而至。《書》曰：「白魚入于王舟，有火復于王屋，流為烏」，此蓋受命之符也，周公曰「復哉復哉」。孔子曰「德不孤，必有鄰」，皆積善累德之效也。及至後世，淫佚衰微，不能統理羣生，諸侯背畔，殘賊良民以爭壤土，廢德教而任刑罰。刑罰不中，則生邪氣；邪氣積於下，怨惡畜於上。上下不和，則陰陽繆盭而妖孽生矣。此災異所緣而起也。

臣聞命者天之令也，性者生之質也，情者人之欲也。或夭或壽，或仁或鄙，陶冶而成之，不能粹美，有治亂之所生，故不齊也。孔子曰：「君子之德風，小人之德屮，屮上之風必偃。」故堯舜行德則民仁壽，桀紂行暴則民鄙夭。夫上之化下，下之從上，猶泥之在鈞，唯甄者之所為；猶金之在熔，唯治者之所鑄。「綏之斯俫，動之斯和」，此之謂也。

臣謹案《春秋》之文，求王道之端，得之於正。正次王，王次春。春者，天之所為也；正者，王之所為也。其意曰，上承天之所為，而下以正其所為，正王道之端云爾。然則王者欲有所為，宜求其端於天。天道之大者在陰陽。陽為德，陰為刑；刑主殺而德主生。是故陽常居大夏，而以生育養長為事；陰常居大冬，而積於空虛不用之處。以此見天之任德不任刑也。天使陽出布施於上而主歲功，使陰入伏於下而時出佐陽；陽不得陰之助，亦不能獨成歲。終陽以成歲為名，此天意也。王者承天意以從事，故任德教而不任刑。刑者不可任以治世，猶陰之不可任以成歲也。為政而任刑，不順於天，故先王莫之肯為也。今廢先王德教之官，而獨任執法之吏治民，毋乃任刑之意與！孔子曰：「不教而誅謂之虐。」虐政用於下，而欲德教之被四海，故難成也。

臣謹案《春秋》謂一元之意，一者萬物之所從始也，元者辭之所謂大也。謂一為元者，視大始而欲正本也。《春秋》深探其本，而反自貴者始。故為人君者，正心以正朝廷，正朝廷以正百官，正百官以正萬民，正萬民以正四方。四方正，遠近莫敢不壹於正，而亡有邪氣奸其間者。是以陰陽調而風雨時，羣生和而萬民殖，五穀孰而屮木茂，天地之間被潤澤而大豐美，四海之內聞盛德而皆徠臣。諸福之物，可致之祥，莫不畢至，而王道終矣。

孔子曰：「鳳鳥不至，河不出圖，吾已矣夫！」自悲可致此物，而身卑賤不得致也。今陛下貴為天子，富有四海，居得致之位，操可致之勢，又有能致之資，行高而恩厚，知明而意美，愛民而好士，可謂誼主矣。然而天地未應而美祥莫至者，何也？凡以教化不立而萬民不正也。夫萬民之從利也，如水之走下，不以教化隄防之，不能止也。是故教化立而姦邪皆止者，其隄防完也；教化廢而姦邪並出，刑罰不能勝者，其隄防壞也。古之王者明於此，是故南面而治天下，莫不以教化為大務。立大學以教於國，設庠序以化於邑，漸民以仁，摩民以誼，節民以禮，其刑罰甚輕而禁不犯者，教化行而習俗美也。

聖王之繼亂世也，埽除其迹而悉去之，復修教化而崇起之。教化已明，習俗已成，子孫循之，行五六百歲尚未敗也。至周之末世，大為亡道，以失天下。秦繼其後，獨不能改，又益甚之，重禁文學，不得挾書，棄捐禮誼而惡聞之，其心欲盡滅先王之道，而顓為自恣苟簡之治，故立為天子十四歲而國破亡矣。自古以倈，未嘗有以亂濟亂，大敗天下之民如秦者也。其遺毒餘烈，至今未滅，使習俗薄惡，人民嚚頑，抵冒殊扞，孰爛如此之甚者也。孔子曰：「腐朽之木不可彫也，糞土之牆不可圬也。」今漢繼秦之後，如朽木、糞牆矣，雖欲善治之，亡可柰何。法出而姦生，令下而詐起，如以湯止沸，抱薪救火，愈甚亡益也。竊譬之琴瑟不調，甚者必解而更張之，乃可鼓也；為政而不行，甚者必變而更化之，乃可理也。當更張而不更張，雖有良工不能善調也；當更化而不更化，雖有大賢不能善治也。故漢得天下以來，常欲善治而至今不可善治者，失之於當更化而不更化也。古人有言曰：「臨淵羨魚，不如退而結網。」今臨政而願治七十餘歲矣，不如退而更化；更化則可善治，善治則災害日去，福祿日來。《詩》云：「宜民宜人，受祿于天。」為政而宜於民者，固當受祿于天。夫仁、誼、禮、知、信五常之道，王者所當脩飭也；五者脩飭，故受天之祐，而享鬼神之靈，德施于方外，延及群生也。

第二策

天子覽其對而異焉，乃復冊之曰：

制曰：蓋聞虞舜之時，游於巖廊之上，垂拱無為，而天下太平。周文王至於日昃不暇食，而宇內亦治。夫帝王之道，豈不同條共貫與？何逸勞之殊也？

蓋儉者不造玄黃旌旗之飾。及至周室，設兩觀，乘大路，朱干玉戚，八佾陳于庭，而頌聲興。夫帝王之道豈異指哉？或曰良玉不瑑，又曰非文無以輔德，二端異焉。

殷人執五刑以督姦，傷肌膚以懲惡。成康不式，四十餘年，天下不犯，囹圄空虛。秦國用之，死者甚眾，刑者相望，秏矣哀哉！

烏虖！朕夙寤晨興，惟前帝王之憲，永思所以奉至尊，章洪業，皆在力本任賢。今朕親耕籍田以為農先，勸孝弟，崇有德；使者冠蓋相望，問勤勞，恤孤獨。盡思極神，功烈休德未始云獲也。今陰陽錯繆，氛氣充塞，群生寡遂，黎民未濟，廉恥貿亂，賢不肖渾殽，未得其真。故詳延特起之士，意庶幾乎！今子大夫待詔百有餘人，或道世務而未濟，稽諸上古之不同，考之於今而難行，毋乃牽於文繫而不得騁與？將所繇異術，所聞殊方與？各悉對，著于篇，毋諱有司。明其指略，切磋究之，以稱朕意。

仲舒對曰：

臣聞堯受命，以天下為憂，而未以位為樂也。故誅逐亂臣，務求賢聖，是以得舜禹稷契咎繇。眾聖輔德，賢能佐職，教化大行，天下和洽，萬民皆安仁樂誼，各得其宜，動作應禮，從容中道。故孔子曰：「如有王者，必世而後仁。」此之謂也。堯在位七十載，廼遜于位以禪虞舜。堯崩，天下不歸堯子丹朱而歸舜。舜知不可辟，乃即天子之位，以禹為相，因堯之輔佐，繼其統業，是以垂拱無為而天下治。孔子曰：「〈韶〉盡美矣，又盡善矣。」此之謂也。至於殷紂，逆天暴物，殺戮賢知，殘賊百姓。伯夷、太公皆當世賢者，隱處而不為臣。守職之人皆奔走逃亡，入於河海。天下秏亂，萬民不安，故天下去殷而從周。文王順天理物，師用賢聖，是以閎夭、大顛、散宜生等亦聚於朝廷。愛施兆民，天下歸之，故太公起海濱而即三公也。當此之時，紂尚在上，尊卑昏亂，百姓散亡，故文王悼痛而欲安之，是以日昃而不暇食也。孔子作《春秋》，先正王而繫萬事，見素王之文焉。由此觀之，帝王之條貫同，然而勞逸異者，所遇之時異也。孔子曰：「〈武〉盡美矣，未盡善也。」此之謂也。

臣聞制度文采玄黃之飾，所以明尊卑，異貴賤，而勸有德也。故《春秋》受命所先制者，改正朔，易服色，所以應天也。然則宮室旌旗之制，有法而然者也。故孔子曰：「奢則不遜，儉則固。」儉非聖人之中制也。臣聞良玉不瑑，資質潤美，不待刻瑑，此亡異於達巷黨人不學而自知也。然則常玉不瑑，不成文章；君子不學，不成其德。

臣聞聖王之治天下也，少則習之學，長則材諸位，爵祿以養其德，刑罰以威其惡，故民曉於禮誼而恥犯其上。武王行大誼，平殘賊，周公作禮樂以文之，至於成、康之隆，囹圄空虛四十余年。此亦教化之漸而仁誼之流，非獨傷肌膚之效也。至秦則不然。師申、商之法，行韓非之說，憎帝王之道，以貪狼為俗，非有文德以教訓於天下也。誅名而不察實，為善者不必免，而犯惡者未必刑也。是以百官皆飾虛辭而不顧實，外有事君之禮，內有背上之心，造偽飾詐，趣利無恥；又好用憯酷之吏，賦斂亡度，竭民財力，百姓散亡，不得從耕織之業，群盜並起。是以刑者甚眾，死者相望，而姦不息，俗化使然也。故孔子曰「導之以政，齊之以刑，民免而無恥。」此之謂也。

今陛下并有天下，海內莫不率服，廣覽兼聽，極群下之知，盡天下之美，至德昭然，施于方外。夜郎、康居，殊方萬里，說德歸誼，此太平之致也。然而功不加於百姓者，殆王心未加焉。曾子曰：「尊其所聞，則高明矣；行其所知，則光大矣。高明光大，不在於它，在乎加之意而已。」願陛下因用所聞，設誠於內而致行之，則三王何異哉！

陛下親耕籍田以為農先，夙寤晨興，憂勞萬民，思惟往古，而務以求賢，此亦堯、舜之用心也，然而未云獲者，士素不厲也。夫不素養士而欲求賢，譬猶不琢玉而求文采也。故養士之大者，莫大虖太學；太學者，賢士之所關也，教化之本原也。今以一郡一國之眾，對亡應書者，是王道往往而絕也。臣願陛下興太學，置明師，以養天下之士，數考問以盡其材，則英俊宜可得矣。今之郡守、縣令，民之師帥，所使承流而宣化也；故師帥不賢，則主德不宣，恩澤不流。今吏既亡教訓於下，或不承用主上之法，暴虐百姓，與姦為市，貧窮孤弱，冤苦失職，甚不稱陛下之意。是以陰陽錯繆，氛氣充塞，群生寡遂，黎民未濟，皆長吏不明，使至於此也。

夫長吏多出於郎中、中郎，吏二千石子弟選郎吏，又以富訾，未必賢也。且古所謂功者，以任官稱職為差，非謂積日累久也。故小材雖累日，不離於小官；賢材雖未久，不害為輔佐。是以有司竭力盡知，務治其業而以赴功。今則不然。累日以取貴，積久以致官，是以廉恥貿亂，賢不肖渾淆，未得其真。臣愚以為使諸列侯、郡守、二千石各擇其吏民之賢者，歲貢各二人以給宿衛，且以觀大臣之能；所貢賢者有賞，所貢不肖者有罰。夫如是，諸侯、吏二千石皆盡心於求賢，天下之士可得而官使也。遍得天下之賢人，則三王之盛易為，而堯、舜之名可及也。毋以日月為功，實試賢能為上，量材而授官，錄德而定位，則廉恥殊路，賢不肖異處矣。陛下加惠，寬臣之罪，令勿牽制於文，使得切磋究之，臣敢不盡愚！

第三策

於是天子復冊之。

制曰：蓋聞「善言天者必有徵于人，善言古者必有驗於今」。故朕垂問虖天人之應，上嘉唐虞，下悼桀紂，寖微寖滅寖明寖昌之道，虛心以改。今子大夫明於陰陽所以造化，習於先聖之道業，然而文采未極，豈惑虖當世之務哉？條貫靡竟，統紀未終，意朕之不明與？聽若眩與？夫三王之教所祖不同，而皆有失，或謂久而不易者道也，意豈異哉？今子大夫既已著大道之極，陳治亂之端矣，其悉之究之，孰之復之。《詩》不云乎，「嗟爾君子，毋常安息，神之聽之，介爾景福。」朕將親覽焉，子大夫其茂明之。

仲舒復對曰：

臣聞《論語》曰：「有始有卒者，其唯聖人乎！」今陛下幸加惠，留聽於承學之臣，復下明冊，以切其意，而究盡聖德，非愚臣之所能具也。前所上對，條貫靡竟，統紀不終，辭不別白，指不分明，此臣淺陋之罪也。

冊曰：「善言天者必有徵於人，善言古者必有驗於今。」臣聞天者群物之祖也，故遍覆包函而無所殊，建日月風雨以和之，經陰陽寒暑以成之。故聖人法天而立道，亦溥愛而亡私，布德施仁以厚之，設誼立禮以導之。春者天之所以生也，仁者君之所以愛也；夏者天之所以長也，德者君之所以養也；霜者天之所以殺也，刑者君之所以罰也。繇此言之，天人之徵，古今之道也。孔子作《春秋》，上揆之天道，下質諸人情，參之於古，考之於今。故《春秋》之所譏，災害之所加也；《春秋》之所惡，怪異之所施也。書邦家之過，兼災異之變，以此見人之所為，其美惡之極，乃與天地流通而往來相應，此亦言天之一端也。古者修教訓之官，務以德善化民，民已大化之後，天下常亡一人之獄矣。今世廢而不修，亡以化民，民以故棄行誼而死財利，是以犯法而罪多，一歲之獄以萬千數。以此見古之不可不用也，故《春秋》變古則譏之。天令之謂命，命非聖人不行；質樸之謂性，性非教化不成；人欲之謂情，情非度制不節。是故王者上謹於承天意，以順命也；下務明教化民，以成性也；正法度之宜，別上下之序，以防欲也。修此三者，而大本舉矣。人受命於天，固超然異於群生，入有父子兄弟之親，出有君臣上下之誼，會聚相遇，則有耆老長幼之施，粲然有文以相接，歡然有恩以相愛，此人之所以貴也。生五穀以食之，桑麻以衣之，六畜以養之，服牛乘馬，圈豹檻虎，是其得天之靈，貴於物也。故孔子曰：「天地之性人為貴。」明於天性，知自貴於物；知自貴於物，然後知仁誼；知仁誼，然後重禮節；重禮節，然後安處善；安處善，然後樂循理；樂循理，然後謂之君子。故孔子曰：「不知命，亡以為君子。」此之謂也。

冊曰：「上嘉唐虞，下悼桀紂，寖微寖滅寖明寖昌之道，虛心以改。」臣聞眾少成多，積小致巨，故聖人莫不以晻致明，以微致顯。是以堯發於諸侯，舜興虖深山，非一日而顯也，蓋有漸以致之矣。言出於己，不可塞也；行發於身，不可掩也。言行，治之大者，君子之所以動天地也。故盡小者大，慎微者著。《詩》云：「惟此文王，小心翼翼。」故堯兢兢日行其道，而舜業業日致其孝，善積而名顯，德章而身尊，此其寖明昌之道也。積善在身，猶長日加益，而人不知也；積惡在身，猶火之銷膏，而人不見也。非明虖情性察虖流俗者，孰能知之？此唐虞之所以得令名，而桀紂之可為悼懼者也。夫善惡之相從，如景鄉之應形聲也。故桀紂暴謾，讒賊並進，賢知隱伏，惡日顯，國日亂，晏然自以如日在天，終陵夷而大壞。夫暴逆不仁者，非一日而亡也，亦以漸至，故桀紂雖亡道，然猶享國十餘年，此其寖微寖滅之道也。

冊曰：「三王之教所祖不同，而皆有失，或謂久而不易者道也，意豈異哉？」臣聞夫樂而不亂、復而不厭者謂之道；道者萬世亡弊，弊者道之失也。先王之道必有偏而不起之處，故政有眊而不行，舉其偏者以補其弊而已矣。三王之道所祖不同，非其相反，將以救溢扶衰，所遭之變然也。故孔子曰：「亡為而治者，其舜乎！」改正朔，易服色，以順天命而已；其餘盡循堯道，何更為哉！故王者有改制之名，亡變道之實。然夏上忠，殷上敬，周上文者，所繼之救，當用此也。孔子曰：「殷因於夏禮，所損益可知也；周因於殷禮，所損益可知也；其或繼周者，雖百世可知也。」此言百王之用，以此三者矣。夏因於虞，而獨不言所損益者，其道如一而所上同也。道之大原出于天，天不變道亦不變。是以禹繼舜，舜繼堯，三聖相受而守一道，亡救弊之政也，故不言其所損益也。繇是觀之，繼治世者其道同，繼亂世者其道變。今漢繼大亂之後，若宜少損周之文致，用夏之忠者。

陛下有明德嘉道，愍世俗之靡薄，悼王道之不昭，故舉賢良方正之士，論議考問，將欲興仁誼之休德，明帝王之法制，建太平之道也。臣愚不肖，述所聞，誦所學，道師之言，廑能勿失耳。若乃論政事之得失，察天下之息耗，此大臣輔佐之職，三公九卿之任，非臣仲舒所能及也。然而臣竊有怪者。夫古之天下亦今之天下，今之天下亦古之天下。共是天下，古以大治，上下和睦，習俗美盛，不令而行，不禁而止，吏亡姦邪，民亡盜賊，囹圄空虛，德潤草木，澤被四海，鳳凰來集，麒麟來游，以古準今，壹何不相逮之遠也！安所繆盭而陵夷若是？意者有所失於古之道與？有所詭於天之理與？試迹之古返之于天，黨可得見乎？

夫天亦有所分予，予之齒者去其角，傅其翼者兩其足，是所受大者不得取小也。古之所予祿者，不食於力，不動於末，是亦受大者不得取小，與天同意者也。夫已受大，又取小，天不能足，而況人虖！此民之所以囂囂苦不足也。身寵而載高位，家溫而食厚祿，因乘富貴之資力，以與民爭利於下，民安能如之哉！是故眾其奴婢，多其牛羊，廣其田宅，博其產業，畜其積委，務此而亡已，以迫蹴民，民日削月朘，寖以大窮。富者奢侈羨溢，貧者窮急愁苦；窮急愁苦而上不救，則民不樂生；民不樂生，尚不避死，安能避罪！此刑罰之所以蕃而姦邪不可勝者也。故受祿之家，食祿而已，不與民爭業，然後利可均布，而民可家足。此上天之理，而亦太古之道，天子之所宜法以為制，大夫之所當循以為行也。故公儀子相魯，之其家見織帛，怒而出其妻；食於舍而茹葵，慍而拔其葵，曰：「吾已食祿，又奪園夫紅女利虖！」古之賢人君子在列位者皆如是，是故下高其行而從其教，民化其廉而不貪鄙。及至周室之衰，其卿大夫緩於誼而急於利，亡推讓之風而有爭田之訟。故詩人疾而刺之，曰：「節彼南山，惟石巖巖，赫赫師尹，民具爾瞻。」爾好誼，則民鄉仁而俗善；爾好利，則民好邪而俗敗。由是觀之，天子大夫者，下民之所視效，遠方之所四面而內望也。近者視而放之，遠者望而效之，豈可以居賢人之位而為庶人行哉！夫皇皇求財利常恐乏匱者，庶人之意也；皇皇求仁義常恐不能化民者，大夫之意也。《易》曰：「負且乘，致寇至。」乘車者君子之位也，負擔者小人之事也，此言居君子之位而為庶人之行者，其患禍必至也。若居君子之位，當君子之行，則舍公儀休之相魯，亡可為者矣。

《春秋》大一統者，天地之常經，古今之通誼也。今師異道，人異論，百家殊方，指意不同，是以上亡以持一統；法制數變，下不知所守。臣愚以為諸不在六藝之科、孔子之術者，皆絕其道，勿使並進。邪辟之說滅息，然後統紀可一而法度可明，民知所從矣。

——《漢書・董仲舒傳》

二、董仲舒論經濟政策

是後，外事四夷，內興功利，役費并興，而民去本。董仲舒說上曰：「《春秋》它穀不書，至於麥禾不成則書之，以此見聖人於五穀最重麥與禾也。今關中俗不好種麥，是歲失《春秋》之所重，而損生民之具也。願陛下幸詔大司農，使關中民益種宿麥，令毋後時。」又言：「古者稅民不過什一，其求易共；使民不過三日，其力易足。民財內足以養老盡孝，外足以事上共稅，下足以畜妻子極愛，故民說從上。至秦則不然，用商鞅之法，改帝王之制，除井田，民得賣買，富者田連阡陌，貧者亡立錐之地。又顓川澤之利，管山林之饒，荒淫越制，逾侈以相高；邑有人君之尊，里有公侯之富，小民安得不困？又加月為更卒，已復為正，一歲屯戍，一歲力役，三十倍於古；田租口賦，鹽鐵之利，二十倍於古。或耕豪民之田，見稅什五。故貧民常衣牛馬之衣，而食犬彘之食。重以貪暴之吏，刑戮妄加，民愁亡聊，亡逃山林，轉為盜賊；赭衣半道，斷獄歲以千萬數。漢興，循而未改。古井田法雖難卒行，宜少近古，限民名田，以澹不足，塞并兼之路。鹽鐵皆歸於民。去奴婢，除專殺之威。薄賦斂，省繇役，以寬民力。然後可善治也。」仲舒死後，功費愈甚，天下虛耗，人復相食。

——《漢書・食貨志上》

三、董仲舒論高廟災異

（漢）武帝建元六年六月丁酉，遼東高廟災。四月壬子，高園便殿火。董仲舒對曰：「《春秋》之道，舉往以明來。是故天下有物，視《春秋》所舉與同比者，精微眇以存其意，通倫類以貫其理，天地之變，國家之事，粲然皆見，亡所疑矣。按《春秋》魯定公、哀公時，季氏之惡已孰，而孔子之聖方盛。夫以盛聖而易孰惡，季孫雖重，魯君雖輕，其勢可成也。故定公二年五月兩觀災。兩觀，僭禮之物，天災之者，若曰：「僭禮之臣可以去。」已見罪徵，而後告可去，此天意也。定公不知省。至哀公三年五月，桓宮，釐宮災。二者同事，所為一也，若曰「燔貴而去不義」云爾。哀公未能見，故四年六月亳社災。兩觀、桓、釐廟、亳社，四者皆不當立，天皆燔其不當立者以示魯，欲其去亂臣而用聖人也。季氏亡道久矣，前是天不見災者，魯未有賢聖臣，雖欲去季孫，其力不能，昭公是也。至定、哀乃見之，其時可也。不時不見，天之道也。今高廟不當居遼東，高園殿不當居陵旁，於禮亦不當立，與魯所災同。其不當立久矣，至於陛下時天乃災之者，殆亦其時可也。昔秦受亡周之敝，而亡以化之；漢受亡秦之敝，又亡以化之。夫繼二敝之後，承其下流，兼受其猥，難治甚矣。又多兄弟親戚骨肉之連，驕揚奢侈恣睢者眾，所謂重難之時者也。陛下正當大敝之後，又遭重難之時，甚可憂也。故天災若語陛下：「當今之世，雖敝而重難，非以太平至公，不能治也。視親戚貴屬在諸侯遠正最甚者，忍而誅之，如吾燔遼東高廟乃可；視近臣在國中處旁仄及貴而不正者，忍而誅之，如吾燔高園殿乃可」云爾。在外而不正者，雖貴如高廟，猶災燔之，況諸侯乎！在內不正者，雖貴如高園殿，猶燔災之，況大臣乎！此天意也。罪在外者天災外，罪在內者天災內，燔甚罪當重，燔簡罪當輕，承天意之道也。」

——《漢書・五行志上》

四、詣丞相公孫弘記室書

江都相董仲舒叩頭死罪再拜上言：

君侯以周、召自然休質，擢昇三公，統理海內，總緝百僚，未有半言之教，郡國翕然望風，更思改新，以助至治。群眾所占，必有成功。

仲舒叩頭死罪。仲舒愚戇，素無治名，大漢之檢式。數蒙君侯哀憐之恩，誤被非任，無以稱職。仲舒竊見宰職任天下之重，群心所歸，惟須賢佐，以成聖化。願君侯大開蕭相國求賢之路，廣選舉之門。既得其人，接以周公下士之義，即奇偉隱世異倫之人，各思竭愚，歸往盛德。英俊滿朝，百能備具，即君侯大立則，道德弘通，化流四極。

仲舒愚陋，經術淺薄，所識褊陋，不能讚揚萬分君侯所棄捐。竊聞《春秋》曰：「賢聖博觀，以章其名。擇善者從之，無所不聽。」又曰：「近而不言為諂，遠而不言為怨。」故輒披心陳誠。仲舒叩頭，死罪死罪。

夫堯舜三王之業，皆由仁義為本。仁者，所以理人倫也。故聖王以為治首。或曰：發號出令，利天下之民者謂之仁；疾天下之害於人者謂之仁心。二者備矣，然後海內應以誠。惟君侯深觀往古，思本仁義，至誠而已。方今關東五穀咸貴，家有饑餓，其死傷者半；盜賊並起，發亡不止，良民被害。為聖主憂。咎皆由仲舒等典職防禁無素，當先坐仲舒。叩頭，死罪死罪。

仲舒至愚，以為扶襄止姦，本在吏耳。宜一考察天下領民之吏，留心署置，以明消滅邪枉之迹，使百姓各安其產業，無有寇盜之患，以蠲主憂。仲舒叩頭，死罪。

謹奉《春秋》署置術。

再拜君侯足下。

——唐《古文苑》

五、董仲舒論匈奴

仲舒親見四世之事，猶復欲守舊文，頗增其約。以為「義動君子，利動貪人。如匈奴者，非可以仁義說也，獨可說以厚利，結之於天耳。故與之厚利以沒其意，與盟於天以堅其約，質其愛子以累其心。匈奴雖欲展轉，奈失重利何！奈欺上天何！奈殺愛子何！夫賦斂行賂不足以當三軍之費，城郭之固無以異於貞士之約；而使邊城守境之民父兄緩帶，稚子咽哺，胡馬不窺於長城，而羽檄不行於中國，不亦便於天下乎！」察仲舒之論，考諸行事，乃知其未合於當時，而有闕於後世也。

——《漢書·匈奴傳贊》

六、士不遇賦

嗚呼，嗟乎！遐哉，邈矣！時來曷遲？去之速矣。屈意從人，非吾徒矣。正身俟時，將就木矣。悠悠偕時，豈能覺矣。心之憂兮，不期祿矣。遑遑匪寧，只增辱矣。努力觸藩，徒摧角矣。不出戶庭，庶無過矣。

重曰：生不丁三代之盛隆兮，而丁三季之末俗。末俗以辯詐而期通兮，貞士以耿介而自束。雖日三省於吾身兮，繇懷進退之唯谷。彼實繁之有徒兮，指貞白以為墨，目信嫮而言眇兮，口信辯而言訥。鬼神不能正人事之變戾兮，聖賢亦不能開愚夫之違惑。出門則不可與偕同兮，藏器又蚩其不容。退洗心而內訟兮，固亦未知其所從。觀上世之清暉兮，廉士煢煢而靡歸：殷湯有卞隨與務光兮，周武有伯夷與叔齊。孰若反身於素業兮，莫隨世俗而輪轉！雖矯情而獲百利兮，不如復心而歸一善。

——唐《藝文類聚》卷三十

七、四庫館奏進書後

臣等謹案《春秋繁露》十七卷漢董仲舒撰。「繁」或作「蕃」，蓋古字相通。其立名之義不可解，《中興館閣書目》謂「繁露，冕之所垂，有聯貫之象，春秋比事屬辭，立名或取諸此」。亦以意為說也。其發揮《春秋》之旨，多主《公羊》，而往往及陰陽五行。考仲舒本傳，〈蕃露〉、〈玉杯〉、〈竹林〉，皆所著書名。而今本〈玉杯〉、〈竹林〉乃在此書之中。故《崇文總目》頗疑之，而程大昌攻之尤力。今觀其文，雖未必全出仲舒，然中多根極理要之言，非後人所能依託也。是書宋代已有四本，多寡不同，至樓鑰所校，乃為定本。鑰本原闕三篇，明人重刻，又闕第五十篇，及第五十六篇首三百九十六字，第七十五篇中一百八十字，第四十八篇中二十四字，又第三十五篇顛倒一頁，遂不可讀。其餘訛脫，不可勝乙。蓋海內藏書之家，不見完本，三四百年於茲矣。今以《永樂大典》所存樓鑰本，詳校其異于他本者，凡補一千一百餘字，刪一百十餘字，改定一千八百二十餘字。神明煥然，頓還舊觀。雖曰習見之書，實則絕無僅有之本也。儻非幸遇聖朝右文稽古，使已湮舊籍復發幽光，則此十七卷者，終沈於蠹簡中矣，茲豈非萬世之遇哉！臣等編校之餘，為是書幸，且為讀是書者幸也。乾隆四十二年六月恭校上。

總纂官臣紀昀臣陸錫熊臣孫士毅

總校官臣陸費墀

八、四明樓大防跋

《繁露》一書，凡得四本，皆有余高祖正議先生序文。始得寫本於里中，亟傳而讀之，舛誤至多，恨無他本可校。已而得京師印本，以為必佳，而相去殊不遠。又竊疑〈竹林〉〈玉杯〉等名，與其書不相關，後見尚書程公跋語，亦以篇名為疑。又以《通典》、《太平御覽》、《太平寰宇記》所引《繁露》之言，今書皆無之，遂以為非董氏本書。且以其名，謂必類小說家。後自為一編，記雜事，名《演繁露》，行於世。開禧三年，今編修胡君仲方榘宰萍鄉，得羅氏蘭臺本，刻之縣庠，考證頗備。凡程公所引三書之言，皆在書中，則知程公所見者未廣，遂謂為小說者，非也。然止於三十七篇，終不合《崇文總目》及歐陽文忠公所藏八十二篇之數。余老矣，猶欲得一善本。聞婺女潘同年叔度景憲多收異書，屬其子弟訪之，始得此本，果有八十二篇。是萍鄉本猶未及其半也。喜不可言。以校印本，各取所長，悉加改定，義通者兩存之。轉寫相訛，又古語亦有不可強通者，《春秋會解》一書，年所集（案此句年字上下皆原有缺文），仲方摭其引《繁露》十三條，今皆具在。余又據《說文解字》「王」字下引董仲舒曰：「古之造文者，三畫而連其中謂之王。三者天地人也，而參通之者王也。」許叔重在後漢和帝時，今所引在〈王道通三〉第四十四篇中。其餘傳中對越三仁之問，朝廷有大議，使使者及廷尉張湯就其家問之，求雨閉諸陽，縱諸陰，其止雨反是，三策中言天之仁愛人君，天道之大者在陰陽，陽為德，陰為刑，故王者任德教而不任刑之類，今皆在其書中。則其為仲舒所著無疑，且其文詞亦非後世所能到也。《左氏傳》猶未行於世，仲舒之言《春秋》，多用《公羊》之說。嗚呼！漢承秦敝，旁求儒雅，士以經學專門者甚眾，獨仲舒以純儒稱。人但見其潛心大業，非禮不行，對策為古今第一。余竊謂惟仁人之對曰：「仁人者，正其誼不謀其利，明其道不計其功。」又有言曰：「不由其道而勝，不如由其道而敗。」此類非一，是皆真得吾夫子之心法，蓋深於《春秋》者也。自揚子雲猶有愧於斯，況其他乎。其得此意之純者，在近世惟范太史《唐鑑》為庶幾焉。褒貶評論，惟是之從，不以成敗為輕重也。潘氏本〈楚莊王〉篇為第一，他本皆無之。前後增多凡四十二篇，而三篇闕焉。惟〈玉杯〉、〈竹林〉二篇之名，未有以訂之，更俟來哲。仲方得此，尤以為前所未見。相與校讎，將寄江右漕臺長兄秘閣公刻之，而謂余記其後。嘉定三年中伏日，四明樓鑰書於攻媿齋。

主要參考書目

《易經》
《尚書》
《詩經》
《春秋公羊傳》
《春秋左氏傳》
《春秋穀梁傳》
《周禮》
《儀禮》
《禮記》
《大戴禮記》
《論語》
《孝經》
《孟子》
《荀子》
《墨子》

《老子》
《莊子》
《管子》
《韓非子》
《呂氏春秋》
《國語》
《戰國策》
《史記》（司馬遷）
《漢書》（班固）
《新書》（賈誼）
《淮南子》（劉安）
《說苑》（劉向）
《黃帝內經素問》
《論衡》（王充）
《白虎通義》（班固）

《潛夫論》（王符）
《獨斷》（蔡邕）
《春秋公羊傳解詁》（何休）
《資治通鑑》（司馬光）
《古文苑》
《藝文類聚》（歐陽詢）
《初學記》（徐堅）
《太平御覽》（李昉）
《春秋公羊通義》（孔廣森）
《春秋董氏學》（康有為）
《經學通論》（皮錫瑞）
《經學歷史》（皮錫瑞）
《觀堂集林》（王國維）
《文化與人生》（賀麟）
《兩漢經學今古文評議》（錢穆）
《兩漢思想史》（徐復觀）
《中國人性論史》（徐復觀）
《中國古代思想史論》（李澤厚）
《己卯五說》（李澤厚）
《秦漢思想史》（周桂鈿）
《漢代思想史》（金春峰）
《西漢禮學新論》（華友根）
《西周史》（楊寬）
《董仲舒》（韋政通）
《清末的公羊思想》（孫春在）

後記

說起這部《新譯春秋繁露》，也可算是「跨世紀」工程了。三民書局在二〇〇〇年四月間就已提起，我們正式著手注譯則是在二〇〇〇年的冬季，前後持續了三年多時間。先是朱永嘉與王知常合作，中間卻出了個插曲：二〇〇三年五月，王知常去蘇州掃墓，遭車禍受了點傷，視力有所衰退，此時蕭木就參加進來頂替了一段時間，等王恢復健康後，由王接著做下去。我們合作的方式一般是先由朱搜集資料，擬一個草稿，然後由王知常推敲修改定稿並校對，最後由朱改定。全書共十七卷，其中第七卷、第十卷和書前的導讀，是由蕭木代替王與朱合作完成的。所以呈現在讀者面前的這本書是我們三個人共同努力的結果。

我們三人的合作，前後快四十年了，在這四十年裡，我們三人風雨同舟，患難與共。三個人本來並不在一起，朱是五十年代初畢業於復旦大學歷史系，王知常是五十年代中後期從軍隊轉業考入復旦大學歷史系。朱的專業是元明清史，王則專攻中國近代史。早在上個世紀六十年代初，復旦歷史系有五個青年教師在一起討論學問，合在一起寫文章，取了一個筆名叫「羅思鼎」，那是為了與「螺絲釘」諧音。其時正逢全國上下學雷鋒，取這個筆名是為了表示要學習雷鋒，做一顆永不生鏽的螺絲釘。這個自發形成的寫作小組的組長，前任是金沖及，後來金被調至北京文化部工作，才由朱接任。這個小組的成員有王知常、吳瑞武、朱維錚等。蕭木原是鐵路工人，後做新聞工作。說起蕭木的加入，不能不提到文化大革命。是那場至今被人們說個不休的大風暴，把我們三個人捲到了一起。

一九七六年六月初，毛澤東在他生命行將結束時，對他親手發動文化大革命依然無法釋懷，但他說這件事擁護的人不多，反對的人不少。他感到這件事沒有完，得交給下一代。「怎麼交？和平交不成，就動盪中交，搞不好就得『血雨腥風』了。你們怎麼辦？只有天知道。」文化大革命是由姚文元〈評新編歷史劇海瑞罷官〉這篇文章發難的，毛澤東在一九六七年二月接見外賓的一次講話中講到這篇文章時，他說：「這篇文章在北京寫不行，不能組織班子，只好到上海找姚文元他們搞了一個班子，寫出這篇文章。」這裡講的姚文元他們搞了一個班子，那就是在一九六五年春夏之交，姚文元來找朱永嘉，說是奉上海市委之命要研究明代的海瑞，因為朱在大學是講授明清史的，所以請朱幫忙。當時朱並不知道姚為什麼要研究海瑞，既然是市裡領導交待的任務，總得盡力相助，於是為他提供了海瑞的文集與明史上相關的傳記，以及江南地方誌上的記載，介紹了明代嘉靖時期的社會歷史背景和時人相關的論述。文章由姚文元寫成以後，朱為它核對了引文，這樣朱就成了姚文元搞的那個寫作班中的人了。文章經毛澤東同意在《文匯報》上發表，引起了很大的波瀾。為了應對由「海瑞罷官」引起的討論，整個羅思鼎小組都捲進了這場狂瀾。蕭木在一九六七年一月，因被所在單位兩派矛盾逼得無路可走，由徐景賢介紹到我們那裡要求避難，因而就接納了這樣一位極其難得的「難友」。我們三人的「三人轉」也就這樣「道生一，一生二，二生三，三生萬物」地衍生下去，歷史的遭遇就這樣地把三個人的命運捆綁在一起。

一九六八年的春天，上海市的新政權已經確立，我們又成為多餘的人了，當時的上海市革命委員會下令解散寫作班，都下放做工宣隊隊員。誰知在學校基層逍遙了一二個月，又是一紙命令把朱、王、蕭三人調回機關，原因是姚文元奉命接替陳伯達掌管《紅旗》雜誌社，並由姚文元報告毛澤東，經毛同意建立《紅旗》雜誌在上海的組稿小組，才通知我們三人調回，於是我們三人再一次被捆在一起，一直到毛澤東去世，前後有八年時間，三個人基本上朝夕相處在一間狹小的辦公室內共同工作。有一段時間王被調去王洪文處搞林彪事件在上海的專案工作，由於王不習慣王洪文的行事和作風，便不免偶爾頂撞了一下，於是被遣返回寫作組了。一九七四年王洪文調到北京，蕭木被調去王洪文處輔導讀馬列，同時兼做一點文字工作。他身在曹營心在漢，人在北京，但還為上海寫作組創辦的《朝霞》看一點稿子。我們三個人都不十分熱衷於做官，共同的興趣是愛好讀書與寫作，改不了書生習性。毛澤東去世，「四人幫」被捕，「血雨腥風」真的降臨了。朱第一個被抓，接著王被押，蕭則被押解到北京秦城監獄，最後三人一起被關押在上海提籃橋監獄。朱被判處十四年徒刑，最重；王其次，十二年；蕭判了九年。三人一起押在提籃橋監獄的八號監，而且後來被關在同一層樓面，有機會見面時，不禁為三人分分合合的命運相視而笑。後來除了讀書、反省之外，總得設法做點事，於是徵得監獄當局的同意與支持，幫監獄給犯人辦一個文化課補習班，招了四十六個青年囚犯，最低的從小學三年級的文化課補起。後來又在監獄支持下辦了大專班，有二十六、七個學員參加，最後留下十八個學員先後通過了社會上電視大學文科專業的考試，並取得了畢業證書。我們剛刑滿釋放，離開監獄，便又回監獄參加他們的畢業典禮。這些特殊的學員走上社會事業有成，結婚成家時還來探望我們這些特殊的老師，也算是一件值得欣慰的快事。

離開監獄以後，朱一直閒住在家，失去了重新工作的權利與機會，而王、蕭兩人當時都被留在勞改場所就業。朱永嘉後經姜義華的介紹，三民書局找朱注譯《呂氏春秋》，總算有件事可以做，生活中添了不少樂趣，朱便找蕭木一起合作。那時王知常自己也在寫作，用化名出版了兩本佛教方面的著作。《新譯呂氏春秋》完成後，朱又與蕭在一起接著做《唐六典》注譯的工作。這兩本書前後花了七、八年的時間。接著就是我們三人一起合作的《新譯春秋繁露》，出獄後的十多年時間就這樣平靜地消磨過去了。我們三人合作中心意相通，關係融洽，雖然偶爾也有爭辯，但最後終能取得一致的見解，配合得非常默契。

由於這十多年來所做的工作都是古代經典文獻的今注今譯，就有一個如何貫通古今的問題。古代的經典不應該是死的經典，而應該是活的經典，要使今人在與古人的對話中，能更好地認識自我，使人們跡之於古，返之於今，或有所見，對世道亦不無裨益。《荀子・儒效》曾說過：「以淺持博，以古持今，以一持萬。」楊倞注釋《荀子》時認為「以古持今當為以今持古」。儘管時間上有二千多年的距離，但思想文化上的傳統，有時似基因一樣，看上去似微似隱，但相隔許多年代，仍會在變化形式後頑強地顯示自己。今注今譯要做的也許就是如何使微者著，隱者顯，把死去的東西使其活潑潑地顯現在人們的面前。所以我們注譯此書時，盡量使董仲舒的思想與漢初社會政治生活結合，再現二千年前思想寶庫中的奇珍瑰寶。同時，古今之間也是可以貫通的，既可「以古持今」，也可「以今持古」。文化大革命對我們而言，既是一場災難，也是一筆財富。作為一個不明世事的書生，不幸被捲進政治漩渦的中心，又被推到社會生活的邊緣，再給你充分的時間，讓你靜下心來讀書思考，由於曾經滄海橫流，上天入地，再去面對故紙堆裡所記錄的歷史上那些王朝反反覆覆的興衰變化，其思也深遠，其味也無窮，不時會默默地流露出會心的微笑。

羅思鼎的「鼎」字在古代是食器，後來成為祭器，最終卻成為權力的象徵。我們三人只不過是鼎裡面作為祭品的餗，也就是湯、菜、稀粥而已。鼎足而三。鼎有三隻腳才能站穩，國家權力的運行也需要理念、決策、行政三方面作為支柱，而執掌權力的決策系統是協調和處理理念與行政兩方面矛盾的必備條件。沒有這三方面的協調，這個鼎就會傾覆而倒下來。《春秋繁露・精華》引《易》曰：「鼎折足，覆公餗。」語出於《易・鼎卦》九四之爻辭，說的是鼎足折斷，鼎身傾倒，王公之餗傾覆於地，其形汪汪然，佳殺成了一灘漿糊。董仲舒曾做過中大夫，在漢朝是內朝的官。漢代朝廷有內外朝之分。內朝也就是中朝，是出身士子而在君王身邊的智囊團，是為君王製造理念的謀士，經生出身的賈誼與鼂錯都是中朝的官員。外朝則是執掌行政權力的公卿大臣，若「絳、灌、東陽侯、馮敬之屬」，都是出身於漢初的功臣宿將，而內朝策士謀臣們出身的中大夫都是以理念為君王向功臣宿將出身的公卿大臣挑刺的人，君王則藉此以調整政策並保持權力結構的平衡與穩定。從賈誼、鼂錯到董仲舒所扮演的都屬於這同一類型的角色。一旦功臣宿將們一致起來反對他們時，這些人就不行了。如漢文帝曾想任賈誼為公卿，但遭到功臣宿將的一致反對時，文帝也只能疏遠賈誼而將他謫貶到長沙去了；景帝時吳楚七國起兵作亂，鼂錯便不幸成了替罪的羔羊；董仲舒也曾奉命參預過與外朝丞相御史大夫們的辯論。外朝重臣與內朝謀臣具有不同的性格，外朝重臣或者是管理行政的官僚，其性格是因循守舊，力求穩定，處事果斷而專橫；或者是出身於功臣貴戚雄據一方而窺視主權的諸侯王。內朝謀臣大多出身士子，地位低微，但往往以王者師自居，對現狀保持懷疑和批判的眼光，常會提出一些驚世駭俗的觀念，他們嚮往理想主義但不切實際，有時正是這樣的「理想」方能激發起人們的創造精神與激情。然而這種「善良」的願望往往會成為通向地獄的大門。君主們作為決策者則平衡於二者之間，使歷史正是在這三者的矛盾過程中迂迴曲折地向前行進。這在古代是如此，近代又何嘗不能借鑑。王者的策略往往是以小制大、以輕馭重，因為王者要對付那些外朝重臣或諸侯王，就要借助於內朝之謀略。若要大動干戈，如高帝之討伐異姓王，則要仰助於功臣宿將的支持。而景帝之對付同姓王，要仰助於外朝的功臣宿將時，又不得不把內朝的鼂錯作成了犧牲品。那時帝王要收拾如鼂錯那樣的內朝謀臣，那就輕而易舉，一紙命令即可。

毛澤東在一九六六年七月八日給江青的一封信中講自己是「山中無老虎，猴子稱大王，我就變成這樣的大王了，但也不是折衷主義。在我身上有些虎氣是為主，也有些猴氣是為次。」他是集虎氣與猴氣於一身。中共九大有過一張主席臺的照片：毛澤東在中央，左邊是林彪，右邊是周恩來，林彪以下是文革時起來的新貴，若陳伯達、康生、江青、張春橋、姚文元這幫人，近似漢代的中大夫，是一批策士謀臣；右邊是軍隊出身的功臣宿將，是朝中的重臣。林彪則由重臣投向謀臣一方，目的是為了博取主上的歡心和好感，妄圖可以由此途徑篡權接班而登基。權力的重心在右邊，他們是重臣，代表著虎氣；左邊是謀臣們，代表著猴氣。猴氣的謀臣這一邊通過所謂高舉文化大革命的旗幟專給虎氣的重臣們挑刺找麻煩，而毛澤東在整個的文化大革命中，通過並利用這兩種力量矛盾鬥爭的過程中來保持自己權力的穩定，從而牢牢地掌握全部國家的權力。他在這十年中導演了一場又一場如癲似狂的歷史悲劇。他去世後，就再也沒有一個中堅力量來調控兩方面的矛盾了，他對自己的身後事也一無把握，只能說「只有天知道了」。老虎失去約束之後，第一件要辦的事當然是要宰掉這群成天找他們麻煩、挑剌、空談高論的猴子，「血雨腥風」的局面也就很難避免了，權力結構要翻開新的一頁，鼎要重新鑄造，猴子們也就這樣被關進籠子重新進行馴化了。董仲舒在《春秋繁露．陽尊陰卑》中講到「《春秋》君不名惡，臣不名善，善皆歸於君，惡皆歸於臣」。這裡的君指已故的君。毛去世以後一切罪名都歸之於猴子們，所以把猴子們關在囚籠內閉門思過，以贖文化大革命所造成的罪孽。古往今來的許多事往往都是「睫在眼前長不見，道非身外更何求」（杜牧〈登九峰樓寄張祜〉），過去在身邊發生的事看不清，想不明，要過許多年方能逐漸跳出雲霧遮掩的廬山，才能從自身的遭際中悟出其中的某些道理來。有許多事也只能通過類比的方法，借古以喻今，借今以解古，方始能窺知一些古今的奧祕。當然古今之間又有很多不同，價值取向不完全相同，話語結構也有很大變化，權力結構運作形式的相似，僅是其中之一罷了。

我們三人都已是年逾古稀，來日無多，若真使自己的體會予後人以某些啟發，也就不虛此生了。

◎新譯易經讀本

郭建勳／注譯　黃俊郎／校閱

《易經》是中國最古老的典籍之一，對中國古代的哲學思想、倫理道德、文學藝術乃至於自然科學等許多領域，都產生了巨大而深遠的影響。《易經》也是一部結構和表達方式十分特殊的哲學著作，它由卦形符號和多種文辭所組成，並用取物象徵的手法來揭示義理，形式簡約，意涵卻無比豐富，因此閱讀與理解都有一定的難度。本書旨在幫助一般讀者讀懂《易經》，了解《易經》，除書前詳盡的導讀外，每卦之前有「卦旨」提示全卦大義，每段文辭後有「章旨」簡要解說，注譯並力求淺顯易懂，是您研究《易經》的最佳入門讀本。

◎新譯郁離子

吳家駒／注譯

「郁離子」是本書書名，也是書中主人翁的名字。作者為明朝開國大臣劉基。他經歷元末政治腐敗，社會黑暗，民族衝突的丕變，對於種種的不公不義感到忿懣，故撰寫《郁離子》以抒發自己的看法與主張。本書內容皆為單篇獨立的短文，所言包羅萬象，包括揭露黑暗，抨擊時弊；政治主張，以德治國；重視人才，舉賢任能；褒貶世風，闡發哲理。形式上則大量運用寓言筆法，並引用歷史人物或事件，增強了故事的真實感。其精巧的構思，新奇而又恰當的比喻，使得本書不僅意蘊深刻，而且妙趣橫生，給人耳目一新之感。此外詳盡的注釋、語譯與精湛的研析，更增添其價值與光彩。想一睹中國文學的寓言之美，一定不能錯過本書。

◎新譯老子解義

吳　怡／著

有關《老子》的注解與著述，自古至今少說也有幾百種，對後人而言確實是一筆豐富的資產，但其中紛紜複雜的考證和妙絕言詮的玄談，往往使人望而卻步。本書跳脫一般古籍的注釋形式，吳怡教授以語譯和豐富的解義，透過不斷自問的方式，把問題一層層地剝開。有些問題也許並非老子所料及，但卻是通過老子的提示，用現代人的思考，面對現代人的環境而開展出來的。本書希望成為了解《老子》真義，而能用之於自己生活、思想上的讀者的最佳選擇。

◎新譯新語讀本

王　毅／注譯　黃俊郎／校閱

《新語》乃漢初學者陸賈於天下初定，為總結歷史教訓、鞏固漢朝政權，應劉邦之命所撰寫的著作。書中闡述「秦所以失天下，漢所以得之者何，及古今成敗之故」，提出了各種進步的思想，融會貫通，博采眾家之長，開啟漢代文化思想發展的道路。而其語言精煉優美，講究對稱和韻律，也是漢代文章之典範。本書以明刊李廷梧本為據，參酌各家版本加以校正，並詳為導讀和注譯解析，以為現代讀者研讀之用。

◎新譯淮南子

熊禮匯／注譯　侯迺慧／校閱

《淮南子》為西漢淮南王劉安集結門下策士，有計劃地編寫出總結前代帝王用黃老之術治國的經驗，以供漢武帝治身治國參考的鉅作。書中闡述天地之理、人間之事和帝王之道，內容十分豐富。它在思想上可說是秦漢黃老道學的集大成者，在文學成就上，也被視為西漢前期散文之代表作，寫作手法精彩紛呈，值得一讀。

◎新譯潛夫論

彭丙成／注譯　陳滿銘／校閱

王符為東漢後期著名的思想家和政論家，所著《潛夫論》與王充的《論衡》、仲長統的《昌言》，同被譽為東漢最有影響力的三部學術著作。王符以儒家仁政愛民思想為主而兼採各家，總結上古至兩漢之歷史經驗教訓，對東漢後期之各種「衰世之務」進行廣泛而深入之批評與檢討，內容涉及當時經濟、政治、倫理道德、社會風俗、邊防軍事等各方面，具有知史、鑑史的價值與作用。本書注釋力求簡明，譯文則務在通俗，俾使讀者一目了然。

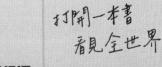

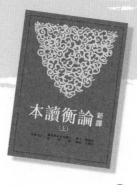

國家圖書館出版品預行編目資料

新譯春秋繁露(下)／朱永嘉,王知常注譯.——二版一刷.——臺北市：三民，2024
冊；　公分.——(古籍今注新譯叢書)
參考書目：面
ISBN 978-957-14-7799-2（上冊：平裝）
ISBN 978-957-14-7801-2（下冊：平裝）
1. 春秋繁露 2. 注釋

122.141　　113006002

古籍今注新譯叢書

新譯春秋繁露（下）

注譯者	朱永嘉　王知常
創辦人	劉振強
發行人	劉仲傑
出版者	三民書局股份有限公司（成立於 1953 年）

三民網路書店
https://www.sanmin.com.tw

地址	臺北市復興北路 386 號（復北門市）(02)2500-6600 臺北市重慶南路一段 61 號（重南門市）(02)2361-7511
出版日期	初版一刷 2007 年 2 月 初版三刷 2017 年 10 月 二版一刷 2024 年 6 月
書籍編號	S033060
ISBN	978-957-14-7801-2